How로 본
중국철학사

How로 본
중국철학사

남상호 지음

How로 본 중국철학사

남상호 지음

펴낸이 | 김신혁, 이숙
펴낸곳 | 도서출판 서광사
출판등록일 | 1977. 6. 30.
출판등록번호 | 제 406-2006-000010호

(10881) 경기도 파주시 회동길 77-12 (문발동)
대표전화 (031) 955-4331   팩시밀리 (031) 955-4336
E-mail : phil6161@chol.com
http : //www.seokwangsa.co.kr | http : //www.seokwangsa.kr

지은이와의 합의하에 인지는 생략합니다.

제1판 제1쇄 펴낸날 ― 2015년 9월 20일

ISBN 978-89-306-2941-6   93150

서문

춘추 전국 시대의 철학자들은 각자 자기만의 독특한 철학적 목적과 방법을 제시했다. 공자의 철학적 목적이 인(仁)이라면, 그것을 찾는 '방법'(How)은 무사(無邪)였고; 노자의 철학적 목적이 자연(自然)이라면, 그것을 찾는 '방법'은 무위(無爲)였다. 그런데 한대 이후 대부분이 내용(What)을 중심으로 연구해 온 결과, 중국 철학은 도통론(道統論)적 주석학(註釋學)이 되었다.

중국 철학의 주류인 유·도가 철학은 방법상 인중유과(因中有果)적 본체론을 기초로 하였다. 그런데 도통론적 주석학은 그런 본체를 떠나서는 어떤 논의도 할 수 없는 '존재의 함정'에 빠지고 말았다. 그뿐만 아니라 인을 공자에게, 자연을 노자에게 전속시키듯, 춘추 전국 시대의 철학 개념을 제자백가에게 전속시킴으로써 '개념의 함정'에도 빠졌다. 그런 도통론적 주석학의 폐단으로부터 자유로울 수 있는 방법은 없을까?

필자는 지난 1992년부터 중국 철학에 대한 연구 방법을 '무엇'(What)에서 '어떻게'(How)로 바꾸면서, 일체를 하나의 '방법'으로 보게 되었다. 그렇게 방법의 눈으로 사물을 보는 것이 **방법론적 세계관**인데, 필자의 방법론적 세계관은 **무연관(無然觀)**으로 정리될 수 있다. 무연(無然)의 무(無)는 역설적으로 사용할 수 있는 부정어이고, 연(然)은 일체 사물을 지시할 수 있는 것이다. 그래서 무연은 무연 자체도 무연하게 포월(包越)할 수 있는 원형사형 개념이다. 그런 개념으로 건립된 무연관은 인중유과적 본체론의 본체는 물론 어떤 철학적 개념도 하나의 '방법'으로 볼 수 있는 방법론적 세계관이다. 이 책을 최종 윤문한 필자의 관점은 바로 **무연관**이다.

이 책의 1, 3, 5~6, 8~12, 26장 등 10개 장은 『중국철학방법사』(춘천, 강원대학교 출판부, 1997)를 대폭 수정 보완한 것이고, 2, 4, 7, 13~25, 27장 등 17개 장은 1997년 이후에 새로 쓴 것이다. 비록 문장은 수없이 많이 윤문하고 수정·보완했지만, 20여 년 동안 집필된 것이기 때문에, 각 편의 구성에서 다소 차이가 있다. 하지만 중국 철학의 방법이란 주제만큼은 일관된 것이다.

이 책이 완성될 때까지 20여 년간 많은 분의 도움이 있었다. 특히 동양 철학 분야에서는 고 중천 김충열(中天 金忠烈) 선생님과 천원 윤사순(天原 尹絲淳) 선생님께서 격려와 지도를 해 주신 데 감사드리며, 서양 철학 분야에서는 이광래(李光來), 신중섭(申重燮) 교수님이 부족한 면을 많이 채워 주고 바로잡아 준 데 감사드린다. 그리고 여러 차례 토론하며 교정까지 해 준 강원대학교 철학과 대학원생들, 몇 번씩 교정을 봐 준 그림자 같은 아내 김정선에게 깊이 감사한다.

어려운 출판계의 현실에도 이 책을 출판해 주신 서광사 김신혁·이숙 사장님께 감사드리며, 편집과 교정에 마지막까지 수고해 준 태호 씨에게 깊이 감사드린다.

2015년 8월 10일
강원대학교 철학과 연구실에서
남상호

제1장

중국 철학 방법론 서설

철학사는 방법[1]의 역사라고 할 수 있을 정도로 각 시대마다 철학자들은 자기의 방법을 추구해 왔다. 19세기 중엽 이후 중국에서는 중국 철학에 서양 철학의 방법을 도입하기 위해 많은 연구가 시도됐다. 그래서 풍우란 (馮友蘭)도 "우리에게 필요한 것은 서양 철학의 기성 결론이 아니라, 그의 사색 방법이다. 마치 신선이 만지는 돌이 황금으로 변하자 황금을 원하는 것이 아니라, 오히려 손가락을 원하듯 분석적 방법은 서양 철학자의 손가락이다. 중국인은 그 손가락을 원한다"[2]라고 말했다. 중국인이 원하는 서양의 분석적 방법은 무엇에 쓰려는 것인가? 서양 철학을 수용하고 대응

---

1 동양에서 方法이란 말은 "나의 직각자에 맞는 것은 직각이라고 하고, 맞지 않는 것은 직각이 아니라고 한다. 그래서 직각이 되고 안 되는 것을 모두 알 수 있다. 그러한 까닭은 무엇인가? 곧 方法(方을 그리는 法)이 분명하기 때문이다.(中吾矩者謂之方. 不中吾矩者 謂之不方. 是以方與不方, 皆可得而知之. 此其故何, 則方法明也.)"『墨子』「天志中」에서 온 말이다. 그뿐만 아니라, 可謂仁之方也.(『論語』「雍也」30)의 方 역시 방법의 개념으로 사용된 것이다. 한편 서양에서 method란 말은 그리스어의 μετὰ(along with, by means of)와 ὸδὸs(way, path, track, road, system, method; 특히 method의 뜻은 *Aristotle*, 53a)에서 온 말이다.

2 펑유란 저, 정인재 역, 『중국철학사』, 서울, 형설출판사, 1977, 413쪽. 馮友蘭은 특히 『新知言』이란 책에서 형이상학·플라톤·스피노자·칸트·비엔나 學派·新理學·禪宗 등 의 방법에 대해 논하고 있다.

하기 위해서인가? 중국 철학을 연구하기 위해서인가? 아니면 새로운 방법을 찾기 위해서인가? 이 모든 것을 일괄적으로 해결할 수 있는 신선의 손은 어떤 것일까?

서양 철학 방법이 중국 철학 연구나 새로운 방법 개발에 어느 정도는 공헌할 수도 있겠지만, 그보다 먼저 중국 철학의 특질과 방법으로는 무엇이 있는가를 연구하고, 서양 철학 방법의 적용상 한계를 검토해야 할 것이다. 만약 서양 철학으로부터 찾고자 하는 방법이 이미 중국 철학에 있다면, 그것은 자기 손을 놔두고 남의 손을 빌리는 격이 될 것이고, 그 어떠한 서양 철학의 방법이라도 좋은 것이 아니면 적용 안 하느니만 못할 것이다.

인도 불교가 중국에 들어올 때, 중국은 그 수용 방법으로 노장 철학의 개념을 빌려 불경을 해석하는 격의불교(格義佛敎)의 형태를 취했다. 그 후 송·명대에는 유가 철학이 불교 철학과 노장 철학의 도전을 받아 그에 대응하기 위해 체용론(體用論)과 이기론(理氣論)을 찾아냈다. 명 말 이후에는 서양에서 온 선교사들을 통해 서양 문물을 받아들였고, 양무파(洋務派)인 증국번(曾國藩)·이홍장(李鴻章)·좌종당(左宗棠) 등에 의해 양무운동(洋務運動, 1860~1894)이 일어났으며, 청일전쟁(1894)에서 대패한 후에는 중체서용론(中體西用論)이 본격적으로 대두되었다. 중체서용론은 또 중화민국 건국 이후에도 도희성(陶希聖) 등 10인의 교수에 의해 다시 논의되었다. 이것은, '① 중국은 특수성과 시대성을 가져야 하되 중국 본위(本位)의 기초가 있어야 한다. ② 고대 중국의 제도·사상을 검토하여 취할 것은 취하고 버릴 것은 버리자. ③ 구미(歐美) 문화의 흡수는 필요하나 찌꺼기까지 흡수해서는 안 된다. 흡수의 표준은 현재 중국의 필요에 따라야 한다. ④ 중국 본위의 문화 건설은 창조이다. 창조의 목적은 문화 영역에서 특징을 상실하여 몰락한 중국으로 하여금 외국과 어깨를 나란히 하도록 할 뿐만 아니라 세계 문화 발전에 큰 공헌을 하도록 하는 것이다. ⑤ 문화상에서 중국을 건설하려는 것은 개체가 건전해야 대동세계(大同世界)를 이룩할 수 있기 때문이다'³로 요약할 수 있다.

　이런 중체서용론은 송·명 시대 이후에 본격적으로 사용된 체용론에 기초하여 19세기 중엽 서양 문물을 수용하기 위해 만든 사상 형식이다. 그래서 중체서용론은 서양의 정치·사회·과학·교육 등 현실 생활과 직접 관련하여 수용과 대응을 위한 방법이 중심이었다. 그 후 중국 현대 5철이라 불리는 웅십력(熊十力)·당군의(唐君毅)·서복관(徐復觀)·방동미(方東美)·모종삼(牟宗三)을 중심으로 중국의 많은 철학자들이 중국 철학의 현대화를 위해 노력하였다. 그들은 방법상 서양 철학의 방법을 채용한 일면이 있지만, 방동미처럼 서양의 이분법적 방법에 대해서는 반대하고 중국 전통의 방법을 고수해야 한다고 역설한 학자도 있다. 이런 중국 철학의 흐름 속에서 중국 철학을 연구하는 연구자들이 지향해야 할 연구 방향은 어느 쪽인가?

1. 연구 목적

우리가 고전을 읽을 때, "왜 읽는가?"라는 질문을 할 수 있다. 이때의 '왜'는 목적을 묻는 말에 한정하고 여러 목적 중에서 철학적 방법을 찾기 위한 것에만 국한하여 보자. 우리는 방법을 시대에 따라 고대의 것과 현대의 것 등으로 나눌 수 있듯이, 목적에 따라 과거 철학의 방법을 연구하기 위한 것, 새로운 철학을 건설하기 위한 것 등 여러 가지로 분류할 수 있다. 이런 면에서 필자가 방법에 대해 연구하는 목적은 바로 그런 다양

3　韋政通, 『中國哲學辭典』, 臺北, 大林出版社, 1983, 218~219쪽의 中體西用을 참조하여 정리한 것임.

한 방법을 찾고 새로운 철학적 세계관을 모색하기 위한 것이다.

온고이지신(溫故而知新)이라는 공자의 말처럼, 옛 것을 배워 현재와 미래의 것을 알 수 있다면, 구체적으로 우리는 과거의 그 무엇을 배우고 현재와 미래의 그 무엇을 알게 된다는 것인가? 방법 중심으로 보면, 그것은 과거의 방법을 배워 현재와 미래의 각종 현실 문제에 대한 해결 방법을 찾을 수 있다는 뜻이다. 이때 어디까지가 고전 자체의 방법이고 어디까지가 연구자의 해석이냐 하는 것은 구분하기 어려우나, 후자가 많을수록 연구자 자신의 해석이 될 것이다. 이 가운데 본문에서 논의하는 것은 주로 고전 속의 방법이 될 것이다.

중국 철학 자체의 방법을 찾아내고 체계화하려면 중국 철학이 무엇을 어떻게 풀어 왔는가를 알아야 할 것이다. 그동안 어떤 사람은 중국 철학을 이해하는 데는 별다른 방법이 없다고 보고, 서양의 변증법이나 순수 형식 논리를 적용하여 중국 철학의 내용을 분석하려 했다. 중국 철학에서는 방법을 하나의 학문 분야로 연구해 온 것이 아니므로 방법론이 있다고 할 수는 없지만, 그렇다고 아무런 방법을 쓰지 않았다고 말할 수는 없다. 아무런 방법을 쓰지 않았다면 그 어떤 학문도 성립할 수 없으며 어떤 문제도 해결할 수 없기 때문이다.

대표적인 예로 『대학』의 3강령 8조목은 유가의 수신과 정치 철학의 주요 방법이다. 심지어 선종에서는 그 어떤 방법도 부정하며 단지 청정한 불성(佛性)이 있을 뿐이라고 하지만, 부처가 될 수 있는 방법은 불성 자체에 내재해 있다. 그래서 직접 불성 속에서 방법을 취하려고 한다. 물론 그들이 그런 것을 하나의 방법으로 인정하느냐 하는 것은 별개의 문제이다.

이와 같이 중국에서도 시대와 사람에 따라 많은 방법을 강구해 왔으나, 단지 그것을 인정하려 하지 않거나 별도로 분리하여 학문 분야로 구성하지 않았을 뿐이다. 우리가 과거의 방법을 연구하거나 미래의 새로운 방법을 찾기 위해서는 내용 중심의 연구가 방법 중심의 연구와 균형을 이루지 않으면 안 될 것이다.

　종전의 중국 철학의 연구 형태는 내용 중심으로 이루어졌기 때문에 주석학이 발달하였다. 방법상 그런 주석학은 경전 속의 개념을 확실히 이해하는 데는 큰 공헌을 했지만, 그것은 그 철학의 범주를 벗어나지 못한 한계가 있다. 현대의 수많은 문제를 해결하기 위한 새로운 방법을 개발하려 한다면, 철학도 방법 중심으로 연구하지 않으면 안 될 것이다. 물론 중국 철학이 방법을 연구하지 않은 것은 아니지만, 그것은 What으로 연구한 것이지 How로 연구한 것이 아니었다. 일체를 방법으로 이해해 보려는 시도는 내용 중심의 연구를 방법 중심의 연구로 전환하는 데 큰 전기를 마련해 줄 것이다. 방법 중심의 연구 중 가장 중요한 것은 철학적 세계관과 그 목적이 어디에 있는가를 밝히는 것이다.

2. 세계관

인생관과 밀접한 관계하에 형성되는 세계관(世界觀)"은 인생 · 세계를 인

4　世界觀의 정의는 아주 多樣한데 2가지만 소개한다. ① "일반적으로 세계 전체에 대한 통일적 이해를 세계관이라 한다. …… K. Jaspers는 '우리가 세계관이라고 말할 때 주체적으로는 체험과 힘과 心情으로서, 객체적으로는 對象的으로 형성된 세계로서 여러 가지 힘 또는 이념 즉 인간의 궁극적이며 전체적인 것을 의미한다'라고 말한다. W. Dilthey는 '세계관의 궁극의 근원은 生이다'라고 말한다." (『철학대사전』, 서울, 학원사, 1963) ② "세계관은 세계 및 세계에 있어서의 인간의 존재에 관하여 통일적 · 체계적으로 파악한 견해. 세계 및 인생의 해석 · 평가 · 의의를 붙이는 총체. 이런 뜻에서 인생관보다도 포괄적임." (신기철 · 신용철 편저, 『새우리말 큰사전』, 서울, 삼성출판사, 1986) 이렇게 세계관이란 말은 사용자에 따라 그 槪念을 달리하는 데, 필자는 問題意識과 연결하여 사용하고 있음을 이해해 주기 바란다.

　세계관은 문제의식의 산물이거나 문제의식 자체이다. 우리는 문제의식을 '언제' · '어디서' · '누가' · '무엇을' · '어떻게' · '왜' 등으로 구성하여 사물에 접근한다. 그래서 필자

식하고 해석하는 틀이며 문제 해결의 방법이지만, 현실적으로는 수양·실천과 분리되지 않는 삶 자체이다. 그런 세계관은 문제의식의 산물이거나 문제의식 자체이다.

우리는 문제의식을 '언제'(When)·'어디서'(Where)·'누가'(Who)·'무엇을'(What)·'어떻게'(How)·'왜'(Why) 등으로 구성하여 사물에 접근한다. 그래서 필자는 그 여섯 가지 물음의 형식을 세계관적 범주[5]라고 부르고, 그것으로 접근하고 파악하는 것을 세계관적 인식이라 부른다. 만약 이런 세계관적 범주와 결합되지 않은 인식이나 행동이 있다면, 그것은 맹목적인 것이거나 심물합일(心物合一)·물아일체적(物我一體的) 경지이다. 맹목적 인식은 그것이 '언제'·'어디서'·'누가'·'무엇을'·'어떻게'·'왜' 그러한 것인지 분명히 알 수 없는 것이고, 또 맹목적 행동 역시 그것이 '언제'·'어디서'·'누가'·'무엇을'·'어떻게'·'왜' 그렇게 한 행동인지 분명히 할 수 없는 것이다. 그러나 심물합일·물아일체의 경지에서는 오히려 그런 세계관적 인식이 중지(中止)되어 자아는 구애 없이 자기를 실현할 수 있다. 그렇게 되면 주객은 일체가 되고, 그렇게 일체적 방식으로 자아가 자기를 실현함에는 직관적 앎이 내포되어 있으므로, 심물합일·물아일체의 경지는 맹목적 인식이나 행동과는 내용상 근본적으로 다른 것이다. 이런 것은 중국 유·도·불가 철학의 방법적 특질로서 분석 불가능하지만, 그런 경지에 이르기까지의 세계관적 범주에 속하는 것에 대해서는 여섯 가지 물음의 형식으로 분석·고찰할 수 있다.

우리의 인식은 차이의 발견에서 생긴다. 그러나 차이를 발견하는 것은

는 그 여섯 가지 물음의 형식을 세계관적 範疇라고 부르고, 그것으로 접근하고 파악하는 것을 세계관적 認識이라 부르며, 물음을 묻는 이유('왜')가 바로 세계관적 目的이다.

5 아리스토텔레스의 10개 범주를 존재론적 범주라 하고, 칸트의 12범주를 인식론적 범주라고 한다면, 사물을 파악하는 '언제'·'어디서'·'누가'·'무엇을'·'어떻게'·'왜' 등의 여섯 가지 문제의식은 세계관적 범주라 할 수 있다.

그냥 되는 것이 아니고, 우리가 세계관적 범주로 묻기 시작할 때 비로소 가능하다. 그것도 묻는 범주에 따라 인식의 내용이 달라진다. '왜'의 범주로 물으면 원인을, '어떻게'의 범주로 물으면 방법을, '무엇'의 범주로 물으면 대상을 알 수 있게 된다. 그러면 여섯 가지 세계관적 범주로 묻고 정리하는 과정에서 가장 우선하는 것은 무엇인가? 그것은 '왜'이다. 같은 형식의 '언제'·'어디서'·'누가'·'무엇을'·'어떻게'·'왜'의 물음이라 해도 '왜'의 범주에 속하는 목적에 따라 나머지 것들의 상호 관계가 달라져 각기 다른 인식 내용을 얻게 되며 다른 형태의 세계관을 형성하게 된다. 그때의 '왜'가 바로 '세계관적 목적'이다.

여섯 가지의 물음 속에는 이미 그의 세계관적 목적이 들어 있고, 그의 세계관적 목적은 그의 세계관의 내적 구조를 결정한다. 그 어떤 세계관적 목적을 결정하는 배후에는 또 다른 여섯 개의 세계관적 범주가 있다. 이렇게 각각의 범주 속에는 또 다른 여섯 개의 범주가 각각 들어 있으며 그런 문제의식의 흐름과 영향 관계는 계속될 수 있다.

목적론적 세계관으로 볼 때, 상위 단계의 목적은 하위 단계의 방법을 결정하지만, 편의상 문제의식의 고리를 잘라 논리적 순서를 정한다면 목적을 가장 먼저 해야 할 것이다. 그렇게 세계관은 그 목적에 따라 달라지므로, 세계관의 한계를 극복하고 전환하는 것은 바로 그의 목적을 전환하는 데 있다. 예를 들어 도덕주의적 목적을 가지면 유가처럼 되지만, 자연주의적 목적을 가지면 도가처럼 되며, 일체의 구속으로부터 해탈하고자 하는 목적을 가지면 불교처럼 된다. 그것을 공식화하면 New-How = Why A → Why B와 같이 된다. 만약 적은 변화를 원한다면 A와 B 사이를 가깝게 하면 되고, 큰 변화를 원한다면 멀게 하면 된다.

그렇게 우리가 세계관을 극복하고 전환하는 것이 문제 해결의 방법임을 알고 있어도 실제 그렇게 하기는 쉽지 않다. 왜냐하면 한 사람, 한 사회는 나름대로의 습관·전통·관습 등을 가진 문제의식의 흐름 속에서 그만큼 저항을 받기 마련인데, 개인의 습관이나 사회의 전통, 관습 등이 강할수록 세계관의 전환은 그만큼 어렵기 때문이다. 이렇게 세계관은 철학 사상의 구조를 결정하고 그런 구조는 철학의 내용을 구속한다. 즉 전통이나 관습이 세계관에 영향을 끼치고 그것이 철학 사상의 구조를 결정하기도 하는 것이다.

우리는 숙명적으로 세계관을 가질 수밖에 없는 것인가? 6하의 세계관적 범주로 형성하는 의식을 세계관이라 한다면 숙명적이겠지만, 도가처럼 인문적 가치를 반대한다면 그렇지는 않을 것이다. 또한 유가처럼 세계관을 단지 하나의 도구나 방법이라고 보고 적극적으로 활용하려는 경우도 있다.

우리는 과연 세계관을 버리고 전환할 수 있을까? 유가의 경우 지식을 인정하므로 세계관의 확장 역시 새로운 지식의 획득을 통해 이루어진다. 아울러 그런 지식들 간의 비교·추리 등의 과정에서 새로운 세계관을 열어 가는 것도 인정한다. 그러나 끝에 가서는 천인합덕(天人合德)함으로써 세계관적 인식은 중지된다. 도가의 경우 지식을 부정하므로 지식 간의 비교·추리는 있을 수 없고, 더욱이 처음부터 그런 세계관적 인식 자체를 거부하므로 직관을 중시하게 된다. 도가의 궁극적 목적은 단지 무위적 수양 경지에 따라 자연 본래의 모습으로 돌아가는 것이다. 이렇게 유·도가는 상반된 과정을 경유하지만 최후에는 모두 천인합덕·천인합일과 같은 형태를 취하게 된다. 그래서 중국 철학의 최고의 방법은 더 이상 방법이 아니고 도 자체이기 때문에, 이때 버린다는 말은 밖으로 버리는 자기 외적 현상이 아니라 물아일체적인 것이다. 이 경지에서는 더 이상 문제의식이 없으므로 언어가 침투할 수 없으며, '아!' 하는 감탄 속에서 언어를 잊고 주객의 구분은 소멸되고 마는 것이다.

우리가 세계관적 범주 없이 사물에 접근하여 그것을 파악할 수 없다면, 어떤 하나의 입장을 가질 수밖에 없다. 그래서 우리는 "나는 ……라고 생각한다", 또는 "나는 ……라고 본다" 등으로 말한다. 만약 그 이유를 묻는다면 "'……기 때문에' 나는 ……라고 생각한다"라고 말하고, 그 주체를 묻는다면 "'내가' ……라고 생각한다"라고 말하는 등 여섯 가지 세계관적 범주 각각에 해당하는 답을 제시하지 않으면 안 될 것이다. 그렇게 한다면 바로 명제의 선명성과 유효성은 얻을 수 있지만, 그만큼 자기의 입장을 버리지 못하는 한계성을 갖게 된다.

우리가 다양한 세계관을 갖게 하는 근본 요인은 무엇인가? "세계관은 사물과의 관계 방식"[6]이기 때문에 관계에 따라 다양한 세계관을 갖게 된다. 그중에서 자아가 그 관계 방식을 지배할 때와 지배당할 때가 있는데, 보통 사람의 경우 그 관계 방식이 자아실현의 형태를 결정한다. 그렇다면 그 관계 방식을 바꾸기 위해서는 어떻게 해야 할까?

자아의 자율성 확보가 그 관건이 될 것이다. 자아의 자율성 확보는 자아를 각종 세계관으로부터 자유롭게 해 주며, 그렇게 되면 세계관의 천변만화는 바로 자아의 자율성 속에 있게 된다. 자아의 자율성 확보는 어떻게 하며, 그것은 세계관의 변화와 어떤 관계가 있는가? 자아는 자아 자체에 목적·동기·주체·방법 등을 모두 스스로 갖추고 있으므로 장애 요인을 제거해 주기만 하면 된다. 그렇게 자아가 자율성을 확보하면 상황에 따라 자아 자체는 자율적으로 여섯 가지 세계관적 범주의 관계를 새롭게 형성하고 변화시킬 수 있다.

3. 방법

방법은 어떤 목적을 달성하기 위한 도구이며 법칙으로서, 특히 세계관적

---

6   申重燮 교수의 말을 인용한 것임.

범주 중 '무엇을'·'어떻게'·'왜'의 상호 관계 속에서 말할 수 있는 것이다. 왜냐하면 목적 없이 문제는 제기될 수 없고, 문제가 없는 방법은 무의미하기 때문이다. 다시 말해 '왜'는 그냥 '왜'를 묻는 것이 아니라 '무엇'과 '어떻게'와의 관계 속에서 목적을 묻는 것이고, '무엇' 역시 '왜'라는 목적 속에서 문제를 제기하는 것이며, '어떻게'는 '왜'라는 목적 속에서 제기한 그 무엇을 해결하려는 것이다.[7] 또 '왜'는 '어떻게'(하위 방법)와의 관계 속에서 보면 목적이 되지만, 상위의 '왜'(상위 목적)와의 관계 속에서 보면 '어떻게'(방법)로 전환된다. 그뿐만 아니라 '언제'·'어디서'·'누가'가 없는 '무엇을'·'어떻게'·'왜'를 생각할 수 있는가? '언제'·'어디서'는 '왜'·'무엇을'·'어떻게'의 시공상 좌표가 되고, '누가'는 그의 주체가 된다. 현실적으로 그 어떤 방법은 시공간은 물론 주체에 따라서도 달라진다. 만약 '언제'·'어디서'·'누구'에게든지 보편적인 방법이 있다면, 그것은 진리일 것이다.

　세계관적 범주인 '언제'·'어디서'·'누가'·'무엇을'·'어떻게'·'왜'의 관계는 어떠한가? 그것은 철학 체계에 따라 일체적 관계를 이루거나 각각 독립적 관계를 이룬다. 『대학』의 명명덕(明明德)을 예로 들면 명덕(明德)을 밝히는 것은 목적에 해당하고 명덕, 즉 도덕 자아를 따라 수양·실천하는 것은 방법에 해당하므로, 목적과 방법은 행위 주체와 일체적 관계를 이룬다. 법을 예로 들면 질서 유지는 목적에 해당하고 법은 방법에 해당하므로, 목적과 방법은 행위 주체와 각각 독립되어 있다. 이렇게 그 어

7　이광래 교수는 "캉길렘은 『과학사와 과학 철학 연구』의 서두에서 과학사의 실천에 관한 질문은 '누가?'(Qui)·'왜?'(Pourquoi)·'어떻게?'(Comment)의 형식으로 오래전부터 제기되어 왔다고 주장한다. …… 그러한 과학사에서는 누가·어디에서·왜라는 질문과 대답만으로도 무엇에 대한 이해가 충분하기 때문이다. 이와는 달리 캉길렘은 '어떻게' 또는 '어떤 방식으로' 과학이 자신의 과거의 일부가 되는지를 이해하고 설명하길 바란다"라고 말한다.(조르주 캉길렘 저, 이광래 역, 『정상과 병리』, 서울, 한길사, 1996, 26쪽) 이 교수의 이런 견해는 큰 도움이 되었다.

떤 철학의 세계관을 여섯 가지 세계관적 범주로 분석·진단하면 어느 범주에 편중되어 있는가를 알 수 있다. 철학 사상 간의 차이는 바로 이 여섯 가지 세계관적 범주 간의 관계에 의해 결정되기 때문이다.

　방법은 문제를 해결하는 법칙으로서, 그때 법칙은 도구성을 갖고 도구는 법칙성을 가진다. 우리가 그 어떤 것을 문제로 파악하고 해결하기 위해 그 무엇을 방법으로 취하느냐 하는 것은 바로 우리의 세계관에 달려 있다. 어떤 세계관을 가지느냐에 따라 문제시되기도 하고 안 되기도 하며, 해결할 수 있기도 하고 없기도 하다. 이렇게 보면 방법은 곧 세계관이거나 그의 산물이라 할 수 있다. 그러면 중국 유·도·불가 철학 고유의 방법을 이해하기 위해 다음과 같은 질문을 해 보자. 우리가 세계관적 목적을 갖지 않음으로써 더 이상의 문제의식이 없어지고, 따라서 문제도 없으며 방법 또한 필요 없는 경우가 있을 수 있을까? 중국 유·도·불가에서 최고 목표로 하는 천인합덕·천인합일·심물합일 등의 경지가 그런 경우일 것이다. 그런 경지에서의 세계관적 목적은 외적인 것이 아니라 본성 자체에 내재한 것이며, 방법 역시 본성의 자아실현 방식이기 때문에 목적과 방법은 일체가 된다. 따라서 유·도·불가의 경우 본성만이 최고의 방법이 되면서 동시에 최고의 목적이 되는 것이다. 본성이 유가의 도덕 본성이든, 도가의 자연 본성이든, 또는 불가의 불성이든, 결국 자아가 자기를 목적으로 추구하는 것이 되고, 자아가 주체가 되어 자기를 실현하는 것이 된다. 특히 유·도·불가 철학의 경우 그 방법의 법칙은 본성에 내재된 것이며, 목적 또한 본성의 자기실현에 있기 때문에 방법과 목적은 둘이 아니라 하나가 된다. 이렇게 본성이 방법과 목적을 모두 갖추고 있는 것은 그들의 철학이 인중유과론(因中有果論)[8]적이기 때문이다. 그런 경우

8　因中有果論(梵, satkāryavāda): 결과(kārya)로서 생기게 되는 것은 그 形이야 어떻든 이미 그것이 원인(kāraṇa) 가운데 先住한다는 설. 인과를 등질로 본다. 이 경우 한 世界因으로부터 만물이 생긴다고 설하는 轉變說도 인중유과론이라 할 수 있다. 옛 웃달라

방법은 목적과의 관계 속에서 제기된 문제와 함께 말할 수 있는 것이므로, 더 이상의 외적 목적이나 방법은 필요 없게 된다.

  이렇게 유·도·불가는 '누가'·'무엇을'·'어떻게'·'왜' 등의 세계관적 범주에 속하는 것을 모두 주체 속으로 귀속시킴으로써 현실 속에서 자아실현의 이상을 실현하려 한다. 물론 순자·묵자·한비자처럼 주체 속으로 회귀하지 않고 각기 분리·독립되는 경우도 있다.

4. 방법 중심의 연구 방법

필자가 정리한 『How로 본 중국철학사』는 각종 고전 속에 들어 있는 방법들을 세계관적 범주 중심으로 분석·종합한 책이다. 물론 방법 중심의 연구는 내용과 방법이 결합된 핵심 용어로 제시되겠지만, 현대 용어로 바꿀 수 있는 것은 바꾸어 제시할 것이다. 예를 들어 『대학』의 명명덕을 도덕적 자아의 자기실현이라는 말로 바꾸는 것과 같은 경우이다. 이 경우는 본래 상태로 환원되기는 쉽지 않겠지만, 경전의 내용을 현대의 용어로 이해하고 경전 밖으로 나와 새로운 틀을 구상하는 데 새로운 형태의 도움을 줄 것이다. 그러나 수양·실천 철학인 동양 철학의 경우, 방법 중심의 연구 형태를 취할 때 경계해야 할 것은 '무엇을'·'어떻게'·'왜' 등의 세계관적 범주 상호 관계 속에서 방법을 연구해야지 방법만을 분리하여 연구할 수 없다는 것이다. 필자가 중국 철학을 방법 중심으로 연구하는 방법과 입장은 다음과 같다.

카 아아루니가 만유는 有로부터 流出하였다고 하여 이 입장을 취하였으나, 뒤의 사앙키아파가 인중유과론의 대표로 간주되고 있다. 즉 만유는 프라크리티로부터 유출되어 모두 3德으로 이루어졌다고 주장한다. 또 베단타학파도 인중유과론을 채택하여 만유는 梵 brahman의 소산, 또는 化現에 불과하다고 하였다.(『철학대사전』, 서울, 학원사, 1963)

① 중국 철학의 방법을 연구하기 위해, 필자는 중국 철학의 목적과 특질을 고려하여 내용과 방법을 함께 표현하는 명제를 사용하고자 한다. 예를 들어 문질빈빈(文質彬彬)·배의여도(配義與道)·예악화성(禮樂化性)과 같이 철학 사상의 내용을 집약하고 방법도 그 속에 갖추고 있는 핵심 문단, 또는 용어를 선택할 것이다. 이 경우 핵심 방법과 거리가 있는 것들은 차등을 두어 관계를 규명하거나 제외한다.

② 중국 철학 자체의 방법을 배워 새로운 방법을 알기 위해 필자는 중국 철학을 방법 중심으로 하되 역사적 접근도 함께할 것이다. 한 시대·한 철학자만 연구해서는 현재 우리의 위치와 방향을 파악하기 어렵기 때문이다. 역사 속에서 방법들을 고찰함으로써 과거 방법의 계승과 새로운 방법의 창출을 균형 있게 할 수 있을 것이다.

새로운 방법은 여러 고전 속에서 '언제'·'어디서'·'누가'·'무엇을'·'어떻게'·'왜'의 세계관적 범주 상호 관계의 차이점에 의해 발견되는 것이므로, 여러 가지 방법을 비교할 수 있는 역사적 고찰이 효과적일 것이다. 그러나 단지 여러 철학 사상을 세계관적 범주 속에서 비교하여 차이점을 찾아내는 것은 그저 이해의 수준에 머물 뿐이다.

새로운 철학의 건립은 철학 사상 간의 비교 연구의 단계를 벗어나 새로운 세계관적 목적을 세워 그렇게 얻은 것을 재구성하지 않으면 안 된다. 왜냐하면 세계관적 목적 없이 비교 연구에 의해 얻은 새로운 지식 자체는 잡다할 뿐, 통일성이 없는 지식들의 집합에 불과하기 때문이다. 또한 세계관적 목적 없이 연구하면 현실적으로 종전의 세계관적 목적을 고수하게 되어 새로 얻은 지식만큼 세계관의 확장 효과를 얻을 수 없을 뿐 아니라, 얻은 지식을 이미 갖고 있는 자신의 세계관에 억지로 맞추어 본래의 세계관적 목적과 단절시키고 본의를 왜곡하게 된다.

철학사에서 어떤 철학자를 잡가(雜家)나 잡학자(雜學者)로 분류하는 경우가 있다. 그것은 바로 새로운 세계관적 목적을 정립하지 못했거나, 했다 하더라도 그가 취한 학문적 소재가 그의 세계관적 목적과 단절되어 긴밀하지 못했기 때문이다. 만약 취한 학문적 소재가 다른 학자의 것이라는 이유만으로 잡가 또는 잡학자라고 부른다면, 그 누구든 잡가나 잡학자가 아닐 수 있겠는가?

비록 이 책은 중국 철학을 방법 중심으로 본 것이지만, 이 책 역시 하나의 철학사를 다루고 있으므로 사관이 있어야 한다. 철학은 세계관적 범주로 사물을 인식하는 문제의식의 산물이므로, 그의 방법 역시 문제의식의 산물이거나 그 자체이다. 그래서 필자는 철학자들이 새로운 방법을 추구해 온 방법의 역사를 문제의식의 연속적 흐름이라고 보며, 문제의식의 연속적 흐름은 사랑을 본질로 하는 주체가 자아를 실현해 가는 과정이라고 본다. 특히 철학적 방법은 한 시대·한 사람만의 것으로 단절되지 않고, 동시대 철학 사상은 물론 과거의 철학 사상과도 연속적이며, 지향하는 미래의 세계관적 목적과의 관련 속에서 결정되는 것이다.

'언제'·'어디서'·'누가'·'무엇을'·'어떻게'·'왜'에 속하는 세계관적 범주가 일체 관계를 이룰 때, 그의 세계관적 목적은 '왜'를 묻는 주체의 자기실현 자체가 된다. 철학이 무전제의 자유정신을 추구하는데, 그것은 바깥으로부터의 자유보다 안으로부터의 자유를 추구하기 때문이다. 그래서 자유정신은 장애물이 없음을 말하는 것이 아니라 어떤 것도 장애물이 되지 않는 주체적 자유정신을 이상으로 삼는다.

본문에서는 경전이나 성현들의 세계관적 목적이 어디에 있으며, 그것을 추구하는 과정에서 어떻게 자아를 실현하여 생명 사랑을 전개해 가고 있는가를 세계관적 범주로 공시적(共時的)·통시적(通時的) 고찰을 함으로써 방법들 간의 차이를 규명해 보고자 한다.

③ 필자가 '언제'·'어디서'·'누가'·'무엇을'·'어떻게'·'왜'의 6하(六何)를 분석 범주로 삼은 이유는 어디에 있는가? 철학, 즉 세계관을 6하로 분석하면 철학의 세속화를 초래할 수도 있겠지만, 철학의 구조를 알 수

있고, 또 6하의 관계 속에서 방법도 규명될 수 있기 때문이다. 즉 어떤 철학 사상을 여섯 가지 문제의식으로 분석하면 문제의식들 간의 내적 관계를 분석·비교할 수 있고, 그 결과 그의 철학적 특질과 차이를 알 수 있으며, 이렇게 알게 된 철학자가 지닌 세계관의 구조적 결함이나 장점을 바탕으로 새로운 세계관을 모색할 수 있을 것이다.

왜 세계관적 범주 간의 균형을 분석·비교의 표준으로 삼는가? 그것은 일차적으로 필자 자신의 세계관과 관계가 있겠지만, 법가처럼 주체('누가')가 경시된 철학 사상 속에서는 주체의 자율성을 기대하기 어렵고, 최고 목적('왜')을 밖에 둔 철학 사상 속에서는 자아실현적 행위를 기대하기 어려우며, 도가처럼 시공('언제'·'어디서')을 경시한 형이상학 위주의 철학 사상 속에서는 현실 문제에 대해 적극적인 해결 방법을 기대하기 어렵기 때문이다. 이처럼 세계관적 범주는 그 어떤 철학 사상을 진단하는 데도 쓸 수 있다. 그뿐만 아니라 종전처럼 내용을 연구한다 하더라도 '언제'·'어디서'·'누가'·'어떻게'·'왜'의 세계관적 범주에 속하는 것과의 관계 속에서 '무엇을'이라는 세계관적 범주에 속하는 것을 연구한다면, 그리고 역사적 접근을 하더라도 '어떻게'·'왜'의 세계관적 범주에 속하는 것과의 관계 속에서 '언제'·'어디서'·'누가'·'무엇을'의 세계관적 범주에 속하는 것을 연구한다면 보다 분명해질 것이다.

세계관적 범주는 결국 버리지 않으면 안 되는 도구이다. 버릴 수 있을 때 비로소 세계관적 범주 사용에 의한 철학의 세속화를 방지할 수 있다. 무연관이 비록 자기부정을 내포하는 도구이지만, 그것 역시 고착화되면 주석학적 한계에 직면하게 될 것이다.

④ 여섯 가지 형태의 세계관적 범주로 세계관을 분석하고 새로운 세계관을 모색하려 하지만, 세계관 자체 때문에 생기는 한계는 극복할 수 없다. 우리는 그런 문제를 해결하기 위해서는 궁극적으로 어떻게 해야 할까? 방법과 목적의 관계로 볼 때, 하위 목적들은 결국 진리라는 최고 목

적에 도달하기 위한 수단과 방법이 된다. 그러면 최고 목적을 달성하기 위한 최고의 방법은 무엇인가? 그것은 진리 그 자체이다. 그런데 진리관은 그의 세계관에 따르므로 진리는 그의 세계관에 상대적인 것이 된다. 그래서 자기의 세계관을 스스로 극복하지 않으면 안 된다. 그러면 이런 세계관의 한계를 근본적으로 극복하려면 어떻게 해야 할까? 오히려 세계관 자체를 해소할 수 있다면 문제 역시 사라질 것이다. 그러나 학문을 긍정하는 한 그것은 불가능해 보인다. 그래서 우리는 어느 하나의 세계관만을 고집하지 말고, 세계관을 개방해야 할 것이다. 그것만이 자신의 세계관으로 생기는 문제까지도 진취적으로 극복할 수 있을 것이다.

세계관의 범주 하나하나의 배후에는 또 다른 세계관적 범주가 있으므로, 그 무엇을 진리라고 규정하는 것은 결국 그의 세계관에 제한을 받는다. 철학적 세계관은 인접 학문을 하는 학자들의 세계관이나 일반인의 현실적 세계관으로 채용된다. 특히 정치인들의 정치적 목적에 따라 정치 이데올로기로 되기 쉽고, 그렇게 되면 철학은 현실의 도구로 경직될 것이다. 그러나 철학자만큼은 늘 깨어 있어 자신의 세계관조차 개방해 간다면 최소한 그의 경직화는 막을 수 있을 것이다.

우리는 어떻게 늘 깨어 있으며 자기를 개방할 수 있는가? 그것은 바로 계속적인 '왜'라는 물음을 제기하는 동시에 자기부정을 하는 데 있다. 왜냐하면 '왜'라는 물음은 우리의 의식을 깨워 주고, 물음을 던지는 현재의 단계를 벗어날 수 있게 해 주기 때문이며, 자기부정은 자신으로부터도 자유로울 수 있게 해 준다. 사고를 열어 가고 세계관을 개방하는 방법은 성현들이 애써 찾아낸 결론에 있는 것이 아니라 끊임없는 '왜'라는 물음과 자기부정에 있는 것이다.

우리는 성현들의 결론에 대해 끊임없이 '왜'를 물어 갈 때 그들이 발견하지 못한 새로운 세계를 발견할 수 있고, 자기부정을 할 수 있을 때 자신의 세계관으로부터도 자유로울 수 있다. '왜'라는 물음과 자기부정은 우리에게 진리와 이상을 추구할 수 있는 계기를 마련해 준다. '왜'라고 묻는 과정 자체가 '원인의 원인'은 물론 '방법의 방법'을 찾는 방법이 된다. 그리고 '왜'를 묻는 자신이 자신을 부정할 수 있어야 자신으로부터 자유로울 수 있다. 자신을 부정한다는 것은 자신을 포함한 일체를 공무(空無)로 만드는 것이 아니다. 자기부정의 목적은 본체를 부정하는 것에 있는 것이 아니라, '존재라는 함정'에 빠진 본체론적 세계관의 한계를 넘어 자유정신을 얻을 수 있도록 하는 데 있는 것이다.

'왜'라는 물음과 자기부정은 바로 자유의 날개이다. 그것은 궁극적으로 우리 자아의 자기실현 활동이므로 새로운 세계관과 방법의 천변만화도 그 과정 속에서 이루어진다. 진정 깨어 있고 개방된 자아만이 자동성·자율성·자주성 등을 가지고 자기를 실현할 수 있으며, 이것은 끊임없이 새로운 탄력성 있는 세계관을 열어 줄 것이다. 그런 면에서 철학의 결론은 단언적 긍정문보다 부정문이나 의문문의 형태를 취함으로써 독자의 사고에 날개를 달아 주어야 하지 않을까?

5. 중국 철학의 방법상 특질과 주요 방법

1) 중국 철학의 방법상 특질

방법상 중국 철학의 주요 특질은 무엇인가? 중국 철학은 전통적으로 분석적 방법을 싫어한다. 그런 특질은 생명을 중시하는 중국인의 세계관에 의해 형성된 것이다.[9] 즉 중국 철학에서 이해하는 생명의 개념은 대부분 전체와 단절된 개체 생명이 아니라 전체와 조화된 우주 생명이다. 그것은

---

9   중국 철학은 생명을 중심으로 하여 교훈·지혜·학문 그리고 修行을 전개했다.(牟宗三,『中國哲學的特質』, 臺北, 學生書局, 1980, 5쪽)

전체와 일체화된 삶 속에서 세계를 거시적·포괄적으로 이해하려는 세계관에서 나온 것이다. 그런 세계관은 철학 분야에서 거시적·합일적·일체적 방법을 취하게 되었다.

중국 철학은 수양과 실천을 중시한다. 수양과 실천의 주체 속에 이미 방법과 목적 등이 내재하기 때문에, 목적은 곧 방법이고 방법은 곧 목적이 된다. 그래서 방법을 목적과의 관계로 나누어 보려 하지 않는다. 유·도·불가 철학이 주체성과 내재적 도덕성을 중시한 것[10]은 바로 이 때문이다. 또 수양과 실천도 자아의 자기실현이라는 측면에서 역시 분석적이지 않다. 중국 철학 대부분은 무엇을 위해서가 아니라 생명이든 자아이든 자기실현 그 자체를 목적으로 삼기 때문이다. 중국 철학은 사유·수양뿐만 아니라 학문 연구도 실천적 삶 속에서 말하고 있기 때문에, 순수 이론화하는 작업 또한 싫어한다. 중국 철학을 방법 중심으로 연구하는 것을 반대하는 것은 말할 것도 없다. 그러나 철학은 물론 그 어느 것도 방법 아닌 것이 없다고 보면 순수 이론이라고 배척할 이유도 없는 것이다.

경전의 수양·실천적 명제는 세계관적 범주로 인식할 수 없는 물아일체의 경지에서 직관으로 얻은 것들이다. 내용과 방법을 분리할 수 없고 그 자체가 이미 방법이고 내용이므로, 그들 명제는 방법이 내용으로부터 독립적으로 존재한다고 봐서는 안 된다는 것이다. 이렇게 한 철학자의 사상 내용·형식·방법이 일체화되어 있는 것이 중국 철학의 대체적인 특질이다. 중국 철학에서 방법에 관한 연구를 부정적으로 보는 또 다른 이유는 방법과 최고 목적인 도를 마치 상대적인 것으로 볼까 염려하기 때문이다. 왜냐하면 도는 곧 내용·본체·방법 등이 일체화된 것이기 때문에, 내용도

10　중국 철학은 주체성(Subjectivity)과 내재적 도덕성(Inner morality)을 특히 중시했다. 중국 사상의 3대 주류인 儒釋道 3교는 모두 주체성을 중시했다. 그런데 유가만이 이 주류 중의 주류로서, 주체성을 특수하게 규정하여 내재적 도덕성을 도덕적 주체성으로 만들었다.(牟宗三,『中國哲學的特質』, 臺北, 學生書局, 1980, 4쪽)

도이고 본체도 도이며 방법도 도이다. 그래서 필자는 중국의 유·도·불가 철학을 방법 중심으로 볼 때, 방법론이란 이름보다는 오히려 도론(道論)이나 도학(道學)이란 이름이 더 적합하다고 생각한다.

2) 중국 철학의 주요 방법

중국 철학의 주요 방법은 무엇인가? 중국 유·도·불가의 최고 목적은 생명 사랑을 위한 자아실현에 있으므로, 그 실현 방법은 자아를 따르는 것이다. 자아를 따르는 것, 즉 본성의 자기실현을 최고의 방법으로 사용하는 것은 본성의 자기실현이 본성의 자기 내적 주체·목적·방법·동력 등에 따라 이루어지기 때문이다. 그것을 유가는 도덕 본성의 측면에서, 도가는 자연 본성의 측면에서, 불가는 불성의 측면에서 보았다는 차이뿐이다.

유·도가에서 자아실현을 위한 보다 구체적 방법으로 제시한 것은 중용이다. 중국 철학은 수양·실천 위주의 철학이기 때문에 현실의 상대적 관계를 극복하지 않으면 안 되었다. 그래서 제시된 현실적 방법이 바로 중용인 것이다. 예를 들어 『주역』에서는 음양의 조화 속에서 중용을 추구하고 있고, 공자는 문(文)과 질(質)의 조화 속에서 중용을 추구했으며, 맹자는 내적 도덕성과 외적 중도(中道)와의 조화 속에서 중용을 추구했다. 한편 노자와 장자는 인간과 자연의 조화 속에서 중용을 추구했다.

유가는 문제의식으로 사물을 선후본말(先後本末)로 분석하므로, 그 방법상의 특질은 과정을 중시하는 것이지만, 끝에 가서는 중용 속에서 그런 상대적 대립 관계를 조화·소멸시킨다. 도가는 유가와 달리 문제의식 자체를 해소하려 하므로 아예 사물을 선후본말 등으로 분석하려 하지 않았다. 특히 장자는 환중(環中)으로 문제의식 자체를 제거했다. 유가는 인간의 문화 활동을 적극적으로 긍정하는 세계관을 가지고 있으므로 방법들도 구체적이고 적극적이다. 그런가 하면 도가는 인간의 문화 활동을 부정하는 세계관을 가지고 있으므로 인위적 요소를 제거하는 방법을 취한다.

3) 중국 철학의 한계 극복 문제

중국 철학의 한계를 극복하고 새로운 세계관을 수립하려면, 먼저 중국 철학을 여섯가지 세계관적 범주로 분석해야 한다. 그 과정에서 중국 철학의 부족한 세계관적 범주나 그들 간의 관계를 밝힘으로써, 새로운 세계관 수립의 단서를 찾아내야 할 것이다. 부족한 세계관적 범주나 그들 간의 관계를 보강하기 위해서는 새로운 세계관적 목적을 수립하는 것이 중요하다. 세계관적 목적은 어떻게 수립할 것인가? 그것은 문제의식이 지향하는 방향이며, 또 사물과의 관계 속에서 주체가 지향하는 하나의 방향이다. 그런 세계관적 목적은 대체적으로 시대적 요청에 의해 결정되지만, 자아실현의 경지를 확보하고 시대적 요청을 받아들여 우리의 세계관적 목적을 보다 높은 데 둠으로써 다른 철학 사상을 수용할 수 있어야 할 것이다.

　중국 철학의 한계와 극복해야 할 문제는 무엇인가? 그것은 바로 중국 철학의 방법과 본체가 일체로 융합되어 있다는 것이다.[11] 그 대표적인 예가 『주역』·유가·도가 철학이며, 그 까닭은 그들 철학이 인중유과론적이기 때문이다. 인중유과론적 철학은 본체에서 현상을 연역해 내는 것이기 때문에 본체와 현상의 관계는 완벽하게 일치시킬 수 있지만, 문제는 존재의 함정에 빠져 있다는 것이다. 즉 본체가 존재하지 않으면 어떤 것도 설명할 수 없다는 자기 함정인 것이다. 그러면 그런 존재의 문제를 넘어서 자신으로부터도 자유로울 수 있는 방법은 있을 수 없는 것인가?

[1996년][12]

11　成中英, 「中國哲學中的方法詮釋學」 ― 非方法論的方法論, 『臺大哲學論評』第14期, 民國80年[1991], 249~288쪽

12　「중국 철학 방법론 서설」, 『동양철학』 7집, 동양철학회, 1996.12.에 게재한 것을 수정 보완함.

제2장

중국 철학 방법의 형이상학적 기초

중국 철학 방법의 기초는 어디에 있는가? 중국 유·도·불가 철학은 본체 속에 일체 작용을 전제하고 있기 때문에, 방법(How)이 본체 속에 들어 있다. 특히 그 무엇(What)이 방법(How)으로 전환되는 것은 목적(Why)이 결정하기 때문에, 같은 사물(What)이라도 목적(Why)에 따라 다르게 쓰일(How) 수 있다. 그 왜(Why)가 세계관적 목적인데, 그것이 여러 가지거나 없으면 그 방법은 하나의 체계로 설명되기 어렵다. 예를 들어 『회남자』는 제자백가를 통합하기 위해 이과동도(異科同道)라는 세계관적 목적을 세웠으나, 본체론은 도가, 실천론은 유·묵·법·명·병가 등의 방법을 취하였기 때문에 방법과 목적 또는 방법들 간에 엉킴 현상이 발생했다.[1] 그래서 본 장에서는 중국 철학의 목적(원인, 이유, Why)과 무엇(What)·방법(How)의 관계를 밝히기 위해 본체론을 논하고자 한다.

---

1   필자는 『呂氏春秋』·『淮南子』·揚雄이 춘추 전국 시대의 제자백가 철학을 절충하였기 때문에 折衷家로 분류하였다. 이 책 26장을 참조 바람.

1. 중국 철학 본체론의 특징

만사만물은 과연 어떻게 존재하는 것일까? 또 그렇게 존재하게 되는 까닭은 무엇일까? 고대 그리스의 데모크리토스(Democritos)는 형이상학적 존재로서 더 이상 나눌 수 없는 것을 원자(a-tom)라고 말했다. 그러나 현대 물리학에서는 그것을 물질계에 적용하여 원자는 양성자(Proton, +), 중성자(Neutron), 전자(Electron, -)로 구성되어 있다고 분석해 냈다. 그런데 입자 물리학자들은 원자핵을 이루고 있는 양성자와 중성자 및 그것들 사이에 교환되는 π 중간자가 쿼크(Quark), 즉 소립자로 구성되어 있다는 것 발견했다. 그러나 그것이 물질의 마지막 모습인지, 그리고 그것의 본질이 어떤 것인지는 아직 알 수 없다. 설령 알 수 있다 하더라도 그것은 어디까지나 물리학적 대상이지 형이상학적 대상은 아니다.

형이상학적 대상이 되는 본체(本體), 또는 실체(實體)는 어떤 존재이고, 그의 본질은 무엇이며, 현상계와 어떤 관계가 있는 것인가? 경험론자인 흄(D. Hume)은 감각 경험에서 독립된 자아의 존재도 인정하지 않았다. 칸트(I. Kant)도 형이상학적 본체는 알 수 없지만, 본체는 변화하는 현상계를 설명하기 위해 없어서는 안 된다고 요청했다. 그러나 이성론자들은 본체를 알 수 있을 뿐만 아니라, 그것은 바로 만물의 근본적인 존재 원리라고 주장한다. 그것이 비록 실용을 위한 하나의 철학적 전제일 뿐이라고 하더라도 가치가 있는 것이다.

철학적 대전제는 그의 세계관적 목적에 따른다. 세계관이란 세계를 바라보는 관점이다. 그것은 그냥 바라보는 것이 아니라 어떤 목적을 가지고 바라보는 것이다. 즉 세계관이란 어떤 목적 하에 만사만물을 바라보는 관점이다. 사물을 철학적 목적으로 보면 철학적 세계관이 되고, 문학적 목적으로 보면 문학적 세계관이 되며, 과학적 목적으로 보면 과학적 세계관이 된다. 그렇게 세계관을 결정하는 것이 바로 세계관적 목적이다.

중국 철학의 세계관적 목적은 어디에 있는가? 그것은 실천에 있다. 그렇기 때문에 만물과 인간, 전체와 개체가 함께 중용적 조화를 이루는 천인합덕이 최고 목표이다. 그것은 동시에 지행합일(知行合一)을 추구하기 때문에, 인식론·형이상학·가치론을 삼위일체적으로 논한다.

중국 철학에서 본체란 어떤 것인가? 중국에서 형이상학적 의미의 본체를 맨 처음 사용한 것은 장재(張載, 1020~1077)일 것이다. 그는 "형체가 없는 태허(太虛)의 기(氣)를 본체"[2]라고 보았으므로, 그의 본체는 근본적인 원기(原氣)를 의미했다. 한편 주희(朱熹, 1130~1200)는 『대학』의 주석에서 명덕(明德), 또는 인간의 도덕 본성을 본체라고 말했다.[3]

일본에서 서양 철학을 도입하면서 Metaphysics를 형이상학이라 번역했고, 본체는 현상의 근본에 있는 형이상학적 진실한 존재를 지시했기 때문에, 웅십력(熊十力) 등의 근·현대 학자들은 실체라고 부르기도 했다. 중국에서도 Metaphysics를 형이상학·형상학(形上學)·본체론·천도론·현학(玄學)이라 부르며, 협의의 형이상학을 본체론이라고도 한다. 우리나라에서는 Metaphysics를 형이상학으로, Ontology를 본체론이나 존재론으로, Cosmology를 우주론으로 번역했고, 위진 시대의 『주역』·『노자』·『장자』를 삼현(三玄)이라는 개념으로 부르는데, 크게 말하면 모두가 형이상학에 속하는 것들이다.[4]

서양 철학에서 플라톤(Plato)의 이데아(Idea)는 본체를 의미했지만, 현상계는 단지 이데아의 그림자일 뿐 진실 존재는 아니었다. 그리고 아리스

---

2   太虛無形, 氣之本體.(『正蒙』「太和篇」)

3   但爲氣稟所拘, 人欲所蔽, 則有時而昏. 然其本體之明, 則有未嘗息者.(『大學』經1章의 朱熹의 註)

4   『세계철학대사전』(서울, 교육출판공사, 1980)에서 본체론을 찾으면 존재론을 보라고 되어 있고(430쪽), 존재론을 찾으면 존재론을 본체론·실체론이라고도 한다고 정의하고 있다(996쪽). 본문에서는 중국 철학에서 주로 사용하는 本體라는 말을 취하여 본체론이라고 부른다.

토텔레스(Aristotle)의 실체인 우시아(Ousia)는 순수 형상을 의미하거나
또는 속성을 지탱해 주는 주체 등을 의미했다. 한편 칸트 철학에서 요청
한 형이상학적 물자체(物自體, Ding an Sich)는 가치론에서 밝히고자 하
는 최고선이나 인식론에서 밝히고자 하는 진리와 완전히 일치하는 것은
아니었다. 본체를 경험 불가능한 존재로 보았기 때문이다.

중국 본체론의 목적은 근본 원리를 찾아 실천 방법으로 삼으려는 데 있
다. 그래서 중국 철학에서 형이상학적 요소만을 논하게 되면, 근본 원리
와 실천 방법이 동시에 현실과 자아 속에 있어야 한다는 요구를 충족하기
어렵고, 현실의 가치와 존재의 문제를 함께 논하기도 어렵다. 또 본체론
을 우주의 생성이나 변화 현상 속에서 함께 말하기 때문에 우주론과도 분
리하여 논하기도 어렵다.

중국 철학에서 말하는 본체에 대한 정의를 중국 근·현대 철학자인 웅
십력(熊十力, 1884~1968)의 견해로 정리하면 다음과 같다. "① 본체는
만리(萬理)의 근원이고, 만덕(萬德)의 단초이며, 만화(萬化)의 시작(즉 근
본)이다. ② 본체는 바로 절대적이면서 상대적이고, 상대적이면서 절대적
인 것이다. ③ 본체는 시작도 없고 끝도 없다. ④ 본체는 무궁무진한 작용
으로 드러나니 변역(變易)적이라고 말할 수 있다. 그러나 작용의 유행은
결국 그 본체 고유의 생생(生生)하는 상도를 바꾸지 않았으므로, 건원의
건동(健動)에서 시작하여 다양한 덕성(德性)이 생겨나는 것에 이르기까지
모두 불변적인 것이라고 해야 한다."[5] 중국 철학의 본체론을 본체 위주,
현상 위주, 그리고 양자 평등의 세 부류로 나누어 그 구조와 학술적 성격
을 살펴본다.

---

5   有問, 本體具何等義? 答曰, 略說四義. 一, 本體是萬理之原, 萬德之端, 萬化之始. 二,
本體卽無對卽有對, 卽有對卽無對. 三, 本體是無始無終. 四, 本體顯爲無窮無盡的大用, 應
說是變易的. 然大用流行, 畢竟不曾改易其本體固有生生, 健動乃至種種德性, 應說是不變
易的.(熊十力, 『體用論』, 臺北, 學生書局, 1980, 9쪽)

2. 중국 철학의 본체론

1) 유가: 道, 仁, 理, 乾元, 太極

(1) 도기론적 논의

유가의 본체론은 『주역』에서 시작되었다. 즉 『주역』에서는 "형체를 갖추기 이전의 세계를 도(道)라 하고, 형체를 갖춘 이후의 세계를 기(器)라 한다"[6]고 말했다. 이 말은 형이상의 것과 형이하의 것을 구분하기 위해 도와 기라는 기존의 개념을 빌려 설명하는 것으로서, Metaphysics를 형이상학(形而上學)이라고 번역한 말의 어원이 되었다.

『주역』의 본체론은 생명의 화생(化生)을 중심으로 형이상자와 형이하자의 것을 논의하는 것이다. 그것은 「계사전」의 "하늘에서는 형상을 이루고, 땅에서는 형체를 이룬다"[7]는 말에 기초하여 이루어진 것이다. 그래서 웅십력은 태극과 건원을 본체라고 말한다.[8] 그러나 『주역』에서 변화에는 일정한 본체가 없다는 역무체(易无體)에 대해 주희는 "역의 변화에는 형체가 없다"[9]고 해석했고, 풍우란(馮友蘭)은 "일정한 방식을 말할 수 없다"[10]고 해석했다. 그것은 역(易)이 동사형 개념이라는 말이다.

그렇게 새로운 생명의 화생 과정에서 땅이 하늘을 따름으로써 만물의 형체를 이루기는 하지만, 플라톤 철학에서처럼 만물은 이데아를 모방한 그림자 같은 존재는 아니다. 오히려 만물은 하늘의 도를 본질로 하기 때문에 진실한 존재이고, 하늘의 도를 실현하는 존재라는 것이다.

『주역』에서 음양의 형체를 갖추기 이전의 태극은 우주론적으로 모든

---

6 形而上者謂之道, 形而下者謂之器.(『周易』「繫辭傳上」12章)

7 成象之謂乾, 效法之謂坤.(『周易』「繫辭傳上」5章)

8 乾元謂本體.(熊十力, 『體用論』, 臺北, 學生書局, 1980, 25쪽), 太極是宇宙實體, 亦名乾元.(같은 책, 107~108쪽)

9 易之變化, 无有形體也.(『周易』「繫辭傳上」4章)

10 不可爲典要.(馮友蘭, 『新原道』, 臺北, 출판사 , 출판 연도 불명, 86쪽)

생명의 근원자가 된다. 이것은 "역(易)에는 태극(太極)이 있고, 이것이 양의(兩儀), 즉 음양으로 화생했다"[11]고 한 「계사전」에서 확인할 수 있다. 그러므로 『주역』에서 태극은 바로 만물의 본체이다. 『주역』은 이에 기초하여 "천지의 가장 큰 덕은 생명을 화생하는 것이고[生], 성인의 가장 큰 보배는 실천적 시공상 중용이며[位], 그 중용을 지키는 방법은 인(仁)"[12]이라고 말했다. 여기서 말하는 생명·중용·인은 본체인 태극이 구체적 현상 속에서 나타난 것들이다.

　그런 음양론은 사물의 존재 양태를 규명하려는 것보다는, 생명 창조 과정을 밝히고 인(仁)의 근거를 도출하여 윤리 도덕 현상까지 설명하려는 것이다. 음양론은 사물이 어떤 모습으로 존재하고 있느냐 하는 존재의 문제보다는, 어떻게 생명이 화생되는가 하는 것이 주된 문제였기 때문에, 『주역』의 도기론(道器論)은 본체론보다는 우주론에 가깝다.

　『주역』은 본래 자연 관찰에서 비롯된 것이지만, 공자가 인간 본성 속에서 자연의 원리를 발견하면서 자연 중심의 철학에서 인간 중심의 철학으로 전환된 것이다. 그가 발견한 자연과 인간의 본체는 바로 인간의 도덕 원리인 인(仁)이다. 그래서 천명을 본성이라고 한다는 『중용』의 말처럼, 자연의 도와 인간의 본성을 동질적인 것으로 해석하게 된 것이다. 그래서 『주역』의 도기론은 우주론적이면서 본체론적이다.

　유가의 본체와 현상을 도와 기의 관계로 나누어 보겠다. 첫째는 도가 먼저이고 기가 그다음인 도선기후의 경우이고, 둘째는 기가 먼저이고 도가 그다음인 기선도후의 경우이며, 셋째는 도와 기에 선후가 없는 경우이다.

11　易有太極, 是生兩儀.(『周易』「繫辭傳上」11章)
12　天地之大德曰生, 聖人之大寶曰位, 何以守位曰仁.(『周易』「繫辭傳下」1章)

① 도선기후

도선기후(道先器後)의 예는 주희의 말에서 찾을 수 있다. 즉 그는 『주역』에 기초를 두고 "태극은 형이상의 도(道)이고, 음양은 형이하의 기(器)"[13]라고 말했다. 이것은 정이(程頤, 1033~1107)의 "음양이 되는 까닭이 도이고, 음양은 기(氣)이다. 기는 형이하의 것이고, 도는 형이상의 것"[14]이라는 전제하에서 한 말이다. 그래서 주희도 "이(理)라는 것은 형이상의 도로서 만물이 생겨나는 근본이고, 기(氣)라는 것은 형이하의 기(器)로서 만물이 생겨날 때 갖추는 것"[15]이라고 말했고, 또 "일음일양지위도(一陰一陽之謂道)라는 것은, 일음일양을 도라고 할 수 없고 도가 음양을 떠나지 않는다는 것을 지시하는 것"[16]이라고 말했다. 음양을 이미 변화하는 현상계로 보고, 그의 변화 원리를 도라고 보아 도와 기를 양분한 것이다.

청대의 대동원(戴東原, 1724~1777)은 주희의 "일음일양하는 것을 도라고 말하는 것은 이미 형기(形器)의 세계로 건너간 것"[17]이라는 주장에 반대하여, "형(形)이란 이미 형질을 이룬 것을 말한다. 형이상이란 형이전(形以前)이라는 말과 같고, 형이하란 형이후(形以後)라는 말과 같다. 음양은 형질을 이루기 이전이므로 형이상자라고 말해야 하며, 형이하자가 아닌 것은 분명하다"[18]고 말했다.

13　太極, 形而上之道也. 陰陽, 形而下之器也.(周敦頤, 『周子全書』, 臺北, 廣學社, 1975, 7쪽「太極圖說」의 朱熹의 註)

14　所以陰陽者是道也. 陰陽氣也. 氣是形而下者, 道是形而上者.(『二程集』[上], 「伊川語錄」, 臺北, 里仁書局, 1982, 162쪽)

15　理也者, 形而上之道也. 生物之本也. 氣也者, 形而下之器也. 生物之具也.(『朱子大全』[卷58], 「答黃道夫」)

16　一陰一陽之謂道, 指一陰一陽爲道則不可, 而道則不離乎陰陽也.(『朱子語類』[卷75], 1931쪽)

17　謂一陰一陽之謂道, 已涉形器.(『朱子大全』[卷59], 「答郭子順」)

18　形謂已成形質. 形而上猶曰形以前, 形而下猶曰形以後. 陰陽之未成形質, 是謂形而上者也, 非形而下明矣.(『孟子字義疏證』, 「天道」, 中國學術名著今釋語譯, 清代編, 350쪽)

다른 한편에서는 음양을 기(器)나 기(氣)가 아닌 도(道)로 보는 견해도
있다. 『황제내경』에서는 "음양은 천지의 도로서, 만물의 기강이고, 변화
의 부모이며, 살리고 죽이는 것의 근본이고, 신명(神明)의 집"[19]이라고 말
했다. 이와 같이 학자에 따라 음양을 형이상자로 보기도 하고 형이하자로
보기도 한다.

도선기후의 사상 모형에서 도는 본체론적으로는 최고의 근본 원리이
고, 우주론적으로는 만물의 근원이며, 가치론적으로는 지선무악(至善無
惡)한 최고의 가치이고, 종교적으로는 천지신명으로서 보본반시(報本反
始)해야 하는 지존의 대상이다.

② 기선도후

기선도후(器先道後)의 예는 왕부지(王夫之, 1619~1692)의 말에서 찾
을 수 있다. 그는 "세상에는 오직 기(器) 뿐이다. 도(道)라는 것은 기(器)
의 도로서, 기를 도의 기라고 말할 수는 없다. 사람들은 도가 없으면 기도
없다고 말할 수 있다고 하지만, 진실로 기가 있는데 어찌 도가 없을까 걱
정을 하는가?"[20]라고 말했다. 이것은 우주론적인 접근을 차단하고, 있는
현상계를 출발점으로 하여 본체를 논하는 것이다.

담사동(譚嗣同, 1865~1898)은 "도는 용(用)이고, 기(器)는 체(體)이
다. 체가 서 있으니 용이 운행되는 것이고, 기가 있으니 도 역시 없어지지
않는다. …… 기가 이미 변했으니, 도만이 어찌 홀로 변하지 않겠는가?
사물이 변해도 여전히 기이니, 역시 여전히 도를 떠나지 않는다"[21]고 말했

---

19   黃帝曰, 陰陽者, 天地之道也. 萬物之綱紀, 變化之父母, 生殺之本始, 神明之府也.(이
경우 역해·편주, 『黃帝內徑素問』「陰陽應象大論」, 서울, 여강출판사, 2001, 155쪽)

20   天下惟器而已矣. 道者器之道, 器者不可謂之道之器也. 无其道則无其器. 人類能言
之, 雖然苟有其器矣. 豈患无道哉!(『船山遺書全集』[2], 「周易外傳」[卷5], 1013쪽)

21   故道, 用也. 器, 體也. 體立而用行, 器存而道不亡. …… 器旣變, 道安得獨不變, 變而
仍爲器, 亦仍不離乎道.(譚嗣同, 『譚嗣同全集』, 「報貝元徵書」, 臺北, 華世出版社, 1977,

다. 담사동의 체용론 역시 왕부지와 그 사상 맥락을 같이 하는 것이다.

③ 도와 기에 선후가 없는 경우

주희는 우주론적으로는 도선기후론자에 속하지만, 현상의 문제에 대해서는 "기(器) 역시 도(道)이고, 도 역시 기이다. 도와 기는 분별이 있으나, 서로 떨어지지 않는다"[22]고 말했다. 도와 기는 모든 만물이 다 가지고 있는 것이기 때문에, 도가 있으면 기가 있고 기가 있으면 도가 있다는 것이다. 그래서 현상계의 존재 원리를 설명하는 단계에서는 이기론에서 말하는 이기불상리불상잡(理氣不相離不相雜)의 원리, 즉 이와 기는 서로 분리되지도 않고 섞이지도 않는다는 원리를 그대로 적용하고 있는 것이다.

『주역』에서 비롯된 도(道)는 원리·근원·본체·본질 등을 지시하기 때문에, 그와 유사한 개념도 많이 있다. 태극(太極)·천(天)·인(仁)·태허(太虛)·태화(太和) 등이 그것이다. 그러나 이들 개념을 본체론적으로만 접근하는 것은 중국 철학의 특질상 불가능하고, 우주론적 접근은 물론 수양 실천을 통한 인식론적 접근과 가치론적 접근을 함으로써 경험에서 얻는 미립으로 실천적인 증명을 할 수 있어야 한다.

(2) 이기론적 논의

이기론(理氣論)은 정이와 주희에 이르러 하나의 체계로 완성된 유가의 또 다른 본체론이다. 도기론에서 도를 형이상자로 보고 기(器)를 형이하자로 보듯이, 이기론에서도 이와 기를 형이상자와 형이하자에 각각 대입시켰다. 주희는 "이(理)라는 것은 형이상의 도(道)로서 만물이 생겨나는 근본이고, 기(氣)라는 것은 형이하의 기(器)로서 만물이 생겨날 때 갖추

390~391쪽)

22   器亦道, 道亦器, 有分別而不相離也.(『朱子語類』[卷75], 1935쪽)

는 것"[23]이라고 말했다. 여기서 말하는 이는 태극이면서 음양의 기가 따르는 원리이며, 기는 음양의 기로서 만물이 갖추고 있는 질료에 해당하는 것이다. 이기론은 이런 면에서 우주론이면서 존재론이고 본체론이다.

이기에 대한 현대적 해석으로, 성중영(成中英, 1935~)은 "기는 변화의 과정, 사물의 실질, 존재의 재료 내용이고, 이는 사물의 변화 법칙, 존재의 형식, 실질의 구조, 사물과 사물의 관련 질서 등"[24]이라고 말했다. 이는 이와 기가 사물 성립의 필수 조건으로서 이기불상리불상잡의 관계를 가지고 있다는 것을 의미한다. 그래서 현상계의 모든 사물은 이기의 결합체이며, 이나 기 하나만으로 되어 있는 것은 있을 수 없다는 것이다. 이기론적 본체론 역시 이선기후의 경우, 기선이후의 경우, 선후가 없는 경우 등으로 나누어 보자.

① 이선기후의 경우

맹자는 "마음이 마찬가지인 것은 무슨 까닭인가? 이(理)라는 것과 의(義)라는 것이 있기 때문"[25]이라고 말했다. 이렇게 맹자에게서 이와 의는 인의예지와 같은 보편적인 인간 본성으로서 본체의 의미도 내포하는 것이다.

주희는 "천지가 있기 전에 필경 그런 이치가 있는가? 천지가 있기 전에 필경 단지 그런 이치뿐이었다. 그런 이치가 있어야 바로 천지가 있는 것"[26]이라고 말했다. 그러나 주희의 이기론은 반드시 이선기후(理先氣後)라고 할 수는 없다. 즉 "반드시 이가 있고 기가 있는 것인가? 본래 선후라

23　理也者, 形而上之道也. 生物之本也. 氣也者, 形而下之器也. 生物之具也.(『朱子大全』[卷58],「答黃道夫」)
24　成中英,『論中西哲學精神』, 上海, 東方出版中心, 1996, 159쪽
25　心之所同然者何也? 謂理也義也.(『孟子』「告子上」7)
26　未有天地之先, 畢竟是先有此理, 如何? 未有天地之先, 畢竟也只是理. 有此理, 便有此天地.(『朱子語類』[卷1], 1쪽)

고 말할 수 없다. 그러나 근원을 따라 말하자면 이가 먼저 있어야 한다고 말해야 된다"[27]는 것이다. 만물에서는 선후를 말할 수 없지만, 우주론적 근원과의 관계에서는 이선기후라고 말해야 된다는 것이다.

주희의 견해는 가깝게는 만물의 근본인 태극은 하나의 이(理)이지만, 나누어져 만물이 되면서 각기 달라진다고 보는 정이의 이일분수설(理一分殊說)에 기초한다. 그런데 일본의 삼삼수삼랑(森三樹三郎)은 이 이일분수설이 축도생(竺道生, 375~434)의 『법화소』(法華疏)에 나오는 이(理)는 항상 하나이지만, 그로부터 나타나는 현상은 매우 다르다고 한 말이 그 근원이라고 보았다.[28] 그러나 『주역』에서는 "역에는 태극이 있고, 태극은 음양으로 화생했으며, 음양이 4상(四象)으로 화생했고, 4상은 8괘로 화생했다"고 했는데, 이에 대해 송대의 소옹(邵雍, 1011~1077)은 "8괘가 서로 교차한 후에 만물이 생겨났다"고 덧붙였다. 또 맹자는 "하늘이 만물을 낳는 것은 그로 하여금 근본이 하나이게 하였다"[29]고 말했으며, 주돈이(周敦頤, 1017~1073)도 이미 "하나의 본체는 만물로 나누어진다"[30]고 말했다. 그래서 주희는 장재의 「서명」(西銘)에 대한 주에서 정이가 이일분수를 밝혔다고 말하면서도, 주돈이의 말을 인용하여 "하나의 본체는 만물로 나누어지지만, 만물이 하나같이 각기 바르게 되는 것은 바로 이일분수가 작용하기 때문"[31]이라고 말했다.

이일분수설의 근원이 누구에게 있든 간에, 그의 목적은 만물의 근원을 밝히면서 삼라만상의 차이점을 함께 설명하려는 것이다. 즉 이일분수는

27　必有是理, 然後有是氣, 如何? 曰, 此本無先後之可言. 然必欲推其所從來, 則須說先有是理.(『朱子語類』[卷1], 3쪽)

28　모리 미키사부로 저, 임병덕 역, 『중국사상사』, 서울, 온누리, 1986, 177쪽 참조.

29　天之生物也, 使之一本.(『孟子』「滕文公上」5)

30　一實萬分.(『通書』「理性命」)

31　一實萬分, 萬一各正, 便是理一分殊處.(周敦頤, 『周子全書』, 臺北, 廣學社, 1975, 169쪽 朱熹의 註)

본체론과 우주론이 공존하는 명제로서, 만물의 차이를 수렴할 수 있는 이(理)의 보편성과 만물의 차이를 드러낼 수 있는 기(氣)의 특수성을 동시에 긍정하려는 것이다. 이일(理一)이란 열린 세계를 말하고 분수(分殊)란 닫힌 세계를 말하나, 이일과 분수는 다른 것이 아니므로, 함께 연결하여 '닫힌 듯 열린 세계'라고 말할 수 있다.

② 기선이후의 경우

기(氣)는 본래 자연 사물의 기운이나 생명력의 본질 등을 지시했으나 훗날 본체를 지시하게 되었다. 기를 원기나 기선이후(氣先理後)의 관계에서 보는 견해는 『장자』, 『여씨춘추』, 동중서(董仲舒, B.C.179~B.C.104)의 『춘추번로』, 유안(劉安, B.C.179~B.C.122)의 『회남자』, 왕충(王充, 27~104)의 『논형』, 그리고 장재·황종희(黃宗羲, 1610~1695)·왕부지 등에게 이어진다. 원기는 우주론적으로 이기나 음양의 근본이라는 것이다. 따라서 만물의 본체는 원기가 된다. 이런 기선이후의 이기론은 이선기후에 비해 그 성향이 비교적 자연주의적이다.

장자는 만물의 근원을 기(氣)로 보았다. 기는 우주론적으로는 만물의 근원이고, 실천론적으로는 삶의 제일 법칙이며, 형이상학적으로는 본체인 것이다. 그래서 만물은 하나의 기라고 하고, 그 기가 모이고 흩어지는 것에 따라 생사의 변화가 일어난다는 것이다. 장자의 기론은 기선이후가 아니라 일체를 기로 설명하는 것이다. 한대의 왕충도 "무릇 사람이 생기는 까닭은 음양의 기이다. 음기는 뼈와 살을 만들고 양기는 정신을 만든다"[32], "사람이 태어나기 전에는 원기 속에 있었으며, 죽은 다음에는 역시 원기로 복귀한다"[33]고 말했다.

32　夫人所以生者陰陽氣也. 陰氣主爲骨肉, 陽氣主爲精神.(『論衡』「訂鬼」)
33　人未生在元氣之中, 旣死復歸元氣.(『論衡』「論死」)

『여씨춘추』는 선진 시대 제자백가 철학 사상을 통합한 책으로, 음양오행의 기론 위에 제자백가 철학 사상을 통합하여 새롭게 건설한 것이다. 물론 그것의 기초가 되는 음양오행론(陰陽五行論)이 아직 미숙하여 4계절과 오행을 적절하게 결합하지 못한 구조적인 문제가 있지만, 후대의 중국 철학에 큰 영향을 끼쳤다.

동중서는 내용상으로는 유가 철학자로 분류하지만, 구조적으로는『여씨춘추』의 음양오행론 영향을 많이 받았으며, 그것의 부족한 부분을 보완하기도 하였다. 즉 오행의 상생상극(相生相剋)의 관계를 한마디로 "직접 관계는 상생(相生)하고, 간접 관계는 상승(相勝)한다"[34]고 정리했다. 상생의 관계는 "수가 목을 화생하고, 목이 화를 화생하고, 화가 토를 화생하며, 토가 금을 화생하고, 금이 수를 화생하고, 수는 다시 돌아와 목을 화생한다"는 것처럼, 목화토금수의 순차적 직접 관계를 말한다. 그러나 상극의 관계는 상생과 같은 방향으로 돌아가되 하나 건너만큼씩 관계를 갖는 간접 관계를 말한다. 그는 이런 음양오행설을 바탕으로 우주론을 원기 → 음양 → 오행 → 만물의 구조로 설명하였다. 그러다 보니 인간의 도덕 행위까지 음양오행의 작용으로 설명하게 되었다.

동중서의 음양오행론은 후대 송명 성리학자들에게 커다란 영향을 끼쳤다. 장재는 태허의 기를 이기의 근원자로 보아 "태허는 형체가 없는 것으로서, 기의 본체"[35]라고 말했고, 황종희는 "이(理)는 기(氣)의 이이므로, 기가 없으면 이도 없다"[36], 왕부지는 "기(氣)는 이가 의지하는 것이다. 기가 번성하면 이가 도달하게 된다"[37]고 말했다. 이들은 만물 간의 차별성을 출발점으로 하여 그의 본체에 접근하려 했다.

---

34   比相生而間相勝也.(『春秋繁露』「五行相生」)

35   太虛無形, 氣之本體.(『正蒙』「太和篇」)

36   理爲氣之理, 無氣則無理.(『明儒學案』「河東學案」, 144쪽)

37   氣者, 理之依也. 氣盛則理達.(『船山遺書全集』[17],「思問錄內篇」, 9668쪽)

③ 이와 기에 선후가 없는 경우

주희는 이선기후를 말하고, 장재는 기선이후를 주장했다. 그런데 호굉
(胡宏, 1106~1161)은 "천리와 인욕은 체는 같으면서 용이 다른 것이고,
같이 행하나 사정이 다른 것"[38]이라고 말했다. 이것은 인욕 밖에서 천리를
추구하여 인욕을 막고 천리를 보존한다는 알인욕존천리(閼人欲存天理)와
달리 인욕이 알맞은 속에서 천리를 추구한 것이다. 호굉의 견해가 우주론
적으로 이기 2원론으로 보이지는 않는다. 왜냐하면 그는 여전히 주자학
계열에 서 있기 때문이다.

2) 도가: 道, 無, 一, 無極, 太一

노자는 본체나 만물의 근원자로서의 도를 형용하기 위해 현(玄)·무(無)·
혼성(混成)·혼돈(混沌) 등의 개념을 사용하였고,[39] 장자 역시 "관윤과 노
담은 …… 상(常)·무(無)·유(有)의 개념을 세우고, 태일(太一)을 종주로
삼았다"[40]고 말했다. 도가의 본체론은 노자로부터 시작된다. 그는 만물의
본체나 근원자로서의 도에 대해 "도는 1[有]을 화생하고, 1은 2[음과 양]
를 화생하며, 2는 3[음양과 和氣]을 화생하고, 3은 만물을 화생했다."[41],
"천하 만물은 유에서 나오고, 유는 무에서 나왔다"[42]고 보았다. 그는 그러
한 만물의 근원자인 도를 "물의 근원이 연못인 것처럼 도는 만물의 종
주"[43]이고, "만물의 오묘한 근원"[44]이라고 말했다. 아울러 "하늘은 하나를

---

38   天理人欲, 同體而異用, 同行而異情.(『宋元學案』[中], 「五峰學案」知言疑義, 779쪽)

39   此兩者同, 出而異名, 同謂之玄, 玄之又玄, 衆妙之門.(『道德經』1章) 有物混成, 先天
地生.(『道德經』25章)

40   關尹老聃 ……, 建之以常無有, 主之以太一.(『莊子』「天下篇」)

41   道生一, 一生二, 二生三, 三生萬物.(『道德經』42章)

42   天下萬物生於有, 有生於無.(『道德經』40章)

43   淵兮, 似萬物之宗.(『道德經』4章)

44   萬物之奧.(『道德經』62章)

얻어 청명하고, 땅은 하나를 얻어 고요하며, 신은 하나를 얻어 신령스럽고, …… 임금은 하나를 얻어 천하의 바름이 된다"[45]고 보고, 본체의 용을 사물이 사물일 수 있고 존재할 수 있는 이유라고 보았다. 그뿐만 아니라 도는 만물의 최후 귀속처이기도 하다.[46] 근원으로 돌아간다는 것은 변화의 종료를 의미하는 것이 아니다. 『도덕경』에서 그는 "가면 멀어지고 멀어지면 돌아온다"[47]고 하면서 그렇게 "돌아가는 것은 도의 움직임"[48]이라고 말했다. 『주역』의 "극점에 달하면 변한다"[49]는 말도 역시 물극필반(物極必反)적인 귀속을 말하는 것이다.

방동미(方東美, 1899~1977)는 도체(道體)를 무한 진실 존재인 실체로 보고, 네 가지로 정리했다. 즉 ① 도는 만물의 종주이다. 심원하여 헤아리기 어렵고, 그 존재는 상제보다 앞선다. ② 도는 천지의 뿌리로서, 그 본성은 무궁하고, 그 활용은 무진하며, 보아도 보이지 않고, 만물이 그로부터 말미암아 생긴다. ③ 도는 본래 하나[一]로서, 천지 만물 일체가 갖추고 있는 것이다. ④ 도는 일체 활동의 유일한 전형이나 법식이라고 정리했다. 아울러 도가 만물에 편재함으로 도용(道用)을 말했으며, 도의 속성으로 도상(道相)을 말했다. 그래서 그는 도의 전체 대용(大用)이, 무의 세계에서는 용이 체를 나타내고, 유의 세계에서는 체가 용을 나타낸다고 말했다.[50]

노자가 체라는 개념은 직접 사용하지 않았으나, 사물이나 도를 체로 삼고 그의 활용을 용으로 삼았다. 유거지용(有車之用), 유기지용(有器之用), 유실지용(有室之用), 무지이위용(無之以爲用)[51]처럼 사물의 활용을 용으로

45 天得一以淸, 地得一以寧, 神得一以靈, …… 侯王得一以爲天下貞.(『道德經』 39章)
46 復歸於無物, 是謂無狀之狀.(『道德經』 14章) 夫物芸芸, 各復歸其根. 歸根曰靜, 是謂復命.(『道德經』 16章) 復歸於無極.(『道德經』 28章)
47 逝曰遠, 遠曰反.(『道德經』 25章)
48 反者, 道之動.(『道德經』 40章)
49 窮則變.(『周易』 「繫辭傳下」 2章)
50 방동미 저, 남상호 역, 『원시 유가 도가 철학』, 서울, 서광사, 1999, 244~246쪽 참조.

여겼으며, 그런 용의 본질을 도라고 보았다.[52] 장자는 진일보하여 도를 "사물이면서 사물이 아닌 초월적 존재이기 때문에, 사물을 사물이게 할 수 있다"[53]는 물물자(物物者)를 원동자로 말했다.

불가의 공(空)은 비어 있는 속이 바깥을 지탱하여 둥근 공(球)을 형성하듯 바깥을 자아로 삼는 것이다. 그런데 비해 도가의 무(無)는 무형일 뿐 아니라 불변의 실체라는 것이다. 그래서 도가는 본체를 초월 세계가 아닌 자연 세계에 설정했다. 눈앞에 있는 세계 자체가 진실하고 완전한 도라는 것이다. 일체의 자연 변화는 모두 도의 움직임이고 화생이라고 보기 때문이다. 체와 용의 관계로 말하면 체용불이(體用不二)이고 즉체즉용(卽體卽用)이다.

3) 불가: 空, 佛性, 眞如

일반적으로 우리는 만물에 인과의 법칙이 있다고 보듯이, 불교에서도 만물이 인연에 따라 변화한다는 연기의 법칙이 있다고 보았다. 인연연기(因緣緣起)란 업(業, karma)을 동인(動因)으로 하여 생기는 것이다. 그런 업은 삼세를 윤회하면서 계속적으로 업을 낳게 되므로, 중생은 인연연기의 수레바퀴에서 벗어나지 못한다는 것이다. 그러므로 인연연기론은 중생의 무명(無明) 세계의 변화를 설명하는 현상론이다.

『반야심경』에서는 색즉시공 공즉시색(色卽是空 空卽是色)을 말한다. 그것은 만물에 자성(自性)이 없음을 말하면서 동시에 파상현성(破相顯性)[54]을 촉구하는 말이다. 즉 제법개공(諸法皆空) 일체개공(一切皆空)의 공(空,

---

51   『道德經』11章

52   反者, 道之動. 弱者, 道之用. 天下萬物生於有, 有生於無.(『道德經』40章)

53   物而不物, 故能物物.(『莊子』「在宥」)

54   大空學派開山諸哲, 實以破相顯性, 爲其學說之中樞.(熊十力, 『體用論』, 臺北, 學生書局, 1980, 78쪽)

Sunya)은 기본적으로 존재를 부정하는 말이지만, 동시에 색수상행식(色受想行識)의 오온(五蘊)[55]에 사로잡힌 사람으로 하여금 파상현성을 하게 하는 것이다.『대반야경』을 기본 경전으로 삼는 공종(空宗)의 경우 현상계의 변화 속에는 자성(自性)이 없음을 깨달아 본체인 진여(眞如)의 세계로 들어가야 한다고 말한다.

공종은 파상현성을 위해 제법개공이라고 말하다 보니 공에 빠지는 폐단이 생겼다. 그런 폐단을 치유하기 위해 나온 것이 유종(有宗)이다. 유종은 비유비공(非有非空)관을 바탕으로 하여 일체중생과 만물에 모두 진여가 있다고 말한다. 진여는 불생불멸하는 본성으로서 어떤 모습이든 진여의 자기 표현일 뿐인데, 단지 무명의 눈에는 생멸 변화만 보인다는 것이다. 공종이든 유종이든 본체를 깨달아야 한다는 점은 마찬가지이다. 불교는 연기 관계를 본체로 삼기 때문에 진공묘유(眞空妙有)라고 할 수 있다.

중중무진(重重無盡)한 연기 관계를 본체로 보는 것도 역시 마음의 작용이기 때문에 "이것이 있으면 저것이 있고, 이것이 없으면 저것도 없다. 이것이 생기면 저것이 생기고, 저것이 멸하면 이것도 멸한다"[56]고 말한다. 연기 관계 역시 자기희생성을 본체로 삼기 때문에 "모든 사물의 공한 모양은 불생불멸하고, 불구부정하며, 부증불감하는 것"[57]이라고 말하는 것이다. 즉 연기 관계는 자기희생성을 본체로 삼아 안쪽은 언제나 아무것도

55　五蘊의 蘊은 모인다는 뜻으로서, 色蘊·受蘊·想蘊·行蘊·識蘊을 가리킨다. 다시 말해 五蘊은 물질계와 정신계의 양면에 걸치는 일체의 有爲法(인연에 의해서 생기는 것)을 말하는데, 色은 물질 요소로서의 육체를 가리키고, 受는 감정·감각과 같은 고통·쾌락의 感受 작용을 가리키며, 想은 心像을 취하는 取像 작용으로서 표상·개념 등의 작용을 가리키고, 行은 수·상·식 이외의 모든 마음의 작용을 총칭하는 것으로서 특히 의지 작용·잠재적 형성력을 가리키며, 識은 인식 판단의 작용, 또는 인식 주관으로서의 주체적인 마음을 가리킨다. 五蘊은 불교의 인간관이다.

56　因此有彼, 無此無彼. 此生彼生, 此滅彼滅.(『中阿含』卷47)

57　諸法空相, 不生不滅, 不垢不淨, 不增不減.(『般若心經』)

없는 것이므로 생멸·구정·증감 등이 없다는 것이다.

이렇게 불교의 본체론 역시 어떤 진실 존재를 인정하지만, 그것은 깨달음이라는 특수 과정을 통해야 한다는 전제가 있다. 『육조단경』에서 "몸이 보리수이고 마음이 명경대라면, 때때로 갈고 닦아 먼지가 끼지 않게 하리"[58]라는 신수(神秀, 606~706)의 말에 혜능(慧能 혹은 惠能, 638~713)은 "지혜는 본래 나무가 없고, 마음 역시 틀이 아니다. 본래 아무런 사물도 없는데, 어디에 먼지가 끼겠는가?"[59]라고 말했다. 결국 신수는 아직 현상[色]의 세계에 머물러 있었기 때문에 스승에게 인정을 받지 못했고, 혜능은 진공묘유의 세계에 접근했거나 들어갔기 때문에 스승의 법통을 물려받게 되었다.

만물은 그 본체가 자기희생성으로 되어 있기 때문에 바깥쪽을 자아로 삼아 자기를 보여 주는 것이라고 설명하면 어떨까? 더욱이 생생불식(生生不息)하는 용 자체를 본체로 보는 것은 그런 자기희생성을 본질로 삼기 때문이라고 말하면 어떨까? 왜냐하면 불가에서 인연연기설을 주장하는 것도 바로 본체가 자기희생성을 본질로 하여 연기하는 현상 세계를 곧 진여라고 말하는 것이기 때문이다. 즉 불교의 본체론은 고정불변의 존재자로서의 본체가 아니라, 이것이 있기 때문에 저것이 있고 저것이 있기 때문에 이것이 있는 중중무진의 인연 관계를 실체로 보는 것이다.

3. 본체론 이외 영역과의 체용론적 이해

체용론(體用論)은 개념 사용상 승조(僧肇, 384~414)에서부터 구체적으

---

58   身是菩提樹, 心如明鏡臺, 時時勤拂拭, 勿使惹塵埃.(聖印法師 譯, 『六祖壇經』, 臺北, 天華出版社, 1982)

59   菩提本無樹, 明鏡亦非臺, 本來無一物, 何處惹塵埃.(『六祖壇經』)

로 거론되기 시작한 본체론의 한 형태이다. 즉 승조는 "용(用)은 곧 적(寂)이고, 적은 곧 용이다. 용과 적은 그 체(體)가 하나로서, 같이 나왔으나 이름을 달리하는 것"[60]이라 했다. 체용 개념은 불교의 영향 이전에 도가 철학에서 도와 만물의 관계를 설명하는 것에서 이미 나타났던 것이다. 이것은 내용상 『노자』 1장에서 "유와 무는 같은 것이었으나, 형체를 갖춘 세계로 나오면서 그 이름이 달라졌다"[61]고 한 것과 같은 유형의 본체론이다. 그러나 그것이 하나의 학술 체계로 완성된 것은 정이와 주희부터이다.

주희는 체용론을 도덕 형이상학에 적용하여 인간 본성과 도덕적 심리 현상이나 행위를 설명하는 데 대입했다. 즉 주희는 "인은 본성이고, 측은 해하는 것은 정이다. …… 본성은 체이고, 정은 용"[62]이라고 말했다. 이런 체용론적 본체론은 성리학자들의 세계관적 목적이 불가와 도가의 형이상학적 도전에 대응하면서 실천론 중심의 유가 철학을 지키기 위한 데 있었다. 그래서 송대의 호굉도 "성인의 도는 그 체를 얻으면 반드시 그 용을 얻는다. 체는 있으나 용이 없다면 이단과 무엇이 다르겠는가"[63]라고 말했으며, 왕부지 역시 "불가와 도가는 처음에는 모두 체를 세웠으나 용을 폐기했다. 용이 이미 폐기되었으니 체 역시 그 실질이 없는 것"[64]이라고 말한 것이다. 용이 폐기되었다는 것은 불교의 출세간적인 면을 말하는 것이다.

불교 화엄종의 사법계관(四法界觀)은 불교식 체용론이다. 화엄 사법계관은 본체의 각 방면을 네 종의 법계로 나누어 관찰한 것이다. 즉 사법계(事法界)는 사물의 차별적인 현상계이고, 이법계(理法界)는 차별을 넘어

---

60 用卽寂, 寂卽用, 用寂體一, 同出而異名.(卍續藏經[第96冊], 『肇論』, 「般若無知論」)

61 此兩者同, 出而異名.(『道德經』 1章)

62 仁, 性也. 惻隱, 情也. …… 性是體, 情是用.(『朱子語類』[卷5], 91쪽)

63 聖人之道得其體必得其用, 有體而無用, 與異端何辨?(『宋元學案』[中], 「五峰學案」 중 與張欽夫書, 783쪽)

64 佛老之初, 皆立體而廢用. 用旣廢則體亦無實!(『船山遺書全集』[17], 「思問錄內篇」, 9665쪽)

있는 진리의 경계, 즉 모든 법(法)의 차별을 일관하여 존재하는 체성(體性)으로서의 본체평등계(本體平等界)이고, 이사무애법계(理事無礙法界)는 현상계와 실체계의 일체불이(一體不二)의 관계가 있는 것이며, 사사무애법계(事事無礙法界)는 현상계 만유의 개개 사물이 서로 장애가 되지 않고 중중무진하게 상융(相融)하며 개개 사물 가운데 우주의 중중무진한 연기를 표현하는 것이다. 여기서 이와 사는 체와 용의 관계이다.

체용론의 사상 형식을 새로운 문화 수용의 방법으로 활용한 것이 소위 중체서용론(中體西用論)이다. 중체서용이란 말은 청 말에 등장한 "중국학을 체로 삼고, 서양학을 용으로 삼아야 한다"[65]는 말에서 유래한 것이다. 풍우란(馮友蘭, 1895~1990)은 중체서용의 의미를 중국의 도덕 정신을 체로 서양의 과학 지식을 용으로 해석했다.[66] 위정통(韋政通, 1927~)은 이것을 중국이 서양으로부터 문화 충격과 경제 침략을 받는 상황에서 중국 문화를 주체로 삼고 서양 문화를 그 실용 방법으로 삼아 중국의 부족한 부분을 보충하려는 방법론으로 보았다.[67] 그러나 체용론의 체는 용의 근원자로서 상호 불가분의 관계에 있는 것인데, 중체서용론에서는 체와 용을 분리하여 중국 문화를 체로 삼고 서양 문화를 용으로 삼은 것이다. 물론 이런 사상 모형은 이미 진·한대의 학자들이 제자백가 철학 사상 중 어느 하나를 위주로 하고 나머지 학설을 그의 종속적 위치에 놓아 통합하려 한 것에서도 나타났던 것이다. 그러나 이런 것은 체와 용의 본체론적 관계를 상당히 벗어난 실천적 적용이다. 체용론적 논의도 체선용후의 경

---

65 中學爲體, 西學爲用.(『近代中國史料叢刊續篇』(711). 『皇朝經世文統編』, 「文教部」(9), 書院, 議覆開辦京師大學堂摺, 臺北, 文海出版社, 1980, 338쪽)

66 淸末人所謂 "中學爲體西學爲用" 者就一面說是很不通底. 但就又一方面說亦是可以說底. 如所謂中學爲體西學爲用者是說, 我們可以以五經四書爲體, 以槍礮爲用, 則這話誠然是不通底. …… 組織社會的道德是中國人所本有底, 現在所須添加者是西洋的知識技術工業, 則此話可說底.(馮友蘭, 『新事論』, 출판지, 출판사, 출판연도 불명, 228쪽)

67 韋政通, 『中國哲學辭典』, 臺北, 大林出版社, 1983, 216~222쪽 참조.

우, 용선체후의 경우, 체용에 선후가 없는 경우로 나누어 보자.

① 체선용후

체선용후(體先用後)는 우주론적 성향이 강한 철학의 경우에 나타나는 유형이다. 대부분의 체용론이 여기에 속한다. 이것은 사물의 근원과 그 변화 과정을 밝히는 데 중점을 두었기 때문이다. 이것은 『주역』의 "역에는 태극이 있고, 태극은 음양으로 화생했으며, 음양이 4상으로 화생했고, 4상은 8괘로 화생했다"[68]는 말에서 태극과, 『도덕경』의 "도는 1[有]로 화생하고, 1은 2[음과 양]로 화생하며, 2는 3[음양과 和氣]으로 화생하고, 3은 만물로 화생했다"[69]는 말에서 도는 만물의 본체이면서 근원자인 것이다.

현상계를 중심으로 하는 경우에는 좀 다르다. 주희는 체와 용의 관계상 "용은 바로 체 속에서 유출(流出)되는 것"[70]이라고 말했다. 예를 들어 자동차를 체라고 하면, 운행 작용은 용이고; 오관을 체라고 하면, 감각 작용은 용이며; 원리를 체라고 하면, 원리에 따라 생겨나는 자연 현상이나 작용은 용이다. 또 심(心)을 미발(未發)과 이발(已發)로 나누어 "심에는 체와 용이 있다. 아직 발하기 이전은 심의 체이고, 이미 발했을 때는 심의 용이다. …… 성은 체이고, 정은 용"[71]이라고 한다. 그래서 "인(仁)은 사랑[愛]의 체이고, 사랑은 인의 용"[72]이라는 것이다. 이렇게 미발과 이발로 나눈 것은 체용론을 도덕 행위에 적용한 예로, 인중유과론적 철학의 특징이다.

---

68   易有太極, 是生兩儀, 兩儀生四象, 四象生八卦.(『周易』「繫辭傳上」11章)
69   道生一, 一生二, 二生三, 三生萬物.(『道德經』42章)
70   用卽是體中流出也.(『朱子語類』[卷42], 1095쪽)
71   心有體用, 未發之前是心之體, 已發之際心之用. …… 性是體, 情是用.(『朱子語類』[卷5], 90~91쪽)
72   仁者, 愛之體. 愛者, 仁之用.(『朱子語類』[卷20], 466쪽)

② 용선체후

용선체후(用先體後)는 실용과 실천적 경향이 강한 철학의 경우에 나타나는 유형이다. 그것은 본체를 인정하는 것보다는 요청하는 경우로서, 본체는 단지 사물의 실용적 가치를 확보하기 위해 설정한 것에 불과한 것이다. 그러나 중국 철학의 세계관적 목적이 대체로 실천에 있기 때문에, 이론 근거로서의 존재론적 본체를 크게 요청하지는 않는다.

용선체후의 견해를 가진 학자로는 왕부지와 담사동이 대표적이다. 왕부지는 "기(器)는 죽지 않고, 도(道)는 그냥 허(虛)에서 생긴 것이 아니다"[73], "기(器)에 의거하여 도(道)가 존재하고, 기와 분리되면 도는 무너진다"[74], "도는 기의 도이지, 도의 기라고 말할 수 없다"[75]라고 말했다. 한편 담사동은 "도(道)는 용이고, 기(器)는 체이다. 체가 서 있으니 용이 운행되는 것이고, 기가 있으니 도 역시 없어지지 않는다. …… 기가 이미 변했으니, 도만이 어찌 홀로 변하지 않겠는가? 사물이 변해도 여전히 기이니, 역시 여전히 도를 떠나지 않는다"[76]고 말했다.

③ 체용에 선후가 없는 경우

체용에 선후가 없는 경우는 비교적 후대에 등장한 것이다. 우주론 중심으로 접근한 경우는 체선용후의 형태가 되고, 실용과 실천 중심으로 접근한 경우는 용선체후가 된다. 그러나 근세로 오면서 양자 간의 중용을 추구하여 본체 속에서 현상을 논하고, 현상 속에서 본체를 논하게 되었다.

---

73   器不死, 而道不虛生.(王夫之,『周易外傳』卷5,「繫辭上傳」12章)

74   據器而道存, 離器而道毀.(王夫之,『周易外傳』「大有」)

75   道者, 器之道; 器者, 不可謂之道之器也.(王夫之,『周易外傳』卷5,「繫辭上傳」12章)

76   故道, 用也. 器, 體也. 體立而用行, 器存而道不亡. …… 器旣變, 道安得獨不變, 變而仍爲器, 亦仍不離乎道.(譚嗣同,『譚嗣同全集』「報貝元徵書」, 臺北, 華世出版社, 1977, 390~391쪽)

중국 현대의 웅십력은 『요강학안』(姚江學案)에서 왕수인(王守仁, 1472~1528?)의 말을 인용하여, "체가 곧 용이고, 용이 곧 체"[77]라고 말했다. 아울러 본인도 체용불이, 즉 체와 용은 둘이 아닐 뿐만 아니라 선후도 없다는 체용론자가 되었다. 웅십력의 본체는 완전히 삼라만상의 대용(大用)으로 변한 것으로서, 대용의 변화 이외에 별도의 본체는 없다는 것이다. 그래서 그는 체를 능변자(能變者)로 보고 용을 소변자(所變者)로 규정했지만; 능의 의미는 단지 하나의 형용사일 뿐이기 때문에 능변자와 소변자가 대립하는 것은 아니라고 말했다.[78] 즉 웅십력은 어느 면에서는 용선체후론자 같으나 대체적으로 체용에 선후를 인정하지 않은 사람이다.

체용에 선후를 두지 않으려는 것은 체와 용의 관계를 보다 긴밀하게 함으로써 철학을 현실 생활과 밀착시키려는 것 때문이다. 왕수인의 지행합일은 지와 행을 합하는 것이 아니라, 행 속에 이미 지가 있다는 것이다. 그래서 왕수인도 체용불이론자에 속하지만, 그는 치양지(致良知)하는 행위, 즉 용 속에서 체를 말하는 것이기 때문에, 그에게 체는 용의 체이지 체의 용이 아니다.

중국 철학에서는 논리적 접근보다 오히려 수양 실천적 접근을 선호하며, 그렇게 몸으로 체득하는 체도(體道)에 대한 진실성을 확신한다. 그래서 본체에 대한 인식론적 접근 방법상 "진인(眞人)이 있고 난 다음 참된 앎인 진지(眞知)가 있다"[79]고 하고, "본심을 다하는 자는 그 본성을 알 수 있는 것이다. 그 본성을 알면 천도를 알 수 있다"[80]는 것과 같이 수양 실천

77　熊十力은 『明儒學案』「姚江學案」86쪽에서 "卽體而言, 用在體. 卽用而言, 體在用. 是謂體用一源."을 참조하여, 卽體卽用, 卽用卽體라는 말을 지었지만(熊十力, 『體用論』, 臺北, 學生書局, 1980, 10쪽), 熊十力이 본 『明儒學案』의 말은 본래 『傳習錄』(上), 臺北, 正中書局, 1979, 26쪽에 나오는 말이다.

78　熊十力, 『體用論』, 臺北, 學生書局, 1980, 9~10쪽 참조.

79　有眞人而後有眞知.(『莊子』「大宗師」)

80　盡其心者, 知其性也. 知其性, 則知天矣.(『孟子』「盡心上」1)

적 접근을 하는 것이다. 그렇게 되면 웅십력처럼 "본체는 내 마음을 떠난 외재적인 것이 아니다"[81], "내 본심과 만물의 본체는 둘로 구분할 수 없는 것"[82]이라는 결론을 얻을 수 있다.

그런 속에서 본체론적 접근은 가치론에서의 기본 원리와 방법을 제공해 주고, 가치론적 접근은 본체를 실천적으로 증명하게 하며, 인식론적 접근은 감각에 제한을 받지 않고 천인합덕을 통해 본체인 천도와 합덕하는 경지를 열어 준다. 그럼으로써 본체는 가치론상의 최고선이고, 인식론상의 진리이며, 본체론상의 진실 존재가 일체임을 확인할 수 있다. 그렇기 때문에 본체에 대한 이해는 가치론·인식론 분야에 대한 것과 종합적으로 이루어져야 할 것이다.

4. 결론

중국 철학의 본체론은 대부분 인중유과론에 속한다. 인중유과론은 결과가 어떤 것이든 그것은 모두 원인자에 이미 내재한다고 보고, 원인과 결과를 등질(等質)로 보는 하나의 사상 유형이다. 중국 철학은 인식론·형이상학·가치론 등의 모든 분야에서 만사만물의 원인을 본체 속에 전제하고, 그로부터 필연적인 결론을 끌어냈다. 이런 인중유과론적 사고방식은 형식면에서 철학을 폐쇄적으로 만들어 반철학(反哲學)의 길을 걷게 했다.

철학에서 본체론을 논의하게 된 본래 목적으로 돌아가 보자. 본체론은 비록 무한한 인간의 호기심에서 시작되었지만, 인간과 자연의 문제를 논리적으로라도 해결해 보려는 현실적 목적을 갖게 되었다. 그래서 그런 다

81　一切物的本體, 非是離自心外在境界.(熊十力, 『新唯識論』, 臺北, 廣文書局, 1974, 15쪽)

82　吾心與萬物本體, 無二無別.(熊十力, 『新唯識論』, 臺北, 廣文書局, 1974, 24쪽)

양한 문제에 대한 원인의 원인을 찾아 이해와 동의를 이끌었다. 동서고금
의 철학은 대부분 인중유과론에 치우쳐 있었기 때문에, 인중무과론(因中
無果論)[83]적 사고방식은 철저히 무시되었다. 새로운 인중유과론적 철학의
발견도 인중무과론적 도전에서 비롯되는 것이라면, 철학적 방법의 방법
은 인중무과론적 사고에 있는 것은 아닌가? 인중유과론이나 인중무과론
도 모두 세계를 존재 중심으로 바라보는 하나의 세계관이므로, 결국 그것
도 포월(包越)[84]하지 않으면 안 된다.

　많은 사람은 우리가 철학이든 종교든 간에 어떤 불변의 기초를 상실하
면 허무주의에 빠질 것이라고 염려하지만, 반드시 그렇지는 않다. 경험
세계만이 진실한 것이라고 믿는 것도 미망(迷妄)이요, 불변의 본체를 전
제해 놓고 모든 것을 그것에 귀결시켜 안심하려는 것도 역시 미망이다.
그 어떤 전제도 없는 무전제의 학문이 철학이지 않은가?

　아무것도 설정되지 않은 원점에서 출발할 때 오류의 가능성이 줄어들

83　因中無果論(梵, asatkāryavāda): 결과(kārya)와 원인(kāraṇa)은 等質이 아니라는
설. 따라서 만물은 등질이 아니고, 一에서 多가 생기는 일은 없다. 萬有의 원인은 多이며,
그들의 결합에 의하여 잡다한 만물이 생긴다고 한다. 때문에 積集說이라고도 한다. 이 경
우는 공간적 인과 관계를 주로 말하는 것이며, 시간적 인과 관계는 그 안에 포함되는 한
경우로 간주한다. 인중유과론, 즉 전변설이 정통 바라문의 사상 계통을 이어받은 데 반하
여 이 설은 주로 일반 사상계에 채용되었다. 학파로서는 바이세시카학파, 니야야학파 및
후기 미이마앙사아학파도 이것을 채택한 듯하다.(『철학대사전』, 서울, 학원사, 1963)

84　원정근은 包越을 '감싸 안으면서도 넘어서고 넘어서면서도 감싸 안는다'고 정의했
다.(원정근, 「포월로 본 『장자』의 언어특성」, 『철학』 60호, 한국철학회, 1999) 필자가 사
용하는 包越의 의미를 無然觀 중심으로 논하면 다음과 같다. 필자가 사용하는 無然은 역
설적인 것이므로 내용은 모든 것이 곧 그렇다고 인정하는 것이다. 그렇기 때문에 無然은
곧 卽然이다. 이때 無然의 然과 卽然의 然은 같은 글자이지만 의미가 다르다. 무연은 어
느 하나만 고집하는 것을 부정하는 것이므로 무연의 연은 단지 어느 하나일 뿐이지만, 즉
연은 일체를 있는 그대로 인정하는 것이므로 즉연의 연은 어떤 사물이든 상관없이 일체
사물에 보편적으로 통하는 것이다. 그래서 무연관으로 얻은 것을 형용사형으로 말하면
卽然이고, 동사형으로 말하면 包越이다.

고 새롭고 창조적인 자기의 눈을 가질 수 있다. 철학적 원점 사고가 가능하게 되는 세계관은 어떤 것인가? 관점에 따라 여러 방법이 있을 수 있지만, 필자는 무연관(無然觀)을 통해서 새로운 철학적 원점 사고를 열 수 있다고 본다. 무연(無然)[85]이란 무엇인가? 그것은 모든 것을 부정하면서 동시에 모든 것을 긍정하는 역설적인 개념이다. 모든 것을 있는 그대로 긍정하는 원점 사고를 필자는 무연관이라 부른다. 우리가 무연관을 가지고 천지만물에 대한 이해와 해석을 무한하게 할 수 있을 때, 철학의 근본도 새롭게 볼 수 있을 것이다.

[2006년][86]

85　無然이란 일체를 역설적으로 부정함으로써 무한 긍정을 할 수 있는 『詩經』 최고의 시어이다. 이 시어는 『詩經』에서 이미 8번이나 사용되었다. 예를 들어 孔子는 무한 상징의 부정법을 사용하되 도덕적으로 접근하여 思無邪라는 말로 『詩經』의 정신을 이해했다. 그런 無邪함조차도 유어의 측면에서 보면 '無然'이라는 말의 일부라고 이해할 수 있다.
86　「중국 철학의 본체론」, 『동서철학연구』 제41호, 한국동서철학회, 2006.9.30에 게재한 것을 수정 보완함.

제3장

주역의 천인합덕의 방법

『주역』은 중국 역사상 오래된 서적 중 하나로서 저작과 관련한 전설적 신화가 있다. 「계사전」에는 『주역』의 원형이 "하수에서 그림[圖]이 나오고 낙수에서 문자[書]가 나타나자, 성인이 이를 본받은 것"[1]이라고 말했다. 이 말에 한 무제 때 공안국(孔安國)은 "하도(河圖)는 복희씨가 재위할 때 용마(龍馬)가 황하에서 나오자 그 무늬를 본받아 8괘를 그렸고, 낙서(洛書)는 우임금이 치수할 때 신귀(神龜)가 등에 무늬를 지니고 있는데, 그 수가 9까지 있어 우임금이 이를 본받아 차례로 나열함으로써 홍범구주(洪範九疇)를 만들었다"[2]는 말을 덧붙였다. 어떤 과정을 거쳤든 간에 이것은 하나의 책으로 성립되었다.

오늘날 우리가 보는 『주역』은 다음과 같이 정리된다. 즉 "『주역』의 상·하경 2편과 공자의 십익(十翼)[3]은 각각 독립된 책이었는데, 한대의 비

---

1   河出圖, 洛出書, 聖人則之.(『周易』「繫辭上」11)

2   孔氏曰, 河圖者, 伏羲氏王天下, 龍馬出河, 遂則其文, 以畵八卦. 洛書者, 禹治水時, 神龜負文而列於背, 有數至九, 禹遂因而第之, 以成九類.(성백효 역, 『周易傳義』(上), 서울, 전통문화연구회, 2005, 24쪽)

3   司馬遷은 "孔子晩而喜『易』, 序「彖」·「繫」·「象」·「說卦」·「文言」. 讀『易』, 韋編三絶. 曰: 假我數年, 若是, 我於易則彬彬矣."(『史記』「孔子世家」)고 말했다. 이 말에서 序를 序卦로 해석하여 "孔子는 만년에 『易』을 좋아하여, 序上·序下·彖上·彖下·繫辭上·繫

직(費直)이 처음으로 「단전」과 「상전」으로 경문을 해석하고 그것을 그 뒤에 부기하였다. 정현(鄭玄)과 왕필(王弼)이 그를 따라 괘·효사 아래에 각각 나누어 부기하고 건·곤괘에 「문언전」을 붙이기 시작함으로써, '단왈'·'상왈'·'문언왈'을 덧붙여 경문과 구별하게 되었으며 「계사전」이하는 옛날의 것과 같다. 이후 역대 이것을 따르니, 이것이 현재 사용하는 『주역』이며, 정자가 『역정전』(易程傳)을 지은 것이 이것이다."[4] 그 후 한국·중국·일본 등의 유학자들에 의해 수많은 주석서가 나오게 되었다.

오랜 세월 동안 『주역』의 저작에 참여했던 많은 사람은 수많은 변화 현상을 음양 두 기의 작용으로 분류하였지만, 그것만으로는 운동 변화를 설명할 수 없으므로 시공간의 좌표인 시위를 말하게 되었다. 그것은 단지 물리적 시공간만이 아니라 실천적 시공간이기도 하기 때문에 중용의 도를 의미한다. 중용의 도 역시 파도 위의 배처럼 늘 변화 속에서 균형과 조

辭下·象上·象下·說卦·文言 등을 써 냈다. 『易』을 읽어 가죽 끈이 세 번이나 끊어졌는데, 나에게 이와 같이 수년을 계속해서 준다면, 나는 『易』에 관해서는 환해질 것이라고 말했다"고 번역한 사람도 있다.(차주환, 『공자』, 서울, 솔출판사, 1998, 194쪽) 일반적으로는 序字를 동사로서 "말하다", "차례를 따라 서술하다"로 번역한다. 여기서는 후자를 따라 "孔子는 만년에 『周易』을 좋아하여, 「彖」·「繫」·「象」·「說卦」·「文言」을 차례로 서술하였고, 『周易』을 많이 읽어 가죽 끈이 세 번이나 끊어졌다. 이와 같이 나에게 수년을 준다면, 나는 『周易』에 관해 환해질 것"이라고 번역한다.

다른 한편으로는 『漢書』「藝文志」에 "공씨가 단·상·계사·문언·서괘 등 10편을 지었다"(孔氏爲之彖象繫辭文言序卦之屬十篇)고 말했다. 그러나 『史記』와 『漢書』는 모두 十翼이라는 명칭을 사용하지 않는다. 十翼이라는 명칭이 처음 나타난 것은 『易緯乾坤鑿度』로서, "(孔子가) 50이 되어 『易』의 이치를 깨달아 十翼을 지었다"[五十究易, 作十翼.]고 말했다. 高懷民은 이것은 西漢 말기에 쓰인 책으로 억지로 갖다 붙인 이론이기는 하지만, 역학 방면에서는 독창적 견해를 나타내기도 하였다고 말했다.(고회민 저, 숭실대학교 동양철학연구실 역, 『중국고대역학사』, 서울, 숭실대학교 출판부, 1990, 253쪽)

4   周易, 上下經二篇, 孔子十翼十篇, 各自爲卷. 漢費直初以彖象釋經, 附於其後. 鄭玄·王弼宗之, 又分附卦爻之下, 增入乾坤文言, 始加彖曰·象曰·文言曰, 以別於經, 而繫辭以後, 自如其舊. 歷代因之, 是爲今易. 程子所爲作傳者, 是也.(明·胡廣, 『周易傳義大全』「凡例」)

화를 이루어야 하는 것이며, 그런 중용을 추구하는 동기는 인의예지의 도덕심을 전제한다. 『주역』은 그런 가운데서 천인합덕(天人合德)을 추구하는 것이므로, 그것이 최고 목표이고 방법이 되었다. 그렇게 『주역』은 음양론과 시위론을 결합하여 자연과 인생의 문제와 그에 대한 해법을 제시하는 방법서가 되었고, 미래를 예측하는 미래학서가 되었으며, 온갖 경험을 64개 모형으로 분류한 보물 창고가 되었다.

　본 장의 목적은 『주역』의 자연에 대한 해석과 미래에 대한 예측의 타당성 여부를 검증하기 위한 것이 아니라, 『주역』이 사용한 철학적 방법을 찾아보고자 하는 것이다. 따라서 첫째 『주역』의 세계관을 살펴 목적과 문제를 규명하고, 둘째 음양론·시위론·천인합덕론을 중심으로 방법을 논하며, 셋째 그에 입각하여 결론으로 현실 적용의 가능성을 검토함으로써 방법 중심으로 『주역』의 세계관적 범주 상호 간의 관계를 밝히고자 한다. 그리고 전체 내용상에서는 의리역(義理易)[5]을 중심으로 하겠다.

1. 방법론적 배경

『주역』의 제1 주제는 자연 시간 속에서의 지속과 변화이다. 그래서 『주역』「계사전」에서는 '易'을 "생명이 화생(化生)하고 또 화생해 가는 것"[6]

5　朱子는 文王易은 卜筮, 孔子易은 義理易의 시발점이 된다고 보아 孔子易으로 文王易을 해석하려 하지 말라고 한다. …… 그러나 卜筮가 『易』의 原義라 해서 義理를 폐해야 한다는 것은 아니다. 오히려 朱熹는 十翼 중의 「繫辭傳」을 도리의 대두뇌처라 하며, 이를 매우 중시했다. …… 朱子는 다만 당시 義理易 일변도의 폐단을 시정하고자 했을 뿐이다. 淸의 王夫之 역시 占과 學이 한가지 이치임을 주장한다. 그가 주장의 논거로 삼는 것은 『禮記』의 占義不占志라는 구절과 …….(남상호, 『주역의 이해』, 서울, 서광사, 1990, 40～41쪽)

6　生生之謂易.(『周易』「繫辭上」)

이라고 정의했다. 『주역』이라는 명칭에 들어 있는 '易'에 대해서는 역사적으로 많은 논의가 있었는데,[7] 특히 '易' 자의 기본적인 의미로는 동한(東漢)의 위백양(魏伯陽)이 『참동계』(參同契)에서 말한 "일월을 易이라 한다"[日月之謂易]라는 정의를 가장 합리적인 해석으로 손꼽는다. 이 경우 '易' 자는 위에 '日'이 있고 아래에 '月'이 있는 형상으로 풀이할 수 있다.[8] 『주역』의 주요 개념인 생생(生生)은 생명의 계속적인 화생을 의미하고, 일월(日月)은 만물 화생의 시간 변화를 의미하기 때문에, 「계사전」과 『참동계』는 각기 그것으로 易의 개념을 정의한 것이다.

앞의 易에 대한 정의는 비교적 변화에 치중한 것이다. 그러나 만물의 지속과 변화 중 어느 한쪽으로 치우쳐 易을 정의하는 것은 문제가 있다. 인간 사회에서는 의지를 가지고 지속과 변화를 조절하는데, 지속에 치우치면 변화가 적게 되고 변화에 치우치면 지속이 적게 된다. 그러나 대자연의 지속과 변화는 대자연 스스로의 법칙에 따라 조절해 가는 것이기 때문에 易을 정의할 때에도 양쪽을 모두 고려해야 한다.

『주역』에서는 "易은 궁하면 변화하고, 변화하면 통하며, 통하면 오래 지속하는 것"[9]이라고 하여 기본적으로 자연 시간 속에서의 지속과 변화를 함께 말한다. 또한 인간의 실천 시간 속에도 이를 응용하여 "(道와 器를) 변화시키고 제재(制裁)하여 활용하는 것을 변(變)이라 하고, 그것을 추진

---

7   소위 三易의 의미에 대해 정통 儒家에서는 漢末에서 魏晉 시대 사이의 僞作인 『易緯乾鑿度』에 근거하여 簡易·變易·不易이라는 說을 따르고, 漢魏 이후의 道家에서는 『周禮』「大卜」의 "大卜이 三易의 법을 관장했는데, 첫째는 連山이고, 둘째는 歸藏이며, 셋째는 周易"이라는 說을 따른다.

8   南懷瑾, 徐芹庭 註譯, 『周易今註今譯』, 臺北, 台灣商務印書館, 1988, 4~5쪽 참조.

9   易, 窮則變, 變則通, 通則久.(『周易』「繫辭下」 2) 『周易』「繫辭傳」 등에서 章의 분류는 『易本義』(朱子 註)를 따른다. 이런 원론적 언급뿐만 아니라 보다 구체적인 표현으로, "通變之謂事"(「繫辭上」 5), "變通配四時"(「繫辭上」 6), "通其變, 遂成天地之文"(「繫辭上」 10), "變通莫大乎四時"(「繫辭上」 11), "變而通之以盡利"(「繫辭上」 12), "變通者趣時者也"(「繫辭下」 1), "通其變, 使民不倦"(「繫辭下」 2) 등 이외에도 많이 있다.

하여 실행하도록 하는 것을 통(通)이라 한다"[10]고 하였다. 여기서 '변'(變)
은 변화를 말하고, '통'(通)은 지속을 말한다. 이렇게 『주역』은 자연 시간
이나 인간 시간에서 모두 변과 통으로 '지속과 변화'를 말하고 있으므로,
그것은 한마디로 변통론(變通論)이라고 할 수 있을 것이다. 그래서 십익
을 포함한 『주역』에서의 易의 개념은 "변통(變通)을 易이라 한다"(變通之
謂易)고 정의하는 것이 보다 적절하다. 또한 복괘에서 드러나듯 이 변통
의 원리가 바로 인(仁)이라는 점에서 그것은 최고선을 내포한다.

易에 대해 일반적으로 일자이음삼의설(一字二音三義說)이 지배적이다.
즉 문자로는 '易' 자 한 가지가 있고, 독음으로는 '역'과 '이' 두 가지가
있으며, 뜻으로는 변화하는 현상인 '변역'(變易)의 의미와 그 속에 지속
하는 불변의 법칙이라는 '불역'(不易)의 의미,[11] 그리고 간단하고 쉽다는
'간이'(簡易)의 의미의 세 가지가 있다는 것이다. 이처럼 易은 변역(變
易)·불역(不易)·간이(簡易)를 지시하는 것이므로, 易에 대해 '삼역'(三
易)이라고 해서는 안 되고 '이역일이'(二易一易)와 같이 두 가지로 분리
해야 할 것이다.[12]

『주역』은 기본적으로 천지를 음양 관계로 보고, 생명의 탄생과 유지를
그 속에서 이해했다. 생명의 탄생을 보면, 음양이 합일할 때 비로소 새로
운 생명이 생기므로 음양은 상대적 반존재(半存在)이다. 남편은 아내에게
의존하고 아내는 남편에게 의존하여 자식을 낳으므로 자식을 중심으로
말하면, 부모는 각기 상대적 반존재이다. 그러나 자식 역시 또 다른 음양
관계 속에서 상대적 반존재로 존재하게 된다. 생명 유지를 보면, 양은 음
에 의존하고 음은 양에 의존하여 대사 운동(代謝運動)을 함으로써 생명을

---

10   化而裁之謂之變, 推而行之謂之通.(『周易』 「繫辭上」 12)

11   不易은 일반 사물의 '지속과 변화'의 지속을 의미하는 것이 아니라, '지속과 변화'
하는 것의 불변성을 의미한다.

12   남상호, 『육경과 공자인학』, 서울, 예문서원, 2003, 174~175쪽 인용 참조.

애롭고, 그의 지혜는 일월이 만물을 비추듯이 인간 세상의 문제를 해결해 줄 수 있으며, 그의 행위는 춘하추동 4계절이 질서 있게 운행하듯이 자연의 법칙과 인간의 본성에 따라 이루어지고, 그의 처신은 귀신처럼 흉함을 피하고 길함을 택할 수 있기 때문이다.[17]

2. 주요 방법

『주역』의 철학적 핵심은 생명에 있으며, 그 구체적 방법은 "천지의 큰 덕은 생명을 생성하는 것이고, 성인의 큰 보물은 시위상 적당과 응당이 합치되는 중용의 경지이며, 그 중용을 지키는 방법은 천인합덕의 경지에서 인을 실천하는 것이다."[18] 즉 『주역』의 제1주제는 생명이며, 그의 구체적 방법은 음양론·시위론·천인합덕론에 있는 것이다.

『주역』은 자연과 인생의 문제와 그 해법을 64괘의 모형으로 말한다. 물론 작게는 한 괘 속에서도 각 효에 따라 여러 개의 문제와 해법을 제시하기도 하지만, 크게는 64괘 전체로 문제와 해결 방법을 제시한다. 그런가 하면 하나의 괘는 하나의 괘상을 가지므로 그것은 각 효의 관계를 설명하는 기준이 된다.

『주역』의 공통적인 기초는 음양과 시위를 결합한 것이다. 그렇기 때문에 그 어떤 사태에 대해 파악할 때 '시공'·'주체'·'무엇을'·'어떻게'·'왜'의 세계관적 범주를 갖추게 되었다. 그런 세계관적 범주가 음양

---

17   夫大人者, 與天地合其德, 與日月合其明, 與四時合其序, 與鬼神合其吉凶. 先天而天弗違, 後天而奉天時, 天且不違, 而況於人乎, 況於鬼神乎.(『周易』「文言」)

18   天地之大德曰生, 聖人之大寶曰位, 何以守位曰仁.(「繫辭下」1) 여기서 말하는 位는 기본적으로 『中庸』 17章에서 大德者必得其位, 必受命이라 하여 그 位의 의미를 정치적 지위나 기회를 의미한다. 그러나 필자는 여기서 진일보하여 정당성과 응당이 합치되는 중용이라고 보았다.

과 시위의 결합 속에 갖추어져 있다는 것은 무슨 뜻인가? 시공은 실천이
나 운동 변화상의 시위를 말하는 것이고, 주체는 그런 시공 속의 음양이
다. 이때 왜 그렇게 행위하고 활동하는가 하는 목적은 시공 속에 처한 주
체의 음양 관계에 있고, 무엇을 할 것인가의 최종 목적 역시 음양의 자기
실현으로 귀결되며, 어떻게 할 것인가의 최종 방법 역시 음양의 자기실현
방식이 된다. 이렇게 생명 사랑의 최적 조건을 세계관적 범주에 속하는
것들의 일체적 조화 속에서 설명하려는 것은 기타 경전과 크게 다른 점이
다. 그래서 괘의 구조는 시위의 좌표상에서 음양으로 표시된 인간이
'왜'·'무엇을'·'어떻게' 해야 하는가의 적당과 응당을 말한다. 이렇게
『주역』은 세계관적 범주에 속하는 것들 간의 일체적 상호 관계 속에서 자
연과 인생의 문제 해결 방법을 제시한다.『주역』의 최고 목표는 일체적 관
계 속에서 천인합덕을 통해 그런 세계관적 인식을 중지시키고, 천지와 더
불어 동류(同流)하는 일체감 속에서 생생지덕(生生之德)[19]인 인(仁)을 실
현하는 데 있다. 그래서 자아의 자기실현은『주역』철학의 최고 목적과 방
법이 된다.

1) 음양론과 생명

음양론은 생명의 생성을 중심으로 자연의 변화와 인간의 활동은 물론 귀
신의 작용까지도 포괄적으로 설명한다.『주역』의 음양은 어떤 것인가? 음
양은 시위상에서 상반된 성질을 가지고 서로 의존해 존재하고 작용하는
반실체(半實體)·반성질(半性質)·반법칙(半法則)·반작용(半作用) 등을
지시한다.[20] 그렇게 음양은 상호 의존적 반존재(半存在)이므로 어느 한쪽

---

19   天地之大德曰生, 또는 生生之謂易에서 취한 말로서 方東美가 사용한 바 있다.
20   음양을 세분하여 보면 다음과 같다.
  ① 음양은 우주론적으로 태극의 양면성인 생명의 근원과 조화의 원리이다.
  ② 음양은 상대적 성질이다. 남성은 강건한 성질을 가지고, 여성은 유순한 성질을 가

만으로는 완전한 존재가 될 수 없다. 또 음양이 모두 존재한다 하더라도 시공상 적당을 갖추지 못하면 역시 조화를 이룰 수 없으므로 적절히 결합해야 최적의 균형을 이루어 생생지덕을 발휘할 수 있다. 만약 생명의 생성을 중심으로 보지 않는다면, 음양은 하나의 정체성을 가진 온전한 존재가 된다.

『주역』은 생명에 대해 어떻게 보는가? 생명은 음양론 측면에서 보면 반실체인 음양이 시위상 일체적 합일을 이루어 생성한 것이다. 그런 흐름이나 과정 속에서 음양이 일체적 합일을 이루어 새로운 생명을 탄생시키려는 덕이 생생지덕이다. 역설적이지만 상대적 반실체이기 때문에 상호 의존적이고, 상호 의존적이기 때문에 그 속에서 일체화하려는 생생지덕이 작용하는 것이다.

음양의 변화는 어떤 형태인가? 부분적으로는 음양이 균형을 이룬 경우도 있고 불균형을 이룬 경우도 있다. 하지만 전체적으로는 균형도 불균형도 아닌 일음일양의 운동을 계속하는 것뿐이다. 균형을 이룬 대표적인 예

진다. 강건과 유순은 양과 음의 상대적 성질이다.

③ 음양은 상대적 성질을 가진 구체 사물이다. 크게는 천지가 있고, 작게는 개체 사물이 있다.

④ 음양은 상대적 시공간의 상태를 가리킨다. 더운 때는 양이고, 추운 때는 음이며; 밝은 면은 양이고, 어두운 면은 음이며; 오전은 양이고, 오후는 음이다. 음양이 상대적 사물이든 그의 법칙성과 성질이든 그들 사이의 관계는 또 다른 문제이다. 어떤 존재 사물이든지 음양이란 성질을 가지는데, 양과 음은 서로 감응하여 새로운 생명을 창조한다. 그런 과정은 더위와 추위, 밝음과 어두움, 오전과 오후처럼 각기 극에 달하면 변하고, 변하면 더위는 추위로, 밝음은 어둠으로, 오전은 오후로 통한다. 그렇게 통한 것은 다시 극에 달하게 되면 또다시 새로운 주기를 돌게 될 것이다.

⑤ 음양은 시공간을 가리킨다. 地로서의 음은 공간을 가리키고, 天으로서의 양은 시간을 가리킨다. 그래서 시공간은 건곤으로 나타내기도 한다.

⑥ 음양은 時位上 상대적 역할을 가리킨다. 회사에서 사장은 여자라도 위치상 양이 되지만(즉 다섯 번째 효는 양의 자리이기 때문), 집에서는 남편에 대해 부인이 되므로 음이 된다.

가 기제괘(旣濟卦)이다. 그러나 그것으로 모든 것이 끝나지 않고 그 속에
서 새로운 불균형이 생겨 또다시 균형을 찾아가고, 균형을 이루면 또 불
균형이 생기는 과정을 끊임없이 계속해 간다. 그렇게 하나의 음양의 변화
는 또 다른 음양의 변화 속에 있는 것이다. 그런 음양의 변화는 공간적으
로 천지의 음양 관계 속에서 일어난다. 그러나 최소 단위의 변화이든 중
층의 변화이든 그 기초가 모두 음양의 원리라는 것은 같으며, 그런 최종
원인 역시 천지 만물 자신에 갖추어져 있다.

하나의 괘에는 괘상이 있고, 그 괘상의 판단은 그 괘 자체나 그 괘를 중
심으로 한 관련된 괘들과의 관계 속에서 결정된다. 예를 들어 복괘(復卦)
의 괘상은 복(復)·무망(无妄)·대축(大畜)·이(頤)·대과(大過)·감(坎)·리
(離), 또는 복(復)·임(臨)·태(泰)·대장(大壯)·쾌(夬)·건(乾)·구(姤)·둔
(遯)·비(否)·관(觀)·박(剝)·곤(坤)의 관계 속에서 판단한 것이다.

전자는 복괘를 생명체의 생장소식(生長消息)의 과정 속에서 새로운 시
작을 의미하는 것으로 해석할 수 있다. 즉 "되돌아오기 때문에 허망하지
않게 되므로 무망괘(无妄卦)가 연속된다. 허망한 생각이 없고 난 후에 만
물을 축적할 수 있으므로 대축괘(大畜卦)가 연속된다. 만물은 축적한 후
에야 기를 수 있으므로 이괘(頤卦)가 연속된다. 이(頤)는 기른다는 뜻이
다. 기르지 아니하면 움직일 수 없으므로 대과괘(大過卦)가 연속된다. 만
물은 끝까지 지나칠 수 없으므로 감괘(坎卦)가 연속된다. 감(坎)은 함락
된다는 뜻이다. 사물이 함락되면 반드시 붙는 곳이 있으므로 이괘(離卦)
가 연속된다. 이(離)의 의미는 부착된다는 뜻"이라고 해석할 수 있다. 이
것은 「서괘전」(序卦傳)의 해석이다. 「서괘전」은 건괘(乾卦)에서 시작하여
순서대로 미제괘(未濟卦)까지 연속적인 하나의 순환 관계로 해석한 데 비
해, 고회민(高懷民)은 8개의 작은 순환 과정으로 해석했다.[21]

---

21   高懷民은 乾卦에서 坤卦까지, 屯卦에서 否卦까지, 同人卦에서 剝卦까지, 復卦에서

후자는 복괘를 일 년 12달 중 11월을 의미하는 것으로 해석할 수 있다. 즉 복괘는 11월, 임괘는 12월, 태괘는 1월, 대장괘는 2월, 쾌괘는 3월, 건괘는 4월, 구괘는 5월, 둔괘는 6월, 비괘는 7월, 관괘는 8월, 박괘는 9월, 곤괘는 10월을 의미한다.[22] 물론 전자나 후자 모두 복괘가 가지고 있는 괘상 때문에 생식이나 계절의 시작을 의미하는 것으로 활용된 것이다.

괘 속의 효(爻)들은 괘상의 관계 속에서 결정되는 경우도 있다. 예를 들어 태괘(泰卦)는 상괘가 곤(坤)이고 하괘가 건(乾)이기 때문에 자기 자리를 찾아가려는 운동이 일어나, 오히려 만사형통(萬事亨通)하는 길한 괘로 판단한다. 반대로 비괘(否卦)는 상하괘가 태괘와 반대이므로 건곤이 제자리에 있어 움직이지 않게 되어 흉한 괘로 판단한다. 그러나 태괘로 해석되는 상황은 영원히 부동의 만사형통이 아니며, 비괘로 해석되는 것 역시 영원히 부동의 흉한 것이 아니라 극에 달하면 새로운 변화가 생기게 된다.

이렇게 괘 간의 관계에 의한 것이든, 괘 내의 관계에 의한 것이든 시간적으로 무한중층의 변화가 일어나며, 그들 변화의 기본 관계는 음양 관계이다. 『주역』은 그런 음양 관계에 기초하여 천지 만물의 변화를 해석한 해석서이고, 생명을 주제로 한 생태 과학서이며, 천인 간의 조화를 최고의 가치로 보는 '경지의 철학서'이다.

사물의 변화와 생명은 음양 관계 속에 이미 예정된 것인가? 복괘의 초9의 외적 변화는 6.4와의 일차적 관계 속에서 결정되고, 복괘 전체의 괘상에 의해 결정되며, 또 복괘와 관련된 무망(无妄)·대축(大畜)·이(頤)·대과(大過)·감(坎)·리(離), 또는 임(臨)·태(泰)·대장(大壯)·쾌(夬)·건(乾)·구(姤)·둔(遯)·비(否)·관(觀)·박(剝)·곤(坤)괘와 상관관계 속에

離卦까지, 咸卦에서 蹇卦까지, 解卦에서 困卦까지, 井卦에서 旅卦까지, 巽卦에서 旣濟卦까지, 未濟卦에서 새로운 순환의 시작이 이루어진다고 본다.(高懷民, 『大易哲學論』, 臺北, 成文出版社, 1978, 141~146쪽)
22   高懷民, 『大易哲學論』, 臺北, 成文出版社, 1978, 64쪽

서 결정되고, 가장 크게는 건곤과의 상관관계 속에서 결정된다. 그렇다면 한 사물의 변화나 생명의 생장소식은 그런 외적 관계 속에 예정된 것이나 마찬가지이다. 그런가 하면 복괘의 초9는 상대적 반존재로서 동시에 내적 변화 중에 있는 것이다.

『주역』은 사물의 변화를 관계 중심으로 파악한다. 마찬가지로 『주역』이 천인합덕을 통해 자기를 실현하려는 목적에서 보면, 우리가 '왜'·'무엇을'·'어떻게' 해야 하는가 하는 내용은 자아 속에 갖추고 있는 것이다. 그런 점에서 자아실현은 주체적이고 주동적이지만 외부 조건 역시 고려하지 않으면 안 된다. 만약 우리의 실천 행위가 자아와 연결되지 못하면 응당을 확보할 수 없고, 외적 조건에 맞지 않으면 적당을 확보할 수 없게 된다. 그렇게 사람의 수양·실천 행위상 무엇을 어떻게 해야 하는가 하는 것은 그런 관계 속에서 최적의 것으로 선택하는 문제이다. 그것은 사람이 이미 결정된 관계에 순응하는 것만은 아니고, 덕을 쌓음으로써 좋지 않은 관계를 개선할 것을 강조한다. 그것은 수양론과 관련된 것이다.

사물의 존재 법칙이나 성질로서의 음양은 상대성을 가지므로 서로 분리하여 말할 수 없고, 또 상대적 존재 사물을 떠나 별도로 말할 수 없다. 그래서 음양에 대해 관계적 이해가 편리하다. 『주역』의 관계적 접근 방법 중 가장 좋은 예는 함괘(咸卦)의 감응상여(感應相與)이다. 즉 함괘에 "(음양) 두 기가 감응함으로써 서로 더불어, 천지가 감응하여 만물이 화생하며, 성인은 백성의 마음과 감응하여 천하가 평화롭다"[23]는 것이 그것이다. 이것은 음과 양, 천과 지, 성인과 백성의 관계를 서로 통하는 동류라고 보는 것이기 때문에, 음양의 감응, 천지의 화생, 성인과 백성의 감화의 원리는 한마디로 천인합덕이다.

---

23 二氣感應以相與, …… 天地感而萬物化生, 聖人感人心而天下和平.(咸卦「象傳」)

2) 시위론과 중용

『주역』은 다른 경전과 달리 우리의 세계관적 범주를 골고루 중시한다. 보편적 원리를 말할 때 여섯 개의 범주 중 '언제'·'어디서'·'누가'는 그리 중시되지 않는다. 그러나 『주역』은 보편 원리를 현실 속에서 실현시키려 하므로, '누가'의 범주는 음양으로 표시하고, '언제'·'어디서'의 범주는 현실의 실천적·사회적 시공으로 표시한다. 즉 『주역』은 구체적 시공 속에서 조화를 통해 자아의 자기실현을 달성하려 하는 것이다. 그러므로 '언제'·'어디서'·'누가'의 범주는 결코 무시될 수 없는 것이다. 『주역』이 이렇게 다른 고전에 비해 방법상 두드러진 특징을 갖게 된 것은 시위론에 있다. 시위론은 하나의 실천 환경론으로서 『주역』이 실체보다는 관계를 중시함을 보여 주는 것이다.

『주역』의 작자는 천인합덕이라는 이상 속에서 천지 만물을 이해했기 때문에, 음양의 변화를 시공간 속에서 이해하는 시위론에서는 시위상 가장 적당한 중용을 성인의 가장 큰 보배로 보았다.[24] 단 이때 시위는 물리적 시공간이라기보다 실천적·주관적 시공간이다. 실천적·주관적 시공간은 각종 제도나 사회 구조로 표시한다. 예를 들어 시간상 양이 먼저이고 음이 다음이며, 공간상 양위(陽位)는 위이고 음위(陰位)는 아래이다. 이런 음양의 선후본말적 순서와 상하의 위치는 『주역』의 기초이며 시위론의 기본 구조이다. 그래서 "『주역』이란 책은 시초를 찾아서 그 종말을 살피는 것이 그 본질이다. …… 초효(初爻)의 뜻은 알기 어렵고, 상효(上爻)의 뜻은 알기 쉬운 것이다. 초효는 사물의 근본이요, 상효는 만물의 말단이다"[25]라고 말한다.

이런 기본 원칙을 바탕으로 6효 중 아래에서부터 1·3·5는 양위로 보

---

24   聖人之大寶曰位.(「繫辭下」1)
25   易之爲書也, 原始要終, 以爲質也. …… 其初難知, 其上易知, 本末也.(「繫辭下」9)

고, 2·4·6은 음위로 보았다. 음과 양은 이런 구조 속에서 시간적·공간적으로 각각 제자리를 얻어야 중용이 된다. 이것은 마치 한 사물이 시공간적으로 적당한 위치에 있어야 안정되는 것과 마찬가지이다. 인생론에서 그런 시공간적 적당한 위치는 기존의 정치 사회적 제도나 질서 속에서 결정된다. 시위는 사물이나 실천 관계를 표시하는 좌표이므로, 음양의 상대적 관계에 따라 그 시위상의 적당과 응당은 유동적이다. 『주역』에서는 기본적으로 음위는 아래이고 양위는 위이지만, 정위(正位)라고 반드시 적당과 응당이 확보되는 것은 아니다. 즉 비괘(否卦)의 상하괘는 정위에 있지만 흉하고, 태괘(泰卦)의 상하괘는 부정위(不正位)이면서도 길하다. 적당과 응당은 기본적으로 내적 조건과 외적 조건이 상호 조화를 이룰 때 확보될 수 있는 것이다. 그러나 조화를 이루지 못할 경우, 즉 5효의 자리는 양의 자리이지만, 음효(陰爻)라 해도 최고 위치에 있으므로 괘 내의 상대적 관계에 있는 다른 효를 지배한다.

시위와 음양의 관계는 어떠한가? 『주역』은 기본적으로 하나의 음과 하나의 양이 있으면 그들 사이에는 음양의 조화가 생긴다고 본다. 그러나 음과 음이 만나고 양과 양이 만나는 경우는 물론, 음과 양이 만나는 경우라도 시위상의 관계에 따라 조화를 이루지 못하는 경우가 있다. 즉 음이 양의 자리에 있거나 양이 음의 자리에 있을 경우는 음과 양이 만나는 것이지만 그 호응 관계는 음양이 정위한 경우만 못하다. 이런 음양의 시공상 구성은 변화 속에서 각기 다른 결과를 일으킨다.

(1) 시위 속의 음양 관계

음양의 변화는 시위를 떠나 말할 수 없고, 음양 없는 시위는 공허하다. 시위는 음양의 활동 무대이기 때문이다. 음양은 시위에 따라 호응·배척·도움 등의 관계를 갖는다.

① 호응의 관계

음양은 기본적으로 서로 호응의 관계에 있다. 인접해 있는 효보다는 하괘의 1·2·3의 효는 상괘의 4·5·6의 효와 각각 호응의 관계가 좋다. 음양의 관계라도 유사·접근의 관계에 있을 때 호응의 관계가 일어난다. 호응의 관계가 성립되는 경우 "천지가 감응하여 만물이 생기고, 성인이 백성의 마음과 감응하여 천하가 평화롭게 된다."[26] 이런 호응력은 조그마한 풀 한 포기라도 가지고 있고, 그것이 가장 뛰어난 것은 아무래도 인간이며, 그의 극치는 천인합덕의 경지일 것이다. 시위상 관계가 악조건의 경우는 저항을 느끼는 만큼 본성의 자기실현이 위축될 수도 있다. 그래서 군자는 덕을 쌓아 대비하는 것이다.

② 배척의 관계

음이든 양이든 같은 것끼리는 기본적으로 배척의 관계에 있다. 그러나 시위에 따라서는 같은 것끼리도 도움의 관계가 될 때도 있으나, 기본적으로 정위에 있는 음양의 관계만은 못하다.

③ 도움의 관계

음양 간의 호응이나 도움은 시위상 서로 근접해 있거나 정위에 있는 경우 잘 일어난다. 이런 음양 간의 호응력은 본성으로서 천부적인 것이다. 음양은 시위에 따라 작용과 역할이 다르다. 예를 들어 비괘(否卦)는 상괘가 건이고 하괘가 곤이다. 건은 양이므로 위가 정위이고, 곤은 음이므로 아래가 정위이지만 비괘의 괘상은 나쁘다. 태괘(泰卦)는 그와 상하괘의 위치가 비괘와 반대인데 괘상은 좋다. 그러나 순양(純陽)인 건괘는 상하

26　天地感而萬物化生, 聖人感人心而天下和平, 觀其所感而天地萬物之情可見矣.(咸卦「象傳」)

괘가 모두 건이므로 하늘의 도를 나타내고, 순음(純陰)인 곤괘는 상하괘가 모두 곤이므로 땅의 도를 나타낸다.[27] 그래서 일반적으로 건곤 2괘는 나머지 62괘와는 달리 만물 변화의 기본 원리로 해석한다.

(2) 시위 속의 중용

『주역』의 음과 양은 기본적으로 상대적 호응의 관계에 있으며, 그런 호응력은 만물을 생성하는 원동력으로 작용한다. 그러나 그런 생성 변화는 시위 관계에 따라 달라지므로 시위와 음양의 적당 여부를 말하지 않을 수 없다. 그의 적당은 바로 중용이고, 중용의 본질은 음양이 시위상 이루는 적당한 조화이다.

『주역』은 자연이 지닌 적당한 조화의 원리는 인간도 가지고 있다고 보고, 음양의 적당과 인간의 응당을 연결한 것이다. 그래서 『주역』의 중용은 시위 관계 속에서 이뤄지는 적당이면서 응당이다. 인생론에서의 응당은 곧 자연론에서의 적당이다. 그래서 복희씨(伏犧氏)는 천지신명의 덕과 통하고 만물의 사정을 분류하기 위해 8괘를 지었다.[28] 그러나 이것만으로는 너무 간략하므로 주문왕(周文王)은 8괘를 상하로 결합하여 64괘를 얻은 것이다.

이때 새로 생겨난 것이 상하의 괘 및 각 효 간의 시위상 적당과 응당의 문제이다. 그 적당과 응당은 득위(得位)·당위(當位)·정위(正位)·득중(得中)·위정중(位正中)·득중도(得中道)·수시(隨時)·여시(與時)·시중(時中) 등으로 말하고, 부당성(不當性)은 위부당(位不當)·부당위(不當位)·

27　王正凱는 "乾卦는 陰을 128분의 1을 가지고 있고"(王正凱, 『周易本論』, 臺北, 北開文化事業出版公司, 1985, 91쪽), "坤卦는 陰을 128분의 127을 가지고 있다"(같은 책, 104쪽)고 말한다. 그러나 高懷民은 "乾卦는 純陽卦로 陽性이 이미 至極히 번성한 것이다"(高懷民, 『大易哲學論』, 臺北, 成文出版社, 1978, 84쪽)라고 말한다.

28　於是始作八卦, 以通神明之德, 以類萬物之情.(「繫辭下」 2)

무위(無位)·실시(失時)·불중(不中)·실도(失道)·실정(失正) 등으로 표현한다. 이런 적당과 응당은 음양의 관계에 있는 어떤 사물이 시위상에서 얻은 중용이다. 그러므로 중용론은 음양론과 시위론을 떠날 수 없고 음양론과 시위론을 분리하면 중용을 말할 수 없으므로, 중용론·음양론·시위론은 상호 불가분의 관계를 갖는다.

『주역』은 음양론에서 중용론을 도출하고, 그에 따르는 것이 가장 이상적인 것이라는 인생론을 도출한 것이다. 그것은 『주역』이 먼저 자연 관찰을 통해 자연의 적당을 발견하고, 후에 자기 내적 성찰을 통해 그것을 입증함으로써 인간의 응당과 연결하게 된 것이다. 그런 인생론 속에는 이미 복서의 방법으로 길흉을 알아내는 것이나, 이성으로 시위상 적절성을 고려하는 것이나, 수양을 통해 도덕을 높이고 지혜를 닦는 것 등을 내포한다. 복서역(卜筮易)과 의리역(義理易)은 성립상 역사적 선후가 있을 수 있어도, 그 생생지덕을 실현하려는 종극의 세계관적 목적은 마찬가지이다. 즉 "대인은 천지와 더불어 그 덕을 합치하게 하고, 일월과 더불어 그 지혜의 밝기를 합치하게 하며, 4계절과 더불어 그 행위 질서를 합치하게 하고, 귀신과 더불어 길흉을 함께한다."[29] 그러므로 『주역』은 수양·실천상 최고의 목적은 성명의 도리, 즉 본성에 순응하기 위한 것에 있고 방법은 천인합덕에 있다.

성인이 보물로 여기는 위(位)를 일반적으로는 사회적 통념상의 지위로 해석한다. 그러나 필자는 그것을 시위 속의 중용인 천인합덕의 경지라고 보고, 그것을 지키는 방법은 인(仁), 즉 사람의 본성에 따르는 데 있다고 본다. 『주역』에서 말하는 길흉(吉凶)·회린(悔吝)·무구(无咎)[30] 등은 모두

---

29   夫大人者, 與天地合其德, 與日月合其明, 與四時合其序, 與鬼神合其吉凶. 先天而天弗違, 後天而奉天時, 天且不違, 而況於人乎, 況於鬼神乎.(『周易』「文言」)

30   吉凶者, 言乎其失得也. 悔吝者, 言乎其小疵也. 无咎者, 言乎其善補過也.(「繫辭上」3)

음양으로 표시된 주체가 시위상 적당과 응당을 얻었는가 여부로 판단한
것이다. 그러면 『주역』은 숙명론에 서 있는가? 명(命)을 천지자연의 법칙
이라고 보고 그에 순응해야 한다는 점에서는 순도지명(順道至命)이다.[31]
그러나 이것은 명을 길흉화복으로 보고 그것이 이미 인간에게 운명으로
정해져 있으므로 피할 수 없다는 의미의 숙명론은 아니다. 오히려 명은
곧 천지자연의 이법이므로 그에 따름으로써 길(吉)하고 복을 얻게 되지
만, 그렇지 않으면 화를 입게 된다고 보는 것이다. 그래서 시위론상 중용
을 얻기 위해서는 고도의 덕과 지혜를 닦아야 하는 어려움이 있다.

3) 천인합덕론과 인

옛날 사람들은 어떤 일을 하기 전에 여러 사정을 고려한 다음, 그래도 결
정하기 어려울 때 거북의 뼈나 시초(蓍草)로 복서(卜筮)를 행했다. 그렇게
점을 치는 것은 의지를 결정하기 위한 것이 아니라 옳고 그름의 여부를
묻기 위한 것이다.[32] 그 옳고 그름의 최후 판단 기준은 바로 천도와 우리
의 본성이지만, 내외로 말해 외적 적당과 내적 응당을 균형 있게 만족시
키는 점이다. 보통 사람은 그 균형의 조건을 잘 모르므로 점을 통해 그 균
형의 조건을 알아보려는 것이다.

　그런데 성인·군자는 덕을 닦아 그런 이치를 알 수 있으므로 구태여 점
을 통해 물어볼 필요가 없을 것이다. 그래서 『논어』에 "그 덕을 항상 지키
지 못하면 수치를 당할 수 있다. 그래서 공자는 '점(占)을 치지 않을 뿐이
다'라고 말했다"[33]고 한다. 그러면 우리는 어떻게 천인합덕할 수 있는가?
시위를 중심으로 말하면 그것은 시위상 적절한 경지인 중용을 인의 마음
으로 지키는 것이다 그래서 성인의 가장 큰 보배는 시위상의 중용이라 하

31　和順於道德而理於義, 窮理盡性以至於命.(「說卦傳」1)
32　問卜筮曰, 義與志與, 問義則可, 問志則否.(『禮記』「少儀」)
33　不恒其德, 或承之羞. 子曰不占而已矣.(『論語』「子路」)

고, 그 중용을 얻고 지키는 방법은 바로 인에 있다는 것이다.[34] 그래서 『주역』은 천인합덕에 이르기 위해 음양론에서 생생지덕을 끌어내고 시위론과 연결하여 중용의 개념을 끌어냈다.

인(仁)이란 무엇인가? 『주역』의 인은 음양론에서 나온 것이다. 즉 "한 번은 음이 되고, 한 번은 양이 되는 것을 도라 한다. …… 인자는 그것을 보고 인이라고 하고, 지자는 그것을 보고 지(智)라고 한다"[35]는 말과 같이 천지 음양의 도인 생생지덕을 인이라 본 것이다.

공자는 어떻게 음양론으로부터 인을 도출하였는가? 『주역』에서 음과 양의 관계는 기본적으로 남녀나 암수의 관계로 나타난다. 그 관계 방식은 함(咸), 즉 감응(感應)이나 감통(感通)[36]의 방식이다. 음양의 감응력은 사물에 내재하는 것으로서 기본적인 감응 방식은 음양 양방향으로 일어나지만 상황에 따라 다양해진다. 즉 『주역』의 감응 방식은 64괘 형태가 있지만, 실제는 무한대로 많은 것이다. 그러면 음양이 감응하거나 감통했을 때 어떤 일이 일어나는가? 『주역』에서는 "천지는 서로를 사랑하여 만물을 화생했다"[37]고 하고, "천지의 기운이 서로 합하여 만물을 화순(化醇)하게 한다"[38]고 하였다. 화생은 곧 동체이용(同體異用)을 말한다. 그런 동체이용의 화생 변화는 "진퇴의 형상"[39]이라고 했다. 음양은 극에 달하면 돌아간다는 말이다. 음이 극에 달하면 양으로 화생하고, 양이 극에 달하면 음으로 화생한다. 이 화생의 과정을 변화라는 개념으로도 말할 수 있는 것이다. 『순자』에서도 "실체는 변함없고 형상이 변하여 달라진 것을 화(化)라고 한다"[40]고 말했다. 음양의 형상이 변하여 만물이 되었지만, 그 실

---

34   天地之大德曰生, 聖人之大寶曰位, 何以守位曰仁.(「繫辭下」 1)
35   一陰一陽之謂道. …… 仁者見之謂之仁, 知者見之謂之知.(「繫辭上」 5)
36   『易程傳』 '咸卦'에 대한 程頤의 말.
37   天地感而萬物化生.(『周易』「彖」'咸卦')
38   天地絪縕, 萬物化醇.(『周易』「繫辭下」 5)
39   變化者, 進退之象也.(『周易』「繫辭上」 2)

체는 달라진 것이 없다는 뜻이다. 이렇게 보면 천지간의 일체 지속과 변화에는 창생(創生)은 없고 화생만 있을 뿐이다. 음양의 실체가 어떤 것이기에 그런가? 공자는 그것을 인(仁), 즉 사랑이라고 보았다. 음양 간의 사랑을 『주역』에서는 감응상여·인온(絪縕)·구정(構精) 등으로 말했는데, "음과 양 두 기가 감응함으로써 서로 함께한다"[41]는 말이나, "천지의 기운이 서로 합하여 만물을 화순하게 한다. (만물 속의) 남녀, 즉 음양의 정을 합쳐 만물을 화생한다"[42]는 말이 바로 그것이다. 공자는 이렇게 음양론으로부터 만물의 화생 작용 일체를 사랑 아닌 것이 없다고 본 것이다.

음양이 감응상여·인온·구정하는 것은 반복 순환의 원리에 따른다. 태괘 제3 효의 효사에서는 이 반복 순환의 원리를 '무왕불복(无往不復)'이라 했고, 「소상전」(小象傳)에서는 그에 대해 "'가고 돌아오지 않는 것이 없다는 것'[无往不復]은 천지가 서로 교제(交際)한다는 것"[43]이라고 해석했다. 또 복괘의 괘사에서는 천지의 무왕불복하는 변통의 원리를 '그 도를 다시 반복한다'[反復其道]라고 했고, 「단전」에서는 그것을 '천지의 마음'(天地之心)으로 해석하여 "다시 돌아옴[復]에서 천지의 마음을 본다"[44]고 하였다.[45]

이렇게 천지 음양의 생생지덕을 인하다고 보는 것은 유가가 도덕적 자아를 투영하여 얻은 것이다. 따라서 인간관계상에서 중용을 지켜 공존공

---

40 狀變而實無別而爲異者, 謂之化.(『荀子』「正名」) 그러나 朱熹는 "變者, 化之漸. 化者, 變之成"(『易本義』'乾卦·象傳'의 註)이라고 하여 變과 化를 하나의 과정으로 이해했다.

41 二氣感應以相與.(『周易』'咸卦')

42 天地絪縕, 萬物化醇. 男女構精, 萬物化生. 天地絪縕은 천기의 기가 서로 감응함이 왕성한 것이고, 萬物化醇은 천지의 감응 작용에 따라 만물이 純粹하게 醇化해지는 것이며, 男女構精은 천지 만물의 변화에 따라 남녀가 정을 합치는 것이다.(『周易』「繫辭下」5)

43 象曰: 无往不復, 天地際也.(『周易』'泰卦')

44 復其見天地之心乎.(『周易』'復卦')

45 남상호, 『육경과 공자인학』, 서울, 예문서원, 2003, 185~186쪽에서 인용함.

영하는 것은 우리의 본성에 따르는 것이고 또 자연의 법칙을 따르는 것이 된다. 즉 성명(性命)의 이법에 순응하는 것[46]이 『주역』의 목적이 되지만, 그것은 동시에 중용을 지키는 방법이자 천인합덕하는 방법이 되는 것이다.

　『주역』은 시위 속의 주체가 '왜'·'무엇을'·'어떻게' 하느냐에 따라 중용 여부가 결정된다. 즉 각 괘는 64개 기본 상황을 '언제'·'어디서'·'누가'·'무엇을'·'어떻게'·'왜'의 세계관적 범주로 면밀하게 분석하여 그 외적 적당과 주체의 내적 응당을 겸하도록 했다. 그중 시간과 주체의 조건을 아주 중시했다. 그래서 대시(待時)·시행(時行)·시변(時變)·시용(時用)·시의(時義)·시발(時發)·시사(時舍)·시극(時極)·시중(時中) 등 30여 군데에서 시간의 중요성을 강조한다. 그중 『주역』은 시중을 특히 강조한다.

　시중은 시위의 변화에 따른 변통이 중용을 이루도록 한 것이다. 그러나 변통이 시위의 변화를 분석하여 대처한다면 때를 놓치기 쉽고 만족스럽지도 못할 것이다. 그래서 인간이 천인합덕을 통해 천지 만물과 동류하면 밀착되어 빈틈이 없게 될 것이다. 그것은 더 이상 사태를 세계관적 범주로 분석하고 그 관계 속에서 알맞은 시중이 무엇인가를 찾는 것이 아니고, 단지 우리의 본성이 천지 만물과의 일체감 속에서 자기를 실현하는 것이다.

　시중의 극치는 생생지덕을 아무런 구애 없이 실현할 수 있는 경지이다. 그래서 최고의 중용은 일체적 합덕의 방법으로 이뤄진다. 그것은 사람의 인한 본성을 발휘하여 천지의 생생지덕에 합치하게 하는 것이므로, 그 방법은 사람의 인한 본성에 있으며 그 내원 역시 천지의 생생지덕에 있는 것이다. 그렇게 인한 본성이 '언제'·'어디서'·'누가'·'무엇을'·'어떻

46　和順於道德而理於義, 窮理盡性以至於命.(「說卦傳」 1)　昔者聖人之作易也, 將以順性命之理.(「說卦傳」 2)

게'·'왜' 하느냐 하는 조건과 함께 일체가 되어야 최고 경지에 도달할 수
있다. 즉 인으로 그 중용의 자리를 지킨다는 것이다.[47] 이미 그 속에는 이
재(理財)·정사(正辭)[48] 등 갖가지 실천상 중용의 의미를 내포하고 있다.

　천인합덕의 경지에 도달하는 방법이 본질적으로 인한 본성 속에 있다
고 해도 그냥 되는 것이 아니다. 그러면 어떻게 해야 하나? 건괘(乾卦)에
자강불식(自彊不息)과 진덕수업(進德修業)이라는 말이 있다. 진덕수업의
구체적 방법에는 궁리(窮理)와 진성(盡性) 등이 있다. 「설괘전」에서도 "궁
리하고 본성을 다함으로써 천명에 부합되도록 한다"[49]고 하였다. 궁리는
어떤 사태를 세계관적 범주로 분석함으로써 그의 적당을 찾되 64괘 모형
으로 추구하는 것이고, 진성은 자아실현을 지극히 성실하게 함으로써 내
적 응당을 추구하는 것이다.

　수양 공부는 한두 번의 노력으로 완성되는 것이 아니고, 성실하게 계속
자강불식해야 한다. 즉 "하늘의 운행은 건실하여 쉬지 않고 운행되듯 군
자의 수양 공부는 쉬지 않는다"[50]는 것이다. 천지의 성실한 운행 속에서
만물이 생생불식(生生不息)하듯 인간의 수양도 성실하게 자강불식할 때
그런 능력이 형성된다는 것이다. 맹자도 "성실한 것은 하늘의 도이고, 성
실하고자 생각하는 것은 인간의 도이다. 지극히 성실하면서 변하지 않는
것은 없고, 성실하지 못하면서 변화시킬 수 있는 것은 없다"[51]고 말했다.
자강불식하는 진덕수업은 인간 세상에서 이루어져야 한다. 만약 사람들
을 떠나 혼자 수양한다면 덕(德)과 업(業)이라고 할 것이 없다.[52] 진덕수

47　何以守位曰仁.(「繫辭下」1)

48　何以聚人曰財, 理財正辭禁民爲非曰義.(「繫辭下」1)

49　「說卦傳」1. 高懷民은 「說卦傳」의 저작 시기를 戰國 중기 五行 사상이 번성할 때라
고 말한다.(高懷民, 『大易哲學論』, 臺北, 成文出版社, 1978, 383쪽)

50　天行健, 君子以自彊不息.(『周易』 '乾卦')

51　誠者天之道也, 思誠者人之道也. 至誠而不動者未之有也, 不誠未有能動者也.(『孟子』
「離婁上」2)

업의 공부를 두 가지로 나누어 보자.

첫째, 덕과 업은 현실에서 이루어지는 삶이지만, 그 본질은 도덕 자아에 기초한다. 그것은 도덕 자아의 외적 투영이다. 즉 "한 번은 음이 되고, 한 번은 양이 되는 것을 도라 한다. …… 인자는 그것을 보고 인(仁)이라고 하고, 지자는 그것을 보고 지(智)라고 한다"[53]는 가치 판단은 도덕 자아를 투영한 것이다. 덕과 업 역시 도덕 자아의 자기실현이다. 그래서 그런 자강불식의 동기와 동력이 자기 외적인 것이 아니라 도덕 자아로 귀속되지 않을 수 없다. 진덕수업을 위해 자강불식하는 것은 도덕 자아의 외적 투영으로 적당을 얻도록 하는 수양 공부이며, 그런 수양이 지극하여 성실해지면 천인합덕의 경지에 도달할 수 있는 것이다.

둘째, 건괘 「문언전」(文言傳)의 "대인은 천지와 더불어 그 덕을 합치하게 하고, 일월과 더불어 그 지혜의 밝기를 합치하게 하며, 4계절과 더불어 그 행위 질서를 합치하게 하고, 귀신과 더불어 길흉을 함께한다"[54]는 말에 비추어 보면, 대인이 수양하는 것은 천지자연의 법칙에 순응하는 것이다. 천지자연의 법칙은 결국 인간의 본성으로 내재하므로, 진덕수업은 자아의 자기실현을 수양하는 것이 된다.

진덕수업은 왜 해야 하는가? 진덕수업은 때에 따라 알맞게 하기 위함[55]이라고 한다. 때란 실천 과정에서 내적 응당과 외적 적당을 얻은 때이며, 그것은 결국 천지자연의 운행 과정에서의 때이다. 진덕수업은 바로 그런 때를 통찰하고 실행하는 공부라고 할 수 있다. 그래서 "『역』을 잘 아는 자는 점을 치지 않는다"[56]는 경지는 64괘의 유형으로 자연과 인생의 문제를

---

52   高懷民,『大易哲學論』, 臺北, 成文出版社, 1978, 453쪽

53   一陰一陽之謂道. …… 仁者見之謂之仁, 知者見之謂之知.(「繫辭上」5)

54   夫大人者, 與天地合其德, 與日月合其明, 與四時合其序, 與鬼神合其吉凶.(『周易』「文言」)

55   君子進德修業, 欲及時也.(乾卦 「文言傳」)

56   善爲易者不占.(『荀子』「大略」)

해석하고 해결해 보려는 과정에서 인간과 자연 사이의 일체적 동류를 이루는 경지이다. 자연과의 일체적 동류가 바로 천인합덕이며, 그런 경지에 도달했다면 더 이상 때에 맞추려는 의도적 노력은 불필요한 것이다.

천인합덕론은 음양론과 시위론을 통합한 형태로서『주역』의 방법상 최고 모형이 되었다. 그러나 개체 중심으로 보면『주역』의 최고 방법은 바로 그런 본성에 내재해 있는 생생지덕을 따르는 것이다. 생생지덕은 음양 중심으로 보면 음양에, 인간 중심으로 보면 인간 본성에 내재한 것이다. 생생지덕은 바로 개체의 내적 제1법칙이면서, 우주 만물이 공통으로 갖추고 준수하는 사랑의 덕이다. 사랑의 실천은 상대적 반존재 간의 일체적 조화 속에서 이루어지는 것이므로,『주역』은 중심 방법을 음양의 조화·시위상의 중용에 둔 것이다.『주역』은 그런 사랑의 실천을 시위상의 음양 관계로 설명하는데, 4서에서는 선후본말적 구조에서 중용을 결합하는 형식으로 그것을 계승한다.

종합해 보면 시위론 없는 음양론은 현실적 의미가 없고, 음양론 없는 시위론은 공허한 시공일 뿐이다. 또 음양론은 천지의 생생지덕을 떠나면 죽음의 세계일 뿐이고, 시위론은 인간 사회의 사유·수양·실천론적 중용을 떠나면 자연의 시공일 뿐이다. 이렇게 최적의 시위 조건 속에서 음양이 조화를 이룬 것처럼 천인합덕함으로써 본성을 지킬 수 있고 인을 실현할 수 있는 것이다.

3. 삶으로의 복귀

우리의 근현대 과학은 인생론을 자연론에서 떼어 내어 자연을 정복의 대상으로 삼는다. 그런 과학적 세계관은 개체 사물을 독립적인 것으로 보고 개체들 간의 관계를 소홀히 하기 쉽다. 하나의 씨앗도 두 쪽으로 되어 있지만 서로 간의 조화로운 관계 속에 생명이 들어 있듯, 자연과의 조화를 잃는다면 자기 생명도 지킬 수 없는 것이다.

『주역』의 역(易)은 명사형 개념이 아니라 동사·형용사형 개념이다. 그래서 개체 사물을 음양의 상대적 반실체로 보는 『주역』의 세계관은 자연론과 인생론을 분리하지 않고 조화와 융합을 추구하는 동적(動的)인 관계로 이해했다. 『주역』이 철저하게 이성을 활용하고 치밀한 과학성을 갖고 있으면서도 그 속에 생명을 보존할 수 있는 것은 작용 관계를 중시하기 때문이다.

우리가 자연을 정복의 대상으로 삼을수록 부작용은 그만큼 커지지만, 음양으로 연출되는 자연의 조화를 과학에 접목한다면 부작용은 줄어들 것이다. 인간은 지혜를 동원하여 64괘를 만들고 그것으로 길흉을 판단하지만 자연과 인간의 무한중층의 변화를 모두 그렇게 할 수 없으므로, 『주역』은 수양을 통하여 천지와 동류하는 천인합덕의 경지를 추구하였다. 마찬가지로 과학적 노력으로 인간의 삶을 증진해 왔지만, 결국 그것은 자연의 법칙에 따를 때만 가능하지 않은가? 생명의 이법에 따름으로써 자연과 인생, 그리고 과학이 일체적 조화를 이룰 수 있게 되면 생명도 다시 살아날 것이다. 일체적 조화는 사랑이며, 그런 사랑의 원리는 인생의 문제를 해결하고 자연 과학에서 생기는 불균형을 극복할 수 있는 원동력이 될 수 있을 것이다.

『주역』 철학에서 천인합덕하려는 '누가'·'무엇을'·'어떻게'·'왜' 등의 세계관적 범주는 모두 자연으로 귀속되는 것 같이 보이나, 천지의 생생지덕과 인간의 인(仁)을 동질시함으로써 오히려 행위 주체로 귀속되었다. 그뿐만 아니라 그런 조화는 시위 속에서 이루어지므로 '언제'·'어디서'의 범주에 속하는 것도 현실 속에서 그들과 함께 일체적 조화를 이룬다. 그런 천인합덕은 세계관적 인식이 중지되어 세계관적 범주의 구분이 사라진 상태이지만, 전(前) 단계에서는 유가 특유의 선후본말적(先後本末

的) 구조에서 중용의 도를 결합한다. 고도의 수양 경지에 이르러 일음일
양하는 천지의 변화 자체를 인으로 보고 그것을 최고 방법으로 삼은 천인
합덕적 역철학은 '경지 철학'(境地哲學)이라고 할 수 있다.

[1997년][57]

---

57   「주역의 천인합덕적 방법」, 『주역연구』 2집, 한국주역학회, 1997.12에 게재한 것을
수정 보완함.

제4장

관자의 중정화조의 방법

관자(管子, B.C.725?~B.C.645)의 성은 관(管)이고, 이름은 이오(夷吾)
이며, 자(字)는 중(仲)이다. 그는 제나라 환공(桓公, 재위 B.C.685~
B.C.642)때 40여 년간 제나라 재상을 지낸 사람이다. 관자와 그의 후학들
의 저술이라는 『관자』는 모두 86편이라고 하는데, 그중 10편은 산실되고
76편만 전해 온다. 그 가운데 경언(經言) 9편은 일반적으로 관자의 저작이
라고 본다. 나머지 부분에도 관자의 저작으로 보이는 것이 있기 때문에,
『관자』는 관자와 그의 후학들의 경세서(經世書)라고 할 수 있다.[1] 최근 어

---

1 (1) 吾讀管氏 「牧民」, 「山高」, 「乘馬」, 「輕重」, 「九府」.(司馬遷, 『史記』 「管晏列傳」)
「山高」는 지금의 「形勢」이다.

　　(2) 이상옥은 「牧民」, 「形勢」, 「權修」, 「立政」, 「乘馬」, 「七法」, 「版法」, 「幼官」, 「幼官
圖」를 經言 9편이라 했다.(이상옥, 『관자』, 서울, 명문당, 1985, 33쪽 참조.)

　　(3) 金忠烈은 司馬遷이 읽었다는 5편과 外言의 「五輔」, 內言의 「大匡」, 「中匡」, 「小
匡」등 9편은 管仲의 사상과 언론의 사적의 원형을 보존하고 있는 것으로 보았다.(김충열,
『중국철학사』 1권, 서울, 예문서원, 1994, 206쪽)

　　(4) 장승구는 이상옥의 「牧民」, 「形勢」, 「權修」, 「立政」, 「乘馬」, 「七法」, 「版法」, 「幼
官」, 「幼官圖」 9편에 「五輔」를 포함하여 10편을 經言이라 했다.(김필수 외 공역, 『관자』,
서울, 소나무, 2006, 15쪽)

　　(5) 양계초는 『管子』의 60~70%를 管子의 저작으로 보았다.(梁啓超, 『管子傳』, 臺
北, 臺灣中華書局, 1970, 3쪽)

떤 연구가들은 『관자』라는 책의 저술 시기를 전국 시대 중후반기로 보고
있으며, 전(田)씨 정권의 제나라 왕립 학술 기관인 직하학궁(稷下學宮)²에
서 편찬되었을 것으로 보고 있다. 그러나 그런 연관성 때문에 『관자』를 직
하학자들이 지은 것이라고 볼 수 없다는 견해도 있다.³ 필자는 제나라에 환
공과 관중의 대화를 기록한 역사 기록이 있었고, 그것을 기초로 하여 후대
학자들이 『관자』라는 책으로 정리·편찬한 것으로 본다. 왜냐하면 옛날 중
국에는 사관이 군왕의 언행과 국가의 중대사를 기록하고 관리해 온 오랜 전

---

(6) 汪大華는 『管子』를 법가의 책으로 볼 뿐만 아니라 管仲의 저서도 아니라고 보았
다.(汪大華, 「法家論賞罰之研究」, 『復興岡學報』, 臺北, 文化大學, 1964.7, 249쪽)

(7) 馮友蘭, "管子是稷下學者的論文集或稷下學宮的學報."(『中國哲學史新篇』第1冊,
北京, 人民出版社, 1982, 103쪽)

(8) 經言 9편과 나머지 부분에서 개념이나 내용이 같은 예는 ① "不爲愛人枉其
法."(「七法」) "不爲愛民枉法律."(「法法」) ② "布令必行, 不知心術不可."(「七法」) 편명으
로서의 「心術」 上下 등 많이 있다. 또 『管子』의 "九合諸侯, 一匡天下."(「小匡」, 「封禪」)는
『論語』의 "管仲相桓公, 覇諸侯, 一匡天下."(「憲問」)와 일치하는 것으로 보면 孔子도 『管
子』의 「小匡」이나 「封禪」을 읽은 것 같다. 아울러 司馬遷도 "管仲旣用, 任政於齊, 齊桓公
以覇. 九合諸侯, 一匡天下, 管仲之謀也.(『史記』 「管晏列傳」)"라고 말하고, 『管子』 「封禪」
전체를 그대로 『史記』 「封禪書」에 인용한 것으로 보면, 그가 거론한 5편 이외에 「小匡」이
나 「封禪」을 읽은 것이 확실하다.

2 稷下學宮의 건립은 齊나라 桓公 시대라는 견해가 지배적이다.(劉蔚華·苗潤田, 『稷
下學史』, 北京, 中國廣播電視出版社, 1992, 37쪽 참조.) 稷下學宮을 건립했다고 하는 桓
公의 본명은 田午이며, B.C.384~B.C.379년까지 齊나라 임금으로 재위하였다.(『史記』
「六國年表」) 管子가 보필한 小白 齊桓公(B.C.685~B.C.642)과는 다른 사람이다.

3 田齊란 姜씨 정권의 齊나라가 田씨 정권으로 바뀐 것을 말한다. 즉 陳國 厲公의 아들
陳完이 B.C.672년 齊나라로 피신하여 田씨로 성을 바꾸었고, 그의 후손인 田和가
B.C.386년 제후의 반열에 오르기 시작했으며, 그것을 계기로 그의 아들 田午(桓公)가 임
금이 되었다.(『史記』 「六國年表」)

『管子』가 稷下學者들의 저술이 아니라는 견해는 1982년 10월 산동성에서 개최한 직하학
토론회의에 참석한 당시 학자들의 주된 견해를 총 정리한 책(劉蔚華·苗潤田, 『稷下學史』,
北京, 中國廣播電視出版社, 1992, 325쪽)에서 "管子中雜有稷下學者的文章, 但它不是稷下
學者的論文集, 不是稷下叢書, 更不是現代意義上的學報."라고 말한 것에서 확인할 수 있다.

통과 제도가 있었기 때문이다. 공자를 비롯한 후배 제자백가들의 언급이 현전하는『관자』의 내용과 상당 부분 일치하는 것으로 보면, 이미 어떤 기록이 있었음을 충분히 짐작할 수 있다.

관자가 한평생 제나라 국정 책임자로서 일하면서 얻은 경험이나 환공에 대한 정치 자문 과정에서 생각한 것을 정리한 것이『관자』라는 책이다. 그 내용이 잡다하여 체계를 잡기가 어렵지만 그 목표는 민생을 위한 목민(牧民)이다.『관자』대부분의 내용이 국정 경험으로부터 얻은 1차 자료이기 때문에 정치 지침서 같은 느낌마저 든다. 그것은 관념적인 것이 현실적인 것에 앞선다고 보는 유·도가 철학에 비해, 관자는 오히려 현실적이고 경험적인 것이 관념적인 것에 앞선다고 보기 때문이다.『관자』가 편찬된 시기는 전국 시대 중후반기라 하더라도, 내용상 개인의 사상을 책으로 전하는 것은『관자』가 맨 처음일 것이다.

춘추 시대는 평왕(平王)이 자기 아버지 유왕(幽王)을 죽이고 왕위를 찬탈한 B.C.770년부터 동주 전반기 B.C.476년까지로 규정하기 때문에[4], 관자가 국정을 맡은 시기는 춘추 시대 초기에 해당한다. 관자가 군군신신(君君臣臣)과 존왕양이(尊王攘夷) 등을 강조한 것을 보면 주나라 건국 초기와 같은 정치 질서 회복과 아울러 경제 안정을 추구한 것으로 보인다. 한 국가를 다스리는 관리자 입장에서 보면 관리 대상 항목과 중요성에 따른 항목 간의 우선순위가 있게 마련이다. 그 항목은 지배자와 피지배자 간의 정치적 관계인데, 그 관계는 어느 한쪽으로 치우치면 혼란스럽고, 혼란스러우면 민심이 모이지 않으며, 민심이 모이지 않으면 되는 일이 없다.

관자는 첫 편의「목민」이란 이름처럼 민생을 최고 목표로 하였다. 그런데『관자』를『한서』「예문지」에서는 도가로 분류하였고,『수서』「경적지」

---

4   『大辭典』, 臺北, 三民書局, 1986, 2047쪽. 孔子가 편찬한 책명인『春秋』중심으로 한 춘추 시대는 魯隱公 元年(B.C.722)에서 魯哀公14年(B.C.481)까지 242년간이다.

와 『사고전서』에서는 법가로 분류하였다. 그뿐만 아니라 그동안 연구가들 역시 관자를 후배 제자백가의 분류 속에 귀속시켰다. 그래서 필자는 관자의 종합적인 국정 관리의 철학적 배경을 검토하기 위해 목민 철학이라는 이름으로 총괄하고, 그의 목민 철학적 방법은 "중정이 되고 난 후에 화합·조정이 된다"[5]는 중정화조(中正和調)를 중심으로 논할 것이다. 여기서 목민 철학은 중정화조라는 하나의 원칙을 가지고 국정 전 분야를 관리한 관자의 정치철학적 체계를 말하는 것이다.

관자는 목민의 출발점을 국가 경제에 두었다. 인간은 본능적으로 먹고사는 것을 가장 중시하기 때문에, 관자는 경제 문제의 해결을 만사의 시작으로 본 것이다. 그다음은 관자의 관점을 고려해 볼 때 정치·법·외교 군사·윤리 도덕·종교 등의 순서로 말할 수 있다. 그래서 필자는 본 장에서 중정화조의 방법을 중심으로 관자의 목민 철학 사상의 각 분야를 논하고자 한다. 『관자』에는 관자가 국정 관리상 구체적인 경험을 근거로 목민 중심의 사상 체계를 건립하였기 때문에, 필자는 그것을 목민 철학이라고 부른다.

필자가 이렇게 민생을 위한 관자의 목민 철학을 중정화조의 방법 중심으로 연구하는 목적은 무엇인가? 첫째 관자의 중정화조의 방법은 우리 현실에도 적용할 수 있는 방법적 모형이며, 둘째 필자는 본 연구를 통해 관자의 철학적 방법을 온고지신할 수 있기 때문이다. 진일보하여 내용 중심의 연구를 방법 중심으로 전환해 보고자 하는 목적도 있다.

1. 방법론적 배경

관자는 철학의 목표를 목민에 두었다. 특히 백성의 의식주를 중심으로 도

---

5   中正然後和調.(『管子』「五輔」)

덕·종교·문화 등의 분야를 관리하여 백성의 생존을 보호하는 목민이다.
즉 관자는 "백성을 다스리는 데는 불변의 도가 있고, 재물을 생산하는 데
도 불변의 법칙이 있다. 도라는 것은 만물의 요체이다. …… 이 때문에 현
명한 군주는 도와 법을 중시하고 나라를 가벼이 여김을 알 수 있다"[6]고 말
했다. 도는 정치의 도이고, 법은 재물의 생산 방법이다. 관자에게 정치의
도와 재물의 생산은 모두 목민을 위한 것이다. 관자의 목민철학은 백성을
먹여 살리는 것 위주이므로, 경제·정치·법·윤리 도덕·종교 등의 철학적
목적을 총괄하여 민생을 위한 목민이라 할 수 있다.

공자가 도덕을 최우선으로 생각했다면, 관자는 의식주를 최우선으로
생각했다. 또 한비자가 군신 관계를 하루에도 백전을 치루는 권력 투쟁
관계[7]로 보았다면, 관자는 공동의 이익을 함께 도모하여 공영할 수 있는
상부상조의 관계로 보았다. 즉 "임금이 백성을 편안하고 즐겁게 해 주면,
백성은 군주를 위하여 근심과 노고를 감수한다. 임금이 백성을 부유하게
해 주면, 백성은 임금을 위하여 가난하고 천함도 감수한다. 임금이 백성
을 보호하여 안전하게 해 주면, 백성은 임금을 위하여 위험도 무릅쓴다.
임금이 백성을 잘 먹여 살리면, 백성은 임금을 위하여 목숨도 내놓는다"[8]
는 것이다. 심지어 "인정은 이익을 보면 나아가고, 손해를 보면 피하지 않
을 수 없다. …… 이익이 있는 곳은 천 길이나 되는 높은 산이라도 올라가
지 않는 곳이 없고, 아무리 깊은 물이라도 들어가지 않는 곳이 없다"[9]고
하였다. 관자는 이렇게 인간을 본능적으로 이익을 좋아하고 해를 싫어하

6　治民有常道而生財有常法. 道也者, 萬物之要也. …… 是以知明君之重道法而輕其國
也.(『管子』「君臣上」)
7　上下一日百戰, 下匿其私, 用試其上.(「揚權」)
8　能佚樂之, 則民爲之憂勞. 能富貴之, 則民爲之貧賤. 能存安之, 則民爲之危墜. 能生育
之, 則民爲之滅絶.(『管子』「牧民」)
9　夫凡人之情, 見利莫能勿就, 見害莫能勿避. …… 雖千仞之山, 無所不上. 深淵之下, 無
所不入焉.(『管子』「禁藏」)

는 존재로 보았고, 그것을 기초로 목민 철학을 건립한 것이다.

관자는 자기가 모시던 주군이 죽자 그를 따라 죽지 않고 오히려 정적이 었던 환공을 도와 일생을 바친다. 그렇게 그는 군신 간의 의리보다 백성 의 생존을 구제한다는 명분을 따른 것이다. 관자가 주군을 따라 순사하지 않은 것에 대해, 관자의 친구 포숙아는 "임금을 위하기 때문이 아니라 선 대 임금과 사직을 위하기 때문"[10]이라고 말했고, 공자는 "어찌 소시민처럼 작은 절개를 지켜 길가에서 목매달아 죽음으로써 자신이 누군지도 모르 게 하겠는가"[11]라고 말하여 관자의 그런 삶을 변호했다. 보통의 선비처럼 목숨을 잃더라도 인을 지키며 살신성인하는 것보다는 국정 책임자였던 관자에게는 수많은 백성의 생존을 최우선 고려하는 것이 낫다는 것이다.

관자가 그의 철학적 목적을 목민으로 잡고, 문제 해결을 의식주에서 시 작하여 도덕에 이르게 한 것은 그가 정치인이었기 때문이다. 그래서 "임 금은 백성을 하늘로 삼고, 백성은 먹고사는 것으로 하늘을 삼는다"[12]는 말 처럼, 그는 "재물이 풍족하면 예절을 알고, 의식이 족하면 영욕을 알게 된 다"[13]고 말한 것이다. 양계초(梁啓超)는 이런 점에 대해 "관자가 이재(理 財)상 전력을 기울여 경영한 것은 국가의 재정이 아니라 국민의 경제였 다. 국민의 경제가 발전하면 국가 재정 역시 나아지는 것이므로, 관자가 힘쓴 것은 이 점에 있다"[14]고 말했다.

민생을 위한 목민의 출발점은 의식주와 관련된 생산과 공급이었다. 생 산은 각종 법제를 시대에 알맞게 고치는 것이고, 공급은 백성의 삶을 편

10　(鮑叔曰)非爲君也, 爲先君與社稷之故.(『管子』「小匡」)
11　豈若匹夫匹婦之爲諒也. 自經於溝瀆而莫之知也.(『論語』「憲問」18章)
12　王者以民人爲天, 而民人以食爲天.(『史記』, 「酈生陸賈列傳」); 王者以民爲天, 而民以 食爲天.(『漢書』「酈陸朱劉叔孫傳」)
13　倉廩實, 則知禮節. 衣食足, 則知榮辱.(『管子』「牧民」)
14　管子之理財, 其所注全力以經營者, 不在國家財政也, 而國民經濟. 國民經濟發達, 斯 國家財政隨之. 管子之所務者在於是.(梁啓超, 『管子傳』, 臺北, 臺灣中華書局, 1970, 45쪽)

안하고 안정되게 하는 것이다. 백성의 생존은 의식주 같은 경제뿐만이 아니라, 국가 조직의 유지나 정신적 가치인 도덕과 종교 등도 중요한 것이다. 단지 순위상 앞뒤에 있는 것뿐이다. 그래서 관자는 "정치가 잘 되는 것은 민심에 순응하는 데 있고, 정치가 잘못되는 것은 민심에 역행하는 데 있다"[15]고 말했다. 필자가 본문에서 백성의 생존을 위한 경제·정치·법·윤리·종교적 방법을 경제부터 시작한 것은 생존이 인간다움에 앞선다고 보는 그의 세계관을 반영한 것이다.

관자는 제나라 재상이었으므로, 그의 중심 문제는 목민적 국가 경영이었고, 국가 경영의 목표는 안으로는 백성을 잘 살게 하고 밖으로는 이웃 나라보다 부강하게 만드는 것이다. 그의 패왕론(覇王論)은 그런 목표를 엿보게 한다. 즉 "영토가 넓고 나라가 부유하며, 백성이 많고 군대가 강한 것이 패왕의 근본"[16]이라는 것이다. 그렇게 백성은 임금으로부터 생존을 보장받을 때 임금에게 충성을 바치는 정치적 합의를 하게 되는 것이다. 그런 것이 현대 민주국가처럼 국민의 여론을 반영한 것은 아니지만, 그와 크게 다른 것도 아니다. 그런 정치적 관계의 중심에 백성의 생존을 해결하는 목민이 있는데, 그것이 바로 관자의 중심 문제가 되었다.

2. 주요 방법

1) 기초 방법 – 중정화조

한 국가의 정치적 개념은 하루아침에 생기거나 무너지기 어렵다. 백성의 전통적인 관습이나 관행 등이 있기 때문이다. 중국은 역사적으로 요·순·

---

15   政之所興, 在順民心. 政之所廢, 在逆民心.(『管子』「牧民」)
16   地大國富, 人衆兵強, 此覇王之本也.(『管子』「重令」)

우·탕·문·무·주공으로 이어온 도덕 정치에 예악과 법제 같은 제도 정치를 병행해 왔다. 노나라와 이웃한 제나라는 주 왕조의 핵심 제후국 중 하나이었다. 관자가 살았던 시기는 주 왕조가 건국된 지 600여 년이 지나 소위 춘추 시대라는 혼란기로 접어들어 100년 전후가 된 때였다. 하지만 많은 관행이 그대로 유지되었을 것이고, 『서경』「주서·홍범」의 홍범구주(洪範九疇)의 황극(皇極) 사상[17]과 같은 것도 중정화조(中正和調)라는 개념 정립에 영향을 주었을 것이다.

　　중정화조의 주요 개념은 중(中)과 화(和)이다. 중과 화를 역사적으로 고찰해 보면, 첫째 중의 개념은 홍범구주 중 황극, 즉 보편타당하며 불편부당한 대중(大中)이란 개념이 으뜸이다. 그런 대중은 가장 조화로운 공동체의 중심과 근본이 된다. 이런 개념을 바탕으로 『서경』 등의 고전에서 이미 중국(中國)이란 명칭이 사용되기도 했다.[18] 둘째 화의 개념은 본래 음악에서 나온 것으로서 갑골 문자에서 음악 소리의 조화를 의미하던 '화'(龢)자가 지금의 화(和)로 바뀌어 쓰인 것이다. 음악의 화음 구조에 대해 『좌전』에서는 동(同)과 화(和)를 비교하여 말한다. 동이라는 것은 마치 물에 물을 탄 것과 같고, 화라는 것은 물·된장·야채 등을 적절히 하여 국을 끓이는 것과 같다는 것이다.[19] 이는 곧 음악의 화음은 상호 보완적이고 상호 의존적인 상성상제(相成相濟)의 관계 속에서 이루어진다는

───────────

17　'皇極'은 「洪範」의 '근본이 있는 곳'이라고 말할 수 있다. 『爾雅』에서 漢儒에 이르기까지 줄곧 '皇이란 大이고, 極이란 中이다'라고 해석한 大中은, 바꾸어 말해 『주역』의 '大中以正'의 大中이다. 그러나 大中이 무엇을 말하는 것인지 글자상으로는 해석할 수 있으나, 철학상의 이치는 오히려 쉽지 않아 보인다. 『漢書』「谷永傳」에는 황극에 대한 중요한 해석이 들어 있는데, "대중을 세움으로써 천심을 계승한다"(建大中, 以承天心)고 한 것은 『左傳』 '成公13年'의 "백성은 천지의 중을 받음으로써 태어난다"(民受天地之中以生)는 것과 비슷하다.(방동미, 『원시 유가 도가 철학』, 남상호 역, 서울, 서광사, 1999, 97쪽)

18　위대한 하늘이 이미 중국민과 그 강토를 선왕에게 부여하였다.(皇天旣付**中國**民越厥疆土于先王.(『書經』「周書·梓材」))

19　異. 和如羹焉, 水, 火, 醯, 醢, 鹽, 梅, 以烹魚肉.(『左傳』, '昭公20年 12月')

말이다.[20] 즉 화의 정치는 "작은 소리가 큰 소리에 억눌려 들리지 않는 것은 화가 아니다"[21]라는 음악 이론처럼, 정치에서도 소수나 약자의 의견이라도 무시되지 않고 수렴되어야 한다는 것을 의미한다.[22]

목민을 위한 관자의 기초 방법은 국정의 모든 정치적 관계에서의 균형과 조화인 중정화조이다. 그러면 정치를 어떻게 해야 시시각각 다양한 요구를 하는 수많은 백성을 모두 만족시킬 수 있겠는가? 최대 다수가 만족할 수 있는 균형점에 국정의 정치적 관계를 설정해야 할 것이다. 그것이 관자의 중정화조이다.

관자의 중정화조론은 어떠한 것인가? 관자가 "중정은 치국의 근본이다."[23], "중정이 되고 난 후에 조화를 이룬다. …… 이 여덟 가지(上下貴賤長幼貧富, 즉 上下有義,貴賤有分,長幼有等,貧富有度)가 마땅하게 될 때, 임금이 된 사람은 중정무사(中正無私)하게 된다"[24]고 말했다. 이런 중정(中正)이란 개념 역시 『서경』에 보인다. 즉 "재판한 안건이 대부분 공정하게 처리되었다"[25]는 말은 상벌의 공정함을 말하는 것이다.

치국의 근본은 민생의 균형과 조화에 달려 있다. 이상적인 민생은 경제적인 면에서는 생산과 공급이 균형을 이루도록 하고 조세를 적절히 거두

---

20 『左傳』'昭公20年 12月'에서 말하는 相成相濟와 같은 和의 구조는 『禮記』「樂記」와 마찬가지로, "小大相成, 終始相生, 倡和淸濁, 迭相爲經"이라고 되어 있다.

21 細抑大陵, 不容於耳, 非龢也.(『國語』,「周語下」,) 왜냐하면 피아노의 원음과 倍音 관계로 말해서 원음을 1로 할 때 원음의 1/7이 되는 제7배음밖에는 들을 수 없기 때문이다.(『새 음악 통론』, 서울, 일신서적, 1992, 141쪽) 제8배음이 3옥타브 위의 음이므로, 두 음정은 최대한 3옥타브를 넘을 수 없다. 그래서 동양 음악에서도 黃鐘音을 기본으로 하여 위로는 淸黃鐘과 重淸黃鐘뿐이고, 아래로는 倍黃鐘과 下倍黃鐘뿐이다.

22 中과 和에 관한 것은 남상호, 『육경과 공자인학』, 서울, 예문서원, 2003, 79~81쪽 참조.

23 中正者, 治國之本也.(『管子』「宙合」)

24 中正然後和調. …… 八者各得其義, 則爲人君者, 中正而無私.(『管子』「五輔」)

25 咸庶中正.(『書經』「周書·呂」刑)

어야 하며, 정치적인 면에서는 공정하게 해야 하고, 법적인 면에서는 분명하고 엄격하게 해야 하고, 윤리 도덕적인 면에서는 내적인 도덕심과 외적인 예의 절차 등이 균형을 이루어야 하고, 종교적인 면에서는 천지인이 조화를 이루도록 해야 한다.

국정은 한두 가지 방법만으로는 운영할 수 없을 뿐만 아니라 시의적절하기도 해야 한다. 그래서 관자는 "(환공이 물었다.) 목민하는 데는 무엇이 우선인가? 관자가 대답했다. 때로는 일을 먼저 해야 하고, 때로는 정사를 먼저 해야 하며, 때로는 먼저 덕을 베풀어야 하고, 때로는 먼저 화를 내야 합니다"[26]라고 말한 것이다. 그것은 목민을 위한 국정상 정치적 관계가 언제 어디서든지 중정을 이루도록 해야 한다는 것과 관련이 있다. 관자는 중정의 도를 치국의 근본으로 삼았기 때문에 "나라의 임금 노릇하는 것은 그 도가 임금 노릇하는 것이고, 천하의 왕 노릇하는 것은 그 도가 왕 노릇하는 것"[27]이라고 말한 것이다. 그러므로 관자의 목민 철학에서 제일 원리는 바로 중정화조의 도인 것이다.

중정화조의 도에 대한 논의는 『관자』의 여러 문장에서 보이나 대부분 후학들의 가필로 보인다.[28] 공자가 "관자의 그릇이 작구나"[29]라고 한 평가 속에는 관자의 철학적 깊이에 대한 평가도 함께 들어 있다. 따라서 본 장에서는 관자의 중정화조에 대한 형이상학적 논의를 간략하게 할 것이다.

---

26   (桓公曰) 牧民何先? 管子對曰, 有時先事, 有時先政, 有時先德, 有時先怒.(『管子』「小問」)

27   君一國者, 其道君之也. 王天下者, 其道王之也.(『管子』「君臣上」)

28   예를 들면 得天之道, 其事若自然. 失天之道, 雖立不安.(『管子』「形勢」) 道也者, 口之所不能言也, 目之所不能視也, 耳之所不能聽也, 所以修心而正形也.(『管子』「內業」) 凡道, 無根無莖, 無葉無榮, 萬物以生, 萬物以成, 命之曰道. …… 道在天地之間也, 其大無外, 其小無內. …… 以無爲之謂道, 舍之之謂德. 故道之與德無間. …… 無爲之道, 因也. 因也者, 無益無損也.(『管子』「心術上」) 만약 이와 같은 내용이 管子의 철학 사상이라고 증명된다면, 老子와 莊子의 철학적 창의성은 상당히 적어질 것이다.

29   管仲之器小哉.(『論語』「八佾」)

2) 경제적 방법 – 족식

경제적 방면에서 중정화조는 백성의 식생활이 충족되는 족식(足食)에 있고, 그것은 생산과 소비의 조화에서 실현된다. 생산과 소비의 균형은 물론 그와 도덕의식 간에도 조화를 이루어야 한다. 그러나 관자는 도덕을 경제에 의존된 것으로 보고 의식이 족해야 예절을 안다고 했다. 왜 그는 목민의 방법에서 경제적 방법을 우선시했는가? 백성이 굶주리면 아무것도 할 수 없기 때문이다. 그래서 그는 "무릇 치국의 도는 반드시 먼저 백성을 부유하게 해야 한다. 백성이 부유하면 다스리기 쉽고, 가난하면 다스리기 어렵다"[30]고 말한 것이다. 그것은 공자도 마찬가지이다. 즉 "공자가 말했다. 사람들이 많구나. 염유가 말했다. 이미 사람이 많아졌으니 무엇을 더해야 합니까? 공자가 말했다. 부유하게 해야 한다. 염유가 말했다. 이미 부유해졌다면 무엇을 더해야 합니까? 공자가 말했다. 가르쳐야 한다"[31]고 말했다. 맹자 역시 "만약 백성에게 일정한 직업이 없으면 일정한 도덕심이 없게 되니, 진실로 일정한 도덕심이 없게 되면 방벽하고 사치한 짓을 하지 않을 사람이 없게 된다"[32]고 말했다. 그처럼 관자·공자·맹자는 모두 선부후교(先富後敎)적인 면을 인정하는 것이다.

목민의 출발점은 백성의 안정적인 의식주를 확보하는 것이다. 묵자도 『상서』「일주서」를 인용하여 "양식은 성인이 보배로 여기는 것이다. 그러므로 「주서」에 이르길 나라에 삼 년 동안 먹을 양식이 없다면, 국가라 해도 그의 나라가 아니다"[33]고 말했다. 그런 의식주의 확보는 재화의 생산과 공급의 균형에서 이루어진다. 생산은 분업의 방식으로 직분에 따른 역할

30　凡治國之道, 必先富民, 富民則易治也, 民貧則難治也.(『管子』「治國」)

31　子曰, 庶矣哉. 冉有曰, 旣庶矣, 又何加焉? 曰, 富之. 曰, 旣富矣, 又何加焉? 曰, 敎之.(『論語』「子路」9章)

32　若民則無恒産, 因無恒心. 苟無恒心, 放辟邪侈, 無不爲已.(『孟子』「梁惠王上」7章)

33　夫食者, 聖人之所寶也. 故周書曰, 國無三年之食者, 國非其國也.(『墨子』「七患」, 『尙書』「逸周書」)

수행이며, 공급은 때에 알맞게 비축과 방출을 조절하는 것이다. 관자는 국가를 생산과 공급을 관리하는 조직으로 보았다. 그래서 군주는 명령과 지휘를 하고, 신하는 군주의 명령을 받들어 백성들의 생산 활동을 관리하며, 백성은 재화를 생산하는 것이다.

관자는 군주의 명령과 지휘의 기초를 천지인의 상도에 두었다. 즉 "하늘에는 불변의 형상이 있고, 땅에는 불변의 형체가 있으며, 사람에게는 불변의 예의가 있다. 한 번 설정되고 바뀌지 않는 것을 삼상(三常)이라 한다. 그것을 통괄하여 하나로 하는 것이 임금의 도리이다"[34]라는 것이다. 이런 사고 모형은 인간의 삶을 천지자연의 법칙과 일치시키려는 것으로서 중국 철학의 전형이다. 이렇게 군주는 종합적 경영자이고, 백성들은 분업적 생산자이다. 그래서 관자는 "성인이 성인으로 될 수 있는 이유는 능력에 따른 백성의 직분을 잘 나눌 수 있기 때문"[35]이라고 말한 것이다. 능력에 따라 사농공상 등으로 직분을 나누는 것은 생산성을 높이기 위한 것이다. 생산성이 높아지면 재물이 풍부해지고, 그렇게 되면 물질적으로 백성들이 잘 살게 된다.

공급과 소비는 중정화조를 이루어야 한다. 관자는 "시장은 공급과 수요의 기준이다. 그러므로 물건이 싸면 큰 이익이 남지 않고, 큰 이익이 남지 않으면 모든 일이 잘 다스려진다. 모든 일이 잘 다스려지면 일상의 사용을 절제하게 된다. …… 그러므로 시장은 (그 나라의) 치란을 알 수 있고, 물자의 많고 적음을 알 수 있는 곳"[36]이라고 말했다. 그리고 공급과 관련

---

34 天有常象, 地有常形, 人有常禮. 一設而不更, 此謂三常. 兼而一之, 人君之道也.(『管子』「君臣上」)

35 聖人之所以爲聖人者, 善分民也.(『管子』「乘馬」) 여기서의 分民을 백성들에게 재물을 나누어 주는 것으로 해석하는 학자도 있는데, 필자는 백성을 사농공상의 신분에 따라 사는 곳이나 하는 일을 분별해 주는 것으로 해석했다. 그 근거는 士農工商四民者, 國之石民也, 不可使雜處. 雜處則其言嚨, 其事亂.(『管子』「小匡」) 등과 같은 데 있다.

36 市者, 貨之準也. 是故百貨賤則百利不得. 百利不得則百事治. 百事治則百用節矣.

하여, "물자가 많으면 가격이 떨어지고, 부족하면 가격이 올라간다. 재물을 방출하면 가격이 떨어지고, 구입하여 거두면 가격이 올라간다. 군주는 그것을 잘 알기 때문에 시장에서 남고 부족한 것을 살펴서 화폐와 물자를 통제한다. 곡물 가격이 떨어지면 화폐로 양식을 사들이고, 포백 값이 떨어지면 화폐로 포백을 사들인다. 물가의 등락을 살펴서 그러한 원칙으로 통제한다. 그러므로 물가의 높고 낮음을 조절할 수 있고, 군주는 그 이익을 얻는다"[37]고 하였다.

화폐와 재화의 관계에 대해 관자는 "황금은 생산과 소비 생활의 척도이다. 황금의 기능을 잘 알면 사치와 검소를 알게 되고, 사치와 검소를 알면 모든 소비 생활을 적절히 할 수 있다. 그러므로 검소하면 생산을 방해하고, 사치하면 물자를 낭비한다. 검소하면 황금의 가치가 낮아지고, 황금의 가치가 낮아지면 생산 활동이 잘 이루어지지 않으므로 생산 활동을 방해한다. 사치하면 황금의 가치가 높아지고, 황금의 가치가 높아지면 물가가 낮아지므로 물자를 낭비한다"[38]고 말했다. 즉 관자는 화폐 정책에서 황금을 일반 물가의 기준으로 삼아 금본위 화폐 제도를 정립한 것이다. 이것은 "선왕은 그것들의 가치의 높고 낮음을 계산하여 이용할 때, 주옥은 상등의 화폐로, 황금은 중등의 화폐로, 도포(刀布)는 하등의 화폐로 정했다. 선왕은 중등의 화폐인 황금의 가치를 통제하여 하등인 도포와 상등인 주옥을 제약했다"[39]라고 말한 것에서도 확인할 수 있다.

…… 故曰市者可以知治亂, 可以知多寡.(『管子』「乘馬」)

37   夫物多則賤, 寡則貴, 散則輕, 聚則重. 人君知其然. 故視國之羨不足而御其財物. 穀賤則以幣予食, 布帛賤則以幣予衣. 視物之輕重而御之以準, 故貴賤可調, 而君得其利.(『管子』「國蓄」)

38   黃金者用之量也. 辨於黃金之理, 則知侈儉. 知侈儉則百用節矣. 故儉則傷事, 侈則傷貨. 儉則金賤, 金賤則事不成, 故傷事. 侈則金貴, 金貴則貨賤, 故傷貨.(『管子』「乘馬」)

39   故先王度用其重而因之, 珠玉爲上幣, 黃金爲中幣, 刀布爲下幣. 先王高下中幣, 利下上之用.(『管子』「揆度」)

관자 시대에는 생산 기술의 부족으로 재화의 생산량이 절대 부족하였
으니, 검약을 주요 소비 정책으로 삼을 수밖에 없었다. 그래서 관자는 "간
사함은 결핍에서 생기고, 결핍은 사치에서 생기며, 사치는 무절제에서 생
긴다. 그러므로 도량형을 살피고, 의복을 절제하며, 용도를 검소하게 하
고, 사치와 교만을 금지하는 것이 나라의 급선무이다"[40], "백성에게 세금
을 거두어들이는 것에 제한이 없고, 노동력을 동원하는 데 절제가 없으면
나라가 강대해도 반드시 위태롭다"[41]고 말한 것이다. 그렇게 보면 관자의
경제 정책은 민생 경제 중심이지 국가 경제 중심이 아니다.

공자는 정치의 요체가 "가까운 데 사람을 기쁘게 하고, 먼 데 사람을 오
게 하는 것"[42]이라 했다. 관자 역시 "나라에 재물이 많으면 멀리 있는 자가
오고, 토지가 개간되어 농사를 지을 수 있으면 정착하여 산다"[43]고 말했
다. 그러니 관자는 민생 경제를 중심으로 하여 국정 관리를 하려 한 것이
다. 그런 면에서 "관중은 결코 깊이 있게 어떤 절대 진리를 탐구하고 지고
한 이상을 추구한 철학자라기보다는 경세치용이라는 한계에 충실했던 철
학자"[44]라고 할 수 있다.

3) 정치적 방법 - 정명

정치적 방법에서 중정화조는 명분과 실제가 균형과 조화를 이루는 정명
(正名)이다. 관자는 "명칭이란 성인이 만물을 질서 있게 분류하는 도구"
라는 만물 명칭만이 아니라, 정치적 명분까지 언급했다. 즉 "명분을 바로
잡으면 저절로 다스려지고, 실제에 안 맞으면 명분은 폐기된다. 명분이

40　姦邪之所生, 生於匱不足, 匱不足之所生, 生於侈, 侈之所生, 生於毋度. 故曰審度量,
　　　節衣服, 儉財用, 禁侈泰, 爲國之急也.(『管子』「八觀」)
41　取於民無度, 用之不止, 國雖大必危.(『管子』「權修」)
42　子曰, 近者說, 遠者來.(『論語』「子路」16)
43　國多財則遠者來, 地辟擧則民留處.(『管子』「牧民」)
44　김충열, 『중국철학사』 1권, 서울, 예문서원, 1994, 212쪽

바르고 법이 갖추어지면 성인은 염려할 일이 없다"[45], "정치란 정도(正道)이다. 정도란 만물의 명분을 바로잡는 원칙이 된다. 그 때문에 '성인은 덕을 깨끗이 하고 중용의 도를 세워'[精德立中] 정도가 생기게 했고, 정도를 밝혀 나라를 다스렸다. 그러므로 정도는 지나침을 멈추게 하고, 모자란 것을 따라가게 하는 원리"[46]라는 것이다. 정치적 명분과 실질이 일치하는 정명이 바로 중정화조이다. 만약 "임금이 임금답지 못하고, 신하가 신하답지 못한 것이 혼란의 근본이다"[47], "명분에 의거하여 실제를 살피고, 실제에 비추어 명분을 정한다. 명분과 실제는 서로 의존하여 서로 설명한다. 명분과 실제가 서로 부합하면 다스려지고 부합되지 않으면 혼란이 생긴다"[48]라는 말이 관자 자신의 말이라면, 그것은 공자의 도덕적·정치적 정명 사상에 앞선 것이다. 물론 관자의 정명 사상이 한비자의 형명참동(形名參同)[49]과 같이 법적·정치적인 명분도 있지만, 한비자와 달리 그 속에는 정덕입중(精德立中)하는 도덕적 명분도 함께 있다.

제환공은 관자를 만나 패왕이 될 수 있었고, 백성들이 안정 속에서 번영할 수 있었던 것은 정명 사상에 기초한다. 정치적 정명의 중심에는 통치자가 있는데, 그가 어떻게 하느냐에 따라 나라 전체가 영향을 받는 것이다. 관자가 분류한 통치자의 등급에는 다음과 같은 것이 있다. "하늘의 이치에 명철한 사람은 최고의 임금인 황제(皇帝)가 되고, 도를 살피는 사

---

45 正名自治之, 奇身名廢. 名正法備, 則聖人無事.(『管子』「白心」)

46 政者正也. 正也者, 所以正定萬物之命也. 是故聖人精德立中以生正, 明正以治國. 故正者所以止過而逮不及也.(『管子』「法法」)

47 管仲對曰, 爲君不君, 爲臣不臣, 亂之本也.(『管子』「小匡」)

48 修(循)名而督實, 按實而定名, 名實相生, 反相爲情, 名實當則治, 不當則亂.(『管子』「九守」)

49 韓非子는 "만일 그 진언[名]의 當爲를 잘 파악할 수 없으면 행적[形]의 功過를 살핀다. 그래서 形과 名의 합치[形名參同] 여부를 판단하여 賞罰을 시행한다. 상벌의 결정이 정확하여 아래에서 신임하면 신하들은 忠誠을 다할 것이다"(『韓非子』「揚權」)고 말했다.

람은 차선의 임금인 제왕(帝王)이 되며, 덕을 통하는 사람은 일반 임금인
군왕(君王)이 되고, 전략을 세워 출병하여 승리하는 사람은 가장 낮은 단
계의 임금인 패왕(覇王)이 된다. 그러므로 군대는 도를 갖추거나 덕이 지
극한 것은 아니지만, 왕을 보좌하여 패업을 이루는 방법은 된다"[50], "떳떳
한 도리와 천명을 따르고, 현인을 높이고 덕 있는 사람에게 벼슬을 맡기
면 제왕이 된다. 몸소 인의를 행하고, 충성스럽고 믿을 만한 사람에게 벼
슬을 맡기면 보통 임금이 된다. 계책을 살피고 예의를 드러내며 용감한
병사를 선발하고 군대를 잘 훈련시키면 패왕이 된다"[51]는 것이다. 춘추 시
대 초기 제후 간의 패권 다툼으로 제후국에 대한 주 왕실의 지배력은 거
의 없었는데, 존왕양이의 패업을 제일 먼저 이룬 나라가 바로 제나라이
다.[52] 관중이 중국 역사에 남긴 가장 큰 업적은 존왕양이를 성공시킨 것이
고, 그 때문에 공자가 관중을 중국 문화의 은인으로 받들었다.[53]

관자가 존왕양이[54]를 주장하게 된 이유는 무엇일까? 그것은 형을 죽이
고 임금이 된 환공 정권의 명분 부족 때문일까? 혹은 이미 주 왕실의 구
심력이 떨어져 천하가 혼란스러워지는 것을 걱정했기 때문일까? 아니면
진정 목민을 위한 그의 목민 철학적 원칙일까? 아니면 변방 국가들에 대
한 문화 우월주의적 발상 때문이었을까? 아마도 그 어느 하나의 이유만
은 아닐 것이다.

50　明一者皇，察道者帝，通德者王，謀得兵勝者覇. 故夫兵雖非備道至德也，然而所以輔
王成覇.(『管子』「兵法」)

51　率常至命，尊賢授德則帝. 身仁行義，服忠用信則王. 審謀章禮，選士利械則覇.(『管
子』「幼官」)

52　김충열, 『중국철학사』 1권, 서울, 예문서원, 1994, 197쪽 참조.

53　김충열, 『중국철학사』 1권, 서울, 예문서원, 1994, 203쪽 참조.

54　尊王攘夷라는 말은 "尊王攘夷, 雖春秋大義, 而王非唯諾趨伏之可尊, 夷非一身兩臂
之可攘."(皮錫瑞, 『經學歷史』, 臺北, 鳴宇出版社, 1980, 255쪽)에서 유래된 말이다.(『大
辭典』, 臺北, 三民書局, 1985)

관자의 정치적 목표는 목민이다. 즉 "무릇 영토를 가지고 백성을 다스리는 사람으로서 힘써야 할 것은 사계절에 따른 농사일이고, 지켜야 할 것은 창고를 가득 차게 하는 것이다."[55] 임금은 백성의 의식주와 관련한 국정 책임자로서 때에 알맞게 백성이 일하게 하여 생산을 하고, 수요에 알맞게 생산물을 공급함으로써 민생을 안정시켜야 한다는 것이다. 임금은 바로 CEO 정치인인 셈이다.

아울러 정치가가 정치 행위를 하기 위해서는 권세가 있어야 하는데, 권세는 바로 상과 벌이다. 상은 받아야 좋고, 벌은 받지 않아야 좋은 것이다. 상과 벌은 백성을 다스리는 두 개의 관건이므로 한비자는 그것을 이병(二柄)이라 했다. 그런데 관자에게는 명령이라는 정치 도구가 하나가 더 있다. 그래서 관자는 그 세 가지 통치 도구를 삼기(三器)라고 했다.[56] 그러면 권세의 사용법은 어떠한가? 그것의 사용은 공평하고 적당하며 신뢰할 수 있도록 하는 것이다. 그래야 백성이 정치적으로 중정화조를 이룰 수 있다. 그런 정치는 정치가의 덕에 달려 있다. 그래서 관자는 "기울지 않는 땅에 나라를 둔다는 것은 덕이 있는 사람에게 정치를 맡기는 것"[57]이라고 말했다. 관자의 목민 철학에서 정치의 기초는 임법(任法)에 있지만 임현(任賢)·임덕(任德)도 함께 중시했다.

관자는 목민을 위한 정치의 필요성이 어디에 있다고 보았나? 관자는 "옛날 군신 상하의 구별이 없고, 부부의 정해진 짝도 없이 짐승처럼 모여 살면서 서로 공격을 하였다. 꾀 많은 사람은 어리석은 사람을 속이고, 강한 사람은 약자를 능멸하니, 노약자는 힘이 없어 살 수가 없었다. 그래서 지혜로운 지도자가 많은 사람의 힘을 빌려 포악한 짓을 못하게 하며, 백

---

55   凡有地牧民者, 務在四時, 守在倉廩.(『管子』「牧民」)

56   凡先王治國之器三. …… 三器之用何也? 曰, 非號令毋以使下, 非斧鉞毋以威衆, 非祿賞毋以勸民.(『管子』「重令」)

57   錯國於不傾之地者, 授有德也.(『管子』「牧民」)

성을 위해 이익을 도모하고 해를 제거해 주었다. 백성의 덕을 바르게 하
자 백성들은 그를 스승이라 여겼다. 이 때문에 도와 덕행이 현인에게서
나왔다. 백성이 그 도리를 따르는 조짐이 민심에서 형성되니, 백성은 정
도로 돌아가게 된 것이다. 그러나 백성의 처사가 시비 분별 기준에 어긋
나니 상벌을 행하게 되었다. 상하의 예를 정하고 민생을 위한 물자를 갖
추어 국도를 건설했다. 이 때문에 국가가 국가의 면모를 갖추게 되는 것
은 백성을 국가의 기본으로 삼기 때문이고, 임금이 임금의 면모를 갖추게
되는 것은 상벌을 행하기 때문"[58]이라고 말했다. 관자의 이런 국가 기원론
은 영국의 홉스(T. Hobbes)의 견해와 비슷하다.[59] 그것이 『예기』「예운」
의 천하위공(天下爲公)이나, 순자의 "하늘이 백성을 낳은 것은 임금을 위
한 것이 아니고, 하늘이 임금을 세운 것은 백성을 위한 것이다"[60]라는 말
정도는 아니지만, 국가 기원론을 주장하는 그의 철학적 목적은 역시 목민
에 두고 있는 것이다.

4) 법적 방법 – 공평무사

법적 방법에서 중정화조는 만민에게 상벌을 공평무사(公平無私)하게 시
행하는 것이다. 즉 관자는 "법(法)이란 공을 세우게 하고 포악한 자를 두
렵게 하는 방법이고, 율(律)이란 각자의 분수를 정하여 다툼을 그치게 하
는 방법이며, 영(令)이란 백성을 이끌어 정사를 관리하는 방법이다. 법률

---

58   古者未有君臣上下之別, 未有夫婦妃匹之合, 獸處群居, 以力相征. 於是智者詐愚, 强
者凌弱, 老弱孤獨不得其所. 故智者假衆力以禁强虐, 而暴人止, 爲民興利除害. 正民之德,
而民師之. 是故道術德行, 出於賢人. 其從義理兆, 形於民心, 則民反道矣. 名物處違是非之
分, 則賞罰行矣. 上下設, 民生體, 而國都立矣. 是故國之所以爲國者, 民體以爲國, 君之所
以爲君者, 賞罰以爲君.(『管子』「君臣下」)
59   梁啓超(『管子傳』, 臺北, 臺灣中華書局, 1970, 13쪽)가 거론했고, 周宏濤(「管子的思
想及其功業」, 『政大學報』, 臺北, 1963.5, 135쪽)도 역시 동의했다.
60   天之生民, 非爲君也. 天之立君, 以爲民也.(『荀子』「大略」)

과 정령이란 백성을 통제하는 제도"[61]라고 말했다. 아울러 "법이란 천하의 생활 방식이고, 만사의 처리 표준"[62]이라고도 말했다. 관자는 공평무사하게 법을 적용하는 것을 천도에 비유하여 "하늘은 하나의 사물을 위해 그 때를 왜곡하지 아니하며, 명군과 성인 역시 한 사람을 위해 그 법을 왜곡하지 않는다"[63]고 말했다. 전국 말기 신도(愼到, B.C.350?~B.C.275)는 진일보하여 "임금이 법을 버리고 마음대로 경중을 판단한다면, 공은 같은데 사람에 따라 다른 상을 받고, 죄는 같은데 사람에 따라 다른 벌을 받게된다. 그것은 백성의 원망을 사는 근원이 된다"[64]고 말하고, "법의 제정이비록 잘못되었다 해도 법이 없는 것보다 낫다"[65]고 말했다. 이것은 법의 적용이 공평무사해야 하는 것은 물론 악법이라도 있어야 한다는 것이다.

법의 존재 이유는 무엇인가? 법의 존재 이유는 백성을 사랑하는 데 있어야 한다.[66] 법으로 죄인에게 제재를 가하는 것은 백성을 사랑하기 때문이라는 것이다. 그래서 관자는 "죄인에게 은혜를 베푸는 것은 백성의 원수와 같은 것이고, 법에 의해 처벌하는 것은 백성의 부모와 같은 것이다"[67], "법이란 윗사람이 백성을 통일하여 부리는 이치가 되고, 사사로움은 아랫사람이 법을 침범하고 임금을 어지럽히는 까닭이 된다. …… 그러므로 법이란 천하의 지극한 도이고, 성군이 절실하게 쓰는 것이다. …… 법제에 따라 정치를 행하는 것은 천지가 사사로움이 없이 하는 것처럼 하는 것이다"[68]라고 말한 것이다.

61　法者所以興功懼暴也. 律者所以定分止爭也. 令者所以令人知事也. 法律政令者使(원문은 吏로 되어 있는데, 古本 등에는 使로 되어 있다.) 民規矩繩墨也.(『管子』「七臣七主」)

62　法者天下之程式也, 萬事之儀表也.(『管子』「明法解」)

63　天不爲一人枉其時, 明君聖人亦不爲一人枉其法.(『管子』「白心」)

64　君舍法而以心裁輕重, 則同功殊賞, 同罪殊罰矣. 怨之所由生也.(『愼子』「君人」)

65　法雖不善, 猶愈於無法.(『愼子』「威德」)

66　法者所以愛民也. 禮者所以更事也.(『商君書』「更法」)

67　惠者民之仇讎也. 法者民之父母也.(『管子』「法法」)

법은 통치자가 공권력을 행사할 때 작용하는 균형점을 표시하는 것이다. 균형점 표시가 불분명하면 공권력의 작용 역시 중심을 잃게 되고, 불균형을 이루면 백성의 원망이 일어난다. 법 이론은 공권력의 균형점 설정에 관한 원리나 원칙을 논하는 것이다. 법적 원리의 근원에 대해 관자는 "모든 일은 법으로 감독하는데, 법은 권형(權衡), 즉 저울에서 나오고, 권형은 도에서 나온다. 도라는 것은 움직여도 그 형체를 나타내지 않고, 베풀어도 그 덕을 드러내지 않는다. 만물은 모두 그런 혜택을 보지만 그 근본은 알지 못한다"[69]고 보았다. 그래서 "법을 제정하는 것은 임금의 일이고, 법을 수호하는 것은 신하의 일이며, 법을 본받아 준수하는 것은 백성의 일"[70]이라고 말한 것이다.

상벌의 적용은 어디에 어떻게 설정되어야 하는가? 상벌의 적용은 공평하게 해야 한다. 동성(同姓) · 동향(同鄕) · 동국(同國)과 같이 혈연, 지연 등에 따라 차별을 하면 그와 거리가 있는 사람들은 따르기 어렵게 된다. 그래서 법의 집행은 천지일월처럼 사사로움이 없게 해야 한다는 것이다.[71]

상벌의 작용점은 중정화조한 점에 설정해야 한다. 왜냐하면 백성은 잘한 일도 없는데 상을 받고, 잘못한 일도 없는데 벌을 받게 되면 법을 따르지 않기 때문이다. 그래서 상벌의 작용점은 신의에 기초해야 한다. 백성들은 공을 세우면 반드시 상을 받고, 죄를 지으면 반드시 벌을 받는다고 하는 믿음이 있어야 한다. 상을 받지 못할 수도 있다고 예상되면 노력하

68　夫法者, 上之所以一民使下也. 私者, 下之所以侵法亂主也. …… 故法者, 天下之至道也. 聖君之實用也. …… 以法制行之, 如天地之無私也.(『管子』「任法」)

69　事督乎法, 法出乎權, 權出乎道. 道也者, 動不見其形, 施不見其德. 萬物皆以得, 然莫知其極.(『管子』「心術上」)

70　夫生法者君也, 守法者臣也, 法於法者民也.(『管子』「任法」)

71　無曰不同姓, 遠者不聽. 無曰不同鄕, 遠者不行. 無曰不同國, 遠者不從. 如地如天, 何私何親? 如月如日, 唯君之節.(『管子』「牧民」) 權衡平正而待物, 故姦詐之人不得行其私.(『管子』「明法解」)

지 않게 되고, 벌을 받지 않을 수도 있다고 예상되면 죄를 짓게 된다. 그래서 관자는 "공이 있어도 반드시 상을 주지 않고, 죄가 있어도 반드시 벌을 주지 않으면 명령을 내린다 해도 반드시 시행되지 않고, 금령을 내린다 해도 반드시 멈추지 않게 된다"[72]고 말했다. 상벌이 반드시 믿을 만하면 선을 권하고 간사한 짓을 멈추게 할 수 있는 것이다. 물론 공자는 신뢰가 먹고사는 것보다 중요하다고 말한 적이 있다. 신뢰를 공자는 윤리 도덕으로 이해했다면, 관자는 어떤 행위를 반복적으로 일으키는 법적 조건으로 이해했다.

관자가 "성군은 국정을 법에 의존하지, 사람의 지혜에 의존하지 않는다"[73]고 말했듯, 한비자 역시 "법을 버리고 지혜에 맡기면 위험하다"[74]고 말했다. 그러나 관자의 법적 방법은 국정에서 여러 방편 중 하나일 뿐이므로, 한비자의 철저한 임법주의(任法主義)와는 다르다. 한비자는 철저하게 법(法)·술(術)·세(勢) 통합에 의한 제도 정치를 주장한 반면, 관자는 현인을 등용하여 법을 보완해야 한다고 주장했다. 즉 "떳떳한 도리와 천명을 따르고 현명한 사람을 높이며 덕 있는 사람에게 벼슬을 주면 제왕이 되고, 몸소 인의를 실천하며 충성스런 사람과 믿을 만한 사람을 등용하면 군왕이 된다. 계책을 살피고 예의를 드러내며 용감한 병사를 선발하고 무기를 정비하면 패왕이 된다"[75]는 것이다.

일반 백성들은 먹고살기 위해 도덕적 비난은 물론, 법에 처벌을 받는다하더라도 죄를 저지르기도 한다. 이 때문에 관자는 경제적 접근을 하여 "창고가 가득 차면 감옥은 비게 된다"[76]고 말한 것이다. 즉 먹고사는 것이

---

72 有功不必賞, 有罪不必誅, 令焉不必行, 禁焉不必止.(『管子』「重令」)

73 聖君任法, 不任智.(『管子』「任法」)

74 舍法任智, 則危.(『韓非子』「忠孝」)

75 率常至命, 尊賢授德則帝. 身仁行義, 服忠用信則王. 審謀章禮, 選士利械則覇.(『管子』「幼官」) 등에서 볼 수 있다.

76 倉廩實而囹圄空.(『管子』「五輔」)

풍부하다고 해서 죄를 짓지 않는다는 것은 아니지만, 생활이 어려우면 어쩔 수 없이 생계형 범죄를 저지르기 마련이라는 것이다.

관자는 국가 경영자 입장에서 하나의 법적 제도적 장치가 없으면 백성들은 물불을 가리지 않고 생존과 욕심을 추구한다고 보았다. 그래서 의식이 족해야 예를 알게 된다는 족식지례(足食知禮)를 위한 관자의 법적 방법은 법제에 의한 국가 관리형이 되었다. 그는 "무릇 법이 백성을 통제하는 것은 도공이 점토를 이기고, 대장장이가 쇠를 다루는 것과 같다. 그러므로 백성이 이익과 해악의 소재를 살펴 진퇴하는 것은 마치 불이 마르고 습한 것에 반응하는 관계나 물이 높고 낮은 곳에 반응하는 관계처럼 한다"[77]는 것처럼 법제에 의해 국민 경제 생활을 관리하였다. 왜냐하면 국가에서 관리하지 않으면 생산이 적거나 분배가 공평하지 못하기 때문이다. 즉 "관청이 잘 다스리지 못하면 생산이 잘 이루어지지 못하고, 생산이 잘 이루어지지 못하면 재화가 부족해진다"[78], "백성은 철을 알려 주지 않으면 계절을 알지 못하고, 농사를 지도하지 않으면 일을 할 줄 모른다. 백성들과 수확물을 나눌 때 세금의 정당성을 알게 되고, 공평한 분배를 알게 되면 백성들이 있는 힘을 다하게 된다"[79]는 것이다. 이런 국가의 관리 경제는 기본적으로 강한 자를 억제하고 약한 자를 도와줌으로써 나라 전체를 안정시키려는 법적 통제 경제에 속한다.

『관자』에는 제도 정치의 도구인 법을 중시했다. 그래서 종전에는 관자를 법가로 분류한 경우가 많았다. 그러나 관자는 국정 관리를 법에만 맡긴 것은 아니다. 중정화조를 기초로 하여 경제·외교·군사·윤리·도

---

77 夫法之制民也, 猶陶之於埴, 冶之於金也. 故審其利害之所在, 民之去就, 如火之於燥濕, 水之於高下.(『管子』「禁藏」)

78 官不理則事不治, 事不治則貨不多.(『管子』「乘馬」)

79 不告之以時而民不知. 不道之以事而民不爲. 與之分貨則民之得正矣. 審其分則民盡力矣.(『管子』「乘馬」)

덕·종교적인 방법을 두루 사용하기 때문에, 법가로만 분류하면 오히려 많은 부분을 간과하게 될 것이다.

5) 외교 군사적 방법 – 사대자소

군사적 방법에서 중정화조는 강자와 약자 간의 균형과 조화인 사대자소 (事大字小)이다. 그것은 힘이 약한 자는 강한 자를 섬기고, 강한 자는 약한 자를 보살펴 주는 것이다. 그것은 대체로 외교 군사적 복종과 보호라는 대소 관계상의 균형과 조화이다. 『노자도덕경』이나 『손자병법』에서도 그렇게 싸우지 않고 이기는 것을 최상으로 여겼다.[80]

국가 간의 균형과 조화가 깨질 때 전쟁이 일어나게 되는데, 전쟁은 국정 운영에서 가장 심각한 문제이다. 만약 전쟁을 한다면 필승할 수 있는 작전을 짜야 한다. 필승의 조건으로는 풍부한 물자, 뛰어난 인재, 강력한 무기, 엄한 군율, 정보, 임기응변 등 많은 것이 필요하다.[81] 그래서 관자는 전쟁이 최선은 아니므로 외교적 방법을 강조했다. 이웃 나라에서 원하는 것을 주고, 제후들 간의 전쟁에 휘말려 들지 말며, 전쟁을 하지 못하게 막고, 전쟁 망명자를 보호해야 한다는 것이다.[82]

관자는 제환공을 주도적 위치에서 아홉 번이나 이웃 나라 제후들과의 회합을 하는 위세를 갖게 했다. 그것은 주로 외교 군사적인 힘을 바탕으로 한 것이다. 이 때문에 후대 제자백가들에게 비판을 받게 되었다. 순자는 제환공을 "중니의 문하에서는 5척의 어린이도 5패라는 말을 듣는 것을 부끄러워한다니 무슨 까닭인가? 그렇다. 제환공은 5패의 대표이다. 그는 형을 죽이고 나라를 빼앗았다. …… 제환공은 정교일치를 바탕으로 하

80　善戰者不怒, 善勝敵者不與.(『老子』68章) 天之道, 不爭而善勝.(『老子』73章) 凡用兵之法, 全國爲上, 破國次之. …… 故善用兵者, 屈人之兵而非戰也.(『孫子』3章)

81　『管子』「七法」

82　『管子』「霸形」

지 않았고, 예를 높인 것도 아니며, 사리를 따른 것도 아니고, 민심을 복종시킨 것도 아니다. 다만 천하 경영에 부심하고, 사업의 난이를 관찰하며, 물자를 축적하고, 군비를 정비하여 적국을 멸망시켜 합병한 것이다. 속임수로 적을 항복시켰으면서도, 겸양으로 전쟁을 미화하고 인의로 행했다고 하면서 실리를 탈취했다. 그는 소인 중의 걸물일 뿐"[83]이라고 비판했다. 이런 제환공에 대한 비판은 곧 관자에 대한 비판으로 볼 수 있다.

관자의 존왕양이적 언행은 후대 제자백가에게도 인정을 받았다. 즉 그것은 "제후들과 함께 제사에 사용하는 희생물을 준비하고, 회맹의 내용을 기재하여 상하의 신들에게 맹세했다. 그런 후 천하 제후를 이끌고 주나라 왕실을 안정시켰다. …… 환공은 아홉 번이나 제후를 규합하여 천하를 통일된 질서로 바로잡았다. 그 결과 갑옷을 꺼내지 않고 무기를 정비하지 않으며, 활집에는 활이 없고 화살 통에는 화살이 없어, 무력행사를 그치고 문치를 행함으로써 각국의 제후가 천자에게 조회하게 되었다"[84]는 말에서 확인할 수 있다.

관자는 다른 한편으로는 부국강병책을 썼다. 그는 "영토가 넓고 나라가 부유하며, 백성이 많고 군대가 강한 것이 패왕의 근본"[85]이라고 말했다. 그렇다고 그가 한비자처럼 "국력이 강하면 다른 나라의 조회를 받고, 약하면 조회를 바친다"[86]고 본 것은 아니다. 오히려 관자는 "국가 간에는 세 가지 제재 방식이 있다. 다른 나라를 제재하는 나라가 있고, 다른 나라에

83　仲尼之門人, 五尺之竪子, 言羞稱乎五伯, 是何也. 曰, 然. 彼誠可羞稱也. 齊桓, 五伯之盛者也. 前事則殺兄而爭國. …… 彼非本政教也. 非致隆高也. 非綦文理也. 非服人之心也. 鄕方略, 審勞佚, 畜積修鬪, 而能顚倒其敵者也. 詐心以勝矣. 彼以讓飾爭, 依乎仁而蹈利者也. 小人之傑也.(『荀子』「仲尼」)

84　與諸侯飾牲爲載書, 以誓要於上下庶神. 然後率天下定周室. …… 九合諸侯, 一匡天下. 甲不解壘, 兵不解翳, 弢無弓, 服無矢, 寢武事, 行文道, 以朝天子.(『管子』「小匡」)

85　地大國富, 人衆兵强, 此霸王之本也.(『管子』「重令」)

86　力多則朝人, 力寡則朝於人. 故明君務力.(『韓非子』「顯學」)

게 제재당하는 나라가 있으며, 다른 나라를 제재하지도 않고 제재당하지
도 않는 나라가 있다. 덕이 성대하고 의리가 높으나 자기 명분을 다른 나
라에 강요하기를 좋아하지 않고, 백성이 많고 군대가 강하지만 국력을 믿
고 환난을 일으키지 않으며, 천하에 큰일이 있어도 앞장서지 않고 뒤에
머무는 나라는 다른 나라를 제재한다. 덕이 성대하지도 않고 의리도 높지
않으나 자기 명분을 다른 나라에 강요하기를 좋아하고, 백성이 많지 않고
군대가 강하지도 않지만 국력을 기울여 환난을 일으키기를 좋아하며, 동
맹국을 믿고서 명성과 이익을 탐하는 나라는 다른 나라에 제재를 당한다.
다른 나라가 나가면 자기 나라도 따라 나가고, 물러가면 따라 물러가며,
수고하면 따라 수고하고, 편안히 하면 따라 편안히 하여, 진퇴노일을 다
른 나라와 함께하는 나라는 다른 나라가 제재하지도 제재당하지도 않게
된다"[87]고 하여, 국제 간의 윤리 도덕적·외교적 노력을 강조했다. 그래서
관자는 "최고의 용병은 전쟁을 하지 않는 것이고, 그다음은 한번 싸워서
대국을 만드는 것"[88]이라고 말했다. 공자도 관자의 그런 면에 대해 어질다
고 인정하였다. 즉 공자도 "환공이 아홉 번이나 제후들을 규합하면서 무
력으로 하지 않은 것은 관중의 힘이었다. 누가 그만큼 어진가! 누가 그만
큼 어진가!"[89]라고 인정했다. 공자가 그렇게 관중을 어질다고 인정한 것은
그가 단지 전쟁을 좋아하지 않는 것 때문이 아니다. 관자는 전쟁보다 경

---

87 凡國有三制. 有制人者, 有爲人之所制者, 有不能制人, 人亦不能制者. 何以知其然?
德盛義尊而不好加名於人, 人衆兵强而不以其國造難生患, 天下有大事而好以其國後, 如此
者制人者也. 德不盛義不尊而好加名於人, 人不衆兵不强而好以其國造難生患, 恃與國幸名
利, 如此者人之所制也. 人進亦進, 人退亦退, 人勞亦勞, 人佚亦佚, 進退勞佚與人相胥, 如
此者不能制人, 人亦不能制也.(『管子』「樞言」)

88 至善不戰, 其次一之.(『管子』「兵法」)

89 子曰, 桓公九合諸侯, 不以兵車, 管仲之力也. 如其仁! 如其仁!(『論語』「憲問」) 朱熹
는『四書集注』에서 九合諸侯의 九자를『春秋左傳』에 糾로 되었다고 하며, 감독하다는 뜻
이라고 주석을 달았다. 즉 九春秋傳作糾, 督也. 古字通用.

제·정치·법·외교·윤리 도덕·종교 등의 여러 방면에서 중정화조를 끌어내어 큰 힘을 갖추었기 때문이다.

6) 윤리 도덕적 방법 – 정덕입중

윤리 도덕적 방법에서 중정화조는 "성인이 덕을 깨끗이 하고 중용의 도를 세우는 것", 즉 정덕입중(精德立中)이다. 그것은 만인을 중정화조할 수 있기 때문이다. 그래서 관자는 "마음을 다스리는 것이 나라를 다스리는 것"[90]이라 말했다. 자신의 정신 수양은 물론, 동시에 타인과의 관계에서 화합을 기본으로 하였다. 그래서 관자는 "(물자가 풍부하면) 임금과 백성이 서로 조화를 이루어 사회 질서가 안정된다. …… 중용을 지키고 공명정대하게 함으로써 예절을 행한다"[91], "사람을 사랑하되 사사로움이 없는 것을 덕이라 한다"[92]라고 말했다. 관자의 윤리 도덕을 여러 관계 속에서 분석해 보면 다음과 같다.

① 관자는 예[仁義禮樂]를 법에 종속적이거나 같은 것으로 보았다. 즉 "소위 인의와 예악이란 것은 모두 법에서 나온 것이다"[93], "이 세 가지(법제·형살·작록)는 관부에 있을 때는 법이 되고, 국가에 시행이 되면 풍속이 된다"[94]는 것처럼 관자는 법과 연결하였다. 관자는 인의를 제재력 없는 법제의 파생 개념으로 이해한 것이다.

② 관자는 예를 의식주에 종속적인 것으로 보았다. 관자는 "재물이 풍족하면 예절을 알고, 의식이 족하면 영욕을 알게 된다"[95]고 말했다. 『논어』에는 "자공이 공자에게 정치를 묻자 공자가 말했다. 백성을 배불리 먹

90　心治是國治也.(『管子』「心術下」)

91　上下和同而有禮義. …… 中正比宜, 以行禮節.(『管子』「五輔」)

92　愛民無私曰德.(『管子』「正」)

93　所謂仁義禮樂者, 皆出於法.(『管子』「任法」)

94　三者(法制, 刑殺, 爵祿)藏於官則爲法, 施於國則成俗.(『管子』「法禁」)

95　倉廩實, 則知禮節. 衣食足, 則知榮辱.(『管子』「牧民」)

이고, 강한 군대를 갖추며, 백성들이 서로 믿게 해야 한다. 자공이 말했
다. 부득이하여 반드시 버려야 한다면 무엇을 먼저 버리시겠습니까? 군
대를 먼저 버리겠다. 나머지 두 가지 중 어떤 것을 먼저 버리시겠습니까?
먹을 것을 버리겠다. 옛날부터 사람은 누구든지 죽는 것이다. 그런데 백
성들 간에 믿음이 없으면 인간관계가 성립되지 못하게 되는 것"[96]이라고
나와 있다. 공자 역시 정치의 주요 관건을 먹고사는 것과 외적을 막는 군
대, 그리고 믿음 세 가지라고 보면서도, 그중 제일 중요한 것은 오히려 믿
음이라는 도덕 조건을 중시한 것이다. 그러나 관자는 공자와 정반대로 의
식주를 윤리 도덕에 우선했다. 그래서 공자는 윤리 도덕이나 철학적 측면
에서 관자의 사람됨이 작다고 평했다.[97] 백성을 먹여 살리고 국가를 안정
시킨 공로를 인정한 것과 다르다. 정치 경제가로서는 인정하나, 윤리 도
덕이나 철학자로서는 낮은 점수를 준 것이다.

③ 관자는 예를 사회 정의로 이해했다. 즉 "예라는 것은 인정에 따르고,
정의의 이치에 따라 절차와 문식을 만든 것이다. 그러므로 예에 이치가
있다고 하는 것이다. 이치란 직분을 밝혀 정의의 의미를 설명하는 것이
다"[98], "정치란 정도(正道)이다. 정도란 만물의 명분을 바로잡는 원칙이
된다. 그 때문에 성인은 덕을 깨끗이 하고 중용의 도를 세워 정도가 생기
게 했고, 정도를 밝혀 나라를 다스렸다. 그러므로 정도는 지나침을 멈추
게 하고 모자란 것을 따라가게 한다"[99]고 말했다.

---

[96] 子貢問政. 子曰, 足食, 足兵, 民信之矣. 子貢曰, 必不得已而去, 於斯三者, 何先? 曰
去兵. 子貢曰, 必不得已而去, 於斯二者, 何先? 曰去食. 自古皆有死, 民無信不立.(『論語』
「顏淵」7)

[97] 管仲之器小哉.(『論語』「八佾」)

[98] 禮者, 因人之情, 緣義之理, 而爲之節文者也. 故禮者, 謂有理也. 理也者, 明分以諭義
之意也.(『管子』「心術上」)

[99] 政者正也. 正也者, 所以正定萬物之命也. 是故聖人精德立中以生正, 明正以治國. 故
正者所以止過而逮不及也.(『管子』「法法」)

④ 관자는 예를 공맹처럼 도덕심이나 이치와 연결하였다. 즉 "예를 지키는 것으로 공경만한 것이 없다"[100], "사람은 반드시 의를 알고 난 다음 중정을 지킬 줄 알고, 중정을 지킬 줄 안 다음 조화할 줄 안다. …… 사람은 반드시 예를 알고 난 다음 공경할 줄 알고, 공경할 줄 안 다음 존경하고 양보할 줄 안다"[101], "인은 마음속에서 나오는 것이고, 의는 바깥에서 만들어지는 것이다. …… 효제는 인의 근원"[102]이라는 것을 보면 도덕을 심성과 연관시킨 점이 있다. 아울러 관자는 국가 존망의 근본을 "예는 절도를 넘지 않는 것이고, 의는 스스로 나가지 않는 것이며, 염은 잘못을 숨기지 않는 것이고, 치는 그릇된 것을 따르지 않는 것이다. 그러므로 절도를 넘지 않으니 윗사람의 자리가 평안하고, 스스로 나가지 않으니 백성은 교활하고 속임이 없으며, 잘못을 숨기지 않으니 스스로 온전해지고, 그릇된 것을 따르지 않으니 사악한 일이 생기지 않는다"[103]는 예의염치(禮義廉恥)로 말했다. 예의염치는 그 기초가 심성인지 아니면 사회정의인지는 분명치 않다.

관자가 예를 인정과 의리의 결합체로 보는 것은 공맹이 내적으로 인간 본성과 외적으로 중용의 도리를 합치시킨 것과 같다. 여기에 공맹의 인의 도덕론과의 선후 관계는 문헌학적 고증 문제로 남아 있지만, 관자는 하늘의 도를 도·덕·의·예·법과 같은 순서로 연역적으로 설명하였다. 도는 만물에 두루 통하며 불변하고, 덕은 도에서 말미암은 것이다. 의의 이치에 따라 예의절문을 제정하므로 예는 의에서 나오고, 의는 이치에서 나오며, 이치는 마땅함을 따르게 된다. 모든 일은 법으로 감독하고, 법은 권형

100　守禮, 莫若敬.(『管子』「心術下」)

101　夫人必知義然後中正. 中正然後調和 …… 夫人必知禮然後恭敬. 恭敬然後尊讓.(『管子』「五輔」)

102　仁從中出, 義從外作. …… 孝弟者, 仁之祖也.(『管子』「戒」)

103　禮不踰節, 義不自進, 廉不蔽惡, 恥不從枉. 故不踰節, 則上位安. 不自進, 則民無巧詐. 不蔽惡, 則行自全. 不從枉, 則邪事不生.(『管子』「牧民」)

에서 나오며, 권형은 도에서 나온다는 것이다.[104] 이런 점은 후대에 유·도
가와 연관된 관자의 후학들이 지은 문장에서도 확인할 수 있다.

　관자의 윤리 도덕을 종합해 보면 윤리 도덕의 기초를 하나로 말하기 어
렵다. 유가 같으면 천도에서 윤리 도덕을 연역했기 때문에 일관된 설명이
가능하지만, 관자는 그렇게 말하기 어렵다. 그것은 단지 가치론적 접근을
한 것이 아니라, 목민 철학적 접근을 한 것이기 때문이다. 그런 가치관은
관자를 결과론자로 만들었다.

7) 종교적 방법 – 봉천명

종교적 방법에서 중정화조는 천인 간의 상하 관계상 천자의 봉천명(奉天
命)에 있다. 천명을 받지 못한 사람은 명분이 없어 천자가 될 수 없고 천
자의 정치 행사도 할 수 없다. 즉 봉선제(封禪祭)는 천자의 종교 정치 행
사이다. 소위 천명을 받은 천자만이 행할 수 있는 제사로서, 하늘과 땅에
지내는 제사이다. 제환공은 "아홉 번이나 제후들과 회합하여 천하를 통일
된 질서로 바로잡아 제후들은 나에게 거역하는 이가 없었는데, 이것은 옛
날 3대의 군주가 천명을 받은 것과 어떻게 다른가?"[105]라고 하며 봉선제를
올리고자 하였다. 그러나 관중은 환공에게 "옛날 천명을 받은 때는 용과
거북이 나타났고, 황하에서는 용마의 등에 하도(河圖)가, 낙수(洛水)에서
는 거북의 등에 낙서(洛書 혹은 雒書)가 나왔으며, 땅에서는 승황(乘黃)이
라는 신마가 나왔습니다. 이런 세 가지 상서로운 것이 나타나지 않았으니,
비록 천명을 받아 왕이 되어도 곧바로 잃지 않겠습니까?"[106], "지금 봉황
이나 기린이 나타나지 않고, 좋은 곡식이 나오지 않으며, 쑥대·명아주·

104　『管子』「心術上」 참조.

105　九合諸侯, 一匡天下, 諸侯莫違我, 昔三代受命, 亦何以異乎?(『管子』「封禪」)

106　昔人之受命者, 龍龜假, 河出圖, 雒出書, 地出乘黃. 今三祥未見有者. 雖曰受命, 無
乃失諸乎?(『管子』「小匡」)

강아지풀과 같은 잡초가 무성하고, 올빼미 같은 맹금류가 자주 나타나니, 이런 때에 봉선제를 거행하는 것은 불가한 것 아닙니까?"[107]라고 반대했다. 그것은 고대에 신권 정치를 하던 유습이 남아 있었기 때문이다. 제환공이 관자의 말을 듣고 봉선제를 올리지 않은 것 역시 봉천명에 속한다.

『관자』「봉선」편은 사마천이 『사기』에 그대로 인용할 만큼 고대 종교 정치의 역사 자료이기도 하다. 과거 전통의 종교의식과 정치의식을 드러낸 것이다. 이런 의식은 국가와 국민을 정서적으로 안정시키는 좋은 방법이 된다. 이러한 제정일치 시대의 의식은 현대에 국립묘지 등에 참배하는 것과 같은 맥락이다.

3. 삶으로의 복귀

관자의 목민 철학의 최고 목표는 민생을 위한 목민이고, 그것을 위한 갖가지 방법은 중정화조로 통한다. 또 그 어떤 것이 중정화조가 되었는지 여부는 항상 목민 철학의 최고 목적인 목민에 의해 결정된다. 그래서 결과적으로 목민에 합당하면 취하고 어긋나면 폐기되는 것이다. 그래서 관자의 목민 철학은 바로 백성의 현실적 생존을 우선시하는 실용주의 철학이라 할 수 있다.

같은 언행이라도 어떤 입장에 서 있는가가 중요하다. 관자는 철학적 목적을 목민에 두고 의식주 해결에서 시작하여 가치를 추구하는 정신 영역으로 지향하는 형식이다. 그래서 관자는 의식주 문제를 해결하여 백성을 구제할 수는 있으나 나라를 안정되게 지킬 수는 없다고 보았고, 경제 군

---

[107]　今鳳凰麒麟不來, 嘉穀不生. 而蓬蒿藜莠茂, 鴟梟數至, 而欲封禪, 毋乃不可乎?(『管子』「封禪」)

사적으로 나라를 안정되게 지킬 수는 있으나 인간답게 할 수는 없으므로 도덕이나 종교 등을 주장했다. 백성의 생존을 위해서는 의식주보다 중요한 것이 없지만, 안전하고 행복한 국가를 유지하기 위해서는 도덕이나 종교보다 중요한 것이 없다는 것이다. 관자는 하나의 방법보다는 여러 방법을 연계하여 해결하려 했다. 하나의 방법만으로는 해결하기 어려운 인간 사회의 다양한 문제를 고려했기 때문이다.

유가는 중용을 말하면서 그 본질을 인간 본성과 연결하여 의무론적 윤리를 주장했는데, 관자는 중정화조를 중심으로 목적론적 윤리를 주장했다. 또 법가는 철저한 임법주의적 법치를 주장했는데, 관자는 현인의 지혜와 덕을 병행할 것을 주장했다. 관자가 유가나 법가처럼 도덕이나 법을 말해도 철학적 목적이 다르므로 그에 따라 용도나 용법이 다른 것이다.

후대 제자백가들은 도덕·자연·겸애·법 등과 같은 어느 하나만의 주제를 철학적 목적으로 삼아 논했기 때문에 비교적 일관된 체계를 갖추었다. 그렇게 하나의 학술 체계를 갖춘 학자들은 자기 입장에서 관자를 비판했는데, 입장이 바뀌면 달리 보이는 것은 당연한 것이다. 관자와 같이 백성의 생존 문제를 해결해야 하는 국정 책임자 입장에서는 일관된 논리 체계보다는 실제 효과를 중시할 수밖에 없었을 것이다. 백성의 생존이 달린 문제를 한두 가지의 이유나 목적으로 가볍게 처리할 수 있겠는가?

그동안 많은 사람이 관자를 법가로 분류해 왔는데, 그것은 법의 요소가 많기 때문이다. 그렇게만 보면 관자는 단지 법을 준수하는 행정가일 뿐이다. 그러나 그는 중정화조를 기초로 경제·정치·법·외교 군사·윤리 도덕·종교 등과 같이 각종의 방법으로 국가를 경영한 사람이다. 그렇기 때문에 그를 단지 법적 제도 정치가로 보는 것보다는 목민 철학자이며 정치가로 보는 것이 타당하다.

춘추 시대 초기 정치 사회적 혼란 속에서 관자는 목민을 위한 중정화조의 방법을 경제·정치·법·외교 군사·윤리 도덕·종교 등 각 방면에서 고루 적용하였다. 공자가 『논어』 「헌문」에서 "관중이 환공을 도와 제후의 패자가 되게 하여 통일된 질서로 천하를 바로잡아 백성들이 지금까지 그 혜택을 보고 있다. 관중이 없었다면 우리는 머리를 풀어 헤치고 옷깃을 왼쪽으로 하는 오랑캐가 되었을 것"[108]이라고 말한 것은 그것을 입증한다.

관자의 중정화조의 목민 철학에서 족식·정명·공평무사·사대자소·정덕입중·봉천명 등의 사상적 개념은 후배 제자백가들에게 중요한 철학적 단초를 제공하였다. 『관자』와 같은 경험적 1차 자료가 많아지면서, 후대 제자백가들은 그것을 바탕으로 학술적 체계를 이룰 수 있게 된 것이다. 그래서 중국 전통의 정치 철학 사상인 목민, 공자의 정명·중용의 덕, 법가의 공평무사, 병가의 사대자소, 유·묵가의 봉천명 사상 등은 관자와의 관계 속에서 이해해 볼 수 있다. 또한 『관자』의 학술적 완성도를 높이기 위해 후대 제자백가들은 『관자』에 형이상학적 개념을 많이 첨가하였다고 볼 수 있다.

[2008년][109]

108　管仲相桓公, 霸諸侯, 一匡天下, 民到于今受其賜. 微管仲, 吾其被髮左衽矣.(『論語』「憲問」18)

109　「중정화조를 기초로 한 관자의 목민철학의 방법」, 『동서철학연구』 제47호, 한국동서철학회, 2008.3.에 게재한 것을 수정 보완함.

제5장

공자의 문질빈빈의 방법

공자(孔子)의 이름은 구(丘)이고, 자는 중니(仲尼)이며, B.C.551년 9월 28일(魯襄公 22년)에 태어났고, B.C.479년 4월 18일(魯哀公 16년)에 73세로 세상을 떠났다. 주(周) 왕조 중심으로 보면 주영왕(周靈王) 21년에 태어나 주경왕(周敬王) 41년에 세상을 떠난 것이다. 공자는 나이 3살 때 아버지 숙량흘(叔梁紇)을 여의고, 어머니 안징재(顏徵在)의 슬하에서 자랐으며, 23세에 어머니를 여의었다.

공자는 학문을 좋아했지만, 스승에 관한 구체적인 언급은 없다. 하지만 『논어』「술이」에서 노팽(老彭)에 관한 말이나, 『사기』「중니제자열전」에서 공자가 존경하거나 칭찬한 사람들에 관한 이야기는 있다.[1] 그들뿐만 아니라 공자는 옛 성현인 요·순·우·탕·문·무·주공을 스승으로 삼았으며, 그들의 도를 배움에서는 아랫사람에게 묻는 것도 부끄러워하지 않고 누구에게든 배우려 했다. 그래서 공자는 "세 사람이 길을 가면, 반드시

---

1 司馬遷은 『史記』「仲尼弟子列傳」에서, "孔子가 엄히 섬긴 사람은 周나라의 老子, 衛나라의 大夫 蘧伯玉, 齊나라의 大夫 晏平仲(晏嬰), 楚나라의 隱者 老萊子, 鄭나라의 宰相 子産(公孫僑), 魯나라의 大夫 孟公綽 등이 있었다. 자주 칭찬한 사람들로는 魯나라 大夫 臧文仲, 柳下惠, 晉나라 大夫 銅鞮伯華, 介山子然이 있었다. 그러나 후자 네 사람은 모두 孔子보다 앞 시대의 사람들로서 같은 시대의 사람은 아니었다"고 말했다.

나의 스승이 있으니, 그중에 선한 자를 가려서 따르고, 선하지 못한 자를 가려서 자신의 잘못을 고친다"[2]고 말한 것이다. 그때 그가 공부했던 교재는 그가 정리한 육경과 전통의 문물제도 등이었을 것이다.

공자는 전통 철학 사상을 계승하는 과정에서 스스로 술이부작(述而不作)한 사람이라고 말했다. 그렇다면 그가 기존의 철학 사상을 전승하는 과정에서 사용한 방법은 무엇인가? 그것은 선후본말적(先後本末的) 구조 위에서 중용의 도를 운용하는 것이다. 동시에 공자는 시적 방법으로 자신의 정신세계를 무한·보편·평등한 인의 세계로 넓혔다.

본 장의 중점은 공자 철학의 근간이 되는 문질론(文質論)이다. 한대 이후 많은 학자가 채용해 왔던 체용론(體用論)은 대개 도가나 불가의 방법으로서 본체론을 출발점으로 하여 존재와 실천의 근거를 찾아내려는 데 역점을 두고, 나아가서는 각종 사유·수양·실천의 현상들까지도 설명하려 하였다.[3] 필자는 방법을 바꾸어 공자 자신의 방법으로 공자의 철학을

---

2   子曰, 三人行, 必有我師焉, 擇其善者而從之, 其不善者而改之.(『論語』「述而」22) 본문에서 『論語』의 章은 모두 『十三經引得』(燕京書社)에 따랐다.

3   體用에 관한 원문을 직접 인용한 것을 소개하면 다음과 같다. ① 僧肇, 『般若無知論』: 用卽寂, 寂卽用, 用寂體一, 同出而異名. ② 王安石, 『道德經注』, 「道沖章」: 道有體有用, 體者元氣之不動, 用者沖氣運用於天地之間. ③ 程頤, 『易程傳』, 「易傳序」: 體用一源, 顯微无間. ④ 『朱子語類』 卷5: 心有體用: 未發之前是心之體, 已發之際乃心之用. …… 仁, 性也; 惻隱, 情也. …… 性是體, 情是用. 『朱子語類』 卷6: 見在底便是體, 後來生底便是用. 此是體, 動作處便是用. 天是體, 萬物資始處便是用. 地是體, 萬物資生處便是用. 就陽言, 則陽是體, 陰是用. 則陰言, 則陰是體, 陽是用. 『朱子語類』 卷20: 以愛之理而偏言之, 則仁便是體, 惻隱是用. 『朱熹文集』 答何叔京書: 體用一源者, 自理而觀, 則理爲體, 象爲用, 而理中有象, 是一源也. ⑤ 王夫之, 『尙書引義』 卷5: 夫能所之異其名, 釋氏著之, 實非釋氏昉之也. 其所謂能者卽用也, 所謂所者卽體也, 漢儒之已言者也. ⑥ 熊十力, 『新唯識論』 104쪽: 用就是體的顯現, 體就是用的體. 無體卽無用, 離用元無體. ⑦ 王夫之는 漢儒(예를 들어 鄭玄 禮序: "統之於心曰體, 踐而行之曰履(用)."(孔穎達,「禮記正義」))가 이미 체용을 사용했다고 주장하는 한편, 최근 사람인 張東蓀은 불교의 영향으로 보고 있고(『知識與文化』第3篇 第3章)(이상은 韋政通, 『中國哲學辭典』(臺北, 大林出版社, 1983)의 體用 부분을 참조하여 정리한 것임.), 최근 張永儁은 "體用·本末·動靜·一多는 모두 王弼이 건립

일관되게 설명하고자 중심 방법을 문질빈빈으로 잡은 것이다. 필자는 공자 철학을 세계관과 그 목적·중심 문제·방법으로 분석·종합함으로써 방법을 중심으로 그의 세계관적 범주 상호 간의 관계를 밝히고자 한다.

1. 방법론적 배경

공자는 사물을 선후본말적(先後本末的)으로 보는 세계관을 가지고 있다. 생명에는 천지와 만물이 선후본말의 관계가 있고, 정치에는 군신이 선후본말의 관계가 있으며, 가족에는 부부·부자 등이 선후본말의 관계가 있듯이 모든 사물에는 선후본말적 구조가 있다고 보는 것이다. 그러나 그런 상대적 관계는 쉽게 대립되므로, 그것을 해결할 수 있는 방법으로 중용을 중시한다.

　공자가 그런 세계관을 갖게 된 것은 『주역』과 『시경』의 영향이다. 공자가 선후본말적 구조 속에서 중용을 운용하는 것은 『주역』이 시위(時位)의 구조 속에서 시중(時中)을 추구한 것과 같은 맥락이다. 그러나 공자가 『주역』으로 유가 철학을 정리하기 이전에 무한·보편·평등한 인의 정신세계를 통찰하고 개척한 것은 시적 방법으로 홍도(弘道)한 결과이다. 그러므로 『시경』이 공자에게 끼친 영향은 『주역』 이상이다.

　공자는 자신을 호학자(好學者)로서 학이지지자(學而知之者)라고 자평했다. 그런 수양·실천 속에서 그가 꿈꾸었던 세계관적 목적은 무엇이었을까? 당시 사람들의 평가처럼 안 될 줄 알면서 추구한 그의 이상은 무엇이었을까? 공자의 이상은 자공(子貢)과의 대화처럼 스스로 침묵하는 속에서 천지와 일체가 되어 동류(同流)함으로써 세계관적 인식을 중지하고

___
한 것"이라고 말한다.(강의)

도덕적 자아를 실현하여 천인합덕하는 것이다. 공자의 그런 천인합덕(天人合德)은 인(仁)을 바탕으로 한 생명 사랑의 정화이다.

공자 철학의 세계관적 목적은 방법과의 관계 속에서 보면 그의 중심 문제로 전환된다. 공자는 현실을 중시한 사람으로서 현실 문제를 선후본말적 구조 속에서 중용을 얻는 문질론적 조화로 해결하고자 했다. 선후본말은 현실을 분석하는 방법이고, 중용은 그런 현실의 상대적 대립 관계를 조화하기 위한 방법이다. 이렇게 선후본말적 구조와 중용을 결합한 것은 유가 철학의 방법적 특색이지만, 그런 방법을 취하게 된 것은 현실 중심 철학이기 때문이다. 그러나 그것으로 만족할 수 없었고, 천인 간의 일체적 조화인 천인합덕을 추구했다. 그래서 공자의 중심 문제는 현실 속에서 본성에 따르는 수양·실천을 통해 천인합덕의 경지에 들어가 천지와 동류하며 인을 실천함으로써 생명을 사랑하는 것이다.

2. 주요 방법

공자의 주요 방법은 선후본말적 구조에서 중용을 운용하는 것이지만, 내적으로는 욕인(欲仁)이나 위인유기(爲仁由己)처럼 도덕 자아를 기초로 한다. 본 장에서는 공자의 수양·실천 철학적 특색을 고려하여 사유·수양·실천의 방법을 중심으로 하겠다. 이들 세 방면의 방법은 경우에 따라 서로 분리 가능하고, 하나의 방법으로도 활용 가능하지만, 이들 방법이 각각 아무 상관없이 완전히 독립되는 경우는 드물다. 즉 사유 방법은 수양 방법이면서, 동시에 실천 방법인 경우가 대부분이기 때문이다. 그들 방법들 간에 성립하는 관계는 어떠하며, 어떤 것이 근간을 이루고 어떤 것이 부차적인가 하는 것도 아울러 고찰하고자 한다. 먼저 홍도(弘道)를 하려 한 공자의 시적 방법에 대해 보기로 하자.

1) 시적 방법

시는 기본적으로 사람의 의지를 표현하는 것이라는 뜻으로, 공자는 시무
은지(詩亡隱志, 亡자는 없을 무)라는 말을 했다. 시무은지라는 말은 전통
시관을 계승한 것으로서 "시는 그 의지를 표현함에 숨김이 없다"[4]는 뜻이
다. 이 구절에서 은(隱)자를 이(離)자로 해독하는 학자도 있다.[5] 그러나
필자는 『상해박물관장전국초죽서』(上海博物館藏戰國楚竹書) 시론(詩論)의
"「목과」로부터 폐백 예물을 없앨 수 없다는 것을 볼 수 있는데, 그것은 사
람이 본래 가지고 있는 천성이다. '마음속에 가지고 있는 뜻'[隱志]은 반
드시 비유적으로 표현하려고 한다"[6]는 말에 기초하여, 은(隱)자를 그대로
두고 무(亡)를 무(無)자로 해석하였다. 즉 공자는 "시는 그 의지를 숨김이
없고, 음악은 그 정감을 숨김이 없으며, 문장은 그 생각을 숨김이 없다."[7]
고 말했다.

시를 통해 얻는 것에는 시적 상상을 통해 새로운 정신세계를 여는 깊은
감동이 있다. 그래서 맹자도 "시를 말하는 사람은 글자로써 말을 해치지
않고, 말로써 본래 뜻을 해치지 않으며, 시를 읽는 자의 뜻을 작시자의 뜻

---

4   蔡先金 等 著, 『孔子詩學硏究』, 濟南, 齊魯書社, 2006, 197~198쪽 참조.
  ① 시가에 알 수 없는 의지는 없다.(詩歌沒有不可以知其志的. 裘錫圭)
  ② 시가에 그 의지를 숨겨서는 안 된다.(詩歌不要隱藏其志. 陳桐生)
  ③ 시를 읊을 때 심지를 표현하는 데 인색해서는 안 된다.(賦詩不要吝嗇心志的發抒.
董蓮池)
  ④ 시가는 그 의지를 은닉하거나 교정·수식할 수 없다.(詩歌無法隱匿或矯飾其志. 周
鳳五): 亡자의 의미는 無와 毋로, 隱자의 의미는 隱藏·離別·隔離·吝嗇·吝惜·私 등으
로 해석되는 여러 견해를 수집·정리해 놓았다. 문자학적으로 知자는 회의자로서 마음속
에 인식된 것이 있으면 말로써 입으로 표현됨이 마치 화살과 같이 빠르기 때문에 矢자에
口자를 쓴다는 것이다.
5   馬承源 主編, 『上海博物館藏戰國楚竹書(1)』, 上海, 上海古籍出版社, 2001, 123쪽
6   「木瓜」 得幣帛之不可去也, 民性固然. 其隱志, 必有以喩也.(「上博楚簡詩論」 第6章之
2, 第20簡)
7   孔子曰, 詩亡隱志, 樂亡隱情, 文亡隱意.(「上博楚簡詩論」 第13章, 第1簡)

에 맞추어야 시를 알 수 있다"[8]고 말했다. 공자가 깨달은 작시자의 뜻은 인의 내용으로 하는 사무사(思無邪)나 평문(平門)이라는 개념이다. 특히 공자는 시를 통해 인의의 도를 넓혔기 때문에, "사람이 도를 넓히는 것이지, 도가 사람을 넓히는 것이 아니다."[9]라고 말한 것이다. 공자의 홍도 방법은 바로 『시경』의 시적 방법이다.

공자가 『시경』을 평가한 것은 두 가지이다. 하나는 『논어』에서 사무사라고 평가한 것이고, 다른 하나는 『상해박물관장전국초죽서』의 시론에서 평문이라고 평가한 것이다. '사무사'는 본래 『시경』「노송」의 경(駉)이란 시에서 사용된 시구로서 말[馬]의 모습을 노래한 것이다. 경에서 무강(無疆)은 '힘의 무한함'을, 무기(無期)는 '재주의 무한함'을, 무역(無斁)은 '싫증 냄이 없음'을, 무사(無邪)는 '달려가는 것에 전념하여 다른 생각이 없음'을 의미한다. 공자가 홍도를 하기 위해 활용한 시적 방법은 바로 '사무사'라는 시구에 있다. 사무사는 부정어인데, 공자는 그것을 역설적으로 부정하는 부법(否法)으로 활용함으로써 사악함 자체도 포월(包越)하는 무한·보편·평등한 인의 정신세계를 개척할 수 있었다. 시는 본래 의미보다는 활용 의미를 중시하므로, 시어의 상징성을 통해 감상자는 자유로운 상상을 할 수 있기 때문이다. 즉 무사의 부정법을 역설적으로 활용하면 사악함의 반대편 세계는 무한대(∞)가 되고 사악함은 하나의 X가 되므로, 무한대분의 X는 제로(0)로 수렴한다. 그렇기 때문에 공자는 인을 그런 무한·보편·평등한 것으로 규정할 수 있게 된 것이다.[10] 그렇게 홍도의 도구였던 시는 『상해박물관장전국초죽서』에서처럼 평문이 되어 만인이 소통하는 것은 물론 진리와 통할 수 있는 관문이 될 수 있는 것이다.[11]

---

8   故說詩者, 不以文害辭, 不以辭害志, 以意逆志, 是爲得之.(『孟子』「萬章上」4)

9   子曰, 人能弘道, 非道弘人.(『論語』「衛靈公」28)

10   熊十力도 孔子가 말한 思無邪를 仁으로 해석했다. 즉 "詩三百蔽以一言曰, 思無邪. 思無邪者, 仁也."(熊十力, 『讀經示要』卷1, 臺北, 廣文書局, 1979, 64쪽)

맹자는 "『시경』에 하늘이 사람을 낳으니 사물이 있으면 법칙이 있다. 사람들이 마음에 떳떳한 본성을 가지니 이 아름다운 덕을 좋아한다고 하였으니, 공자는 이 시를 지은 자는 그 도리를 알았다고 말했다"[12]고 하였다. 공자가 『시경』을 재정리했으므로 그 도리를 몰랐을 리 없다. 이렇게 『시경』 등은 공자가 선후본말적 구조 속에서 중용을 운용하는 세계관적 구조를 형성하는 기초를 제공했다. 그렇게 공자는 『시경』으로부터 인의 무한·보편·평등성은 물론 욕인을 할 수 있는 내적 타당성을 인간 본성 속에서 확보할 수 있게 되었다.

공자는 요·순·우·탕·문·무·주공을 이어 전통의 도를 계승했다고 한다. 하지만 그는 학이지지자로서 홍도를 하려 했기 때문에 도의 계승은 단지 지식의 확대가 아니라 깨달음을 통해 자기의 정신세계를 넓힌 것이다. 그래서 공자가 이룬 홍도는 바로 인의 개념을 무한·보편·평등의 세계로 넓혔다는 것에 있다. 이렇게 그로 하여금 무전제의 철학적 사고를 하게 이끈 것은 바로 『시경』이다.

2) 선후본말적 방법

사유·수양·실천에 대한 선후본말적 분석은 공자 철학의 주요 분석 방법이고, 뒤에 말하는 중용적 방법은 요소들 간의 조화를 추구하기 위한 방법이다. 선후본말은 본래 가시적인 자연 세계의 구조를 비가시적인 여러 인생·정치·사회 문제를 설명하기 위해 원용한 것이다. 선후본말로 사물을 분석하는 것은 문제 해결의 첩경이기 때문에, 현실 세계에서 어느 것이 선이고 후이며, 본이고 말인지를 구분해 낼 수 있다면 이미 문제를 반쯤은 해결했다[13]고 본다.

---

11   남상호, 『공자의 시학』, 춘천, 강원대학교 출판부, 2011, 88~95쪽 참조.

12   詩曰, 天生蒸民, 有物有則, 民之秉夷, 好是懿德. 孔子曰, 爲此詩者, 其知道乎.(『孟子』「告子上」6)

선후본말을 다시 분석해 보면, ① 선후는 시간적·논리적 수직 관계를 갖는 데 비해, 본말은 시간적·논리적 수평 관계[同時性]까지도 포함한다. 즉 우리 인성의 내원을 찾는 과정에서 본을 천명으로 보고 말을 인성으로 볼 때는 상하 수직 관계가 성립하지만, 문질론에서 문식[文]과 바탕[質] 의 경우에는 수평적 관계까지도 포함한다. ② 시간적·논리적 수직 관계 를 전제로 선후본말은 상순상응(相順相應)의 인과성을 강하게 요구하는 데, 수평 관계가 성립할 때의 본말은 좁은 의미의 중용을 추구한다. 물론 본말을 상순의 관계로, 선후를 상응의 관계로 본 사람[14]도 있지만, 위와 같이 수직 관계냐 수평 관계냐에 따라 구분해야 할 점도 있다. 공자의 선 후본말은 수직 관계뿐만 아니라 수평 관계도 모두 포함한다.

선후본말적 사유·수양·실천 체계 중에서 공자가 본말을 선후상하의 수직 관계로 본 것[15]은 그가 비교적 동기론자에 속하기 때문이며, 수평 관 계로 본 것[16]은 양 끝단을 잡아 그 균형점을 쓴다는 전통적 중용 사상을

13　"사물에는 本末이 있고, 일에는 시작과 끝이 있는데, 그 先後를 알면 道에 가깝다" (『大學』經1章)고 한 말 가운데 도에 가깝다고 한 것은 문제 해결 방법에 가깝다는 말이 다. 그런데 『周易』·『大學』·『荀子』에서는 終始로 말하나, 『論語』에서는 終始라는 표현은 한 번도 쓰이지 않았고, 오히려 先後라는 표현이 쓰이고 있다. 즉 先行其言, 而後從 之.(「爲政」13) 先難而後獲, 可謂仁矣.(「雍也」20) 先事後得.(「顏淵」21) 君子之道, 孰先 傳焉? 孰後倦焉?(「子張」12)와 같다. 이러한 이유 이외에 필자의 견해로는 선후는 시간 적 선후 개념뿐만 아니라 논리적 선후 개념까지도 내포하는 말이라 생각하여 先後本末이 란 용어를 쓴 것이다.

14　예는 본말이 서로 따르고 시작과 끝이 서로 호응하는 것이다.(『荀子』「大略」)

15　사람됨이 효성스럽고 공손하면서 윗사람 범하기를 좋아하는 사람은 적고, 윗사람 범하기를 좋아하지 않으면서 난을 일으키기를 좋아하는 사람은 있지 않을 것이다. 군자 는 근본을 힘쓸 것이니, 근본이 서면 도가 생길 것이다.(「學而」2) 극기복례하는 것이 인 을 행하는 것이다. 하루를 극기복례해도 천하가 그 어짊에 귀의한다. 인을 행함이 자기의 덕성으로부터 말미암는 것이지 다른 사람으로부터 말미암는 것이냐?(「顏淵」1) 진실로 그 몸을 바르게 하면 정치를 하는 데 무슨 문제가 있으며, 자기 몸도 바르게 하지 못한다 면 어찌 다른 사람 바르게 하겠는가?(「子路」13)

16　「雍也」16에서는 바탕과 문식 간의 수평 관계에서 중용을 추구한 것이다.

이어받았기 때문이다. 이런 선후본말적 사유·수양·실천 체계는 『주역』
과 『대학』, 그리고 『순자』 등에서 두드러지게 나타나며 다른 경전에서도
지배적인 형식으로 운용된다.[17]

3) 중용의 방법

공자는 중용에 따른 사유와 실천을 최고 이상으로 생각했고,[18] 형식과 내
용, 문식(文飾)과 본질 등을 중용이 되도록 겸비할 것을 주장하여 "사람이
인하지 못하면 예는 어떻게 할 수 있으며, 사람이 인하지 못하면 음악은
어떻게 할 수 있겠는가"[19]라고 말했다. 내적으로는 어진 마음을 갖추어야
비로소 외적으로 예와 악을 잘 행할 수 있다는 말이다. 이것은 당시 사회
가 형식에 치우쳐, 실제 그에 따라야 할 내적 조건을 갖추지 못했기 때문
에 한 말이다.

충서(忠恕)의 도와 중용적 사유·수양·실천의 관계를 보면, "공자의

17　①『周易』의 예를 들면: 易之爲書也, 原始要終, 以爲質也. …… 其初難知, 其上易
知, 本末也.(「繫辭下」9) ②『大學』 經1章은 선후본말을 철저히 지켜 유가의 사유·수
양·실천의 기본 골격을 형성했다고 본다. ③『荀子』의 예를 들면: 知本末源流之謂
也.(「富國」) 禮有三本, 天地者生之本也, 先祖者類之本也, 君師者治之本也.(「禮論」) 本末
相順, 終始相應.(「禮論」) 使本末終始, 莫不順比.(「禮論」) 故君子敬始而慎終.(「禮論」) 務本
節用, 財無極.(「成相」) 知務本禁末之爲多財也.(「君道」) 彊本而節用則天下不能貧.(「天論」)
故上者下之本也.(「正論」) 禮者, 本末相順, 終始相應.(「大略」) 以其本知其末.(「大略」)

18　군자는 원만하고 편벽되지 않은데, 소인은 편벽되고 원만하지 못하다.(「爲政」14)
관저는 화락하되 음란하지 않으며, 슬프되 감상에 빠지지 않는다.(「八佾」20) 바탕이 문
식을 지나치면 시골뜨기같이 소박하고, 문식이 본바탕을 지나치면 아문의 관리 같으니;
문식과 본바탕이 잘 어울린 후에야 군자라 할 수 있다.(「雍也」16) 범을 맨손으로 잡으려
하고 강을 걸어서 건너다 죽어도 뉘우침이 없는 자와는 같이 하지 않겠다.(「述而」10) 어
리석은 자가 있어 나에게 묻는다면, 그 말이 아무것도 아닌 것이라 하더라도 나는 그 양
끝단을 잡아 밝혀 준다.(「子罕」7) 지나친 것은 못 미치는 것과 같다.(「先進」15) 中行을
얻지 못한 사람에게 道를 전한다면, 필히 狂士나 狷士에게 할 것이다. 광사는 진취성이
있고, 견사는 차마 하지 못하는 것이 있을 것이기 때문이다.(「子路」21)

19　人而不仁, 如禮何. 人而不仁, 如樂何.(「八佾」3)

도는 충서뿐"[20]이라는 말에 대해 주희는 "자기를 다하는 것을 충이라 하고, 자기를 미루어 남을 생각하는 것을 서라 한다. …… 중심을 충이라 하고, 마음과 같은 것을 서라고 한다"[21]라고 말했다. "몸으로써 사물에 이르는 것은 인(仁)이요, 자기를 미루어 사물에 이르는 것을 서(恕)라 한다. 도를 위반해도 멀지 않다는 것은 바로 이것이다. 충과 서는 하나로 통하는 것이니, 충은 하늘의 도요, 서는 인간의 도이다. 충은 체이고, 서는 용이니 큰 근본과 통달한 도"[22]라고 한 정명도(程明道)의 말도 크게 분류하자면 선후본말적 형태로 보아야 한다. 그러나 충서 사이에 어떤 중용적 조화를 추구했는지는 말하기 어렵다. 왜냐하면 "자기가 서려고 하면 다른 사람을 먼저 일어서게 하고, 자기가 통달하려고 하면 다른 사람을 먼저 통달하게 하라"[23]는 것을 충이라 하고, "자기가 하기 싫은 일을 남에게 시키지 마라"[24]는 것을 서라고 할 수 있는데, 공자는 이 두 개를 각각 분리해서 말할 뿐 충서 간에 특별한 관계를 설정하지 않았기 때문이다. 그러나 정명도처럼 충서 간의 선후본말적 관계를 인정한다면 문질론에 귀속시킬 수 있다.

예악적 구분과 화합을 통해 중용적 사유·수양·실천을 보면, 예는 상하좌우 등의 관계를 구분 짓는 역할을 하고 그 기준이 되며, 악은 화합하는 역할을 주로 한다. 그래서 유가 정치 철학의 양대 기둥이 있다면, 그것은 바로 예와 악이다. 예악을 운용하는 방법에 따라 풍습이 변하고 형성되며 민심도 안정되는 것이다.[25] 옛날에는 예악을 중시해서 국왕이라도

---

20 夫子之道, 忠恕而已矣.(「里仁」15)

21 盡己之謂忠, 推己之謂恕. …… 或曰, 中心爲忠, 如心爲恕.

22 以己及物, 仁也. 推己及物, 恕也. 爲道不遠是也. 忠恕一以貫之. 忠者天理, 恕者人道. 忠者無妄, 恕者所以行乎忠也. 忠者體, 恕者用, 大本達道也.(『二程集』(上) 124쪽, 程明道의 말.)

23 己欲立而立人, 己欲達而達人.(「雍也」28)

24 己所不欲, 勿施於人.(「衛靈公」23)

덕이 높지 않으면 예악을 제정할 수 없고, 덕이 높더라도 국왕의 위치에
있지 않으면 예악을 제정할 수 없었다. 그래서 예악은 성왕이 아니면 제
정할 수 없었던 것이다.[26] 그러나 비록 천자(天子)는 아니었어도 공자가
예악을 재정비한 것[27]은 혼란한 시대를 바로잡기 위해, 즉 중용의 도를 바
로잡기 위해서였다. 예악이 바로 서면 생각이 바로 서게 되며, 예악에 맞
게 실천하면 원만한 수양이 이뤄진다고 하는 예악적 사유 · 수양 · 실천의
형식 도출이 가능하다.

　문질론과 공자의 사유 · 수양 · 실천의 방법의 관계는 어떠한가? 공자는
사람의 도덕 행위와 인격을 문질 양면으로 나누어 사유 · 수양 · 실천의 형
식으로 제시한다. 즉 공자는 "바탕(어진 마음)이 문식(형식적 의미의 예
절 등)을 지나치면 소박해서 시골 사람 같고, 문식이 본바탕을 지나치면
아문의 관리 같으니; 문식과 본바탕이 잘 어울린 후에야 군자라 할 수 있
다"[28]고 말했다. 여기서 공자는 수양 · 실천상 문과 질 그 어느 쪽에도 치
우쳐서는 안 된다는 중용적 사유를 하고 있는 것이다. 이것은 중국 전통
적으로 전해 내려오는 중용, 또는 중도(中道) 사상[29]을 공자식으로 표현한

25　음악은 같게 하는 역할을 하고, 예는 다르게 하는 역할을 한다. 같아지면 서로 친하
게 되고, 달라지면 서로 존경하게 된다. 음악이 지나쳐 예가 없을 때는 尊卑 간에 존경함
이 없어지고, 예가 지나쳐 음악이 없을 때는 사랑이 없어 친속이 흩어진다. 서로 뜻을 화
합하고 외모를 장식하는 것은 예악의 역할이다. 예의가 확립되면 귀천의 등급이 존재하
게 되고, 음악이 있을 때는 상하가 화목하게 된다. 이렇게 하면 백성을 다스리는 정치가
잘 행해질 것이다.(『禮記』「樂記」)

26　① 『中庸』 28章 참조. ② 천하에 도가 있으면 예악과 정벌이 천자에게서 나오고, 천
하에 도가 없으면 예악이 제후에게서 나온다.(「季氏」 2)

27　내가 위나라에서 노나라로 돌아온 후에 음악이 바르게 되어 아악과 송악이 각각 그
일정한 위치를 얻게 되었다.(「子罕」 14)

28　質勝文則野, 文勝質則史, 文質彬彬然後君子.(「雍也」 16)

29　王甦는 "中道는 堯·舜·禹·湯·文·武·周公·孔子·孟子로 이어지는 道統"이라
고 말했다.(「孟子的中道思想」, 1987. 11. 國際孔學會 발표 논문)

좋은 방법이라 할 수 있다. 이런 사유·수양·실천 형식을 필자는 문질론이라고 부르며, 그것은 공자의 사유·수양·실천에 대해 전반적으로 운용이 될 수 있는 가장 기본적인 방법이라 할 수 있다.

문(文)은 첫째, 공자 이전에 있었던 각종 전적(典籍)을 가리킨다.[30] 둘째, 그 전적들은 도가 드러난 것으로 예의·음악·제도 등을 말한다.[31] 셋째, 인(仁)이 드러난 모습이다.[32] 넷째, 본체에서 드러난 각양각색의 면모와 문식이다.

질(質)은 첫째, 본성의 바탕, 즉 인(仁)으로, 도덕 행위를 할 때 내재적 응당 조건이다. 즉 "중정무사(中正無邪)는 예의 질이다."[33] 이런 중정무사한 인이 바로 위에서 말한 문의 본질이다. 둘째, 사람을 사랑하고 사물을 사랑하는 내재적 원동력이다.

빈빈(彬彬)은 첫째, 두루 갖추어 편벽(偏僻)됨이 없고, 화해(和諧)하되 그 주체성을 잃지 않는 상태[34], 또는 수양 경지상 품덕이나 경지[35]를 의미한다. 둘째, 때에 알맞도록 운용되는 중용의 도, 즉 행위가 득중(得中)한 때를 의미한다.

---

30 ① 刑昺의 疏. ② 孔子가 匡에서 두려워한 것이 있었는데, 文王이 이미 죽고 예악 문물이 이제 나에게 있지 않느냐? 하늘이 장차 이 文을 없애 버리려면 내가 이 文에 간여하지 않았을 것이거니와, 하늘이 이 文을 아직 상하지 아니하니 匡 사람이 어찌하겠느냐?(「子罕」 5) 文으로써 나의 학문을 넓혀 주고 예로써 바로잡아 준다.(「子罕」 10) 증자가 말하길: 군자는 文으로써 벗을 모으고, 벗으로써 어진 덕을 보필하는 것이다.(「顏淵」 24)

31 도가 나타난 것을 文이라 하고, 무릇 예악 제도라는 것들이 그것이다.(「子罕」 5, 朱子의 註) 이렇게 文은 집체적 관념, 즉 기성의 예악·제도 등으로 도덕 행위를 할 때의 외적인 조건 모두를 포함한다.

32 예절은 仁의 모습이고, 언어는 인을 나타내는 文이다. 禮節者, 仁之貌也; 言談者, 仁之文也.(『禮記』「儒行」)

33 中正無邪, 禮之質也.(『禮記』「樂記」)

34 周而不比.(「爲政」14), 和而不同.(「子路」23)

35 文質彬彬, 然後君子.(「雍也」18)

　문질을 잘 조화할 수 없을 경우 어떻게 하는가? 공자는 "우하(虞夏)의 질, 은주(殷周)의 문은 지극하도다. 우하의 문은 그 질을 이기지 못하며, 은주의 질은 그 문을 이기지 못한다"[36]고 할 경우 차라리 소박하게 하겠다고 했다[37]. 이것은 자공(子貢)이 극자성(棘子成)과 같은 사이비 군자를 꾸짖은 근거가 된다.[38]

　결론적으로 공자가 하·은·주의 사회상과 당시 사회에 대한 역사적 비판 및 유가의 사유·수양·실천론을 관통하는 방법으로 문질론을 제시한 것은 그의 위대한 업적 중 하나라 할 수 있다. 다시 이를 기초로 하여 문을 형식 의미의 예절로, 질을 존경하는 마음으로 대입시켜 문과 질의 관계를 보면, 형식 의미의 예절은 마음속의 존경하는 마음이 형식적인 것으로 표현된 것이다. 문은 시대와 장소에 따라 다를 수 있지만, 질은 인성에서 나오는 것이므로 시공에 따른 변화가 없다. 형식 의미의 예절 등은 인성에서 나온 다음, 시대와 장소에 따라 유기적으로 성장·변화해 간다. 그래서 문과 질 사이의 관계가 때로는 멀게 보일 수도 있다.

　문질을 체용 관계로 보면 문은 용에, 질은 체에 해당한다. 문은 문식만을 말하지 않고 질이 발현된 모든 것을 지시한다. 예는 존경하는 마음을 본질로 한다. 만약 그런 본질적 기초를 가지고 있지 않다면 그런 현상을 설명하기 어려운 문제가 생기며, 공자 자신도 그런 것을 전제로 하여 현상으로 본질을 규명하고자 할 때는 표현 방법상 일부로써 전체를 설명한다. 문질론을 체용론과 비교해 보자.

36　虞夏之質殷周之文至矣. 虞夏之文, 不勝其質. 殷周之質, 不勝其文.(『禮記』「表記」)
37　옛날 선비의 예악은 시골 사람같이 소박했고, 오늘날 선비들의 예악의 문채는 군자 같다고 하나, 만일 쓴다고 하면 나는 옛 선비를 따를 것이다.(「先進」1)
38　棘子成이 "군자는 바탕을 가질 따름이니, 어찌 수식을 화려하게 하겠습니까?"라고 말하자, 자공이 그 말을 듣고 "아깝도다! 그대의 말이 군자다운 것이나 네 필의 말도 그의 혀를 따르지 못할 것이다. 수식도 바탕처럼 중하고, 바탕도 수식처럼 중한 것"이라고 말했다.(「顔淵」8)

① 질이 체용론의 본체까지 포용하는가? 그렇다. "하늘 자체는 체이고 만물이 시작하는 점은 하늘의 용이며, 땅 자체는 체이고 만물이 생겨나는 점은 땅의 용"[39]이라고 한 것처럼 모든 것을 체와 용으로 분석하여 본체의 본래 의미를 이해할 수 있다. 하지만 체로 분류되는 모든 것을 만물의 근원으로서의 본체라고는 할 수 없고, 마찬가지로 질로 분류되는 모든 것이 만물의 근본으로서의 본체라고는 할 수 없다. 그러나 본질 의미의 인(仁)은 본성이기 때문에 체의 범주에 속하고, 그의 발현되는 모든 것은 당연히 용의 범주에 속한다. 다시 진일보하여 천도는 인성에 대해 체가 되며, 인성은 천도의 용이라 할 수 있다. 이런 관계를 선후본말로 보면 천명은 본·선·질에 속하고, 본성은 말·후·문에 속한다고 할 수 있다.

② 문질론은 체용론을 수용할 수 있는가? 그렇다. 공자의 주요 방법인 문질론은 본체를 설명하는 데 강점을 지니고 있던 체용론을 수용할 수 있으며, 공자 자신의 중심 문제인 인생·정치·사회 문제 등에 대한 사유·수양·실천의 문제를 아주 용이하게 설명할 수 있다는 장점을 가지고 있다. 다시 말해 체용론은 본체의 문제를 중심으로 하기 때문에 선후본말적 분석으로 그 관계를 규명하려는 데 비해, 문질론은 사유·수양·실천의 문제를 중심으로 하기 때문에 선후본말 간의 중용의 도를 추구하고, 또 선후본말을 그 기초로 삼기 때문에 본체론을 바탕에 깔고 있다. 그래서 문질론은 체용론까지 수용할 수 있다.

③ 체용론의 관계처럼 문질론의 문질이 완전히 일치하는가? 그렇지는 않다. 왜냐하면 위에서 본 바와 같이 문질은 본질적으로 체용 관계 위에 있지만, 현실적으로는 일단 문이 질로부터 발생하고 나면 그 자체는 유기적이고도 독립적인 변화를 하기 때문에 문질 사이에는 많은 괴리가 생겨 긴밀성이 약해진다. 만약 체용론에서 체용의 관계처럼 문질 사이에 괴리

---

39   天是體, 萬物資始處便是用. 地是體, 萬物資生處便是用.(『朱子語類』卷6)

가 없다면, 구태여 조화로운 빈빈을 추구할 필요가 없을 것이다. 반대로 체용론으로 실천 관계를 설명한다면 그런 불일치는 설명할 수 없게 된다.

문질론을 중용의 도와 연관 지으면, ① 중용의 운용은 선후본말적인 것은 물론이고 대립적·상대적인 경우에도 모두 적용할 수 있는 형식이기 때문에 문질론의 적용 범위는 그의 일부가 된다. 그러나 문질론은 선후본말의 체계를 기초로 하기 때문에 범위상 축소된 면은 있으나 문제를 이해하고 해결하는 좋은 방법이다. ② 본문의 구성상 문질론은 중용적 사유분석 안에 설정했다. 여기서 공자가 단지 중용만을 추구하거나 선후본말적 체계로 분석만 한 것이 아니라, 선후본말적 체계에서 중용을 운용함으로써 도덕적 자아인 인을 실현하려는 점은 공자의 가장 큰 공로이다. ③ 문질론은 사유뿐만 아니라 수양·실천의 방법이기 때문에 적용하려는 상황이 계속적으로 변한다고 하더라도 문질론은 이미 중용을 바탕으로 하기 때문에 운용하는 데 전혀 문제가 안 된다.

문질론과 선후본말적 체계 간의 관계를 보면, 상호 불가분의 관계를 갖는다. 질과 문은 본과 말의 관계를 갖고, 시간적 혹은 논리적으로는 선후의 관계를 갖는다. 그래서 문질론은 선후본말적 사유 체계를 떠나지 못하고, 또 선후본말적 사유 체계는 문질 간의 조화가 이루어져야 유가의 목표가 달성된다.

이런 상관관계로 공자의 정명 사상을 해석해 보면 명백히 드러난다. "임금은 임금답게 그 본분을 다해야 한다[君君]"만을 예로 들면, 임금이란 이름(文과 末에 해당)과 임금으로서의 본분을 다하는 것(質과 本에 해당)이 걸맞아야 한다(彬彬에 해당)고 보면, 문질론과 선후본말적 사유 체계 사이에 불가분의 관계가 있다는 것을 알 수 있다. 문질론의 구조는 선후본말적이고, 추구하는 이상은 중용이며, 적용할 수 있는 범위는 사유·수양·실천 전반에 걸치고, 역사적으로는 중국 전통적 중용 사상을 계승하며, 공자 철학 사상에서의 위치는 전체를 관통하는 방법이라는 결론을 얻을 수 있다.

체용론이 도가 혹은 한유(漢儒) 혹은 불교의 영향이든 아니든 이미 많은 학자가 공자의 철학 사상을 체용론의 형식으로 설명하고 있고, 또 무리 없이 설명할 수 있는 부분이 있다는 것은 사실이다. 그러나 그것이 공자 자신의 방법이 아니라는 것만은 분명하다. 따라서 우리가 보다 공자에 접근하기 위해서는 그의 철학적 방법을 활용해야 할 것이다.

4) 중심 방법의 도출

유가 철학에서는 인생·사회 등에 관한 것이 대부분의 과제였고, 그들이 채용한 방법을 자연 과학이 채용하는 방법과 비교해서 비논리적이고 검증 불가능한 명제가 많기 때문에 초논리니 비논리니 하는 말을 듣게 된다. 또 언어에 대한 논리적 분석으로 그들이 지시하는 바에 자동적으로 귀결되지 않는 점이 중국 철학을 공부하는 사람들을 어렵게 한다. 그렇다고 처음부터 끝까지 직관만을 사용해야 한다면 학습을 중시하는 유가는 자가당착에 빠질 것이다.

필자가 생각하기에는 공자의 철학 사상에서 위와 같이 많은 형태의 사유·수양·실천 방법에 관한 것을 찾아낼 수 있다. 그것을 결론적으로 말하면, 문질론은 문과 질이 조화를 이루어야 한다는 중용의 방법을 취하고 각각 시간적 혹은 논리적 선후본말의 관계를 가지므로, 사유·수양·실천론 등에 두루 적용할 수 있다. 그러므로 그의 중심 방법은 문질론이다. 사유·수양·실천의 각도에서 위의 분석을 다시 종합하면 다음과 같다.

(1) 사유 방법의 각도에서 위의 분석을 종합하면, 이상적인 사유 방법은 중용의 도를 얻기 위해 양 끝단을 잡아 그 중간을 택한다는 것이다. 그러면 어떻게 그 중용이 중간 어디에 있다는 것을 알 수 있는가? 마음을 바르게 해야 한다. 마음을 바르게 하는 것은 마음을 외부 사물에 간섭 없이 고요하게 하는 것이다.[40] 그러나 이것은 단지 일회적일 수 있기 때문에

변화하는 상황 속에서 일상적으로 계속할 수 있기 위해서는 수양이 이뤄져야 한다. 이것은 수양의 방법을 도입하고 있는 부분이다. 또 이 수양은 실천이라는 실제 행위를 통하지 않으면 사유적인 수양의 의미에 지나지 않게 된다. 그래서 수양 방법은 또 실천이라는 방법을 취하지 않으면 안 된다. 이렇게 볼 때 사유를 훈련하는 방법은 수양과 실천의 방법이 동시에 사용됨을 알 수 있다. 만약 수양을 통해 지혜의 눈을 뜨지 못하고 단순히 위와 같은 사유 방법만을 운용했다면, 그가 얻은 것은 자신이 몸으로 느낀 평범하고 일상적인 수준을 결코 벗어날 수 없을 것이다.

문질론적 사유 방법으로 보면 인문 활동[文]과 인간의 본질인 어진 마음[質]은 항상 어느 쪽에도 치우치지 않고 조화되어야 하고 중용을 유지해야 한다는 사유 형태가 지배적이다. 예를 들어 사유와 학습은 병진해야 한다는 것을 다시 분석하면, 사유는 자아의 발현이므로 본이고, 학습하는 것은 이미 발현된 다른 사람의 것이므로 말이다. 이렇게 보면 사유와 학습의 기본 형식 역시 문질론적이다. 형식으로만 말해 문질빈빈적 형식은 사유·수양·실천 등 각 방면의 기본 형식이 되는 것이다.

(2) 수양 방법의 각도에서 위의 분석을 종합하면 수양을 위해서는 사유와 실천이 동시에 진행되어야 한다. 사유와 실천 어느 하나라도 없게 되면 수양의 목표는 달성될 수 없다. 즉 수양의 형식은 사유에 의해 찾아낸 방법대로 실천을 통해 본성인 인을 실현하는 과정에서 인을 따르는 습성을 쌓아 가는 것이다. 즉 수양은 본성인 인으로 말미암아 시작하고, 습성(길들여질 수 있는 가능성)을 본성인 인으로 훈련하여 완성하는 데서 끝이 난다. 본성의 본질은 인이고, 습성의 본질은 어떤 내용도 없는 백지와도 같은 것이므로 습관 들이는 대로 형성되는 것이다.

본성이 선하다면 왜 우리는 수양이 필요한가? 그것은 바로 본성에 따

---

40   『大學』에서 말하는 正心.

르는 습성을 길러야 비로소 "노력하지 않아도 중도에 맞으며 생각하지 않고도 득중을 하는 성인"의 경지에 이를 수 있기 때문이다. 이때에도 역시 사유와 실천 행위로 문질빈빈한 인격 완성을 목표로 하기 때문에 문질론의 틀을 벗어나지 않는다.

(3) 실천 방법의 각도에서 위의 분석을 종합하면 유가 철학에서는 실천의 목표를 위해 사유와 수양을 한다고 할 수 있다. 그러면 실천하고자 하는 것은 무엇인가? 한마디로 인이지만 나누어 덕목으로 말하면 효제충신 등이 있다. 어떻게 그것을 실천할 것인가? 공자의 방법으로 말하면 문질빈빈이 되도록 해야 한다.

① "임금은 임금다워야 하고, 신하는 신하다워야 하고, 아버지는 아버지다워야 하고, 자식은 자식다워야 한다"[41]와 같이 정명이 이뤄질 때, 효제충신은 달성되고 『대학』에서 말하는 수신·제가·치국·평천하의 전체 과정은 실현 가능하게 될 것이다. 그런 정명론은 바로 문질론의 형식을 갖추고 있다. 이름과 본분이 문과 질에 각각 대응되며, 이 둘의 조화는 정명을 의미하기 때문이다. 그러나 실천 측면에서 그런 조화를 달성하기 위해서는 몸으로 실행해야 하는 어려움을 참는 의지와 어진 마음이 있어야 한다.

② 극기복례(克己復禮)하는 것,[42] 말을 삼가는 것,[43] 사람을 사랑하는 것[44] 등은 모두 인을 실천하는 하나의 모습이며, 이런 모습들의 나열은 방법을 설명하는 구체적인 예이다. 그러나 공자의 인과 도를 실천하는 의지는 "아침에 도를 듣고 저녁에 죽어도 좋다"[45], "독실하게 믿고 배우기를

---

41   君君臣臣父父子子.(「顔淵」11)
42   인을 행함이 자기의 덕성으로부터 말미암는 것이지 다른 사람으로부터 말미암는 것이냐?(「顔淵」1)
43   어진 자는 그 말을 참고 어렵게 할 것이다.(「顔淵」3)
44   (仁은) 사람을 사랑하는 것이다.(「顔淵」22)
45   朝聞道, 夕死可矣.(「里仁」8)

좋아하며, 착한 도를 사수하라"[46], "지사(志士)와 어진 사람은 살기 위해 어짊을 해치지 않으며, 오히려 죽더라도 어짊을 이룬다"[47]고 한 것과 같이 그 무엇과도 비교할 수 없는 것이다.

앞에서 말한 중용의 도는 모든 면에 적용하였는데, 인과 도를 실천하는 데는 또다시 중용적 사유를 적용하지 않았다. 왜냐하면 인과 도를 지키고 실천하는 것 자체가 중용의 도를 실천하는 것이기 때문이다. 이와 같이 인을 실천하는 데는 어떤 조건도 붙일 수 없는 것이지만 유가의 실천 방법상 친소원근에 따라 차별은 있다.

③ 순자(荀子)가 "실행을 하면 사리에 통달해지고, 사리에 통달하면 성인이 된다"[48]고 말했듯이, 우리의 이론적 지식은 실행을 통하여 현실적인 타당성을 확인할 수 있고 사리에 통달한, 확실하고 타당한 지식을 얻을 수 있다. 실천이 실제적인 현실 효과를 나타내기 위한 면도 있지만 이치를 궁구하는 방법으로 채택할 수도 있다고 보는 것이다.

사유·수양·실천 세 분야에서의 방법들 간에는 어떤 관계가 있는가? 먼저 유가 철학의 기본 문제를 주제로 하여 볼 때, 사유와 수양의 목적은 실천에 있기 때문에 실천을 위한 방법이 논리적으로 가장 먼저 선행되어야 하겠고, 실행으로 옮기기 위해서는 실제적으로 그보다 사유와 수양을 먼저 해야 할 것이다. 실천을 하기 위해 사유와 수양이 선행해야 한다는 것 자체는 사유이지만, 그런 사유를 떠나 실천이 별도로 행해지는 것이 아니기 때문에 사유 역시 하나의 실천이다.

5) 문질론을 중심으로 본 방법 간의 관계

공자의 여러 가지 방법을 분석 종합해 보았는데, 그들 여러 사유·수양·

---

46   篤信好學, 守死善道.(「泰伯」13)
47   志士仁人, 無求生以害仁, 有殺身以成仁.(「衛靈公」9)
48   行之明也, 明之爲聖人.(『荀子』「儒效」)

실천 방법을 사용하여 목적을 달성하려면 상당히 어려운 실천적 수양 과정을 거쳐야 한다. 그러나 그것은 우리에게 지향해야 할 방향과 목표를 제공해 주고 우리 생활에 직접 활용할 수 있는 면도 있음을 알 수 있다.

공자의 주요 방법을 종합하면 사유·수양·실천의 방법을 모두 관통하고 대표할 수 있는 것은 바로 문질론이다. 이것을 다시 다른 여러 방법으로 표현해 보면, 선후본말의 방법은 『대학』에서 주요 방법이 되고, 중용의 방법은 『중용』의 주요 방법이 된다. 예악적 구분과 화합은 이상 정치를 펴는 중요한 수단이 되고, 박문약례(博文約禮)와 직관적 방법은 교육과 연구의 주요 방법이 되며, 중용에 따른 사유와 실천은 공자의 문질론의 기초를 이룬다.

공자는 문질론을 구축하며 홍도(弘道)하기 위해 박학(博學)·심문(審問)·신사(愼思)·명변(明辨)·독행(篤行)을 다른 사람이 한 번에 할 수 있으면 나는 백 번하고, 다른 사람이 열 번에 할 수 있으면 나는 천 번 한다고 말했다.[49] 그럴 정도로 공자가 많이 본 책은 위편삼절(韋編三絶)했다는 『주역』일 것이다. 하지만 그것은 공자가 자기의 철학 사상을 정리하는 방법은 되었어도, 자유정신을 가지고 새로운 철학 세계를 연 홍도의 방법이 된 것은 『시경』이었다. 공자가 『시경』의 자유정신으로 홍도를 하는 과정이 없었다면 그는 단지 도의 전달자에 불과했을 것이다. 공자의 철학적 세계관의 목적이 자연과 인간 사회의 조화인 천인합덕을 추구하는 데 있다고 볼 때, 형식적으로는 선후본말적 구조 위에서 중용을 운용하는 문질론이지만, 내용적으로는 무한·보편·평등한 인의 정신세계이다.

---

49 博學之, 審問之, 愼思之, 明辨之, 篤行之. 有弗學, 學之弗能弗措也. 有弗問, 問之弗知弗措也. 有弗思, 思之弗得弗措也. 有弗辨, 辨之弗明弗措也. 有弗行, 行之弗篤弗措也. 人一能之, 己百之, 人十能之, 己千之.(『中庸』 20)

3. 삶으로의 복귀

유가 철학자들의 문제가 인생·정치·사회에 관한 것 위주이고, 그들의
주요 방법은 자기 수양을 통하여 사회·국가·천하의 문제를 해결하고자
하는 선후본말적인 사유·수양·실천이다. 이런 방법은 시의적절하게 이
뤄져야 하기 때문에, 그 시의성(時宜性)은 중국에서 전통적으로 전해 오
는 중용의 방법으로 추구한다. 만약 선후본말적 방법만을 사용한다면 단
순한 사유적 분석에 지나지 않기 때문에, 공자는 선후본말의 구조에서 중
용을 운용하는 문질론을 채용한 것이다.

공자 철학의 체계는 한마디로 선후본말을 형식 체계로 하고 중용의 도
를 운용하는 문질론이라고 할 수 있다. 이렇게 전통 철학을 계승한 공자
는 도덕 자아 속에서 인을 깨닫고, 그를 기초로 천인합덕의 이상을 실현
해 보려 했다. 천인합덕이라는 그의 세계관적 목적은 우리의 인한 본성에
서 말미암아 실현되는 것이며, 그의 방법 역시 그 인한 본성에 따름으로
써 가능하다고 본 것이다.

공자 철학에서 문질빈빈하려는 '누가'·'무엇을'·'어떻게'·'왜'의 세
계관적 범주에 속하는 것은 도덕 자아로 회귀되어 일체적 관계를 이루며,
'언제'·'어디서'의 범주에 속하는 것도 선후본말의 구조를 인정하는 현
실 속에서 중용을 통해 적절히 조화되었다. 이렇게 6가지 세계관적 범주
에 속하는 모든 것을 현실의 행위 주체로 회귀시킴으로써 세계관적 목적
을 자아실현에 둔 것은 후대 유가 철학의 기초가 되었다.

[1992년]⁵⁰

---

50 「문질론을 중심으로 한 공자의 방법론에 관한 연구」, 『동양철학』 3집, 한국동양철
학회, 1992.5.에 게재한 것을 수정 보완함.

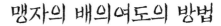

제6장

맹자의 배의여도의 방법

맹자(孟子)의 성은 맹(孟)이고, 이름은 가(軻)이다. 그의 생졸 연대는 여러 설이 있는데, 일반적으로 주열왕(周烈王) 4년에 태어나 84세(B.C.372 ~B.C.289)를 살았다고 한다. 『사기』「맹자순경열전」에는 "맹가는 추인(騶人)으로서 자사의 문인에게 배웠다"[1]고 전한다.

『맹자』는 『사기』의 말처럼 맹자와 그의 제가들과 함께 지은 것으로서 모두 7편이다. 후한 때 조기(趙岐)가 장구(章句)를 만들 때, 각 편을 상하로 나누어 14편으로 만들었다. 지금도 그 체제를 유지하고 있다. 『맹자』의 주석서는 조기의 『맹자장구』(孟子章句) 14편이 가장 오래된 것이다. 현존하는 주석서로는 주자의 『사서집주』본이 가장 정확하고 쉬운 것으로 알려져 있다.

맹자의 주요 철학 사상은 공자의 인의 정신을 계승하여 인성론(人性論)을 구축하고, 도덕 정치를 강조하여 왕도론(王道論)을 펼치는 것이다. 맹자의 인성론은 유가의 도덕 형이상학으로서 『중용』과 함께 주요 기초가 되었고, 왕도론은 유가의 정치 철학으로서 『대학』과 함께 주요 기초가 되었다. 그래서 후세 사람들이 그를 아성(亞聖)이라 칭송하는 것이다.

---

1   孟軻, 騶人也. 受業子思之門人.(『史記』「孟子荀卿列傳」)

춘추 전국 시대의 제자백가들이 그랬듯이 맹자의 현실 문제는 전쟁과 정치 사회의 혼란을 종식시켜 평화로운 인간 사회를 건설하는 것이었다. 맹자는 당시 상황에 대해 "세상의 도가 쇠미(衰微)해지고 사설폭행(邪說暴行)이 난무하며, 신하가 임금을 죽이고 아들이 아버지를 죽이는 자가 있다"[2]고 개탄하면서도, 선한 본성을 기초로 하여 도덕적 인간 사회를 건설할 수 있다고 보았다.

맹자의 말처럼 만약 사람이 태어날 때부터 선하다면 악한 사람이 생기는 것은 무엇 때문이며, 훌륭한 사상·규범·관습·제도 등이 점점 많아짐에도 세상이 어지러워지는 것은 무엇 때문인가? 맹자는 그 주요 원인을 선한 본성이 실천상 그 주체성과 판단 기준을 사욕 등에 빼앗겼기 때문[3]으로 보고, 문제의 중심을 도덕적 주체성(主體性)[4] 회복에 두었다.

맹자 철학의 기본 방법은 배의여도(配義與道)이다. 배의여도는 본래 맹자가 호연지기(浩然之氣)를 기르는 방법으로 제시한 것이지만,[5] 그것은 기본적으로 도덕적 주체성의 회복과 확충의 방법이다. 행위 주체가 의(義)와 짝한다는 말은 본성이 행위의 주체와 기준이 된다는 것이고, 도(道)와 짝한다는 말은 본성의 자기실현이 중도(中道)와 일치한다는 것이다.[6] 이렇게 배의여도는 도덕적 주체성을 회복·확충함으로써 내외합덕적

2　世衰道微, 邪說暴行有作. 臣弑其君者有之, 子弑其父者有之.(「滕文公下」 9)

3　氣壹則動志也.(「公孫丑上」 2), 夜氣不足而存, 則其違禽獸不遠矣.(「告子上」 8), 耳目之官不思, 而蔽於物; 物交物, 則引之而已矣.(「告子上」 15)

4　"道德的 主體性"이라는 말은 牟宗三 등이 사용했다. 牟宗三은 "(孟子의) 心은 도덕적 주체성(Moral Subjectivity)을 대표한다"(牟宗三, 『中國哲學的特質』, 臺北, 學生書局, 1980, 67쪽)고 하고, "도덕심은 우리 일체 언행 및 판단이고, 일체 언행의 起點과 標準이다"(『道德的理想主義』, 臺北, 學生書局, 1982, 13쪽)라고 말했다. 필자가 사용하는 "도덕적 주체성"이라는 말의 의미는 "본성이 스스로 행위 판단의 주체와 기준이 되어 인식·수양·실천할 수 있는 것"을 말한다. 그리고 孟子는 心으로 性을 말하기 때문에, 필자는 꼭 필요한 경우 외에는 本心과 本性을 구분 없이 쓰겠다.

5　「公孫丑上」 2

(內外合德的) 호연지기를 기르는 방법이 된 것이다.

　본 장에서는 첫째 그의 세계관과 인식론을 분석하여 맹자 철학의 기틀과 방향을 찾아내고, 둘째 도덕적 주체성 회복과 확충에 관련된 각종 방법을 분석·종합하여 그것의 기본 방법을 추출하며, 셋째 중심 방법을 논하고, 넷째 현실 문제에 대한 적용 가능성을 검토함으로써 방법 중심으로 그의 세계관적 범주 상호 간의 관계를 밝히고자 한다.

1. 방법론적 배경

맹자의 철학적 방법론의 기초는 어떠한가? 그는 인성이 선하다고 전제하고, 그것은 하늘로부터 받았다고 말한다.[7] 따라서 천·인과 수양·실천의

6　配義與道는 與天地同流的 內外合德을 세계관적 기초로 하므로 나눌 수 없는 것이다. 여기서 配義와 配道로 나누어 말하는 것은 그 내용과 구조를 분석하여 그것이 孟子 철학 전반에 흐르는 기초임을 설명하기 위한 것이다. 그리고 內外合德은 天人合德을 의미하는데, 말을 바꾼 이유는 義와 道의 내외선후본말적 관계를 드러내기 위한 것이다.

7　孟子는 「告子上」 6장에서, 詩曰: 天生蒸民, 有物有則; 民之秉夷, 好是懿德. 孔子曰: 爲此詩者其知道乎! 故有物必有則; 民之秉夷也, 故好是懿德이라는 詩句와 孔子의 말을 인용한 것은 孟子도 天道와 人性 관계를 우주론적으로 이해했다고 볼 수 있는 부분이다. 또 "心之官則思, …… 此天之所與我者."(「告子上」 15) 역시 그런 우주론적 이해를 바탕으로 하여 하는 말이라고 본다. 특히 "盡其道而死者, 正命也."(「盡心上」 2)와 도덕성을 天爵이라고 본 것(「公孫丑上」 7·「告子上」 16)을 종합하면, 天命을 人性의 본원으로 삼는 『中庸』의 입장과 같다. 牟宗三은 인성을 규정하기 위한 접근 방법에 따라 『易傳』·「中庸」과 『孟子』 둘로 나누어, "『易傳』과 『中庸』은 우주론적 접근(Cosmo-logical approach)을 했고, 孟子는 도덕적 접근(Moral approach)을 했다"고 주장했다.(牟宗三, 『中國哲學的特質』, 臺北, 學生書局, 1980, 52쪽) 그러면서도 "이 두 가지 접근 방법은 이미 默契가 있어, 도덕성은 天命之謂性에 뿌리를 두고 天命之謂性 역시 도덕성으로 理解·印證·定貞한다. 이 두 가지가 합해지지 않으면 안 된다고 말하는 데는 어떤 근거가 있는가? 그 근거로 아주 유명한 것은 盡其心者, 知其性也; 知其性, 則知天矣「盡心上」 1이다."(같은 책, 65쪽) 한편 蔡仁厚는 "『中庸』·『易傳』은 天道性命相貫通 사상으로서 도덕 가치에 대해

내적 구조는 선후본말적 형식을 취하게 되었다. 즉 맹자의 하늘과 사람, 천도와 인성은 생산자와 생산물의 관계에 있으므로, 사람은 그 바른 하늘의 덕을 가지고 태어났으며, 그 덕을 좋아하는 것은 타고난 본성이 된다.[8] 그런 천·인 관계 때문에 그의 수양·실천은 천도에 순응하지 않으면 안 되고,[9] 천도에 따르는 것을 근본으로 삼게 된 것이다.[10] 이런 천·인의 선후본말적 관계와 조화는 그의 수양·실천의 기틀과 내용이 되었다. 그렇다고 수양·실천의 주체와 동기는 천도에 있는 것이 아니라, 오히려 도덕 자아의 자아실현에 있다.

수양·실천은 천작(天爵)인 본성에 순종하는 방법을 취하고, 본성을 그 본질 내용으로 하며, 자기 몸의 기(氣)에서 시작하여 우주 만물에 이르기까지 본성을 확충하는 형식을 지닌다. 맹자는 본성을 하늘이 준 벼슬이라고 보기 때문에, 본성을 따르는 것은 곧 천명·천도를 따르고 섬기는 것이며 자아를 실현하는 것이다. 이런 세계관 때문에, 그의 천에 대한 외경(畏敬)은 종교적인 것이 아니라 도덕 자아의 자각적인 것이다.[11]

맹자의 도덕론은 도덕적 자각과 일체적 공감에서 시작되고, 천지와 동

존재론적 해석을 하는 것이 아니라 존재에 대한 가치적 해석이다"라고 말했다.(蔡仁厚, 『孔孟荀哲學』, 臺北, 學生書局, 1984, 235쪽)

8   天生蒸民, 有物有則; 民之秉夷, 好是懿德.(「告子上」 6) 且天之生物也, 使之一本.(「滕文公上」 5) 人皆有之. …… 我固有之.(「告子上」 6) 心之官則思, …… 此天之所與我者.(「告子上」 15) 萬物皆備於我矣.(「盡心上」 4) 등에서 天과 본성은 선후본말의 관계에 있고, 그런 본성의 위치는 "하늘이 준 존귀한 벼슬"[夫仁, 天之尊爵也.(「公孫丑上」 7)]에 비유한다. 이렇게 天과 人性을 선후본말의 관계로 말하는 것은, 설명 방법상 우주론적 방식을 취한 것이다. 그러나 본성을 알기 위한 접근 방법은 오히려 수양·실천 중 내외합덕적 직관으로 얻은 것이다. 그래서 이 두 가지 방법을 혼동해서는 안 될 것이다.

9   順天者存, 逆天者亡.(「離婁上」 7)

10   故者以利爲本.(「離婁下」 26) 朱子는 故를 이미 그런 자취[已然之迹], 利는 순종[順]과 같다고 해석했다. 그래서 필자는 이 문장을 사물은 본연의 이치에 따르는 것을 근본으로 한다고 해석하고, 우리의 수양·실천 역시 그렇게 해야 한다고 보는 관점에서 인용했다.

11   夭壽不貳, 修身以俟之, 所以立命也.(「盡心上」 1) 其道而死者, 正命也.(「盡心上」 2)

류(同流)하는 경지에서 완성된다. 그래서 맹자의 세계관적 구조는 선후본 말적 관계에서 중용을 추구하는 것이다. 그런 그의 철학적 방법을 가장 밀도 있게 집약한 것이 바로 배의여도(配義與道)이다.

맹자의 도덕인식론의 입장은 어떠한가? 맹자는 "그 본심을 다할 수 있는 자는 하늘로부터 받은 본성을 알 수 있을 것이고, 그 본성을 알 수 있으면 천도를 알 수 있을 것"[12]이라고 말했다. 그렇다 하더라도 그 기초가 본성의 자발적 자기실현에 있지 않으면 안 된다. 본성의 자발적 자기실현을 손상 없이 그대로 할 수 있도록 하는 것이 바로 그 본심을 다하는 것[盡心]이고, 그것이 곧 우리의 성품을 아는 것[知性]이기 때문이다. 성품을 안다는 것은 본성의 존재를 반성적으로 안다는 뜻도 있지만, 그보다 우리의 본성은 양지(良知)·양능(良能)으로서 도덕적 주체가 되어 도덕적 인식과 실천을 한다는 것과 본성이 자발적으로 자기실현을 할 수 있도록 한다는 뜻도 있다.[13] 그렇게 하는 것이 곧 천도를 알고[知天], 천도를 따르는 것이 된다.

도덕적 인식은 수양·실천을 통해 생기는 것이므로 진심·지성·지천은 단지 인식론적 명제가 아니라, 오히려 인식·수양·실천적 명제이다. 이렇게 맹자의 인식·수양·실천이 불가분의 관계에 있기 때문에, 그는 인식론에서도 주객이 분리되지 않는 내외합덕적 방법을 쓴 것이다. 천지와 동류하려는 맹자의 목표는 내적으로 선후본말과 중용의 구조를 갖추고 있다. 하지만 인식·수양·실천은 일체적 내외합덕을 이뤄야 하므로, 배의여도에 따르는 것은, 그 내용이 곧 형식이고 형식은 곧 내용이며, 동시에 방법으로도 운용된다. 그런 배의여도는 천지와 동류하는 방법이 되지만, 그

---

12 盡其心者, 知其性也. 知其性, 則知天矣.(「盡心上」 1)

13 牟宗三은 "(진심은) 어떤 마음을 다한다는 것인가? 당연히 도덕심이다. 도덕심을 다하면[盡] 하늘의 창조성을 이해할 수 있고, 하늘[天道]이 창조적 眞幾라는 것을 실증하는 것이다"(牟宗三, 『中國哲學的特質』, 臺北, 學生書局, 1980, 65쪽)라고 말했다.

경지가 바로 천지와 동류하는 것이므로 나누어 말할 수 없다.

맹자의 최고 목표는 인의 도덕에 의한 왕도 정치 실현에 있는데, 그의 그런 목표는 배의여도가 될 때 실현 가능하다는 것이다. 그래서 그는 내적으로는 본성 회복과 확충으로 그 내적 기초를 마련하고자 했으며, 외적으로는 중용의 도를 얻으려 했다. 그런 내외 통합을 위해 내외선후본말적 구조에서 중용을 추구했다. 실천 행위의 주체와 기준을 인성에서 규명하는 것은 맹자 철학의 특색이지만, 실천적 구조를 내외선후본말적 구조로 파악하고, 중용을 추구하여 일체적 내외합덕을 이루어 도덕적 자아를 완성하고 실현하려는 것은 공자의 철학을 계승한 것이다.

2. 주요 방법

1) 도덕적 주체성의 회복과 확충을 위한 기본 방법

맹자는 본성에 기초하고 본성에 따라 본성의 회복과 확충을 꾀하므로, 그의 방법의 기본 성격은 순천적(順天的)·순성적(順性的)이다. 그래서 첫째, 그의 인성론에서 본성에 내재된 도덕성의 존재와 그의 회복·확충 가능성을 규명하며, 둘째, 맹자 철학의 기본 방법인 선후본말적 형식과 그 구조 위에서 이루어지는 중용을 추출하여 배의여도를 논하겠다.

(1) 인성론

『중용』의 "천명을 성이라 한다"는 말을 보다 구체적으로 표현한 것이 맹자이다. 맹자는 무릇 인은 하늘이 준 존귀한 벼슬이라고 말하고, 또 "하늘이 준 벼슬과 사람이 준 벼슬이 있는데, 인의충신을 갖추어 선행 즐기기를 게으르지 않게 하는 미덕은 하늘이 준 벼슬이고, 공경대부는 사람이 준 벼슬"[14]이라고 말했다. 맹자는 이렇게 본성 또는 4단을 하늘이 준 벼슬이라고 비유하여 반드시 따라야 하는 신성한 의무로 보았다. 필자는 이런 본성이 도덕 행위의 주체가 되고 동시에 도덕 행위의 기준이 되는 맹자의 인성론을 살펴, 중심 문제인 도덕의 주체성 관련 기초를 고찰하겠다.

맹자의 인성 개념은 사람이 사람다울 수 있는 도덕적 성품이다. 사람이 태어날 때 갖춘 것 모두가 당연히 성(性)이라 할 수 있지만, 맹자는 사람과 금수의 차이점인 도덕성만을 성이라고 부른다. 즉 맹자는 당시 명(命)과 성(性) 개념의 범주에 대해, "입이 맛에, 눈이 색에, 귀가 소리에, 코가 냄새에, 사지가 안일에 대한 것은 성이지만, 만족시킬 수 있느냐 없느냐는 오히려 명으로 박혀 있으므로, 군자는 그것을 성이라 하지 않으며 억지로 구하려 하지 않는다. 인이 부자에, 의가 군신에, 예가 빈주(賓主)에, 지가 현인에, 성인이 천도에 대한 것을 일반 사람들은 명으로 정해진 것이라고 보지만, 사실상 본성 속에 내재한 것이므로 군자는 그것을 명이라 하지 않으며 부단히 노력하여 추구한다"[15]고 말했다. 이것은 그 실현 주체에 따라 나눈 것이다. 다시 말해 "이목의 욕심은 태어나면서부터 있는 것"이라는 뜻에서 말하자면 당연히 성이라 할 수 있지만, 그것의 실현은 반드시 외부에서 구하는데, 그 권한이 자기에게 있지 않으므로 차라리 명이라 하고 성이라 하지 않겠다는 것이다.

당시 일반 사람은 인·의·예·지·천도 등을 명이라 했는데, 맹자는 성이라고 보았다. "오라고 하지 않아도 스스로 이르는 것"[16]이란 뜻에서 말하자면 당연히 명이라 할 수 있지만, 그 실현은 내부에서 구하고 그 주체성이 자신에게 있으므로, 맹자는 차라리 성이라 하고 명이라 하지 않은

14 　有天爵者, 有人爵者. 仁義忠信樂善不倦, 此天爵也. 公卿大夫, 此人爵也.(「告子上」 16)

15 　口之於味也, 目之於色也, 耳之於聲也, 鼻之於臭也, 四肢之於安佚也, 性也, 有命焉. 君子不謂性也. 仁之於父子也, 義之於君臣也, 禮之於賓主也, 智之於賢者也, 聖人之於天道也, 命也, 有性焉. 君子不謂命也.(「盡心下」 24)

16 　莫之爲而爲者, 天也. 莫之致而至者, 命也.(「萬章上」 6)

것이다. 그래서 "맹자가 명과 성의 관념에 새로운 내용을 부여했다"[17]고 하기보다는, '맹자에 이르러 비로소 인성 개념이 정립되었다'고 해야 할 것이다.

인의예지는 인성의 본질인가? 맹자는 인성 개념을 정의하는 과정에서 일반 사람들이 사용하는 방법에 대해, "사람들이 말하는 성은 이미 그러한 현상에 근거하여 추론한 이치일 뿐인데, 이미 그러한 현상이란 그런 이치에 따르는 것을 근본으로 삼는다"[18]고 말했다. 그래서 맹자는 이 방법에 의해 "측은해하는 마음은 인의 단초이다"[19], "측은해하는 마음은 인이다"[20]와 같이 측은해하는 마음은 본성에 따라 본성을 실현하는 것임을 주장했다. 그뿐만 아니라 인성의 본질을 직접 언급하기도 했다. 즉 "인은 사람의 양심이다"[21], "일체 인류와 사리가 모두 나에게 갖추어져 있다"[22], "인이란 것은 사람이 사람 되는 도리"[23]라는 말을 보면, 현상에 근거하지 않고 인의예지가 인성의 본질임을 직접 주장했음도 알 수 있다.

인의예지는 곧 본성의 본질이고 자기실현이므로 본성(本性)과 본심(本心)은 같은 것이다. 맹자는 이런 선한 성품이 개유(皆有, 즉 普遍的)·고유(固有, 즉 先天的)하다는 것을 여러 곳에서 예를 들고 있으므로,[24] 맹자가 말하는 4단의 단(端)과 기희(幾希)란 글자에 얽매여 4단을 도덕 행위의 동기로만 인정하여 맹자를 향선론자(向善論者)로 보는 견해는 문제가 있다. 한마디로 인성은 사람이 사람다울 수 있는 점으로서 모든 사람에게

17　徐復觀, 『中國人性論史』, 臺北, 臺灣商務印書館, 1982, 166쪽
18　孟子曰: 天下之言性也, 則故而已矣. 故者, 以利爲本.(「離婁下」 26)
19　惻隱之心, 仁之端也.(「公孫丑上」 6)
20　惻隱之心, 仁也.(「告子上」 6)
21　仁, 人心也.(「告子上」 11)
22　萬物皆備於我矣.(「盡心上」 4)
23　仁也者, 人也. 合而言之, 道也.(「盡心下」 16)
24　「公孫丑上」 6·「告子上」 6·「告子上」 10·「盡心下」 31

보편적이고 선천적인 것이다. 그런 4단·양심·불인지심(不忍之心)은 사람과 금수의 종차로서 구분하는 경계선이 된다. 하지만 진정한 인간다움은 개유·고유한 도덕적 양심을 가지고 있다는 데 있는 것이 아니라, 그것을 깨닫고 실천하는 데 있는 것이다. 본성은 배울 수도 없을 뿐만 아니라 잃어버릴 수도 없는 것이기 때문이다.

인성론적으로 도덕적 주체성의 회복 및 확충이 가능하다고 보는 이유는 무엇인가? 사람은 보편적·선천적으로 도덕적 본성을 가지고 태어나기 때문이다. 어떻게 할 것인가? 첫째, 순천적·순성적으로 본성 스스로 행위·판단의 주체와 기준이 되도록 해야 한다.[25] 둘째, 도덕 의지는 기(氣)에 대해 본래 주체적 위치에 있기 때문에,[26] 단지 본성에 따라 행위 주체와 기준이 양분되지 않도록 해야 한다. 종합하면 도덕적 주체성의 회복과 확충은 본성에 따르되 외적 적당인 천도에 맞추면 된다.

(2) 선후본말적 방법

선후본말적 형식은 『논어』·『맹자』·『대학』·『중용』·『순자』 등 유가 고전에 공통적으로 나타나는 사유·수양·실천의 기본 형식이다. 그런 형식으로 사물을 분석하는 것은 유가 세계관의 특성이지만, 무엇을 선후본말로 보느냐 하는 것은 각자의 사상 내용과 직접 관련이 있으므로 내용상으로는 차이가 있다.

맹자는 내적인 것을 선과 본으로 보고 외적인 것을 말과 후로 보았다. 그러므로 본성과 수양 실천 행위 사이에도 선후본말적 관계가 성립되는데, 맹자의 수양은 본성을 기(氣)에 함양하는 것으로서 수신을 근본으로 하고 치인을 말단으로 한다.[27] 실천은 그 본성으로 말미암아 본성을 실현

---

25 無爲其所不爲, 無欲其所不欲.(「盡心上」17)

26 夫志, 氣之帥也. 氣, 體之充也. 夫志至焉, 氣次焉.(「公孫丑上」2)

27 사람은 스스로 자기를 업신여긴 후에 다른 사람이 업신여기며, 가정은 반드시 스스

하는 것이고,[28] 실천 과정은 자신 — 가정 — 국가 — 천하처럼 선후본말로
되어 있다.[29] 그의 인성론을 선후본말로 보면, 천명·천도는 사람 본성의
본원이므로 천명·천도는 본성의 본이 되고, 본성은 행위 주체와 기준이
므로 본성은 행위의 본이 된다. 이렇게 보는 것은 선후본말적 형식이 곧
자연의 질서이며, 인간의 질서라는 것이다.

배의여도를 선후본말적 형식 체계에서 내원 중심으로 말하면 도는 천
도로서 본성인 의(義, 즉 4단)의 선과 본에 속하지만, 행위 주체 중심으로
말하면 의는 내이고 도는 외이다. 또 실천 중심으로 말하면 도는 의의 외
적 투영체로서의 행위 규범이고, 외적 적당이며, 동시에 그것은 천도이
다. 이렇게 배의여도의 구조는 선후본말적 형식을 갖추고 있다.

(3) 중용의 방법

중용은 사물의 선후본말적 관계에서는 물론 일반 관계에서 최상의 조
화를 의미한다. 선후본말로 사물을 분석하는 것까지 중용에 맞아야 한다
면 중용은 하나의 근본적인 방법이 된다. 이런 중용의 도는 철학자에 따

로 자기 가정을 훼손한 후에 다른 사람이 훼손하며, 국가는 반드시 스스로 자기 나라를
친 후에 다른 나라 사람이 치는 것이다.(「離婁上」 8) 인이란 활 쏘는 것과 같다. 활을 쏘
는 자는 자기 몸을 바르게 한 후에 쏘며, 쏘아 맞추지 못해도 자기를 이긴 사람을 원망하
지 않고, 도리어 자신을 반성할 뿐이다.(「公孫丑上」 7) 그 본심을 다할 수 있는 자는 하늘
로부터 받은 본성을 알 수 있을 것이고, 그 본성을 알 수 있으면 천도를 알 수 있을 것이
다.(「盡心上」 1) 대인인 자가 있는데, 그는 자기를 바르게 하니 사물이 바르게 되는 자이
다.(「盡心上」 19) 군자가 지키는 것은 그 몸을 닦아서 천하를 평화롭게 하는 것이다.(「盡
心下」 32)

28 도덕 행위는 인의(본성)로 말미암아 행하는 것이다.(「離婁下」 19)
29 천하의 근본은 나라에 있고, 나라의 근본은 가정에 있으며, 가정의 근본은 나 자신
에 있는 것이다.(「離婁上」 5) 어버이를 사랑하고 나서 백성을 사랑하며, 백성을 사랑하고
나서 사물을 사랑하는 것이다.(「盡心上」 45) 맹자는 이렇게 실천 방법상 선후본말로 차
등을 두는 것은 楊子의 爲我, 墨子의 兼愛와는 다르다.

라 내용적으로는 차이가 있지만 형식적으로는 같다. 『주역』은 음양이 조
화되는 점에서 중용을 추구했고,[30] 공자는 문과 질이 빈빈(彬彬)하게 조화
되는 점에서 중용을 추구했으며,[31] 순자는 사물의 선후본말이 상순상응하
는 점에서 중용을 추구했다.[32] 맹자는, 내적 도덕성을 부인하고 외적 중용
만을 논한 순자와 달리, 본성인 의와 외적 적당인 도가 내외합덕하는 구
조 위에서 배의여도적 중용을 추구함으로써 전통 방법인 중용의 도를 계
승했다. 배의여도를 내외선후본말적 구조 위에서 보면 다음과 같다.

① 의(義)에 대한 분석

ㄱ. 도덕적 주체, 도덕적 인식 능력, 도덕 행위의 기준

맹자가 말하는 인의예지 등은 도덕적 주체로서 도덕적 인식·실천 능
력이고 도덕 행위의 기준이다. 인은 사람을 사랑하고 측은해하는 것 등의
도덕적 인식 능력이면서 동시에 그런 행위의 주체이고 그 자체가 행위의
기준이다. 의는 마땅히 해야 할 것이 무엇이며 하지 않아야 할 것이 무엇
인지 도덕적으로 인식하여 부끄러워하고 실천할 줄 아는 능력이면서 동
시에 그런 행위의 주체이고 그 자체가 행위의 기준이다. 예와 지도 마찬
가지이다. 이렇게 의를 인의예지 중의 하나로 보기도 하지만, 배의여도의
의(義)는 내적 도덕성인 인의예지 전체를 지시하기도 한다.[33]

---

30   一陰一陽之謂道에 대한 註釋으로 "言陰陽得中者爲道也. …… 陰陽氣也, 其理則謂
之道"라고 함.(熊過, 「周易象旨決錄」, 『欽定四庫全書』31(經部 25), 文淵閣, 589쪽) 즉
陰陽의 조화는 道이고 中庸을 의미한다고 볼 수 있으며, 民受天地之中以生, 所以命
也.(『左傳』, 成公13年[B.C.578])에서 天地 陰陽의 조화를 中으로 표현하고 있는데, 그것
역시 中庸으로 해석할 수 있다.

31   子曰: 質勝文則野, 文勝質則史. 文質彬彬然後君子.(『論語』「雍也」16)

32   使本末終始, 莫不順比, 足以爲萬世則, 是禮也.(『荀子』「禮論」) 禮者, 本末相順, 終
始相應.(『荀子』「大略」)

33   "여기서 말하는 義(즉 配義與道의 義)는 대체적으로 우리 人性 중의 모든 善端을
포괄한다."(馮友蘭, 『中國哲學史』, 臺北, 출판사, 출판연도 불명, 166쪽) "配義與道의 義

ㄴ. 내외합덕적 도덕 수양·실천상 목표

맹자는 사람이 도덕성을 타고 태어난다고 하면서도 동시에 수양의 덕
을 쌓아 우주 만물에 이르기까지 확충하여 여천지동류적(與天地同流的)
경지에 도달해야 한다고 말했다.[34] 그런 경지에 이른 "대인(大人)은 그 말
이 반드시 미더운 것은 아니고, 그 행동이 반드시 과단한 것도 아니며, 오
직 의가 있는 쪽으로 행한다"[35]고 한다. 이때의 의는 본성과 객관 타당한
도가 일체가 된 것으로서 사람이 마땅히 걸어가야 할 길을 의미한다. 이
런 넓은 의미의 의는 결국 배의여도와 같은 말이다.

② 도(道)에 대한 분석

도는 천도로서 일체 법칙의 내원과 종주가 되고,[36] 또 천도에서 온 인도
로서 수양·실천과 연결되어 사람이 지켜야 하는 기본 법칙이 된다.[37] 인

는 우리 本性 속에 固有하게 있는 것이고, 道는 『中庸』 첫 장의 率性之謂道의 도이다."(蔡
仁厚, 『孔孟荀哲學』, 臺北, 學生書局, 1984, 269쪽) 義者, 人心之裁制; 道者, 天理之自
然.(朱子, 『四書集註』) 義者, 人心之當然; 道者, 天理之自然也.(蔣伯潛 廣解, 『四書讀本』,
『孟子』, 臺北, 啓明書局, 출판 연도 불명, 67~68쪽)

34　上下與天地同流.(「盡心上」 13) 惟聖人然後可以踐形.(「盡心上」 38) 凡有四端於我
者, 知皆擴而充之矣, 若火之始然泉之始達. 苟能充之足以保四海, 苟不充之不足以事父
母.(「公孫丑上」 6)

35　大人者, 言不必信, 行不必果, 惟義所在.(「離婁下」 11)

36　① 天道: 爲此詩者其知道乎!(「公孫丑上」 4) 盡其道而死者正命也.(「盡心上」 2) ②
개별 사물의 이치: 水之道也.(「告子下」 11)

37　① 方法·道理: 不動心有道乎?(「公孫丑上」 2) 得天下有道, …… 得其民有道, ……
得其心有道.(「離婁上」 10) 學問之道無他.(「告子上」 11) ② 한 사람 또는 한 학문 체계상
宗主가 되는 기본 원리: 尊德樂道.(「公孫丑下」 2) 悅周公仲尼之道.(「滕文公上」 4) 從許子
之道.(「滕文公上」 4) 楊墨之道不息.(「滕文公下」 9) 君子之志於道也, 不成章不達.(「盡心
上」 24) ③ 本分: 以順爲正者, 妻婦之道也.(「滕文公下」 2) 欲爲君盡君道.(「離婁上」 2) ④
治道·王道: 行天下之大道.(「滕文公下」 2) 守先王之道.(「滕文公下」 4) 堯舜之道.「離婁
上」 1) 天下有道.(「離婁上」 7) ⑤ 天道·人道·中庸·行爲 原則 등을 包括的으로 지시하
는 것: 配義與道.(「公孫丑上」 2) 人之有道也.(「滕文公上」 4) 終身由之而不知其道者衆

도 중 가장 중요한 것은 중용의 도인데, 그것은 본성의 현실 투영이므로 천도·인도·본성은 본질적으로 같은 것이다. 그런 중용은 고정적인 것이 아니므로 시의적절하게 운용되는 권도(權道)가 필요하다.[38]

종합하면, 앞에서 논한 선후본말적 구조에 중용을 결합한 형태가 배의 여도인데, 그것은 맹자 철학의 중심 방법으로서 기(氣)를 본성과 외적 적 당인 도에 알맞게 하는 방법이다. 배의와 배도는 어느 한쪽으로 치우쳐서 는 안 되고, 상황에 알맞게 조화를 이루어 내외합덕적 도덕 경지에 도달 할 때 호연지기를 이룰 수 있는 것이다.

2) 도덕적 주체성의 회복과 확충

도덕적 주체성의 회복과 확충은 선후본말적 구조에서 중용을 운용하는 것으로 정리할 수 있다. 맹자의 주요 방법과 내용·형식을 일체적으로 담 고 있는 것을 배의여도라고 보고, 본 장에서는 수양론 중심으로 배의여도 를 논하겠다.

(1) 행위 주체와 기준의 양분화

도덕적 주체성 회복 과정은 상실 과정과 반대이다. 그 상실 과정에 대 한 맹자와 공도자(公都子)의 대화를 보면 다음과 같다. "모두가 사람인데 누구는 대인이 되고 누구는 소인이 되는가?"라는 공도자의 질문에 대해 맹자는 "각기 대체와 소체를 따랐기 때문"이라고 대답했다.[39] 그러면 우리 가 대체를 따르지 않고 소체를 따르게 되는 원인에 대해 질문한다면 맹자

也.(「盡心上」 5) 仁也者人也, 合而言之道也.(「盡心下」 16) 孔子豈不欲中道哉?(「盡心下」 37) 道를 이와 같이 엄격히 구분하는 것은 문제가 있으므로 단지 參照用으로 제시한다.

38　孟子는 子莫의 執中無權을 비판하고(「盡心上」 26), 中庸에는 權道가 있어야 한다고 말했다.(「離婁上」 18, 「盡心上」 26)

39　鈞是人也, 或爲大人, 或爲小人, 何也. 從其大體爲大人, 從其小體爲小人.(「告子上」 15)

는 어떻게 대답할까? 맹자는 양심을 기르는 데는 과욕(寡欲)만한 것이 없다고 말했다. 그렇다고 사욕(私欲, 즉 小體)이 본성(즉 大體)을 가렸거나 본성보다 사욕이 크기 때문에 소체를 따르게 된다고 말한다면 안 된다. 본성이 주체적 위치에서 스스로 행위 주체와 기준이 된다면, 사욕이 아무리 커도 사욕을 따르지 않기 때문이다.

우리는 이성의 분별에 의해 합리적인 것을 선택하고 실천할 수 있다. 이것은 표면상 아무런 문제가 없어 보이지만, 만약 본성과 상관없이 이성에 의해 합리적인 것을 발견하고 그것을 선택하여 실천할 경우, 그것은 공리주의적 도덕 행위가 되며[40] 사욕이 끼어들 가능성이 있다. 그러므로 본성이 주체적 위치에서 행위 주체와 기준이 양분되지 않도록 해야 한다. 그것은 바로 "인의로 말미암아 인의를 행하면"[41] 되는데, 이것이 바로 배의여도이다.

행위 주체와 기준을 양분시키는 데는 여러 원인이 있다. 그중 하나는 사회적 도덕률이다. 도덕률이 우리에게 강압적으로 복종을 요구·조장하기 때문에 어쩔 수 없이 행하게 되면 본성 스스로 주체가 되지 못한다. 그러나 그런 도덕률도 자신의 본성을 주체로 삼아 실천된다면 그 양분화는 극복할 수 있다. 다른 하나는 사물에 대한 이성의 상대적 인식은 도덕을 포함한 모든 것을 상대적으로 분석하기 때문에 그 기준까지 대상으로 생각하며 양분시킨다. 우리가 택선고집(擇善固執)하는 초기 단계에서는 그럴 수 있다. 그러나 도덕 행위를 그렇게 해서는 안 되며 본성이 행위 주체와 기준이 되어 배의여도적 내외합덕이 이뤄져야 한다는 것을 깨닫는 점에서 다시 시작해야 한다. 맹자의 도덕론은 일체적 내외합덕의 경지에서 배의여도가 될 때 완성되기 때문이다.

---

40   由仁義行, 非行仁義.(「離婁下」 19)

41   由仁義行.(「離婁下」 19)

(2) 도덕적 주체성의 회복

도덕 행위 주체와 기준이 양분되면 본성은 그 주체적 위치를 잃을 수 있는데, 그 양분화를 극복하는 방법이 바로 배의여도이다. 도덕적 주체성 회복의 전제는, 사람은 본래 누구나 착한 본성을 가지고 태어나며,[42] 그 본성은 본래 기에 대해 주체적 위치에 있다[43]는 것이다. 그렇게 본성이 주체적 위치에 있거나 도덕적 주체성으로 기를 전일하게 하면 본성의 주체적 위치가 확고해져 기(氣)가 늘 본성을 따르지만, 그렇지 못하면 본성의 주체적 위치는 보장받을 수 없다.[44]

맹자가 물망(勿忘)·물조장(勿助長)하라는 것은 도덕적 주체성 회복을 위한 신념을 견지하라는 것이거나 본성의 존재를 잊지 말라는 것이 아니다. 그것은 양지·양능인 본성이 주체가 되어 그 주체적 위치를 포기하거나 조장하지 말라는 것이다. 도덕적 주체성은 모두 천부적인 것이므로 스스로 포기·조장해서는 안 되기 때문이다. 그것은 소극적으로는 단지 본성에 거역하는 행위를 하지 않으면 되고, 적극적으로는 본성에 따르면 되는 것이다. 그렇게 하면 미약하지만 도덕 의지가 전일해지고 도덕성이 회복되어 행위의 주체와 기준이 된다. 수양 이전에도 도덕 의지는 선천적으로 기를 통수할 수 있으므로 악을 저지르지 않을 수 있다.

"먼저 그 큰 것을 세워야 한다"[45]는 맹자의 말은 본성이 주체적 위치를 갖도록 하라는 말이다. 그것은 본성이 행위 주체와 기준으로서 아직 그 힘이 미약하기 때문이다. 하지만 회복 의지와 신념을 갖는 것이 초기 단계에서는 필요할지 몰라도 그것은 결국 억지로 조장하는 것이므로 오히려 방해가 된다. 단지 본성이 시키는 대로 하기만 하면 되는 것이지, 본성

---

42 (仁義禮智四端之心)人皆有之, …… 我固有之也.(「告子上」6)

43 夫志氣之帥也. …… 志至焉, 氣次焉.(「公孫丑上」2)

44 志一則動氣, 氣一則動志也. 今夫蹶者, 趨者, 是氣也. 而反動其心.(「公孫丑上」2)

45 先立乎其大者.(「告子上」15)

에 따르겠다는 별도의 의지와 신념은 불필요한 것이다. 별도의 의지와 신념이 있게 되면 결국 행위 주체와 기준이 양분될 수 있다.

맹자는 학문 활동을 단지 구기방심(求其放心)하는 것뿐이라고 보았다.[46] 방심(放心)한다는 말은 우리가 본성에 따르지 않아 본성이 주체와 기준이 되지 못한다는 말이다. 구하는 것 역시 외부에서 찾는 것이 아니라 본성에서 찾는 반구제기(反求諸己)이므로, 구기방심하는 방법은 곧 본성이 주체와 기준이 되도록 본성에 따르는 것이다. 나쁜 습성은 본성에 따름으로써 없어지고, 좋은 습성은 본성에 따름으로써 생기기 때문이다. 맹자 도덕 철학에서 좋은 습성은 기를 배의여도하게 하면 생기는 것으로서, 그렇게 도덕성 함양이 지극해지면 그것을 호연지기라고 부른다.[47]

도덕적 주체성 회복과 확립이 사물의 이치 탐구나 돈오(頓悟)에 의해 얻어지는 것일까? 그것은 마음속에 내재하는 이치를 깨닫거나 천지자연의 이치를 배워 외부로부터 얻는 것이 아니라, 일체적 내외합덕의 경지에서 배의여도를 통해 회복·확립될 수 있는 것이다. 인간은 본래 천부적인 양지·양능에 의해 주체적으로 도덕 사물을 인식하고 자기실현을 할 수 있기 때문이다.[48] 본성을 대상으로 하는 깨달음이나 학습은 단지 본성에 의해 "하지 않을 것을 하지 않고, 욕심내지 않아야 할 것을 욕심내지 않으면"[49] 되는 것이다.

먼저 큰 것을 세우는 공부를 사물의 탐구, 즉 격물(格物)에서 시작해야 하느냐, 아니면 먼저 그 큰 것을 세우고 그다음에 그에 대해 주의를 기울여야 하느냐 하는 것[50]의 주체가 도덕 이성이 아닌 사변 이성이라면, 결국

---

46 學問之道, 無他. 求其放心而已矣.(「告子上」 11)
47 其爲氣也, 至大至剛, 以直養而無害, 則塞於天地之間.(「公孫丑上」 2)
48 萬物皆備於我.(「盡心上」 4) 是集義所生者, 非義襲而取之也.(「公孫丑上」 2) 仁義禮智, 非外鑠我也, 我固有之也.(「告子上」 6)
49 無爲其所不爲, 無欲其所不欲.(「盡心上」 17)
50 先立乎其大者: "陸王學派에 의하면 우리는 먼저 가장 중요한 것을 세워 놓고 그다

도덕적 주체성을 회복·확립하는 데는 방해가 된다. 수양 과정에서 배의
여도하고자 하는 주체는 본성 자체이어야 한다. 본성을 인식·수양의 대
상으로 하는 한 내외합덕적 배의여도는 되지 않고, 본성은 결코 그 주체
적 자리를 확보할 수 없다.

종합하면 수양 주체가 도덕적 본성이 아니면 수양을 해도 호연지기는
생기지 않는다. 그것은 배도(配道)가 될지 몰라도 배의(配義)는 되지 못하
기 때문에 순자의 화성기위(化性起僞)와 같은 수양이 된다.

(3) 도덕적 주체성의 확충

맹자는 4단과 도덕적 주체성 확충을 말하기 때문에 완선론자(完善論
者)가 아니라 향선론자(向善論者)라고 보는 사람이 있다. 그러나 맹자가
말하는 4단, 즉 "측은해하는 마음, 부끄러워하는 마음, 공경하는 마음, 도
덕적 시비를 가리는 마음은 인의예지의 단초"라는 말은 본성에는 그런 인
의예지의 단초적인 것뿐이라는 말이 아니고, 그런 마음은 인의예지를 행
하는 주체이고 본성의 본질로서 자기실현의 단초라는 말이다. 그래서 도
덕적 주체성의 확충은 본성에 도덕성이 부족하여 확충한다는 말이 아니
고, 본성의 도덕적 주체성을 신체적 기(氣)는 물론 우주 만물에까지 확충
한다는 말이다. 만약 맹자가 말하는 기를 본래 무선무악한 것으로 보고
역시 맹자를 완선론자가 아닌 향선론자라고 한다면, 그것은 맹자가 사용
하는 본성의 개념을 확대 해석한 것이 된다.

기(氣)란 무엇인가? 중국 철학에서 논의되는 기의 개념을 "운기(雲

음에 그것에 주의[敬]를 기울여야 한다. 그것은 바로 程朱學派가 先立乎其大者함도 없이
직접 또 우연히 사물의 탐구[格物]부터 시작하였다는 것을 비판하는 것이기도 하다.
…… 우리가 格物부터 시작하지 않으면 그 무엇이 어떻게 확고하게 수립될 수 있을까?
우리가 만일 格物을 배제한다면 先立乎其大者는 단지 頓悟를 통하는 길밖에 없다. 程朱
學派는 이것을 儒家的이라기보다는 禪家的이라고 간주한다."(평유란 저, 정인재 역, 『중
국철학사』, 서울, 형설출판사, 1977, 397~398쪽)

氣) · 호연지기(浩然之氣)와 정기(精氣) · 원기(元氣) · 무(無)이기도 하고 유 (有)이기도 한 것 · 식(識)이 드러난 경(境) · 도인법(導引法)에서 말하는 신기(神氣) · 태허(太虛) · 전기(電氣) 또는 에테르" 등으로 요약하는 사람 도 있다.[51] 기가 이렇게 많은 뜻으로 사용되지만 사용자의 사상에 따라 그 내용은 다르다.

『맹자』 「공손추상」 2장에 나타난 맹자의 기에 대한 설명을 정리하면: "기는 몸속에 충만해 있는 것(행위의 원동력)으로, 우리가 뛰고 달릴 수 있는 것은 기의 작용이다." 맹자의 기를 광의(廣義)와 협의(狹義)로 나누 면, "광의의 기는 기의 체로서 사람의 일체 선악 행위의 원동력인데 기 지수(氣之帥) · 기지충(氣之充) · 기차언(氣次焉) · 무포기기(無暴其氣) 등 의 기는 모두 여기에 속하고; 협의의 기는 기의 용으로서 사람의 모종 특수 행위를 하게 하는 동력인데 호연지기(세상에서 말하는 도덕적 勇 氣 · 意氣) · 물구어기(勿求於氣) 등의 기는 모두 여기에 속한다"[52]고 한다. 즉 광의의 기는 수양 이전의 단순한 힘으로 일반 행위의 동력일 뿐이고, 협 의의 기는 수양 이후의 것으로 도덕의지와 기가 결합된 힘이다. 기를 육체 적 힘이면서 동시에 정신적 힘이라고 보는 것은 바로 협의의 기에 속한다.

맹자의 수양론은 도덕적 주체성을 기에 주입함으로써 사욕이 도덕적 주체성을 움직이려 해도 움직이지 않는 부동심(不動心)을 양성하는 데 있 다. 맹자는 그렇게 하기 위해 배의여도 공부에 전심치지(專心致志)하고 성실하게 하되 동시에 물망 · 물조장해야 한다는 것이다.[53]

왜 맹자는 성실을 수양 방법으로 선택했는가? 성실은 천도이자 지선이

---

51 장입문 주편, 김교빈 외 역, 『기의 철학』, 서울, 예문지, 1992, 31~39쪽

52 謝冰瑩 等 編譯, 『新譯四書讀本』, 臺北, 三民書局, 1980, 365쪽

53 吾如有萌焉何哉, …… 不專心致志, 則不得也.(「告子上」 9) 誠者天之道也, 思誠者人 之道也. 至誠而不動者未之有也, 不誠未有能動者也.(「離婁上」 2) 勿忘, 勿助長.(「公孫丑 上」 2)

며, 지극히 성실하면 변화하지 않는 것이 없으므로 배의여도에 의한 호연지기 양성도 하늘의 도에 따라 성실하게 수양해야 한다는 것이다. 그러나 그런 천도는 다름 아닌 인간의 본성이므로, 배의여도하는 것 이외에 별도로 성실함이 있는 것이 아니다.

종합하면 도덕적 주체성 회복은 내외합덕적 도덕 공감에서 시작되고, 그의 확충은 도덕 의지를 기에 함양하여 호연지기를 이뤄 어떤 유혹에도 흔들리지 않는 부동심으로 양성하는 것이다. 이성의 분석적 사유가 강할수록 도덕적 주체성과 기준이 양분되고, 도덕적 주체성이 강할수록 일체적 내외합덕을 이룬다. 우리가 일체적 내외합덕을 추구하는 것은 도덕적 주체성이 천지와 동류하는 경지를 지향하기 때문이다.

3. 삶으로의 복귀

맹자의 도덕적 주체성과 관련된 일체의 수양 방법은 순천적·순성적이다. 그것은 사욕에 따르지 않고 본성에 따라 본성이 주체가 되고 기준이 되도록 하는 것이다. 그러나 현실은 시시각각으로 생겨나는 각종 욕심에 대해 본성이 주체가 되어 주재해야 하므로 간단하지 않다. 이런 현실의 어려움을 접어 두고 무조건 본성이 주체가 되도록 하라는 말로는 설득하기 어렵다. 만약 맹자가 수양론에서 순천·순성을 제일 원칙으로 세우려면 도덕적 주체성만 강조할 것이 아니라, 정·욕의 존재도 차별적으로나마 인정하여 배의여도 원칙에 맞는 한에서 과욕(寡欲)[54]보다는 오히려 절욕(節欲)·양욕(養欲)하도록 해야 할 것이다.

실천상 도덕은 현실적인 이익과 상충되는 경우가 많아 이해타산에 밝은

---

54   養心莫善於寡欲.(「盡心下」 35)

사람들의 눈에는 도덕론자들이 마치 도덕에 취해 사는 사람들처럼 보일 것이다. 그러나 그들이 도덕까지도 이해관계나 상황의 합리성으로 이해하려하므로, 그들의 도덕적 혼이 깨어나게 하고 그들을 설득시켜 스스로 도덕적주체성을 지키도록 하지 않으면 안 된다. 현실의 이해관계나 합리성으로 현실 이익은 확보할 수 있을는지 몰라도 도덕성은 보장할 수 없기 때문이다.

우리 현실의 사상·규범·관습·제도 등은 기본적으로 사회의 질서와번영 등을 목적으로 한다. 그러나 그것은 사회적 통용력을 가지면서 우리를 억압하고 도덕 행위를 강요하여 오히려 사람 본성의 자발적 자기실현을 방해한다. 그래서 도덕 행위는 개인의 도덕적 주체성으로 말미암아 배의여도적 내외합덕을 이루어야 한다. 본성이 주체적 위치를 회복하지 않고서는 어떤 사상·규범·관습·제도 등도 우리의 본성을 받아들일 수 없고, 도덕적 주체성 확충을 통해 호연지기를 기르지 않으면 각종 사상·규범·관습·제도 등의 외압과 내적인 사욕을 이길 수 없다.

맹자의 배의여도적 방법은 선후본말적 구조에 중용을 결합한 형태로서맹자 도덕 철학의 근본 내용·형식·방법이 일체화되어 있다. 그런 배의여도적 경지에서는 내외선후본말 등의 구분이 있을 수 없으며 일체적 합덕을 이루어 자율적으로 천지와 동류하게 된다. 그러므로 맹자 철학에서 배의여도하려는 '누가'·'무엇을'·'어떻게'·'왜' 등의 세계관적 범주에 속하는 것은 공자처럼 도덕 자아로 귀속되고, '언제'·'어디서'의 범주에 속하는 것은 선후본말적 구조를 인정하는 현실 속에서 조화를 이룬다. 결국6가지의 세계관적 범주는 배의여도의 이상 경지에서 일체를 이루게 된다.

[1995년][55]

55   「맹자의 배의여도적 방법론」, 『중국학보』 35집, 한국중국학회, 1995.8.에 게재한것을 수정 보완함.

제7장

순자의 예악화성의 방법

순자(荀子, 약 B.C.315~B.C.236)는 순경(荀卿)·순황(荀況)·손경자(孫卿子)로 불리었다. 순자는 전국 말기의 조(趙)나라 사람이다. 순자에 관한 역사 기록은 『사기』「맹자순경열전」에 있다. 순자가 20대 청년 시절 맹자는 80노인이었다.

순자의 저술과 관련된 것은 현재 『순자』32편이 있다. 그중 「유효」·「의병」·「강국」·「신도」·「치사」·「성상」·「부」·「군자」·「대략」·「유좌」·「법행」·「애공」·「요문」 등 13편은 순자의 저작이 아니라고 보는 것이 기존 학설이지만, 주요 개념은 큰 차이가 없다. 순자는 시공간적 배경으로 제자백가들의 학설을 접할 수 있었다. 가깝게는 유가의 학설과 경전을 보고 배울 수 있었고, 도가·묵가 등의 학설도 들을 수 있었다. 순자의 주요 문제는 전국 시대 말기의 몰인간적인 전쟁과 약탈 등 정치 사회의 혼란이며, 그런 혼란의 원인은 인성 속에 객관적인 판단과 행위의 기준이 없기 때문이라고 보았다. 그러므로 그의 중심 방법은 규율 없는 자연인에게 객관적 행위 기준인 예의를 가르쳐 규율 있는 사회인으로 육성하는 데 중점을 두었다.

순자는 예의 객관성을 확보하기 위해 그 근거를 인간 본성이 아닌 제도에서 규명하려 하였다. 그뿐만 아니라 그는 예에 합당한지 여부를 결과에서 규명하려 한 결과론자이다. 그래서 그는 선(善)을 질서 있게 잘 다스려진 것(즉 正理平治)으로 말하고, 악(惡)을 혼란한 것(즉 偏險悖亂)으로 정의했다. 한 걸음 더 나아가서 그는 자연 상태 그대로를 악으로 규정하고, 인위[僞]를 가한 문화를 선으로 규정했다. 따라서 그의 수양론은 객관적 행위 기준인 예의가 없고 예의를 모르는 본성을 예의로 교화하는 화성기위(化性起僞)를 철학의 중심으로 삼게 되었다. 일반적으로 순자철학은 맹자 철학과 상반되는 것으로 말하는데, 실은 상호 보완의 관계에 있다. 학습을 중시한 것은 맹자·순자가 마찬가지이지만, 그 출발점은 맹자의 경우 인의예지 4단인데 비해, 순자의 경우 성왕이 만든 예의제도였다.

　인간은 사회생활을 하는 동물이다. 그것은 기본적으로 생존 때문이다. 그러나 그런 사회생활이 오히려 생존을 위협하는 경우가 있다. 서로 간의 관계가 좋을 때는 적은 재물도 나누어 쓰지만, 나쁠 때는 여유가 있어도 다투기 때문이다. 흄의 말처럼 '이성은 감정의 노예'[1]라고 할 정도로 대부분의 경우 감정적 결정을 하기 때문에, 선의지만으로는 해결할 수 없다. 그래서 어떤 일정한 규칙을 만들어 그것으로 기준을 삼게 되면, 그것을 해결책으로 받아들여 자제할 수 있게 된다.

　순자는 철학적 대전제를 공자의 유학에 두고 제자백가를 비판하며 자신의 철학을 건설했다. 그가 공맹은 물론 다른 제자백가들과 구별되는 예악론을 형성하게 된 까닭은 어디에 있는가? 그것은 예악에 대한 관점 차이에서 비롯된 것이다. 즉 순자는 예악을 인위적으로 만든 객관적 행위 기준일 뿐 인간 본성에는 어떠한 도덕의식도 없다고 보았다. 그래서 예의

1　'이성은 감정의 노예'라는 말과 관련된 흄의 말은 David Hume, *A Treatise of Human Nature*, New York, Oxford University Press, 1990, P.415(P.H.Nidditch, rev. ed): "Reason is, and ought only to be the slave of the passions, and can never pretend to any other office than to serve and obey them."이다.

가 없을 뿐만 아니라 알지도 못하는 본성을 교육하여 도덕의식을 심어 주
어야 한다고 주장한 것이다. 그의 도덕론은 예악이 본성을 따르는 것이
아니라 본성이 예악을 따르는 것이 되었다. 그렇기 때문에 그의 인성론·
예악론·교육론은 공맹의 철학과 큰 차이가 생기게 된 것이며, 행위 표준
화에서 보다 객관성을 확보할 수 있었다. 따라서 그에게 제일 중요한 것
은 교육론인데, 그것은 국가가 자연인에게 예악을 가르쳐 사회인·문화인
으로 양성하는 것이다. 그러한 그의 철학적 방법을 한마디로 예악화성(禮
樂化性)이라고 할 수 있다.

　본문에서는 순자의 철학적 방법을 보기 위해 먼저 그의 제자백가 비판
에서 입론한 '질서와 조화'의 개념을 중심으로 그의 세계관적 목적을 고
찰한다. 방법을 결정하는 것은 바로 목적이기 때문이다. 그리고 그의 철
학적 방법인 예악화성론을 논하기 위해 예악을 중심으로 문물제도와 같
은 절차적 지식을 논하고, 교육을 중심으로 본성과 화성을 고찰한다.

1. 방법론적 배경

순자 철학의 시대적 배경 역시 춘추 전국 시대의 정치 사회적 혼란인데,
그는 혼란의 원인을 예악의 붕괴에 있다고 보았다. 예악 붕괴의 주요 원
인은 천자가 정치력을 잃자 제후들이 제멋대로 전횡을 일삼았기 때문이
다. 세상에 도가 있으면 예악정벌이 천자에게서 나오고, 도가 없으면 제
후에게서 나온다고 한 공자의 말처럼,[2] 고급의 행위 기준은 사라지고 폭
군의 폭정이나 제자백가의 시비에 휘둘리게 되었다는 것이다.

2　孔子曰, 天下有道, 則禮樂征伐自天子出, 天下無道, 則禮樂征伐自諸侯出. 自諸侯出,
蓋十世希不失矣, 自大夫出, 五世希不失矣, 陪臣執國命, 三世希不失矣. 天下有道, 則政不
在大夫. 天下有道, 則庶人不議.(『論語』「季氏」2)

순자는 시공간적으로 제자백가의 학설을 접할 수 있었으므로 그들의 문제점을 비판하면서 자신의 철학을 구축했다. 그는 맹자를 비전통적인 도덕주의자로, 장자를 자연 중심의 자연주의자로, 묵자를 천민 중심의 겸애주의자로 비판하는 등 여러 제자백가를 비판하면서, 그 자신은 성군이 제정한 예악을 받든 공자로부터 계승하여 예악주의자가 되려 했다.

순자가 제자백가를 비판한 개념은 무엇인가? 그것은 예악의 '질서와 조화'이다. 그는 주나라 초기에 제정된 예악의 객관적 기준을 확보하는 것이다. 그의 철학적 방법의 제일 기초는 예악론이다. 그는 예악을 국가에서 정한 하나의 제도이면서 행위 원칙으로서, 만인의 삶이 그에 맞게 되면 '질서와 조화'를 이룰 수 있다고 보았다. 그렇기 때문에 본성에는 그런 예의가 없고 예의도 모른다는[3] 자연인을 예악으로 교화해 사회인·문화인으로 육성해야 한다는 것이 제일 목적이 되었다.

1) 12자에 대한 비판

순자는 제자백가의 철학 사상에 대해 "이 세상에는 사설과 간언을 미화하여 세상을 혼란시키고, 교묘하고 과장되며 괴이하고 은미한 방담(放談)으로 사람들을 유혹하여, 세상 사람들로 하여금 시비선악의 기준을 모르게 하는 자가 있다."[4]고 비판했다. 그런 부류에 속하는 6개 학파 12명의 학자를 「비십이자」에서 비판 대상으로 하고 있다. 순자가 '질서와 조화' 중에서 '질서' 개념을 중심으로 12자를 비판한 것을 보면 다음과 같다.

타효(它囂)·위모(魏牟)

"성정대로 방종하는 방자한 행동은 금수와 같은 짓으로서, 예문에 맞지 않아

---

3   無禮義, 不知禮義.(『荀子』「性惡」)
4   假今之世, 飾邪說文姦言, 以梟亂天下, 矞宇嵬瑣(즉 譎訐怪細), 使天下混然不知是非治亂之所存者, 有人矣.(『荀子』「非十二子」)

정치의 도에 통할 수 없다. 그러나 제 주장을 지키는 데 이유를 붙이고 변론에
조리를 세워 어리석은 무리를 기만할 수 있는 자가 있다. 이런 사람은 타효와
위모이다."[5]

진중(陳仲)·사추(史鰌)

"억지로 성정을 참아 가며 고답적 자세를 취하고 세속과 다른 것을 자랑삼으
나, 대중과 같이 사회생활을 영위하면서 근본 규범을 밝힐 수 없다. 그러나 제
주장을 지키는 데 이유를 붙이고 변론에 조리를 세워 어리석은 무리를 기만할
수 있는 자가 있다. 이런 사람은 진중과 사추이다."[6]

묵적(墨翟)·송견(宋鈃)

"천하를 통일하여 국가를 세우는 근본을 모르고, 공리와 검약만 중시하고 차등
을 경시하며, 사회 계급의 분별을 용인하고 군신 간의 질서를 세우지 못한다.
그러나 제 주장을 지키는 데 이유를 붙이고 변론에 조리를 세워 어리석은 무리
를 기만할 수 있는 자가 있다. 이런 사람은 묵적과 송견이다."[7]

---

5   縱情性安恣睢, 禽獸行, 不足以合文通治. 然而其持之有故, 其言之成理, 足以欺惑愚衆.
是它囂·魏牟也.(『荀子』「非十二子」) 它囂는 어느 학파에 속하는지 알 수 없고, 魏牟는
도가의 사람으로 추정한다.

6   忍情性綦谿利跂, 苟以分異人爲高, 不足以合大衆明大分. 然而其持之有故, 其言之成
理, 足以欺惑愚衆, 是陳仲·史鰌也.(『荀子』「非十二子」) 陳仲과 史鰌는 어떤 학파에 속하
는지 알 수 없다.

7   不知壹天下建國家之權稱, 上功用大儉約而僈差等, 曾不足以容辨異縣君臣. 然而其持
之有故, 其言之成理, 足以欺惑愚衆. 是墨翟宋鈃也.(『荀子』「非十二子」) 墨翟(墨子, 약
B.C.489~B.C.406)을 묵가의 시조로 보는 데는 이견이 없다. 그런데 "荀子가 宋鈃에 대
해 말한 것은 황로학적인 의미를 말한 것"(班固曰, 荀卿道宋子, 其言黃老意.『增補荀子集
解』「天論」 27쪽 참조)이라고 보는 사람도 있다.

신도(愼到)·전병(田騈)

"법을 존중하되 참된 법을 모르고, 수양을 경시하고 글짓기를 좋아하며, 윗사람에게 들어 주길 바라고 아랫사람에게 따라 주길 바라며, 종일 변론하면서 문전(文典)을 짓지만 반복하여 고찰하면 크게 실제와 유리되고, 국가를 경영하고 근본 규범을 정할 수 없다. 그러나 제 주장을 지키는 데 이유를 붙이고 변론에 조리를 세워 어리석은 무리를 기만할 수 있는 자가 있다. 이런 사람은 신도와 전병이다."[8]

혜시(惠施)·등석(鄧析)

"선왕을 본받지 않고, 예의를 옳다 하지 않으며, 기이한 언사를 가지고 놀기를 좋아하고, 깊게 살피나 소용이 없으며, 말은 많으나 쓸모가 없고, 일은 많이 하나 효과가 없어 정치의 대본인 기강을 다스리지 못할 것이다. 그러나 제 주장을 지키는 데 이유를 붙이고 변론에 조리를 세워 어리석은 무리를 기만할 수 있는 자가 있다. 이런 사람은 혜시와 등석이다."[9]

"혜시는 말에 가리어 실질을 모르는 사람이다. …… 변설을 가지고 도라 하면 논리에 모든 것을 맡기게 된다."[10]

자사(子思)·맹자(孟子)

"대강 선왕을 본받았으나, 도의 계통을 모른다. 보기에는 그럴듯하지만 재질이

---

8   尙法而無法, 不脩而好作, 上則取聽於上, 下則取從於俗, 終日言成文典, 反紃察之, 則倜然無所歸宿, 不可以經國定分. 然而其持之有故, 其言之成理, 足以欺惑愚衆, 是愼到田騈也.(『荀子』「非十二子」) 愼到(B.C.350?~B.C.275)는 법가로서 중세파(重勢派)이다. 田騈은 본래 황로학파였지만 대체로 명가와 법가의 학설을 따랐다.

9   不法先王不是禮義, 而好治怪說, 玩琦辭, 甚察而不惠, 辯而無用, 多事而寡功, 不可以爲治綱紀. 然而其持之有故, 其言之成理, 足以欺惑愚衆. 是惠施鄧析也.(『荀子』「非十二子」) 惠施는 명가로서 莊子와 교유한 사람이며, 鄧析은 법가로 알려져 있다.

10   惠子蔽於辭而不知實. …… 由辭謂之道, 盡論矣.(『荀子』「解蔽」)

극렬하며 뜻이 크고, 보고 들은 것이 잡박하며, 옛일을 생각하고 스스로 말을
만들어 오행(五行)이라 말한다. 심히 사벽하여 도에 위배되며 계통성이 없고,
유현(幽玄)한 데 은폐되어 분명한 말이 없으며, 간략한 데 갇혀 충분한 해석이
없고, 언사를 수식하여 공경하고 받드는 것이 참된 선군자 공자의 말씀이라 말
한다. 자사가 제창하고 맹가가 호응하여 세속의 어리석고 정견 없는 맹목적인
선비들이 떠들어 대며 그 잘못을 알지 못하여, 드디어 이것을 전수해서 중니
(仲尼)·자유(子游)가 그로 인하여 후세에 존중하게 된 듯 생각하니, 이것은
자사와 맹가의 죄이다."[11]

순자의 12자 비판을 종합해 보면 첫째, 타효·위모처럼 성정대로 방종
하는 것은 도가 될 수 없다는 것이다. 왜냐하면 사회생활의 기본인 예법
을 부정하기 때문이다. 둘째, 진중·사추처럼 억지로 성정을 참아 가며
고답적 자세를 취하고, 세속과 다른 것을 자랑하는 것은 도가 될 수 없다
는 것이다. 왜냐하면 인간은 본능적인 욕심이 없을 수 없기 때문이다. 셋
째, 묵적·송견처럼 공리와 검약만 중시하는 것은 도가 될 수 없다는 것
이다. 왜냐하면 군신상하의 차등 있는 신분 자체가 사회 질서이기 때문이
다. 넷째, 신도·전병처럼 법을 존중하되 참된 법을 모르는 것은 도가 될
수 없다는 것이다. 왜냐하면 법술세(法術勢)를 적절하게 운영하여 인간의
욕심을 제어해야 하기 때문이다.[12] 다섯째, 혜시·등석처럼 기이한 언사를
행하는 것은 도가 될 수 없다는 것이다. 왜냐하면 정치는 개념과 사실이
일치하여 정명(正名)이 되어야 하는데, 혜시와 같은 명가는 개념의 내용

11   略法先王, 而不知其統, 猶然而材劇志大, 聞見雜博, 案往舊造說, 謂之五行. 甚僻違
而無類, 幽隱而無說, 閉約而無解, 案飾其辭而祇敬之曰, 此眞先君子之言也. 子思唱之, 孟
軻和之, 世俗之溝猶瞀儒, 嚾嚾然不知其所非也. 遂受而傳之, 以爲仲尼·子游爲玆厚於後
世, 是則子思·孟軻之罪也.(『荀子』「非十二子」)
12   법·술·세를 통합하여 균형을 추구하는 것을 주제로 삼은 것은 韓非子이지만, 荀
子가 그의 스승이므로 그것은 荀子의 영향으로 보아야 할 것이다.

을 주관적으로 운용하여 사실과 어긋나기 때문이다. 여섯째, 자사·맹자 처럼 도의 계통도 모르고 사벽한 언행을 일삼는 것은 도가 될 수 없다는 것이다. 왜냐하면 그들은 정통성이 없기 때문이다. 이런 순자의 비판을 종합해 보면, 제자백가의 문제점은 그들의 주장이 어느 한쪽으로 편벽되어 '질서와 조화'를 이루지 못하여 행위 기준이 될 수 없다는 데 있다. 그래서 순자는 성군의 예악을 이상적 행위 기준으로 삼아야 한다고 주장한다.

2) 「해폐」에서의 비판

순자는 「해폐」에서 묵자(墨子)·송자(宋子)·신자(愼子)·신자(申子)·혜자(惠子)·장자(莊子) 등을 비판했다. 그들에 대한 순자의 비판점은 바로 그들의 철학에 '균형과 조화'의 개념이 결핍되었다는 것에 있다.

> 장자
> "장자는 자연에 가리어 인위적인 문화를 모르는 사람이다. …… 천도, 즉 자연의 도를 가지고 도라 하면 그 원인자(즉 도)에 모든 것을 맡기게 된다."[13]

여기서 순자의 주장은 생명의 원리인 자연의 도는 물론, 인간의 문화 활동도 함께 고려해야 한다는 것이다. 이것은 두 측면에서 이해할 수 있다. 하나는 인식의 균형을 이루기 위해 편견이 없어야 한다는 것이고, 다른 하나는 자연과 인위가 조화를 이루어야 한다는 것이다. 그렇게 편견 없는 인식을 말하는 것은 「해폐」에 있고, 천인의 조화를 말하는 것은 「천론」에 있다. 장자 철학의 문제점에 대한 순자의 대안은 바로 천생인성론(天生人成論)이다. 자연 그대로는 아직 부족하기 때문에 인위를 보탬으로

---

13   莊子蔽於天而不知人. …… 由天謂之道, 盡因矣.(『荀子』「解蔽」)

써 자연과 인간이 조화를 이룰 수 있으며, 사람 역시 예악으로 교화하여 문화 · 사회인이 되어야 인간 세상이 조화를 이룰 수 있다는 것이다.

묵자

"묵자는 절용에 가리어 예법의 문화를 몰랐다. …… 실용을 도라 하면 현실 이익에 모든 것을 맡기게 된다."[14]

묵자에 대한 비판점은 유가의 차등의 예법을 모른다는 것에 있다. 유가 역시 묵자가 말하는 실용성은 인정하지만 그 방법은 다르다. 유가의 인의 도덕은 지위의 상하 · 선후 · 본말 관계에서 차등을 두어야 한다는 것이다. 순자 역시 인간의 삶 일체는 차등 있는 예악으로 탁량분계(度量分界)해야 한다고 보고 묵자의 평등애인 겸애를 비판했다. 하지만 순자가 묵자의 도를 노예의 도[15]라고 폄하한 것은 묵자 철학이 하층민의 생존 철학이라는 것은 인정한 것이다.

송견

"송자(즉 宋鈃)는 욕심을 줄이는 과욕(寡欲)에 가리어 사물을 얻는 도를 몰랐다. …… (송자가) 과욕을 도라고 하는 것은 (寡欲의) 쾌락에 모든 것을 맡기게 된다."[16]

"송자는 적은 것[寡欲]에 대해서만 생각하고, 많은 것[多欲]에 대해서는 생각하지 못했다."[17]

---

14   墨子蔽於用而不知文. …… 由用謂之道, 盡利矣.(『荀子』「解蔽」)

15   役夫之道也, 墨子之說也.(『荀子』「王霸」)

16   宋子蔽於欲而不知得. …… 由俗(欲)謂之道, 盡嗛矣.(『荀子』「解蔽」)

17   宋子有見於少, 無見於多.(『荀子』「天論」)

송견은 욕심을 적게 하고 검약하라고 주장한다. 그 역시 묵가나 황로학의 입장에서 과욕을 주장했지만, 그것은 보통 사람에게 현실적인 방안이 되기 어렵다. 그래서 순자는 욕심을 긍정적으로 보고 양욕(養欲)을 주장했으며, 그것의 기준을 예악에 두어야 한다고 주장했다. 즉 "예의를 제정하여 구분해 주고, 사람의 욕심을 길러 주며, 사람이 추구하는 것을 제공해 준다. 욕심이 사물에 부족하지 않게 하고, 사물이 욕심에 부족하지 않게 하여 양자가 상호 관계를 유지하며 성장할 수 있도록 하는 것이 예의 기원"[18]이라고 보았다. 이때의 예는 예악을 통칭하는 개념이다.

신도

"신자(愼子, 愼到, B.C.350?~B.C.275?)는 제도라는 법에 가리어 현인을 몰랐다. …… 법을 가지고 도라 하면 법조문에 모든 것을 맡기게 된다."[19]

신도는 법가로서 법을 행위 기준으로 보았다. 오늘날도 법치를 행하지만 법만으로 사회 질서가 유지되는 것은 아니다. 법이란 개략적인 행위 기준이므로 법을 집행하는 사람의 지혜도 필요하다. 신도에 대한 비판은 바로 제도 정치의 한계를 현인의 지혜로 보완해야 한다는 것이다.

신불해

"신자(申子, 申不害, B.C.400?~B.C.337)는 권세에 가리어 지혜를 몰랐다. …… (신자가) 권세를 가지고 도라 하면 편의에 모든 것을 맡기게 된다."[20]

18　故制禮義以分之, 以養人之欲, 給人之求. 使欲必不窮乎物, 物必不屈於欲, 兩者相持而長, 是禮之所起也.(『荀子』「禮論」)

19　愼子蔽於法而不知賢. …… 由法謂之道, 盡數矣.(『荀子』「解蔽」) 梁啓超曰: 數, 度數也. 猶言條款節目也. 梁啓雄曰: 數, 指法律的條文.(梁啓雄, 『荀子簡釋』, 臺北, 木鐸出版社, 1983, 291쪽)

20　申子蔽於執而不知知. …… 由執謂之道, 盡便矣.(『荀子』「解蔽」)

한비자의 주장처럼 법·술·세를 모두 갖추어야 법치의 균형과 조화가 이루어지는 것인데, 신불해는 중세파(重勢派)로서 상벌의 힘을 제일로 보았다. 그러나 신불해에 대한 비판은 세상을 상벌의 힘만으로는 다스릴 수 없고 현인의 지혜가 필요하다는 것이다.

이상과 같이 「해폐」에서 순자의 비판은 제자백가의 철학이 한쪽으로 치우쳐 균형을 이루지 못했다는 것에 있다. 즉 장자는 자연에 가리어 인간의 문화를 못 보았고, 묵자는 절용에 가리어 차등의 예법을 몰랐으며, 송견은 과욕(寡欲)에 가리어 재물을 얻는 도를 몰랐고, 신도는 법에 가리어 현인의 권법(權法), 즉 술(術)을 몰랐으며, 신불해는 권세에 가리어 현인의 권법을 몰랐다는 것이다.

순자가 이와 같이 제자백가를 비판하면서 입론한 것은 무엇인가? 그것은 바로 '질서와 조화'라는 개념이다. 주나라 성왕(成王)이 제정한 예악이 바로 그런 것을 갖춘 만인의 행위 기준이라는 것이다. 12자의 주장이 모두 틀린 것도 아니고 모두 맞는 것도 아니듯 순자의 주장 역시 그렇다. 각자의 입장에 따라 달리 볼 수 있다 하더라도 그 주장은 여러 면에서 균형을 이루어야 설득력이 있다. 그래서 누군가는 천하를 '질서와 조화'가 있도록 조정해 주어야 하는데, 순자는 그 조정자를 군왕으로 보았고 조정 원칙은 그가 제정한 예악이라고 본 것이다. '질서'는 예의 개념이고, '조화'는 음악의 개념이다. 그렇게 '질서와 조화'를 동시에 추구한 것은 순자가 사회 철학적인 면을 강조하기 때문이다.

3) 순자의 대안과 철학적 개념의 정립

순자가 다른 제자백가에 대한 비판에서 대안으로 얻은 '질서와 조화'의 원칙은 어떻게 얻을 수 있는가? 그것은 인성 속에 들어 있는 성품이 아니라 사유에 의해 얻어지는 이치라는 것이다. 그러나 우리는 그것을 매번

사유를 통해 얻을 수가 없으며, 습관으로 축적하지 않으면 반복적으로 실
천하기도 어렵다. 그래서 국가에서는 예악이나 법을 제정하고, 그것을 관
습의 형태로 오랜 세월 전승해 가는 것이다.

'질서와 조화'의 내용은 어떤 것인가? 유가의 질서는 평등 구조에서
이루어지는 것이 아니라 상하 · 선후 · 본말의 차등 구조 속에서 이루어지
는 것이고, 조화는 똑같은 색깔의 조화에서 이루어지는 것이 아니라 각자
의 역할을 충실히 하는 가운데서 이루어지는 것이다. 그런 예악으로 백성
을 교화하면 각자 자신의 위치에서 전체적인 질서와 조화를 이루는 미풍
양속이 형성되어 예측 가능한 사회를 형성할 수 있으며, 그런 예측 가능
한 사회가 될 때 비로소 서로 간에 신뢰가 증진되고 평화로울 수 있다는
것이다.

"만일 방책을 통일하고, 언행을 정제하며, 대소의 규범을 일정하게 하고, 천하
의 인재를 모아 고대 제왕의 참된 도리를 깨우치고 순종의 덕을 가르치며, 집
안 서남 모퉁이 동남 모퉁이 깊숙이 앉은 좌석 위까지 성군의 문장을 완비하고
태평의 풍속을 일으킨다면, 6파의 변설자들(즉 유가의 子思 · 孟軻, 도가의 魏
牟, 묵가의 墨翟 · 宋鈃, 법가의 愼到 · 田駢 · 鄧析, 명가의 惠施와 기타 它囂 ·
陳仲 · 史鰌)는 침입하지 못할 것이고, 12자(즉 타효 · 위모 · 진중 · 사추 · 묵
적 · 송견 · 신도 · 전병 · 혜시 · 등석 · 자사 · 맹가)는 감히 옆에도 오지 못할 것
이다."[21]

"이들은 그 방법을 가지고 있지만, 도의 한부분에 불과하다. 도란 상도를 체득
하여 변화에 다 대처할 수 있는 것이므로, 한부분으로 그를 다 할 수 없다. 한
부분만 아는 사람은 도의 일부분을 보고 있으므로 아직 알고 있다고 할 수 없

---

21   若夫總方略, 齊言行, 壹統類, 而群天下之英傑而告之以大古, 敎之以至順, 奧窔之間,
簟席之上, 斂然聖王之文章具焉, 佛然平世之俗起焉, 六說者不能入也, 十二子者不能親
也.(『荀子』「非十二子」)

는 것이다. …… 공자는 어질고 지혜로워 가림이 없다."[22]

순자가 비판한 것은 12자의 세계관적 편견과 그에 의해 생긴 무질서와 부조화이다. 즉 "하고자 하는 것도 가림이 되고, 싫어하는 것도 가림이 된다. 시작도 가림이 되고, 끝도 가림이 된다. …… 만물이 다르면 서로 가림이 되지 않는 것이 없다. 이것이 마음의 공통된 걱정거리"[23]라는 것이다. 즉 상대적 편견을 극복해야 '질서와 조화'를 이룰 수 있는데, 12자는 한쪽에 치우쳤다는 것이다. 그가 대안으로 주목한 사람이 바로 공자이다. 왜냐하면 공자는 대립되는 양극단을 고려함으로써 '질서와 조화'를 이루는 중용을 이상으로 삼기 때문이다. 그러나 양극단의 균형점의 본질을 공맹은 인한 본성이라고 본 데 비해 순자는 예악의 합리성이라고 보았다. 그것이 '질서와 조화'를 얻는 최선책이라는 것이다.

2. 주요 방법

한 철학자의 주요 방법은 그가 해결하려는 문제와 직접 관계가 있고, 그 문제에 대한 해결 방법은 문제 발생의 원인을 진단하는 것과 관계가 있다. 순자는 문제 발생의 원인이 전통 예악의 붕괴에 있다고 보았기 때문에, 그의 철학적 방법은 전통 예악을 회복하고 그것으로 교화해야 한다는 것이다.

순자는 예악화성의 목적을 위한 하위 방법으로 천지 만물을 천·지·인

22　此數具者, 皆道之一隅也. 夫道者, 體常而盡變, 一隅不足以擧之. 曲知之人, 觀於道之一隅, 猶未之能識也. …… 孔子仁知且不蔽.(『荀子』「解蔽」)

23　欲爲蔽, 惡爲蔽; 始爲蔽, 終爲蔽; …… 凡萬物異則莫不相爲蔽, 此心術之公患也.(『荀子』「解蔽」)

셋으로 나누었고, 직분을 중심으로 하늘의 시간 · 땅의 재물 · 인간의 다스림으로 나누었으며, 삼자 간의 조화를 이루기 위해서는 자기가 맡은 직분을 충실히 해야 한다고 주장했다.[24] 그의 천 · 지 · 인 관계를 보면, ① 생명의 생성을 중심으로 보면 천지와 인간은 생산자와 생산물의 관계에 있다.[25] ② 천지에는 도덕성이 없기 때문에 천지와 인간 사이에도 도덕성의 수수 관계가 없다.[26] ③ 직분상 천 · 지 · 인은 상호 협조 관계에 있다. 즉 천지는 생산을 담당하고, 사람은 그것을 다스림으로써 조화를 이룬다. 성(性)과 위(僞)라는 개념도 이런 자연과 인간의 협조와 조화를 추구하는 세계관에서 파생한 것이다. 그래서 공맹이 하늘을 도덕성의 근원자로 받들었던 것을 순자는 한낱 무도덕적인 자연 현상으로 보았고, 직분을 중심으로 사람과 대등한 위치에 놓았다. 한 걸음 더 나아가 제천(制天) · 용천(用天)해야 한다[27]고 주장했다. 이런 주장은 당시 유가 철학에서 커다란 혁명이 아닐 수 없다. 그의 인성론과 화성기위론 등은 모두 이런 세계관을 배경으로 하여 형성된 것이다.[28]

공 · 맹 · 순은 같은 예악과 인성이란 개념을 사용하면서도 그 내용상에는 차이가 있다. 그것은 철학적 전제가 다르기 때문이다. 일단 그들의 말을 간단하게 정리하면 다음과 같다.

---

24   天有其時, 地有其財, 人有其治, 夫是之謂能參.(『荀子』「天論」)

25   天地生君子, 君子理天地.(『荀子』「王制」) 天地生之, 聖人成之.(『荀子』「富國」)

26   天行有常, 不爲堯存, 不爲桀亡.(『荀子』「天論」) 荀子가 이렇게 天地를 無道德하다고 보는 것은 老莊 哲學의 영향이라고 보는 사람도 있다. 그러나 荀子는 職分을 중심으로 하여 천지를 통치 대상으로 보았으며 그의 선악관은 본질 자체에 대한 가치를 인정하지 않기 때문에, 그가 천지를 無道德하다고 보는 것은 그의 철학 체계상 당연한 결론이다. 荀子가 천지를 無道德하다고 보는 것은 老莊과 같지만, 다른 점은 老莊은 천지가 無道德하기 때문에 절대 가치를 가질 수 있다고 보는 데 비해 荀子의 경우는 단지 無道德한 것뿐이라는 것이다.

27   大天而思之, 孰與物畜而制之. 從天而頌之, 孰與制天命而用之.(『荀子』「天論」)

28   남상호, 『중국철학방법사』, 춘천, 강원대학교 출판부, 1997, 102-103쪽 참조.

영역 분류 인적 분류	禮樂	人性
공자	"사람이 인하지 못하면 예는 어떻게 할 수 있으며, 사람이 인하지 못하면 음악은 어떻게 할 수 있겠는가?"[29] "그 무엇을 예라고 하는 것이 옥과 비단만을 말하는 것이냐? 그 무엇을 음악이라고 하는 것이 종과 북만을 말하는 것이냐?"[30]	"성은 서로 비슷하나 학습에 의해 멀어진다"[31] "인이 먼 데 있는 것이냐? 내가 인하려 하면 인은 이른다"[32] "진실로 인에 뜻을 두면 사악함이 없다"[33] "인을 실행하는 것은 자기로부터 말미암는 것이다."[34]
맹자	"요순의 도로도 인정을 쓰지 않으면 천하를 평화롭게 다스릴 수 없다. 이제 군왕이 인한 마음과 인을 들음이 있으면서도 백성이 그 혜택을 입지 못하여 후세에 법이 될 수 없는 것은 선왕의 도를 행하지 않기 때문이다. 그러므로 말하기를 한갓 선심만 가지고는 정사를 행할 수 없고, 한갓 법만 가지고는 스스로 실행될 수 없는 것이다."[35]	"인의로 말미암아 인의를 행하는 것이지 그런 것 없이 단지 인의만을 행하는 것이 아니다"[36] "사람에게 사단이 있는 것은 사지가 있는 것과 같다."[37]
순자	"사람은 태어나면서부터 욕심을 가지고 있다. …… 욕심을 추구하되 사물을 헤아려 한계를 구분해 주지 않으면 다투지 않을 수 없다. …… 선왕은 그런 혼란을 싫어하였다. 그래서 예의를 제정하여 그것을 구분해 줌으로써, 사람의 욕심을 길러 주고, 사람이 추구하는 것을 갖게 해 주었다. …… 이것이 예의가 생긴 까닭이다."[38] "예에는 세 가지 근본이 있다. 천지는 생명의 근본이고, 선조는 인류의 근본이며, 군자는 정치의 근본이다. 천지가 없으면 어떻게 살 수 있고, 선조가 없으면 어떻게 태어날 수 있으며, 군사가 없으면 어떻게 다스릴 수 있겠는가? 세 가지 중 어느 하나만 없어도 세상은 안전할 수 없다."[39]	"(정·욕 등이) 생겨나는 그러한 이치를 성[所以然者]이라 하고, 그러한 이치의 화기(和氣)가 외부 사물에 정밀하게 합치하여 감응하는 것이 시키지 않아도 자연스럽게 생겨나는 것도 성[所生者]이라 한다."[40] "그렇게 타고난 것뿐이면, 사람은 예의도 없고 예의를 알지도 못한다. 사람이 예의가 없으면 혼란을 일으키고, 예의를 알지 못하면 도리에 어긋나게 된다. 그렇게 타고난 것뿐이면, 패란은 자기에 있는 것이다. 이로 볼 때 사람의 성이 악하다는 것은 분명하며, 선하게 하는 것은 인위적인 것이다."[41]

이를 종합해 보면 공맹은 인성에는 천성적으로 선의지가 있고, 예악은
어진 마음과 실천 형식이 조화를 이루어야 성립된다고 하였다. 그런데 비
해 순자는 인성에는 사고력과 적습 능력은 있지만 예의는 있지도 않고 알
지도 못하며, 예악은 천지·조상·군사(君師) 세 가지가 조화를 이루어야
비로소 성립된다고 하였다. 도덕적 소당연자를 규명함에서 순자는 공맹
을 따르지 않았다. 하지만 본성이 선하다고 반드시 선행을 하는 것도 아
니고, 본성이 예의도 없고 알지 못한다고 반드시 악행을 저지르는 것도
아니기 때문에, 그는 오히려 몸에 익힌 예악의 절차적 지식이 행위 결정
에 보다 큰 영향을 준다는 점에 주목을 했다. 그래서 순자는 혼란한 춘추
전국 시대를 바로잡는 방법으로 예악화성론을 주장한 것이다.

---

29 子曰, 人而不仁如禮何? 人而不仁如樂何?(『論語』「八佾」3)
30 子曰, 禮云禮云, 玉帛云乎哉? 樂云樂云, 鍾鼓云乎哉?(『論語』「陽貨」11)
31 子曰, 性相近也, 習相遠也.(『論語』「陽貨」2)
32 仁遠乎哉? 我欲仁, 斯仁至矣.(『論語』「述而」30)
33 苟志於仁矣, 無惡也.(『論語』「里仁」4)
34 爲仁由己, 而由人乎哉.(『論語』「顏淵」1)
35 堯舜之道, 不以仁政, 不能平治天下. 今有仁心仁聞, 而民不被其澤, 不可法於後世者,
不行先王之道也. 故曰, 徒善不足以爲政, 徒法不能以自行.(『孟子』「離婁上」1)
36 由仁義行, 非行仁義.(『孟子』「離婁下」19)
37 人之有是四端也, 猶其有四體也.(『孟子』「公孫丑上」6)
38 人生而有欲, …… 求而無度量分界, 則不能不爭. …… 先王惡其亂也, 故制禮義以分
之, 以養人之欲, 給人之求, …… 是禮之所起也.(『荀子』「禮論」)
39 禮有三本. 天地者, 生之本也. 先祖者, 類之本也. 君師者, 治之本也. 無天地惡生? 無
先祖惡出? 無君師惡治? 三者偏亡焉, 無安人. 故禮上事天, 下事地, 尊先祖而隆君師. 是禮
之三本也.(『荀子』「禮論」)
40 生之所以然者, 謂之性. 性之和所生, 精合感應, 不事而自然, 謂之性.(『荀子』「正名」)
41 然則生而已則人無禮義, 不知禮義. 人無禮義則亂, 不知禮義則悖. 然則生而已則悖亂
在己. 用此觀之人之性惡明矣. 其善者僞也.(『荀子』「性惡」)

1) 예악론

우리는 그 무엇을 실천하기 전에 미래에 발생하게 될 행위 결과에 대해 예측을 한다. 원하는 결과를 얻을 수 있을 때 그 방법에 대한 믿음은 반복적인 행동을 유발하게 되고, 반복은 개인적 습관과 사회적 관습을 형성한다. 반복에 의해 형성되는 숙련도에 따라 보다 높은 효과가 나타날 수 있기 때문이다. 순자가 이해한 예악 역시 그렇게 객관적으로 예측 가능한 행위를 끌어낼 수 있는 하나의 도덕·사회·문화 예술 프로그램이었다. 하지만 그것을 현실에서 얼마나 적절하게 권도(權道)할 수 있느냐 하는 문제는 남아 있으며, 공자도 그런 것을 가장 어려운 일로 보았다.[42]

(1) 예악의 기원

순자는 예악의 기원을 어디에 두었는가? 예악의 철학적 기원에 관한 학설은 맹자처럼 인의예지 4단에 있다고 보는 선천적 본구설과 순자처럼 이성적 사고에 의해 창조된다고 보는 후천적 창조설이 있다. 본구설에서 본래 갖추고 있다는 것은 예악의 본질인 선의지를 말하는 것이며, 형식 의미의 예악은 인위적인 것이다. 그런데 비해 창조설은 국가와 사회적 공리(公利)를 위해 '질서와 조화'라는 개념을 바탕으로 예악을 제정하는 것이다. 즉 순자의 예악은 형식적으로 구체적인 제도를 말하지만, 내용상으로는 예(禮)의 '질서'와 악(樂)의 '조화'를 말한다.[43] 그는 예악을 제정할 때 세 가지 기준이 있다고 보았다. 즉 생명 관계로는 천지를, 혈연 관계로는 조상을, 정치 관계로는 군사(君師), 즉 군왕을 기준으로 해야 한다는

---

42   子曰, 可與共學, 未可與適道, 可與適道, 未可與立, 可與立, 未可與權.(『論語』「子罕」)

43   樂者, 天下之大齊也, 中和之紀也. …… 樂也者, 和之不可變者也. 禮也者, 理之不可易者也. 樂合同, 禮別異. 禮樂之統, 管乎人心矣. 窮本極變, 樂之情也. 著誠去僞, 禮之經也.(『荀子』「樂論」)

것이다.[44] 순자의 예악은 천지·조상·군왕을 주요 개념으로 삼을 뿐 그들 사이에 체용불이(體用不二) 관계는 성립하지 않는다.

순자의 예악 제정의 동기와 과정은 어떠한가? 동기는 혼란을 피하고 '질서와 조화'를 이루려는 것이며, 그의 의지는 이기심이다.[45] 이기심은 혼란을 발생시키는 원인이기도 하지만, 보다 큰 이익을 위해서는 자신의 이익을 버리게도 한다. 국가가 성립되고 군왕을 옹립하는 것 역시 그런 이유 때문이며, 예악을 제정하여 행위 규범으로 삼는 것 역시 그런 이유 때문이다. 그뿐만 아니라 그런 예악은 '질서와 조화'를 생명으로 하기 때문에, 그것을 위해 순자는 "세상에는 두 개의 도가 없고, 성인에게는 두 마음이 없다"[46]고 말했다.

인간은 어떤 존재일까? 우리가 사용하는 인간이란 개념은 개인[人]이라는 요소 이외에 관계[間]라는 요소를 결합하여 만든 것이다. 그것은 사람을 사회적 동물이라는 관점에서 규정한 것이다. 맹자가 인간을 '자기희생을 할 줄 아는 도덕적 동물'이라고 정의했다고 본다면, 순자는 인간을 '생존 이익을 위해 협동할 줄 아는 사회적 동물'이라고 정의했다고 볼 수 있다. 사람에 대해 맹자는 인의예지 도덕심을 중심으로 보았고, 순자는 사회적 이해관계를 중심으로 보았기 때문이다. 순자의 입장에서 보면 맹자의 사단지심도 생존 이익을 극대화하기 위한 하나의 전략이라고 볼 수

44　禮有三本. 天地者, 生之本也. 先祖者, 類之本也. 君師者, 治之本也. 無天地惡生? 無先祖惡出? 無君師惡治? 三者偏亡焉, 無安人. 故禮上事天, 下事地, 尊先祖而隆君師. 是禮之三本也.(『荀子』「禮論」)

45　禮起於何也? 曰, 人生而有欲, 欲而不得, 則不能無求, 求而無度量分界, 則不能不爭. 爭則亂, 亂則窮, 先王惡其亂也, 故制禮義以分之, 以養人之欲, 給人之求, 使欲必不窮乎物, 物必不屈於欲, 兩者相持而長, 是禮之所起也.(『荀子』「禮論」) 荀子의 인성론으로 볼 때 이 문장에서 "선왕이 난을 싫어하였다"고 한 것은 맹자의 사단과 같은 선의지가 아니라 이익을 추구하는 이기심으로 보아야 한다.

46　天下無二道, 聖人無兩心.(『荀子』「解蔽」)

있다. 물론 맹자는 도덕 행위 자체를 목적으로 할 뿐 그 외의 다른 목적은 없다고 말했다.[47]

순자는 이기심을 규제하기 위해서는 예악과 같은 도구가 필요하다고 말했다.[48] 그러면 예악의 형식은 어디에서 기원하는가? 우리는 역사적으로 전해 오는 문화적 유전자[49]를 하루아침에 바꿀 수 없으므로 전통을 고려해야 하지만, 현실은 변해 가고 있기 때문에 전통의 방식대로만 할 수도 없다. 순자는 전통과 현실 사이에서 현실성을 보다 중시하여 요·순보다 후대의 군왕을 본받아야 한다는 법후왕(法後王)을 주장했다.

(2) 예악의 작용

공자와 맹자도 예악의 도구나 제도적 의미를 인정한다. 그것은 인간의 선한 본성을 표현하는 도구일 뿐이지만, 그런 도구가 없으면 도덕이나 정치를 행할 수 없다고 보았다. 심지어 도구, 즉 예악의 실천 형식으로 도덕의 실질을 말한다.

"맹자가 말했다. 이루의 눈 밝음과 공수자의 솜씨로도 규구를 쓰지 않고는 방

---

47 無爲其所不爲, 無欲其所不欲, 如此而已矣.(『孟子』「盡心上」17) 孟子曰, 天下之言性也, 則故而已矣. 故者以利爲本.(『孟子』「離婁下」26)

48 以道制欲, 則樂而不亂, 以欲忘道, 則惑而不樂.(『荀子』「樂論」)

49 '문화적 유전자'란 리처드 도킨스의 밈(meme)과 같은 개념이다. "밈의 예에는 곡조, 사상, 표어, 의복의 유행, 단지 만드는 법, 아치 건조법 등이 있다. 유전자가 유전자 풀 내에서 퍼져 나갈 때 정자나 난자를 운반자로 하여 이 몸에서 저 몸으로 뛰어다니는 것과 같이, 밈도 밈 풀 내에서 퍼져 나갈 때에는 넓은 의미로 모방이라 할 수 있는 과정을 거쳐 뇌에서 뇌로 건너다닌다. 어떤 과학자가 반짝이는 아이디어에 대해 듣거나 읽거나 하면 그는 이를 동료나 학생에게 전달할 것이다. 그는 논문이나 강연에서도 그것을 언급할 것이다. 이 아이디어가 인기를 얻게 되면 이 뇌에서 저 뇌로 퍼져 가면서 그 수가 늘어난다고 말할 수 있다."(리처드 도킨스 저, 홍영남·이상임 역, 『이기적 유전자』, 서울, 을유문화사, 2010, 323쪽)

형과 원형을 만들지 못하고, 사광의 귀 밝음으로도 6율을 쓰지 않으면 5음을
바로잡지 못하며, 요순의 도도 인정(仁政)을 쓰지 않으면 천하를 평화롭게 다
스릴 수 없다. 이제 군왕이 인한 마음과 인을 들음이 있으면서도 백성이 그 혜
택을 입지 못하여 후세에 법이 될 수 없는 것은 선왕의 도를 행하지 않기 때문
이다. 그러므로 말하기를 한갓 선심만 가지고는 정사를 행할 수 없고, 한갓 법
만 가지고는 스스로 실행될 수 없는 것이다."[50]

맹자의 예악은 도덕 본체인 본성을 실현하는 도구인 데 비해, 순자의
예악은 단지 본성을 교화하는 교육 도구이며 인간 사회를 다스리는 정치
제도일 뿐이다. 그리고 맹자는 도구인 예악을 제정하는 자와 그것을 활용
하는 사람을 특별히 구분하지는 않았으나, 비록 인덕을 갖춘 요순도 예악
과 같은 문물제도가 없으면 다스릴 수 없다고 보았다.
  순자가 본 군자의 정치적·사회적 역할은 무엇인가? 군자는 난을 다스
리는 사람이 아니라, 난을 다스리는 도구인 예악을 다스리는 사람이라고
보았다. 도구를 잘 정비하여 그것을 사용하는 사람들이 혼란을 겪지 않게
하는 사람이 군자라는 것이다. 물론 다스리는 방법을 잘 알고 정비할 줄
아는 군자가 난을 다스릴 수 없다는 것은 아니다.

"군자는 예악을 다스리는 것이지, 난을 다스리는 것이 아니다. 무슨 말인가?
예의에 맞는 것을 다스림이라 하고, 예의에 맞지 않는 것을 난이라 한다. 그러
므로 군자는 예의를 다스리는 사람이지, 예의 아닌 것(즉 난)을 다스리는 사람
이 아니다."[51]

---

50   孟子曰, 離婁之明, 公輸子之巧, 不以規矩, 不能成方員(圓). 師曠之聰, 不以六律, 不
能正五音. 堯舜之道, 不以仁政, 不能平治天下. 今有仁心仁聞, 而民不被其澤, 不可法於後
世者, 不行先王之道也. 故曰, 徒善不足以爲政, 徒法不能以自行.(『孟子』「離婁上」1)
51   君子治治, 非治亂也. 曷謂邪? 曰: 禮義之謂治, 非禮義之謂亂也. 故君子者, 治禮義

예악은 하나의 제도로서 절차를 규정하기 때문에 일상생활의 방식을 규제한다. 아무리 선의지를 가지고 있다 하더라도 예악과 같은 절차적 지식이 없으면 어쩔 바를 모르게 된다. 절차적 지식이 권위를 가질 때 사람들이 그것을 준수하는 실천적 효과가 크다. 따라서 도덕적 권위 때문에 성인의 인품을, 정치적 권위 때문에 천자의 지위를 가진 사람에게 그 제정권을 부여하는 것이다.[52]

(3) 예악의 문화 예술

우리의 삶은 대체적으로 유한한 시공간에서 이루어진다. 따라서 신선하고 즐겁게 삶을 영위하기 위해서는 문화 예술적인 것이 필요하다. 공자의 유어예(游於藝)[53]처럼 어떤 격조나 품위를 말할 수 없는 것이라 하더라고 변화가 있으면 그만큼 삶은 여유롭고 즐거울 수 있다. 그런 삶의 문화 예술의 형식 중 하나가 예악이다. 예악은 백성의 삶을 품위 있고 아름답게 하는 하나의 문화 예술 프로그램이다.

유가의 예악은 특징적으로 볼 때 도덕적 문화 예술이라고 볼 수 있다. 그래서 공맹의 예악론은 도덕심과 예악의 형식이 조화를 이루어야 한다는 것이다. 순자는 아무런 형식도 없고 알지도 못하는 자연인이 예악을 배움으로써 사회인·문화인이 될 수 있다고 한다. 천부적이든 후천적 학습이든 상관없이 예악을 알게 되면 그것을 삶에 접목할 수 있는 것이다.

예와 악은 함께 갖추고 있으면서 동시에 적당한 균형을 이루어야 한다.

者也, 非治非禮義者也.(『荀子』「不苟」)

52 사람은 어떤 특정 과제를 처리하는 절차가 저장되어 있는 절차적 기억 때문에, 종전의 권위에 따르는 복종은 무의식적으로 이루어진다는 것이다. 즉 병원에서 누군가 하얀 가운을 입고 의사처럼 행세하면, 대부분 환자는 그의 지시를 순순히 따른다고 한다.(프리트헬름 슈바르츠 저, 김희상 역, 『착각의 과학』, 서울, 북스넛, 2011, 96~97쪽 참조)

53 志於道, 據於德, 依於仁, 游於藝.(『論語』「述而」6)

그래서 『예기』에서는 "음악이 예를 이기면 문란해지고, 예가 음악을 이기면 상하가 서로 흩어진다"[54]고 말했다. 그처럼 유가에서는 예악을 중시했지만 논의를 개념화하고 문장으로 정리한 것은 순자이다. 『순자』에서 「예론」과 「악론」을 각각 한 편으로 논했다는 것이 그것을 말해 준다. 예악에 대한 학습은 어디에서 시작하고 어디에서 끝나는가? 그것은 『시』·『서』등의 경전을 외우는 데서 시작하고, 『예』를 읽는 데서 끝난다는 것이다.[55] 하지만 예악에 의한 교화는 백성의 일상생활 속에 적습되어 하나의 미풍양속을 형성하는 데서 끝난다.

예악을 교화의 방법으로 사용한다면 어떤 형태일까? 『예기』에서 예악을 행하는 목적은 오관의 즐거움을 극대화하기 위한 것이 아니라 백성에게 호오의 감정을 다스리는 법을 가르쳐 바른 인도로 돌아가게 하려는 것이라 했다.[56] 그리고 감정을 다스리는 방법으로 약간 부족한 유음(遺音)·유미(遺味)의 방법을 사용한다고 했다. 순자 역시 약간 부족한 예악을 사용하는 것은 마찬가지이지만, 그것을 유음이나 유미의 개념으로 인식하지는 않았다. 그뿐만 아니라 예악의 시작은 소략하지만, 중간에는 문식이 많고, 끝에 가서는 즐거움으로 마친다고 하면서, 지극한 예악은 인정(人情)과 문식이 함께 잘 갖추어진 것이라 했다.[57] 순자가 감정을 다스리는 최상의 방법으로 예악을 말했지만, 그것은 공경하는 마음과 예악의 문식이 조화를 이루는 정문구진(情文俱盡)의 경우이다. 『예기』에서는 문식을

---

54   樂勝則流, 禮勝則離.(『禮記』「樂記」)
55   學惡乎始, 惡乎終. 曰, 其數則始乎誦經, 終乎讀禮.(『荀子』「勸學」)
56   淸廟之瑟, 朱弦而疏越, 壹倡而三歎, 有遺音者矣. 大饗之禮, 尙玄酒而俎腥魚, 大羹不和, 有遺味者矣. 是故先王之制禮樂也, 非以極口腹耳目之欲也, 將以敎民平好惡, 而反人道之正也.(『禮記』「樂記」)
57   淸廟之歌, 一唱而三歎也, 縣一鍾, 尙拊之鬲, 朱絃而通越也, 一也. 凡禮, 始乎悅, 成乎文, 終乎悅校. 故至備, 情文俱盡, 其次, 情文代勝, 其下, 復情以歸大一也.(『荀子』「禮論」)

약간 부족하게 해야 한다고 본 반면에, 순자는 마음과 문식이 조화를 이루어야 한다는 정문구진을 최상으로 본 것이다.

정문구진은 형식상 공자의 문질빈빈(文質彬彬)과 같은 말이다. 그러나 문질빈빈의 질은 자신의 본심에서 나온 인(仁)한 마음이고, 정문구진의 정(情)은 예의(禮意)[58]로서 교육에 의해 형성된 공경심이므로 본질상 서로 다르다. 아울러 공자의 문질빈빈은 문과 질이 완벽하게 일치하는 것이 아니라, 오히려 유음·유미처럼 문식을 약간 부족하게 하는 것인 데 비해, 순자의 정문구진은 정과 문이 철저하게 균형과 조화를 이룬 것이다. 왜냐하면 공자는 인한 마음에 대한 믿음이 있었지만, 순자는 인간의 자연 감정에 대한 믿음이 없었기 때문이다.

2) 화성론

화성(化性)이란 인성을 교화하는 것이므로 인간 본성에 대한 견해에 따라 교화의 방법도 달라질 수 있다. 순자가 본 인성은 '예의도 없고, 예의도 모르는'[無禮義, 不知禮義] 것이므로, 화성의 의미는 예악으로 인성을 '예의가 있고, 예의를 알게'[有禮義, 知禮義] 교화하는 것이다. 예의도 없고, 예의도 모르는 본성을 예악으로 교화하면 그것을 지킬 수 있는 문화인·사회인이 될 수 있다는 것이다. 흰 천에 물을 들이는 것은 색깔을 바꾼 것이지 천을 바꾼 것이 아니듯, '예의도 없고, 예의도 모르는' 본성이 '예의가 있고, 예의를 알게' 된 것 역시 습성을 들인 것뿐 본성을 바꾼 것은 아니다. 하나의 습성을 기르기 위해서는 하나의 제도를 만들어야 하고, 하나의 제도를 만드는 것은 반드시 국가의 천자이어야 한다. 이때 천자는 가까운 시대, 또는 당대의 현명한 성군이어야 한다. 그렇게 해야 하는 이

58　情文俱盡, 乃爲禮之至備. 情, 謂禮意, 喪主哀祭主敬之類. 文, 謂禮物威儀也.(至備, 情文俱盡.(『荀子』 「禮論」)에 대한 楊倞의 註)

유는 국가적 통일성과 시의적절성 때문이다. 만약 누구든지 제정하게 되면 국가적 통일성이 없을 것이고, 옛날 천자가 제정한 것이라면 그 시대에 맞지 않을 수 있다.

당대의 현명한 성군이란 누구를 말하는가? 공자는 하·은 2대를 본받은 주 왕조의 문물제도를 따르겠다고 말했고,[59] 요순을 조종으로 삼아 계승하고, 문·무왕을 이어받았다고 말했다.[60] 이를 토대로 보면, 공자가 중시한 문물제도는 문·무왕이 제정한 것이 될 것이다. 그런데 문왕은 천하통일 전에 죽었고, 무왕은 천하통일 3년 만에 죽었으며, 주공[61]은 덕이 높아도 군왕의 사업을 도운 사람일 뿐이다. 사업을 완성한 사람은 주나라 2대 군왕인 성왕(成王)이므로 명분상으로는 법후왕의 후왕은 성왕(成王)을 지시한다고 볼 수 있다.[62] 어쨌든 주대의 예악을 제정한 것은 주나라 초기 군왕임에는 틀림이 없다.

제자백가들이 일반적으로 활용한 전통적 권위와 백성의 복종은 어떤 관계를 갖는가? 순자가 말하는 '예의도 없고, 예의도 모른다'는 말 역시 어떤 절차적 의식의 부재를 말하며, '예의가 있고, 예의를 알게' 하는 화성은 권위 있는 사람에 의해 하나의 절차적 기억을 주입하는 것을 말한다. 특히 어떤 행위 절차를 규정하는 예악이 과거 성군의 권위를 바탕으로 할 경우, 그것은 백성들에게 하나의 고정 관념이 되어 무의식적인 복

<hr/>

59 子曰, 周監於二代, 郁郁乎文哉! 吾從周.(『論語』「八佾」)

60 仲尼祖述堯舜, 憲章文武.(『中庸』30)

61 김충열은 荀子의 예론은 그동안 학계에서의 주장과 달리 荀子의 外王의 논리는 법가의 刑名 이론을 원용한 것이 아니라, 周公에 의해 정립된 禮樂政刑에서 그 원리를 찾아 예를 外王之道의 핵심으로 하는 예론을 정립한 것이라고 했다.(김충열, 『동양사상산고(2)』, 서울, 예문지, 1994, 108~109쪽 참조)

62 劉師培曰, 後后古通. 后, 繼體君也. 蓋開創爲君, 守成爲后. 開創之君, 立法草創, 而成文之法, 大抵定于守成之君, 如周之禮制, 定于周公成王是也. 荀子所言後王, 均指守成之主言, 非指文武言也.(梁叔任 注, 『荀子約注』「非相」, 臺北, 世界書局, 民國71年, 52쪽)

종을 한다.

순자가 양성하려 한 이상적인 사회인은 어떤 형태일까? 그것은 성인으로 대표되겠지만, 그 이유는 무엇인가? 우리가 그 어떤 의사를 결정하기 0.5초 전에 이미 무의식에서 그것을 결정하며, 의식은 단지 그것을 따르거나 거부하는 것뿐이라고 한다.[63] 그렇다면 성인이 종심소욕불유구(從心所欲不踰矩)의 경지에서 마음이 결정하는 '심지소가'(心之所可) 역시 무의식 속에서 0.5초 전에 결정된 것을 따른다는 말이 된다. 만약 순자가 이상적인 사회인 양성에 성공하려면 예악화성을 무의식 속에 이르도록 해야 한다. 성실하게 무의식에까지 화성시킬 때 다시는 자연인으로 되돌아가지 않게 된다는 것이다.[64]

(1) 성악론

순자가 말하는 인성의 개념은 어떤 것인가? 순자의 인성 개념은 성(性)·정(情)·욕(欲) 등은 물론 타고난 성품 모두를 포함한다.[65] 즉 "(정·욕 등이) 생겨나는 그러한 이치를 성[所以然者]이라 하고, 그러한 이치의 화기(和氣)가 외부 사물에 정밀하게 합치하여 감응하는 것이 시키지 않아도 자연스럽게 생겨나는 것도 성[所生者]이라 한다."[66] 체용으로 구분하면 소이연자로서의 성은 본체이고, 소생자로서의 성은 작용이라고 할 수

---

63 프리트헬름 슈바르츠 저, 김희상 역, 『착각의 과학』, 서울, 북스넛, 2011, 48쪽 참조.

64 君子養心莫善於誠, 致誠則無他事矣, 唯仁之爲守, 唯義之爲行. 誠心守仁則形, 形則神, 神則能化矣. …… 夫誠者, 君子之所守也, 而政事之本也. 唯所居以其類至, 操之則得之, 舍之則失之. 操而得之則輕, 輕則獨行. 獨行而不舍, 則濟矣. 濟而材盡, 長遷而不反其初, 則化矣.(『荀子』「修身」)

65 性之好惡喜怒哀樂, 謂之情.(『荀子』「正名」) 性者天之就也, 情者性之質也, 欲者情之應也.(「正名」) 또 徐復觀은 "性·情·欲 등은 한 사물의 세 명칭"이라고 말했다.(徐復觀, 『中國人性論史』, 臺北, 臺灣商務印書館, 1982, 234쪽)

66 生之所以然者, 謂之性. 性之和所生, 精合感應, 不事而自然, 謂之性.(『荀子』「正名」)

있다.[67]

"인간의 본성은 본래 악한 것인데, 그것을 선하게 하는 것은 인위적으로 학습한 결과이다. 오늘날 인간은 자신에게 이로운 것을 좋아하는 성향을 가지고 태어난다. 그런 것을 따라 살아간다면 서로 다투고 빼앗으며 남에게 양보하는 것이 없게 된다. 인간 본성은 남을 질시하고 미워하는 경향을 가지고 태어난다. 그런 것을 따라 살아간다면 남을 해치며 충성스럽고 미더운 마음이 없어진다. 인간 본성은 이목의 욕망과 아름다운 짝을 좋아하는 욕망을 가지고 태어난다. 그런 것을 따라 살아간다면 음란한 일들이 생기며 예의문리와 같은 도덕이 없어진다. 그렇기 때문에 인간의 본성을 따르고 감정대로 살아간다면 반드시 다투고 빼앗게 되고, 남을 침범하며 도덕 질서를 어지럽혀 혼란에 빠지고 만다. 그러므로 반드시 스승의 가르침에 의한 교화와 예의의 도를 행한 다음에야 남에게 사양하는 마음이 생기고, 도덕 원칙에 부합되어 사회 질서를 이루게 된다. 이로 보면 인간 본성은 악한 것이 분명하며, 그 선한 것은 인위적으로 학습한 결과이다."[68]

행위 기준인 예악을 중심으로 보면, 본성이 '예의도 없고, 예의도 모른다'고 한 것은 마치 백지와 같음을 말하는 것이다. 본성이 예를 모르는 것 자체는 악이 아니며, 알고 있다고 해도 선이 아니다. 모르고 한 일이라도 중용이 되었다면 선이고, 알고 있어도 중용을 잃으면 악이다. 그리고 본

---

67   日本의 久保愛는 그의 『增補荀子集解』(臺北, 台灣蘭台書局, 1983)의 「正名篇」注에서 言性之和氣, 感應自然, 亦謂之性. 後解承前解, 前體後用이라고 했다.

68   人之性惡, 其善者僞也. 今人之性, 生而有好利焉. 順是, 故爭奪生而辭讓亡焉. 生而有疾惡焉. 順是, 故殘賊生而忠信亡焉. 生而有耳目之欲, 有好聲色焉. 順是, 故淫亂生而禮義文理亡焉. 然則從人之性, 順人之情, 必出於爭奪, 合於犯分亂理而歸於暴. 故必將有師法之化, 禮義之道, 然後出於辭讓, 合於文理而歸於治. 用此觀之, 然則人之性惡明矣, 其善者僞也.(『荀子』「性惡」)

성이 예를 모르는 상황에서 마음의 판단 결정, 즉 심지소가(心之所可)가 도리에서 빗나갔다 하더라도 그것은 전적으로 마음의 책임이 아니다.

순자는 왜 '예의도 없고, 예의도 모른다'고 한 본성을 악하다고 말하는 가? 순자가 사용하는 선악의 개념은, "선이란 도리에 맞고 평화로운 것이 며, 악이란 한편으로 빗나가서 난폭한 것이다."[69] 그렇게 보는 것은 동기 가 아닌 결과를 가지고 말하는 것이다. 즉 행위 결과가 좋으면 선이고, 나 쁘면 악이라고 보는 결과론적인 개념 정의이다. 그러면 순자는 성악의 개 념을 어떻게 정의하나? "인간이 타고난 자연 본성은 악한 것으로서, 선이 란 자연 본성에 문리(文理)를 가한 것[僞]"[70], 혹은 "성은 본래 그 재질이 질박한 것이고, 위(僞, 즉 善)는 문리가 융성한 것"[71]이라고 성악의 개념을 정의했다. 그것은 사물의 상태를 가지고 정의한 것이지 본질을 가지고 정 의한 것이 아니다. 즉 그것은 다듬어지지 않은 질박한 자연 상태를 악이 라고 보는 것인데, 그것은 도가에서 자연 그대로를 최고선으로 보는 것과 상반된다.

이와 같은 순자의 인성과 선악의 개념을 결합하면 다음과 같은 결론을 얻을 수 있다. 즉 인성에는 소이연자와 소생자 두 가지가 있는데, 소이연 자는 본연의 것으로서 "무예의"한 것이고, 소생자는 소이연자의 작용으로 서 "부지예의"한 것이다. 그러므로 순자의 성악 개념은 '소이연자로서의 성은 무예의하고, 소생자로서의 성은 부지예의하다'는 것이다. 그래서 순 자의 본성과 성악의 개념을 형이상학적 개념이 아닌 자연적 재질 정도로 보는 학자도 있다.[72]

---

69   凡古今天下之所謂善者正理平治也, 所謂惡者偏險悖亂也.(『荀子』「正名」)

70   人之性惡, 其善者僞也.(『荀子』「性惡」)

71   性者, 本始材朴也, 僞者, 文理隆盛也.(『荀子』「禮論」)

72   황호식, 「순자의 인성론에 담긴 사회철학적 의미」, 『범한철학』 제57집, 범한철학 회, 2010, 124쪽 참조.

순자는 인성 속에 사회생활에 필요한 어떤 규제 형식도 가지고 있지 않으며 알지도 못하기 때문에, 인간은 후천적 교육을 통해 예의를 함양해야 한다고 주장한다. 이러한 주장은 그의 천생인성(天生人成)과 같은 세계관적 대전제가 바탕을 이룬다. 그렇기 때문에 그는 본성을 변질시킨다는 의미의 변성(變性)이 아니라, 교화한다는 의미의 화성(化性)을 말한 것이다. 그래서 화성은 '소이연자로서의 성이 "무예의"한 것을 유예의(有禮義)한 것으로, 소생자로서의 성이 "부지예의"한 것을 지예의(知禮義)한 것으로 교화하는 것'을 의미한다.

순자의 가치론적 기초는 어떠한가? 첫째, 순자는 가치 상대주의자이다. 그는 하나의 외적 기준, 즉 예악에 맞으면 선이고, 맞지 않으면 악이라고 보기 때문이다. 그것은 법관이 법에 따라 죄인을 재판하듯, 예악에 따라 사람의 언행을 평가하는 것이다. 둘째, 순자는 결과론자이다. 순자는 행위 결과가 예악에 맞으면 선이고, 맞지 않으면 악이라고 보기 때문이다. 예악과 언행의 일치 여부는 결국 결과를 놓고 말할 수밖에 없다. 동기론자는 행위의 동기를 감안하여 결과를 논하지만, 결과론자인 순자는 단지 행위의 결과만 논한다.

(2) 화성의 방법

순자가 화성의 대상으로 삼은 것은 무엇인가? 화성의 대상은 어쩔 수 없는 천부적인 욕심이 아니라 예의도 없고 알지도 못하는 심지소가의 심이다. 왜냐하면 치란(즉 治는 善이고, 亂은 惡)은 사람 마음이 사리를 분별하여 판단하는 것에 달려 있기 때문이다.[73] 그래서 순자는 "무예의"한 소이연자로서의 본성과 "부지예의"한 소생자로서의 본성에 예악을 적습

---

73   欲不待可得, 所受乎天也, 求者從所可, 所受乎心也. …… 故治亂在於心之所可, 亡於情之所欲.(『荀子』「正名」)

하는 방법으로 함양해야 한다고 말한다. 예악을 함양한다는 것은 다시 자
연인의 상태로 되돌아가지 않게 습관 들이는 것이다.[74]

화성의 방법에는 어떤 것이 있는가? 그것은 '사려'(思慮)와 '적습'(積
習)이다. 사려는 생각을 하여 가장 합리적인 것, 즉 중용을 선택하는 것이
고, 적습은 반복 학습을 통해 몸에 익히는 것, 즉 습성을 기르는 것이다.[75]
마음이 사려를 통해 예악을 알고 적습을 통해 습성을 들인다고 할 때, 그
것은 욕심[감정]이 하고자 하는 것을 수행하는 것일 수도 있다. 흄이 "이
성은 감정의 노예"[76]라고 말한 것처럼, 순자도 사람들이 도를 싫어해서 그
길을 가지 않는다면 어쩔 수 없는 일이라고 말했다.[77] 아무리 좋은 도(道)
라고 하더라도 원하지 않으면 아무 소용이 없다는 것이다. 그래서 사려와
적습을 수행하는 것의 전제 조건은 감정적으로 도를 좋아해야 한다는 것
이다. 처음에는 그렇게 감정이 원하는 것을 이성의 사려와 적습이 그 목
적을 수행하는 것이지만, 예악을 따르는 습관[化性]이 형성되면 반대로
감정이 습성을 따르게 될 것이다. 그래서 순자는 "오늘날 사람들을 보면,
스승의 법도에 교화되고 학문을 쌓으며 예의를 따르는 사람은 군자가 되

---

74   長遷而不反其初, 則化矣.(『荀子』「不苟」)

75   性之好 · 惡 · 喜 · 怒 · 哀 · 樂謂之情. 情然而心爲之擇謂之慮. 心慮而能爲之動謂之
僞. 慮積焉能習焉而後成謂之僞.(『荀子』「正名」)

76   "흄은 이성을 통해 우리가 사물의 관계를 인식할 수 있는 반면, 행동의 원동력은 욕
구라고 생각했다. 이성은 우리에게 목적을 정해 줄 수 없고, 다만 우리가 욕구하는 것을
달성하는 방법을 가르쳐 줄 수 있기 때문에 그는 이성은 '감정의 노예'(the slave of the
passions)라고 주장했다."(로저 트리그 저, 최용철 역, 『인간 본성에 관한 10가지 철학적
성찰』, 서울, 자작나무, 1997, 54쪽)
   타가드는 사람은 감성적 도움이 없이는 의사를 결정할 수 없다고 말했다.(Paul Tha-
gard, How to Make Decisions: Coherence, Emotion, and Practical Inference, in E.
Millgram (ed.), *Varieties of practical inference*, Cambridge, MIT University Press,
2001, p. 355–371 참조.)

77   故可道而從之, 奚以損之而亂! 不可道而離之, 奚以益之而治! 故知者論道而已矣, 小
家珍說之所願皆衰矣.(『荀子』「正名」)

고; 성정대로 제멋대로 하여 하고 싶은 것만 하며 예의를 위배하는 사람
은 소인이 된다"[78]고 말한 것이다. 그렇게 예의 도덕에 따라야 하겠다는
의사결정도 처음에는 단지 감정의 영향을 받겠지만, 화성이 되고 나면 감
정도 그것의 영향을 받게 될 것이다.

화성을 위한 방법은 교육이고, 그 교육은 국가에서 주도하는데 그 주체
를 성군으로 설정했다. 즉 성군이 예악을 찾아내어 제도로 만들고 그것을
백성에게 교육하는 것이다. 순서상 부지예의한 소생자로서의 성이 예악
을 알고 수행함으로써 적습이 쌓여 무예의한 소이연자로서의 성에 그런
예악이 있게 되는 것이다. 그를 위해 반복 학습을 해야 하는데, 제2의 천
성이라고 할 정도로 일단 예악이 형성되면 오래 지속 가능한 것이 된다.[79]

사려를 위해서는 마음을 허일정하게 함으로써 대청명해야 한다. 대청
명한 마음 역시 지속적으로 유지되어야 하는데, 그것 역시 적습을 통해
형성된다. 그렇게 적습에 의해 이루어진 제2의 천성이 화성이다. 화성은
어떤 습성을 가질 뿐 그 본질이 변하는 것은 아니다. "상태가 변하고 실체
는 그대로이지만 다름이 있는 것을 화(化)라고 한다"[80]는 것처럼, 순자는
변성(變性)이라 하지 않고 화성(化性)이라고 한 것은 그 때문이다. 그뿐만
아니라 "성인은 마음을 맑게 하고, 오관을 바르게 하며, 양생의 도를 갖추
고, 자연의 다스림에 순응하며, 자연스런 감정을 기름으로써 천지가 낳고
기름의 도를 보전한다. 이와 같이 (성인은) 할 바를 알고, 하지 않을 바를
안다"[81]는 것처럼, 화성은 자연 상태를 보완하는 정도에서 그치는 것이다.

---

78 今之人, 化師法, 積文學, 道禮義者爲君子. 縱性情, 安恣睢, 而違禮義者爲小人.(『荀
子』「性惡」)

79 聖人積思慮習僞, 故以生禮義而起法度. 性不知禮義, 故思慮而求知之也.(『荀子』「性
惡」)

80 狀變而實無別而爲異者, 謂之化.(『荀子』「正名」)

81 聖人清其天君, 正其天官, 備其天養, 順其天政, 養其天情, 以全其天功. 如是, 則知其
所爲, 知其所不爲矣.(『荀子』「正名」)

화성은 어디까지 가능한가? '예의도 없고, 예의도 모른다'고 한 주체가 소생자뿐일 경우[82]와 소이연자를 함께 말하는 경우가 있다. 전자의 경우 소생자는 소이연자의 작용이므로 논리적으로 소이연자의 화성을 제외시킬 수는 없다. 후자의 경우 소이연자가 '예의가 있고, 예의를 알게' 되면 화성이 아닌 변성처럼 볼 수도 있다. 그것은 마치 흰 무명에 미색(米色) 물감을 들였다고 그것이 명주가 되지 않는 것과 같다. 또한 소이연자는 유예의하게 되고, 소생자는 지예의하게 되는 경우도 있다. 이렇게 해석하면 순자가 성을 소이연자와 소생자로 구분한 의도를 살릴 수 있다.

어떤 훈련에 의해 하나의 습성을 기르는 데는 많은 반복 학습을 해야 하지만, 그 한계는 달인이 되는 정도를 말한다. 왜냐하면 그 수양이 무한을 향해 가는 것은 아니고 삶의 실용에 맞추는 것이기 때문이다. 그래서 순자는 "공부는 어디에서 시작하여 어디에서 끝나는가? 말하자면 그 과정은 경전을 배우고 예법을 공부하는 데서 끝난다(즉 博文約禮). ······ 군자의 학문은 귀로 들어가 마음에 쌓이며, 사지에 퍼져 행동에 나타난다. 조심스레 말하고 부드럽게 행동하니, 일정하게 되어 언행의 법칙이 된다"[83]라고 말했다. 그리고 그것을 한마디로 화성기위라고 말했다. 화성은 본성을 중심으로 한 말이고, 기위는 인위[僞], 즉 인문 활동을 중심으로 한 말로서 동의어이다.

진화 생물학자들은 도덕 본성도 생존을 위해 수십 수백만 년 동안 이루어진 학습 효과가 심성에 누적되어 형성된 것이라고 본다.[84] 그뿐만 아니

82　순자가 만물이 생성되는 원인[하늘·자연]에 대해 알고자 하는 것과 사물을 완성시키는 이치[人事]를 아는 것 중 어느 것이 더 나은가라고 말한 것에서 알 수 있듯이 生之所以然者 층차의 성은 중시하지 않았으며 결코 그의 인성론상 지위는 없다고 할 수 있다.(徐復觀, 『中國人性論史』, 臺北, 台灣商務印書館, 1982, 232쪽)

83　學惡乎始, 惡乎終. 曰, 其數則始乎誦經, 終乎讀禮. ······ 君子之學也, 入乎耳, 著乎心, 布乎四體, 形乎動靜. 端而言, 蝡而動, 一可以爲法則.(『荀子』「勸學」)

84　대거 켈트너 저, 하윤숙 역, 『선의 탄생』, 서울, 옥당, 2011, 참조.

라 짧은 기간 동안 진행된 실험에서도 익명성이 보장되어 자기 행위에 아
무런 책임을 지지 않아도 된다면 스스로 자기의 정체성을 파괴하고 악행
을 저지를 수도 있다고 한다.[85] 이 말을 뒤집어 보면 우리의 정체성은 타
자와의 공개적인 관계 속에서 형성된다는 것이다. 그러나 진화 생물학자
인 루스(Michael Ruse)는 "'내가 말하려는 것은, 자연이 우리를 생물학적
으로 이타주의자로 만들기 위해서 우리를 말 그대로 이타주의적 생각으
로 가득 채웠다는 것이다. 나는 우리가 선천적으로 사회적 존재의 성향뿐
만 아니라 진정으로 도덕적 존재의 성향을 타고 났다고 생각한다.' 따라
서 도덕은 자연이 우리의 생존을 보장하기 위해 우리도 모르게 사용하는
수단, 곧 '자연의 계략'에 불과하다. …… 이타주의적 도덕은 결국 성공
한 적응 형태들 중 하나로서 진화에 의해 선택되었을 것"[86]이라고 말한다.
만약 도덕을 '자연의 계략'이라고 인정한다면, 그것은 무어(G. E.
Moore)가 제기한 것과 같은 '자연주의적 오류'(naturalistic fallacy)를 범
하는 것이라고 볼 수 있다.

　순자가 예악화성하고자 했던 목적은 대체적으로 인문주의적 유가의 세
계관을 바탕으로 하고 있지만, 예악과 선악의 개념 차이 때문에 공맹과
달라졌다. 그것을 도통론적 입장에서 보면 이단일 수 있지만, 또 다른 입
장에서 보면 유가 철학 지평을 넓힌 것이다. 하지만 순자는 예악화성의
목표를 성인의 종심소욕불유구의 경지에 둔다. 그것은 바로 교육과 수양

85　익명성의 정도는 우리 행동에 아주 중요한 방식으로 영향을 미치며, 탈억제 성향,
즉 행동에 대한 정상적인 사회적 제한을 낮추는 상황을 만든다는 것이 연구 결과로 나타
났다.(패트리샤 월리스 저, 황상민 역, 『인터넷 심리학』, 서울, 에코리브르, 2001, 25쪽)
익명성으로 의사소통했던 집단이 실명으로 의사소통했던 집단에 비해 6배 이상이나 많이
악의적인 글을 썼음을 밝혀냈다.(같은 책, 198쪽)
86　장 디디에 뱅상·뤼크 페리 공저, 이자경 역, 『생물학적 인간, 철학적 인간』, 서울,
푸른숲, 2002, 245쪽; 리처드 도킨스 저, 홍영남·이상임 역, 『이기적 유전자』, 서울, 을
유문화사, 2010 참조.

이 무의식 세계에까지 이르러야 한다는 것이다. 하지만 깨어 있지 못하면 우리는 무의식 세계에 들어 있는 고정관념이 부리는 기계에 지나지 않게 된다. 늘 깨어 있기 위해서는 마음을 허일정하게 하여 대청명한 마음을 가져야 한다. 그뿐만 아니라 예악을 몸에 익혀 화성이 되었다 하더라도 실천 행위에는 상대가 있는 것이기 때문에 언제나 같은 방식으로 평천하에 참여하기 어렵다. 권도를 익혀서 알맞게 예악을 현실에 적용할 수 있어야 한다. 순자는 여러 군데에서 권도를 논하는데,[87] 주요 권도론은 다음과 같다.

"하려고 하더라도 그만두는 것을 싫어하지 말고, 급하게 이기려고 하더라도 패하는 것을 잊지 말며, 내부의 위신을 생각하더라도 외적을 가볍게 여기지 말고, 유리한 점을 생각하더라도 불리한 점을 잊어버리지 말며, 일처리는 신중하게 하더라도 재물은 절약해야 하는 것이니, 이것을 5권이라 한다."[88]

"도라는 것은 고금의 바른 저울이다. 도를 떠나 마음대로 생각하면 화복이 의탁한 것을 모르게 된다."[89]

"예가 국가를 바로잡는 것은 저울이 경중을 가리는 것과 같고, 먹줄이 곡직을 표시하는 것과 같다. 그러므로 사람은 예가 없으면 살 수 없고, 일은 예가 없으면 이루어지지 않으며, 국가는 예가 없으면 편안하지 않다."[90]

87　兼權之, 執計之, 然後定其欲惡取舍. 如是則常不失陷矣.(『荀子』「不苟」) 義之所在, 不傾於權.(「榮辱」) 故與積禮義之君子爲之則王, 與端誠信全之士爲之則霸, 與權謀傾覆之人爲之則亡. 三者, 明主之所以謹擇也.(「王霸」) 權出一者强, 權出二者弱, 是强弱之常也.(「議兵」)

88　無欲將而惡廢, 無急勝而忘敗, 無威內而輕外, 無見其利而不顧其害, 凡慮事欲孰而用財欲泰, 夫是之謂五權.(『荀子』「議兵」)

89　道者, 古今之正權也. 離道而內自擇, 則不知禍福之所託.(『荀子』「正名」)

90　禮之於正國家也, 如權衡之於輕重也, 如繩墨之於曲直也. 故人無禮不生, 事無禮不成, 國家無禮不寧.(『荀子』「大略」)

행위 원칙인 예악과 운용의 기술인 권도와의 관계는 어떻게 되어야 하는가? 단지 행위 원칙만 아는 사람은 하나의 편견을 가진 것과 같은 것이므로 권도를 해야 한다. 그런데 권도는 도를 실현하기 위한 목적으로 도에서 멀지 않게 변통하는 것이지 현실을 합리화하기 위해 도를 이용하는 것이 아니다. 만약 권도하는 주체가 사리사욕을 목적으로 하여 현실에 도를 맞춘다면, 도는 하나의 구실이 될 뿐 오히려 도를 망치게 된다.[91] 그러면 권도할 수 있는 마음의 조건은 어떤 것인가? 역시 마음을 허일정하게 하여 대청명해야 한다. 대청명한 마음이라야 치우침 없는 권도를 행할 수 있기 때문이다. 그것도 몸에 밸 때까지 적습하는 오랜 세월의 수양 공부가 필요한 것이다.

3. 삶으로의 복귀

공자의 『논어』 제1편이 「학이」로 되었고 마지막 편이 「요왈」로 된 것처럼, 순자는 『순자』 제1편을 「권학」으로 하였고, 마지막 편을 「요문」으로 하였다. 이러한 책의 편제가 보여 주는 것처럼 순자는 공자를 계승하려 하였는데, '질서와 조화'라는 형식에 치우쳐 인성 속에서 인의의 정신을 발휘하지 못함으로써 비정통이라는 비판을 받았다.

순자가 노자와 정반대로 예악을 가르치고자 한 것은 규율 있는 사회인·문화인을 추구했기 때문이고, 노자가 예악과 같은 인위적인 것을 버리라고 한 것은 자연인으로서의 자유인을 추구했기 때문이다. 그뿐만 아니라 순자는 행위 주체를 사변 이성으로 삼고, 행위 기준을 국가에서 제정한 예악으로 삼았기 때문에, 맹자와 달리 도덕 행위의 동기적 요소를 배

---

91   與權謀傾覆之人爲之則亡.(『荀子』「王霸」)

제하였다. 그것은 유가 철학에서 소이연자와 소당연자를 인성에 두어야 한다는 일원론적 사고에 정면 도전하여 다원론적 주장을 한 것이다. 예악의 세 가지 근본 요소인 천지·조상·군사가 일체를 이룰 때 예악이 성립되며, 그런 예악으로 세상을 질서 있고 조화롭게 할 수 있다는 것이다.

　우리는 왜 금수와 달라져야 하며, 어떻게 달라질 수 있다고 생각하는가? 금수와 달라져야 한다는 도덕적 자각에 대해 맹자는 내적 도덕심의 자각에서 비롯된다고 보는 반면, 순자는 혼란을 피하고 '질서와 조화'를 이루려는 공리주의적 가치의 자각에서 비롯된다고 보았다. 그것을 실현하는 방법으로 맹자는 양지·양능을 따라 예악을 행하면 된다고 하지만, 순자는 예악으로 인성을 교화한 다음에 가능하다고 했다. 그렇게 하는 소당연자의 기초를 맹자는 사단에 두었지만, 순자는 이기심에 두었다. 현대 진화 생물학적 입장에서 보면 맹자의 인의예지 사단 역시 이기적 유전자의 생존 전략으로 볼 수도 있지만 인간다움을 추구하는 목표는 모두 같다.

　철학자들은 무전제의 학문이 철학이라고 말하면서도 하나의 세계관적 목적에 따라 철학 체계를 구성한다. 출발점에서는 단지 방법상 그렇게 하는 것뿐이라고 하지만, 체계를 이루고 난 다음에는 출발점에서의 전제를 잊고 그런 주장 바깥으로 나가지 못하며, 동시에 그런 체계의 철학 이외의 것은 배척한다. 그런 것은 철학의 원칙에서 보면 반철학적(反哲學的)인 것이다. 그래서 하나의 철학적 체계를 갖추었든 갖추지 못했든, 또는 자신과 같은 철학 체계이든 아니든 간에, 그것은 단지 하나의 철학적 방법일 뿐이 아닐까? 방법에 대한 원점적인 회고가 없다면, 비록 철학으로 시작한다 해도 종교로 귀착되고 말 것이다.

[2012년][92]

92　「순자의 예악화성론에 관한 연구」, 『양명학』 32호, 한국양명학회, 2012.8.에 게재한 것을 수정 보완함.

제8장

학용의 진성명덕의 방법

학용(學庸)이란 『대학』과 『중용』을 말한다. 학제로서 대학(大學)은 소학(小學)에 상대되는 고등 교육을 말한다. 즉 소학은 순임금 때의 하상(下庠), 하나라 때의 서서(西序), 상대(商代)의 좌학(左學), 주대(周代)의 우상(虞庠) 등이 있었고, 대학은 순임금 때의 상상(上庠), 하대의 동서(東序), 상대의 우학(右學), 주대의 동교(東膠) 등이 있었는데, 한대 이후에는 태학(大學, 大는 太자와 같음)이라고 불렀다. 우리나라의 경우 신라의 태학감(大學監), 고려의 국자감(國子監), 조선의 성균관 등은 같은 제도이다. 동시에 책 이름으로서의 『대학』은 고등 교육 과정에서의 교재를 말한다. 그렇기 때문에, 대학을 대인의 학문이라고 풀이하는 사람도 있다.

『대학』은 본래 『예기』(소대예기)의 한 편으로서, 공자의 제자인 증자(曾子)의 저작이라고도 하지만 확실치 않다. 송나라 때 정호(程顥, 明道, 1032~1085)와 정이(程頤, 伊川, 1033~1107) 형제가 중시하였고, 주희(朱熹, 晦庵, 晦翁, 1130~1200)에 이르러 『논어』, 『맹자』, 『중용』과 더불어 사서(四書)에 편입되면서 독립된 지위를 얻은 것이다. 『대학』은 주자에 의해 경(經) 1장과 전(傳) 10장으로 나뉘었다. 경문 1장은 공자의 말을 증자가 기록했다는 것이고, 전문 10장은 증자와 그의 문인들이 고전에서 말을 인용하여 풀이한 것이라고 한다. 그것을 송대의 주희가 사서에 편입시키면서 주석을 붙이는 과정에서 격물치지(格物致知)에 대한 보망장(補亡章)을 덧붙이고, 친민(親民)도 신민(新民)으로 고쳤다. 왕수인(王守仁, 陽明, 1472~1528)은 이에 반대하여 고본(古本) 그대로가 옳다고 주장했다.

『중용』역시 본래『예기』(소대예기)의 한 편으로서, 공자의 손자인 공급(孔伋, 즉 子思)의 저작이라고 하지만 확실치 않다.『한서』「예문지」에는『중용설』(中庸說) 두 편이 있다고 전해지는 것을 보면 이미 한대부터 독립된 지위를 가지고 있었던 것 같다. 송나라 때 정호와 정이 형제가 중시하였고, 주희에 이르러『논어』,『맹자』,『대학』과 더불어 사서에 편입되면서 유가 철학의 기본 교재로서의 지위를 얻은 것이다.『중용』은 전편 내용이 두 부분으로 나뉜다고 하여, 주자의 재전 제자인 왕백(王柏)에 의해 상편(中庸 11편)과 하편(誠明 11편)으로 나뉘었다. 본서에서는 주자의 『사서집주』의 체계에 따라 모두 33장으로 나누었다.

『중용』은 주로 유가 철학의 기본 정신인 중용을 논하였다. 그 중용은 단지 선후본말(先後本末)의 관계에서 어느 한편으로 치우치지 않고 조화를 이루는 것만을 의미하는 것이 아니라, 천명인 본성 지키기를 지성(至誠)으로 하여 항상 떳떳한 것을 함께 갖추고 있는 것을 함께 의미한다. 즉 형식과 내용을 적당히 갖추고 있는 이상적 경지를 말하는 것이다.

이렇게 주희가『대학』과『중용』을『논어』·『맹자』와 함께 4서로 분류한 것은 학용이 유가 철학에서 큰 비중을 차지하기 때문이다. 학용은 특히 방법적 측면에서 유가 철학 방법의 결론을 내린다. 즉 학용은 유가 철학의 방법상 특질을 계승하여 사유·수양·실천의 문제를 선후본말의 구조로 분석하고, 중용으로 그 상대적 관계를 조화시키려 한다. 또 학용은 유가 철학의 도덕적 자아실현 자체를 최고 목적으로 여긴다. 그런 최고 목적은 도덕적 자아 자체에 내재한 것이며, 방법 역시 도덕적 자아의 자기실현 방식이므로 목적과 방법을 나눌 수 없다.

이런 위기지학(爲己之學)적 유가 철학의 목적과 방법을 중심으로 학용의 공통 문제와 방법을 논한다면 그 특색은 무엇이며 어디에 있을까? 필자는 『대학』의 선후본말의 방법을 중심으로 수기치인(修己治人)을 논하고, 『중용』에서는 중용의 방법을 중심으로 성기성물(成己成物)을 논하겠다. 그것은 한마디로 진성명덕(盡性明德)이다.

1. 방법론적 배경

세계관은 인생과 세계를 해석하고 인식하는 틀이다. 세계관의 구성 요소는 세계관적 목적에 따르지 않으면 안 된다. 왜냐하면 세계관적 목적은 그 구성 요소들의 방향을 결정하고 구성할 수 있게 해 주기 때문이다. 우리가 학용의 세계관적 목적을 알면 세계관의 구성 요소들의 관계를 알 수 있고, 또 공맹 철학과의 관계도 알 수 있다.

학용의 세계관적 목적은 무엇인가? 그것은 도덕적 자아를 실현함으로써 인간 사회를 도덕적 사회로 만들고 자연과 조화를 이루어 천인합덕(天人合德)하려는 것이다. 또 학용의 근본적인 방법은 무엇일까? 그것은 바로 도덕적 자아의 자기실현 법칙에 따르는 것이다. 예를 들어 공자의 인(仁)이나 맹자의 4단(四端)이 그것이다. 우리는 왜 그런 도덕적 자아에 따르지 않으면 안 되는가? 학용의 도덕적 자아는 천명이며 동시에 우리의 주체이고 동력이며 목적인으로서 우리 내부에 갖추어져 있기 때문이다. 그렇게 도덕적 자아실현의 목적과 방법이 자기에게 있으며 그것을 따라야 한다고 보는 것은, 『주역』·『논어』·『맹자』에서처럼 천지를 만물의 생명과 도덕 등의 근원으로 전제하고, 타고난 도덕적 자아인 본성을 그와 동질시하는 유가의 세계관에서 나온 것이다.

그때의 구체적 실천 방법은 무엇인가? 그것은 수기치인(修己治人)·성기성물(成己成物)과 같이 선후본말적 구조에서 중용을 운용하는 것이다.

이런 방법은 현실 사회의 상대적 실천 관계를 인정하는 유가의 세계관적 산물이다. 크게 보면 우리가 『대학』의 주요 방법인 선후본말로 사물을 분석하여 현실 문제에 대한 구체적·부분적 해결 방법을 얻을 수는 있으나, 거기에는 상대적 한계가 있게 마련이다. 그래서 『중용』은 그의 주요 방법인 중용을 통해 그런 상대적 문제와 한계를 극복하려 한다.

『대학』에서 사물을 선후본말로 분석하고 사유·수양·실천하려는 것이나 『중용』에서 중용으로 그 상대적 관계를 극복하려는 것은 유가 철학의 상대적 세계관의 한계를 극복하려는 것이다. 그래서 천인합덕하고 천지의 만물 화육에 참여하는 생명 사랑의 최고 경지를 제외한 중간 과정의 경우, 『대학』의 선후본말적 관계가 『중용』의 중용에 우선한다. 즉 선후본말적 관계에 따라 차등적(差等的)으로 중용의 형태가 달라진다. 만약 선후본말적 차등이 없다면 겸애(兼愛)를 주장하는 묵자의 방법과 다르지 않게 된다.

이와 같이 중용이 성립되는 기초가 다른 것은 실천적 방법의 구조가 다르기 때문이다. 『중용』이 중용의 방법을 취하는 현실적 목적은 일차적으로 유가의 상대적 세계관의 한계를 극복하려는 데 있지만, 최종 목적은 도덕적 자아가 자기실현을 통해 천인합덕하려는 데 있다. 이렇게 실천 방법의 제일 기초를 자아실현에 두고 천인합덕을 추구하는 것은 현실에서 천지의 만물 화육에 참여하여 생명 사랑의 이상을 실현하려는 유가의 세계관적 목적 때문이다.

학용의 중심 문제는 어디에 있는가? 그것은 도덕적 자아실현에 있다. 도덕적 자아실현이란 무엇을 의미하는가? 본 장에서 필자가 사용하는 도덕적 자아실현이란 말은 『대학』의 명명덕(明明德)과 『중용』의 진성(盡性)을 가리키는 말이다. 즉 명덕(明德)과 성(性)을 도덕적 자아로 보고, 밝힌다는 명(明)과 다한다는 진(盡)을 실현(實現)이라는 말로 바꾼 것이다. 그렇게 보면 『대학』의 중심 문제는 바로 명명덕에 있고, 『중용』의 중심 문제는 진성에 있다. 그것을 줄여 말하면 진성명덕(盡性明德)이다.

문제는 그 무엇을 세계관적 목적과의 관계 속에서 이해하는 가이다. 여기서 목적은 문제 해결 과정에서 아래 단계의 방법에 대해 해결하고자 하는 문제가 된다. 또 아래 단계의 방법에 대해 목적이었던 것이 그 윗 단계의 목적에 대해서는 방법이 된다. 그래서 세계관적 목적을 무엇으로 삼느냐에 따라 마지막 단계의 목적과 방법의 일체 여부가 결정된다.

학용의 목적과 방법의 관계는 어떠한가? 자아실현이라는 최종 단계의 목적과 도덕적 자아의 자기실현 법칙에 따르는 방법은 동시에 이뤄지기 때문에 일체 양면으로 목적은 방법이 되고 방법은 목적이 되어 나눌 수 없다. 그뿐만 아니라 유가 철학은 실천 철학이기 때문에 사유·수양의 방법은 실천과 분리하여 논하기 어렵다. 즉 실천 중심으로 말하면 어떻게 실천했다는 것은 그렇게 사유하고 수양했다는 것을 내포하고, 수양 중심으로 말하면 어떻게 수양했다는 것은 그렇게 사유하고 실천했다는 것을 내포한다. 또 사유와 수양은 실천 과정상의 한 방법이며, 실천은 사유와 수양 과정상의 한 방법이다. 그런 방법은 내용과 나누어 말하기 어렵다. 실제로 유가 경전은 대부분 실천 명제로 되어 있으며 이미 사유·수양·실천에 필요한 과정·행위 양식 등을 내용으로 하고 있다. 진일보해 보면 도덕적 자아실현이라는 최고 목적을 위한 실천적 방법으로 학용에서는 사물을 선후본말로 나누고 중용으로 그 대립 관계를 조화시키려 하고, 자아를 실현하기 위한 구체적 방법으로 수기치인과 성기성물의 방법을 제시한다. 그런데 그것은 동시에 도덕적 자아의 자기 내적 목적을 실현하는 방법이 되므로, 최고 목적인 도덕적 자아실현의 방법도 도덕적 자아를 따르는 것이 되고 그 목적 역시 마찬가지가 된다. 종합해 보면 학용의 방법과 목적은 모두 도덕적 자아로 일체가 된다. 그래서 『대학』의 명명덕과 『중용』의 진성의 근본적인 방법은 도덕적 자아의 자기실현 법칙을 따르는 데 있으므로 본 장의 제목을 학용의 진성명덕의 방법이라고 한 것이다.

2. 주요 방법

방법은 목적과의 관계 속에서 이해한 문제를 모종의 방식으로 해결하기 위한 도구이며 법칙이다. 그러므로 그것은 결국 그렇게 이해하고 해결하려는 세계관이 되거나 그런 세계관의 산물이 된다. 문제 해결 과정상의 법칙은 도구성을 갖고, 도구의 경우 역시 법칙성을 가지므로, 방법에는 법칙성과 도구성이 동시에 갖추어져 있다. 이때 어떤 것을 문제로 파악하고 방법으로 취하느냐 하는 것은 바로 그의 세계관적 목적을 따르게 된다.

　도덕적 자아실현을 위한 유가의 주요 방법은 사유·수양·실천의 관계를 선후본말로 분석하고, 현실 사회의 상대적 관계를 중용으로 조화시키려는 구조를 갖는다. 선후본말의 방법은 『대학』에서 주요 방법으로 운용되고, 중용의 방법은 『중용』에서 주요 방법으로 운용된다. 학용이 자아실현을 위해 선후본말적 구조에서 중용을 운용하는 목적과 방법은 바로 유가의 실천적 목적이며 방법이다.

　예를 들면 『주역』은 여섯 개 효의 시위(時位) 구조 속에서 성립하는 음양의 조화를 득위(得位)·당위(當位)·정위(正位)·득중(得中)·시중(時中)·위정중(位正中)·득중도(得中道)·수시(隨時)·여시(與時) 등으로 보았으며,[1] 공자는 『논어』에서 문(文)과 질(質)이 선후본말적 관계에서 중용을 이루는 문질빈빈(文質彬彬)을 추구했으며, 맹자는 본성인 인의와 중도(中道)가 내외선후본말적 관계에서 중용을 이루는 배의여도(配義與道)를 추구했다. 그래서 『대학』의 선후본말의 방법과 『중용』의 중용의 방법은

1　① 一陰一陽之謂道에 대한 주석으로 "言陰陽得中者爲道也. …… 陰陽氣也, 其理則謂之道"라고 함.(明, 熊過, 「周易象旨決錄」, 『欽定四庫全書』 31 (經部 25), 文淵閣, 589쪽) ② 『易經』 전체의 운용은 中을 얻으려는 데 있는데, 음양이 서로 화합하는 것(즉 陰陽相和)이 中이며, 剛柔가 서로 구제해 주는 것(剛柔相濟)도 中이다. 64괘 가운데 53개 괘에서 모두 中을 말하고 있다.(吳怡, 『中國哲學的生命和方法』, 臺北, 東大圖書公司, 1981, 23~24쪽)

선진 유가 철학에서 분리할 수 없는 실천적 방법이다. 이들을 중심으로
논하면 다음과 같다.

1) 『대학』의 선후본말적 방법과 수기치인

『대학』에서는 도덕적 자아실현의 구조를 주로 선후본말로 분석한다. 즉
"사물에는 본말이 있고, 일에는 시작과 끝이 있는데, 그 선후를 알면 도에
가깝다. …… 천하에 밝은 덕을 밝히고자 하는 사람은 먼저 그 나라를 다
스려야 하고, 그 나라를 다스리고자 하는 사람은 그 집안을 다스려야 하
며, 그 집안을 다스리고자 하는 사람은 먼저 수신을 해야 한다. …… 도덕
적 앎에 이르는 것[2]은 격물에 있다"고 분석했다. 여기서 말하는 도는 문제
해결 방법이란 의미도 가지고 있으며, 그때 해결하려는 문제는 어떻게 명
명덕하느냐 하는 것이 된다.

  이 부분은 바로 명명덕을 위한 유가의 세계관과 사유·수양·실천 방법
의 모형을 보여 준다. 그런 격치성정수제치평(格致誠正修齊治平)은 수기
치인의 과정이므로, 그런 과정을 준수하면 그런 목적을 달성할 수 있는
법칙성과 도구성을 갖게 된다. 그래서 그 법칙성과 도구성을 갖게 되는
것은 다름 아닌 명덕 자체이므로, 그 방법과 목적은 자기 내재적인 것이
된다.

  유가가 실천상 선후본말적 방법을 취하여 차등을 둔 것은 사물의 상대
적 관계와 현실적 어려움을 감안했기 때문이다. 그래서 실천 방법상 유가
의 인은 평등애가 아니라 차등애가 된다. 만약 묵자처럼 겸애를 주장한다
면, 자신의 부모와 남의 부모 간에는 아무런 선후본말적 차등이 있을 수
없다.

2　朱子는 致知를 推極吾之知識이라 해석했고, 王陽明은 致吾心之良知라 했다. 필자는
格致誠正修齊治平을 明明德의 과정이라고 보기 때문에 陽明의 해석에 따른다.

수기치인도 근본을 수신에 두고, 그 수신의 근본을 격물치지에 둔 것은 『대학』의 기본 입장이다. 그래서 특히 송·명대의 유학자들은 『대학』으로 유가 철학의 수양·실천 과정을 설명하기 위해 격물치지 규명에 많은 노력을 했다. 격물치지가 명명덕과 관련하여 한 말이라면 아무리 심오하게 해석한다 해도 그것은 도덕적 자아실현의 목적과 방법을 떠날 수는 없을 것이다. 그래서 수기치인에도 선후본말적 방법을 적용하여 본성에 그 근본을 두어 명명덕하는 것을 최고 목적으로 하고 도덕적 주체성을 확보하여 근본을 정립하려 한 것이다.

특히 『대학』과 『중용』이 모두 신독(愼獨)을 하나의 수양 방법으로 삼으려 한 것은 바로 선후본말적 체계에서 본을 중시하는 유가 철학의 방법을 반영한 것이다. 진일보해 보면 도덕적 자아가 자기를 실현하려 함은 스스로 자기를 속이려 하지 않는 신독보다 더 근본적인 것이다. 왜냐하면 신독하려는 것 자체가 이미 도덕적 자아가 자기를 실현하는 것이기 때문이다. 그래서 도덕적 자아의 자기실현이 성공적으로 수행된다면 신독의 공부는 전혀 불필요하다.

특히 『대학』에서 도덕적 자아가 자겸(自謙), 즉 자족적(自足的)인 것[3]으로서 그 무엇에도 의지해 있지 않음을 밝힌 것은 선후본말적 접근 방법의 극치이다. 그러나 현실적으로 근본이 되는 도덕적 자아의 자기실현이 용이하지 않기 때문에 신독과 도문학(道問學)의 공부를 병행하지 않으면 안 되며, 존덕성(尊德性)과 도문학도 균형을 이루지 않으면 안 된다.

『대학』의 수기(修己)는 격치성정수(格致誠正修)의 단계로 말한다. 격치성정수는 단계적 차이가 있을 뿐 내용상으로는 모두 명명덕의 과정이다. 그 과정에서 격물(格物)[4]은 명명덕의 시작이기 때문에, 격(格)을 궁리(窮

3 　所謂誠其意者, 毋自欺也. 如惡惡臭, 好好色, 此之謂自謙.(『大學』6)의 自謙을 朱子도 自足이라고 주석함. 謙은 족하다는 뜻이므로 협으로 읽어야 한다.
4 　① 以鄕三物敎萬民而賓興之. 一曰六德, 知仁聖義忠和. 二曰六行, 孝友睦婣任恤. 三曰

理)로 해석하든 바를 정(正)으로 해석하든 명덕의 자기실현이라는 의미 내에서 해석되어야 할 것이다. 만약 본성을 알기 위해 궁리한다면 궁리 주체는 사변 이성이 되기 쉽고, 도덕 이성은 주체가 아닌 대상이 되어 행위 주체와 기준으로 양분될 것이다. 그렇게 되면 도덕 행위는 본성 외적 목적과 본성 외적 주체에 의해 이뤄지거나 아예 실행되지 않을 수 있다. 바를 정으로 해석해도 마찬가지로, 도덕 이성이 주체가 되어야지 대상이 되어서는 안 된다. 그래서 격물은 바로 명덕이 주체가 되어 스스로 자신을 실현하려는 것의 시작점으로 이해해야 할 것이다. 격물이 명덕의 자기실현의 시작이 아니라면, 사물의 이치를 궁리하는 것이든 인간의 도리를 궁리하는 것이든 순자나 묵자처럼 공리주의에 빠지고 만다. 격물치지에 대한 것은 송·명대에 가장 논란이 많았던 부분이므로 여기서는 논의를 유보한다.

수기를 위한 명명덕은 어떻게 해야 할까? 궁극적 방법은 밖에 있지 않고 명덕 자체에 있다. 즉 도덕적 자아가 자기를 실현하려는 내적 법칙을 따르면 되는 것이다. 서술어 '밝힌다'는 목적어 '명덕'을 취해 어구상으로는 행위 주체와 기준이 분리되어 있는 것 같지만, 내용상으로는 명덕 스스로가 행위 주체이자 기준이 되어 자기를 실현해 가는 것에 있을 뿐이다. 즉 "인하려 하면 인은 이른다"[5]는 공자의 말이나, "인의로 말미암아 인의를 행하고"[6], "하지 않을 바를 하지 않고 할 바를 할 뿐"[7]이라고 하는 맹자의 말은 그 좋은 예이다.

『대학』의 치인(治人)은 다른 사람을 다스리는 것이지만, 그 내용은 덕

六藝, 藝樂射御書數.(『周禮』卷10) 司徒教官之職中 大司徒之職) 鄭玄은 物猶事也라고 함. ② 物猶事也. 窮至事物之理, 欲其極處無不到也.(朱子, 『四書集註』) ③ 意之所在之事謂之物.(王陽明, 「大學問」文錄 卷1)
5   我欲仁, 斯仁至矣.(『論語』「述而」29)
6   由仁義行.(『孟子』「離婁下」19)
7   無爲其所不爲, 無欲其所不欲, 如此而已矣.(『孟子』「盡心上」17)

을 베풀어 교화하는 것이고, 그 방법은 선후본말적 구조 속에서 중용을
이루도록 하는 것이다. 그래서 치인은 제가 · 치국 · 평천하의 형태로 도덕
적 자아를 실천하는 과정이다. 수기가 도덕적 자아실현의 주체성을 확충
하는 단계라면, 치인은 그것을 실현하는 단계라 할 수 있다. 또 그 실천은
자아실현의 과정이면서 그런 수양의 과정이기도 하기 때문에 실천은 수
양론에서도 중시하는 방법이다. 치인의 과정에서 제가는 치국보다, 치국
은 평천하보다 능력상 먼저 할 수 있어야 하기도 하지만, 가치상 전자를
후자보다 더 중시해야 한다고 하는 선후본말적 구조를 전제로 한다. 그러
나 『대학』은 자아실현의 이상을 평천하에 두었기 때문에 정치 철학적 의
미가 강하다.

2) 『중용』의 중용적 방법과 성기성물

중용은 중국의 철학 · 정치 · 문화 등 각 방면의 가장 기초가 되는 근본 원
리이며 방법이다. 중용은 처음에 『주역』의 음양이 시위(時位)의 구조 속
에서 조화와 균형을 의미했다고 본다. 즉 『주역』의 시중(時中) · 득중(得
中) 등의 본질은 시위상 적당한 관계를 갖는 음양 간의 조화이다. 음양 간
의 조화는 시위상의 조건만 맞으면 자연적으로 형성되는 자연의 이법이
다. 『좌전』에도 "백성은 천지의 중용의 도를 받아서 생겨나니, 그것이 소
위 명(命)"[8]이라는 말에서 볼 수 있듯이 중(中)은 천지, 즉 음양이 시위의
구조 속에서 조화를 이룬 것이다.

　이런 음양 간의 조화를 천 · 인 관계는 물론 인간의 실천적 관계까지 확
대한 것이 『중용』의 중용이다. 이런 실천적 관계상의 중용은 『논어』 「요왈
편」의 윤집기중(允執其中)처럼 요순 시대까지 올라갈 수 있을지는 몰라
도, 은대 말기와 주대 초기의 『서경』 홍범 9주에서 천자의 위치와 역할을

8　民受天地之中以生, 乃所謂命也.(『左傳』成公13年)

황극(皇極), 즉 대중(大中)에 둔 것은 이런 중용의 실천적 의미로 보아야 할 것이다. 『주역』에서의 중용은 음양 간에서 이뤄지지만, 『중용』에서의 중용은 실천적 관계에서 이뤄진다. 그 중용에 도달하고 그것을 지키는 방법 역시 다른데, 『주역』에서는 부(孚)와 인(仁)[9]을 사용한 데 비해, 『중용』에서는 성(誠)이란 개념을 사용했다[10]. 그것은 구체적 사례가 다른 것뿐 본질은 모두 같은 인의다. 천지 만물의 관계든 인간 사회의 관계든 중용을 이루는 점에서 선후본말적 조화를 이루고, 사람의 본성에 기초하기 때문이다. 또 인간 사회에서 중용이 성립되는 점은 실천 관계상에 있지만, 그것은 결국 천지 만물의 내재적 법칙성으로 귀착될 수밖에 없으므로 크게는 천도이며 작게는 우리의 본성이 된다.

『중용』의 중심 문제와 방법은 어떠한가? 중심 문제는 어떻게 하면 본성을 다해[盡性] 천지의 만물 화육에 함께 참여하느냐 하는 것인데, 그 실현 방법은 본성에 따라 최적의 조건인 중용을 얻는 것이다. 즉 『중용』의 방법은 우주론적으로는 천명·천도에 있고, 인성론적으로는 본성에 있으며, 실천론적으로는 모종의 실천 관계상에 있다. 즉 우리는 『대학』에서의 도덕적 자아실현을 위한 방법을 수기와 치인으로 나눌 수 있듯이, 『중용』의 경우는 성기(成己)와 성물(成物)로 나눌 수 있다.

자기를 완성하는 것[成己]은 인(仁)이고, 사물을 완성하는 것[成物]은 지(智)다. 인과 지는 본성의 덕으로서 내외를 합일하는 도이다.[11] 이 도는 그런 본성이 마땅히 스스로 행하는 이치[12]로서 결국 자기에게 갖춰진

---

9 天地之大德曰生, 聖人之大寶曰位, 何以守位曰仁.(「繫辭下」 1)

10 誠者, 不勉而中, 不思而得.(『中庸』 20) 惟天下至誠爲能盡其性, 能盡其性則能盡人之性, …… 可以與天地參矣.(『中庸』 22) 誠者, 物之終始, 不誠無物, 是故君子誠之爲貴.(『中庸』 25)

11 成己仁也, 成物知(智)也, 性之德也, 合內外之道也.(『中庸』 25)

12 道者, 人之所當自行也. …… 道以理言, 用也.(朱子의 註)

것이다. 성(誠)이 스스로 이뤄지듯,[13] 본성을 다하는 것[盡性] 역시 자기 내적 목적을 스스로 이루어 가는 것이다. 그렇게 자기를 실현하려는 목적과 방법은 본성 속에 갖춰져 있으므로 『중용』의 목적과 방법은 『대학』에서와 마찬가지로 자기에게로 회귀한다. 성기의 방법은 인인데, 그것을 둘로 나누어 보면 다음과 같다.

첫째는 솔성(率性)의 방법이다. 『중용』은 본성의 내원을 규명하고 그의 수양 방법까지 설명한다. 즉 우리 본성의 본원을 천명에 둠으로써 본성에 따르지 않으면 안 된다는 것을 강조했다. 『중용』의 성기는 본성에 따라서 (즉 率性), 본성에 따르는 것을 습성화하는 것(즉 修道)이다.[14] 이것은 명명덕을 목적과 방법으로 하는 『대학』과 일치한다. 그렇다면 인간의 본성이 이미 선한데 또 우리는 왜 수양을 해야 하는가? 수양은 본성이 아직 덜 인하기 때문이 아니라, 스스로의 사고 능력이나 자기 조절 능력이 없는 7정과 같은 것이 있기 때문이다. 그래서 수양은 바로 본성 이외의 것들이 본성에 따르도록 습성을 들이는 것이다. 그래서 솔성은 성현을 지향하는 유가 수양·실천론의 제일 방법으로서, 신독 공부 역시 솔성이 전제되지 않으면 안 되는 것이다.

둘째는 치곡(致曲)의 방법이다. 치곡은 현인[誠之者]으로 하여금 택선고집(擇善固執)을 성실히 하여 성인[誠者]의 경지에 이르게 하는 방법이다. 이때 수양 방법의 형식은 『대학』에서와 마찬가지로 수신(修身) — 사친(事親) — 지인(知人) — 지천(知天)[15]이나, "군자의 도는 예를 들어 먼 길 가는 것은 반드시 가까운 데서 시작하고, 높은 데 오르는 것은 낮은 데서 시작하는 것 같다"[16]는 말과 같이 선후본말적 체계를 그대로 지키고 있

---

13   誠者, 自成也.(『中庸』 25)
14   率性之謂道, 修道之謂教.(『中庸』 1) 率性의 率은 循이나 順의 의미이다.
15   君子不可以不修身; 思修身, 不可以不事親, 思事親, 不可以不知人, 思知人, 不可以不知天.(『中庸』 20)

다. 그 과정에서 택선고집하는 공부는 "다른 사람이 한 번에 할 수 있으면 나는 백 번에 하고, 다른 사람이 열 번에 할 수 있으면 나는 천 번에 한다"[17]는 공자처럼 통달할 때까지 수신하는 것이다.

『중용』에서는 중용을 얻기 위한 방법으로 성(誠)을, 성을 얻기 위한 방법으로 치곡을 주장한다. 즉『중용』에 "그 다음은[誠之者] 작은 일에도 지극하게 하는 것이니, 작은 일에도 지극하면 성실할 수 있다. 성실하면 (수양한 것이 밖으로 모습이) 드러나고, 드러나면 더욱 드러나고, 더욱 드러나면 밝아지고, 밝아지면 움직일 수 있고, 움직일 수 있으면 변하고, 변하면 화(化)할 수 있다. 오직 천하에 지극히 성실한 사람이라야 화할 수 있는 것"[18]이라고 말했다. 박학(博學)·심문(審問)·신사(愼思)·명변(明辨)·독행(篤行)[19] 등은 치곡(致曲)하기 위한 구체적 방법이다. 치곡의 방법은 7정의 발현이 본성에 따르게 할 수 있는 수양 가능성을 보여 주는 것이다.

『중용』의 성기를 두 가지 과정으로 나누어 보았지만, 한마디로 말하면 성(誠)을 몸에 익히는 것이다. 성자(誠者)는 생각하지 않아도 중용을 얻을 수 있고, 노력하지 않아도 중용을 이룰 수 있는 경지에 도달할 수 있기 때문이다. 그러면 성(誠)은 무엇인가? 성은 곧 천도이며 우리에게 내재된 인한 본성이다. 그래서 솔성과 치곡은 모두 자기 본성을 다하는 진성의 방법이 되며, 진성은 자기실현을 근본 목적으로 하는 자아실현의 과정이 된다.

성물의 방법은 지(智)이다. 그것은 본성에 따라 덕을 다른 사람이나 사

---

16   君子之道, 譬如行遠必自邇, 譬如登高必自卑.(『中庸』15)

17   人一能之, 己百之, 人十能之, 己千之.(『中庸』20)

18   其次致曲, 曲能有誠, …… 唯天下至誠爲能化.(『中庸』23) 여기서 致는 至이고, 曲은 小小之事라는 鄭玄의 주석을 따라 번역했다.

19   『博學之, 審問之, 愼思之, 明辨之, 篤行之.(『中庸』20)

물에 적절히 베풂으로써 서로의 자아실현을 완성하게 하는 것이다. 자아
실현은 자기 혼자의 완성[成己]만으로 되는 것이 아니라, 다른 사람과 사
물의 자아를 실현할 수 있도록 함으로써[成物] 이뤄진다고 보기 때문이
다. 그래서 『중용』의 성물은 바로 서로 간의 도덕적 자아를 시의적절(時宜
適切)하게 객관적으로 실현하도록 하려는 것이고, 성자는 성기성물하여
내외합덕(內外合德)하려는 것이다.[20] 상대적 대립 관계에서 추구되는 중용
은 외물과 최적의 관계 방식이다. 형식적으로 말해 명명덕어천하(明明德
於天下)하는 것이 바로 도덕적 자아의 자기실현상 가장 넓은 범위에서 중
용이 이루어지는 점이 된다. 그 중용이 이루어지는 점에서는 모든 대립적
관계가 균형을 이룬다.

　유가는 현실 관계에서 인을 실천하는 방법으로 "친척을 친함에 차등을
두고, 현인을 높임에 등급을 두는 것은 예의가 생기는 이유이다"[21]와 같은
차등애를 전제로 한다. 그렇게 되면 중용이 성립되는 점도 역시 선후본말
적 관계에서 선과 본을 중시한다는 원칙을 떠나지 못한다. 즉 실천 과정
에서 수기는 치인보다 앞서야 하며, 자기 부모는 다른 사람의 부모보다
먼저 모셔야 한다는 것이 대원칙이다. 이 대원칙에 합치되도록 하는 것이
유가의 현실적 중용이다.

　유가는 이런 현실적 중용을 넘어서 선후본말적 구분이 사라진 상태, 즉
성인의 경지에서 세계관적 인식을 중지함으로써 천인합덕하고 여천지참
(與天地參)하는 이상적 중용을 지향한다. 특히 도덕적 자아실현의 완성은
오히려 그런 경지에 도달해야 되므로, 선후본말적 구조에서 중용을 운용
하는 것은 단지 천인합덕이라는 최고의 경지에 도달하는 중간 과정의 방

20　誠者, 非自成己而已也, 所以成物也. 成己, 仁也. 成物, 知也. 性之德也, 合內外之道
也. 故時措之宜也.(『中庸』 25)
21　親親之殺, 尊賢之等, 禮所生也.(『中庸』 20) 親親而仁民, 仁民而愛物. (『孟子』「盡心
上」 45)

법일 뿐이다.

성물 중 인간 사회의 기본 관계인 군신·부자·부부·곤제(昆弟)·붕우 (朋友) 간의 사귐을 5달도(五達道), 즉 공통의 도(道)라 한다.[22] 이러한 인 간 사회의 실천 관계에서는 7정이 발하여 절도(節度)에 맞듯이 서로 화합 되어야 한다. 맹자는 이 5달도를 5륜(五倫)으로 말하는데,[23] 이것 역시 실 천 관계상의 중용을 말하는 것이다. 그러나 5달도는 다섯 가지 관계에서 모두 같은 것이 아니다. 그것은 친소원근(親疎遠近)에 따라 차등이 있는 데, 그것 역시 『대학』의 선후본말적 원칙에 따르는 것이다. 이렇게 선후본 말적 원칙에 알맞게 성립되는 중용의 도는 수양·실천적 의미를 갖는다.[24]

종합하면 『대학』의 수기치인이나 『중용』의 성기성물은 모두 선후본말 적 구조에서 중용을 운용하는 방법을 취하지만, 최고 목적은 모두 진성명 덕하는 도덕적 자아실현을 통해 천인합덕하려는 것이다.

3. 삶으로의 복귀

유가 철학의 최고 목표인 도덕적 자아실현을 위해, 『대학』은 현실의 제약 성을 고려하여 선후본말적 구조에서 근본을 중시함으로써 도덕 실천의 자기 내적 기초를 확보하려 했고, 『중용』은 현실의 상대적 대립 관계를 선 후본말적 구조에서 중용으로 조화시킴으로써 도덕 실천의 시의적절한 외 적 여건을 확보하려 했다.

『대학』과 『중용』은 불가분의 상호 보완적 관계를 유지하면서 도덕적 자

---

22   君臣也, 父子也, 夫婦也, 昆弟也, 朋友之交也. 五者, 天下之達道也.(『中庸』 20)

23   父子有親, 君臣有義, 夫婦有別, 長幼有序, 朋友有信.(『孟子』 「滕文公上」 4)

24   游酢(二程門人)는 "以性情言之, 則曰中和; 以德行言之, 則曰中庸."(『中庸』 2)이라 고 함.

아실현을 위해 '누가'·'무엇을'·'어떻게'·'왜'의 세계관적 범주에 속하는 것을 모두 도덕적 자아 속으로 회귀시켜 일체가 되도록 했으며, '언제'·'어디서'의 범주에 속하는 것도 선후본말의 구조를 인정하는 현실 속에서 중용으로 적절히 조화하였다. 그렇게 함으로써 도덕적 자아가 스스로 자기를 실현하는 방법은 주체적이고 적극적인 것이 되었다.

　진성명덕의 방법은 바로 공자의 문질론(文質論)을 계승한 것으로서, 개인의 도덕적 주체성을 지키면서 다른 사람과 선후본말적 구조에서 중용을 이루어 명명덕하고 진성하려는 것이다. 또 그것은 천지의 만물 화육에 함께 참여함으로써 도덕적 자아실현을 극대화하여 생명 사랑을 완성하려는 것이다.

[1996년] [25]

25　「학용의 자기실현적 방법」, 『공자학』 2집, 한국공자학회, 1996.11.에 게재한 것을 수정 보완함.

제9장

노자의 무위자연의 방법

노자(老子, B.C.571?~?)의 성은 이(李)이고, 이름은 이(耳)이며, 자는 담(聃)이다. 춘추 시대 초나라 사람으로서 공자보다는 20년쯤 먼저 태어났다. 그의 고향은 지금의 하남성(河南省) 녹읍현(鹿邑縣)이고, 주나라 장서실(藏書室)의 사관(史官)을 지냈다고 한다. 공자가 주나라에 갔을 때 노자에게 예(禮)를 물었다고 한다.

『도덕경』은 노자가 함곡관(函谷關)을 지날 때 함곡관령 윤희(尹喜)가 가르침을 청함으로써 기록으로 남게 되었다고 전한다. 책의 명칭은 『노자』·『노자도덕경』·『덕도경』 등으로 불리며, 모두 81장으로 되어 있다. 『도덕경』은 여러 사람의 손을 거치면서 이루어졌을 것이라고 추정되기는 하지만, 분명한 것은 그런 높은 철학적 정신 경지를 가진 사람이 아니라면 결코 말할 수 없다는 것이다. 최근 한대 분묘에서 『백서노자』가 발견되었는데,[1] 편제가 종전의 것과 달리 덕경이 앞에 있고, 도경이 뒤에 있다. 그리고 노자는 판본에 따라 자구가 다른 부분도 있지만 대체적으로 큰 차이는 없다.

---

1 1973년 발견된 『馬王堆帛書』를 말한다. 즉 현재 3가지 판본이 있는데, 그것은 王弼本 『老子道德經』(武英殿聚珍版本), 『馬王堆漢墓帛書』(國家文物局古文獻研究室, 文物出版社, 1980), 『郭店楚墓竹簡』(荊門市博物館, 文物出版社, 1998)이다.

노자 철학의 세계관적 목적인 무위자연(無爲自然)은 동시에 철학적 방법이다. 무위함으로써 자연의 도를 깨달아 자연인으로서 자유인이 되는 것이기 때문이다. 그래서 무위자연은 각종 세계관에 의해 생기는 인위적 문제의식 자체를 버리게 하거나 문제시하지 않게 하는 방법이다.

본 장에서는 문화인이 자연인으로 돌아가기 위한 목적과 방법을 중심으로, 노자의 세계관과 그 목적 · 중심 문제 · 방법 등의 상호 관계를 분석 · 종합함으로써 방법을 중심으로 세계관적 범주 간의 관계를 살피고자 한다.

1. 방법론적 배경

노자는 왜 자연주의자가 되었는가? 시대적 환경 요인으로는 주대의 문식이 본질을 압도하여[2] 사람들이 자연성을 상실하고 있었기 때문이다. 그리고 개인적 요인으로는 자연을 자족적(自足的)인 것으로 보는 세계관 때문이다.

노자가 가장 경계하고 배척한 것은 무엇인가? 그것은 수레나 무기 등과 같은 문화적인 이기(利器)보다, 이것과 저것, 유와 무, 사랑과 미움, 선과 악, 삶과 죽음 등과 같이 구분하는 개념적 사유와 세계관이었다.[3] 왜냐하면 우리가 상대적 개념의 세계관을 갖게 되면 편견에 빠져 자연성을 잃

---

2   虞夏의 質, 殷周의 文은 지극하도다! 우하의 문은 그 질을 이기지 못하며, 은주의 질은 그 문을 이기지 못한다.(『禮記』「表記」)
3   사람들이 아름답다는 것은 추한 것이고, 착하다는 것은 악한 것이다. 그러므로 유와 무가 상대적으로 생기고, 어렵고 쉬운 것이 상대적인 것이며, 길고 짧은 것도 상대적인 것이다. …… 그래서 성인은 무위로써 세상사를 처리하고 말없는 교화를 행한다.(『道德經』 2) 老子는 이와 같이 상대적 개념은 배척했지만, 小國寡民의 정치 형태를 유지하는 인간 사회의 기본 도구는 不得已한 경우 인정한다.

어버린다는 것이다. 그러면 온전한 자연성은 무엇을 말하는 것인가? 그 것은 어린아이처럼 인위에 물들지 않은 자연인으로서 무위자연할 수 있 는 본성을 말한다.

우리는 왜 자연성을 상실하면서까지 사물을 개념화하는가? 개념은 많 은 정보와 지식을 간단하게 교환할 수 있게 하기 때문이다. 하지만 그런 편리성은 좋은 것만은 아니다. 사람들은 개념으로 사물을 인식하게 하기 때문에 개념에 따른 편견이 생기며, 그것만을 진실하다고 믿어 남과 다투 게 된다. 그래서 "유가와 묵가의 시비는 서로 그른 것을 옳다고 하고, 그 옳은 것을 그르다고 한다"[4]는 것처럼 "천하의 사람이 선이라고 하는 것은 진정한 선이 아니다"[5]라는 것이다. 즉 상대적 가치 때문에 진정한 절대적 가치를 못 본다는 것이다.

노자는 정치를 무위지치(無爲之治) → 인치(仁治) → 의치(義治) → 예 치(禮治) → 혼란(混亂)의 단계로 무너진다고 보았다.[6] 이것은 선악의 상 대적 가치를 긍정하는 유가나 기타 제자백가 철학에 대한 비판인 동시에, 도가의 무위자연이 가장 좋다는 주장이다. 그것은 각종 혼란이 인위적인 것에 비례하여 가중된다는 것인데, 뒤집어 보면 무위자연에 반비례한다 는 말이 된다. 그래서 노자는 그런 상대적 개념을 부정함으로써 상대적 가치관과 그에 수반되는 욕심·편견들을 본원적으로 발생하지 않게 할 수 있다는 것이다.[7] 아울러 온전한 자아를 회복하여 자연의 도와 합일하려

4 『莊子』「齊物論」
5 皆知善之爲善, 斯不善已.(『道德經』2)
6 그는 대도가 무너지고서 인의가 생겨났다.(『道德經』18) 도를 잃고 난 다음 덕을 강 조하게 되고, 덕을 잃고 난 다음 인을 강조하게 되며, 인을 잃고 난 다음 의를 강조하게 되고, 의를 잃고 난 다음 예를 강조하게 되는데, 무릇 예라는 것은 얄팍한 忠信이고 혼란 이 생기는 시작이 된다.(『道德經』38)
7 위정자가 현인을 숭상하지 않아야 백성들을 다투지 않게 할 수 있고, 얻기 어려운 것 을 귀하게 여기지 않아야 백성이 훔치지 않게 할 수 있으며, 탐욕을 보이지 않아야 백성

한 것이다.

도에 이르기 위해서는 자기부정성(自己否定性)이 있어야 한다. 그래야 그 언명의 한계를 깨고 자기 밖에 존립 근거를 갖게 되며, 그를 통해 간접적으로 도를 깨달을 수 있다. 노자가 말한 '도가도비상도(道可道非常道)'라는 명제가 그 대표적인 예이다. 자기부정의 방법은 역설적인 것이므로 상대적 개념을 부정하는 것은 물론 아무런 전제도 없이 본연의 세계를 직관함으로써 무위자연으로 돌아갈 수 있게 하는 것이다.

2. 주요 방법

문화인이 자연인으로 돌아갈 수 있는 방법은 무엇인가? 그것은 역설적 자기부정(自己否定)과 직관(直觀)이다. 자기부정은 문화인이 자연으로 돌아가는 방법이고, 직관은 도를 깨닫고 자연과 일체가 되는 방법이다.

1) 자기부정의 방법

자연성 상실은 개념적 사고에 따른 세계관적 인식 때문에 생긴 것이다. 그래서 개념적 사고를 버려야 하는데, 버리는 방법이 부정법이다. 그것도 자기가 하는 말이나 생각 속에 자기부정성이 있어야 한다. 그렇지 않으면 자가당착에 빠지기 때문이다.

들의 마음을 흐트러지게 하지 않을 수 있다. 그러므로 성인의 다스림은 백성들의 마음을 허정하게 만들고, 백성을 배부르게 하며, 욕심을 약하게 하고, 기골을 강대하게 할 수 있다. 백성들로 하여금 無知 無欲한 상태로 있게 하고, 지교가 있는 사람이 감히 수작을 부리지 못하게 한다. 도에 따라 행하기 때문에 다스려지지 않는 것이 없다.(『道德經』 3)

(1) 상대적 개념의 부정과 절대적 도의 획득

노자는 어떻게 절대적인 도를 규정했는가? 노자는 개념의 상대성 때문에 도의 개념적 정의를 부정하여 "도(道)를 도라고 말할 수 있으면, 그것은 이미 상도(常道)가 아니다"[8]라고 하였다. 이 말은 자가당착적인 명제가 아니라 자기부정을 통해 도를 절대화하는 말이다. 그렇기 때문에 그것은 오히려 노자 철학의 기본 입장을 표명하는 비명제적 명제가 되었다.

어떤 명제가 스스로 자기를 부정할 때, 그 명제는 과연 성립할 수 있는가? 즉 "도를 도라고 말할 수 있으면, 그것은 이미 상도가 아니다"라고 말하면, 그것은 이미 말로서 그 무엇을 말하고 있는 것이다. 그래서 그것은 형식상 모순으로 보이나, A와 −A는 동일 시공 속에 존재하는 것이 아니므로 모순되지 않는다.

우리는 여기서 무엇을 얻을 수 있는가? 언어 영역에서 그 무엇을 규명하려는 논의와 노력은 끝내 우리를 그 속에 가두어 헤어나지 못하게 한다. 그때 노자는 '도가도비상도'(道可道非常道)라는 부정의 방식으로 언어 영역 저편의 문을 열어 진리의 빛이 인간 세계에 들어오게 하고, 도의 세계에 들어갈 수 있게 한 것이다. 그래서 이것은 결코 도를 표현함에서 언어의 한계를 극복할 수 없다고 자포자기하는 말이 아니라, 오히려 부정문의 형식으로 간접 표현함으로써 언어 너머의 세계를 들여다볼 수 있게 한 것이다.

자기부정이란 무엇인가? 자기가 자기를 부정하는 것이다. 부정의 주체나 대상은 모두 자기 자신이다. 노자는 왜 자기부정의 방법을 썼는가? 인간의 이성으로 도달할 수 없고, 언어로 표현할 수 없는 절대 영역을 언어로 표현하고자 한 것이다. 그런 절대 영역은 상대적인 그 어떤 개념도 진입을 거부하기 때문이다. 우리의 사유나 명제가 자기부정성을 가질 때 그

---

8   道可道, 非常道.(『道德經』1)

런 한계성을 극복할 수 있게 된다. 자기부정은 '도가도비상도'라는 구절만이 아니라, 무위(無爲)라는 개념의 경우 역시 마찬가지이다.

노자의 무위(無爲)라는 말은 본래 『시경』의 시어이다. 즉 그것은 『시경』에는 "아무 탈이 없었다"[9], "자나깨나 다른 생각 없네"[10], "아첨하지 마라"[11]라는 시구에 나온다. 무(無)는 "……이 없다"[有無]나 "……하지 마라"[禁止]를 나타내는 부정어이므로, 무위는 '어떤 행위를 함이 없다'는 뜻이거나 '어떤 행위를 하지마라'는 뜻이었다. 그런데 노자는 그것을 역설적으로 활용함으로써 무한 상징성을 취했으며, 인위(人爲)가 없는 무한·보편·평등한 자연(自然)의 세계를 통찰하는 도구로 사용했다. 그래서 무위와 자연은 동의어로서 노자의 최고 목표이면서 동시에 최고 방법이 된 것이다.

'도가도비상도'가 자기부정성으로 도를 상대적 개념을 넘어 절대 세계에 올려놓았다면, '무위'는 부정어를 역설적으로 사용함으로써 인위조차도 포월(包越)할 수 있는 눈을 뜨게 한 것이다. 노자는 무위를 역설적으로 활용함으로써 모든 인위를 배척하는 것이 아니라 부득이한 것은 인정할 수 있게 되었다.[12] 나아가서는 도를 자연(自然)·무(無)·현(玄) 등과 같은 다른 여러 개념으로 바꾸어 언급하기도 했다. 그렇게 개념을 단지 수단과 방법으로 보고 득의망언(得意忘言)[13]할 수 있으면, 노자의 『도덕경』이 오천여 자가 아닌 몇 만 자라도 상관없는 것이다.

우리가 학습으로 인해 하나의 세계관을 갖게 되고, 그런 세계관에 따른

9 尙無爲.(「王風·免爰」)
10 寤寐無爲.(「陳風·澤陂」)
11 無爲夸毗.(「大雅·生民之什·板」)
12 용감하지만 不得已한 경우에만 武力을 사용한다.(『道德經』30) 武力은 상서롭지 못한 것으로 군자가 쓸 것이 못된다. 不得已 武力을 행사할 경우에도 염담하게 하는 것이 최고이다.(『道德經』31) 不得已之類, 聖人之道.(『莊子』「庚桑楚」)
13 言者所以在意, 得意而忘言.(『莊子』「外物」)

편견도 갖게 된다. 만약 학습 목적에 자기부정성이 들어 있다면, 우리는 그 어떤 것을 배워도 그것으로부터 자유롭고 자연성을 지킬 수 있다. 그런 전제하에 일반적으로 개념적 사고를 통해 최고의 보편자를 찾아내듯, 도를 명사형 개념으로 개념화해 보자.

도는 첫째, 만물의 존재나 삶의 기본 원리(原理)이다. 둘째, 우주 발생의 바탕으로서 마치 꽃병의 재료인 진흙처럼 원질(原質)이다. 셋째, 세계관적 범주나 개념으로 포착된 것이 아닌 자연 그대로의 원상(原相)이다. 넷째, 말하는 사람까지 포함하는 것으로 구분하고 나누어 말할 수 없는 유기적 통일체로서의 전체(全體)이다.[14]

도는 개념적으로 이들의 합일체이지만, 이들만으로는 무한히 변화하는 자연을 그대로 묘사할 수는 없다. 그래서 노자는 "그것의 이름을 몰라 자호는 도(道)라고 하고, 이름은 억지로 붙여 (형용사형으로) '크다'[大]라고 부르겠다"[15]고 말했다. 이때 크다는 것은 자연의 무한 변화 자체에 붙인 형용사형 이름이고, 도라는 것은 변화 과정을 인위적 개념으로 가공한 법칙에 붙인 명사형 이름이다. '크다'[大]가 도에 비해 자연의 무한 변화에 가깝고 충실한 이름이므로, 노자는 그것으로 크고 황홀한 자신의 정신세계를 대표할 수 있었다.[16] 그런 면에서 도는 존재하는 사물이 아닌 감동과 환희로 가득한 노자 자신의 정신세계이다.

14　방동미 저, 남상호 역,『원시 유가 도가 철학』, 서울, 서광사, 1999, 244~248쪽 참조. 방동미는 도를 다음과 같이 네 가지로 나누어 설명했다. 道體는 바로 무한 진실 존재로서의 실체, 즉 眞幾 혹은 本體이다. 道用은 만물에 두루 미치어, 일체의 용(用, 혹은 機能)에 遍在해 있고, 아무리 가져도 다 가질 수 없으며, 아무리 써도 다 소모되지 않는 것이다. 道相은 天然에 속하는 것과 人爲에 속하는 것이 있다. 道徵은 성인에게서처럼 고명한 至德이 발현되는 것이다.

15　吾不知其名, 字之曰道. 强爲之名曰大.(『道德經』25)

16　視之不見, 名曰夷, 聽之不聞, 名曰希, 搏之不得, 名曰微, 此三者, 不可致詰. 故混而爲一. 其上不皦, 其下不昧, 繩繩不可名. 復歸於無物, 是謂無狀之狀, 無物之象. 是謂恍惚, 迎之不見其首, 隨之不見其後. 執古之道, 以御今之有. 能知古始, 是謂道紀.(『道德經』14)

　도는 언어를 초월한 것이기 때문에, 노자는 세계관적 범주나 개념으로 파악하는 것을 반대한다. 그래서 노자의 인식론적인 방법은 직관이다. 우리는 무개념적(無槪念的) 직관을 통해 분별·차별적 인식에 빠지지 않고 도의 세계에 이르게 된다. 이것과 저것으로 구분하는 개념적 인식은 비교를 통해 사물을 분명하게 인식할 수 있게 하지만, 그만큼 반대면을 보지 못하게 하기도 한다. 그래서 나와 남, 이것과 저것 등의 구분을 지양하고 무분별·무차별하게 사물을 대할 때, 나와 전체 우주 자연은 하나가 된다는 것이다. 그것은 우리가 '언제'·'어디서'·'누가'·'무엇을'·'어떻게'·'왜' 등의 세계관적 범주에 의해 인식하는 세계관적 인식을 중지함으로써 직관만 작용하는 상태이다.

　만약 노자 철학에서 직관을 부정한다면『도덕경』제1장의 명제는 전혀 무의미한 말이 되고, 도를 알 수 없다는 말이 된다. 만약 도를 알 수 없는 것이라면 노자의 무위자연적 철학은 논거를 잃게 된다. 그래서 무개념적 직관은 더 이상의 분별·차별을 만들지 않기도 하지만, 적극적인 면에서는 자연인의 정체성과 주체성 상실을 방지하기도 한다.

　만약 나의 손만을 나라고 한다든지 머리만을 나라고 한다면, 부분과 전체를 혼동한 것이므로 우리는 동의할 수 없을 것이다. 마찬가지로 어떤 세계관을 가지고 자연을 바라본다면, 그것은 그런 세계관에 비친 자연의 한 모습뿐이다. 바라보고 말하는 사람까지도 분리·독립시킬 수 없기 때문에 할 수 없이 부정문의 형식으로 간접 묘사하는 것이다. 다시 말해 "도를 도라고 말할 수 있으면, 그것은 이미 상도가 아니다"라고 말할 때, 완전히 부정되지 않고 남는 본연(本然)의 그 무엇이 있는데, 그것이 바로 도인 것이다.

　도는 개념적으로 무분별·무차별한 것이며 그 속에 원리·원질·원상·전체 등의 의미를 갖추고 있는 것이기 때문에, 상대적 개념의 언어로써 규명할 수 없고 이름이 없는 것이다.[17] 이러한 이름 없는 도는 천지·음양의 시작이다.[18] 사물이 이름을 갖게 되는 것은 우주론 측면에서 무형의 도가 유형의 만물로 변한 것이라 할 수 있다. 그러나 인식론 측면에서는 본래 어떤 구분이나 차별이 없는 자연 상태를 우리의 의식이 구분하여 이름을 지은 것이라고 말할 수 있다. 그래서 사물을 있는 그대로 인식하려 할 때 개념적 방법을 쓰지 않고 직관적 방법을 쓰는 것이다. 이렇게 노자는 도에 대해 개념화를 부정하듯 모든 면에서 개념적인 것들을 철저히 배척하고, 자아 상실을 막아 자연성을 온전하게 보전하려 한다.

노자의 세계관적 목적은 무엇인가? 그것은 모든 개념적 사고를 없애고, 학문적 체계를 허묾으로써 인간의 자연성을 회복하여 무위자연하는 것이다. 『도덕경』의 목적이 사람들에게 그런 것을 가르치기 위한 것이라고 한다면 적극적인 의미를 갖겠지만, 궁극에 가서는 오히려 모든 학문 체계를 부정하여 인위적인 것을 제거하기 위한 것이라 할 수 있다. 그래서 개념적 사고를 부정함으로써 모든 학문적 체계를 부정하고, 끝에 가서는 자신의 학문 체계까지 모두 부정하는 것이다. 최후에는 어떤 개념적 사고도 없는 순수 직관만으로 자연과 합일되는 최고의 목표를 달성하려는 것이다. 이렇게 도에 대한 개념화의 가능성을 부정함으로써 도를 절대화시켰으며, 어떤 상대적 개념에도 떨어지지 않도록 방지하였다. 하지만 그 속에는 '도가도비상도'를 넘어 도를 자연·무·현 등으로 개념화할 수 있다는 역설적 의미도 내포하는 것이다.

2) 직관적 방법

자기부정의 방법은 『도덕경』에서 쉽게 찾을 수 있는데, 직관은 그렇지 못하다. 개념적 사고에 훈련된 사람에게 직관은 자기부정의 방법을 경유한

---

17   道常無名.(『道德經』 32) 道隱無名.(『道德經』 41)

18   無名天地之始, 有名萬物之母.(『道德經』 1)

다음에 얻을 수 있는 것이다.

자기부정의 방법에 입각하여 '도가도비상도'라는 말처럼 도를 언어 속에서 구출했으나, 우리의 직관이 발동하지 않으면 그 진의는 알 수 없게 되어 무의미한 말로 되고 만다. 자기부정을 거치고 남는 것에 대해 직관이 작용해야 도의 본질을 잡게 된다. 직관으로 파악된 도는 더 이상 아무 말도 할 수 없으므로, 노자도 "나는 그 이름을 알지 못해 자(字)로 불러 도라 하고, 억지로 이름 불러 크다[大]"고 말했다.[19] 이때 대(大)는 형용사형 개념으로서 고정적인 명사형 개념의 폐단을 최소화하려 한 것이다. 무위와 자연이란 개념 역시 마찬가지이다.

노자가 직관의 방법을 사용했다고 보는 근거는 어디에 있는가? 직관이란 말은 인식론적 용어인데, 다른 말로 표현하면 그것은 세계관적 인식의 중지 후에 얻는 만물과의 일체감이다. 노자는 그 일체감을 황홀이라고 표현했다.[20] 노자는 왜 직관을 주장했나? 개념적 사유는 단계적으로 상대적 개념의 탑을 쌓아서 꼭대기에 가서는 하나의 최고 개념을 도출하는데, 그것은 사물의 원형에서 가장 먼 것이기 때문이다. 유가를 예로 들면 유가에서 '예의삼백, 위의삼천'(禮儀三百 威儀三千)[21]의 예절은 인의예지신 등으로 개념화되고, 인의예지신 등은 유가의 인도로 개념화된다.[22] 그런 인도는 선악이라는 상대적 가치의 범주 중 선의 범주에 속하는 개념들이다. 그런 인도는 다시 천도에 귀속되며, 천도는 지선으로서 모든 도를 통섭하는 최고 개념의 도가 된다. 물론 형이상학적으로 체용일원 현미무간(體用一源 顯微無間)[23]이라고 하는데, 그것은 관념 세계 속에서 일이고, 현실에

19　吾不知其名, 字之曰道. 强爲之名曰大.(『道德經』 25)
20　無物之象, 是謂恍惚.(『道德經』 14) 道之爲物, 惟恍惟惚. 惚兮恍兮, 其中有象. 恍兮惚兮, 其中有物.(『道德經』 21)
21　『中庸』 26
22　經禮三百, 曲禮三千, 其致一也.(『禮記』 「禮器」)
23　『易程傳』 序文에 있는 程伊川의 말.

서 도라는 개념은 자연의 원형에서 가장 거리가 멀 뿐만 아니라 다른 세계관을 가진 사람들 간에 많은 시비를 유발한다. 장자는 유가와 묵가 간의 논쟁을 그렇게 보았다.[24]

노자가 세계관적 인식을 중지시키고 직관을 요청한 것은 세계관적 인식의 상대성 때문이다. 그래서 노자는 천도를 최고의 행위 기준으로 삼았지만, 선하니 악하니 하는 상대적 범주에는 넣지 않았다. 즉 "천지는 어질지 않아 만물을 추구(芻狗)와 같이 여기고, 성인은 어질지 않아 백성을 추구와 같이 여긴다"[25]는 말처럼, 천지와 성인을 선하다거나 악하다고 보지 않았다. 천지와 성인은 무분별·무차별한 도를 따르기 때문에 오히려 선악으로 개념화할 수 없다는 것이다. 노자는 그렇게 처음부터 분별·차별을 부정하기 때문에 최고 원리인 도라 할지라도 선악의 상대적 범주에 넣지 않은 것이다.

노자가 도라는 절대 개념을 개념적 사유로 추출하지 않았다면 어떻게 얻은 것일까? 그것은 직관에 의해 얻은 것이다. 그러나 직관을 사용하는 데는 두 가지 경우가 있다고 본다. 첫째는 부정의 방법을 거치고 그다음에 직관을 쓰는 경우이고, 둘째는 부정의 방법을 쓸 필요가 없는 경우이다.

첫째, 부정의 방법은 세계를 구별·차별적으로 인식한 상태에서 상대적 개념이 사유를 지배할 경우이다. 즉 우리와 같이 개념적 사유에 익숙해 있는 사람들은 모든 것을 분석적 대상적으로 보려 하기 때문에, 자신을 포함하는 전체에 대해서도 자기를 초월적 관찰자로 만든다. 우리는 나를 포함하는 전체를 알려고 할 경우, 생각하는 나 자신을 초월할 수 없다는 것을 깨달을 때 그 전체를 직관에 의해 파악하게 되는 것이 바로 혼연일체자로서의 도라는 것이다. 이때의 직관은 바로 필자가 말하는 세계관적

---

24   儒家와 墨家의 시비는 서로 그른 것을 옳다고 하고, 그 옳은 것을 그르다고 한다.(『莊子』「齊物論」)
25   天地不仁, 以萬物爲芻狗. 聖人不仁, 以百姓爲芻狗.(『道德經』 5)

인식의 중지이다.

노자는 교육을 먼저 받고 난 다음 그것을 버려야 한다고 보는 것인가? 결코 그럴 필요가 없다. 수양의 의미는 개념적 사고와 상대적 개념을 버리고 인위적인 것을 배우지 않는 것이기 때문에, 개념을 기초로 하는 학문은 성립할 수가 없고, 더더욱 학문의 체계는 생각할 수도 없다. 그래서 노자는 모든 학문 체계를 없애야 인간이 소박해지고 사회악도 생기지 않는다고 보는 것이고,[26] 자신의 사상이 궁극적으로는 어떤 학문 분류에도 들기를 원치 않을 것이다. 따라서 노자 철학은 학문적 개념의 건립이 아닌 파괴를 위한 것이 되었다.

개념의 파괴를 위해 행하는 자기부정이나 직관의 방법 역시 인위적인 행위인가 아닌가? 그 목적은 도를 따르는 것이고, 방법은 인위적인 것이다. 목적이 방법을 정당화할 수 있는 것은 아니지만, 환부를 치료해야 생명을 구하는 경우처럼 부득이한 것으로 이해할 수 있다. 노자 철학은 자연주의적 거시 철학(巨視哲學)이기 때문에 더욱 그렇다.

우리는 학문 세계에서 자신의 이론을 정립하기 위해 서론·본론·결론 등의 형식을 빌려 그에 따라 학설을 전개해 간다. 단 우리는 그 이론의 구성이 개인의 세계관에 상대적으로 성립된다는 것을 잘 알고 있다. 자기 세계관에 상대적으로 타당한 근거를 갖기 때문이다. 결국 그 학문의 체계는 존중될 수는 있으나, 진리성으로 말하면 항상 참이 되지 못하는 일면적인 진실성뿐이다. 따라서 노자가 그런 인위적인 것을 배우지 않거나 제거하는 활동으로서의 학습 이외에, 그 어떤 학문 체계도 부정하는 것은 자연스런 것이다. 그러나 노자처럼 개념적인 것을 부정하더라도 우린 결코 허공으로 떨어지지 않을 것이다. 왜냐하면 개념적 사고가 중지될 때

---

26   학문이나 지혜를 버리면 백성의 이득이 백배나 된다.(『道德經』 19) 세속적인 학문을 끊어 버리면 근심 걱정도 없을 것이다.(『道德經』 20)

도에 대한 직관은 작용하기 시작하며, 그때 조용히 침전되어 남는 것은 바로 진실한 자연 그대로의 참모습일 것이기 때문이다.

둘째, 직접 직관을 행사하는 경우이다. 어린아이가 아직 어떤 개념을 형성하지 못하고 있을 때, 개념 교육을 시키지 않음으로써 자연인의 정체성과 주체성을 그대로 보전할 수 있다. 이때 그는 직관으로 살 수 있으므로 어떤 개념 교육도 필요 없고, 또 해서도 안 된다는 것이다. 노자의 직관은 관찰자와 관찰물의 구분이 없다. 만약 구분이 있다면 그것은 이미 주객의 개념과 이것, 저것이 생겼기 때문이며, 또 그것은 무분별·무차별한 도로써 보는 것이 아닌 유분별·유차별한 사물로써 보는 것이 된다. 직관하는 자는 직관하는 자신도 깨닫지 못하는 상태이고, 구분 또한 없는 상태이다.

노자는 그런 직관을 통해 얻은 도와의 일체감을 표현하여 황홀하다고 묘사한다. 진일보해서 말하면, 자신이 황홀한지 어쩐지 조차도 느끼지 못할 것이다. 이때 우리가 말하는 우주라든가 전체라든가 하는 것을 안다는 것은 그들과 구분 없이 하나의 상태로 돌아간다는 말이지, 직관으로 우주의 개념을 획득한다는 말이 아니다. 우주 전체는 또 그렇게 대상으로서 직관될 수 있는 것도 아니기 때문이다. 노자는 그렇게 무분별·무차별한 정신세계를 지향한 것이다.

역설적이지만 세계관적 범주로 파악되지 않는 무분별·무차별한 것은 자연의 원리·원질·원상·전체이다. 그래서 노자는 무(無)를 도라고 한 것이다. 이렇게 무로 도를 표현하는 것은 노자 철학의 방법적 특질 중 하나이다.

3) 자기부정의 방법과 직관의 결합

자기부정의 방법은 기존의 상대적 개념을 버리고 세계관적 인식을 중지함으로써 자연인의 정체성과 주체성을 회복하여 도로 돌아가는 방법이고, 직관은 사물을 무분별·무차별하게 무개념적으로 보는 방법이다. 자기부정의 방법에 의해 모든 개념적인 것이 부정되며, 부정되지 않고 남은 것을 일체적으로 갖추고 있는 도는 직관에 의해 파악된다. 개념의 자기부정은 바로 개념적 사고의 중지 또는 세계관적 인식의 중지이며, 도에 대한 직관의 시작이다.

만약 상대적 개념의 자기부정을 통해야만 그런 절대적 도의 개념을 얻을 수 있다고 한다면, 결국 노자는 상대적 개념을 얻기 위한 학습 과정을 인정하게 된다. 물론 이 경우 학습·수양이 무극의 세계에서 소요유(逍遙遊)하기 위한 하나의 방법이라 하더라도 무위자연을 주장하는 노자에게는 논리상 모순이 생긴다. 만약 도를 직관으로만 파악할 수 있다면 개념적 사고에 빠진 사람은 도 개념을 알 수 없게 된다. 그래서 상대적 개념에 빠진 경우는 먼저 자기부정의 방법을 쓰고, 뒤에 직관의 방법을 쓰면 된다. 그러나 처음부터 아예 상대적 개념이 없는 어린아이와 같은 경우라면 직관의 방법으로 하면 될 것이다.

노자의 자기부정의 방법은 허무주의적이거나 삶을 포기하는 것이 아니다. 그 어떤 학문도 부정하며 인위적인 것을 버리거나 그런 인위적인 것을 배우지 않는 것을 습관 들이는 것뿐이다. 그것은 바로 세계관적 인식이 중지되어 그 어떤 상대적 개념도 없는 무분별·무차별한 상태에 이르는 것이며, 자연인의 정체성과 주체성을 회복하는 것이다. 그것이 바로 여도합일(與道合一) 또는 천인합일(天人合一)이다.

우리가 자연인의 정체성과 주체성을 회복하여 도와 합일할 수 있는 근거는 어디에 있는가? 도의 자족성(自足性)에 있다. 즉 도와 합일하여 살고자 하는 노자의 세계관적 목적은 자연 본성의 자족성에 있는 것이다.

4) 수양론과 현실적인 최소한의 긍정

자기부정과 직관의 방법으로 절대 세계로 들어간 노자의 경지와 인위적

인 것이라고는 하나도 없는 어린아이의 경지는 같을까? 이것은 하나의
허구적 질문이다. 왜냐하면 노자와 어린아이는 이미 무분별·무차별한 세
계 속에 있는 것이므로, 다시 새로운 차별상을 만들어 구분할 필요가 없
으며, 차별·분별하는 문제를 만든다면 다시 원점으로 돌아가고 마는 결
과가 되기 때문이다. 그래서 도를 알고 도와 하나가 되기 위해 인위적·차
별적인 개념을 버린다는 것은 그런 인위적·차별적인 개념을 사용하지 않
는 것이고, 세계관적 인식의 중지를 의미한다. 이때 도에 대한 직관이 시
작될 수 있는 것이다. 그래서 직관적 인식 이전에 사물에 대한 개념은 배
우지 않아도 된다.

우리는 직관으로 사물을 있는 그대로 인식하고, 그에 순응하며 살아갈
수는 있다. 그러나 현실적으로 "구더기 무서워 장 못 담그느냐"는 우리의
속담처럼, 인간 세상에 여러 가지 시비와 싸움이 발생한다 하여 그것을
해결하기 위해 노자식의 방법을 택하고, 문화적 편리성을 얼마나 멀리할
수 있을까 정말 의심이 간다.

상대적 개념의 부정을 현실에 적용하면 이 사회는 어떻게 될까? 최후
에 기성의 학문 체계·도덕·관습·법률 등의 사회·문화의 구조 등은 파
괴되고 말 것이다. 그것은 이미 문화 건설을 긍정하는 입장에서 보면 파
괴이지만, 노자 입장에서 보면 파괴가 아닌 본연으로 돌아가 무위자연하
는 것뿐이다.[27] 그러므로 노자가 추구하는 자연인의 마음속은 허정(虛靜)
해서 자기를 위해 남을 해치거나 남을 위해 자기를 희생하려는 마음은 아
예 없다는 것이다.[28] 오히려 인간은 대자연의 도와 합일할 수 있으며, 순

---

[27] 만물이 무성하게 자라고 있으나, 결국은 모두가 다 근원으로 돌아간다. 근원으로
돌아가는 것을 靜이라 하고, 靜을 復命, 즉 本性으로 復歸하는 것이라 한다. 本性으로 復
歸하는 것을 常道라고 한다.(『道德經』 16)
[28] 최고의 덕은 부덕하기 때문에 덕이 있는 것이고, 하급의 덕은 덕을 잃지 않으려 하
기 때문에 덕이 없는 것이다.(『道德經』 38) 욕심을 일으키지 않고 허정하면 천하가 스스
로 안정될 것이다.(『道德經』 37)

수 자아가 있는 그대로 살아 숨 쉬게 된다고 보는 것이다. 그렇게 우리는 자기부정의 방법으로 기존의 상대적 개념을 버리고, 직관의 방법으로 구별·차별의 세계에 빠지지 않음으로써 도와 합일되어 정체성과 주체성을 회복할 수 있는 것이다. 자기부정과 직관으로 파악한 도는 우리가 정체성과 주체성을 보전하려 할 때의 목표이고 기준이다. 그래서 도에 따라 사는 것은 정체성과 주체성을 보전하는 최선의 방법이 된다. 그러면 노자는 인간이 인위적인 것이라고는 아무것도 하지 않으며 살 수 있을 것이라고 생각했을까? 그렇지 않다. 우리가 최소한 사물을 구별·차별하지 않으려는 노력과 아울러 소국과민(小國寡民)·결승문자(結繩文字) 등 최소한의 인위적인 것을 인정한다.[29]

인위적인 것을 인정하는 기준은 어디에 있는가? 인위적인 것을 인정하는 기준은 부득이(不得已)이다. 노자는 물론이고 장자도 "부득이한 것들은 성인의 도"[30]라고 말한 것처럼, 부득이로 취사의 기준을 삼을 때, 소국과민과 결승문자는 인위적인 것이라 하여 버리지 않을 것이다. 또 비바람을 피하는 간단한 집이나 음식을 만들어 먹는 것 등도 인간이 자연 속에서 살기 위한 최소한의 것으로 역시 부득이한 것이다. 이런 부득이한 것들은 인위적인 것을 취사하는 기준이라기보다는, 차라리 자연과 인위를 구분하는 기준이라고 보는 것이 노자의 기본 정신에 부합된다. 그렇게 부득이한 무위자연의 도를 지킬 때, 자연의 운행 법칙에 따라 삶을 이어갈 수 있다.[31]

29　『道德經』80

30　不得已之類, 聖人之道.(『莊子』「庚桑楚」)

31　도는 무엇을 하려는 의도가 없이 해도 이뤄지지 않는 것이 없다. 군왕이 만약 이러한 무위자연의 도를 잘 지킬 수가 있다면, 만물은 스스로 잘 생성 화육할 것이다. 만물이 자라면 여러 가지 욕심이 일어나게 마련인데, 나는 質朴한 無名의 도로서 욕심을 누르고자 한다. 그러면 만물도 無欲하게 되리라. 욕심을 일으키지 않고 虛靜하면 천하가 스스로 안정될 것이다.(『道德經』37) 배우면 날로 지식이 많아지고, 도를 따라 행하면 날로 인위

3. 삶으로의 복귀

노자 철학의 목적과 방법은 한마디로 무위자연이다. 무위와 같은 부정어를 역설적으로 사용함으로써 자연의 도를 발견한 것이다. 그렇게 노자는 무위자연의 방법으로 일체의 상대적 개념을 버림으로써 자연성을 회복하고 도와 합일하려 한 것이다. 그러면 우리는 무위자연의 방법으로 무엇을 얻을 수 있을까?

첫째, 시비·선악·생사 등의 딜레마와 같은 상대적 인식의 함정에 빠진 우리의 관념을 해방할 수 있을 것이다. 둘째, 해방된 관념은 무위자연의 상태에 놓여 욕심도 싸움도 없게 될 것이다. 셋째, 해방된 관념은 더이상 학문 활동과 부득이한 경우 이외의 인위적인 것은 하지 않게 될 것이다. 첫째와 둘째는 우리 정신세계의 일이기 때문에 세계관을 전환하면 쉽게 긍정할 수 있겠지만, 셋째는 실행이 따르기 때문에 우리를 불안하게 하고 회의를 갖게 한다. 그러나 다시 생각해 보면 그런 회의를 갖는 것 자체가 아직 우리의 관념이 상대적인 가치 세계에서 완전히 벗어나지 못했다는 것을 뜻하는 것이 아닐까?

노자는 모든 개념적 학문 활동을 거부하므로, 최후에는 자신의 학문 체계 역시 학문 이론의 추구가 아닌 자기 자신까지 부정하는 자기부정을 통해 새롭게 태어나는 것이 된다. 노자는 이렇게 세계관적 인식을 중지하고 직관을 사용함으로써 상대적 개념의 함정에 빠져 있는 우리 구출하려 했다. 그래서 노자 철학에서 자연성을 회복하려는 '누가'·'무엇을'·'어떻게'·'왜' 등의 세계관적 범주에 속하는 것은 자연인의 주체 속에서 일체를 이룬다. 그러나 유가와 달리 '언제'·'어디서'의 범주는 소국과민의 작

적인 것이 감소한다. 감소하고 또 감소하여 인위적인 것이 하나도 없는 데까지 이르러, 인위적으로 의도하지 않아도 자연의 理法대로 되므로 이뤄지지 않는 것이 없다.(『道德經』 48)

은 사회를 중심으로 하는 시공이기 때문에 아주 소극적이다. 하지만 정신적으로는 적극적으로 우리를 자연으로 안내할 수 있을 것이다.

[1993년][32]

---

32 「자아회복을 위한 노자의 방법론에 관한 연구」, 『강원인문논총』 2집, 강원대학교 인문과학연구소, 1993.5.에 게재한 것을 수정 보완함.

장자의 여도합일의 방법

장자(莊子, B.C.369?~B.C.286)의 성은 장(莊)이고, 이름은 주(周)이다. 그는 전국 시대 송(宋)나라 사람으로서 노자보다 200년쯤 뒤에, 공자보다는 180년쯤 뒤에 태어났다. 맹자와는 비슷한 시기에 태어났으며, 혜시(惠施)보다는 30년 연장자였지만 친한 도반(道伴)이었다. 그의 고향은 지금의 하남성(河南省) 상구현(商邱縣) 동북쪽이다. 그는 옻나무 밭을 관리하는 칠원리(漆園吏)였거나 칠원(漆園)이라는 고을의 관리였다고 알려져 있다.

『장자』는 내편 7편, 외편 15편, 잡편 11편 등 전체 33편으로 구성되어 있다. 일반적으로 내편 7편은 장자의 저작이거나 말을 기록한 것이며, 외편과 잡편은 후학들의 저작이라고 한다. 외편과 잡편은 다시 세 파의 작품으로 나눌 수 있다. 그중 장자의 정신을 계승 발휘한 술장파(述莊派)의 것은 12편, 무하유지향으로 초탈하려는 무군파(無君派)의 것은 7편, 유가와 묵가를 비판·융합하려는 황로파(黃老派)의 것은 7편 등으로 분류할 수 있다.

장자는 노자 철학의 기본 정신을 계승·발전시킨 사람이다. 그의 주요 사상은 「소요유」에 잘 나타나 있다. 그의 최고 목표는 자연인으로서의 자유인이 되어 소요유하며 살아가는 삶이었으며, 수양·실천의 주요 방법은 망(忘)과 허정(虛靜) 등이 있다. 망은 기억과 생활 습관상에서 떨쳐버리는 것이고, 허정은 잡된 생각이나 자기중심적 사고를 버려 마음속을 비우고 고요하게 하는 것이다. 이것은 모두 후천적 학습에 의해 얻은 것들을 버리거나 무기력하게 하는 방법이다.

노자가 형이상학과 정치 철학적인 면에 치중했다면, 장자는 수양·실천적인 면에 치중하였다. 노자가 기본 원리를 확립했다면, 장자는 그것을 활용한 사람이다. 장자는 노자의 도를 소요유하는 삶에 활용하였는데, 특징은 예술적·문학적이다. 『장자』가 중국 명문 중 하나로 손꼽히지만, 철학 개념상 『노자도덕경』과 그 기초가 같다.

장자가 지향했던 세상은 자연 본성대로 아무런 구애 없이 자유를 만끽하며 사는 자연이었다. 우리의 자연 본성을 구속하는 것은 무엇이며 자연을 있는 그대로 두지 못하게 하는 것은 무엇인가? 그것은 세계관적 인식에 의해 형성된 편견[1]들이다. 세계관은 인생·세계를 인식하고 해석하는 틀이며 방법이기 때문에, 세계관적 인식을 가지는 순간 인생·세계는 그에 따라 보인다.

이런 문제를 해결하려는 장자의 방법은 무엇인가? 심재(心齋)·좌망(坐忘)·허기(虛己)·상아(喪我)·견독(見獨) 등이 있다. 그것은 세계관적 인식을 중지하여 문제 자체를 해소함으로써 자연 본성[2]을 회복하려 하고,

---

1 여기서 말하는 偏見은 莊子의 成心을 말하는데, 廣義로는 "신체 활동을 규제할 수 있는 마음"(郭象의 註, 즉 心之足以制一身之用者)이고, 狹義로는 "본래의 마음에 외물에 따라 형성된 여러 습관·전통·선전·교육 등의 인소를 더하여 구성한 것"(金白鉉, 『莊子哲學中天人之際硏究』, 臺北, 文史哲出版社, 1981, 11쪽), "성심은 소지의 인식 주체"(61쪽), "성심에는 이중 성격이 있는데, 인식론적 성격으로 말하면 認知我가 되고, 심리학적 성격으로 말하면 虛構我이다."(59쪽) 그래서 莊子는 "아직 成心이 없는데 시비가 있다면 오늘 월나라로 갔다가 어제 돌아왔다"(「齊物論」)고 하는 말처럼 불가능하다고 말한다. 그러므로 우리말에 적당한 것이 없어 본래의 뜻을 살리지 못하는 아쉬움이 있다. 필자는 莊子의 成心을 보다 廣義로 해석하여 相對的 世界觀으로 보았다.
2 莊子 철학에서 性이란 常性으로 유가에서 말하는 도덕적 본성과 달리 선악을 초월한 층차의 것이다. 그래서 "性者生之質也. 性之動謂之爲."(庚桑楚)라고 말했다. 이에 대해

양행(兩行)·이명(以明)의 방법으로 상대적 세계관의 질곡(桎梏)에 빠진 사람을 구하려는 것이다.[3] 그래서 장자는 내외 갈등이 없는 상태에서 자연 본성대로 살려는 목적을 달성하기 위해 방법상 여도합일적(與道合一的)[4] 해소의 방법[5]을 취한다.

문제와 그 해결 방법은 세계관에 의해 결정되므로, 세계관을 전환하면 새로운 해결 방법을 가질 수 있다. 그러나 그렇게 해서는 문제의식 자체를 없앨 수는 없다. 장자는 문제의식을 근본적으로 해소하기 위해 세계관적 인식을 중지하려 했다. 그것은 또 하나의 방법이 아니라 인위적인 모든 것을 부정함으로써 자신의 방법까지 소멸시키는 자기 소멸적 방법이다.

본 장에서는 장자의 여도합일적 해소의 방법을 중심으로, 첫째 문제 자체를 해소하려는 장자의 세계관을 살피고, 둘째 그의 중심 문제는 무엇이며, 셋째 장자는 어떻게 그의 세계관을 해소했으며 어떻게 상대적 관점에서 벗어나 절대 경지로 들어갔는가를 분석·종합함으로써 방법 중심으로 그의 세계관적 범주 간의 관계를 밝히고자 한다.

1. 방법론적 배경

장자의 도는 우주론적으로는 자본자근(自本自根)하는 원리(原理)·원질

成玄英은 "質, 本也. 自然之性者, 是稟生之本也."라고 말했다. 이런 본성은 자연의 도가 우리에게 내재한 것으로서 自本自根하는 모든 개체의 제일의 動因體이다. 그래서 郭象은 "以性自動, 故稱爲耳. 此乃眞爲, 非有爲也."라고 말했다. 필자는 이런 자연 본성을 유가의 도덕적 본성과 구분하기 위해 자연 본성이라 한 것이다.

3   君子不得已而臨莅天下, 莫若無爲, 無爲也而後安其性命之情.(「在宥」)

4   與道合一이란 말은 莊子의 道通爲一(「齊物論」)과 與天爲一(「達生」)과 같은 뜻으로, 도를 중심으로 표현하기 위한 말이다.

5   "解消의 방법"이란 용어는 李光來 교수(강원대학교 철학과)의 말을 인용한 것이다.

(原質)이고,[6] 실천론적으로는 개체의 자율적 제일의 동인으로서 행위 주체와 기준이 되며,[7] 인식론적으로는 세계관적 인식이 중지되어 편견 없이 인식된 자연의 본래 모습이다.[8] 도를 이렇게 보는 장자의 세계관적 배경은 다음과 같다.

1) 무한 우주관과 소요유적 인생관

장자는 우주(宇宙)에 대해 "사실은 있으나 있는 곳이 없는 것이 우(宇)이고, 생장함은 있으나 처음과 끝이 없는 것이 주(宙)"[9]라고 말했다. 이것으로 보면 그는 무한 시공관을 가졌음을 알 수 있다.[10] 그러므로 우리가 규정하는 상하는 단지 상대적 위치를 표시하는 것뿐이고, 선후는 상대적 시간을 표시하는 것뿐이다. 그래서 "성인은 동서남북상하, 즉 육극(六極) 바깥은 존재해도 서술하지 않고, 육극 안은 서술하되 토의하지 않는다"[11]고 말했다. 왜냐하면 무한 시공간 속에서는 선후본말 같은 구분은 아무런 의미를 갖지 못하기 때문이다.[12] 즉 공간 속에서 이것은 상대 쪽에서 보면 그것이 되고, 그것은 내 쪽에서 보면 이것이 되므로, 이것과 그것으로 보

---

6   夫道, …… 自本自根, 未有天地, 自古以固存.(「大宗師」)

7   夫吹萬不同, 而使其自己也. 咸其自取, 怒者其誰邪?(「齊物論」), 何爲乎? 何不爲乎? 夫固將自化.(「秋水」)

8   道不可言, 言而非也.(「知北遊」), 無思無慮始知道(「知北遊」)

9   有實而無乎處者宇也, 有長而無本剽者宙也.(「庚桑楚」)

10   올바름을 타고 六氣(천지자연의 대기운)의 변화를 따라 무궁에서 노닌다.(「逍遙遊」) 무궁함을 모두 體得하여 자취가 없는 데서 노닌다.(「應帝王」) 널리 그 사방이 끝이 없는 것 같아서 경계를 지을 것이 없다.(「秋水」) 옛날이 없고 지금이 없으며 시작도 없고 끝도 없다.(「知北遊」) 내가 본원을 보는데 그 간 것이 끝이 없고, 내가 그 끝을 보는데 그 오는 것이 그침이 없다.(「則陽」) 이에 근거하여 "장자는 우주가 무궁하다는 관념을 믿었고, 우주가 무궁하다는 이론은 훗날 천문학 중의 宣夜說을 잉태하게 되었다"고 말하는 사람도 있다.(리우샤오간 저, 최진석 역, 『장자철학』, 서울, 소나무, 1990, 33쪽)

11   六合之外, 聖人存而不論; 六合之內, 聖人論而不議.(「齊物論」)

12   彼爲本末非本末.(「知北遊」)

는 것은 상대적인 것이다. 시간 속에서도 마찬가지로 어제와 오늘로 보는
것 역시 상대적인 것이다.

무한 우주관을 가지면 이런 시공간의 차이는 아무런 의미를 갖지 못하
고 문제도 되지 않는다. 왜냐하면 무한 시공간 속에는 획일적 기준이 있
을 수 없기 때문이다. 따라서 각자의 자연 본성에 모든 기초를 둘 수밖에
없으므로, 각자의 자연 본성은 자신에 대해 절대성을 갖게 된다.

장자는 이렇게 무한 우주관으로 상대적 세계관을 무력화함으로써, 개
체는 각기 자신의 자연 본성에 따라야 한다는 절대성 · 보편성[13] 등을 확보
하였다. 혜시(惠施)[14]처럼 궤변에 빠지지 않을 때 소요유(逍遙遊)할 수 있
지만, 상대적 세계관에 빠져 자신이 주체가 되지 못할 때는 장애물과 속
박이 없더라도 소요유는 불가능하다. 여기서 장애물과 속박은 시공간적 ·
육체적인 것이라기보다는 오히려 정신적인 것이다. 그래서 소요유는 현
실을 떠난 이상향 속에서의 자유가 아니라, 현실 속에서 사물을 허심하게
대하여 정신적 구속 없이 자연 본성에 따르는 것이라 할 수 있다. 즉 허심
하다는 것은 결국 편견으로 자기 자신을 속박함이 없이 자연 본성(本性)
을 회복한 것을 의미한다. 그렇게 되면 우리는 사물과 일체가 되어 공명
(共鳴)[15]할 수 있게 되며, 장애 없는 소요유를 즐길 수 있는 것이다.

자연 본성의 회복이 어떻게 주체적 자유를 보장할 수 있는가? 자연 본

---

13 東郭子問於莊子曰: 所謂道惡乎在? 莊子曰: 無所不在. …… 周徧咸者, 異名同實, 其
實一也.(「知北遊」) 여기서 周는 두루이고, 徧은 고루이며, 咸은 골고루로서 同實的 道의
보편성을 말하는 것이다.

14 무한 우주관에 입각해 있으면 시공간의 차이는 의미가 없다. 그렇다고 해서, "오늘
월나라로 갔는데 어제 도착했다"와 같은 말은 할 수 있는 것은 아니다. 그렇게 말한다는
것은 바로 구분의 기준이 없는 상태를 상대적 구분의 세계로 끌어들이는 것이기 때문에
모순이 생긴다.

15 譬之宮商, 應而無心, 故曰鳴也. 夫無心而應者, 任彼耳, 不强應也.(「人間世」, "无聽
之以心而聽之以氣"에 대한 郭象의 註)

성은 바로 자본자근하는 도가 우리에게 내재한 것이므로, 자연성 회복으
로 주체적 자유를 보장할 수 있다. 그런데 유한 시공관을 갖는다면 시공
의 좌표를 그리지 않을 수 없고, 좌표를 그리면 그 속에 갇히고 만다. 만
약 무한 우주관을 취한다면 시공간의 상대성은 스스로 해소되고 생사·선
악·시비 등의 질곡에 빠지지 않아 소요유할 수 있는 것이다. 이렇게 장자
는 무극의 세계에서 여도합일하여 소요유하려는 인생관을 갖게 되었다.

　이렇게 상대적 세계관을 해소하고 난 다음에 소요유할 때는 물아일체
(物我一體)·여도합일(與道合一)이 되어 세계관이랄 것이 없지만, 제3자
입장에서 보면 그것 역시 하나의 세계관이라 할 수 있다. 단 이 두 가지
견해는 다른 지평의 것이므로 동일 지평에서 비교할 수는 없다.

2) 세계관적 인식의 중지와 직관

장자는 오관에 의한 인식의 한계를 지적하고[16] 상대적 인식인 소지(小知)
를 반대하면서[17] 직관에 의한 인식은 의심하지 않았다.[18] 그 방법이 여도
합일인데, 구체적으로는 심재·좌망·허기·상아·견독 등이 있다. 여도합
일은 인식론적으로는 직관을 의미하며, 그런 직관은 세계관적 인식을 중
지한 후 자연 본성이 편견·선입견 등이 없는 상태에서 사물과 공명하는
것을 의미한다. 공명은 사물에 대한 인식 방법으로 말할 수도 있겠지만,

16　숙과 홀은 혼돈의 덕에 보답하고자 상의하여, "사람들은 모두 일곱 구멍이 있어 그
것으로 보고 듣고 먹고 숨 쉬는데, 이 분만 홀로 없으니 시험 삼아 뚫어 주자"라고 하며
하루에 한 구멍씩 뚫어 일주일이 되자 혼돈은 죽고 말았다.(「應帝王」) 여기서 일곱 구멍
은 우리의 감각 기관을 말한다. 혼돈은 그런 감각 기관을 갖게 되자 죽었다는 것은 감각
기관 때문에 상대적 세계관을 가지게 되어 혼돈은 그 덕을 상실했다는 것을 의미한다.
17　小知는 大知에 미치지 못하고, 단명하는 자는 장수하는 자에 미치지 못한다.(「逍遙
遊」)
18　어찌 육체적으로만 장님과 귀머거리가 있겠는가? 정신 면에도 그런 것이 있으니,
이 말은 바로 자네를 두고 하는 말일세. 그 사람 그의 덕은 만물을 渾然一體로 통하는 힘
을 가지고 있네.(「逍遙遊」)

실천론적으로는 자연 본성의 자기실현 방법이다. 즉 이런 공명은 인식에 국한되지 않고 수양·실천과 함께 이루어진다. 만약 자연 본성이 사물과 공명하지 못했다면, 우리가 안 것은 단지 이성이 만든 관념이거나 그것으로 인식한 모습이다.

직관으로 인식할 경우 지식의 상대주의에 빠질 것 같지만 오히려 그 반대이다. 만약 어떤 관점을 가지고 사물을 인식하면 그 관점에 상대적인 인식 내용을 얻게 된다. 하지만, 장자는 무한 우주관적 세계관에 서서 아예 아무런 관점을 갖지 않음으로써 거울에 사물이 비치듯 본연의 모습을 보려 했다.[19]

인간이 인식상 이렇게 아무런 관점을 갖지 않을 수 있을까? 장자의 여도합일적 인식에서 주객은 둘이 아니고 하나이며 인식 작용과 내용은 공명뿐이다. 그래서 서양 인식론의 관점에서 보면 그것은 모르는 것이나 마찬가지이지만, 그것은 오히려 인식 여부를 물을 수 없는 것이다. 이렇게 아무런 관점을 갖지 않고 인식하는 것은 인식론만으로는 설명이 불가능하고 수양·실천론적 설명도 함께해야 한다. 즉 그것은 바로 수양·실천상 여도합일에 의해 세계관을 해소한 후 아무런 관점을 갖지 않음으로써 만물과 일체가 되는 진지(眞知)를 얻는 것이다. 그래서 장자는 그런 진지를 부지(不知)의 지(知)라고 말한다.[20]

장자는 사물을 대할 때 이도관지(以道觀之)라고 한다. 이때의 도는 자연 그대로를 말하는 것이므로 이도관지는 자연 사물을 있는 그대로 본

19 至人之用心若鏡, 不將不迎, 應而不藏, 故能勝物而不傷.(「應帝王」)
20 弗知乃知乎, 知乃不知乎, 孰知不知之知?(「知北遊」) 이것은 다른 말로 하면, 古之眞人不知說生, 不知惡死.(「大宗師」)의 不知이다. 何思何慮則知道? 何處何服則安道? 何從何道則得道? …… 無思無慮始知道, 無處無服始安道, 無從無道始得道.(「知北遊」) 여기서 無는 부정을 위한 적극적 의미가 아니고, 직접 드러내지 못하는 바를 부정을 통해 간접적으로 표현하고자 하는 것이며, 긍정 형식의 표현으로 내용이 말 속에 갇히는 문제를 해소하기 위한 방법이다.

다는 것이다. 그래서 이도관지는 진지를 얻는 직관이 되며 사물과의 공명을 의미하는 여도합일이 된다.

　장자의 여도합일은 목표·내용 쪽에서 말하면 장자 철학의 목표와 내용이 되고, 방법 쪽에서 말하면 세계관적 인식을 중지하는 방법이 된다. 이것은 한마디로 여도합일적 해소의 방법에 의해 여도합일된 최고의 가치를 추구하는 것이다. 장자는 이렇게 여도합일하여 세계관을 버림으로써 자연성을 회복하고, 자연인으로서 자유인이 되어 소요유[21]하려는 것이다. 그래서 장자는 당시 제자백가들의 세계관적 폐해를 비판하면서, 그들의 시비 논쟁을 종식시키기 위해서는 세계관적 인식을 버리고 도로 돌아가야 한다고 주장했다.[22]

　장자의 중심 문제는 여도합일함으로써 자연 본성을 회복하고 자연인으로서 자유인이 되어 소요유하려는 것이다. 다시 말해 내외 갈등 구조를 해소함으로써 자연 본성을 회복하여 자연으로 진입하는 것이다.

21　逍遙遊의 의미는 註釋者에 따라 조금씩 차이가 있다. ① 夫小大雖殊而放於自得之場, 則物任其性, 事稱其能, 各當其分, 逍遙一也, 豈容勝負於其間哉.(郭象) 여기서의 대소는 사물의 크기이며 大知와 小知는 아니다. 소요유는 자기 본성에 따르면 되는 것이므로 사물의 크기와는 상관없다는 것이다. ② 夫逍遙者, 明至人之心也.(支遁) ③ 無所待而遊於無窮, 方是逍遙遊一篇之綱要.(王先謙) ④ 필자는 소요유란 자연 본성을 회복한 사람(至人·神人·眞人·聖人 등)이 그의 자연 본성에 따르는 것이라고 해석한다.

22　① 그러므로 이를 위하여 나뭇가지와 기둥, 문둥이와 서시, 관대함과 변덕스러움, 간사함과 괴상함의 대립도 도로 통합되어 하나가 된다[道通爲一]. 그 분화하는 것은 그대로 생성하는 것이고, 생성하는 것은 그대로 허물어지는 것이다. 대체로 만물은 생성도 허물어짐도 없이 다시 통합되어 하나가 되는 것인데, 오직 도에 통달한 자라야 통합되어 하나가 되는 줄을 안다.(「齊物論」) ② 슬프다! 모든 학자는 자기가 생각하는 대로 가서 근본으로 돌아오지 않으니, 반드시 합일될 수가 없다. 후세의 학자들은 불행하게도 천지의 순수한 모습과 고인의 완비된 덕을 보지 못하여, 하나인 도가 천하의 학자들에 의해 분열되려 한다.(「天下」)

2. 주요 방법

장자는 어떻게 세계관적 인식을 중지하고 자연으로 돌아갔는가? 장자가
보는 자연에는 본래 아무런 문제도 없었다. 사람들이 오히려 각종 세계관
을 가지고 많은 문제를 만들어 스스로 자연 본성을 해친 것이다. 그래서
장자는 "저 곡척(曲尺)과 먹줄·그림쇠·자 등을 가져다가 바로잡는다고
하는 것은 그 본성을 손상하는 것이다. 새끼나 줄, 아교나 칠을 가져다 굳
게 하는 것은 그 도덕을 침해하는 것이다. 예악을 받들어 행하고 인의를
높여서 천하의 마음을 위로하는 것은 그 본성을 잃게 하는 것이다. 천하
에는 늘 그런 것[常然]이 있다. 늘 그런 것이란 굽었어도 갈고리로 굽힌
것이 아니고, 곧아도 먹줄로 곧게 한 것이 아니다"[23]라고 비판한 것이다.

　여기서 장자가 말하는 도덕은 유가의 것과 정반대로 자연의 도와 사물
의 본성이다. 그런 자연성은 도에 따르면 편견이 없어져 허하게 되는데,
마음이 허(虛)할 때 비로소 사물과 공명이 일어난다. 그런 공명이 이루어
지는 마음은 거울 같은 지인(至人)의 마음이다. 즉 장자는 "지인이 마음을
쓰는 것은 거울과 같아서 사물을 맞아들이려 하지도 않고, 느끼되 기억하
려 하지 않음으로써 사물을 대하면서 상해를 입지 않는다"[24]고 했다. 그러
나 예악·법규 등의 인위적 요소가 있게 되면 공명이 이루어지기 어렵고,
그것이 오래 계속되면 자연 본성을 잃어버린다는 것이다.[25] 그래서 장자

23　且夫待鉤繩規矩而正者, 是削其性者也. 待繩約膠漆而固者, 是侵其德者也. 屈折禮樂
呴兪仁義, 以慰天下之心者, 此失其常然也. 天下有常然, 常然者曲者不以鉤, 直者不以
圓.(「騈拇」)

24　至人之用心若鏡, 不將不迎, 應而不藏. 故能勝物而不傷.(「應帝王」)

25　氣也者, 虛而待物者也. 唯道集虛, 虛者心齋也.(「人間世」) 즉 심재는 마음을 비우는
것이고, 마음을 비우는 것은 편견을 버리는 것이며, 편견을 버리는 것은 오직 도를 따를
때 가능한 것이다. 이렇게 편견이 없어져 마음이 허하게 되면 사물과 共鳴이 이뤄지는 것
이다.

는 무한 우주관·만물일기관(萬物一氣觀)·만물일체관(萬物一體觀) 등을
통해 자연인이 되어 자연으로 돌아가려 한 것이다.

장자는 무한 우주관에 기초해서 상대적 세계관의 해소를 주장했지만,
구체적으로는 심재(心齋)·좌망(坐忘)·허기(虛己)·상아(喪我)·견독(見
獨) 등의 실천적 수양 공부이다. 여기서 필자가 방법과 문제를 내외로 나
누는 것은 연구 편의상 그렇게 한 것이지 장자가 그렇게 나눈 것은 아니
다. 세계관적 인식을 중지하기 위한 장자의 방법을 살펴보자.

1) 내적 갈등 구조의 해소

소설가가 소설을 쓰듯, 우리는 각종 세계관을 가지고 허구를 만들어 내고
또 그것을 진실하다고 믿는다. 사욕이나 도덕 의식이 세계관에 의해 형성
된 허구라면 어떻게 하겠는가? 자연 본성이 어떤 세계관에 의해 형성된
의식 등의 장애물을 투과해 나올 때 굴절 현상이 생긴다면 어떻게 하겠는
가?

장자는 기본적으로 해소의 방법을 써서 무극의 세계에서 소요유하려
한다. 그래서 심재·좌망·허기·상아·견독 등은 인식론 쪽에서 보면 직관
의 방법이지만, 실천론 쪽에서 보면 소요유의 방법이 되고, 수양론 쪽에서
보면 상대적 세계관을 깨는 수양 방법이 된다. 그것은 어떤 선후의 단계를
이루는 것이 아니고 동시에 이루어진다. 즉 심재·좌망·허기·상아·견
독이 되는 순간 동전을 뒤집듯 일시에 내적 갈등 구조가 해소되는 것이
다.[26] 그러나 종래의 습관은 아직 남아 있으므로 그것을 제거하는 데는 시
간이 필요하다.[27]

---

26 "『莊子』에서 소위 喪我·心齋·坐忘·虛己는 모두 忘己의 공부이다. …… 그들은
비록 이름이 다르지만 사실은 하나이다."(胡哲敷, 『老莊哲學』, 臺北, 臺中華書局, 1982,
109쪽) 여기서 진일보하여, 내외적 갈등 구조를 忘己·忘物로 구분할 때 忘己가 되면 忘
物 역시 되는 것이다.

이렇게 내적 갈등 구조를 해소하는 것은 상대적 세계관이 만든 허구적
(虛構的) 소아(小我)를 제거하고 자연 본성만 남기는 것이다. 자연 본성만
남으면 본연의 주체성이 회복되어 자연 본성대로 소요유할 수 있는 것이
다. 장자가 어떻게 내적 갈등 구조를 해소하는지 심재·좌망·허기·상
아·견독 등으로 나누어 보자.

심재는 허심대물하기 위해 허기·무기(無己)하는 방법이다. 『장자』에서
는 "중니(仲尼)가 말했다. '너는 뜻을 한가지로 가져라. 그래서 귀로 듣지
말고 마음으로 들으며, 마음으로 듣지 말고 기(氣)로 들어라. 듣는 것은
귀에서 그치고, 마음은 부합(符合)하는 데서 그친다. 그러나 기는 허(虛)
해서 온갖 것을 다 포용한다. 오직 도는 허한 데서 모이니 허한 것이 곧
마음의 재계(齋戒)이다.' 안회(顔回)가 말했다. '제가 가르침을 듣지 못했
을 때는 제가 안회라는 것을 의식하고 있었습니다. 그러나 가르침을 듣고
난 후에는 자신이 안회라는 의식이 완전히 없어졌습니다. 이것을 허라 합
니까?' 공자가 말했다. '지극하도다!'"[28]라고 하였다. 여기서 '자신을 의
식하지 못하였다'는 말은 '이미 자신을 의식하고 있는 것'이라고 한다면,
그것은 시간과 경지의 차이를 무시한 것이다. 심재는 물아일체의 지극한
경지로서 그때의 의식은 단지 망(忘)·허(虛)·무(無) 등으로 밖에 묘사될
수 없으므로 대상과 관찰자는 있을 수 없다.

좌망[29]은 이형거지(離形去知)한 다음 도와 합일하는 공부이다. 즉 모든
인식의 틀, 또는 의식 구조를 잊어버리는 것이다. 이형(離形)은 육체를 잊
는 것이고, 거지(去知)는 상대적 세계관에 의해 인식된 상대적 지식을 잊

27　爲學日益, 爲道日損, 損之又損, 以至於無爲, 無爲而無不爲.(『道德經』 48)

28　仲尼曰, 若一志. 无聽之以耳, 而聽之以心. 无聽之以心, 而聽之以氣. 聽止於耳, 心止
於符. 氣也者, 虛而待物者也. 唯道集虛, 虛者心齋也. 顔回曰, 回之未始得使, 實自回也. 得
使之也, 未始有回也. 可謂虛乎? 夫子曰, 盡矣!(「人間世」)

29　「大宗師」

는 것이다. 그러면 육체와 소지를 잊는 방법은 무엇인가? 장자는 마음을 허정하게 하라고 말한다.[30] 허정이란 무엇인가? 자연 본성만 남아 있는 것이다. 어떻게 허정하게 할 수 있는가? 세계관을 버림으로써 그에 상대적인 인식을 탈피하면 된다. 그래서 "소지를 버리면 대지(大知)가 밝아진다"[31]라고 말한다.

허기·망기(忘己)[32]·상아[33]의 기와 아는 소아, 또는 상대적 세계관에 의해 형성된 허구적 자아이다. 이런 자아는 필경 나와 남을 구분하고 선과 악을 구분한다. 그러므로 장자는 이런 자아를 버려야 한다는 것이다. 즉 허기는 자신의 마음속에 있는 소아를 버려 비우는 것이고, 망기는 자기를 잊음으로써 망물(忘物)·망천(忘天)하는 것이다. 해소의 방법을 취하는 장자에게 이런 허와 망은 중요한 수양 방법이다.

견독 역시 잊는 공부이다. 생사를 잊음으로써 생사 관련 문제의식을 해소하는 것과 같은 것이다. 즉 "이미 생(生)을 잊은 후에 조철(朝徹)할 수 있고, 조철한 후에 견독할 수 있으며, 견독한 후에 고금을 없앨 수 있고, 고금을 없앤 후에 불사불생의 경지에 든다"[34]는 것이다. 여기서 생사를 잊는 것은 기억 속에서 사라진다는 뜻도 있지만, 무한 우주관에 따라 시공의 좌표를 그리지 않아 아예 인위적으로 생사라는 관념을 만드는 것조차 잊는다는 뜻도 있다. 이것이 바로 고금을 없앤다는 것이다. 진일보하여 장자는 무한 우주관에 따라 생사일여(生死一如)[35]처럼 생각함으로써 생사의 고뇌에 빠지지 않고, 기화론(氣化論)으로 생사의 문제를 해소하려 하

---

30 「庚桑楚」

31 去小知而大知明.(「外物」)

32 「天地」

33 「齊物論」

34 已外生矣而後能朝徹. 朝徹而後能見獨, 見獨而後能无古今, 无古今而後能入於不死不生.(「大宗師」)

35 方生方死, 方死方生.(「齊物論」) 死生同狀.(「天地」)

였다.[36]

종합하면 장자가 말하는 재(齋)·망(忘)·허(虛)·상(喪) 등은 모두 세계관적 인식의 틀을 해소하는 방법이다. 즉 심재·좌망·허기·상아·견독 등은 모두 이형거지하는 방법이며, 세계관적 범주에 의한 인식의 틀을 해소하는 방법이다. 이렇게 해소의 방법은 바로 여도합일로서, 우리가 도와 하나가 되고 천지자연과 하나가 되도록 한다.

2) 외적 갈등 구조의 해소

우리가 대인 관계 속에서 갈등 구조에 빠졌다면, 내게도 어느 정도 책임이 있는 것이다. 자기 쪽의 정신적 갈등은 위에서와 같은 방법으로 해소할 수 있겠지만, 나머지는 어떻게 해결할 것인가? 외적 갈등을 유가는 예악으로, 법가는 법으로 해결하려 한 데 비해, 장자는 양행(兩行)·이명(以明)으로 문제 자체를 해소하려 했다.

모종 관계상에서 성립되는 유가의 예와 법가의 법은 조화를 의미하는데, 조화는 시(是)이고 그 밖의 과불급은 비(非)가 된다. 그러나 장자의 양행·이명은 이렇게 시비를 가리는 기준이 아니라, 상대방 입장에서 이해하거나 본원인 도로 돌아가 시비를 가리지 않게 하는 방법이다.

양행은 우리가 현실 속에서 시비 판별을 중지하고 시비의 상대성을 인식시켜 시비를 하지 않도록 하는 것이다. 즉 장자는 "성인은 시비를 조화시켜 자연스런 균형(즉 天鈞)에서 쉬는데, 이를 양행이라 한다"[37]고 말했다. 양행은 환중(環中)에서 어느 쪽에도 통하는 양면성을 말한다. 유가의

---

36   사람이 태어나는 것은 기가 모인 것이다. 기가 모이면 생명이 생기고, 흩어지면 죽는다. 만약 생사가 이어지는 것이라면, 내가 또 무엇을 근심하랴! 그러므로 만물은 하나이고, …… 천하를 통해 一氣일 뿐이다.(「知北遊」) 사람이 죽는 것은 음양의 기가 어지러운 것이다."(「大宗師」) 특히 鄭世根 교수가 氣化論 입장에서 장자의 수양론을 논한 것은 주목할 만하다.(鄭世根, 『莊子氣化論』, 臺北, 學生書局, 1993, 161~183쪽 참조)

37   聖人和之以是非, 而休乎天鈞. 是之謂兩行.(「齊物論」)

중용은 사물의 양 끝단 사이의 적당한 점에서 성립하는 것이지만, 장자의 환중은 둥근 고리 둘레, 혹은 가운데서 성립하는 것이다. 그래서 환중에서는 상대방 입장에서 동등한 이해가 가능하며, 그렇기 때문에 오히려 시비를 따지지 않게 된다. 장자의 이런 견해는 바로 무한 우주관에 입각하여 상대적 세계관을 해소하고, 시비를 잠들게 하며, 부득이 하다면 시비를 사물의 양면성으로 이해하여 시비 어느 한쪽에 빠지지 않게 하는 것이다.[38]

이명은 시비가 없는 본원으로 올라가 본래 시비가 없었음을 천명하는 것이다.[39] 즉 "이것이 곧 저것이요, 저것이 곧 이것이다. 저것에도 하나의 시와 비가 있고, 이것에도 하나의 시와 비가 있다. 그렇다면 과연 저것과 이것은 없는 것인가? 저것과 이것을 갈라놓을 수 없는 것을 도추(道樞)라 한다. 문짝의 지도리는 고리 속에 끼워져야 무궁에 응할 수 있다. 시도 하나의 무궁이요, 비 또한 무궁이다. 그러므로 그것은 시비가 없는 본원으로 올라가 본래 시비가 없었음을 천명하는 것만 못하다"[40]는 것이다.

종합하면 양행·이명은 비교적 외적 갈등을 해소 방법이지만, 내적 갈등을 해소를 위한 방법인 심재·좌망·허기·상아·견독 등과 내외로 나누기는 어렵다. 그런 목적과 방법 역시 나누어 말하기 어렵다. 왜냐하면 여도합일하려는 목적은 결국 자연 본성의 자기실현에 있고, 그 방법 역시 자기실현의 법칙을 따르는 것이기 때문이다. 그래서 여도합일은 자기와

38　사람들의 관점은 모두 피차의 한계가 있다. 이 때문에 피차를 용인해야 한다. 이것이 바로 장자가 말하는 양행설이다. 양행은 바로 진리에 대한 일체의 진술을 무궁한 상대적 입장 속에 두는 것이다. 그다음 이런 무궁한 상대적 입장 속에서 이론마다 독특한 관점과 성립 이유가 있으며, 진리의 일면을 얻을 수 있는 것이다.(方東美, 『原始儒道家哲學』, 臺北, 黎明文化事業公司, 1985, 276쪽)

39　故有儒墨之是非, 以是其所非, 而非其所是. 欲是其所非而非其所是, 則莫若以明.「齊物論」) 樞始得其環中以應無窮, 是一無窮, 非亦一無窮. 故曰: 莫若以明.(「齊物論」)

40　是亦彼也, 彼亦是也. 彼亦一是非, 此亦一是非. 果且有彼是乎哉? 果且无彼是乎哉? 彼是莫得其偶, 謂之道樞. 樞始得其環中, 以應无窮. 是亦一无窮, 非亦一无窮也. 故曰, 莫若以明, 以指喩指之非指.(「齊物論」)

외물 간의 외적 현상이 아니라 자연 본성의 자기 내적 현상인 것이다.

3) 자연 본성의 회복

위와 같이 내외적 갈등 구조를 해소하면 우리의 자연 본성은 자본자근할 수 있게 된다. 이처럼 "어떤 것에도 의존함이 없는 절대적인 자유를 누리려면 무기(無己)·무공(無功)·무명(無名)해야 한다."[41] 즉 "지인(至人)은 물아의 구분이 없고, 신인(神人)은 공을 의식하지 않으며, 성인(聖人)은 명예를 무시"[42]함으로써 소요유할 수 있는 것이다.

장자는 만물이 어지럽게 얽혀 있는 것 같지만 모두 도에 의해 다스려지고 있다고 본다.[43] 그러나 도는 외재적인 획일적 지배 법칙이 아니라 만물이 제각기 타고난 자연 본성으로서의 존재 및 삶의 법칙이다. 따라서 각자의 자연 본성이 조금도 구속받지 않는 경지를 추구한 것이다. 인위적으로 획일성을 강조한다면 "오리 다리가 비록 짧아도 이어 주면 걱정하고, 학의 다리가 비록 길어도 자르면 슬퍼하는"[44] 것과 같은 문제가 생길 것이다.

우리는 자기의 생명력으로 다른 생명과 교감하고, 자기의 자아로 다른 자아와 합일한다. 그러므로 자기의 생명력이 약해지거나 찌들어 있으면 교감할 수 없게 되고, 자기의 자아가 그 무엇에 가리어져 있으면 합일할 수 없게 된다. 천지의 본래 모습은 가리어져 있는 것이 아니기 때문에, 자기 자신의 생명과 자아를 온전히 하면 천지와 합일할 수 있는 것이다.

도는 외재적인 것만이 아니라 내재적 본성 자체이기도 하므로, 여도합일은 곧 자연 본성의 자기 주체성 회복을 의미한다. 그래서 장자는 "도를

---

41   이강수·정인재·유인희·이동삼 공저, 『중국철학개론』, 서울, 한국방송통신대학교 출판부, 1993, 53쪽

42   至人无己, 神人无功, 聖人无名.(「逍遙遊」)

43   萬物雖多其治一也.(「天地」)

44   鳧脛雖短, 續之則憂; 鶴脛雖長, 斷之則悲.(「駢拇」)

지키는 자는 덕이 온전해지고, 덕이 온전해진 자는 형체가 온전해지며, 형체가 온전해진 자는 정신이 온전해지고, 정신을 온전하게 하는 것은 성인의 도"[45]라고 말했다. 이렇게 인위적 문물에 의해 생긴 정신적 장애가 치유되면 자연 본성을 회복하여 자연인으로 돌아가 무극의 경지를 소요유할 수 있는 것이다.

망기·상아 등의 대상이 되는 자기는 세계관적 인식이 빚어낸 허구적·불구적 소아이다. 만약 그런 소아를 자아로 보고 고집할수록 사물과의 대립 갈등 속에서 영원히 빠져나올 수 없게 된다. 따라서 허구적 소아를 무력하게 하는 것은 세계관적 인식을 중지하는 것이다. 여도합일을 통해 그런 상대적 세계관을 해소하는 순간 그들은 사라지고 본래적 자기, 즉 자연 본성만 남게 된다. 이것은 바로 정신적 장애를 치유하여 온전한 사람이 된 것을 의미한다.

4) 자연과 현실

장자의 이상은 자연 본성에 따라 무극에서 자유롭게 소요유하는 것이다. 그런 무극의 세계는 우리의 편견·인위적 관념에 의해 재단되지 않은 자연 그대로의 세계이다. 그런 세계는 별도로 있는 것이 아니라 자연 본성을 회복하면 얻게 되는 무하유지향(無何有之鄕)[46]이다. 그런 정신세계에 사는 사람은 어린애 같은 천진무구한 감정은 있어도 어른들의 세속적인 희로애락(喜怒哀樂)은 없게 된다.[47]

장자는 도의 세계를 요천일(寥天一)[48]·무하유지향으로 묘사하지만, 그

---

45 執道者德全, 德全者形全, 形全者神全, 神全者聖人之道也.(「天地」)
46 인공을 가하지 않은 자연 그대로의 땅.
47 吾所謂無情者, 言人之不以好惡內傷其身, 常因自然而不益生也.(「德充符」), 古之眞人不知說生, 不知惡死.(「大宗師」)
48 「大宗師」

제10장 장자의 여도합일의 방법   249

것은 죽어서 가는 극락이나 천당이 아니라 비바람 불고 추위와 더위가 있으며 병해충도 함께 살아가는 자연 그대로의 세계이다. 달라진 것은 단지 내가 아무런 세계관적 편견과 관념 등을 가지고 있지 않다는 것뿐이다.

장자가 추구한 삶은 마치 체념이나 현실 도피처럼 보인다. 문제를 적극적으로 해결하려 하지 않는 것이 곧 포기는 아니다. 적극적인 노력으로 어떤 문제는 해결할 수 있는지는 몰라도 오히려 더 많은 문제를 발생시키는 경우도 더러 있다. 장자의 여도합일을 현실에 응용한다면 새로운 문제를 발생시키지 않으면서 허구적 관념에 사로잡혀 찌들은 우리의 자아와 생명을 온전하게 회복할 수 있을 것이다.

장자는 여도합일한 후에 세계관적 인식이 소멸되고 문제 역시 해소될 수 있다고 본다. 이것의 현실 복귀와 적용 가능성을 설명하기 위해 다음과 같은 문제를 제기해 보자.

(1) 개체와 전체의 조화

현실적으로 개인과 사회, 인간과 자연의 조화는 매우 중요하다. 유가는 대체로 이것을 윤리 도덕 범주에서 논하는데, 장자는 어떻게 그들 간의 조화를 추구했을까?

장자 철학에서 도는 우주론적으로는 만물의 근원이 되지만, 실천론적으로는 실천의 기준과 주체가 된다. 즉 우주론적으로 만물은 도에서 생기므로 만물 속에는 자연의 섭리인 도가 들어 있다.[49] 그러므로 개체의 본성과 전체의 도는 본질적으로 같은 것이다. 실천론적으로 도는 개체에 내재하는 것이기 때문에, 각자의 삶에 충실히 하는 것이 바로 자연의 도에 충

---

49   泰初有無, 無有無名, 一之所起, 有一而未形. 物得以生, 謂之德.(「天地」) 외편에 속하는 이것은 우주론적 命題로서 장자가 내편인 「齊物論」에서 천뢰를 설명할 때 만물 이외에 별도로 道를 인정하지 않는 것과 다르다. 無有 · 一 등은 만물과 별도의 존재가 아니라 만물의 前身이라고 해야 할 것이다.

실히 하는 것이고, 그렇게 하는 것만이 전체적인 조화를 이룩할 수 있는 길이다. 그렇기 때문에 자기 본성에 충실히 함으로써 전체적 조화를 이루게 된다. 그것이 바로 여도합일이다.

(2) 현실에서의 절대 가치의 실현

절대 가치란 무엇인가? 그것은 도이고, 자연 본성이며, 또 자기 본성을 유감없이 실현하는 것이다. 그것은 상대적 가치 평가에 의해 얻어진 반쪽 가치가 아니라 평가될 수 없는 온전한 가치이다. 즉『장자』에서는 "저 백성은 상성(常性)이 있으니 베를 짜서 입고 밭을 갈아서 먹는데, 이것을 동덕(同德)이라 한다. 혼연일체(渾然一體)가 되어 사사로움에 치우치지 않으니, 이를 천방(天放)이라 한다"[50]라고 하는데, 이 동덕과 천방은 본성이 편견 등에 의한 압박과 속박을 버리고 자연 본성을 회복하여 자연스럽게 된 이상적 상태이다.

도가의 성인 역시 세상을 교화하여 이상적인 세계로 인도하려 했다. 그런 목적을 위해 자연의 도를 제도화한다면 어떠할까? 그것은 어느 면에서는 자연 본성을 실현하는 데 필요한 것처럼 보인다. 그러나 그 목적이 외재적이지 않으며, 방법도 목적과 둘로 나누어진 것이 아니다. 즉 최고 목적은 자연 본성의 자기실현에 있으므로 목적은 내재적이며, 방법 역시 자연 본성에 따르는 데 있으므로 자연 본성의 자기실현이라는 최고 목적과 하나이다. 그런데 예와 법은 그 자체를 위해 존재하는 것이 아니라 우리의 자연 본성을 최대한 발현시키기 위해서 있는 것이라면, 그것은 방법상 해소의 방법처럼 보인다. 그러나 노장 철학에서는 그것을 찬동하기 어려울 것이다. 유가 철학에서는 수양의 방편으로 학문을 긍정하지만, 도가 철학에서는 그런 것조차도 인정할 수 없기 때문이다.

---

50   彼民有常性, 織而衣, 耕而食, 是謂同德. 一而不黨, 命曰天放.(「馬蹄」)

현실 속에서 절대 가치를 실현하는 것은 결국 자연 본성을 자연 그대로 발현시킬 수 있을 때 가능하다. 즉 개체의 자연 본성을 충분히 발휘할 수 있도록 하는 여도합일이 바로 절대 가치인 도를 실현하는 것이다.

3. 삶으로의 복귀

혜시는 박이 너무 커서 쓸모가 없다하여 깨 버렸다. 장자가 그 말을 듣고 그것을 강호에 띄우면 될 것 아니냐 하며 쓸 줄 모르는 사람이라고 비판했다.[51] 만약 누가 장자의 무위자연의 도는 현실 도피적이고 너무 소극적이며 여도합일하는 것 역시 이상적이라고 한다면 혜시와 무엇이 다르겠는가? 우리의 정신이 무위자연의 도와 합일하여 자연인으로서 자유인이 되어 무극의 세계를 소요유하는 데 쓰면 어떻겠는가?

우리는 사물을 선후본말로 분석하여 적극적으로 해결 방법을 강구할 경우 어떤 하나의 관점을 갖게 되므로, 관점이 다른 사람과는 갈등 구조에 빠지기 쉽다. 또 세계관을 갖는 한 시시각각으로 굴절되어 일어나는 각종의 정(情)과 욕(欲)을 극복하고 도덕 수양을 하는 것은 마치 바위를 산 위로 밀어 올려놓는 것과 같은 어려운 공부이다. 그래서 장자는 "무위하지만 존귀한 것은 하늘의 도이고, 유위하여 누가 되는 것은 인간의 도"[52]라고 말했다.

장자는 일체를 자연 본성에 맡겨 그에 따르면 된다고 보았다. 그래서 그는 상대적 세계관에 입각한 사람들을 자연인으로 인도하기 위해 심재·좌망·허기·상아·견독·양행·이명 등의 해소의 방법을 제시했다. 이런 구

---

51 「逍遙遊」
52 無爲而尊者天之道, 有爲而累者人之道.(「在宥」)

체적 방법은 결국 여도합일이라는 개념으로 정리할 수 있다.

　유가는 수양 실천을 통해 습성을 기르려는 데 반해, 장자는 각종 세계관을 털어 버리고 후천적으로 얻은 인위적 습성도 제거하여 본래 모습으로 돌아가려 했다. 의식·무의식 속의 후천적 습관을 제거하는 것은 도에 따르면 되는데, 도에 따르면 기존의 습관이 없어져 자유롭게 되며 꿈마저 꾸지 않게 되어[53] 여도합일은 완성되는 것이다.

　우리가 아무런 구애 없이 소요유하며 살고자 하는 것은 이런 자연 본성의 자기실현 이외에 아무것도 아니다. 그것은 우리의 자연 본성의 본질이 자유(즉 自本自根)이기 때문이다. 여도합일이 바로 그런 자유를 실현하는 것이며 그 실현 방법이다. 그러나 인위적인 사고·의식 등의 틀을 버리고 소요유하는 목적을 위해서는 여도합일은 방법이 되지만, 여도합일은 결국 본성이 스스로 본래 모습을 회복하고 자기를 실현하는 것뿐이므로 방법이 아니다.

　인위를 부정하는 노장 철학의 어떤 명제도 자기부정성을 가지지 않는 것이 없으므로 하나의 형식으로 존립할 수 없다. 그렇게 될 때 비로소 자연 본성은 상대적 세계관과 그의 산물인 편견을 벗게 되고, 또 여도합일이란 틀 아닌 틀에도 잡히지 않게 되어 자연 본래의 모습으로 돌아갈 수 있게 된다. 이렇게 모든 세계관의 해소와 거부는 장자 철학의 여도합일적

53　莊子가 말하는 眞人은 잠재의식 속까지도 완전히 장애물을 제거한 사람이며 그런 구속이 없는 자유인이다. 즉 "옛날 眞人은 잠을 자도 꿈꾸지 않으며, 깨어 있어도 근심하지 않으며, 음식을 먹어도 맛을 찾지 않으며, 그 숨결은 깊고 깊다"(「大宗師」)고 한다. 이런 것은 프로이트가 말하는 "꿈이란 신체적 현상이 아니라 정신 현상이라고 가정하자"(프로이트 저, 김성태 역, 『정신분석입문』, 서울, 삼성출판사, 1976, 77쪽), "꿈의 요소에 대한 연상은 꿈꾼 사람의 콤플렉스(강렬한 감정을 수반하는 일련의 사고와 관심)에 의해 결정된다. …… 그러므로 꿈의 요소에 결부되어 속속 나타나는 연상도 그 요소 자체의 콤플렉스에 의하여 규정된다고 생각되는 것이며, 또 이들 연상에 의하여 꿈의 요소의 콤플렉스도 찾아낼 수 있다는 것도 전연 공상적인 것은 아니다"(같은 책, 85~86쪽)라는 말과 비교하면, 콤플렉스의 내용은 다르겠지만 꿈을 설명하는 것은 유사하다.

방법에서 그 기본 골격을 형성한다.

장자 철학에서 '누가'·'무엇을'·'어떻게'·'왜'의 세계관적 범주에 속하는 것은 자연인으로서의 자유인이 된 행위 주체로 회귀되어 일체적 관계를 갖는다. 그러나 장자는 무한 시공관을 갖고 있으므로 시공간은 별로 중요하지 않았다. 오히려 그는 세계관적 인식을 중지시킴으로써 문제 자체가 해소되고 여도합일이 되어 상대적 시공을 잊으려 했다. 그렇게 세계관적 인식이 중지될 때 비로소 자연인으로서 무애적 소요유가 가능할 것이다.

[1995년][54]

---

54 「장자의 여도합일적 방법」, 『유학연구』 3집, 충남대학교 유학연구소, 1995.12.에 게재한 것을 수정 보완함.

제11장

묵자의 겸애교리의 방법

묵자(墨子, B.C.489?~B.C.406)의 성은 묵(墨)이고, 이름은 적(翟)이며, 노나라 사람이다. 묵자에 대한 기록은 전해지는 것이 분명하지 않다. 사마천도 역시 "묵적은 송(宋)나라 대부로서 성을 방위하는 기술이 뛰어났고, 절용을 주장하였다. 공자와 같은 시대라고도 하고, 혹은 공자의 후세 사람이라고도 한다"[1]고 기록하였다.

『한서』「예문지」에서『묵자』는 본래 71편이라 했는데, 18편은 없어지고 지금은 53편만 남아 있다.『묵자』는 내용상 대체적으로 묵자와 그의 제자들의 말을 모아 놓은 것이다. 묵자의 제자들은 물자를 생산하는 계급인 공인이나 성을 쌓고 지키는 사람들이었으며,[2] 그들의 호응을 받은 묵자 철학은 진나라 말기까지 240여 년간 유행하였다. 이런 특징으로 보면, 묵자 철학은 바로 하층민의 생존 철학(生存哲學)이라 할 수 있다.

묵자 철학은 유가의 공맹 철학과 유사하면서도 다른 점이 많다. 본 장에서는 그렇게 달라지게 만든 묵자 철학의 세계관과 그 최고 목적은 무엇이며, 그 목적을 달성하기 위한 방법은 어떤 것인가를 분석·종합하여 그

---

1 『史記』「孟子筍卿列傳」
2 荀子는「王霸篇」에서 墨子 철학을 役夫之道[노예의 도]라고 혹평했다. 役夫는「性惡篇」에서 말하는 聖人·士君子·小人·役夫 중 최하위 신분에 속하는 사람이다.

의 세계관적 범주 상호 간의 관계를 논하고자 한다.

1. 방법론적 배경

겸애를 방법으로 주장하는 묵자의 세계관적 목적은 무엇인가? 그것은 백성들이 생존권을 고루 확보할 수 있도록 하는 것이다. 묵자는 왜 그런 목적과 방법을 갖게 되었는가? 당시 정치적 혼란으로 일반 백성들은 생존을 크게 위협받고 있었기 때문이다. 특히 신분 중심의 종법(宗法) 사회에서 친소원근의 차등을 중시하는 유가 사상 때문에 상대적으로 불리한 위치에 있는 하층민들은 기본적인 생존마저 위협받을 수밖에 없었다.

묵자는 하층민이 생존을 위협받는 원인이 서로 사랑하지 않는 데 있다고 보고,[3] 겸애(兼愛)와 별애(別愛)를 비교 · 분석하여 겸애의 우위를 주장했다. 이런 생존 철학을 하층민에만 국한하면 겸애에 어긋난다. 그럼에도 불구하고 묵자는 겸애가 하층민은 물론 왕공대인(王公大人)에 이르기까지 인류가 다 함께 공존공영하기 위한 전략이라고 말했다.

겸애를 주장하는 사상사적 연원은 어디에 있는가? 학설이 분분하지만 대체로 요순(堯舜)[4] · 하우(夏禹)[5] · 사각(史角)[6] · 청묘(清廟)의 관리인[7] · 공

---

3   「兼愛上」

4   皆自謂眞堯舜, 堯舜不復生, 將誰使定儒墨之爭乎.(『韓非子』「顯學」) 墨者亦尙堯舜道, 言其德行.(『史記』「太史公自序」)

5   墨子學儒者之業, 受孔子之術, 以爲其禮煩擾而不說, 厚葬靡財而貧民, 服傷生而害事, 故背周道而用夏政.(『淮南子』「要略」) 孔墨皆脩先聖之術, 通六禮之論.(『淮南子』「主術訓」) 日夜不休以自苦爲極, 曰: 不能如此, 非禹之道也, 不足爲墨.(『莊子』「天下」)

6   桓王使史角往, 惠公止之, 其後在於魯, 墨子學焉.(『呂氏春秋』「當染」)

7   墨家者流, 蓋出於清廟之守.(『漢書』「藝文志」)

자[8] · 묵자 자신[9] 등에 연원을 두고 있다고 볼 수 있다. 역사적으로 선성육
왕(先聖六王), 즉 요·순·우·탕·문·무의 치적과 『시경』·『서경』 등의 고
전 속에 겸애의 근거를 두고 있기 때문에, 일괄적으로 어느 한 조대나 한
사람의 사상이라고 하기는 어렵다.

묵자는 겸애를 실천하기 위해 천지(天志)를 표준으로 삼고 그것을 따라
야 한다고 주장하였다. 즉 천지를 표준으로 하여 정치적으로도 천하의 대
소 국가는 모두 천읍(天邑)이 되어야 하고, 모든 백성은 천민(天民)이 되
어야 한다는 것이다.[10] 그렇게 묵자는 하나의 평등주의에 입각하여 겸상
애(兼相愛)·교상리(交相利)가 대국이 소국을, 강자가 약자를, 간사한 자
가 어리석은 자를, 귀한 자가 천한 자를 해치는 것을 방지하는 방법이라
고 보았다. 천지에 따르는 것은 획일적인 것이므로, 통치자는 물론 백성
들 역시 일사불란하게 겸애와 교리를 실행해야 한다는 것이다.[11] 그렇게
하려는 이유는 그것이 모두에게 이롭기 때문이다.

겸애는 도덕심의 자아실현인가 아니면 이기심의 표현인가? 묵자 철학
의 최고 목적은 백성들의 생존과 이익을 보호하는 것이고, 그것은 하늘의
의지이다. 즉 "하늘은 무엇을 바라고 무엇을 싫어하는가? 하늘은 반드시
사람들이 서로 사랑하며 이롭게 하는 것을 바라고, 서로 미워하고 해치는
것을 바라지 않는다"[12]는 것이다. 사람이 그런 하늘의 의지에 따라 겸애하

---

8 墨子學儒者之業, 受孔子之術.(『淮南子』「要略」)

9 墨學乃墨子以前所無, 由其一人倡導而成, 誠所謂開山祖師也. 方授楚.(方授楚, 『墨家
源流』, 上海, 上海書店과 中華書局 연합 출판, 1989, 71쪽)

10 「法儀」

11 天子有善, 天能賞之. 天子有過, 天能罰之. 天子賞罰不當, 聽獄不中, 天下疾病禍福,
霜露不時.(『墨子』「天志下」) 天下旣已治, 天子又總天下之義, 以尙同于天; 然則天亦何欲
何惡. 天欲義而惡不義.(『墨子』「天志下」; 『墨子』「尙同下」) 天欲人相愛相利, 而不欲人相
惡相賊也.(『墨子』「法儀」)

12 天何欲何惡者也. 天必欲人之相愛相利, 而不欲人之相惡相賊也.(「法儀」)

면 천하의 공리를 얻게 된다는 것이다. 그래서 겸애는 도덕심의 자아실현이 아닌 이기심의 표현이다.

　겸애는 비록 이기심의 표현이지만, 최고 목적은 절박한 하층민의 생존권 확보에 있다. 그래서 묵자는 논리적 방법으로 양진법(兩進法)과 삼표법(三表法)을 취하고, 실천적 측면의 방법은 「상현」(尙賢)·「상동」(尙同)·「겸애」(兼愛)·「비공」(非攻)·「절용」(節用)·「절장」(節葬)·「천지」(天志)·「명귀」(明鬼)·「비악」(非樂)·「비명」(非命)·「비유」(非儒) 등의 편명과 같은 개념을 취했다.

　『묵자』는 약 B.C.450~B.C.210년[13] 사이에 여러 사람에 의해 저술된 것이지만, 묵자의 중심 사상인 겸애와의 관계하에서 이해되어야 한다. 현존하는『묵자』53편 중 「친사」(親士)·「수신」(修身)·「소염」(所染)은 위탁(僞託)된 것이고, 「법의」(法儀)·「7환」(七患)·「사과」(辭過)·「3변」(三辯)은 묵학의 개요이다.[14] 「상현」·「상동」·「겸애」·「비공」·「절용」·「절장」·「천지」·「명귀」·「비악」·「비명」·「비유」는 묵자의 말을 묵자의 제자가 기록한 것이다. 「비공상」과 「비유하」는 묵자의 말을 기록한 것은 아니지만, 묵자의 근본 사상과 어긋나지 않는다.[15] 「경상」(經上)·「경하」(經下)는 묵자의 저작이며,[16] 「경주」(耕柱)·「귀의」(貴義)·「공맹」(公孟)·「노

13　『韓非子』는 韓非子가 죽은 B.C.232년 以前의 작품이므로 그의 「顯學篇」의 내용대로라면 그때까지는 墨學이 아직 번창하고 있었음을 알 수 있다. "묵씨의 학은 秦나라(B.C.248~B.C.207) 말기에 망했다"(孫詒讓, 「墨子傳略」, 『墨子閒詁』, 臺北, 臺灣商務印書館, 1975, 427쪽)는 말에 근거하면, 墨學의 유행한 기간은 대체적으로 墨子(B.C.486~B.C.376, 孫詒讓의 설)의 중년 나이부터 秦나라 말기까지로 B.C.450~B.C.210년이라는 추론을 할 수 있다. 한편 方授楚는 『鹽鐵論』 「晁錯篇」의 "山東儒墨咸聚於江淮之間, 講議集論著書數十篇"이라는 말에 근거하여 "漢武帝(B.C.140~B.C.85) 때 墨學의 師承家法이 아직 단절되지 않은 것 같다"고 말했다.(『墨學源流』, 201쪽)
14　梁啓超, 『墨子學案』, 臺北, 臺灣中華書局, 1975, 6쪽
15　方授楚, 『墨學源流』, 上海: 上海書店·中華書局, 1989, 41쪽
16　梁啓超, 『墨子學案』, 臺北, 臺灣中華書局, 1975, 7쪽

문」(魯問)·「공수」(公輸)는 묵자의 언행록(言行錄)이다.[17] 장자 시대의 묵가가 암송하는 묵경(墨經)은 이미 파별로 내용이 달라 서로 상대방을 별묵(別墨)이라 했으며[18], 같은 편명(篇名)의 상중하(上中下)는 한비자 시대의 상리씨(相里氏)·상부씨(相夫氏)·등릉씨(鄧陵氏) 세 파가 전하는 묵경을 후인이 합본하면서 구분하기 위해 나눈 것이다.[19] 필자는 『묵자』를 겸애의 방법을 중심으로 논하고자 한다.

2. 주요 방법

방법이란 어떤 목적과의 관계 속에서 이해하고 제기한 문제를 해결하는 도구나 법칙이기 때문에, 본 장에서는 묵자 철학의 최고 목적인 백성들의 생존과 그의 중심 방법인 겸애와의 관계를 중심으로 논하겠다. 먼저 묵자가 겸애를 실천 방법으로 사용하려 한 목적을 고찰하고, 겸애 여부를 가리는 방법, 즉 연역·귀납·유비 논증(類比論證)[20] 등을 활용한 양진법(兩

---

17 方授楚,『墨學源流』, 43쪽

18 『莊子』「天下」

19 孫詒讓,『墨子閒詁』(臺北, 臺灣商務印書館, 1975)의 兪樾의 序文

20 ① 대전제: 천하에 의가 있으면 다스려지고 없으면 혼란해진다. 소전제: 하늘은 다스림을 좋아하고 혼란을 싫어한다. 결론: 그러므로 하늘은 의를 좋아하고 불의를 싫어한다.(「天志下」) 이것은 演繹法의 예이다. ② 비유한다는 것[譬]은 甲을 들어 乙을 밝히는 定義法이다. ③ 같다는 것[侔]은 갑은 을과 같다고 비교하는 比較法이다. ④ 인용한다는 것[援]은 갑이 그런데 을이 어찌 홀로 그렇지 않을 수 있겠느냐고 하는 歸納法이다.(이상은 「小取」) ⑤ 王公大人이 소와 양이 있지만 잡을 수 없다면 훌륭한 백정을 찾지 친척을 찾지 않을 것이다. 王公大人이 옷감이 있지만 옷을 만들 수 없다면 훌륭한 재단사를 찾지 친척을 찾지 않을 것이다. 王公大人이 한 마리 말이 있지만 치료할 수 없다면 훌륭한 수의사를 찾지 친척을 찾지 않을 것이다. …… 그래서 王公大人이 나라가 있지만 잘 다스릴 수 없다면 현인을 찾지 친척을 찾지 않을 것이다.(「尙賢下」) 이것은 類比論證의 예이다. 이들 방법은 論證上 必然的 結論은 얻을 수 없지만 直觀을 유도하여 지식을 확장해 줄 수

進法)과 삼표법(三表法)에 대해 살펴볼 것이다.

묵자 철학의 최고 목적과 방법은 마지막 단계에서 하나로 귀착되지 않는다. 즉 묵자가 보는 마음의 본질은 이기심이라서 천지(天志)와의 사이에 갈등도 생길 수 있다. 비록 천지에 따르는 겸상애(兼相愛)·교상리(交相利)가 천하를 이롭게 하는 것이라 해도, 이기심은 자기에게 불리하면 거부하게 될 것이다. 그것은 자아실현이 아닌 천지라는 자기 외적 목적을 추구하기 때문이다.

그 어떤 것이 겸애라는 목적에 부합되는지를 알기 위해서는 하나의 표준이 있어야 한다. 『묵자』에서는 그런 표준을 법의(法儀)·법(法)·의(義)라고 했다.[21] 그런 법의·법·의는 공인들의 공구처럼 자기 외적이며 보편적인 것으로서 천지(天志)가 그 대표이다.[22] 직각자는 직각을 그리는 법이 되듯이, 사람들이 서로 사랑하고 이롭게 하길 원하는 천지는 사회 정의, 즉 백성들의 공존공영을 얻는 법이 된다.[23] 그렇게 되면 행위 주체와 표준은 둘로 나뉘어, 행위 주체는 이기심(利己心)이 되고 행위 표준은 천지가 된다. 그래서 묵자가 행위 주체와 표준을 양분한 것은 순자와 유사하며 공맹과는 반대가 된다.

묵자가 말하는 겸애와 별애는 무엇이며, 그 차이는 무엇인가? 겸애는 천지에 따르는 것이고, 별애는 천지에 따르지 않는 것이다. 효도의 경우, 겸애는 내가 남의 부모를 먼저 사랑하여 남도 나의 부모를 사랑하도록 하는 것이고,[24] 별애는 나의 부모는 사랑하되 남의 부모는 사랑하지 않는 것이다. 정치의 경우, 겸애의 도에 의한 정치는 의정(義政)이고, 별애의 도

있을 것이다.

21　「法儀」, 「尙同上·中·下」
22　天之志者, 義之經也.(「天志下」)
23　順天之志者, 義之法也.(「天志中」)
24　「兼愛下」

에 의한 정치는 역정(力政)이라고 한다.[25] 그래서 묵자는 "남의 집을 내 집처럼 여긴다면 누가 혼란을 일으키며, 남의 나라를 자기 나라처럼 여긴다면 누가 공격하겠는가?"[26]라고 기대하는 결론을 얻은 것이다.

이런 겸별(兼別)의 구분에는 어떤 문제가 있는가? 별애가 유가의 인에 대한 것이라면 인이 과연 그런 것인가? 유가의 인은 실천 방법상 어려움을 고려하여 차등적으로 사랑하자는 것이지 널리 사랑하는 박시제중(博施濟衆)을 반대하는 것이 아니다. 즉 이웃을 사랑하고 국가에 충성하는 것은 자기 부모에게 효도하는 마음을 확대한 것이다.[27] 그래서 별애(別愛)는 정강이의 털 하나도 건드리지 못하게 한 양주 철학 비판에 써야 할 것이다. 묵자는 겸별의 구분을 너무 양극화함으로써 오히려 현실적 타당성을 잃었다. 그것은 바로 양진법의 폐단이다.

겸애가 묵자 철학의 중심 방법이라면 겸(兼)과 애(愛)는 무엇이며 어떤 관계가 있는가? 묵자는 인내의외(仁內義外)라는 논의[28]에 대해, 인(仁)은 애(愛)이고 의(義)는 이(利)이기 때문에 이류(異類)라고 말한다. 즉 애는 사랑하는 실천 활동이고, 이는 실천 내용이다.[29] "말을 하되 그 종류에 밝지 못하면 반드시 곤란해진다"[30]는 말에서 묵자가 실천 행위인 애와 실천 내용인 이를 이류라고 보는 것을 확인할 수 있다.

실천 행위인 애의 동기와 본질은 어떤 것인가? 묵자의 겸은 애의 실천

25　順天之意者義政也, 反天之意者力政也.(「天志上」) 順天之意者兼也, 反天之意者別也. 兼之爲道也義正, 別之爲道也力正.(「天志下」)
26　視人家若其家誰亂, 視人國若其國誰攻.(「兼愛上」)
27　孝者所以事君也, 弟者所以事長也.(『大學』9)
28　"食色性也. 仁內也, 非外也. 義外也, 非內也."(『孟子』「告子上」4)는 告子의 말이고, "仁從中出, 義從外作."(『管子』「戒」)는 管子의 말이다. 墨子는 아마 이들을 겨냥했던 것 같다.
29　仁, 體愛也. 義, 利也.(「經上」)
30　故言多方, 殊類異故, 則不可偏觀也, 非也.(「小取」)

방법이고 애는 실천 활동이지만, 그의 내용은 이익이다.[31] 그래서 묵자의 겸애는 도덕 자아의 자기실현이 아니라 이기심의 표현인 것이다.

겸은 둘 이상의 대상에 동시에 평등하게 관계한다는 뜻도 있지만,[32] 내가 먼저 상대방에게 사랑을 베풂으로써 상대방도 나에게 똑같이 하게 하는 이익의 상호 교환 의미도 있다.[33] 이런 이익의 교환 방식은 분업 사회의 생활 방식으로 이해할 수도 있겠지만, 하층민의 생존권 보호에 더 큰 목적이 있다. 마치 메말라 가는 연못의 물고기가 서로 거품을 품어 주어 상대방을 적셔 줌으로써 공존하려는 것과 같은 생존 방식이다.

종합해 보면 겸은 만민의 평등한 생존권을 확보하기 위한 이익의 상호 평등한 교환 방법이다. 묵자가 양주와 같은 점은 이기심을 출발점으로 한 것이지만, 차이점은 겸별의 방법에 있다. 양주의 이(利)가 사리가 되고 묵자의 이가 공리가 되는 것은, 바로 양주는 별의 방법을 취하고 묵자는 겸의 방법을 취했기 때문이다.

묵자가 겸애를 주장하는 내외적 근거는 무엇인가? 묵자는, 인은 사랑을 몸소 실천하는 행위[體愛]이며, 의는 이롭게 하는 것이므로, 효는 곧 부모를 이롭게 하는 것[利親]이다.[34] 그런 겸애는 곧 다른 사람을 이롭게 함으로써 자기를 이롭게 하는 것이 된다.

이익은 무엇인가? 얻어서 기뻐하는 것이다.[35] 그러므로 묵자의 인·의·

---

31   天之志者, 義之經也.(「天志下」) 義, 利也.(「經上」, 「經說下」) 그래서 天志의 본질은 利이다. 이것은 利로써 도덕을 이해하는 것이다.

32   남의 집을 내 집처럼 여긴다면 누가 도적질을 하며, 남의 몸을 내 몸처럼 여긴다면 누가 해치겠으며, …… 남의 나라를 자기 나라처럼 여긴다면 누가 공격하겠는가?(「兼愛上」)

33   내가 남의 부모를 먼저 사랑하여 남도 나의 부모를 사랑하도록 하는 것이다. …… 내게 복숭아를 던져 주면 그에게 오얏으로 보답한다.(「兼愛下」)

34   孝, 利親也.(「經上」)

35   利, 所得而喜也.(「經上」)

효는 모두 남을 이롭게 함으로써 기쁘게 하는 것이지, 조건 없이 사랑한 결과로 이롭게 되고 기뻐하게 되는 것이 아니다. 인간이 천지(天志)를 따르는 것은 바로 이익 때문이며, 또 그것은 이익을 추구하는 이기심 때문이다. 그러므로 겸애를 행하는 주체는 이익을 추구하는 이기심이지, 마땅히 인하게 하는 것뿐인 사단지심이 아니다. 묵자가 "남을 위하는 것이 오히려 자기를 위하는 것"[36]이라고 말하는 것은 이타가 이기에 우선하며, 결국 남을 위하는 것은 이기적인 행위라는 것이다. 그래서 묵자의 겸애는 이기적 이타가 된다.[37]

묵자는 겸애를 모든 인류에게 평등하고 보편적으로 행해야 한다고 말한다.[38] 그러나 이 말은 딜레마를 갖는다.[39] 비록 그것이 논리적으로 가능하다 해도, 결국 실천의 문제이기 때문에 반드시 실천할 수 있는 인성 기초도 가지고 있어야 한다. 만약 묵자의 말대로 천하의 공리를 위해서 개인의 사리를 포기하고 천지를 받들어 겸애하려면 사리를 포기할 수 있는 그런 심성의 근거도 가지고 있어야 한다. 그렇지 않으면 양주로 하여금 그의 정강이 털 하나와 천하의 공리를 바꾸게 할 수 없다. 그런 자발성을 확보하지 못한 묵자는 겸애하지 않는 사람들을 제재하기 위해 귀신의 재앙이나 국가의 형벌을 내세웠다. 이렇게 묵자는 인간의 주체성을 약화시키고 천지(天志)·천귀(天鬼)의 역할과 국가의 법제를 강화했다. 비록 현

---

36   爲彼者由爲己也.(「兼愛下」)

37   陳拱은 겸애의 행위 주체를 公的 의식과 利的 의식을 혼합하여 형성한 "公利的 心靈意識"이라고 부른다.(陳拱, 『儒墨平議』, 臺北, 臺灣商務印書館, 1975, 3판, 25쪽) 墨子는 仁, 愛己者非爲爲己也, 不若愛馬.(「經說上」)와 같이 자기를 이용하기 위해 자기를 사랑하지 않듯이 남을 이용하기 위해 사랑해서는 안 된다는 것이다. 표면상 이것은 孔子의 仁과 같은 개념처럼 보이지만, 속 내용은 利益의 去來이다. 孔子의 仁은 비록 이익으로 말할 수 있다 해도 실천 동기가 道德 自我의 自己實現에 있기 때문에 墨子의 兼愛와는 본질상 다르다.

38   「經說下」

39   鐘友聯, 『墨子的哲學方法』, 臺北, 東大圖書公司, 1976, 109~110쪽

인 정치를 강조해도 그 목적은 백성들의 실천 행위를 천지에 일치(一致)
되도록 하는 데 있는 것이다.

어떤 것이 천지에 부합되는가 여부를 가리는 방법은 양진법과 삼표법
을 통해 보고, 구체적 실천 방법은 상현·상동·겸애·비공·절용·절장·
천지·명귀·비악·비명·비유 등을 통해 보겠다.

1) 양진법

양진법(兩進法)이란 용어는 필자가 묵자의 "두 가지를 상대적으로 비교한
다"[40]는 양이진지(兩而進之)라는 말에서 취한 개념이다. 양진법은 겸사(兼
士)와 별사(別士)의 언행을 대비하여 겸애가 비교 우위(比較優位)에 있다
는 것을 증명하는 비교 우위 논증법이다.[41] 즉 "(兼士의) 말은 반드시 미덥
고 행동은 과단(果斷)하다. 언행이 합치되게 하는 것은 마치 부절(符節,
즉 信表) 간에 서로 맞는 것 같아서 말하고 실행하지 않는 것이 없다"[42]는
것이다. 이와 같이 언행이 일치하는 겸사는 별사에 비해 겸애를 실천하는
데 비교 우위에 있다는 것이다.

언행일치를 주장하는 묵자 철학의 실천 구조는 평등이다. 그래서 "대인
은 그 말이 반드시 미더운 것은 아니며, 실천은 반드시 과단한 것은 아니

---

40   姑嘗兩而進之.(「兼愛下」)

41   ① "三表法은 주로 자기 학설을 전개하는 데 사용하는 논증 방법이고, 兩而進之의
논증 방법은 주로 상대방과 논쟁하는 데 사용하는 방법이다."(鐘友聯, 『墨子的哲學方法』,
臺北, 東大圖書公司, 1976, 47쪽), "兩而進之의 방법은 論證法일 뿐만 아니라 論爭法이
다"(같은 책, 54쪽)라고 말했다. ② 「兼愛下」에서 역시 仁人의 임무는 천하의 이익을 일
으키고 해악을 제거하는 데 있음을 제창하고 근본적인 방법을 논술하고 있다. 그의 운용
방법을 本原과 分名의 방법이라 칭한다. 전자는 사태의 제 원인을 규명하여 철저한 대책
을 수립하는 것이고, 후자는 상대적 현상을 들어 공평하게 그 우열을 정하는 것이다."(宇
野精一 主編, 林茂松譯, 『中國思想之研究』 3, 臺北, 幼獅文化事業公司, 1979, 7쪽) 本原
의 방법은 三表法에 속하고, 分名은 필자가 말하는 兩進法에 속한다.

42   言必信, 行必果, 使言行之合, 猶合符節也, 無言而不行也.(「兼愛下」)

다. 오직 의가 있는 곳에서 이루어진다"⁴³고 말한 맹자는 별사에 속한다. 묵자가 보기에 맹자는 언행일치가 보장되지 않을 뿐만 아니라, 실천 과정 상 친소원근·선후본말의 차별적 구조를 인정하기 때문이다.

　양진법의 주요 용도는 무엇인가? 첫째, 양자를 대립시켜 비교 우위를 논증하는 방법이다. 주로 학설적으로 대립 관계에 있는 유가를 비판하고 묵가를 옹호하는 데 사용했다. 절용·절장·비악·비명·겸애·비유 등이 바로 그 예이다. 둘째, 삼표법의 운용 방법이다. 즉 본(本)·원(原)·용 (用) 3표에 합치되는 것은 겸애에 속하고, 어긋나는 것은 별애에 속한다 는 것이다. 양진법의 용도를 둘로 나누었지만 결국 최종 목적은 겸애의 비교 우위를 증명하려는 데 있는 것이다.

　묵자가 양진법에 의해 행위 표준을 분명히 하려 한 이유는 무엇인가? 그 사용자가 일반 대중이었기 때문이다. 만약 유가의 중용처럼 운용상 고 도의 융통성을 발휘해야 한다면 일반 백성은 거의 배제될 것이다. 진일보 하여 묵자는 이런 어려운 점을 고려하여 다음과 같은 객관적·현실적 표 준으로 삼표법을 제시한다.

2) 삼표법

우리는 잠시라도 행위 표준 없이는 살기 어렵다.⁴⁴ 그래서 춘추 전국 시대 의 제자백가들은 각자의 학설에 기초하여 그런 행위 표준과 그 근거를 제 시하려 했다. 공맹은 인성의 도덕성을 주체로 하여 현실 속에서 중용에 맞도록 실천해야 한다고 보았고, 노장은 자연의 도인 자연 본성에 따라

43　大人者, 言不必信, 行不必果, 惟義所在.(『孟子』「離婁下」11)
44　세상일에 종사하는 사람에게 행위 표준(즉 法儀)이 없을 수 없으며, 행위 표준 없 이 이룰 수 있는 일은 없다.(「法儀」) 墨子는 그 행위 표준을 天志, 혹은 天意로 보았다. 그래서 둥근자에 맞는 것을 圜法이라 하고, 직각자에 맞는 것을 方法이라 하듯이, "하늘 의 뜻에 따르는 것(즉 맞는 것)이 義法이다"(「天志中」)라고 말했다.

무위자연해야 한다고 보았다. 그런데 묵자는 행위 표준으로서 천지(天志)를 제시했는데, 어떤 것이 천지에 맞는가를 판단하려면 또다시 구체적인 표준이 필요하다.

만약 "표준(標準)이 없다면 돌림판 위에 서서 동서남북을 헤아리는 것과 같다."[45] 그래서 그 어떤 것이 천지에 일치되는가를 판단하기 위해 제시한 표준이 바로 삼표법(三表法)이다.[46] 삼표법은 본래 「비명」에서 강자들의 운명론을 반박하기 위해 제시된 것이지만, 묵자 철학 전반에서는 겸애와 별애를 구분하는 기준으로 적용된다.

삼표법은 양진법에 기초하여 본(本)·원(原)·용(用)의 세 가지 표준에 따라 겸애와 별애를 구분한다. 즉 겸별을 판단하는 본은 천귀(天鬼)의 의지와 성왕·성인의 사업에 근본을 두는 것이고, 원은 일반 사람들의 이목으로 관찰한 결과와 성인의 글에 근거하는 것이며, 용은 형벌과 행정을 행함으로써 나라와 백성의 이익에 적합한가를 보는 것이다.[47]

묵자는 삼표법에 입각하여 상현·상동·겸애·비공·절용·절장·천지·명귀·비악·비명·비유 등의 방법을 끌어냈다. 또 그런 방법의 타당성을 논증하는 방법으로 비유와 유비 논증 등을 사용한다. 그것은 아는 것으로 모르는 것을 비유하여 알게 하는 것이다.[48] 그러나 묵자가 직관(直觀)을 인정하지 않는다면 그에게는 단지 공허한 형식만 있을 뿐이다.

묵자가 직관의 방법을 인정한다면 어디까지 인정할 수 있는가?『주역』의 직관은 궁극적으로 도덕 자아의 자기 투영이다. 즉 "인자(仁者)는 도를 보고 인(仁)이라 하고, 지자(知者)는 도를 보고 지(知, 즉 진리)라고 한

---

45   言而毋儀, 譬猶運鈞之上, 而立朝夕者也.(「非命上」)
46   「非命上」에서는 三表라고 하고 「非命中·下」에서는 三法이라 하는데, 일반적으로 이 둘을 합쳐서 三表法이라고 부른다.
47   「非命上·中·下」의 것을 종합하여 정리한 것임.
48   譬也者, 擧也物而以明之也.(「小取」)

다"[49]는 말처럼, 『주역』의 사물에 대한 가치 판단은 도덕 자아의 자기 투영적 직관이다. 묵자가 겸애의 근거를 천지에 둔 것이 『주역』처럼 도덕 자아의 자기 투영이라면 묵자는 성선론자가 되어야 한다. 그런데 겸애의 주체는 이기심이지 도덕심이 아니며, 그 이기심도 천지를 받들어 겸애하는 종속적 위치에 있을 뿐이다. 또 억지로 이기심의 주체적 지위를 인정한다해도 겸애의 내용은 이기심의 자기 투영일 뿐이다.[50]

유가의 인의는 이(利)를 취사선택하는 기준인데; 묵자의 애(愛)는 이(利)이며, 이는 곧 애다. 그래서 겸애는 곧 교리(交利)와 같은 말이 된다.[51] 겸애를 판별하는 삼표법을 본·원·용으로 나누어 몇 가지 사례로 고찰하면 다음과 같다.

본은 그 어떤 것을 천지와 성왕·성인의 사업에 근거하여 주장하는 것이다. 즉 겸상애·교상리가 선성육왕(先聖六王)이 행한 도라는 것을 어떻게 아느냐고 반문하면서, 『서경』의 「태서」(泰誓)·「우서」(禹誓)·「서명」(誓命)·「탕세」(湯說), 『시경』의 「주시」(周詩), 즉 「周書」의 홍범(洪範)·「대아」(大雅)를 근거로 댄다.[52] 또 「주서」(周書)·「상서」(商書)·「하서」(夏

49　仁者見之謂之仁, 知者見之謂之知.(『周易』, 「繫辭上」 5)

50　"儒墨이 같은 것은 愛이고 다른 것은 貴別과 貴兼이다"(蔣伯潛, 『諸子學纂要』, 臺北, 正中書局, 1959, 5章 2~3節)라고 말했는데, 이것은 墨子의 愛라는 글자만 보았지 내용은 못 본 것이다. "墨子가 말하는 義는 이론상 天에서 나온 것이므로 天이 天이 되는 까닭의 본질이 되지만 실제는 오히려 墨子의 公利的 心靈意識의 투영이다. …… 公利는 절대 순수하게 도덕적인 것이 아니며, 義 역시 절대 순수하게 도덕적인 것이 아니다."(陳拱, 『儒墨平議』, 臺北, 臺灣商務印書館, 1975, 3판, 44쪽)

51　梁啓超는 "兼相愛는 이론이고 交相利는 이 이론을 실행하는 방법이다."(梁啓超, 『墨子學案』, 臺北, 臺灣中華書局, 1975, 8쪽)라고 말했는데, 이것은 겸애를 교리의 표준으로 보았기 때문이다. 그래서 그는 또 "墨子의 兼愛主義와 孔子의 大同主義는 이론 방법이 완전히 같다"(같은 책, 11쪽)고 말했다. 梁啓超의 이런 견해는 겸애의 본질을 유가의 仁처럼 도덕적 본성의 표현으로 본 것이다.

52　「兼愛下」

書)에 근거하여 귀신의 존재함과 그의 상벌 활동이 있음을 주장한다.[53] 절
용(節用)에 대해 "옛날 성왕은 절용의 법을 만들어 말했다. 천하의 공인들
이 수레를 만들거나 가죽 물건을 만드는 등 각자의 능력에 따라 일에 종
사하였다. 생산은 백성들이 사용하기에 족한 정도에서 그친다. 성왕은 비
용만 들고 백성에 이익이 되지 않는 것은 하지 않았다"[54]고 말했고, 또 상
례에 대해 "세치의 관과 세벌의 옷, 이불로 하며, 곡은 오래하지 않고 생
업으로 빨리 복귀하는 것이 성인의 법이라고 한다"[55]고 주장했다. 그러나
이런 주장들을 어디까지 인정할 수 있느냐 하는 것이 문제이다. 유가 역
시 요(堯)·순(舜)·우(禹)·탕(湯)·문(文)·무(武)·주공(周公)의 도를 계
승했다고 주장하기 때문이다.

원은 그 어떤 것을 백성들의 이목(耳目)의 감각과 성인·성왕의 글이나
치적으로 실증하는 것이다. 즉 묵자는 명(命)의 유무도 백성들의 이목의
감각으로 실증하려 했다. 즉 "우리에게 명이 있고 없는 것을 아는 근거는
백성들의 이목의 감각으로 그 유무를 안다. …… 만약 백성들은 어리석고
못났으니 그들의 이목의 감각을 법도로 삼을 게 못된다면 어찌 제후들이
전하는 말이나 유행하는 얘기를 고찰하지 않는가? …… 어찌 성왕들의
일로서 그것을 고찰해 보지 않는가? …… 안위치란(安危治亂)은 통치자
가 정령(政令)을 시행하기에 달려 있는 것인데 어찌 명이 있다고 말할 수
있겠는가!"[56]라고 하여 명이 존재하지 않는다는 것을 실증할 수 있다고 한

53　「非命下」

54　古者聖王, 制爲節用之法. 曰, 凡天下群百工, 輪車鞼匏, 陶冶梓匠, 使各從事其所能.
曰, 凡足以奉給民用則止. 諸加費不加于民利者, 聖王弗爲.(「節用中」)

55　棺三寸, 足以朽體; 衣衾三領, 足以覆惡; 以及其葬也. 下毋及泉, 上毋通臭, 壟若參
耕之畝, 則止矣. 死則旣已葬矣, 生者必無久哭, 而疾而從事, 人爲其所能, 以交相利也. 此
聖人之法也.(「節葬下」)

56　我所以知命之有與亡者, 以衆人耳目之情, 知有與亡. …… 若以百姓爲愚不肖, 耳目
之情不足, 因而爲法, 然則胡不嘗考之諸侯之傳言流語乎? …… 然胡不嘗考之聖王之事?

것이다.

용은 백성의 실용성 유무에 비추어 보는 것이다. 실용성의 유무가 겸애나 시비선악을 가리는 표준이 된다는 말이다. 즉 음악은 천하에 이익이되지 못하고[57] 명은 천(天)·귀(鬼)·인(人) 모두에게 불리하지만,[58] 겸애의도는 천·귀·인에게 모두 이롭고 백성의 실용에도 맞다는 것이다. 이런측면 때문에 묵자를 실용주의자·공리주의자로 분류한다.[59]

위와 같이 묵자는 구체적 방법으로 분석·관찰의 방법 등을 사용하고실증적 태도를 취하는데, 그것은 바로 행위의 객관적 표준을 찾고자 한것이다. 본·원·용의 상호 관계는 어떠한가? 본·원·용 삼자는 서로 연결되어 의존 관계에 있으므로 동시에 만족되어야 한다. 고대 성왕의 것이라해도 백성들의 이목의 감각으로 알 수 있어야 하며, 정치에 활용되어 백성들에게 이로워야 한다. 이렇게 본·원·용은 백성들의 생존을 위한 구체적행위 표준이 된다. 개별적 행위 표준은 본·원·용으로 귀결되고, 또 그것은 겸상애·교상리로 귀결되며, 최후에는 천지로 귀결된다. 그러므로 인간의 실천 행위는 천지에 합치되도록 하지 않으면 안 된다.

3) 실천 방법

묵자 철학은 하층민을 중심으로 한 공존의 생존 철학이다. 그것은 실천철학이므로 실천 방법이 있어야 한다. 그래서 묵자는 겸애의 구체적인 실천 이유와 방법으로 상현·상동·겸애·비공·절용·절장·천지·명귀·비악·비명·비유 등을 제시한다. 겸애·비공은 평화주의를, 절용·절장·비악·비명 등은 근면 검소한 실용주의를 주장하는 것이다. 그리고 상현은

…… 安危治亂, 在上之發政也. 則豈可謂有命哉!(「非命中」)

57 「兼愛下」

58 「非命中」

59 陳拱, 『儒墨平議』, 臺北, 臺灣商務印書館, 1975, 3판, 82쪽

도가 사상에 대한 대안으로, 비공·절용·절장·천지·명귀·비악·비명·
비유 등은 유가 사상에 대한 대안으로 주장한 것이다.[60]

묵자의 실천 행위 주체는 누구이며 인성론은 어떠한가? 묵자는 「경설
하」에서 인내의외에 대해 반박하고,[61] 겸애하는 행위 주체는 도덕 자아가
아닌 이기심이라고 주장한다. 비록 묵자는 천하의 공리를 위해서라면 이
마에서 발뒤꿈치까지의 털이 다 빠지고 닳아 없어지더라도 멈추지 않을
수 있을지는 몰라도,[62] 그 행위 주체가 이기심이므로 보통 사람으로 하여
금 겸애를 실행하게 하기 어렵다. 그러므로 묵자와 반대로 양주같은 사람
이 나올 수 있는 것도 그 때문이다.

겸애와 천지(天志)는 어떤 관계를 갖는가? 직각이 되고 안 되는 것을
알 수 있는 까닭은 직각[方]을 그리는 법[矩]이 있기 때문이듯,[63] 마찬가
지로 인간 사회의 평화와 번영을 달성하기 위해서는 객관적 법도가 있어
야 한다. 천지는 바로 겸애의 객관적 법도가 된다. 즉 겸애의 평등 원칙을
주장하는 근거는 바로 "하늘의 운행은 광대하고도 사사로움이 없으며, 그
의 베풂은 후덕하면서도 그침이 없고, 그 밝음은 오래되어도 쇠퇴하지 않
는다"[64]에 있다.

묵자는 하늘이 곧 천하 만물을 사랑하기 때문이라는 근거 위에서,[65] 사

---

60   尙賢은 道家에 대해, 天志·明鬼·節葬·非樂·非命은 儒家에 대한 반동이다.(梁啓
超,『墨子學案』, 臺北, 臺灣中華書局, 1975, 4~5쪽)

61   인은 사람을 사랑하는 인애이고, 의는 사람을 이롭게 하는 것이다. 愛利를 베푸는
자는 내 쪽이고, 애리를 받는 자는 상대방이다. (하지만) 애리를 베푸는 자는 서로 내외
하지 않듯, 애리를 받는 사람 역시 내외하지 않는다. 인을 안이라 하고, 의를 밖이라 논함
에, 애리를 베푸는 것과 애리를 받는 것으로 거론하는 것은, 잘못 거론하는 광거이다.(仁,
仁愛也. 義, 利也. 愛利, 此也. 所愛利, 彼也. 愛利不相爲內外, 所愛利亦不相爲內外. 其爲
仁內也, 義外也, 擧愛與所利也, 是狂擧也.(『墨子』「經說下」))

62   墨子兼愛, 摩頂放踵, 利天下爲之.(『孟子』「盡心上」26)

63   「天志中」

64   天之行, 廣而無私, 其施厚而不德, 其明久而不衰.(「法儀」)

람도 그런 하늘을 본받아 겸상애 · 교상리해야 한다고 주장한다.[66] 그래서 묵자는 종교성을 가진 하늘의 의지를 상현 · 상동 · 비공 · 절용 · 절장 · 명귀 · 비악 · 비명 · 비유 등 구체적 실천 방법의 최고 근원이며, 인간이 준수해야 하는 최고 준칙으로 삼아야 하며, 아울러 천지를 따르지 않으면 하늘과 귀신 등의 처벌이 있게 된다고 말한다. 겸애가 자발적인 도덕심이 아니라 이기심에서 생긴 것이기 때문에 그런 외적 강제 장치를 마련한 것이다. 따라서 묵자가 겸애를 주장하게 된 것이 하늘에 대한 종교적 신앙심에서 기인한 것이라기보다는, 오히려 겸애를 주장하기 위해 종교성을 가진 하늘을 이용한 것으로 보아야 한다. 이것은 "하늘을 섬기다 하늘에 죄를 지으면 도피할 곳이 없다"[67]는 말과 달리, 나쁜 짓을 하고도 하늘이나 귀신의 벌을 받지 않는 경우를 설명해 내지 못하는 것에서도 확인할 수 있다.

묵자가 유가의 천명을 부정하는 대신 천지를 주장하는 이유는 무엇인가? 하늘의 의지인 천지는 사람이 하기에 따라 사후(事後)에 어떤 보답을 한다는 것이다. 그래서 유가처럼 천명을 믿으면 숙명론자가 되어 백성들에게 이롭지 못하며, 천지를 믿고 서로 겸애하면 운명을 극복할 수 있다는 것이다. 그런 비명(非命)설은 하층민들에게 현재보다 더 나아질 수 있다는 희망을 줄 수 있다. 그런 희망이 있다면 하층민들은 생존을 위해 하늘을 믿고 겸애를 실천할 것이며, 현실 속에서 그의 보답을 기다릴 것이다.

상현의 목적은 천지를 받들어 겸애를 실현하기 위한 것이다. 관리는 본래의 신분에 상관없이 능력이 있으면 발탁되고 없으면 그만두어야 하는 것이다. "그러므로 관리는 항상 귀할 것이 없으며, 백성은 끝까지 천할 것

---

65   무엇으로써 하늘이 천하의 백성을 사랑하는 것을 아는가라는 질문에, 묵자는 하늘이 우리로 하여금 兼明-兼有-兼食하게 한다는 것으로 안다고 말한다.(「天志上」)

66   「法儀」

67   今人皆處天下而事天, 得罪於天, 將無所以避逃之者矣.(「天志下」)

이 없다. 능력이 있으면 쓰이고 없으면 그만두는 것이다."[68] 이것은 종법적(宗法的) 신분 사회였던 주대(周代)에는 혁명적인 것이었다.

상동의 목적은 천자·관리·백성들의 견해나 행위 표준(즉 義)을 천지에 일치시켜 혼란을 막고 겸애를 실천하자는 것이다. 그러나 전제 조건은 천자는 성왕이어야 하고, 관리는 현자이어야 한다는 것이다.[69] 그래야 그들은 사리사욕에 빠지지 않고 모두가 천지에 일치하도록 이끌 수 있다. 그렇지만 그것은 자아실현을 추구하는 자발적인 행동이 아니기 때문에, 상동을 실현하기 위한 장치로 하늘의 상벌[70]과 천자의 상벌[71]을 사용하게 된다. 즉 상동은 겸애를 위한 일종의 정치론이다. 모든 사람이 천지에 일치되면 자연히 통치자가 정치 행위상 권위를 갖으려는 정치적 목적도 달성될 수 있기 때문이다.[72]

묵자가 이렇게 천지에 일치하는 대동(大同) 사회를 추구하는 것은『예기』의 대동과 그 형식을 같이 한다. 그러나 일반적으로 유가적 입장에서 해석하는『예기』의 대동 개념은 도덕적 자아실현을 출발점으로 하여 그것을 완성한 것이므로 묵자의 상동과 다르다. 상동과 관련하여 묵자는 개념의 통일을 위해『맹자』「진심하」나『순자』「정명」 등과는 비교가 되지 않을 정도의 분량으로,「경」과「경설」을 지었으며, 그것을 기초로 그의 철학 사상의 통일성도 추구했다고 볼 수 있다. 그렇기 때문에 "묵자는 가지런한 것만 보고, 들쭉날쭉한 것은 보지 못했다"[73]는 비판을 듣기도 한다.

비공은 남의 생존권을 해쳐서는 안 된다는 것이다. 묵자가 "남의 나라

---

68   故官無常貴, 而民無終賤. 有能則擧之, 無能則下之.(「尙賢上」)
69   「尙同中」
70   「尙同中」
71   「尙同下」
72   馮友蘭은 "權威主義로부터 天志·尙同說이 나왔다"고 말한다.(馮友蘭,『中國哲學史』, 臺北, 三民書局, 1981, 237쪽)
73   墨子有見於齊, 無見於畸.(『荀子』「天論」)

를 자기 나라처럼 여긴다면 누가 공격하겠는가?"[74]라고 말한 것처럼, 비
공은 곧 겸애의 다른 표현이다. 그런데 "남의 나라를 공격하는 것은 실질
적으로 최대의 사유권을 침범하는 것과 같다. 이것이 바로 겸애와 비공의
핵심이다. 물론 사유 재산권을 존중하며 아울러 보위하는 것"[75]이라고 말
한다면, 그것은 너무 지나친 해석이다. 사유 재산권의 보호보다는 오히려
생존권의 보호로 보아야 할 것이다. 만약 사유 재산권 보호가 강조되면
겸애를 실천할 수 없게 되고, 양주의 위아주의(爲我主義)와 큰 차이가 없
게 된다.

절용·절장·비악은 유가에 대한 비판이며, 묵자의 겸애를 위한 경제와
관련된 실천 방법이다. 절용은 필요 이상의 물자 소비나 사치를 하지 말
자는 것이고, 절장은 필요 이상의 상례는 백성들의 생업에 지장을 준다는
것이며, 비악은 음악이 즐겁지 않다는 것이 아니라 통치자들의 음악이 백
성들에게 부담만 증가시킨다는 것이다. 심지어 묵자는 사치는 남이 입고
먹을 재물을 강탈하는 것[76]이라고 비판한다. 즉 절용·절장·비악은 유가
의 물자 사용과 예악의 피해를 비판하고 주장한 대안이다. 이에 대해 순
자는 "묵자는 실용에 가리어 문화를 보지 못했다"[77]고 했고, 방수초(方授
楚)는 "묵자는 실질을 숭상하고 문식(文飾)을 중시하지 않았다"[78]고 비판
했다. 그러나 묵자의 주장은 생존을 최고 목적으로 하지 않으면 안 되는
당시 백성들의 경제적 실정(實情)과 생존을 고려한 것이다.

묵자는 「경주」·「공맹」 두 편에서 주로 유가의 천귀(天鬼)·귀신(鬼
神)·후장(厚葬)·구상(久喪)·음악(音樂)·운명(運命) 등에 대해 맹렬히

---

74   視人國若其國誰攻.(「兼愛上」)
75   곽말약 저, 조성을 역, 『중국고대사상사』(원명: 十批判書), 서울, 까치, 1991, 134쪽
76   「節用中」
77   墨子蔽於用而不知文.(『荀子』 「解蔽」)
78   方授楚, 『墨家源流』 附言, 上海, 上海書店·中華書局, 1989, 1쪽

비판했고[79], 그에 대한 대안(代案)으로 존천(尊天)·사귀(事鬼)·애인(愛人)·절용(節用)을 주장했다.

묵자는 왜 그런 비판과 주장을 했는가? 유가의 천·귀·인에 대해 사상은 이롭지 못하고, 묵자의 사상은 이롭기 때문이라는 것이다.[80] 그렇게 실천 방법상 다른 학파를 비판하는 기초 방법은 삼표법과 양진법이며, 그의 최종 목적은 겸애를 실천해야 한다는 천지를 실현하는 것이다.

3. 삶으로의 복귀

필자는 백성들의 생존을 위해 겸애를 주장한 묵자의 양진법·삼표법과 그의 구체적 실천 방법에 대해 고찰해 보았다. 묵자는 겸애의 타당성 확보를 위해 논리적 접근을 했으나 행위 동기를 소홀히 했고, 강력한 실천을 위해 천지를 내세웠으나 도덕 자아를 소홀히 하여 귀신의 상벌과 법으로 제재하려 했다. 전자는 사람의 도덕적 인성을 믿지 못하여 논리적 방법으로 답을 구하려 한 것이고, 후자는 도덕 자아의 주체성을 믿지 못해 종교적 장치 속에서 답을 구하려 한 것이다. 그래서 묵자가 겸애를 실천하여 생존권 확보 등의 목표를 달성한다 해도 자아실현적 행복감은 얻을 수 없을 것이다.

"일반 백성들은 먹는 것을 하늘로 삼는다"[81]고 한다. 이 말은 백성들이

---

79 墨子가 「耕柱」·「公孟」 두 편에서 儒家를 비판한 것은 15개 항목이다. 그것을 10개 문제로 분류하면 다음과 같다. 仲尼答問爲政之非, 君子述而不作之非, 君子恭己以待不問不言之非, 君子必古言服之非, 謂孔子足以爲天子之非, 以天爲 不明之非, 以鬼爲不神之非, 厚葬久喪之非, 習於聲樂之非, 以命爲有之非.(陳拱, 『儒墨平議』, 臺北, 臺灣商務印書館, 1975, 3판, 1~8쪽)

80 「尚賢中」

81 王者以民爲天, 而民以食爲天.(『漢書』卷43, 「酈陸朱劉叔孫傳」)

생존을 그 어떤 것보다도 우선으로 한다는 뜻이다. 도덕 군자의 경우는 유가의 도덕 정신을 우선시하겠지만, 생존이 절박한 백성의 경우는 묵자의 공리주의적 주장에 더 공감할 것이다. 그러나 그 기초가 이기심에 있기 때문에 극단적인 상황에서는 자신의 이익을 먼저 고려하게 되어 항상 자기희생적인 것은 기대하기 어렵다.

또한 묵자는 겸애를 좋은 쪽으로만 보았다. 조건 없이 주는 것이라 하더라도 받는 사람은 부담을 느낄 수 있으며, 특히 받은 만큼 보답해야 하는 경우에 놓인다면 보답 능력 이상의 경우는 사양할 것이다. 그렇다면 상대방의 사정에 따라 겸애도 조절되어야 할 것이다. 만약 생존의 문제가 아닌 경우까지 겸애를 주장하려면 묵자는 이 말에 동의해야 할 것이고, 이 말에 동의한다면 실천 방법상 묵자는 선후본말적 관계에서 중용을 얻으려는 유가의 견해에 찬성하는 것이 된다. 그러므로 묵자 철학이 유가적 도덕 자아를 기초로 하고 일부나마 차등(差等)을 인정한다면 더욱 진일보할 수 있을 것이다.

묵자 철학에서 겸애를 실천하기 위한 '누가'ㆍ'무엇을'ㆍ'어떻게'ㆍ'왜'의 세계관적 범주에 속하는 것은 천지에 기초하므로 실천 주체와 단절되어 그 주체성이 약할 수밖에 없다. 또 겸애를 실천하는 '언제'ㆍ'어디서'의 범주는 현실에 두었지만, 생존이 절박한 경우 외에는 그 실효성을 기대하기 어렵다.

[1996년][82]

---

82 「묵자의 겸애적 방법」, 『강원인문논총』 3집, 강원대학교 인문과학연구소, 1996.12. 에 게재한 것을 수정 보완함.

제12장

한비자의 포법처세의 방법

한비자(韓非子, B.C.280?~B.C.233)의 성은 한(韓)이고, 이름은 비(非)이다. 전국 시대 말기 한나라 공자(公子)로서 『한비자』를 지었는데, 『한서』「예문지」에 『한자』(韓子)라는 이름으로 모두 55편이라고 말했으며, 현존하는 것 역시 55편이다.

한비자의 주요 사상은 한마디로 법에 정치를 맡겨야 한다는 임법주의(任法主義)라고 할 수 있다. 인구 증가로 인한 재화의 부족으로 다툼이 발생하는데, 이를 제재할 강력한 법이 없다고 보았기 때문이다. 요순(堯舜) 시대처럼 사람은 적고 물자가 충분할 때는 인의 도덕으로도 질서 유지가 가능했지만, 당시에는 이미 인구가 많아져 그럴 수 없게 되었다는 것이다. 그래서 그는 인의 도덕의 방법을 용도 폐기하고, 보통 수준의 군주들도 쉽게 정치를 할 수 있는 포법처세(抱法處勢)[1]의 방법을 택해야 한다고 주장하였다.

본 장에서는 한비자 법철학적 세계관과 그 목적은 무엇이며, 그 목적을 달성하기 위한 절차·과정상에서 취하는 그의 방법은 어떠한가를 분석·

---

1 世之治者, 不絶於中. 吾所以爲言勢者中也. 中者上不及堯舜, 而下亦不爲桀紂. 抱法處勢則治, 背法去勢則亂.(『韓非子』「難勢」에서 말하는 抱法處勢는 단지 法과 勢만이 아니라 術도 그 속에 내재한 것으로서 法術勢의 통합에 의한 정치를 말한다.)

종합함으로써 방법을 중심으로 그의 세계관적 범주 상호 간의 관계를 밝히고자 한다.

1. 방법론적 배경

"관중(管仲, B.C.725?~B.C.645)의 철학 사상은 전국 시대 법가보다는 오히려 유가에 가까우나"[2], 법가의 철학적 기초가 된 것도 사실이다. 그 뒤를 이어 중세파(重勢派)인 신도(愼到, 약 B.C.350~B.C.275), 중술파(重術派)인 신불해(申不害, 약 B.C.400~B.C.337), 중법파(重法派)인 상앙(商鞅, 약 B.C.390~B.C.338) 등 세 파가 있었으며, 그들을 집대성한 사람이 바로 한비자이다.[3] 그런 한비자는 혼란한 사회를 법으로 바로잡기 위해 법(法)·술(術)·세(勢)의 균형 있는 통합을 추구했다.

한비자의 인성론은 어떠한가? 그는 사람을 사리사욕을 채우며 자기 제어를 못하는 존재로 보았다. 즉 부모·형제·처자식 누구든지 자기의 이익을 먼저 생각하며, 자기의 이익을 위해서라면 무슨 일이든지 할 수 있다는 것이다. 즉 그가 말하는 인성은 자기 욕심을 채우려는 지적(智的) 능력과 그런 본성하에 공리(功利)를 추구하는 이기심 등이다.[4] 그것은 순자(荀子)가 "(情·欲 등의) 발현이 그러한 원인자를 성(性)이라 하고, 그러한 원인자의 화기(和氣)가 외부 사물에 정합감응(精合感應)하여 시키지 않아도 자연스럽게 발현되는 것도 성이라 한다"[5]는 것과 같은 이해이다.

---

2 김충열, 「관중의 정경사상과 철학사적 위상」, 『대동문화연구』 제25집, 서울, 성균관대학교 대동문화연구원, 286쪽
3 稽哲, 『先秦諸子學』, 臺北, 洪氏出版社, 1982, 375~389쪽
4 夫智性也, 壽命也. 性命者非所學於人也.(『韓非子』「五蠹」)
5 生之所以然者, 謂之性. 性之和所生, 精合感應, 不事而自然, 謂之性.(『荀子』「正名」)

순자가 공리주의자에 속하듯 한비자도 행위 결과가 공익에 맞으면 선이며 합법이고, 어긋나면 악이며 불법이라고 보았다. 즉 "옛날에 재물을 중시하지 않은 것은 사람이 어질어서가 아니라 재물이 풍족했기 때문이고, 지금 사람들이 서로 다투는 것은 사람들이 탐욕스러워서가 아니라 재물이 부족하기 때문"[6]이라는 것이다. 그래서 한비자가 이해한 악도 순자처럼 본질적인 것이 아니라 결과적인 것이다. 즉 관(棺)을 만드는 사람이 장사가 잘 되길 바라는 것이 많은 이익을 추구하기 위한 것이지, 사람이 많이 죽기를 바라는 것은 아닌 것과 같다. 그런 인간의 이기심은 손해를 싫어하고 이익을 좋아하며, 처벌을 싫어하고 상훈을 좋아하기 때문에, 그것을 제재하는 데는 포법처세의 방법이 효과적이라는 것이다.

한비자는 순자의 예보다 강력한 제재력을 가진 법을 생각했다. 그래서 그는 군주가 법·술·세 일체를 장악해야 한다고 보고, 상앙·신불해·신도의 법철학을 통합하였다. 그뿐만 아니라 노자『도덕경』에 대한 주석인 「해노」·「유노」편을 지어 도가의 방법도 활용하여 법가 철학으로 평천하하려 하였다.[7]

많은 학자가 한비자의 철학 사상의 근원을 유가·도가·묵가 등의 철학과 연결지어 설명한다. 만약 한비자가 자신의 세계관적 목적을 설정하지 못하고 제자백가의 철학을 취했다면, 그는 단지 잡가나 잡학자일 뿐이며, 특히 법가의 상앙·신불해·신도의 법·술·세를 통합할 수도 없었을 것이다.

한비자의 세계관적 목적은 무엇인가? 그것은 백성들의 이해관계를 가장 효과적으로 다스리는 것이다. 그의 실천 방법은 법이다. 그것도 법·술·세가 통합된 포법처세적 방법이다. 그래서 한비자는 "유가는 문(文)

---

6   是以古之易財, 非仁也, 多財也. 今之爭奪, 非鄙也, 財寡也.(『韓非子』「五蠹」)
7   韓非子는 실제 선진 사상계에서도 결코 빠지지 않으며, 신불해·상앙·유가·도가를 통합한 대 사상가이다.(范壽康,『中國哲學史』, 臺北, 開明書店, 1982, 101쪽)

으로 법을 문란하게 하고, 유협(游俠)은 무(武)로 금령(禁令)을 범하기 때문에, 관리를 스승으로 삼아 법을 배워야 한다"[8]고 말했다.

일반적으로 현존하는 『한비자』55편을 모두 한비자가 지은 것은 아닐 것이라고 본다. 그중 「오두」(五蠹)·「현학」(顯學)은 『사기』의 기록과 일치되므로 한비자의 저작이라 할 수 있고, 「난세」(難勢)·「문변」(問辯)·「궤사」(詭使)·「육반」(六反)·「심도」(心度)·「난일」(難一) 등은 「오두」·「현학」의 사상과 일치한다고 보아 대체적으로 인정된다. 나머지 47편은 유가(儒家)·도가(道家)·묵가(墨家)·종횡가(縱橫家)·잡가(雜家) 등의 사상이 유입된 것으로서, 그 순수성을 의심받고 있다.[9] 하지만 필자는 한비자의 세계관적 목적과 방법에 부합되면 위의 주장을 고려하여 보충 자료로 활용하고자 한다.

한비자는 세상이 변하면 하는 일도 달라지고, 하는 일이 달라지면 해결하는 방법도 달라져야 한다고 말한다.[10] 그러면 한비자 당시의 세상은 전보다 달라진 것은 무엇이며, 그것을 다스리기 위한 방법은 무엇인가? 당시 사회는 물자가 여유 있는 혈연관계 중심에서 물자가 부족한 이해관계 중심으로 변했기 때문에, 그의 방법도 인의 도덕 중심에서 법 중심으로 바뀌어야 한다는 것이다. 즉 "옛날에는 초목의 열매가 많아 남자는 경작하지 않아도 됐고, 금수의 가죽이 충분하여 여자는 옷감을 짜지 않아도 됐다. …… 그래서 상벌(賞罰)을 사용하지 않아도 저절로 다스려졌다. 한 사람이 다섯 명의 자식이 있어도 많다고 여기지 않으며 그 자식이 또 다섯 명씩 자식을 낳으면 할아버지는 생전에 스물다섯 명의 손자를 보게 된다. 이처럼 인구는 늘고 물자는 부족하게 되어 힘들여 일을 해도 풍족히

---

8 儒以文亂法, 俠以武犯禁, 而人主兼禮之.(『韓非子』「五蠹」)

9 容肇祖, 「韓非著作考」(『古史辯』第4冊)를 稽哲, 『先秦諸子學』, 臺北, 洪氏出版社, 1982, 392~393쪽에서 재인용함.

10 『韓非子』「心度」.

살 수 없으니 사람이 다투게 된다"[11]고 말한다. 인의가 통할 수 있었던 것은 물자가 여유 있었기 때문이지만, 한비자 당시에는 이미 물자가 부족하여 다툼이 일어나고 있었기 때문에 강력한 법으로 다스려야 하며, 그런데도 인의 도덕의 방법을 고집한다면 그것은 수주대토(守株待兔)에 불과하다는 것이다.[12]

한비자는 유가 · 도가 · 묵가의 철학 사상은 각기 나름대로의 현실적 기능과 힘을 가지고 있었지만, 실제 실천할 수 있는 사회 조건이 변하여 현실적 효과를 기대하기 어렵다고 보았다. 즉 "한 불량한 자식이 있는데, 부모가 성을 내도 그 행동을 그치지 않고, 고을 사람들이 타일러도 움직이지 않고, 스승이 가르쳐도 변하지 않는다. …… 그러다가 고을의 관리가 관병(官兵)을 거느리고 국법으로 관내의 간악한 사람을 수색하였다. 그제서야 그는 두려워하고 겁을 내며 자기의 버릇을 고쳐 행실을 바꾸었다고 한다."[13] 특히 "군주와 신하는 하루에도 백전(百戰)을 치루며, 신하들은 그들의 야심을 감추고 늘 군주의 의향을 시험"[14]하기 때문에, 그런 신하를 제어하려면 유가에서 주장하는 도덕적 비난이나 묵가에서 주장하는 천벌 등은 제재력이 약하다는 것이다. 한비자는 이 점에 착안하여 법 · 술 · 세를 통합한 포법처세적 방법을 주장한 것이다. 포법처세적 방법으로 인간 사회의 이해관계를 바로잡는 것이 한비자 법철학의 중심 문제이다.

---

11   丈夫不耕, 草木之實足食也. 婦人不織, 禽獸之皮足衣也. …… 是以厚賞不行, 重罰不用, 而民自治. 今人有五子不爲多子, 又有五子. 大父未死而有二十五孫. 是以民衆而貨財寡, 事力勞而供養薄, 故民爭.(『韓非子』「五蠹」)

12   『韓非子』「五蠹」

13   今有不才之子, 父母怒之弗爲改, 鄉人譙之弗爲動, 師長敎之弗爲變. …… 州部之吏, 操官兵, 推公法, 而求索姦人, 然後恐懼, 變其節, 易其行矣.(『韓非子』「五蠹」)

14   上下一日百戰, 下匿其私, 用試其上.(『韓非子』「揚權」)

2. 주요 방법

유가는 내성외왕(內聖外王)을 주장하지만 실제 성인이 되기도 어렵고, 군
주가 되기도 어려우며, 내성(內聖)과 외왕(外王)을 결합하기는 더욱 어렵
다. 도가 역시 여도합일(與道合一)을 주장하지만 역시 성인이 되어 도(道)
와 합일하기 어렵다. 또 묵가는 겸애를 주장하지만 이기적 인간은 보상
없이 이익을 똑같이 나누기 어렵다. 그러나 법가는 보통의 군주라도 법으
로 통치하면 유가·도가·묵가와 같은 어려움은 없다는 것이다. 그러나 타
율적인 경우 시키지 않으면 하지 않는 문제점이 있다. 한비자의 주요 방
법인 포법처세를 법·술·세로 나누어 보자.

1) 법

법은 인위적 제도로서 군주는 물론 모든 백성이 일상생활 속에서 준수해
야 하는 것이다. 그러면 법의 정신과 근거는 어디에 있는가? 한비자는 법
의 정신과 근거에 대해, "법술(法術)로 난리를 다스리고, 상벌로 시비를
가리며, 저울로 경중을 가려 천리에 어긋나지 않게 하고, ⋯⋯ 목수는 나
무를 자를 때 먹줄 밖으로 잘라도 안 되고 먹줄 안으로 잘라도 안 된다.
⋯⋯ 자연에 의거하여 정해진 이치를 지킬 뿐"[15]이라고 말한다. 이처럼 법
의 기초를 자연법칙에 둔 것은 법의 객관성과 보편성을 확보하려 한 것이
지, 도가처럼 무위자연하려는 것이 아니다.

　한비자의 법의 정신은 관자(管子)에게서도 영향을 받았다고 볼 수 있
다. 즉 관자는 공평한 법에 의한 이상 정치를 대치(大治)라 하여 법 앞의
만민 평등을 주장했다. 즉 "법을 제정(制定)하는 자는 군주이고, 법을 수

15　寄治亂於法術, 託是非於賞罰, 屬輕重於權衡, 不逆天理. ⋯⋯ 不引繩之外, 不推繩之
內. ⋯⋯ 守成理, 因自然.(『韓非子』「大體」)

호(守護)하는 자는 신하이며, 법을 준수하는 자는 백성이다. 군신 · 상하 · 귀천이 모두 법에 따르는 것을 대치(大治)라고 한다."[16] 또 "법은 백성의 부모이며"[17], "법은 천하의 정식(程式, 즉 法度)이고, 만사(萬事)의 의표(儀表, 즉 規範)이다"[18]와 같은 관자의 법 정신은 한비자 법철학의 기초가 되었다.

한편 "간사한 행동을 한 사람은 죄를 짓고, 그로 인해 처벌을 받는 사람이 많아지니, 백성의 원성이 높아지고, 상앙(商鞅)의 신법(新法)은 폐해가 많다는 원성이 그칠 날이 없었다. 효공(孝公)은 그 말을 듣지 않고 신법을 계속 밀고 나가니, 후에는 백성들이 죄를 지으면 처벌을 받는다는 것을 알고 나쁜 일을 한 자를 고발하는 사람이 많아졌다. 그래서 백성들도 법을 지키게 되었고, 형벌을 가할 일도 없게 되었다"[19]고 한다. 마찬가지로 한비자도 "먹줄을 굽은 모양에 따라 구부려 사용하지 않는 것처럼 법률도 신분이 귀한 자에게 아부하지 않는다. …… 그러므로 군주의 과실을 교정할 수 있고, 신하와 백성들의 사악한 모의를 문책할 수 있다"[20]고 했고, 또 "형벌은 대신이라고 피해 가지 않고, 상은 필부라고 제외시키지 않는다"[21]고 말했다. 이렇게 한비자도 법 앞의 만민 평등을 강조한다. 그런데 이런 평등 사상이 묵자의 겸애에서 유래했다고 보는 사람도 있으나 그런 것은 아니다. 형식은 같을 수 있지만 내용은 물론 목적도 같다고는 할 수 없다. 즉 묵자의 겸애는 하층민의 생존 전략이고, 법가의 평등은 법 적용의 공

16　夫生法者君也, 守法者臣也, 法於法者民也. 君臣上下貴賤皆從法, 此謂爲大治.(『管子』「任法」)

17　法者民之父母也.(『管子』「法法」)

18　法者天下之程式也, 萬事之儀表也.(『管子』「明法解」)

19　故姦莫不得而被刑者衆, 民疾怨而衆過日聞. …… 孝公不聽, 遂行商君之法, 民後知有罪之必誅, 而私(告의 오자)姦者衆也. 故民莫犯, 其刑無所加.(『韓非子』「姦劫弑臣」)

20　法不阿貴, 繩不撓曲. …… 故矯上之失, 詰下之邪.(『韓非子』「有度」)

21　刑過不避大臣, 賞善不遺匹夫.(『韓非子』「有度」)

신력을 얻기 위한 것이다. 만약 군주가 법을 따르지 않는다면 어떻게 될까? "법을 무시하고 자기 임의대로 나라를 다스린다면 요임금이라도 바르게 다스리지 못할 것이다."[22] 이렇게 법은 만인 공통의 행위 규범이므로 명문화하여 관청에 게시해야 한다.[23]

법을 제정하고 시행할 수 있는 인성론적 기초는 어떠한가? 첫째, 관자와 같은 인성론에 기초한다. 즉 "군주가 명(命)하면 행하고, 금(禁)하면 멈추는 까닭은 반드시 백성이 좋아하는 것을 명하고, 싫어하는 것을 금하는 데 있다. 백성의 인정은 살고자 하고 죽기를 싫어하지 않음이 없고, 이로움을 좋아하고 해로움을 싫어하지 않음이 없다. 그러므로 군주가 사람을 살게 하고 이롭게 하기 위해 명령하면 명령이 실행되고, 사람이 죽거나 해롭지 않게 하기 위해 금지하면 안 하게 된다"[24]는 것이다. 그렇게 사람의 본성은 이로움을 추구하므로 법을 제정하고 지키는 기초 역시 이기심에 있는 것이다. 그러나 관자가 "법은 예에서 나오고, 예는 다스림에서 나오는데, 예를 다스리는 것이 도이다. 만물은 예를 다스린 후에 정해지는 것"[25]이라고 말하는 것은 한비자와 다르다.

둘째, 순자와 같은 인성론에 기초한다. 순자는 성(性)이란 하늘이 이룬 것으로 배우거나 다스릴 수 없는 것이지만 화성기위(化性起僞)는 할 수 있다는 것이다.[26] 한비자도 거의 순자와 마찬가지로 "안리(安利)를 추구하고 위해(危害)를 피하려는 것은 본성이며,"[27] "백성의 본성은 힘든 것을 싫어

---

22 釋法術而任心治, 堯不能正一國.(『韓非子』「用人」)

23 『韓非子』「定法」

24 人君之所以令則行, 禁則止者, 必令於民之所好, 而禁於民之所惡也. 民之情莫不欲生而惡死, 莫不欲利而惡害. 故上令於生利人, 則令行, 禁於殺害人, 則禁止.(『管子』「形勢解」)

25 法出于禮, 禮出于治, 治禮道也. 萬物待治禮而後定.(『管子』「樞言」)

26 凡性者天之就也, 不可學不可事. …… 不可學不可事而在人者謂之性, 可學而能可事而成之在人者謂之僞. …… 故聖人化性而起僞.(『荀子』「性惡」)

하고 편안한 것을 즐긴다. 편안하면 거칠어지고, 거칠어지면 다스려지지 않고, 다스려지지 않으면 어지러워져 백성에게 상벌을 시행하지 않는 자는 반드시 막힐 것이고,"[28] "천하를 다스리는 데는 반드시 인정에 따라야 한다. 인정에는 호오(好惡)가 있으므로 상벌을 적용할 수 있다. 상벌을 적용할 수 있으면 금령(禁令)이 지켜질 수 있으며, 통치 방법이 구비될 수 있다"[29]고 말했다. 그러나 한비자가 본 인간의 이기적 본성은 순자와 달리 교화 불가능하다. 그래서 마치 "은괄(隱栝)[30]을 쓰지 않거나 측량기기를 버려두고는 해중(奚仲) 같은 장인(匠人)이라도 한 개의 차바퀴도 만들어 내지 못하듯"[31], 인간의 본성도 법을 떠나 다스릴 방법이 없다는 것이다.

법의 존재 위치는 어디인가? 법은 인간 사회의 이해관계에 있다. 법은 인간 사회의 이해관계를 균형 있게 유지해 주는 제도적 장치이기 때문에, 이해관계가 성립되지 않으면 법은 무용지물이다. 이해관계는 부모 자식의 관계는 물론 모든 인간관계에서 생긴다. 예를 들어 "부모들은 아들을 낳으면 경축하고, 딸을 낳으면 죽이지 않는가? …… 부자 같은 은정조차 없는 사람들 사이야 어떻겠는가?"[32]라는 말처럼 모든 인간관계는 이해관계이며 법적 제재를 필요로 하는 관계로 볼 수 있다.

법의 최고 목적은 어디에 있는가? 법은 형석(衡石)[33]처럼 공평무사(公平無私)해야 한다. 그래서 한비자는 "법령을 세우는 것은 사심을 없애기

---

27   夫安利者就之, 危害者去之. 此人之情也.(『韓非子』「姦劫弑臣」)

28   夫民之性, 惡勞而樂佚, 佚則荒, 荒則不治, 不治則亂, 而賞刑不行於天下者必塞.(『韓非子』「心度」)

29   凡治天下, 必因人情. 人情者有好惡, 故賞罰可用, 賞罰可用則禁令可立, 而治道具矣.(『韓非子』「八經」)

30   뒤틀린 활을 바로잡는 틀.

31   夫棄隱括之法, 去度量之數, 使奚仲爲車, 不能成一輪.(『韓非子』「難勢」)

32   且父母之於子也, 産男則相賀, 産女則殺之. …… 而況無父子之澤乎.(『韓非子』「六反」)

33   『韓非子』「八說」. 衡石의 衡은 무게를 측정하는 도량형기이고, 石은 양을 측정하는 도량형기이다.

위한 것이고, 법령이 시행되면 사도(私道)가 없어진다"[34]고 말한다. 따라서 법의 목적은 사심과 사리가 아닌 공리(公利)를 실현하여 천리에 어긋나지 않게 하는 데 있다. 그래서 한비자의 법치는 역설적으로 법 없는 사회를 건설하는 데 있는 것처럼 보인다. 그러나 그것은 형태상 도가의 무위지치(無爲之治)와 닮았을 뿐 실질적 내용은 그와 정반대이다. 왜냐하면 한비자는 인간의 이기적 본성상 그런 것은 불가능하다고 보았기 때문이다. 단지 "중벌로 도적을 다스리는 것은 양민들에게 두려워하는 마음을 갖게 하기 위한 것이고, …… 상을 후하게 주는 것은 단지 공적을 포상하기 위한 것이 아니라, 백성이 공을 세우도록 권장하기 위한 것이다."[35]

법의 수준과 범위는 어느 정도에 둘 것인가? 만약 상황에 맞지 않게 중법·중형주의를 취하면 어떻게 되나? "형벌이 지나치면 오히려 백성이 두려워하지 않고"[36], 또 잘 지켜지지 않으므로 "윗사람은 분노가 쌓이고, 아랫사람은 원한이 쌓여 양쪽이 모두 위태로워진다. …… 만약 지키기 어려운 법을 제정하여 어길 때마다 사정을 두지 않고 처벌하면 백성들은 원한을 갖게 된다. …… 그렇게 되면 신하는 군주를 배반하게 된다."[37] 그 예로 "상군(商君)은 연대 책임을 물어 처벌하는 연좌제(連坐制)를 건의하고, 『시』·『서』를 불태우며, …… 그러나 8년 후 진효공(秦孝公)이 죽자 그는 거열(車裂)의 형을 당했다."[38] 그것은 바로 법치가 너무 가혹하여 원성이 높아졌기 때문이다. 법을 지키는 내적 기초가 인간의 이기심에 있기 때문

---

34   夫立法令者以廢私也, 法令行而私道廢矣.(『韓非子』「詭使」)

35   重罰者盜賊也, 而悼懼者良民也. …… 若夫厚賞者, 非獨賞功也, 又勸一國.(『韓非子』「六反」)

36   用刑過者民不畏.(『韓非子』「飾邪」)

37   怒積於上, 而怨積於下, 以積怒而御積怨, 則兩危矣. …… 人主立難爲而罪不及, 則私怨生, 人臣失其長而奉難給, 則伏怨結. …… 故臣有叛主.(『韓非子』「用人」)

38   商君教秦孝公以連什伍, 設告坐之過, 燔詩書而明法令, …… 八年而薨, 商君車裂於秦.(『韓非子』「和氏」)

에, 이해의 차이가 심하면 반란이 일어나는 것이다. 그러나 한비자는 "가
벼운 형벌은 …… 국가를 혼란스럽게 하지 않으면 백성들에게 함정을 설
치하는 것이다. 이것이 바로 백성을 해치는 것이 아닌가?"[39]라고 묻고,
"형벌이 가볍다고 자애로운 것이 아니고, 엄중하다고 포악한 것도 아니
며, 사회 환경에 적합하게 실시해야 한다"[40]고 말한다. 그래서 그는 "현명
한 군주는 백성들이 얻을 수 있는 포상 제도를 정하고, 피할 수 있는 형벌
제도를 제정한다"[41]고 주장한다.

이렇게 보면 한비자는 중법·중형주의자도 아니고, 경법·경형주의자
도 아니다. 오히려 그는 시대에 맞도록 법을 바꾸어야 한다는 변법주의자
에 속한다.

2) 술

술은 법에 따라 상과 벌을 운용하여 신하를 제어하는 통치술로서 "군주가
장악해야 하는 것이다."[42] 그러면 군주는 왜 술을 운용하지 않으면 안 되며,
그 운용 범위는 어디까지인가? 술의 운용 이유는 "군주가 몸소 백관을 살핀
다면 시간도 부족하고 힘도 미치지 못하며"[43], "군주를 가로 막는 신하가 있
으면 임금의 명령이 아래로 전달되지 않고, 신하의 사정이 위로 통하지 않기
때문이다."[44] 술의 운용 범위는 기본적으로 법 테두리 내에서 이루어진다.

술(상벌의 운용)이 법에 맞지 않으면 신하는 물론 백성들도 믿지 않으
며, "상벌이 신뢰를 받지 못하면 금령이 시행되지 않는다."[45] 그러나 술은

---

39 輕罪者, …… 非亂國也, 則設民陷也. 此則可謂傷民矣.(『韓非子』「六反」)
40 罰薄不爲慈, 誅嚴不爲戾, 稱俗而行也.(『韓非子』「五蠹」)
41 明主立可爲之賞, 設可避之罰.(『韓非子』「用人」)
42 凡術也者, 主之所以執也.(『韓非子』「說疑」)
43 夫爲人主, 而身察百官, 則日不足, 力不給.(『韓非子』「有度」)
44 有擅主之臣, 則君令不下究, 臣情不上通.(『韓非子』「難一」)
45 賞罰不信, 則禁令不行.(『韓非子』「外儲說左上」)

경우에 따라 초법적으로 운용될 수도 있다. 시대의 변화에 따라 법이 쉽게 변하지 못할 경우에는 공익에 맞도록 기존의 법을 원용해야 할 것이고, 법을 바꿀 경우 민심에 따라야 한다. 그렇게 술은 법의 부족한 부분을 보완하고 법의 정신을 실현하기 위한 것이다. 그렇다고 변법이 지나쳐 조령모개(朝令暮改)가 되면 오히려 혼란이 발생하므로 조심해야 한다. 이를테면 "한(韓)은 진(晉)으로부터 분리되어 생긴 나라이다. 그런데 한은 진의 옛 법이 폐기되지도 않았는데 새 법을 제정했고, 진왕의 명령이 폐기되기도 전에 한왕이 새로운 명령을 내렸다. 신불해는 신법과 구법을 조정하지 않고 명령도 통일하지 않아 간악한 일이 많이 생겼다"[46]고 한다. 이렇게 신구법(新舊法)이 함께 존재할 때는 관리들은 자기 이로울 대로 해석·적용하고 궤변을 일삼게 된다. 그래서 군주는 법제를 통일하고 처신을 허정무위(虛靜無爲)하게 함으로써 신하와 백성들이 자기의 힘과 지혜를 다할 수 있도록 해야 한다.

통치술을 운용하는 방법으로 한비자는 허정무위를 주장한다. 그에 따르면 "군주는 그가 하고자 하는 바를 내보이지 않는다."[47] 군주가 무엇을 좋아하고 싫어하는지를 보이지 않으면, 가만히 있어도 신하들은 군주의 뜻을 잘 모르기 때문에 모든 재주를 활용하여 최선을 다하게 된다. 이렇게 군주의 허정(虛靜)은 신하들의 적극적인 유위를 끌어내기 위한 것이지 도가처럼 무위자연하기 위한 것이 아니다. 그래서 한비자는 "옛날에 사람을 잘 쓰는 사람은 하늘에 따르고 사람에 따르며 상벌을 밝힌다. 하늘에 따르면 적은 힘을 쓰고도 큰 공을 세우고, 사람을 따르면 형벌을 적게 하고도 명령이 실행되며, 상벌을 밝히면 백이(伯夷)와 도척(盜跖)이 혼동되지 않는다. 이와 같이 하면 흑백이 분명해진다"[48], "치술(治術)이란 것은

---

46   韓者, 晉之別國也. 晉之故法未息而韓之新法又生. 先君之令未收, 而後君之令又下. 申不害不擅其法, 不一其憲令, 則姦多.(『韓非子』「定法」)

47   君無見其所欲.(『韓非子』「主道」)

가슴속에 품고 있다가 상황에 대처하고 관리들을 제어하는 것이다. 그래서 법도는 드러내는 것이 가장 좋고, 치술은 감추는 것이 좋다"[49]고 말했다. 따라서 "관자가 오히려 실내에서 말하면 실내 모든 사람이 들을 수 있고, 당내에서 말하면 당내의 사람들이 들을 수 있다고 말하는데, 그것은 법술을 이해하지 못했기 때문"[50]이라고 한비자는 관자의 치술을 비판했다. 한비자는 또 신불해의 술에 대해서도 비판하여 "신불해는 관리들로 하여금 직권을 남용하지 못하게 해야 하며 남용하는 것을 알더라도 진언하지 말아야 한다고 하는데, 직권을 남용하지 못하게 하는 것은 직분을 지키는 것이니 괜찮지만, 알더라도 말하지 않는 것은 잘못"[51]이라고 말했다.

군주가 허정무위의 방법으로 신하들의 적극적인 노력을 끌어내려면, 형명참동(形名參同) · 칠술육미(七術六微) · 방팔간(防八姦) · 팔경(八經) 등 구체적 방법을 병행하지 않으면 안 된다. 이병(二柄), 즉 상벌을 술로 설명하는 학자도 있으나, 필자는 세로 설명한다. 술은 바로 그 상벌을 운용하는 기술이기 때문이다.

(1) 형명참동(形名參同)[52]

한비자는 "만일 그 진언[名]의 당위(當爲)를 잘 파악할 수 없으면 행적

48　古之善用人者, 必循天順人, 而明賞罰. 循天則用力寡而功立, 順人則刑罰省而令行. 明賞罰則伯夷盜跖不亂. 如此則白黑分矣.(『韓非子』「用人」)

49　術者藏之於胸中, 以偶衆端, 而潛御群臣者也. 故法莫於顯, 而術不欲見.(『韓非子』「難三」)

50　管子猶曰, 言於室滿室, 言於堂滿堂, 非法術之言也.(『韓非子』「難三」)

51　申子言治不踰官, 雖知弗言, 治不踰官, 謂之守職也可. 知而弗言, 是謂過也.(『韓非子』「定法」)

52　形名參同의 名은 명사 · 개념을, 形은 사물들을 가리키니 형명참동은 名實相符를 뜻한다. …… 이러한 형명참동설은 循名責實說로 이어진다. 만약 어떤 신하의 언행이 名符其實하면 그에게 상을 주고, 그렇지 않으면 벌을 준다는 것은 循名責實이다.(이강수, 「한비자의 경세사상」, 『중국사상논문선집』 23권, 서울, 중앙대학교 중앙철학연구소, 1986, 420쪽)

[形]의 공과(功過)를 살핀다. 그래서 행적[形]과 명분[名]의 합치[形名參同] 여부를 판단하여 상벌을 시행한다. 상벌의 결정이 정확하여 아래에서 신임하면 신하들은 충성을 다할 것"[53]이라고 말한다.

군주는 특히 중신(重臣)·권신(權臣)·간신(姦臣)들의 뒤에서 법(즉 名)과 행위 결과(즉 形)의 일치 여부를 관찰하여 그 일의 책임을 지움으로써 견제하고 충성을 유도할 수 있다. 그러나 그렇게 형명(形名)의 일치 여부를 검증하는 것은 쉽지 않다. 그래서 한비자는 "여러 사람의 말을 종합하고 지리(地理)·천시(天時)·물리(物理)·인정(人情) 등을 헤아려 4개의 징조가 서로 부합하면 진상을 파악할 수 있다"[54]고 말한다.

(2) 칠술(七術)·육미(六微)

군주가 신하를 부리는 데는 7가지 술책이 있고, 은밀히 살펴야 할 6가지 비계(秘計)가 있다. 「내저설상」(內儲說上)에서 말하는 7술은, ① 여러 사람의 말을 종합·비교·검토할 것, ② 형 집행을 엄하게 하여 위엄을 보일 것, ③ 공이 있는 자에게는 반드시 상을 주어 그들의 능력을 다하게 할 것, ④ 신하의 말은 한 사람 한 사람에게 듣고 신하의 말에 대해서는 그 실적을 책임 지울 것, ⑤ 신하에게 의심스러운 명령을 내리고 궤계(詭計)를 써서 부릴 것, ⑥ 알면서도 모르는 체하고 신하에게 물을 것, ⑦ 말을 거꾸로 하고 일을 반대로 하여 신하를 시험할 것 등이다.

「내저설하」(內儲說下)에서 말하는 6미는, ① 군주의 권력이 신하에 의해 사용되는 일, ② 군주와 이해가 상이한 신하가 외국의 세력을 빌려 오는 일, ③ 유사한 일에 의탁하여 사리사욕을 채우는 일, ④ 임금과 신하의

---

53 上以名擧之, 不知其名, 復脩其形. 形名參同, 用其所生, 二者誠信, 下乃貢情.(『韓非子』「揚權」)

54 言會衆端, 必揆之以地, 謀之以天, 驗之以物, 參之以人, 四徵者符, 乃可以觀矣.(『韓非子』「八經」)

이해(利害)가 상반되는 일, ⑤ 신하들 중에 세력과 지위가 비슷한 자들 간에 권력 다툼이 일어나는 일, ⑥ 적국의 세력이 작용하여 본국의 관리를 임면하는 일 등이다.

(3) 방팔간(防八姦)

팔간(八姦)은 신하가 간계(姦計)로 군주를 매혹하여 허점을 노리는 것이므로 그것을 방비하는 것이 방팔간이다. 「팔간」(八姦)에서 말하는 팔간은, ① 정실부인과 비빈들이 군주를 미혹시키는 것, ② 배우 등 측근의 친숙한 사람이 군주의 마음에 영합하는 것, ③ 부형이 그의 은의로 군권을 침범하는 것, ④ 재앙을 기르게 하는 것(궁실을 아름답게 꾸며 막중한 세금을 사용하는 것 등), ⑤ 신하가 백성들에게 은혜를 베풀어 민심을 사는 것, ⑥ 청산유수같은 변설(辯舌)로 세상에 떠도는 말을 이용하는 것, ⑦ 신하가 사조직의 위력과 강권으로 군주를 위협하는 것, ⑧ 외국의 세력을 이용하여 군주를 위협하는 것 등이다.

(4) 팔경(八經)

팔경은 군주가 나라를 다스리는 8가지 치술이다. 즉 「팔경」(八經)에서 말하는 팔경은, ① 천하를 다스리는 것은 공정하게 인정에 따라야 한다. 신하의 공죄(功罪)에 대한 상벌에 원칙이 없으면 권병(權柄)이 쇠하기 때문이다. ② 군주 한 사람의 힘과 지혜로는 신하들과 백성을 이길 수 없으니, 신민(臣民)의 힘과 지혜를 모아야 한다. ③ 군주가 신하와 공동으로 상벌을 시행하면 찬살(簒殺)당한다. ④ 여러 방법으로 관리들의 의견을 자문하여 계획을 개선하고, 관리들의 정위(情僞)를 관찰하여 과실을 처벌해야 한다. ⑤ 군주는 언행상에 내심이 드러나지 않도록 은밀히 해야 한다. ⑥ 군주는 관리의 말의 효용성을 감독하고 그 공적을 평가하여 상벌을 내린다. ⑦ 포상에는 명예가, 처벌에는 비난이 따르게 한다. 그렇지 않으면 백성이 의심한다. ⑧ 명예·상벌·법령이 서로 부합하게 하며, 그것들이 군주에게 귀속되도록 해야 한다.

3) 세(勢)

세는 힘이고, 그 힘은 상과 벌에서 생기며, 상과 벌은 천하를 다스리는 통치 권력이다.[55] 즉 "국가란 군주에게는 수레와 같은 것이고, 세는 군주의 말[馬]과 같은 것이다."[56] 그래서 "천하를 다스리고, 뭇 제후를 정복할 수 있는 것은 위세가 있기 때문이다. 위세는 군주의 근력과 같은 것이다."[57]

권력은 어디서 나오는가? 법적 지위에서 나온다. "산 위의 나무는 한 자밖에 안 되어도 온 삼림의 군주가 될 수 있는 것은 키가 커서가 아니라 위치가 높기 때문이다. 걸(桀)이 천자가 되어 천하를 다스리는 것은 현명해서가 아니라 위세가 있기 때문이다. 요(堯)임금이 필부라면 세 집도 다스리지 못할 것이다. 그것은 불초해서가 아니라 지위가 낮기 때문이다."[58] 그래서 천하의 조보(造父)라도 채찍과 재갈이 없으면 말을 복종시킬 수 없는 것이다.[59] 그러나 지위가 높다고 반드시 세가 있는 것은 아니다. 국제법은 위치상 국내법과 같은 위치에 있지만 집행 기관에 세가 없으면 명목뿐이다.

군주의 위세는 상벌로 표현되는데, 그것이 바로 군주가 사용하는 두 가지의 통치 도구이다. "그런 상벌이 …… 군주에게 있으면 신하를 제압하

---

55   韓非子는 勢로써 대중을 禁하고, 術로써 신하를 制御한다. 전자는 통치 권력으로 萬民을 統攝하는 데 중점을 두고, 후자는 통치 방법으로 權臣을 制御하는 데 중점을 둔다.(王邦雄, 『韓非子哲學』, 臺北, 東大圖書公司, 1979, 229쪽)

56   國者君之車也, 勢者君之馬也.(『韓非子』 「外儲說右上」)

57   所以制天下而征諸侯者, 以其威勢也. 威勢者, 人主之筋力也.(『韓非子』 「人主」)

58   故立尺材於高山之上, 下臨千仞之谿, 材非長也, 位高也. 桀爲天子, 能制天下, 非賢也, 勢重也. 堯爲匹夫, 不能正三家, 非不肖也, 位卑也.(『韓非子』 「功名」)

59   『韓非子』 「姦劫弑臣」

고, 신하에게 있으면 군주를 이긴다."[60] 그래서 신하가 사조직을 만들어 그 위세를 갖게 되면 군주가 위태로워진다.[61] 상의 효과는 현명하고 재주 있는 자에게 후한 봉록과 관직을 줌으로써 지혜를 얻을 수 있으며, 벌의 효과는 금령을 어긴 자를 처벌하여 국가와 사회의 질서를 유지할 수 있는 것이다.

유가의 예는 제재력이 도덕적 비난 정도뿐이고, 묵가의 천벌은 종교적 엄포일 뿐이기 때문에, 그것을 무시하는 파렴치범은 제재가 불가능하다. 결국 법가와 다른 제자백가의 차이가 바로 세에 있는 것이다.

한비자는 세를 자연적 세와 인위적 세로 구분한다. 자연적 세는 태어나면서부터 세습적으로 얻은 것이고, 인위적 세는 법에 의해 얻는 포법처세적 세이다.[62] 세만 있고 법이 없는 인치의 경우 군주를 현자와 불초자 등으로 나눌 수 있다. 현자의 경우는 잘 다스릴 수 있지만, 불초자의 경우는 혼란이 발생할 수 있다. 그래서 세만 있고 법이 없는 인치의 경우는 자동차처럼 군주에게 전적으로 의존하게 되지만, 법·술·세를 결합하여 법치를 행한다면 그런 위험은 크게 해소되어 기차처럼 법에 따라 세를 운용하면 될 것이다.

배법거세(背法去勢), 즉 세와 법을 버리고 정치를 행하더라도 요순(堯舜)이 있으면 다스려질 수 있고, 포법처세하더라도 걸주(桀紂)를 만나면 혼란해질 수 있다. 그러나 현실적으로 요순처럼 현명하거나 걸주처럼 포악한 군주가 나타나는 경우는 천년에 한 번 정도이므로, 요순의 덕치를 행한다면 천년에 한 번 다스려질 뿐이며, 법가의 포법처세를 행한다면 걸주가 나오더라도 천년에 한 번 혼란할 뿐이라는 것이다. 그래서 차라리 포법처세의 방법으로 보통의 군주도 쉽게 다스릴 수 있는 법치가 현실성을 갖

60 賞罰者, …… 在君則制臣, 在臣則勝君.(『韓非子』「喩老」)
61 『韓非子』「愛臣」
62 『韓非子』「難勢」

는다는 것이다.[63] 법·술·세는 그만큼 상호 의존 관계를 갖는 것이다.

4) 법·술·세의 통합

필자는 편의상 법·술·세를 각기 분리하여 말했으나, 한비자의 법철학에 서는 분리 불가능할 뿐만 아니라 상호 균형을 이루고 있는 것이다. 그러 면 법·술·세는 왜 통합되어야 하는가? 법치를 실행하고자 할 경우 법만 있고 세와 술이 없거나 법과 술만 있고 세가 없으면 법은 명목뿐이고, 법 과 세만 있고 술이 없으면 신하의 노력이 저하되고 군주의 위치가 위험해 진다. 군주는 신불해의 술을 사용하고, 관리는 상앙의 법을 시행하면 어 떠한가? 한비자는 신불해의 술도 미진한 것이며, 상앙의 법도 이상적이 지 않다고 비판했다.[64]

　법·술·세를 통합한다면 어떤 관계로 통합할 것인가? 법·술·세의 관 계는 법치냐 인치냐에 따라 다르다. 법치라면 법이 주이고, 술과 세는 종 의 관계에 있으므로, 군주는 역시 법 속에 있게 된다. 인치라면 세와 술이 주이고, 법은 종의 관계에 있으므로, 군주는 초법적 존재가 된다. 인치의 경우 군주의 자질에 따라 다르다. 군주가 현자라면 법·술·세는 시대 상 황에 따라 균형 있게 잘 운용될 수 있겠지만, 폭군의 경우는 매우 위험하 다. 또 술이 법을 초월하여 이루어진다면 백성은 법을 지키는 것이 아니 라 군주의 눈치 보기에 급급할 것이고, 초법적 세를 운용한다면 백성들은 언제 봉변을 당할지 모르게 된다. 법치의 경우 법이 한 치의 여유도 없는 행위 규율이라면 술이 필요 없으며, 세의 운용도 법에 따라 이루어지므로 군주가 관여할 것도 아니다. 그야말로 기계적 제도에 따라 운영될 것이므 로 군주는 할 일이 없다. 결국 법·술·세를 균형 있게 운용하려면 법은

63　『韓非子』「難勢」

64　『韓非子』「定法」

군주가 재량권을 행사할 수 있도록 어느 정도 여유가 있어야 하고, 세와
술의 운용은 법의 정신에 충실하도록 균형을 이루어야 한다.

　한비자가 법·술·세를 통합한 구조는 어떠한가? 법을 백성들의 객관
적 행위 규범으로서 성문화하여 쉽게 고치지 못하게 함으로써 보편적 통
용성을 확보하려 한 것으로 보면, 한비자가 지향한 정치 형태는 법치이지
인치는 아니다. 그렇게 되면 법이 주이고 술과 세는 법에 정해진 대로 사
용될 것이다. 그러나 법이 법을 고치고 운용하는 것이 아니기 때문에, 시
대에 따라 변화하려면 경우에 따라서는 초법적 술과 세를 인정하지 않을
수 없다. 오히려 술과 세를 운용하는 주체가 이타적이고 도덕적이어야
법·술·세는 균형 관계를 이룰 수 있고, 법가의 이상도 실현될 수 있을
것이다.

　한비자는 인간 본성의 도덕성을 부인하며 "인의나 은혜 같은 것은 쓸모
가 없고, 엄중한 형벌만이 나라를 다스릴 수 있다"[65]고 말한다. 이 점에 대
해 왕충(王充)은 "나라를 다스리는 도에는 두 가지 기르는 것이 있다. 첫
째는 덕을 기르는 것[養德]이고, 둘째는 힘을 기르는 것[養力]이다. 덕을
기른다는 것은 명망이 높은 자를 기름으로써 현자를 공경할 수 있다는 것
을 보여 주는 것이다. 힘을 기른다는 것은 힘 센 장사를 기름으로써 용병
할 수 있다는 것을 보여 주는 것이다. 이것이 문무가 모두 채용되고 덕과
힘이 아울러 갖추어진 것이다. …… 서언왕(徐偃王)은 인의를 실천하여
각지에서 조회를 하는 나라가 32개 나라였다. 강한 나라는 이 소식을 듣
고 군대를 일으켜 멸망시켰다. 이는 덕은 있으나 힘을 갖추지 못했기 때
문이다. 오직 덕에만 의지해서는 나라를 다스릴 수 없고, 힘에만 의지해
서도 적을 이길 수 없다. 한비자의 술은 덕을 기르지 않은 것이고, 서언왕
의 행위는 힘에 의지하지 않은 것이니, 두 사람은 한쪽으로 치우쳐서 각

65　吾以是明仁義愛惠之不足用, 而嚴刑重罰之可以治國也.(『韓非子』「姦劫弑臣」)

기 부족함이 있는 것이다. 서언왕은 힘을 무시해서 화를 당했으니, 한비자도 덕을 무시해서 반드시 화를 당할 것임을 알 수 있다"[66]고 비판했다. 그보다 앞서 관자는 "문(文)·무(武)·위(威)·덕(德) 4위(四位)는 군주가 처할 곳"[67]이라고 주장한 것으로 보면, 한비자는 비교적 각박한 현실에 치우쳐 그 해결 방법 역시 실정법에 치우쳤음을 알 수 있다. 그러나 경우에 따라서는 유가·도가·묵가와 같은 해결 방법이 보다 유효할 수도 있다.

우리의 형법에서 친족의 경우는 불고지죄가 성립되지 않는다. 이것은 순임금의 아버지가 살인을 했다면 순임금은 오히려 천자의 자리를 헌신짝처럼 버리고 아버지를 업고 바닷가에 가서 살 것이라고 말한 맹자의 견해와 같은 것이다.[68] 그것은 가족 중심의 윤리 도덕을 법질서보다 중시한 것이다. 그래서 한비자는 법가 이외의 다른 학설의 방법을 어느 정도 인정하여 포법처세의 한계를 보완해야 할 것이다. 특히 민심보다 더 큰 정치 질서가 어디 있으며, 민심보다 더 큰 법·술·세가 어디 있겠는가? 포법처세는 바로 그런 민심 속에서 이루어지지 않으면 안 될 것이다.

3. 삶으로의 복귀

한비자는 관자·신도·상앙·신불해 등의 법·술·세를 통합·집대성한 법가의 완성자이다. 그는 포법처세론으로 세상을 잘 다스릴 수 있다고 믿었지만, 어느 한 부분밖에는 다스릴 수 없었다. 특히 그의 포법처세론을

66　王充, 『論衡』「非韓」,「非韓篇」은 王充이 韓非子의 法治를 비판하고 자신의 정치적 주장을 피력한 글.

67　一曰文, 二曰武, 三曰威, 四曰德. 此四位者, 主之所處也.(『管子』「任法」)

68　舜視棄天下猶棄敝蹝也. 竊負而逃, 遵海濱而處, 終身訢然樂而忘天下.(『孟子』「盡心上」35)

받아들인 진시황은 너무 혹독한 법치를 행하여 백성의 원한을 산 것이 몰
락의 한 원인이 되었다.[69] 물론 그것은 이미 한비자가 경고한 것이다.

　법가의 법은 유가·도가·묵가의 철학 사상과 공존할 수 없는 것인가?
한비자도 부인은 못하겠지만 인간의 도덕적 자율성은 믿으려 하지 않았
다. 즉 "중니(仲尼)는 천하의 성인으로서 덕행을 닦고 도리를 밝히며 천하
를 돌며 인(仁)을 전파했으나 인의를 고귀하게 생각하고 그것을 위해 힘
을 기울인 사람은 70명이었다. …… 그러나 진정 인의를 행한 사람은 중
니 한 사람뿐이다."[70] 그러나 만약 유가 철학과 공존하려 한다면 기본적으
로 인간의 본성을 믿고 자율성을 주되 지나친 경우에는 법가의 방법을 보
조적으로 사용한다면 보다 나을 것이다. 그때 자율성을 크게 하려면 법은
대체적인 규범 역할만 해야 한다. 규제 내용이 구체화될수록 백성의 자율
성은 줄어들게 된다. 그렇지 않으면 한비자의 법철학에서 주체는 최고 권
력자뿐이며, 일반 백성은 주체성을 박탈당하고 법에 따라 행동할 것만을
강요당할 것이다.

　세계관적 범주로 한비자 철학을 보면, '누가'의 범주에 해당하는 주체
는 이기심이지만, 백성의 경우 법 이외에는 선택의 여지가 없으므로 그
주체는 죽은 것이다. 그런가 하면 그와 반대로 '어떻게'에 해당하는 법은
세를 얻어 강력한 실행력을 가지게 되었다. 강력한 실행력을 가진 법·
술·세는 불변적인 것이 아니라, 시대와 상황에 따라 변해야 한다고 하였
으므로, '언제'·'어디서'의 범주는 탄력적이다. 또 '누가'의 범주에 해당
하는 주체가 죽었기 때문에, '왜'의 범주에 해당하는 세계관적 목적은 자
기 바깥에 두게 되므로, 왜 법을 따라야 하는가라는 최종의 답을 자기 바

69　秦王懷貪鄙之心, …… 廢王道而立私權, 焚文書而酷刑法, 先詐力而後仁義, …… 故
其亡可立而待也.(賈誼, 『新書』「過秦下」)

70　仲尼天下聖人也. 修行明道以遊海內, 海內說其仁, 美其義, 而爲服役者七十人. ……
而仁義者一人.(『韓非子』「五蠹」)

껕의 공익에서 찾을 수밖에 없다.

한비자의 법철학에서 법·술·세를 실행하려는 '언제'·'어디서'·'누가'·'무엇을'·'어떻게'·'왜' 등의 세계관적 범주에 속하는 것은 각기 분리되어 있다. 그래서 법은 자기 외적인 것으로서 사변 이성에 의해 찾아진 것이고, 법을 지키고 술과 세를 운용하는 이유 역시 자기 외적인 것이다. 법이 비록 강력한 실행력을 가지고 있어도, 그것은 타율적인 것이다. 사람의 마음을 움직이는 것은 상벌만이 아니다. 만약 법이 사랑과 결합될수 있다면, 법을 제정하고 지키는 주체 역시 살아나 더 큰 힘을 발휘하게 될 것이다. 법이 이성적 사유의 산물로서 법 속에 자유를 추구한다 해도 그것은 규범이기 때문에 탄력성이 없고, 감성의 존재는 무시되며, 이성 자신도 제도 안에서 구속을 받게 된다.

[1997년][71]

---

71 「한비자의 법철학-포법처세의 방법을 중심으로」, 『법과 인간의 존엄』(공저), 박영사, 1997.12.에 게재한 것을 수정 보완함.

제13장
여씨춘추의 여원동기의 방법

주나라 후반 500여 년간의 대혼란 중 정치 영역에서 이합집산이 있었듯 학문의 영역에서도 유사한 현상이 있었다. 춘추 시대 말기에서 전국 시대 초기의 제자백가들은 각기 다른 학술적 배경을 가지고 각기 다른 해결책 을 제시하며 학문 영역상의 일가를 이루었지만, 전국 말기에 와서는 그런 다양한 학설을 통합하는 형태가 나왔다. 진시황 6년[B.C.241]에 완성된 『여씨춘추』(呂氏春秋)는 사상적 · 정치적으로 천하통일[1]을 꿈꾸며 유 · 도 · 묵 · 농 · 음양 · 명 · 병 · 법가 등의 학설을 골고루 취하였으며, 생명 중심의 철학 · 역사 · 천문 · 지리 · 역법 · 음악 · 문학 · 의학 · 군사 등을 골 고루 갖춘 새로운 모습의 학설을 건립한 것이다. 그래서 『여씨춘추』는 백 과전서식의 저작으로서 춘추 전국 시대 백가쟁명의 총결산이라고 보는 견 해도 있는데,[2] 내용상 그렇게 종합적인 성격이 강한 것은 사실이다. 그리 고 형식적으로나마 이처럼 많은 학파의 방법을 통합해 보려 한 것은 보기 드문 예이다.

이렇게 여러 철학 사상을 통합할 경우, 통합하는 철학 사상은 통합되는

---

1   진나라가 B.C.221[진시황 25년]에 천하통일을 했다.
2   劉蔚華 · 苗潤田, 『稷下學史』, 北京, 中國廣播電視出版社, 1992, 392쪽 참조.

것들의 세계관적 목적을 통합할 수 있는 새로운 세계관적 목적을 제출하지 않으면 안 된다.『여씨춘추』의 저자들이 꿈꾸었던 세계관적 목적인 전생(全生)과 그것을 실천하기 위한 방법인 여원동기(與元同氣)와 그를 통한 삶으로의 복귀를 살펴보기로 한다.

1. 방법론적 배경

여불위(呂不韋, B.C.290~B.C.235)는 상인 출신으로서 진(秦)의 장양왕(莊襄王) 때 승상(丞相)에 임명되고, 문신후(文信侯)에 책봉되었으며, 시황제(始皇帝) 때는 상국(相國)이라는 최고의 지위에 임명되었다.[3] 그는 연(燕)나라와의 전쟁으로 쇠락한 제나라 직하학궁(稷下學宮)에 속했던 수백 명에서 천여 명에 이르는 직하학사(稷下學士)[4]들을 비롯하여 각국의 빈객(賓客) 3천여 명을 모을 수 있었다. 여불위는 그들에게 각자 듣고 배운 것으로 저술하도록 요구했으며, 진시황 6년에『여씨춘추』를 완성하였다.[5]

---

3 高誘,「呂氏春秋序」
4 유명한 稷下學士로는 유가의 孟子·荀子와 그 후학들; 명가의 尹文(郭沫若은 도가, 馮友蘭·武內義雄은 묵가라고 함); 도가의 環淵,田駢; 黃老家의 愼到·接子; 음양오행가의 騶衍, 소설가의 宋鈃; 그리고 기타 淳于髡·王斗·顔斶·季眞·兀說·田巴·魯仲連 등이 있다. 이것은『漢書』「藝文志」와 劉蔚華·苗潤田의『稷下學史』(北京, 中國廣播電視出版社, 1992) 등을 참조하여 분류한 것으로, 이들 稷下學士들과 관련된『呂氏春秋』의 편명으로는 다음과 같은 것이 있다. 즉 貴公·去私·盡數·先己·論人·圜道·用衆·大樂·長見·誠廉·序意·應同·去尤·謹聽·務本·論大·義賞·遇合·必己·下賢·報更·貴因·察今·觀世·知接·樂成·去宥·正名·審分·君守·任數·勿躬·知度·愼勢·不二·執一·審應·精諭·離謂·淫辭·上德·召類·壅塞·博志·貴當·分職·士容·務大, 그리고 十二紀 紀首 12편 등 모두 60편이라 한다.(劉蔚華·苗潤田,『稷下學史』, 北京, 中國廣播電視出版社, 1992, 398쪽)
5 呂不韋以秦之彊, 羞不如, 亦招致士, 厚遇之, 至食客三千人. 是時諸侯多辯士, 如荀卿之徒, 著書布天下. 呂不韋乃使其客人人著所聞, 集論以爲八覽六論十二紀二十餘萬言.(『史

『여씨춘추』의 체계에 대해 한대의 고유(高誘)와 현대의 서복관(徐復觀)은 12기를 중심으로 하여 『여씨춘추』가 12기·8람·6론의 체계로 되어 있다고 보았고,[6] 사마천은 8람을 중심으로 하여 8람·6론·12기의 체계로 되어 있다고 보았다. 어쨌든 내용상으로는 천지 만물과 인간 세계 고금의 일을 다 갖추었기 때문에 『여씨춘추』라고 부르게 되었다는 것이다.[7]

12기는, 4계절을 각각 맹중계(孟仲季)로 나누고, 또 맹중계를 각각 5편씩으로 나누었는데, 계동기 끝에는 「서의」(序意)가 한 편 더 추가되어 모두 61편이 된다. 고유는 12기의 주요 내용에 대해 "도덕을 목표로 삼았고, 무위를 뼈대로 삼았으며, 충의를 모범으로 삼았고, 공평방정함을 기준으로 삼았다"[8]고 말했다. 그러나 또 이런 도덕·무위·충의·공정을 추구하는 목적은 귀생(貴生)·전생(全生) 등에 두었다. 천자의 존귀함이나 천하를 소유하는 부유함과도 비교할 수 없이 소중한 것은 바로 생명이라고 보았기 때문이다.[9]

우리가 생명에 대해 아무리 조심한다 해도 천성에 통달하지 못하면 무슨 소용이 있겠는가?[10] 그 천성에 통달하여 천수를 누리게 하려는 것이 바로 『여씨춘추』의 목적이고, 12기의 주된 내용인 것이다. 그래서 "12기는 치란존망(治亂存亡)을 다스리고, 수요길흉(壽夭吉凶)을 알기 위한 것이다.

記』「呂不韋列傳」)

6   高誘는 「呂氏春秋序」에서 12기, 8람, 6론 순으로 말하고, 徐復觀은 『兩漢思想史』(臺北, 臺灣學生書局, 1979, 3~4쪽)에서 "이 책의 골간은 12기이지 8람 6론이 아니다"라고 말했다.

7   八覽六論十二紀, 二十餘萬言, 以爲備天地萬物古今之事, 號曰呂氏春秋.(『史記』「呂不韋列傳」)

8   此書所尚以道德爲標的, 以無爲爲綱紀, 以忠義爲品式, 以公方爲檢格.(高誘, 「呂氏春秋序」)

9   今吾生之爲我有, 而利我亦大矣. 論其貴賤爵爲天子不足以此焉. 論其輕重富有天下不可以易之.(『呂氏春秋』「重己」)

10   『呂氏春秋』「重己」

위로는 하늘을 헤아리고, 아래로는 땅을 검증하며, 가운데로는 사람을 살펴면, 인간 세상의 각종의 시비 · 가불가 등을 가려낼 수 있다"[11]는 것이다.

　12기의 첫 편은 『예기』 「월령」과 대체적으로 같은 내용으로 되어 있으며, 나머지 4편은 우리의 삶과 관련된 생명의 문제, 그리고 도덕 · 정치 등의 문제를 그 계절의 변화에 맞추어 안배한 것이다. 봄에는 천기(天氣)가 하강하고 지기(地氣)가 상승하여 생명이 탄생하는 시기이므로 천자는 농사일을 명령하고 암컷을 희생으로 쓰지 않게 하고 벌목을 하지 않는다. 그래서 귀생(貴生) · 전생(全生) 등을 논한다. 여름에는 생명체가 성장하는 시기이므로 농사짓는 일을 독려해야 한다. 그래서 인재 교육과 음악 등을 논한다. 가을에는 생명체가 성숙하여 열매를 맺고 낙엽이 지는 시기이므로, 죽이는 일을 엄하게 하기 시작한다. 그래서 범죄를 다스리고 사형을 집행하며 전쟁 등을 논한다. 겨울에는 생명이 휴식하는 시기이므로 사람들을 동원하거나 땅을 파헤쳐 땅 속 생명의 기운을 새나가지 않게 해야 한다. 그래서 죽음 · 장례 등을 논한다.

　12기의 끝에는 「서의」가 있는데, 여기에서는 『여씨춘추』의 기본 정신에 대해 말한다. 그런데 이 12기의 기수(紀首)는 바로 『대대예기』(大戴禮記)의 한 편인 「하소정」(夏小正)과 『일주서』(逸周書)의 「주월」(周月) · 「시훈」(時訓)을 정리하고, 추연(騶衍, B.C.355~B.C.265)의 사상을 발휘한 것이라고 한다.[12] 이 「하소정」은 12개월의 절후 변화와 그에 따른 농업 생산 활동을 연결시킨 것으로서 하대부터 전해 온 것이라 한다. 다른 한편으로는 『관자』(管子)의 「유관」(幼官) · 「사시」(四時) · 「오행」(五行) 등을 확장 · 발전시킨 것이라는 견해도 있다.[13]

11　十二紀者所以治亂存亡也, 所以壽天吉凶也. 上揆之天, 下驗之地, 中審之人. 若此則是非可不可無所遁矣.(『呂氏春秋』 「序意」)
12　徐復觀, 『兩漢思想史』 卷2, 臺北, 臺灣學生書局, 1979, 14쪽
13　劉蔚華 · 苗潤田, 『稷下學史』, 北京, 中國廣播電視出版社, 1992, 401쪽

8람은 「유시람」(有始覽)만 7편이고, 나머지는 각각 8편씩 모두 63편으로 되어 있다. 여기에서는 천지개벽에서 시작하여 유가적인 행위 양식은 물론 묵가나 도가 등의 행위 양식에 대해서도 논한다. 6론은 각각 6편씩 모두 36편으로 되어 있으나, 내용상으로는 8람과 별 차이가 없다. 8람이란 8방을 두루 관람한다는 뜻이고, 6론은 6합, 즉 천지 사방을 궁구하여 논한다는 뜻이다.[14]

『여씨춘추』의 주요 내용 분석을 통해 그 목적을 종합하면, 그의 세계관적 목적은 한마디로 생명을 온전히 보전하는 전생(全生)이다. 이런 세계관적 목적은 바로 현실 중심의 중국 고대 철학의 전통을 그대로 계승한 것이다. 그래서 개인적으로는 자신의 생명을 귀하게 여겨 천수를 다 누리게 하고, 정치적으로는 천하를 통일하여 백성들이 다 함께 안정된 정치 환경 속에서 생명을 온전히 보존할 수 있는 전생이 되도록 하는 것이다.

이런 세계관적 목적으로 추구한 삶은 평범한 생활인으로 사는 보통의 삶이며 생존이다. 그래서 평범한 생활인의 삶 속에서 공자처럼 살신성인(殺身成仁)하는 숭고한 도덕 정신을 지키거나, 맹자처럼 항산(恒産)이 없어도 항심(恒心)을 지키라고 요구하기 어렵고, 또 현실 욕심으로부터 초연할 수 있는 도인의 삶을 요구하는 것도 역시 어렵다. 『여씨춘추』는 이상적 삶의 모습을 160편 속에서 다양하게 보여 준다. 그처럼 삶을 중히 여긴다고 해서 굴욕적이고 의롭지 못한 박생(迫生)까지 긍정하는 것은 아니다. 『여씨춘추』는 "박생은 차라리 죽음만도 못하다"[15]고 하는 점에서는 "살기 위해 인(仁)을 버리지 않으며, 목숨을 버리더라도 인을 이룬다"[16]고 하는 공자의 정신과 일부 그 맥락을 같이 한다. 그러나 이것은 도덕을 하나의 목표로 삼는 것인지는 몰라도 주체로 삼는 것은 아니다.

14　김근 역주, 『여씨춘추』 1, 서울, 민음사, 1995, 19쪽 해제 참조.

15　迫生不若死.(『呂氏春秋』 「貴生」)

16　志士仁人, 無求生以害仁, 有殺身以成仁.(『論語』 「衛靈公」 9)

전생을 추구한 『여씨춘추』의 정치적 천하관은 "천하는 한 사람의 천하가 아니라, 천하의 천하이다"[17]로 요약할 수 있다. 이런 천하관은 『예기』 「예운」에서 말하는 천하위공(天下爲公)과 같은 맥락이다. 이러한 천하관을 갖게 된 것은 춘추 전국 시대의 권력자들이 하나같이 세상을 자기 사유물처럼 생각하고 백성들의 생명까지 함부로 했기 때문이었을 것이다. 이런 점에서 그의 정치적 천하관은 공적인 성격이 강하다고 할 수 있다.

『여씨춘추』는 전생이라는 세계관적 목적하에 제자백가의 철학 사상을 통합하려 했지만, 전생이 그들의 세계관적 목적을 유기적으로 원융회통(圓融會通)할 수는 없었다. 『여씨춘추』는 단지 자체의 전생이라는 세계관적 목적하에 제자백가의 사상을 소재로 하여 새로운 철학 사상을 건립한 것뿐이다.

2. 주요 방법

『여씨춘추』가 추구한 보통 사람들의 삶과 생존은 사랑만으로도 안 되고, 빵만으로도 안 되며, 도덕만으로도 안 되고, 법만으로도 안 된다. 그것은 보통 생활인이 다양하고 복잡한 생활 속에서 삶과 생존을 지탱하기 위해서는 다양한 방법이 필요하기 때문이다. 즉 목적이 모두 같지 않으며 그에 따라 목적 달성의 방법도 달라지기 때문이다.

그동안 춘추 전국 시대의 제자백가들은 각기 자신들의 세계관적 목적하에 다른 학파의 학설을 배척하고 심지어 그것을 추종하는 사람들을 구속하기도 했다. 그러나 『여씨춘추』의 저자들은 그런 학파적 집단 소속이 아닌 여불위라는 세도가의 문객 입장이었다. 그래서 그들은 여불위가 제

---

17   天下非一人之天下也, 天下之天下也.(『呂氏春秋』「貴公」)

시하는 방향을 따르지 않을 수 없었을 것이다. 그런데 여불위는 새로운
세계관적 목적을 제시할 수 있는 대철학자도 아니었으며, 그런 경지에 이
른 사람도 아니었다. 그러나 그는 정치적 실권을 가진 정치가이면서 사상
가이었기 때문에, 그의 문객들에게 평범한 사람의 삶과 생존을 위해 제자
백가들의 사상을 문제에 따라 적용 방법을 다양하게 제시해 보도록 요구
할 수 있었을 것이다.[18]

　대체적으로 그의 중심 문제는 평범한 사람의 생존이며, 그 방법은 일상
적이고 다양한 것이었다. 그래서 『여씨춘추』는 12기로 치란존망을 다스
리고, 수요길흉을 알 수 있다고 했고,[19] 사마천도 그에 동의해서인지 『여
씨춘추』가 천지 만물과 고금의 일을 잘 갖추었다고 평했다.[20]

　전생이라는 세계관적 목적을 위한 『여씨춘추』의 최고의 방법은 무엇인
가? 그것은 여원동기(與元同氣)로서, 천지의 원기(元氣)와 그 기(氣)를 같
게 하는 것이다. 그런 여원동기는 삶과 생존의 최고 방법이면서 이상 목
표로서 고대 중국인들의 자연관에 기초한 것이다. 여원동기를 방법 측면
에서 보면, 그것은 궁극적으로 삶과 생존을 위한 것이다. 즉 "동기(同氣,
천지의 元氣와 함께하는 것)는 동의보다 현명하고, 동의(同義, 사회 정의

18　徐復觀은 "『呂氏春秋』 전서는 유·도·묵·음양 5家의 사상을 통합하여 이루어진
　　것이다. …… 孔子24, 墨子6, 孔墨 並稱8, 孔墨의 제자들을 여러 번 거론하고, 老子4, 孔
　　老 並稱1, 莊子2, 列子2, 詹何3, 子華子5, 田騈2, 尹文1, 愼子1, 田子方1, 管子1, 騶衍
　　의 後學을 거론한 것과 騶衍 계통과 밀접한 관련이 있는 黃帝11, 鄧析1, 惠施6, 公孫龍
　　4, 白圭3, 農家의 神農2, 后稷 2번씩 제시하고 있다"고 정리했다.(徐復觀, 『兩漢思想史』
　　卷2, 臺北: 臺灣學生書局, 1979, 2쪽) 한편 『呂氏春秋』는 「愼勢篇」에서 老耽貴柔, 孔子貴
　　仁, 墨翟貴廉, 關尹貴淸, 子列子貴虛, 陳騈貴齊, 陽生(즉 楊朱)貴己, 王廖貴先, 兒良貴後,
　　孫臏貴勢 등과 같이 열 사람의 사상 내용을 한마디로 정리한다. 이들은 당연히 『呂氏春
　　秋』의 핵심 사상이면서 이상 목표이지만, 그것들은 현실에서 사용될 수 있는 하나의 방법
　　으로 제시한 것이다.
19　『呂氏春秋』 「序意」
20　『史記』 「呂不韋列傳」

를 함께하는 것)는 동력보다 현명하며, 동력(同力, 힘을 합치는 것)은 동거보다 현명하고, 동거(同居, 함께 사는 것)는 동명(同名, 명목을 함께하는 것)보다 현명하다"[21]는 것은 바로 여원동기가 정치는 물론 삶과 생존상 최고의 방법이란 뜻이다.

『여씨춘추』의 여원동기 방법을 『주역』과 『장자』의 것과 비교해 보자. 먼저 『주역』「문언전」의 "대인은 천지와 더불어 그 덕을 합치하게 하고, 일월과 더불어 그 지혜의 밝기를 합치하게 하며, 사계절과 더불어 그 행동 질서를 합치하게 한다"[22]는 말은 천인합덕(天人合德)의 경지에서 천지와 동덕상응(同德相應)하는 방법을 제시한 것으로, 도덕 자아의 자기실현을 통해 얻어지는 정신적 경지를 논한 것이다. 그래서 천자가 단지 자연 변화 법칙에 일치하기만 하면 되는 『여씨춘추』의 여원동기는 『주역』의 천인합덕과 그 형식은 유사하나 본질은 다르다.

장자는 "마음으로 듣지 말고 기(氣)로 들어라"[23]라고 말했다. 이 말은 천인합일(天人合一)이나 여도합일(與道合一)의 경지에서 천지와 동기상응(同氣相應)하는 방법을 제시하는 것이다. 그러나 이것은 망기망물(忘己忘物) 후 자아실현을 통해 얻은 경지에서 가능한 것으로서 역시 『여씨춘추』의 여원동기와 본질적으로 다르다. 왜냐하면 『여씨춘추』가 비록 천지·음양·오행 등의 기(氣)[24]와 더불 수 있다 해도 자기 생명 본위의 주체

---

21   同氣賢於同義, 同義賢於同力, 同力賢於同居, 同居賢於同名.(『呂氏春秋』「應同」)
22   夫大人者, 與天地合其德, 與日月合其明, 與四時合其序.(『周易』「文言」)
23   无聽之以心, 而聽之以氣.(『莊子』「人間世」)
24   孔穎達은 『周易』「繫辭傳」의 天1을 水, 地2를 火, 天3을 木, 地4를 金, 天5를 土, 地6을 水, 天7을 火, 地8을 木, 天9를 金, 地10을 土로 규정하여 천지 변화의 기초를 오행과 연결시킨다. 또 5行을 하늘에서는 5氣의 流行으로, 땅과 인간 세상에서는 5材의 활용이라고 해석했다.(『尙書』「洪範」孔穎達 疏) 그리고 徐復觀은 與元同氣의 氣를 음양과 그의 작용인 4계절이라고 해석했다.(徐復觀, 『兩漢思想史』卷2, 臺北, 臺灣學生書局, 1979, 31쪽)

만이 있을 뿐 자기희생적 정신이 없기 때문이다. 그뿐만 아니라 대철학자
가 고도의 정신 경지에서 체득한 것이 아니기 때문에, 여원동기는 단지
『주역』의 천인합덕이나 장자의 천인합일의 형식을 취한 것뿐이다.

　『여씨춘추』에서 사람이 여원동기하지 않으면 안 된다는 이유는 무엇이
며 어디에 있는 것인가? "천지 만물은 한 사람의 몸과 같아 이를 대동(大
同)이라 한다."[25] 이런 대동은 마치 한 생명체의 몸처럼 분할할 수 없는 유
기체(有機體)이므로, "천지가 둘일 수 없는데 하물며 사람이야 어떻겠는
가? 사람과 천지도 역시 같다. 그래서 만물이 비록 형태는 다르더라도 모
두 삶(生)을 좋아하는 본질은 같다. 옛날 심신을 닦고 천하를 다스렸던 사
람은 반드시 천지자연을 본받았다"[26]는 것이다.

　이렇게 『여씨춘추』가 전편에 걸쳐 천지자연이 어떠어떠하니까 인간 세
계도 그렇게 해야 한다는 형식의 주장을 하는 것은 자연을 믿고 따르는
중국 전통의 사상 형식을 그대로 계승했기 때문이다. 즉 이것은 『주역』의
"천지 간의 일체 현상인 법상(法象)은 천지보다 큰 것이 없고, 변통(變通)
은 사계절보다 큰 것이 없다. …… 성인은 천지 변화를 본받는다"[27]고 말
한 것과 형식상 같은 맥락에 서 있는 것이다. 그러므로 여원동기를 해야
하는 근본 이유는 천지자연의 이치에 있는 것이다.

　여원동기는 어떻게 가능한가? 천지 만물은 한 생명체의 몸처럼 분할할
수 없는 유기체이면서 동시에 기에는 동기상응의 관계가 있기 때문에 여
원동기가 가능하다는 것이다. 그러면 기(氣) 사이의 관계는 어떠한가? 자
연은 크고 작은 것이 서로 엉키어 무한 중층적으로 구성된다. 즉 한 몸은
각 신체 부위와 조화를 이루며 일생을 살아간다. 마찬가지로 그런 신체

25　天地萬物一人之身也. 此之謂大同.(『呂氏春秋』「有始覽」)

26　天地不能兩而況於人類乎. 人之與天地也同. 萬物之形雖異, 其情一體也. 故古之治身
與天下者, 必法天地也.(『呂氏春秋』「情欲」)

27　法象莫大乎天地, 變通莫大乎四時. …… 天地變化, 聖人效之.(「繫辭上」11)

속에는 각 부분이 다른 변화 주기를 가지고 생장소멸의 과정을 겪을 뿐만
아니라, 신체 외적인 자연 환경의 변화에 따라 다양하게 변화하는 것이
다. 이렇게 『여씨춘추』의 세계관은 자연의 변화에 따라 인간의 생명 활동
도 그에 맞추어야 한다고 보는 것이다. 그것은 여원동기로서 구체적으로
는 음양오행의 체계로 설명한다.

　12기의 구조상에서도 음양오행론이 그 바탕을 이루며, 각 기마다 자연
변화를 그에 따라 논하고 인간의 적응 활동을 설명한다. 『여씨춘추』는 바
로 이런 다양한 변화 구조를 음양오행(陰陽五行)으로 정리·설명한 것으
로, 이것은 바로 만물은 동기(同氣)라는 대전제하에 전개한 것이고, 음양
오행을 원기(元氣)로 보는 것이다.[28]

　『여씨춘추』는 어떻게 음양오행론을 적용하는가? 『여씨춘추』는 백성들
의 삶과 생존의 실천 방법상 12기라고 하는 천하 경영의 실천 모형을 만
들었다. 이 실천 모형의 기초 방법으로 사용된 것이 음양오행론이며, 음
양오행론은 여원동기를 실천 방법으로 사용하였다. 주요 문제로는 전생,
제자백가 세계관의 통합, 천하통일 등이 있다. 전생의 방법에서는 생명을
어떻게 기르고 보존하는가를 논하고, 제자백가 세계관의 통합 방법에서
는 제자백가의 철학적 세계관을 어떻게 통합·운용하는가를 논하며, 정치
적 천하통일의 방법에서는 그 이념은 어디에 있으며 어떻게 할 것인가를
논한다. 이런 과정에서 이들을 관통하는 방법으로 여원동기의 방법을 살
펴본다.

1) 전생의 방법

『여씨춘추』는 왜 그토록 생명을 중시했는가? 이것은 오랜 전란 속에서 인

28　『呂氏春秋』에서는 『春秋繁露』의 "天地之氣, 合而爲一, 分爲陰陽, 判爲四時, 列爲五
行."(「五行相生」)처럼 음양의 분화가 오행이라고 하지는 않지만, 그 기초 구조가 음양오
행론으로 이루어졌기 때문에 그것을 元氣로 본 것이다.

명을 경시해 왔기 때문이다. 그래서 "귀천을 논하면 천자가 된다 해도 나의 생명과 비교할 수 없고, 경중을 논하면 천하를 소유한다 해도 나의 생명과 바꿀 수 없다"[29]고 한다. 즉 "성인이 천하에 대해 심려할 때 생명보다 귀하게 여기는 것은 없다"[30]는 것이다. 이것은 양주(楊朱)의 귀생주의(貴生主義)나 위아주의(爲我主義)로 이해하기 쉽다. 물론 일부 관계도 있을 수 있겠지만, "군주가 없는 것보다 더 큰 혼란은 없다"[31]고 한 것처럼 결코 무정부주의자는 아니다. 오히려 여원동기의 구조 속에서 이해되는 귀생은 배타적 독생(獨生)이 아닌 병생(竝生)이나 공생의 관계이다. 즉 장자의 "천지는 나와 함께 살아가고, 만물은 나와 함께 하나가 된다"[32]는 것과 같은 것이다.

차등과 선후를 두어 "도의 가장 중요한 진수로는 신체를 보존하고, 그 나머지로는 국가를 위하며, 그 찌꺼기로는 천하를 다스린다"[33]고 말한 것은, 유가가 선후본말의 사유·수양·실천의 형식을 중시한 것과 형식상 유사하다. 이것은 그동안 전란 속에서 국가를 위해 목숨 바쳐 충성하는 것을 제일로 보았던 것과 정반대되는 것이다. 오히려 자신의 생명을 귀하게 여길 수 있는 자라야 다른 사람의 생명도 지켜줄 수 있다고 말한다.[34]

『여씨춘추』가 추구한 보통의 삶과 생존 방식은 어떤 것인가? 그것은 귀생(貴生)·중생(重生)·전생(全生) 등이다. 그러면 귀생·중생·전생을 위해 천성을 기르는 양생(養生)의 방법은 무엇인가?『여씨춘추』에서 "성인은 소리·색깔·맛에 대해 생명에 이로우면 취하고 해로우면 버린다"[35]고

---

29   論其貴賤, 爵爲天子不足以比焉; 論其輕重, 富有天下不可以易之.(『呂氏春秋』「重己」)

30   聖人深慮天下, 莫貴於生.(『呂氏春秋』「貴生」)

31   亂莫大於無天子.(『呂氏春秋』「謹聽」)

32   天地與我竝生, 而萬物與我爲一.(『莊子』「齊物論」)

33   道之眞以持身, 其緖餘以爲國家, 其土苴以治天下.(『呂氏春秋』「貴生」)

34   『呂氏春秋』「貴生」

말한다. 다시 말해 전생이란 것은 "6욕이 모두 그 적절한 상태를 얻은 것을 말한다."[36] 그래서 부귀하여 수레와 가마를 많이 타면 다리가 약해지고, 술과 고기를 지나치게 먹으면 위장이 상하고, 미색과 저속한 음악을 즐기면 생명이 다치므로, 중용을 지키지 못하면 차라리 빈천한 것이 낫다는 것이다. 그래서 『여씨춘추』는 이와 같은 것을 세 가지 근심거리라고 말한다.[37] 이 세 가지 근심거리는 본능적으로 추구하는 것이기 때문에 없앨 수 없는 것이므로, 천성을 기르는 방법으로 절욕(節欲)을 주장한다. 절욕은 어느 정도 해야 하는가? 예를 들어 옷은 몸을 가리고 따뜻하게 하는 정도면 되고, 음식은 적당한 맛으로 허기를 채우는 정도면 되며, 음악은 마음을 편안하게 하고 즐겁게 하는 정도면 된다는 것이다.

　이와 같이 내적으로 절욕하는 것뿐만 아니라, 외적으로도 자연의 변화에 잘 적응(適應)해야 한다. 이에 대해 "하늘은 음양, 추위와 더위, 건조와 습기 및 사계절의 교체와 만물의 변화를 낳으나, 늘 이로운 것도 없고 해로운 것도 없다. 그래서 성인은 음양 변화의 합당한 것을 살피고, 만물에게 이로운 것을 판별하여 생명을 이롭게 한다"[38]고 말한다.

　생사존망의 근본은 어디에 있는가? 귀생하는 것에서부터 출발하면 적절한 욕심의 상태를 얻을 수 있고,[39] 그렇지 않으면 정력을 낭비하여 생명은 빨리 소진되고 만다고 말한다. 그렇기 때문에 생사존망의 근본은 생명을 귀하게 여기는 데 있고, 그 귀생의 방법으로 제시될 수 있는 것은 제욕(制欲, 「귀생」), 절욕(節欲, 「정욕」), 적욕(適欲, 「중기」) 등이 있다. 그래서 무당의 굿과 약물로 병을 치유하려는 것은 마치 화살이 맞지 않는다고

35　是故聖人之於聲色滋味也, 利於性則取之, 害於性則舍之.(『呂氏春秋』「本生」)
36　所謂全生者, 六欲皆得其宜也.(『呂氏春秋』「貴生」)
37　『呂氏春秋』「本生」
38　天生陰陽, 寒暑燥濕, 四時之化, 萬物之變, 莫不爲利, 莫不爲害. 聖人察陰陽之宜, 辨萬物之利, 以便生.(『呂氏春秋』「盡數」)
39　由貴生動則得其情也. …… 生死存亡之本也.(『呂氏春秋』「情欲」)

과녁을 옮기는 것처럼 근본 대책이 아니라고 말한다.[40] 아예 처음부터 제
욕 · 절욕 · 적욕하면 비교적 덜 발병하게 될 것이기 때문이다.

만약 유가의 공맹이 제욕 · 절욕 · 적욕 등을 말한다면 그것은 도덕 본성
을 수양 실천하는 데 목적을 둔 것이고, 묵가의 묵자라면 겸애를 실천하
는 데 그 목적을 둔 것이다. 그러나 『여씨춘추』의 경우는 생존을 위한 양
생의 방법인 것이다. 비록 그것이 여원동기의 경지가 있다 해도 평범한
삶의 경지이므로 고도의 정신적 경지 같은 것은 없을 것이며, 그것은 단
지 먹고사는 것을 하늘로 삼는 그런 보통 사람의 삶인 것이다.

2) 제자백가 세계관의 통합 방법

『여씨춘추』의 또 다른 주요 문제는 제자백가의 세계관을 통합하는 것이
다. 세계관은 왜 통합하려는 것인가? 첫째, 실천 방법상 각각 한쪽에 치
우친 제자백가들의 철학 사상을 통합함으로써 사상적 갈등을 해소하고
생명을 온전히 하여 전생하려는 데 있다. 『여씨춘추』는 제자백가의 세계
관을 통합한 것이기 때문에, 음양오행론으로 각 학파의 학설을 관통하는
것은 아니라고 말하는 사람도 있다.[41] 그러나 『여씨춘추』 속에서의 제자백
가의 학설은 이미 '평범한 사람들의 삶과 생존'이라는 세계관적 목적을
위한 하나의 방법으로 운용되며, 여원동기 중심의 음양오행론은 그 기초
방법이 된 것이다. 즉 여원동기 중심의 음양오행론의 기초 위에 제자백가
의 학설을 소재로 하여 새로운 학설을 세우려 한 것이다.

둘째, 유 · 도 · 묵 · 법가 등처럼 하나의 세계관을 건립하는 방법도 있지
만, 『여씨춘추』는 제자백가의 장점만을 통합하여 새로운 세계관을 형성하
려 한 것이다. 즉 "사물에는 장점이 없을 수 없고, 단점이 없을 수 없다.

---

40   『呂氏春秋』「盡數」

41   劉蔚華 · 苗潤田, 『稷下學史』, 北京, 中國廣播電視出版社, 1992, 395쪽

사람도 마찬가지이다. 그러므로 잘 배우는 사람은 타인의 장점을 빌려 자신의 단점을 보완한다. 타인의 장점을 빌리는 사람은 마침내 천하를 소유하게 된다. …… 순백색의 여우는 없지만, 순백의 털옷이 있는 것은 흰털의 부분만을 모았기 때문이고, 3황 5제가 큰 공을 세울 수 있었던 것도 많은 사람의 지혜를 모았기 때문이다."[42] 마찬가지로 제자백가의 세계관을 통합하는 것은 보다 큰 지혜를 얻을 수 있고, 백성들은 삶 속에서 겪는 여러 가지 갈등을 해소하여 전생을 얻을 수 있는 방법이 된다.

셋째, 새로운 삶의 형태에 알맞은 세계관을 제시하려 한 것이다. 우리 현실에서 가장 위압적으로 엄습해 오는 것은 보통 사람들의 생존 문제이기 때문에, 그 앞에서는 어떤 고상하고 이상적인 철학이나 사상도 결국 무릎을 꿇게 된다. 마찬가지로 전국 말기에 보통 사람들의 삶과 생존을 중심으로 하여 철학 사상의 대통합이 일어나게 된 것도 그런 민심을 반영한 것이다. 그뿐만 아니라 그 내용이 관념적이지 않으며 쉽게 이해하고 실천할 수 있는 말로 되어 있다. 그렇게 철학 사상이 대중화되고 일상화되면서 높은 정신 경지는 무너지고 평범한 생활인의 지혜만이 남게 된 것이다. 그래서 『여씨춘추』는 제자백가의 세계관을 통합한 결과로 오히려 하향 평준화를 면치 못한 점도 있다. 즉 "교육계에서는 고등 교육의 목적이 위대한 철학자의 사상을 배우고 대문호의 작품을 읽는 것으로 생각하는 경향이 있지만, 일반인들은 매우 도구적이고 실질적 측면에서 교육을 바라본다"[43]는 미국 교육협의회 스탠리 아켄베리 회장의 말도 이와 맥락을 같이 한다. 이러한 경우 실용성이 이상을 잃고 방황할 위험이 있다. 물론 그 반대의 경우는 이상만 있고 실용성이 없어 공허하기 쉽다. 이상과

---

42   物固莫不有長, 莫不有短, 人亦然. 故善學者假人之長以補其短. 故假人者遂有天下. …… 天下無粹白之狐, 而有粹白之裘, 取之衆白也. 夫取於衆, 此三皇五帝之所以大立功名也. 凡君之所以立, 出乎衆也.(『呂氏春秋』「用衆」)
43   2000년 5월 6일자 『동아일보』 A6면

현실을 조화롭게 하지 않으면 어느 쪽도 바람직하지 않은 것이다.

『여씨춘추』의 저작을 주도했던 여불위와 그의 문객들은 제자백가의 세계관을 부분적으로 인정하고 수용하면서 통합할 수 있는 새로운 세계관을 꿈꾸었을 것이다. 그러면 그 세계관들을 통합하는 방법은 무엇인가? 첫째, 세계관적 목적을 새로운 것으로 대치하는 것이다. 제자백가들이 가지고 있던 종전의 세계관적 목적은 백성들의 생존과 삶으로 대치됨으로써, 실천 방법은 백성들의 생존과 삶에 부합되는 의미를 갖게 되었다. 그래서 『여씨춘추』는 새로운 방법을 개발하기보다는 종래에 있던 방법들을 재생하기만 해도 되었다. 그런데 『여씨춘추』는 제자백가의 각종 학설을 수집하여 종합하고 재구성한 것이므로, 외견상 모순되고 충돌되는 것 같아 보이기도 한다. 하지만 『여씨춘추』는 기존의 철학 사상을 통합하는 세계관적 목적을 우리의 평범한 삶과 생존에 두고, 그런 평범한 삶과 생존의 문제에 따라 여러 학설의 방법을 적용하려 한 것으로, 『여씨춘추』가 취하는 방법이 유가의 것이든 혹은 도가의 것이든 간에 본래의 세계관적 목적과는 이미 단절된 것이다. 본래의 세계관적 목적과 단절된 방법은 형식만이 존재하는 것이므로 결코 모순되지 않는다.

방법의 모순 여부는 오히려 세계관적 목적과의 관계 속에서 가려질 수 있는 것이다. 그러므로 적용하는 방법이 어떠한가 하는 것에 대해서는 새로 설정한 세계관적 목적하에서 이해되고 설명되지 않으면 안 된다. 도(道)라는 글자도 각 학파에서 모두 쓰고 있지만, 그들의 세계관적 목적이 그의 의미를 다르게 사용하게 하고 이해하게 하는 것이다. 마찬가지로 『여씨춘추』가 사용하는 제자백가의 실천 방법도 『여씨춘추』가 설정한 생명을 온전히 보전하는 전생이라는 세계관적 목적하에서 새롭게 이해해야 할 것이다. 단지 여러 사상이 섞여 있기 때문에 잡가(雜家)라거나 순수하지 않다고 평한다면, 그것 역시 아직 제대로 이해하지 못한 것이고 무의미하다고 할 수 있다.[44] 오히려 세계관의 확장을 통해 보다 폭넓은 삶의 방식을 만들어 준 것으로 이해해야 할 것이다.

둘째, 세계관적 목적을 정했다면 그 세계관적 목적은 나머지 범주, 즉 '언제'·'어디서'·'누가'·'무엇을'·'어떻게'와 같은 영역의 것들과 유기체적 균형이 있어야 한다. 『여씨춘추』는 춘추 전국 시대 500년간의 끝자락에서 시대 상황을 반영하여 생명을 온전히 하는 전생이라는 세계관적 목적을 제시했다. 『여씨춘추』의 저자는 천지 만물과 고금의 일을 잘 갖추었기 때문에 치란존망과 수요길흉 등 인간의 문제를 알 수 있다고 자화자찬했다.[45]

그런데 '누가'의 범주에 해당하는 주체는 고상한 주체에서 평범한 삶을 추구하는 보통 사람이 되었고, 그로 인해 왜 전생을 추구하는가의 물음에 대한 답을 스스로 갖지 못하게 되었다. 그래서 비록 "생명이 온전하면 정신이 조화롭게 되고, 눈이 밝아지며, 귀가 잘 들리고, …… 삼백육십 개의 뼈마디가 모두 부드럽게 통하게 된다. …… 이런 사람을 덕이 온전한 사람이라고 한다"고 말하지만, 그 뜻을 이루기는 쉽지 않게 된 것이다. 우리의 생명은 육신의 존재를 기초로 하지만 그런 육신을 보전(保全)하는데 급급하여 고귀한 정신을 잃었다면, 그것은 연이 날아가 버렸는데 연줄만 잡고 있는 격이 아닌가? 그래서 장자는 그런 것을 경계하여 하나의 이상으로서, "육신이 온전하고 정신이 회복되면 천지와 하나가 될 수 있다"[46]고 말했다.

『여씨춘추』는 왜 제자백가의 방법을 통합 운용하는 기틀을 음양오행론

---

44   『呂氏春秋』에 대한 평가로는 다음과 같은 설이 있다. 잡가 혹은 절충주의설(『漢書』「藝文志」, 李峻, 馮友蘭), 도가설(高誘, 王范), 유가설(『四庫全書總目提要』, 陳澧의 『東塾讀書記』), 유가와 도가를 겸했다는 설(郭沫若, 杜國庠), 묵가설(盧文弨의 『抱經堂文集』), 음양가설(陳奇猷) 등과 같이 다양하다.(劉蔚華·苗潤田, 『稷下學史』, 北京, 中國廣播電視出版社, 1992, 392~397쪽 참조)
45   『呂氏春秋』「序意」
46   形全精復, 與天爲一.(『莊子』「達生」)

에 두었는가? 이것은 『여씨춘추』가 생명의 기본 구조를 음양오행으로 이해했으며, 그 기초를 만물은 동기(同氣)라고 보는 입장에 두었기 때문이다. 그래서 이제부터는 여원동기 중심의 음양오행론에 대해 살펴보겠다.

(1) 음양오행의 변천 과정

음양오행론의 기원은 언제 누구에게서 비롯된 것일까? 음양이 『시경』에 사용될 때만 해도 "봄날 햇볕은 따뜻하여, 들리느니 꾀꼬리 울음소리." "살랑살랑 동풍이 불더니 날이 흐리고 비가 내리네"라는 시구처럼 일기나 명암을 표시하는 정도였으나,[47] 『노자』의 "만물은 음을 지고 양을 안고 있다"[48]와 『주역』 「계사전」의 "한 번은 음이 되고 한 번은 양이 되는 것을 도라고 한다"[49]에 이르러 본체론적 의미나 우주론적 의미를 갖게 되었다.[50] 그중에서 음양론이라고 부를 수 있을 만큼 체계화하여 제일 기초 방법으로 확립한 것은 역시 『주역』이다.

그러나 오행은 역사적으로 본래의 의미를 어디서부터 잡아야 하는지 학설이 분분하다. 대체적으로 현존 자료를 그대로 인정하고 정리하면, 오행이 『서경』의 「감서」[51]와 「홍범」에서 사용될 때만 해도 생활의 재료를 의미했고,[52] 상생상극의 의미는 없었다. 그러나 훗날 그런 성질과 작용을 개체가 아닌 관계 속에서 파악하기 시작했고, 관계 속에서 파악된 성질과

---

47 春日載陽, 有鳴倉庚.(「豳風 七月」) 習習谷風, 以陰以雨.(「邶風, 谷風」)

48 萬物負陰而抱陽.(『道德經』 42)

49 一陰一陽謂之道.(『周易』 「繫辭傳上」 5)

50 鄺芷人은 "『周易』 「繫辭傳」의 '一陰一陽之謂道, 繼之者善也, 成之者性也.' 와 '陰陽不測之謂神'에 이르러 음양은 더욱 분명하게 相反되면서 相成하는 본체론 혹은 우주론적 보편 원칙이 되었다"고 말한다.(鄺芷人, 『陰陽五行及其體系』, 臺北, 文津出版社, 1992, 10쪽)

51 有扈氏威侮五行, 怠棄三正.(『書經』 「虞夏書, 甘誓」)

52 徐復觀, 『兩漢思想史』 卷2, 臺北, 臺灣學生書局, 1979, 315쪽

작용으로 오행을 상생상극의 관계로 새롭게 이해하게 된 것이다. 그러면서 행위의 원칙이나 분류학상의 5가지 기본 원칙 등을 지시하게 되었다고 할 수 있다.

한편 고힐강(顧頡剛) 같은 사람은 여러 가지 이유를 들어 오행론은 전국 시대 후기부터 논의되기 시작했으며, 추연(騶衍, B.C.355~B.C.265)이 창시자라고 말한다. 즉 오행론은 갑골문·『주역』·『시경』 등에서 보이지 않으며, 『서경』의 「홍범」도 위서(僞書)라는 것이다. 『묵자』에 나오는 것 역시 한대 사람들이 삽입한 것이라 한다.[53]

다른 한편으로 동서업(童書業) 같은 사람은 "『서경』「감서」의 오행설은 추연이 오덕종시설을 건립하는 데 사용되었고, 삼정(三正)은 한대 사람이 삼통설(三統說)을 건립하는 데 사용되었다"[54]고 말한다. 그러나 하나의 사상은 오랜 역사 속에서 계승 발전 과정을 거치며 탄생되는 것이므로, 한 시대 한 사람에게 국한하려는 견해는 무리가 따를 수 있다. 그러므로 추연이 오행 개념을 창출했다고 보기는 어렵지만, 이미 산발적으로 나타난 오행 개념들을 종합하여 이론 체계화함으로써 우주 만물의 구조와 변화 질서를 설명하는 방법이 된 것은 추연부터라고 할 수 있다.

한편 사마천은 오덕종시설에 대해 "내가 『첩기』(諜記)를 읽어 보니, 황제(黃帝)에게는 모두 연대가 기록되어 있었다. 그러한 역대 보첩(譜諜)과 종시오덕(終始五德)에 관한 전기를 앞뒤로 고증해 보니, 고문의 기록이 모두 일치하지 않았고, 괴리되거나 차이가 있었다"[55]고 말했다. 사마천의

53　顧頡剛, 『古事辨』 第5冊, 404~597쪽의 것을 鄺芷人의 『陰陽五行及其體系』(臺北, 文津出版社, 1992)의 13~18쪽에서 참조한 것임.

54　顧頡剛, 『古事辨』 第5冊, 660~669쪽의 것을 鄺芷人의 『陰陽五行及其體系』(臺北, 文津出版社, 1992)의 16쪽에서 재인용한 것임. 三正은 夏는 1月을, 殷은 12月을, 周는 11月을 正月로 삼은 것을 말하고, 三統은 그것에 기초하여 夏는 人統, 殷은 地統, 周는 天統이라고 한 것을 말하는 것이다.

55　余讀諜記, 黃帝以來皆有年數. 稽其曆譜諜終始五德之傳, 古文咸不同, 乖異.(『史記』

이 말이 황제 이후부터 오덕종시설을 조대의 변화에 적용했다는 말인지는 분명하지는 않지만, 그렇다면 오행의 개념은 하·은·주 이전부터 이미 있었다고 볼 수 있다.

『주역』에서 음과 양은 생명을 탄생시키는 과정에서는 반존재(半存在)로서, 사물의 성질을 표현하는 데는 상반된 반면(半面)으로서, 시간상에서는 밤낮, 오전 오후 등의 반쪽 시간으로서, 공간상에서는 상하로서 각각 운용된다. 오행 역시 대략 추연 이후부터 생명 생성상에서는 5가지의 기(氣)로서, 사물의 성질을 표현하는 데는 5가지 성질로서, 시간상으로는 4계절이나 하루의 시간을 표시하는 것으로서, 공간상으로는 동서남북중으로서 운용되고 있다.

음양오행의 이런 복합적 의미는 일시에 형성되었다고 할 수 없다. 예를 들어 동서남북중의 다섯 방위 개념은 이미 은대 사람들이 사용했던 것이기 때문이다. 그렇지만 5방을 5행과 연결시킨 것은 아마도 후대의 일일 것이다. 어떤 견해에 따르든지 오행의 원류에 대한 결정적인 고증은 기대하기 어렵다. 그것은 대체적으로 음양오행론이 자연의 실체, 변화의 과정, 시공간의 구조 등에 대한 종합적 인식 체계이고, 해석 체계이며, 방법 체계이기 때문이다.

이렇게 음양론과 오행론은 본래 다른 계통의 사상으로서 자연에 대한 해석 방법이었다. 음양론이 『주역』에서 확립되고 오행론은 『상서』 「홍범」에서 정리된 것으로 보면, 그 시기는 은주 시대 혹은 그 이전의 것으로 보는 데 크게 무리가 없어 보인다. 그리고 음양론과 오행론을 결합하여 사용하게 된 것은 전국 시대 말기의 것으로 볼 수 있다. 어떤 사람은 『사기』 「맹순열전」(孟荀列傳)의 "음양소식(陰陽消息)과 괴상하고 바르지 못한 변화를 깊이 관찰하였다", "천지개벽 이래 역사적 증거를 보면, 오덕(五德)

「三代世表」)

이 전이(轉移)되어 각 분야가 적절히 다스려지는 것이 이와 같이 부응(符應)했다"[56]는 말에 근거하여 추연은 음양과 오행을 배합하여 입론(立論)했으나, 그가 가장 먼저 배합시킨 것인지는 알 수 없다고 말한다.[57] 필자는 음양오행이 하나의 철학 사상 속에서 주요 방법으로 함께 사용된 것으로서 가장 오래되고 현존하는 것은 바로 『여씨춘추』라고 본다.

오행과 음양은 어떻게 결합된 것인가? 음양론과 오행론은 본래 각기 다른 계통의 사상이었다. 음양은 『주역』에서 주요 방법으로 채용되었으며, 유가·도가 철학에서 고루 인정하는 사상 모델이었다. 『한서』「예문지」에서는 추연을 음양가로 분류했지만, 사마천은 「맹순열전」에서 논했다. 즉 추연은 위정자들이 날로 음란하고 사치하여 덕을 숭상할 수 없음을 보고 음양소식을 깊이 관찰하여 십여 만 자를 지었으며, 작은 것에서 큰 것에 이르기까지 추론하여 무한대까지 이르렀다고 한다. 그러나 사마천은 그 말이 크기만 하고 이치에 맞지 않는다고 평했다.[58]

음양은 8괘가 64괘로 되면서 그 효의 위치에 따라 조화·도움·충돌 등의 관계를 설명할 수 있게 되었다. 오행도 재료가 아닌 성질을 표시하면서 상대적 관계에 따라 상생상극(相生相剋)의 관계를 설명할 수 있게 되었다. 그런 속에서 역기능적(逆機能的) 결합의 경우 전체는 부분의 합보다 적어지고, 순기능적(順機能的) 결합의 경우 전체는 각 부분의 합보다 많아진다는 것을 발견하게 된 것이다. 역기능 관계인 상극의 경우는 있는 것을 죽이지만, 순기능 관계인 상생의 경우는 없는 것을 탄생시키기 때문이다. 그뿐만 아니라 목화토금수의 상생 관계는 직선적 일회적인 것이 아

---

56 "乃深觀陰陽消息而作怪迂之變.", "稱引天地剖判以來, 五德轉移, 治各有宜, 符應若茲."(『史記』「孟荀列傳」)

57 鄺芷人, 『陰陽五行及其體系』, 臺北: 文津出版社, 1992, 34쪽

58 乃深觀陰陽消息而作怪迂之變. 終始·大聖之篇十餘萬言. 其語閎大不經, 必先驗小物, 推而大之, 至於無垠.(『史記』「孟荀列傳」)

니라 순환 반복 운동을 한다. 맨 끝의 수(水)는 맨 앞의 목(木)에 대해 상
생의 관계가 있기 때문이다.

　이런 오행의 순환적 반복의 상생 관계는 음양의 생장소식(生長消息)의
변화와 형태가 같기 때문에, 순기능적 관계상에 Synergy 효과가 있어 음
양과 오행을 결합할 수 있었을 것이다. 사계절이나 방위를 분속(分屬)한
『관자』의 「사시」(四時)와 「오행」(五行)에서 군주의 시정 활동과 연결시킨
것 역시 그런 효과를 보기 위한 것이다.

　이와 같이 생존과 생명 생성을 위한 순기능적 효과를 최대한 만족시키
기 위한 것이 바로 음양오행 사이의 여원동기인 것이다. 이 상생상극의
관계는 『묵자』에 나오는 말처럼, 다섯 가지 재료의 다과(多寡) 관계로 설
명하는 것이 아니라 성질의 상관관계를 가지고 설정한 것이다. 다시 말해
일부 사물의 관계에 국한하지 않고 그것을 일반화하여 사물 간의 순기능
과 역기능의 관계까지 설명해 보려는 것이다. 그러나 이런 일반 이론은
다시 현실로 돌아와 현실적 타당성을 가질 수 있어야 할 것이다.

　이렇게 음양론은 『주역』의 64괘로부터 독립하여 만물의 생장소식의 변
화를 설명하게 되고, 오행론은 구체적 재료로부터 독립하여 만물의 생장
소식 및 역사의 변천까지 설명하게 되었다. 이것은 바로 오행론이 음양론
과 결합될 수 있는 중요한 조건이었을 것이다. 그러나 『여씨춘추』가 4계
절에 오행을 배속하는 것은 아직 미숙한 단계라고 할 수 있다.

　한대 동중서(董仲舒, B.C.179~B.C.104)에 이르러서는 5가지 요소로
선후 관계를 목화토금수(木火土金水)로 고정하고, 이웃 관계는 상생의 관
계로, 하나 건너 사이의 관계는 상극의 관계로 설정[59]함으로써 보다 체계
를 갖추게 되었다. 아울러 그는 "금목수화(金木水火)가 비록 각기 그 직방

59　특히 董仲舒는 "天地之氣, 合而爲一, 分爲陰陽, 判爲四時, 列爲五行, 行者行也, 其
　　行不同, 故謂之五行. 五行者, 五官也, 比相生而間相勝也."(『春秋繁露』 「五行相生」) 이런
　　상생상극의 관계로 오행의 구조를 설정한 것은 이미 騶衍에게 있었다.

(職方)을 가지고 있어도, 토(土)와 연결되지 못하면 이루어질 수 없는 것이다. …… 토는 오행의 주재자"[60]라고 말했다. 이것은 종전의 상생상극의 관계를 벗어난 것으로서, 『여씨춘추』에서 처리하지 못한 방위나 계절과의 관계를 긴밀하게 결합하기 위한 것이다. 이로써 시공간의 각종 변화를 설명할 수 있게 된다. 이것은 마치 음양론이 8괘의 단계에서는 보이지 않던 시위(時位)의 설명이 64괘로 되면서 나타났던 것처럼 방법의 확장이라고 할 수 있다.

이처럼 음양론과 오행론이 보다 긴밀하게 연결되는 계기를 만들어 준 것은 바로 동중서부터라고 할 수 있다. 그러나 『춘추번로』에서의 오행은 비록 이미 기(氣)를 의미했지만, 뒤에 말하는 오행의 기처럼 아직 음양의 기와 융합되어 일체를 이루는 것은 아니었다. 음양오행을 융합하여 일체화하고, 오행을 음양이 분화된 것으로 보게 된 것은 대체적으로 한선제(漢宣帝, B.C.74~B.C.49) 전후였다. 『한서』 「오행지」에서는 오행은 동시에 음양을 대표했다"[61]고 말한다.

오행론은 이렇게 우주 만물의 존재·운행·변화뿐만 아니라 인생의 각종 문제에 이르기까지 포괄적으로 설명하려는 방대한 사상 체계를 이루게 되었다. 순기능적인 여러 이론 계통을 통합함으로써 보다 폭넓고 세밀한 방법 체계를 갖출 수 있기 때문에, 음양론과 오행론을 결합하여 보다 큰 순기능적 Synergy 효과를 추구하게 된 것이다.

오행의 순서는 어떠했는가? 『상서』 「홍범」에서 나오는 오행의 순서는 현재의 목화토금수(木火土金水)의 순서가 아니고, 수화목금토(水火木金

---

60   金木水火雖各職, 不因土方不立. …… 土者五行之主也.(『春秋繁露』 「五行之義」) 徐復觀이 陶鴻慶의 설에 의거하여 金木水火雖各職, 不因土方不立을 金木水火雖各職方, 不因土不立이라 한 것을 재인용함.(徐復觀, 『兩漢思想史』 卷2, 臺北, 臺灣學生書局, 1979, 382쪽)

61   徐復觀, 『兩漢思想史』 卷2, 臺北, 臺灣學生書局, 1979, 316쪽

土)이다.[62] 이것은 소위 우임금의 치수와 관련된 것이며, 생활상의 중요성에 따른 배열로 보인다. 그러나 후대로 오면서 사물의 성질과 작용의 의미를 갖게 되었다.[63] 그러면서 상생상극의 관계를 찾아내게 되었고, 상극의 관계로 역사의 변천을 설명하는 사상으로 발전했으며, 상생의 관계로 생명의 변화를 설명하는 사상 체계로 발전했던 것이다. 그래서 서복관은 "추연 혹은 그의 후학들이 오행과 음양을 연결시킴으로써 오행은 구체적인 사물에서 추상적인 것이 되었다. …… 12기 기수에 이르러 명확하게 오행을 음양이 운행하는 4계절 속에 배합시키니, 오행은 4계절 중에서 주체로서 운행하면서 작용하게 되었다"[64]고 말한다.

(2) 『여씨춘추』에서 음양오행의 방법상 역할

음양오행설의 특성은 생체학적이라는 데 있으며, 그 적용 범위는 신체 내적인 것과 외적인 환경 요인을 설명하는 데 있으므로 총체적 환경 구조론이라고 할 수 있다. 그래서 음양오행으로 사계절의 시간 변화를 설명하는 것은 bio-time에 속하고, 재료로서의 물질을 설명하는 것은 bio-material에 속하며, 사계절의 춥고 더운 기후 변화를 설명하는 것은 bio-character에 속한다. 그렇기 때문에 그 관계에 따라 상생상극으로 설명할 수 있는 것이다.

62　孔穎達은 크기와 드러난 순서에 따른 배열이라고 설명한다. 즉 "五行先後, 亦以微著爲次."(『尙書正義』「洪範」疏)라 하여, 가장 미세한 水에서 시작하여 가장 크게 드러난 것이 土라는 것이다.

63　方東美는 "오행은 다섯 가지 요소의 자연 속성이다. 자연물의 자연 속성은 사람이 체험할 수 있는 것이다. 그래서 물리와 화학 방면의 속성을 철학과 심리 방면의 속성으로 전환했다"고 말했다.(方東美, 『原始儒家道家哲學』, 臺北, 黎明文化事業公司, 1985, 55쪽) 鄺芷人은 "甘誓의 오행은 다섯가지의 마땅히 행해야 할 도리이고(梁任公說), 洪範의 오행은 물질을 5종류로 분류한 것이며 그 기능과 성질을 말하는 것뿐이다"고 말했다.(鄺芷人, 『陰陽五行及其體系』, 臺北, 文津出版社, 1992, 12쪽에서 梁任公의 말을 재인용함.)

64　徐復觀, 『兩漢思想史』卷2, 臺北, 臺灣學生書局, 1979, 20쪽

오행을 관계 중심으로 보면, 첫째 시간상의 관계로서 선후상 상생의 관계와 상극의 관계가 있다. 상생의 관계는 시간을 표시하는 사계절이 있고, 상극의 관계는 왕조의 변천 과정이 있다. 둘째 공간상의 관계로서 각자의 고정적 자리나 방향을 표시한다. 『여씨춘추』는 오행에 따라 각종의 천문(天文)과 인문(人文)을 분류하였다. 천문에서는 태양의 위치·별자리·천간(天干)·절후 등으로 사용하고, 인문에서는 제(帝)·신(神)·방위·색깔·음(音)·기물·숫자·맛·냄새·제사·정령(政令) 등의 인간사에 적용한다.

음양오행과 자연의 관계에서 중요한 문제는 사계절의 변화를 어떻게 해석하느냐 하는 것이다. 음양소식 현상을 사계절의 변화에 나누어 적용한 것은 추연부터라는 설이 있다. 『사기』 권 26의 「역서」를 보면, 음양소식을 4계절 속에 나누어 배속하는 산소식지분(散消息之分)은 추상적 음양 관념과 경험 계층의 사계절의 현상을 함께 결합하기 시작했다는 것을 의미한다.[65] 물론 음양론을 기초로 하여 천지자연의 변화를 설명한 것이 추연 이후부터라고 단정 지을 수는 없다.

진일보하여 『여씨춘추』는 오행을 사계절에 결합할 때 그 순서를 상생 관계인 목화토금수(木火土金水)의 순서로 보았다. 즉 봄을 목(木)에, 여름을 화(火)에, 가을을 금(金)에, 겨울을 수(水)에 각각 안배했으며, 토(土)는 중앙에 배치했다.[66] 이때의 중앙이 동서남북중처럼 공간 개념이라면 문제가 없는데, 사계절에 안배함으로써 실제 토에 해당하는 계절이 없으므로 천자는 토에 맞도록 제자동기, 또는 여원동기하는 정치 행사를 할 수 없었다.

「계하기수」(季夏紀首) 앞부분에서 천자는 계하(季夏, 6월) 때 명당좌개

---

65   徐復觀, 『兩漢思想史』 卷2, 臺北, 臺灣學生書局, 1979, 10쪽

66   某日立春, 盛德在木.(『呂氏春秋』 「孟春紀」) 某日立夏, 盛德在火.(「孟夏紀」) 某日立秋, 盛德在金.(「孟秋紀」) 某日立冬, 盛德在水.(「孟冬紀」) 中央土.(「季夏紀」)

(明堂左個)에 거주하면서 적의(赤衣)를 입고 적옥(赤玉)을 지니며 정치 행사를 행한다고 말했다. 그런데 「계하기수」 끝 문장에 이르러 돌연 태묘(太廟)의 태실(太室)에 거주하며, 황의(黃衣)를 입고 황옥(黃玉)을 지닌다고 말했다. 왜냐하면 토덕(土德)에 따른 정치 행사를 해야 하기 때문이다. 그러나 6월 말일과 7월 초하루 사이에는 어떤 시간 간격도 없으며, 맹추(孟秋, 7월)부터는 총장좌개(總章左個)에 거주하면서 흰옷을 입고 백옥을 지니는 금덕의 행사를 해야 하므로 토덕의 행사를 할 수 없다. 그렇게 오행의 변화에 따른 정치 행사를 하지 못했으니 재이(災異)가 발생할 수 있다고 말해야 하는데 『여씨춘추』에는 그런 말이 없다. 오행의 상생 관계를 사계절에 나누어 적용함으로써 생명의 생장수장(生長收藏)을 설명해 보려는 데 무리가 생긴 것이다. 이렇게 『여씨춘추』는 12기에 오행을 적용함에 심한 불균형을 해결하지 못하여 미완성의 작품이 되고 말았다.

이 문제는 동중서의 『춘추번로』(春秋繁露), 유안(劉安, B.C.179~B.C.122)의 『회남자』(淮南子), 반고(班固, 32~92)의 『백호통의』(白虎通義), 공영달(孔穎達, 574~648)의 『상서정의』(尚書正義) 등에 이르러 보다 진일보하는 연구 결과가 나왔다. 『회남자』에서는 여름 3개월 중 4, 5월을 화(火)에, 6월을 토(土)에 배당했으며, 『백호통의』에서는 "토가 사계절을 각각 18일씩 주재한다"[67]는 토왕사계론(土王四季論)을 주장했다.

진일보해 보면 토왕사계론은 맹중계로 나눈 종래의 구분을 무시하고 오행의 틀에 억지로 맞춘 것이다. 이런 사고는 4계절 속에 토덕(土德)의 자리를 만들어 주려고 공간적 사고를 했기 때문이다. 만약 만물의 운행 원리를 토덕에 설정했다면 일년 365일 전체를 토덕이 주재하도록 하느니만 못했을 것이다.

이렇게 『여씨춘추』가 추연의 음양오행론을 계승했지만, 그의 상생상극

---

[67] 土王四季, 各十八日.(『白虎通義』「德論 · 五行」)

론은 살리지 못했다. 이렇게 오행과 관련한 사계절의 안배는 사실상 실패로 돌아갔으므로, 그것은 오행론의 설명 방식이 아니라『주역』과 같이 음양론의 방식으로 만물의 생장수장(生長收藏)을 설명하고 만 것이다. 그러나『주역』의 음양론이 시위론(時位論)과 결합하여 현실의 구체적 사안에 적용한 것처럼, 오행론도 시간 영역의 사계절과 공간 영역의 방위에까지 확대하여 시공간의 개념을 보충했다. 이것은 바로 음양오행론이 하나의 사상으로 생활 속에 깊이 뿌리를 내렸다는 것을 의미한다.

이렇게 음양오행설은 추연의 학설을 계승한 것이지만,『여씨춘추』에서는 우주 만물의 유기체적 환경 구조론이면서 실천론으로 확대되었다. 그래서 그 후 중국 역사상 철학·정치·천문·역사·의학·복서 등 각 분야에 깊은 영향을 주어 각 분야의 기본 원리로 활용하게 되었다. 이 때문에『여씨춘추』는 동중서를 비롯한 한대 이후의 중국 철학을 이해하는 데 아주 중요한 관건이 된 것이다.

① 음양오행론과 생명

하늘이 음양·한서·조습·사시의 운행·만물의 변화를 이루니 이롭지 않은 것이 없고, 해롭지 않은 것이 없다.[68] 의학에서 세상에는 약도 없고, 독도 없다고 말하듯, 그 어떤 사물도 항상 이롭거나 항상 해로운 것이 아니라는 것이다. 즉 "약과 독은 본질적으로 차이가 없으며, 생체에 투여된 양에 따라서 약이 될 수도 있고 독이 될 수도 있다"[69]는 것이다. 그래서 성인은 음양 변화에 알맞은 것을 관찰하고 만물의 이로운 점을 판별하여 생명을 길게 한다. 이때 생명을 길게 한다는 의미는 짧은 것을 길게 한다는 것이 아니라 타고난 천수를 다 누리게 한다는 것이다.[70] 이런 면은 노장

68   『呂氏春秋』「盡數」
69   허문영,「생명·물질·인성」,『지성과 실천』, 춘천, 강원대학교 출판부, 1998, 109쪽
70   『呂氏春秋』「盡數」

철학의 정신과 맥을 같이 한다.

그러면 어떤 경우에 이롭고 어떤 경우에 해로운가? 이로운 것은 상생의 관계에 있을 때이고, 해로운 것은 상극의 관계에 있을 때이다. 이것은 문제에 대해 실체론적으로 접근한 것이 아니라, 관계론적으로 접근한 것이다. 즉 무엇이 본질적으로 좋고 나쁘고가 아니고, 어떤 관계 속에서 좋고 나쁘고가 결정된다는 것이다. 그렇게 여원동기는 바로 이상적 상생의 관계를 이루기 때문에 순기능적 Synergy 효과가 극대화되는 상태이다.

흐르는 물은 썩지 않듯이, 움직이지 않으면 체내의 정기가 흐르지 않고 정기가 흐르지 않으면 기가 막혀 병이 생기듯이 음양오행의 이로운 관계, 즉 상생의 관계는 동적인 관계를 전제로 한다.『주역』에서 음양이 어울렸어도 상괘가 건괘이고 하괘가 곤괘인 비괘(否卦)의 경우는 운동이 일어나지 않아 만사가 막히지만, 그와 반대인 태괘(泰卦)의 경우는 음양이 제자리를 찾아가려 하여 운동이 일어나므로 만사형통의 괘가 된다.

『여씨춘추』는 전생이라는 세계관적 목적을 위해 음양오행의 순기능적 구조 속에서 제자백가의 철학적 방법을 배치했다. 물론 학파별로 구분한 것은 아니며, 본래 어느 학파의 사상인지는 크게 문제 삼지 않았던 것 같다. 그러나 각 학파별로 관련된 장을 분류해 보면, 도가와 관련 있는 것은 「본생」(本生)·「중기」(重己)·「귀공」(貴公)·「거사」(去私)가 있고, 유가와 관련 있는 것은 「권학」(勸學)·「존사」(尊師)·「무도」(誣徒)·「제악」(制樂)이 있으며, 묵가와 관련 있는 것은 「당염」(當染)·「애류」(愛類)·「절상」(節喪)·「안사」(安死)·「이용」(異用)이 있고, 도법가(道法家)와 관련 있는 것은 「권훈」(勸勳)·「심분」(審分)·「군수」(君守)·「임수」(任數)·「물궁」(勿躬)·「지도」(知度)·「신세」(愼勢)·「불이」(不二)·「집일」(執一) 등이 있다.[71]

오행과 12기의 관계를 보면, 『여씨춘추』는 비록 오행을 사계절에 분배

---

71   劉蔚華·苗潤田,『稷下學史』, 北京, 中國廣播電視出版社, 1992, 395쪽 참조.

하는 데 문제가 있었지만, 12기의 체계에도 오행의 구조를 적용한다. 특히 사계절을 각각 맹중계로 구분하여 5편씩으로 만들었다. 그뿐만 아니라 여원동기를 위해 각 편의 내용 구성 역시 자연의 변화를 먼저 제시하고, 그에 따른 천자의 정치적 조치가 이루어지도록 했다.

『여씨춘추』는 천지자연의 bio-rhythm을 12기로 정리하였다. 『여씨춘추』가 일 년 12달의 주요 행사를 12기로 정리한 것은 음양오행으로 자연의 bio-rhythm을 설명한 것이다. 이런 12기는 농업이 계절의 변화에 순응하지 않으면 안 된다는 것과 그와 아울러 위정자들의 법 집행과 용병, 그리고 백성들의 영농 생활 등 모두가 계절의 변화에 따라야 한다는 것을 기본 원칙으로 삼는다. 바로 이런 일련의 인간 활동이 자연의 변화에 따르는 것이 여원동기인 것이다. 그런데 기의 운행은 무한중층적으로 일어나는데, 어떻게 해야 여원동기가 될 수 있는가? 예를 들어 작게는 몸속에서 열이 나서 화기가 높고, 시간적으로 음기가 극에 달한 밤 12시이며, 계절로는 한여름일 때 어떻게 동기가 되도록 할 것인가?

서복관의 『양한사상사』에 따르면, 계절의 변화에 따른 영농 지도의 기원은 『대대예기』(大戴禮記) 「하소정」(夏小正)에 있다. 그다음으로 나온 것이 『일주서』(逸周書) 「시훈」(時訓) 인데, 「시훈」에서는 "겨울잠을 자던 동물이 일어나지 못하는 것은 음기가 양기를 범하기 때문"[72]이라는, 음양으로 계절 변화의 원인을 설명하는 부분이 있다. 이것은 계절의 운행과 인간의 상호 관계상, 어떤 재앙의 책임은 자연에 있는 것이지 인간에게 있다고 보지는 않는 것이다. 그리고 「시훈」과 12기는 내용상 일부 일치한다. 예를 들어 「시훈」에는 "입춘에는 동풍이 언 땅을 녹인다. 또 5일이 지나면 겨울잠을 자던 동물이 소생하기 시작하고, 또 5일이 지나면 얼음 밑의 물고기가 얼음 위로 올라온다. …… 경칩에는 수달이 물고기를 잡아

---

72   蟄蟲不振, 陰氣奸陽.(『逸周書』「時訓」)

어제(魚祭)를 지낸다. 또 5일이 지나면 기러기가 날아온다"[73]고 되어 있고, 12기에는 "맹춘에는 …… 동풍이 언 땅을 녹이고, 겨울잠을 자던 동물이 소생하기 시작하며, 얼음 밑의 물고기가 얼음 위로 올라오고, 수달이 물고기를 잡아 어제(魚祭)를 지내며, 기러기는 북으로 날아간다"[74]고 되어 있다.

그런데 내용상에 차이가 있다. 「시훈」과 달리 12기는 계절의 운행과 인간의 상호 관계상, 재앙의 책임이 인간에게 있다고 본 것이다. 즉 "맹춘에 여름에 행할 명령을 내리면, 비바람이 때에 맞지 않고, 초목이 일찍이 말라 버리며, 나라는 두려운 일이 있게 된다"[75]는 것이다. 이것은 우리도 일부 긍정할 수 있다. 농경 사회의 영농 활동이 계절 변화에 맞지 않으면 실패할 것은 뻔한 일이기 때문이다. 따라서 자연 변화를 음양오행의 조화로 보는 『여씨춘추』의 저자들은 천자의 일체 정사를 자연에 따르기를 바랐다. 그것이 바로 제자동기인 것이며, 그럴 때 백성들의 전생이 가능해진다고 보는 것이다.

② 음양오행과 정치 도덕

앞에서는 음양오행으로 표현된 생명의 문제를 보았는데, 다음은 정치상에서 도덕 등의 문제를 논하겠다. 즉 천자는 여원동기를 위해 어떻게 오행의 덕에 따라 정치 행사와 정령(政令) 등을 시행했는가 하는 것이다.

『여씨춘추』에서는 오행과 오상(五常)인 인의예지신이 결합된 것은 아직 보이지 않는다. 그러나 「맹춘기」 등의 12기 기수에서 천자가 삼공(三

---

[73] 立春之日, 東風解凍. 又五日, 蟄蟲始振. 又五日 魚上冰. …… 驚蟄之日, 獺祭魚. 又五日, 鴻雁來.(『逸周書』「時訓」)

[74] 孟春之月, …… 東風解凍. 蟄蟲始振. 魚上冰, 獺祭魚. 候鴈北.(『呂氏春秋』「12紀, 孟春紀」)

[75] 孟春行夏令, 則風雨不時, 草木早槁, 國乃有恐.(『呂氏春秋』「12紀, 孟春紀」)

公)·구경(九卿)·제후(諸侯)·대부(大夫)를 이끌고 포덕시혜(布德施惠)하는 것 역시 오행의 덕에 맞추어 행해야 한다고 말한다. 즉 이것은 도덕이 정치의 본질이 아니라 자연 변화에 적응하는 하나의 태도일 뿐이라는 것을 말해 준다. 그것은 덕을 베풀어 왕도(王道) 정치를 추구하는 것이라기보다는 오히려 음양오행의 변화에 따른 정치를 행함으로써 정치와 생명을 온전히 보전하려는 전생 정치를 추구한 것이다.

『여씨춘추』의 도덕 정신은 형식상 유가를 계승하나, 그것은 오히려 여원동기에 그 기초를 둔다. 그래서 『여씨춘추』는 도덕의 문제를 12기 안에 안배하여 인간의 도덕 행위 역시 천지 만물의 운행 질서에 맞도록 해야 한다는 것이다. 유가에 따르면 우리가 삶 속에서 자연의 운행 질서에 따르는 것은 곧 자기의 본성에 따르는 것과 같고, 자기 본성에 따르는 것은 자연의 운행 질서에 따르는 것과 같다. 그러나 행위 주체가 누구냐에 따라 그 내용은 달라진다. 『여씨춘추』는 어떠한가? 『여씨춘추』는 목표와 이상을 여원동기에 두기 때문에 도덕 행위가 형식상 예를 지킨다 하더라도 내용상으로는 천지자연과 그 기를 같이 하는 것뿐이다.

유가에서의 예법은 천지의 질서에 맞추어 제정한 것이므로 예법을 따른다는 것은 천지자연의 질서에 순응한다는 의미를 가진다. 그러나 그런 천지자연의 질서는 이미 인간의 본성으로 내재한 것이므로, 예법에 따르는 행위는 곧 천지자연의 질서에 순응하는 것이고, 도덕 자아의 자기실현의 의미를 갖는다. 그런데 『여씨춘추』의 여원동기적 기초상에서의 도덕 행위는 그런 도덕 자아의 실현은 아니다. 단지 같은 기를 타고 태어났기 때문에, 같도록 해야 상생의 관계가 되어 살아갈 수 있다는 것뿐이다.

또 다른 중요한 문제는 역사 문제이다. 추연은 역사 변천의 과정을 오행의 상극의 관계로 설명했다. 이에 "(진시황은) 역시 오행 상극(五行相剋)을 상당히 신봉하여, 그 자신이 수덕(水德)의 서응(瑞應)을 얻었다고 자인하였고, 황하의 이름을 덕수(德水)라고 고쳐 불렀다. 그리고 10월을 정월(正月)로 삼았으며, 모든 색 가운데 검은 색을 가장 귀하게 여겼다."[76]
소위 오덕종시설은 왕조 변천의 원인이 천명(天命)에 있는 것이 아니라
오행의 상극 관계에 있다는 것이다.

이것은 단순히 역사에 대한 해석이 달라졌다는 의미만이 아니라, 모든
가치의 근원인 천명에 대한 반대이기도 한 것이다. 맹자 때만 해도 정권
의 근원은 물론 인간의 본성까지도 천명에 두었는데, 『여씨춘추』의 「응
동」(應同)에 인용한 것을 보면 짧지만 동기상응(同氣相應)적인 여원동기
가 제일 기초가 됨을 알 수 있다.[77] 이런 동기상응적 견해는 훗날 동중서
에게서도 보인다.

이렇게 도덕적 근거와 형이상학적 원리가 단절되면 도덕은 단지 수단
이 되고 만다. 그렇게 된 후 그 자리를 차지하게 된 것은 바로 가치와 단
절된 음양오행의 기(氣)뿐이다. 그것은 바로 "『여씨춘추』가 천인 관계에
서 사람의 실제 생활과 직접 관계된 천만을 적출(摘出)한 것"[78]이기 때문
이다. 그래서 그의 천은 더 이상 도덕과 의리의 근원이 아니며, 아울러 종
교성도 상실한 생명의 근원일 뿐이다. 『여씨춘추』의 인성(人性) 개념은
바로 그런 것으로서, "사람의 성(性)은 발톱과 이빨은 자기를 지킬 만하
지 못하고, 피부는 추위와 더위를 막을 만하지 못하며, ……. 군도(君道)
가 서면 이익은 인간 사회에서 나오므로, 사람이 갖추어야 할 많은 것을
완비할 수 있다.(「恃君覽」) 이것은 완전히 순자의 지분의군(知分義群)의

---

76 亦頗推五勝, 而自以爲獲水德之瑞, 更名河曰德水, 而正以十月, 色上黑.(『史記』「曆書」)

77 凡帝王者之將興也, 天必先見祥乎下民. 黃帝之時, 天先見大螾大螻. 黃帝曰土氣勝. 土氣勝, 故其色尚黃, 其事則土. 及禹之時, 天先見草木秋冬不殺. 禹曰木氣勝. 木氣勝, 故其色尚青, 其事則木. 及湯之時, 天先見金刃生於水. 湯曰金氣勝. 金氣勝, 故其色尚白, 其事則金. 及文王之時, 天先見火赤烏銜丹書集于周社. 文王曰火氣勝. 火氣勝, 故其色尚赤, 其事則火. 代火者必將水, 天且先見水氣. 天爲者, 時而不助, 農於下.(『呂氏春秋』「應同」)

78 金忠烈, 「秦代哲學思想研究」, 『哲學論評』 10期, 臺北, 臺灣大學 哲學科, 1987, 92쪽

논조와 같이 사람은 반드시 무리를 이루는 사회적 존재라는 것이다."[79]

(3) 음양오행과 재이

『여씨춘추』는 기본적으로 자연의 변화를 무의지적인 것으로서 이롭지도 않고 해롭지도 않다고 본다. 즉 하늘이 음양·한서·조습·사시의 운행·만물의 변화를 이루니 이롭지 않은 것이 없고, 해롭지 않은 것이 없다는 것이다.[80] 그러나 경우에 따라서 자연의 변화에는 인간에게 문책이나 경고의 의도가 있다고 해석했다.

"상서로운 것은 복의 징조이지만 상서로운 것을 보고도 선하게 하지 않으면 복은 오지 않으며, 괴이한 것은 화의 징조이지만 괴이한 것을 보고 선하게 하면 화는 당하지 않는다. …… 화에는 복이 깃들어 있고, 복에는 화가 숨어 있다"[81]는 말은 자연 변화에 대한 인간의 대처 태도와 길흉화복을 말하는 것이다. 이것은 자연 만물의 변화 자체는 이로운 것도 해로운 것도 없다고 보는 것으로, 다른 면에서 보면 운명론자들에 대한 반대이기도 하다. 왜 그랬을까? 그것은 보통 사람들의 삶과 생존을 가장 중시한 『여씨춘추』의 관점에서는 숙명론이 바닥 생활을 하는 사람들에게는 족쇄일 뿐이기 때문이다.

주문왕 8년에 대지진이 있었는데, 신하들은 성벽을 쌓으면 지진은 물러갈 것이라고 했다. 그때 문왕이 반대하며 "하늘이 괴이한 징후를 보이는 것은 죄 있는 사람을 벌주기 위한 것이다. 틀림없이 나에게 죄가 있으니 하늘이 나를 징벌하려는 것이다. …… 그래서 예법과 모피·가죽 등의 예물을 신중히 하여 제후와 교제하였고, 사령(辭令)과 폐백을 정리하여

79　상계서, 103쪽

80　『呂氏春秋』「盡數」

81　祥者福之先者也, 見祥而爲不善, 則福不至. 妖者禍之先者也, 見妖而爲善, 則禍不至.
…… 故禍兮福之所倚, 福兮禍之所伏.(『呂氏春秋』「制樂」)

사대부에게 예로 대하였으며, 작위·등급·농토를 나누어 하급 관리들에게 포상하였다"[82]고 한다. 이것은 재난이 있을 때 민심이 흉흉해지므로 민심을 가다듬기 위해 여러 정치 행사를 행하는 것이며, 재난의 원인이 자기에게 있다고 책임지는 태도이다.

『여씨춘추』가 이렇게 재이의 원인을 위정자의 정치 활동에 둔 것은 제자동기에 근거하는 것이다. 여기서 제기되는 근본 문제는 제자동기, 즉 천자가 여원동기해야 하는 타당한 근거는 어디에 있는가 하는 것이다. 『여씨춘추』는 "동일 속성의 사물은 서로 부르고, 기가 같으면 합쳐지며, 소리가 서로 친밀하면 반응한다. …… 임금이 비록 존귀해도 만약 그가 흰 것을 검다고 한다면 신하가 쫓아갈 수 없을 것이다. 부친이 비록 가깝다고 하더라도 만약 그가 검은 것을 희다고 한다면 자식이 쫓아갈 수 없을 것이다. 황제도 말하길, '하늘은 광대하도다. 우리가 하늘의 위엄 있는 덕에 따르려면, 하늘과 더불어 그 기를 같이 해야 한다'고 했다."[83] 즉 천지의 변화를 그대로 순응해야 한다는 것이다. 구체적으로 어떤 것인가? "황제가 제왕이 되려 할 때 하늘은 먼저 큰 지렁이와 큰 땅강아지를 보여 주었는데, 황제가 말하길, '토기(土氣)가 우세한 것이다'라고 했다. 토기가 우세했으므로 색깔은 황색을 숭상했고, 모든 행사는 토를 모범으로 섬겼다"[84]고 한 것이 그 예이다.

제자동기는 천자의 생득적 조건이 아니라 후천적으로 하늘과 더불어 본원적으로 그 기를 같이 하는 정치 활동의 경지를 말한다. 그렇지만 문제는 제왕의 정치 행위에 대해 하늘이 상벌을 행한다는 것이다. 즉 "나라

---

[82]   夫天之見妖也, 以罰有罪也. 我必有罪, 故天以此罰我也. …… 於是謹其禮秩, 皮革以交諸侯, 飭其辭令, 幣帛以禮豪士, 頒其爵列, 等級田疇, 以賞群臣.(『呂氏春秋』「制樂」)

[83]   類固相召, 氣同則合, 聲比則應. …… 故君雖尊, 以白爲黑, 臣不能聽. 父雖親, 以黑爲白, 子不能從. 黃帝曰, 芒芒昧昧, 因天之威, 與元同氣.(『呂氏春秋』「應同」)

[84]   黃帝之時, 天先見大螾大螻. 黃帝曰, 土氣勝. 土氣勝, 故其色尚黃, 其事則土.(『呂氏春秋』「應同」)

에 이러한 괴이한 현상이 나타났는데도, 임금이 놀라고 떨면서 신속하게
개혁할 줄을 모르면, 하늘은 화를 내려 두려운 재앙이 반드시 오게 된다.
그래서 그들이 멸망하고 죽어 없어지며 절멸해서 무리가 없어지고, 유랑
하여 흩어지며 연이어 기근이 드는 일에 정해진 날짜가 없게 된다"[85]는 것
이다.『여씨춘추』의 재이에 대한 대처 방법은 종교나 도덕적이라기보다는
백성들의 전생을 도모하기 위한 전략으로 보는 것이 더 적절하다.

3) 정치적 천하통일과 방법

『여씨춘추』의 다른 하나의 주요 문제는 정치적 천하통일이다. 인간은 집
단 생활을 하므로 삶의 주요 기반 중 하나는 바로 정치적 조건이다.『여씨
춘추』의 정치적 천하통일의 이념은 바로 "천하의 천하"라는 천하관(天下
觀)에 있다. 이것은『예기』에서와 마찬가지로 대동(大同) 세계를 추구하
는 것이다. 즉 "천지 만물은 한 사람의 몸과 같아 이를 대동이라 한다"[86]고
하였다. 그러나 이때 천자가 없으면 안 된다. 왜냐하면 "혼란은 천자가 없
는 것보다 더 큰 것이 없다. 만약 천자가 없으면 강자가 약자를 억누르고,
다수가 소수에게 폭력을 행사한다. 군대를 일으켜 서로 죽이기 때문에 쉴
날이 없기"[87] 때문이다.

천자의 임무는 천지의 소생자인 만물을 기르는 것이므로, 천자의 정치
활동과 관리를 두어 다스리는 것은 천성을 온전히 보전하려는 것이다.[88]
이 때문에 특히 위정자가 백성의 생존을 위협하는 일이 있어서는 안 된다
는 데 정치의 중점을 두며, 정치상의 주요 이념적 목표를 천하위공으로

---

85   國有此物, 其主不知, 驚惶亟革, 上帝降禍, 凶災必亟. 其殘亡死喪殄絶無類流散循饑
無日矣.(『呂氏春秋』「明理」)
86   天地萬物一人之身也. 此之謂大同.(「有始覽」)
87   亂莫大於無天子. 無天子則强者勝弱, 衆者暴寡, 以兵相殘, 不得休息.(『呂氏春秋』
「謹聽」)
88   天子之動也, 以全天爲故者也. 立官者, 以全生也.(『呂氏春秋』「本生」)

한 것이다. 『여씨춘추』의 "천하의 천하"라는 천하위공적 정치 이상은 "천하는 천자 한 사람의 것이 아니라, 만천하 사람의 천하"이다. 천하에 대한 공(公) 개념을 적용한 것이다. 천하를 천자의 사유물이 아닌 공공의 것으로 보아야 하는 이유는 어디에 있는가? 『여씨춘추』는 그 이유를 "음양의 조화는 한 사물만을 기르지 않으며, 이슬과 비는 사물을 차별하지 않기 때문"[89]이라고 한다. 이와 같이 『여씨춘추』에서 말하는 천하 공유(公有)의 공 개념은 이후 전개하는 『여씨춘추』 정치 사상의 기점이 되었다."[90]

천하의 패권을 쥘 수 있는 사람은 누구인가? 맹자는 "사람 죽이기를 좋아하지 않는 사람이 천하를 통일할 수 있을 것"[91]이라고 말했다. 그런데 『여씨춘추』는 첫째, 주방장은 음식을 만들어 자기가 먹지 말아야 주방장이 될 수 있듯이, 천하를 통일할 수 있는 임금은 "폭군을 주벌(誅罰)하되 그 땅을 자신이 차지하지 않고, 천하의 현자에게 책봉하여야 패왕이 될 수 있다"[92]는 것이다. 둘째, 천하 때문에 자신의 생명을 해치지 않는 사람이라야 천하를 맡을 수 있다는 것이다.[93] 그러나 제왕의 공업(功業)은 단지 성인이 여가로 하는 일에 지나지 않는다는 것이며, 그것은 자신을 잘 보존하고 양생하는 방법이 아니라는 것이다.[94]

『여씨춘추』에서 말하는 현군은 어떻게 될 수 있는 것인가? 유가에서 말하는 것과 마찬가지로, 수기치인(修己治人)하는 데 있다. 즉 자기를 수양함으로써 천하가 다스려지게 하는 것이다. 『여씨춘추』에서도 "노나라 애공이 공자에게 국가를 다스리는 자는 대청 위에서 다스리면 될 뿐이라고

---

89   陰陽之和, 不長一類. 甘露時雨, 不私一物.(『呂氏春秋』「貴公」)

90   金忠烈, 「秦代哲學思想研究」, 『哲學論評』 10期, 臺北, 臺灣大學 哲學科, 1987, 112쪽

91   不嗜殺人者能一之.(『孟子』「梁惠王上」 6)

92   誅暴而不私, 以天下之賢者, 故可以爲王伯.(『呂氏春秋』「去私」)

93   惟不以天下害其生者也, 可以託天下.(『呂氏春秋』「貴生」)

94   『呂氏春秋』「貴生」

하는데, 말도 안 되는 것이 아닌가 라고 반문했다. 그러자 공자는 대답하
길, …… 문 밖에 나가지 않고도 천하를 다스릴 수 있는 사람은 바로 자신
을 수양할 줄 아는 사람일 것입니다"[95]라는 말이 있다. 그러나 유가의 정
치는 도덕 자아의 자기실현, 즉 명명덕(明明德)의 과정이지만,『여씨춘
추』의 정치는 제자동기처럼 천지자연의 생체 리듬에 맞도록 하며 백성들
역시 그렇게 되도록 인도하면 되는 것이다. 현군이 되는 것은 바로 임금
으로서 만물의 원기와 동기가 되도록 하는 데 있다.

정치적 천하통일의 방법은 어디에 있는가? 그것은 바로 천자가 여원동
기하는 데 있다. 왜냐하면 천하통일과 평천하하려는 목적이 보통 백성들
의 전생을 돕는 데 있기 때문이다. 위정자가 여원동기할 때, 즉 제자동기
할 때 백성들도 자연의 변화에 따라 영농 활동에 임함으로써 농경 사회는
안정을 유지할 수 있는 것이다. 특히『여씨춘추』12기 기수에서 말하는
것은 바로 일년 12달 음양오행의 운행에 위정자들이 어떻게 여원동기할
것인가를 말하는 것이다.

특히 맹하기(孟夏紀)·중하기(仲夏紀)·계하기(季夏紀) 세 편에서 중시
한 것은 학습이나 수양 등이며, 그 도구로 가장 중시한 것은 음악이다. 음
악에는 태평세(太平世)와 난세(亂世)의 음악이 있다고 한다. 태평세의 적
절한 음악은 정치적으로는 재난이나 재앙을 다스리고, 인성적으로는 사
람을 감화시켜 제욕(制欲)·절욕(節欲)·적욕(適欲)하게 할 수 있다고 하
였다. 그 음악의 기초를 우주의 유일한 존재 원리인 태일(太一)에 둔다.
태일은 양의(兩儀), 즉 음양으로 이어지며, 이 음양의 변화가 혼돈이합(混
沌離合)·종시극반(終始極反)하는 자연의 화합 원리를 잡아 선왕이 음악
을 제정했다고 한다.[96] 그래서 음악의 원리는 조화라는 것이다. 즉 "음악

95 哀公曰, 有語寡人曰, 爲國家者爲之堂上而已矣. 寡人以爲迂言也. 孔子曰, 此非迂言
也. …… 不出於門戶而天下治者, 其惟知反於己身者乎.(『呂氏春秋』「先己」)
96 『呂氏春秋』「大樂」

에 힘쓰는 데는 방법이 있는데, 반드시 평화로부터 출발해야 한다. 평화
는 공정함에서 생기고, 공정함은 도에서 생긴다. 그러므로 도를 터득한
사람이 있어야 그와 함께 음악을 말할 수 있을 것이다"[97], "대악(大樂), 즉
위대한 음악은 군신·부자·노소가 즐겁고 기뻐서 좋아하는 것이다. 즐거
움은 평화에서 생기고, 평화는 도에서 생긴다"[98]는 것이다. 이렇게 음악은
천하 인심을 통일하고 화합하는 중요한 도구였다.

　이렇게 『여씨춘추』의 "온 세상 사람들의 천하"[天下之天下]는 천자가
여원동기할 때 이루어지는 것이다. 그러나 그 원기가 다름 아닌 음양오행
이라는 데 종래의 세계관과 큰 차이가 생긴다. 더군다나 음양오행의 기에
자기희생성의 원리가 있어야 진정한 여원동기가 이루어질 수 있는데, 그
렇지 못한 것이 『여씨춘추』의 결정적인 문제이다.

　천자가 여원동기하는 것 이외에 관리들도 여원동기할 수 있어야 한다.
그러면 현명한 인재의 등용은 어떻게 할 것인가? 내적으로는 6척4은(六
戚四隱)을, 외적으로는 8관6험(八觀六驗)을 활용하면 된다는 것이다.

　6척4은의 6척은 부·모·형·제·처·자이고, 4은은 보통 친구·오래된
친구·이웃·친지이다. 이들은 혈연관계나 친분 관계이므로 인화(人和)가
잘 되고 협조 관계를 이루기 쉽기 때문이다.

　8관6험의 8관은 8가지 사항을 관찰하는 것으로서, 현달(賢達)하면 그
의 예를 관찰하고, 존귀하면 그가 추천하는 사람을 관찰하고, 부유하면
그가 봉양하는 사람을 관찰하고, 말을 들었으면 그가 받아들이는 것을 관
찰하고, 한가로이 집에 있으면 그가 좋아하는 것을 관찰하고, 배운다면
그의 말을 관찰하고, 궁핍하면 그가 받아들이지 않는 것을 관찰하고, 빈
천하면 그가 하지 않는 것을 관찰하는 것이다. 6험은 6가지를 시험하는

97　務樂有術, 必由平出, 平出於公, 公出於道. 故惟得道之人其可與言樂乎.(『呂氏春秋』
「大樂」)

98　大樂, 君臣父子長少之所歡欣而說也. 歡欣生於平, 平生於道.(『呂氏春秋』「大樂」)

것으로서, 기쁘게 하여 그 절조를 시험하고, 즐겁게 하여 그 편벽을 시험하고, 화나게 하여 그의 절제를 시험하고, 두렵게 하여 그의 남다른 품위를 시험하고, 슬프게 하여 그의 사람됨을 시험하고, 고통을 주어 그의 의지를 시험하는 것이다.

현명한 인재를 발굴하기 위해 그런 여러 방법을 쓸 수는 있겠지만, 신하로 삼을 수 없는 사람이 있다. 그는 바로 스승이다. 즉 "일찍이 스승의 반열에 든 사람은 신하로 삼지 않는다"[99]는 것이다. 『예기』에도 "신하로 삼지 않는 사람이 둘이 있는데, 그의 시동(尸童)이었던 사람은 신하로 삼지 않고, 그의 스승이었던 사람도 신하로 삼지 않는다"[100]는 말이 있다. 이것은 천자가 존사중도(尊師重道)의 정신을 가져야 함을 말하는 것이다.

『여씨춘추』의 구체적인 정치의 방법은 어떠한 구조를 가지고 있는가? 유가는 천하에 명덕을 실현하고자 하는 사람은 수기치인하라고 말했다. 그러면서 유가는 정치의 최소 단위를 가정에 두었으므로, 효도를 그 실천의 근본으로 삼았다. 『여씨춘추』도 마찬가지로 "그 근본에 힘쓰는 것은 효도보다 귀한 것이 없다"[101]고 말했다. 이것은 실천 방법상 선후본말적 구조에서 선과 본을 중시하는 유가 사상과 같은 것이다. 그러나 그 효는 인에 근본을 둔 것이 아니라, 기(氣)에 근본을 둔 것이다. 즉 효도 역시 부모와 동기(同氣)가 되는 것을 의미한다.

정치의 구체적 방법으로는 공평(公平)·거사(去私)하는 것이다. 첫째, 주방장이 음식을 만드는 것은 손님을 위한 것이므로 자신이 먹어서는 안 되듯, 정치는 백성들의 생존을 위한 것이므로 자신의 사리사욕을 챙겨서는 안 된다. 둘째, 옛날 성왕이 천하를 다스릴 때는 공평한 것을 먼저 하였다. 사사롭지 않아 공평하니 천하가 평화로웠다. 평화는 공평한 데서

99   齒嘗爲師者弗臣.(『呂氏春秋』「尊師」)
100   君之所不臣於其臣者二, 當其爲尸則弗臣, 當其爲師則弗臣也.(『禮記』「學記」)
101   務本莫貴於孝.(『呂氏春秋』「孝行覽」)

얻는 것이다.

이렇게 공평무사하게 되면 천하통일은 대동 세계를 이룰 수 있을 것이다. 고도의 원리를 논하기에는 어려운 보통 사람들에게는 이유야 어쨌든 공평한 이익의 보장은 평화의 지름길이 된다. 그러나 공평한 이익을 보장하는 것이 생존을 위한 것인지 아니면 사랑의 표현인지에 따라 그것이 왕도 정치인가 아닌가가 결정된다. "의(義)라는 것은 만사의 근본으로서, 임금과 신하·선배와 후배·가까운 사이와 먼 사이가 이로 말미암아 일어나는 것이며, 혼란을 다스리고 위태로움을 안정시키며 적을 압도하고 이기는 일이 존재하는 것"[102]이라는 말로 보면, 의를 최고 원리로 보는 것 같다. 그러나 "5제와 같은 이는 기를 함께 나누고, 3왕과 같은 이는 의를 함께 나누고, 5패와 같은 이는 공을 함께 나눈다"[103]고 한 말에 비추어 보면, 기가 최고 원리임을 알 수 있다.

그렇게 공평무사할 수 있는 행위 주체는 어떤 사람인가? 그는 여원동기하려는 사람이다. 그렇지만 사리사욕을 취하지 않는다 해도 그것은 음양오행의 기의 변화에 따라 사는 것뿐이기 때문에, 그것은 반기계적 삶이다. 또 그뿐만 아니라 『여씨춘추』는 음양오행의 틀 속에 각종 방법을 기계적으로 짜맞추기한 것이기 때문에 기계적인 것이다.

공평무사함은 여러 권력 관계가 균형을 이루었을 때는 유지될 수 있으나, 그렇지 못할 때는 깨지기 쉽다. 또 『여씨춘추』가 그렇게 공평무사하려는 정치적 목적은 자기희생적 자아실현에 있는 것이 아니라 전생을 위한 것이기 때문에, 그런 전생의 목적에 어긋나면 서로 간에 언제든지 "너 죽고 나 살자"는 극한 생존 투쟁이 벌어질 수 있다. 그래서 하나의 방법을 제시하기 위해서는 인간 본성 속에서 퍼져 나오는 사랑의 빛을 받지 못하

---

102   義者萬事之紀也. 君臣上下親疎之所由起也, 治亂安危過勝之所在也.(『呂氏春秋』「論威」)

103   帝者同氣, 王者同義, 霸者同力.(『呂氏春秋』「應同」)

면 기계적이거나 억지로 하는 타율적인 방법이 된다. 그런 면에서 『여씨춘추』의 정치 철학적 이상인 "천하지천하"(天下之天下)는 반기계적 타율성을 기초로 하는 것이라고 할 수 있다.

3. 삶으로의 복귀

『여씨춘추』는 전생이라는 세계관적 목적을 여원동기라는 방법으로 추구했다고 할 수 있으며, 구체적으로는 음양오행의 체계 속에 천인고금(天人古今)의 모든 지혜를 망라하려 하였다. 그런데 음양오행론은 하나의 유기체적 세계관의 산물이지만, 그런 세계관의 구조를 만물에 대입하려는 사고는 기계적이다. 그래서 그것은 고도의 정신 경지에서 비치는 자기희생적 사랑과 지혜의 빛을 받지 못하여 반기계론(半機械論)적인 세계관을 벗어나지 못한 것이다.

『여씨춘추』의 저자들은 진시황 6년에 『여씨춘추』를 지어, 정치적으로는 천하는 세상 모든 사람의 것이라는 천하지천하의 구호 아래 각종의 사상과 제도를 통합하여 일반 국민들의 평범한 삶을 보호하는데 초점을 맞추었다. 그러나 오히려 진시황(재위 B.C.246~B.C.210)은 그 길로 가지 않고 혹독한 법치의 길로 갔으며, 재위 25년(B.C.221)에 천하통일을 한 후, 이사(李斯)의 건의를 받아들여 법 이외의 모든 사상과 제도를 없애려는 분서갱유(B.C.213~B.C.212)까지 서슴지 않았다. 그런 무덕·부덕 때문인가, 그 후 겨우 8년 만에 대제국은 멸망하고 말았다.

『여씨춘추』의 세계관적 범주 간의 관계를 살펴보면, 농경 시대 일반 국민들의 평범한 삶과 생존에 맞추어진 세계관은 제자백가의 세계관을 수용하며 갖가지 삶의 양식을 취할 수 있도록 했다. 특징적으로 말해, 『여씨춘추』는 전생주의(全生主義) 철학이라고 말할 수 있다. 그래서 '누가'의 범주에 해당하는 주체는 생명 정신이며, '어떻게'의 범주에 속하는 방법은 자연의 법칙에 따를 것을 요구한다.

음양오행론을 구체적 방법으로 하는 여원동기의 방법은 종래 유·도·묵·법가의 방법과 다른 또 하나의 방법임에는 틀림이 없다. 그러나 전체적으로는 천인합일의 형식적 구조를 벗어나지 못한다. 특이한 점은 음양오행에 무엇이든지 대입해 보려는 반기계론적 세계관을 형성했다는 것이다. 아직도 많은 중국인은 이 음양오행이란 창을 통해 세상을 바라보고 있으며 끊임없이 현실의 문제를 대입하고 있다. 음양오행론의 대전제는 여원동기 또는 동기상응이다. 이렇게 자연을 동류적(同流的) 병생(並生) 관계로 본 것은 중국인의 자연관이다.

여불위는 『여씨춘추』를 완성한 후, 함양(咸陽) 시장 문에 천금을 걸어놓고 한 글자의 잘못이라도 지적하는 자에게 상금으로 주겠다고 장담하였다. 그러나 방법 체계상 사계절에 오행론을 적용하려다 토(土)에 대한 의미 부여가 적절치 못했고, 자기희생적 정신을 제대로 살리지 못하여 미완성의 작품이 되고 말았다.

[2000년][104]

---

104   「여씨춘추의 여원동기적 방법」,『동양철학』13집, 한국동양철학회, 2000.9.에 게재한 것을 수정 보완함.

동중서의 천인감응의 방법

한나라는 진나라의 폐정(弊政) 다음에 뒤이어 건국(B.C.206)했지만, "혜제(惠帝)와 고후(高后)시절에는 백성들이 전국 시대의 고통으로부터 벗어날 수 있었으며, 군신은 모두 무위(無爲)함 속에서 안식하려 했다"[1]고 하고, "한나라 초기에는 번거롭고 가혹한 것을 제거하고 백성들을 쉽게 해주었다. 문제(文帝)에 이르러 공검·절약하고, 경제(景帝) 때는 성왕의 과업을 받든지 50~60년 사이에 풍속이 바뀌고 백성이 많이 순박해졌다"[2]고한다. 또 한 고조(高祖)는 약법삼장(約法三章)이라 하여 살인자는 사형, 상해한 자와 도둑질한 자는 그에 상당하는 벌을 준다는 것뿐이었다. 특히 "두태후(竇太后, B.C.?~B.C.135)는 황로(黃老)를 숭상하고 유학을 싫어했다"[3]고 한다. 진나라의 법치를 부정한 한 고조 때부터 문제의 황후인 두태후 생존 시까지 70여 년간에는 황로 도가 사상이 초기 한대 정치 철학이 되었다.

---

1 太史公曰, 孝惠皇帝高后之時, 黎民得離戰國之苦, 君臣俱欲休息乎無爲.(『史記』「呂太后本紀」)

2 漢興掃除煩苛, 與民休息. 至于孝文, 加之以恭儉, 孝景遵業, 五六十載之間, 至於移風易俗, 黎民醇厚.(『漢書』「景帝紀贊」)

3 竇太后治黃老言, 不好儒術.(『史記』「孝武本紀」)

그 후에는 유가가 그 자리를 대신하게 되었는데, 이때 유가 정치 사상으로 전환하도록 힘 쓴 사람이 바로 동중서(董仲舒, B.C.179~B.C.104)였다. 동중서는 현량(賢良)으로서 중국 유가 철학을 계승하고 진 말 한 초의 음양오행론 중심의 시대상을 반영한 『춘추번로』(春秋繁露)를 지었다. 또 한 무제(武帝, B.C.140~B.C.87)가 구천명(求天命)·구현사(求賢士)·부명(符命)과 재이(災異) 등에 대해 묻자, 동중서는 「현량대책」(賢良對策)에서 유가의 도를 실천하고, 유가 사상으로 학술을 통일하며, 인정(仁政)을 베풂으로써 해결할 수 있을 것이라고 대답했다. 그러나 그의 그런 주장의 기초는 음양오행의 체계 위에서 유가 철학을 재해석하여 천인고금을 대일통(大一統)⁴하려는 천인감응(天人感應)⁵의 방법에 있었다.

본 장에서는 동중서의 세계관적 목적은 무엇이며, 그것을 달성하기 위한 그의 철학적 방법은 무엇인가를 규명하고자 한다. 첫째, 대일통하려는 천인감응의 방법론적 배경은 어떠하고, 둘째, 주요 방법인 천인감응의 구체적 실천 방법은 어떠한지 논구하며, 그를 통한 삶으로의 복귀를 검토해 본다.

1. 방법론적 배경

철학자는 역사적 흐름 속에서 시대적 요구를 반영하여 그의 세계관적 목적과 실천 방법의 체계를 형성하기도 하지만, 그럴 능력이 없으면 시대

---

4   여기서 大一統을 번역하지 않고 그냥 사용하는 것은 董仲舒의 방법론상의 최고 목적을 그대로 부각하기 위한 것이다.
5   天人感應이란 말은 사람이 하늘 또는 천지와 서로 느끼고 반응한다는 것이다. 董仲舒가 직접 사용한 말은 아니다. 그러나 董仲舒는 感應이나 相應, 또는 天人相與라는 말은 사용하고, 漢武帝도 董仲舒에게 天人之應에 대해 물은 것이 있다. 徐復觀·吳怡 등이 天人感應이란 말을 사용한다.

조류를 따라가게 마련이다. 동중서는 학문적 영향 관계상 유가·묵가·법가·음양가·황로 도가 등의 영향을 많이 받았다.[6] 그러나 과거 사상의 영향을 받지 않은 학문이 얼마나 있을 수 있겠는가? 그러므로 어떤 입장에서 어떻게 받아들였는가를 고찰하는 것이 중요한 것이다. 그렇게 어떤 입장을 가지고 그 무엇을 수용할 때 가장 중요하게 작용하는 것은 바로 세계관적 목적이다.

동중서의 세계관적 목적은 무엇인가? 동중서의 세계관적 목적은 대체적으로 『공양춘추』의 대일통(大一統) 사상이며, 방법론은 유가의 도덕론, 추연(騶衍, B.C.355~B.C.265)과 『여씨춘추』의 음양오행론 등이다.[7] 『여씨춘추』는 생명 존중을 위해 제자백가의 세계관을 통합한 것으로서 사상적·정치적 천하통일을 이루려는 데 목적이 있었지만, 동중서의 경우는 유가 철학으로 사상적·정치적 대일통을 이루려는 데 목적이 있었다. 그래서 동중서의 천인감응론은 춘추 전국 시대의 천인합일론(天人合一論)과 『여씨춘추』의 여원동기론(與元同氣論)에서 사상 모형을 취했다. 또 그 내용상에서는 음양오행의 기론(氣論)으로 유가의 철학을 재해석하여 인의를 음양 중 양의 현상으로 보았다. 그래서 음양오행론은 『여씨춘추』의 것보다 더욱 체계화되었지만, 도덕론은 춘추 전국 시대의 공맹 철학에 비해 퇴보했다.

대일통이란 무엇인가? 당나라 때의 안사고(顏師古)는 "일통이란 만물의 계통이 모두 하나에 귀속되는 것"[8]이라고 말했다. 그렇게 해석하는 근거는 첫째 문왕이 하늘로부터 천명(天命)을 받았고, 둘째 문왕은 천명에 근거하여 자연의 변화에 맞도록 달력을 새롭게 제정하여 정월(正月)을 바

---

6   李姸承,「董仲舒春秋學之研究」, 臺北, 臺灣大學哲學研究所, 1999, 6~9쪽

7   『呂氏春秋』 12紀의 영향을 가장 많이 받은 사람은 董仲舒이다.(徐復觀, 『兩漢思想史』 卷2, 臺北, 臺灣學生書局, 1979, 58쪽)

8   一統者, 萬物之統皆歸於一也.(『漢書』「董仲舒傳」, 顏師古의 註)

로잡았으며, 셋째 제도를 개혁하고 정교(政敎)를 천하에 베푸는 것이 모두 그 정월과 관련되지 않는 것이 없게 한 것이다.[9]

대일통이라고 해석하게 된 『공양전』의 "원년춘, 왕정월"(元年春, 王正月)이란 무엇인가? 원년(元年)은 왕이 즉위한 해이고, 춘(春)은 일년의 시작이며, 왕(王)은 천명을 받은 문왕(文王)이고, 정월(正月)은 천명을 받은 문왕이 정삭(正朔)을 고쳐 잡은 1월을 말한다.[10] 즉 "원년춘, 왕정월"이란 "문왕은 즉위한 해 봄에 정월을 자연의 변화에 맞도록 바로잡았다"는 말이다.

동중서는 문왕이 정월을 고친 것은 새로운 변화에 적응하기 위해서였다고 말한다.[11] 그 변화는 어떤 변화인가? 문왕이 천명을 받아 주나라를 건국한 것이다. 이렇게 문왕이 개국 원년 봄에 정월을 바로잡은 점에 착안하여, 동중서는 천인고금을 대일통하기 위해 일(一)이나 원(元)의 개념을 자기 학문의 정점으로 삼았다. 왜냐하면 동중서는 『춘추』가 일(一)과 원(元)의 의미를 말하는데, 일은 만물이 시작하는 것이고, 원은 크다는 말이다. (즉위한 첫해) 일년을 원년이라 말하는 것은 그것을 커다란 시작[大始]으로 삼아 근본을 바르게 하려는 것"[12]이기 때문이다. 이렇게 원을 대시(大始)로 보는 것은 다름 아닌 『주역』에서 천도의 운행을 원형이정(元亨利貞)으로 설명하고, 그 시작을 원(元)이라 하는 것과 같은 것이다. 즉 그 원은 "크도다, 창조력을 가진 천도(天道)의 본원(本元)이여! 만물이 그 원시적 생명을 얻기 시작하는 것은 바로 천도에 바탕을 둔 것이다"[13]라

9   『公羊傳』「隱公 元年」, 何休의 註 참조.
10   元年者何? 君之始年也. 春者何? 歲之始也. 王者孰謂? 謂文王也. 曷謂先言王而後言正月? 王正月也. 何言乎王正月? 大一統也.(『公羊傳』隱公 元年)
11   制此月(正月)以應變.(『春秋繁露』「三代改制質文」)
12   春秋謂一元之意, 一者萬物之所從始也, 元者辭之所謂大也. 謂一爲元者, 視大始而欲正本也.(『漢書』「董仲舒傳」)
13   大哉乾元! 萬物資始, 乃統天.(『周易』「乾卦」)

는 말에서 본원과 같은 것이다. 이렇게 본원을 중시하는 대일통은 바로
『주역』 건괘에서 건도(乾道) 변화에 만물의 모든 변화를 귀속시키는 것과
같은 것이다. 그뿐만 아니라 "원기(元氣)란 것은 만물의 근본으로서, 사람
의 원기 역시 존재한다. 그것은 어찌 존재하는가? 그것은 바로 천지가 형
성되기 이전에 존재했다"[14]는 것이다. 하휴(何休, 129~182)는 "원은 기
(氣)이다. 형체 없이 일어나고, 형체 있게 음양으로 나뉜다"[15]고 했다.

동중서가 그렇게 천명, 또는 천도를 본원으로 삼아 모든 것을 대일통시
키려는 것은 무엇 때문인가?

첫째, 달력은 농경 사회에서 더없이 중요한 것인데, 그동안 사용한 태
음력의 달력은 시차를 계산하지 않아 실제 계절과는 심한 차이가 있었다.
하나라가 1월을, 은나라가 12월을, 주나라가 1월을 각각 정월로 정했다는
삼정(三正)과 같이 실제 계절과의 시간차를 조정하는 것은 농경 사회에서
는 근본적인 정치 행사에 해당하기 때문이다. 그래서 동중서는 "무릇 일
년의 요체는 정월에 있는데, 정월을 본받는 도이다. 근본이 바르면 말단
이 호응하고, 내부가 바르면 외부가 호응하며, 행동거지(行動擧止)가 변
화하여 따르지 않는 것이 없게 되는 것은 정월을 본받는 것이라 할 수 있
다"[16]고 말했다.

둘째, 『여씨춘추』 이래 생명 보전(保全)을 제일로 하여 천지의 원기를
중시했기 때문이다. 생명 보전은 음양오행을 내용으로 하는 원기의 흐름
에 일치하도록 하는 데 관건이 달려 있다. 즉 그의 양생론을 보면 "천도에
순응함으로써 그 육체의 생명력을 기르는 것을 도(道)라 한다"[17]고 하여

---

14 元者爲萬物之本, 而人之元在焉. 安在乎? 乃在乎天地之前.(『春秋繁露』「玉英」,「重政」)

15 元者, 氣也. 無形以起, 有形以分.(『公羊傳』「隱公 元年」, 何休의 註)

16 凡歲之要在正月也. 法正之道. 正本而末應, 正內而外應. 動作擧錯靡不變化, 隨從可謂法正也.(『春秋繁露』「三代改制質文」)

17 循天之道, 以養其身謂之道也.(『春秋繁露』「循天之道」)

천도에 순응하는 것을 제일로 보았다.

셋째, 정치적으로는 천명을 받아서 정월을 바로잡음으로써 정치적 권위를 세우려 했으며, 나아가서는 정치와 천재지변을 연결시켜 재이론을 건립함으로써 군권(君權)을 견제하려 한 것이다. 즉 "춘추의 도는 깊은 원기로 천지 변화의 단서를 바로잡고, 천지 변화의 단서를 바로잡음으로써 임금의 정치를 바로잡으며, 임금의 정치를 바로잡음으로써 제후의 역할을 바로잡아"[18] 자연이나 인간 사회의 변화에 미리 대처하고 근본을 바로 세우려는 것이다. 여기서 더 나아가 그런 천지 원기의 작용은 임금이 정치하기에 달려 있다고 했다. 즉 "임금은 국가의 근본[元]으로서 발언과 동작은 만사만물의 관건[樞機]"[19]이기 때문에, "『춘추』는 왜 원을 중요하게 말했는가? 원은 시작의 의미로서 사물의 근본을 단정하게 하려는 것이다. 도는 바로 왕도이고, 왕(王)은 인도(人道)의 시작이다. 임금의 행위가 단정하면 우주 원기의 운행이 순조롭고, …… 임금의 행위가 단정하지 못하면 천기가 변하고 요사한 기(氣)가 함께 나타난다"[20]는 것이다.

그래서 동중서는 대일통을 천지 만물의 변화와 천자의 정교(政教)의 근본 원리라고 말한다. 그래서 동중서는 한 무제에게 "『춘추』의 대일통이라는 것은 천지의 영구불변의 도리이고, 고금을 관통하여 천하 일반에 통하는 불변의 도리입니다. 지금 스승들이 가르치는 도가 각기 다르고, 사람들이 논하는 것이 다르며, 백가의 방법이 다르고, 지시하는 의미가 다릅니다. 그러므로 황제께서는 일통(一統)을 잡을 방법이 없고, 백성들은 법제가 자주 변하여 지킬 바를 모르는 것입니다. 제가 보기에 6예의 과목이

---

18 春秋之道, 以元之深, 正天之端; 以天之端, 正王之政; 以王之政, 正諸侯之位.(『春秋繁露』「二端」)

19 君人者國之元, 發言動作萬物之樞機.(『春秋繁露』「立元神」)

20 春秋何貴乎元而言之? 元者始也, 言本正也. 道王道也, 王者人之始也. 王正, 則元氣和順, …… 王不正, 則上變天, 賊氣並見.(『春秋繁露』「王道」)

나 공자의 학술에 들어 있지 않은 것은, 모두 그 도를 절멸(絶滅)하여 함
께하지 못하게 해야 한다고 생각합니다. 사벽(邪辟)한 학설이 없어진 후
에야 기강이 하나로 잡히고 법도가 밝아져, 백성들은 그 따를 바를 알 수
있을 것입니다"²¹라고 말했다.

이렇게 보면 동중서가 직접적으로 응용한 세계관적 목적은 바로 『공양
전』의 대일통 사상이며, 그의 구체적 방법은 육예지과(六藝之科)와 공자
지술(孔子之術), 즉 6경과 공자의 도에 있다는 것을 알 수 있다. 그래서 동
중서가 천인고금을 대일통하려는 것은 이런 배경하에서 도의 근원을 천
(天)에 두고, 도의 내용은 유가 철학 일색으로 만천하가 유기체적 통일성
을 갖도록 하는 데 있다. 이렇게 유가 철학 일색으로 유기적 통일성을 얻
는 동중서의 방법론을 천인감응론(天人感應論)이라 한다. 그러나 그의 기
초상에서 공맹의 유가 철학과 다른 점은 『춘추번로』의 천과 도의 내용이
소위 음양오행의 기와 원리라는 데 있다. 음양오행론은 하나의 기론(氣
論)으로서 전통 유가의 도덕론과 다르다. 동중서가 비록 대일통을 이루기
위해 방법론상 6경과 공자의 도를 말했지만, 그 기초는 도덕론 중심에서
음양오행론 중심으로 바뀐 것이다. 그러므로 대일통의 내용은 음양오행
의 조화 속에서 추구함으로써 우주론·기계론적인 것이 되었다.

동중서의 세계관적 목적은 형태상 전통의 천하위공(天下爲公)적 이상
을 지향하나, 그 방법상 음양오행의 구조 위에서 천인감응의 방법을 추구
하여 도덕론적이지 않고 원기론적(元氣論的)이다. 왜냐하면 동중서가 비
록 6경과 공자의 도를 앞세우지만, 그 내용을 살펴보면 음양오행론의 구
조 속에서 논의하기 때문이다. 이런 것은 인의(仁義) 도덕에 관한 설명상
에서 구조적인 또 다른 변화인 것이다. 인의를 음양의 구조로 설명하는

21　春秋大一統者, 天地之常經, 古今之通誼也. 今師異道, 人異論, 百家殊方, 指意不同,
是以上亡以持一統, 法制數變, 下不知所守. 臣愚以爲諸不在六藝之科孔子之術者, 皆絶其
道, 勿使並進. 邪辟之說滅息, 然後統紀可一而法度可明, 民知所從矣.(『漢書』「董仲舒傳」)

것은 하나의 방법이고, 인의(仁義) 도덕을 양의 작용으로 보고 악을 음의 작용으로 보는 것은 유가 철학 방법론상에서는 색다른 것이기는 하지만, 유가의 근본 정신을 상당히 훼손하고 만 것이다.

대일통은 중앙 집권적 전제 군주의 권위를 지존무상(至尊無上)의 자리에 놓으려는 것은 아니다. 오히려 제왕의 권력 행사를 천지자연의 운행 이치에 맞도록 해야 한다고 함으로써 제왕의 권력 행사를 천의(天意)에 따르도록 했다. 그뿐만 아니라 권력 구조는 중앙 집권적 대일통이 아니라, 군군·신신·부부·자자와 같은 분권적 대일통이다.[22] 그렇게 천의를 통해 분권적으로 대일통시키게 된 것은 바로 일(一)·음양·사시(四時)·오행으로 전개하는[23] 음양오행론이 동중서 철학의 바탕이 되었기 때문이다. 그것은 정치는 물론 도덕론에 대해서도 마찬가지이다. 그래서 동중서 철학은 『여씨춘추』와 마찬가지로 음양오행의 기의 작용에 따르는 것일 뿐 정통 유가의 덕치(德治)나 왕도 정치(王道政治)와는 본질적으로 거리가 있다.

2. 주요 방법

동중서의 주요 문제는 천인고금을 어떻게 대일통할 것인가 하는 것이며, 그 실천 방법은 음양오행론을 기본 구조로 한 천인감응론이다. 이것은 동중서가 추연과 『여씨춘추』의 영향을 받아 음양오행의 기(氣)를 하늘의 구체적인 내용으로 인정하기 때문이다.[24]

하늘 또는 천지의 음양은 선악과의 관계상에서는 음악양선(陰惡陽善)

---

22 徐復觀, 『兩漢思想史』 卷2, 臺北, 臺灣學生書局, 1979, 341쪽

23 天地之氣, 合而爲一, 分爲陰陽, 判爲四時, 列爲五行.(『春秋繁露』 「五行相生」)

24 徐復觀, 『兩漢思想史』 卷2, 臺北, 臺灣學生書局, 1979, 296쪽

으로 말하고,[25] 형덕(刑德)과의 관계상에서는 음형양덕(陰刑陽德)으로 말하며,[26] 인성론적으로는 음정양성(陰情陽性)[27]으로 말한다. 그러나 "천도는 상반된 음양으로 되어 있다. 이 상반된 두 가지가 함께 일어날 수 없으므로 하나라고 한다. 하나일 수는 있어도 둘일 수 없는 것이 하늘의 운행법칙"[28]이라고 하여 음양을 작용 측면에서는 천도로 이해한다. 또 그런 천의 도는 불변의 근본 원리라는 것이다. 그래서 그는 "도의 가장 큰 근원은 하늘이다. 하늘이 변하지 않으므로, 도 역시 변하지 않는다"[29]고 말했다.

1) 천인감응론의 기초

동중서의 천인감응의 기초는 동질성과 유사성을 가진 천지 만물의 기 사이에서는 상감상응하고, 상호 보완적 관계에서도 마찬가지로 상감상응한다는 것이다. 감응은 음양오행이 서로 반응하는 것을 말한다. 구체적으로 말하면 천인감응은 인간의 행위에 대해 하늘이 음양오행의 형태로 반응하는 것을 말한다.

(1) 동질성

음양오행론은 자연과 인간을 동질적으로 통일하는 방법이다. 동중서는 우주론적으로 "천지의 기는 합하여 하나가 되고, 나뉘면 음양이 되며, 사계절로 구별되고, 오행으로 진열된다"[30]고 하여 천지 만물을 동질적인 것이라 여긴다. 그래서 "기가 같으면 모이고, 성음(聲音)이 같으면 상응(相

25　天兩有陰陽之施, 身亦兩有貪仁之性.(『春秋繁露』 「深察名號」)

26　天道之大者在陰陽, 陽爲德, 陰爲刑.(『漢書』 「董仲舒傳」)

27　身之有性情也. 若天之有陰陽也.(『春秋繁露』 「深察名號」)

28　天地常道相反之物也. 不得兩起, 故謂之一. 一而不二者, 天之行也.(『春秋繁露』 「天道無二」)

29　道之大原出於天, 天不變, 道亦不變.(『漢書』 「董仲舒傳」)

30　天地之氣, 合而爲一, 分爲陰陽, 判爲四時, 列爲五行.(『春秋繁露』 「五行相生」)

應)하게 된다"[31]는 것이다.

음양론과 오행론을 최초로 결합시킨 것은 추연으로 보이지만,[32] 그것을 보다 체계적으로 사계절·방위 등의 자연물이나 일상생활·정치 행사 등과 연결시킨 것은 『여씨춘추』이며, 동중서의 『춘추번로』, 유안(劉安, B.C.179~B.C.122)의 『회남자』(淮南子), 반고(班固, 32~92)의 『백호통의』(白虎通義), 공영달(孔穎達, 574~648)의 『상서정의』(尙書正義) 등에 이르러 거의 체계화되었다.

이렇게 음양오행론은 추연에서 『여씨춘추』로 계승되었지만, 동중서에 이르러 하나의 이론 체계가 완성되면서 유가의 도덕론과도 접목되었다. 음양오행론은 동중서 이후부터 하나의 학술 체계를 이루어 유가 철학은 물론 철학·의학·정치·예술·풍수지리설 등 관련 안 된 분야가 없을 정도이다. 이렇게 추연으로부터 결합된 음양오행론은 천문(天文)이나 인문(人文)과 연결되고 하나의 체계로 운용되어 중국 사상의 주요 전통이 되었다. 그러나 음양을 원기(元氣)로 본 것인지, 아니면 원리(原理)로 본 것인지를 구분해야 한다. 또 음양을 원기로 볼 때 원기가 원리에 종속적인 것으로 보는 것인지, 아니면 원리가 원기에 종속적인 것으로 보는 것인지도 구분해야 한다.

동중서는 "천지의 기는 합하여 하나가 된다"[33]고 말했지만, 그 하나가 원기인지 아니면 원리인지, 또는 양자 합일체인지는 자세히 밝히지 않았다. 그러나 『춘추번로』에서 천(天)은 음양오행의 기로 설명되므로, 그의 원리인 천도는 바로 음양오행의 작용 원리라고 할 수 있다. 또한 천지 만

---

31 氣同則會, 聲比則應.(『春秋繁露』「同類相動」)
32 徐復觀은 "鄒衍이 이런 음양과 오행을 함께 결합하기 시작했을 것이고, 그의 후학이 완성했을 것이다."(徐復觀,『兩漢思想史』卷2, 臺北, 臺灣學生書局, 1979, 17, 20, 297 쪽)라고 말했다.
33 天地之氣, 合而爲一.(『春秋繁露』「五行相生」)

물의 원기 역시 음양오행의 기로 되어 있고, 그런 원리로 운행한다는 것
이다.[34] 그러므로 음양오행의 원리는 원기에 종속적인 것이 되었으며, 그
것도 모두 천에 귀속시켜 "하늘이 변하지 않으므로, 도 역시 변하지 않는
다"[35]고 말했다.

　그래서 서복관은 "동중서는 단지 하늘에서 (모든 것을) 추구했으므로,
이것은 그의 천철학(天哲學)을 형성한 실제 배경"[36]이라고 말한다. 동중서
는 우주론적으로나 정치·도덕론적으로나 모두 천을 귀착점으로 삼았으
므로 그렇게 말할 수도 있었을 것이다. 그러나 천의 본질이 음양오행의
기이고, 천도는 바로 그의 원리이므로 천철학(天哲學)이 아니라 기철학
(氣哲學)이라고 해야 할 것이다.

(2) 동기상응·동류상동

　동중서의 천인감응론의 기초는 원기와 동류(同流)하고자 하는 데 있다.
그 원기는 바로 음양의 기를 합하여 말하는 것으로서, 넷으로 나누어 말
하면 사계절이 되고, 다섯으로 나누어 말하면 오행이 된다.[37] 원기라고 부
르든 음양오행이라고 부르든 그것은 다른 것이 아니다. 그것은 천지 만물
이 모두 음양오행의 기로 구성된 하나의 유기체인 것이다. 즉 "천지 음양
목화토금수 9가지와 사람을 포함하여 10가지의 구조는 바로 하나의 커다
란 유기체 구조이다. …… 이런 유기체 구조 속에서 천인감응은 상상으로
건립한 병렬적 인과 법칙을 이루고 있다"[38]는 것이다. 아울러 그런 동기

34　天道之常, 一陰一陽.(「陰陽義」), 天道大數, 相反之物也.(「陰陽出入」) 天之常道, 相
反之物也. …… 陰與陽相反之物也.(「天道無二」) 天地之氣, 合而爲一, 分爲陰陽, 判爲四
時, 列爲五行.(『春秋繁露』「五行相生」)
35　天不變, 道亦不變.(『漢書』「董仲舒傳」)
36　徐復觀,『兩漢思想史』卷2, 臺北, 臺灣學生書局, 1979, 298쪽
37　天地之氣, 合而爲一, 分爲陰陽, 判爲四時, 列爲五行.(『春秋繁露』「五行相生」)
38　徐復觀,『兩漢思想史』卷2, 臺北, 臺灣學生書局, 1979, 397쪽

(同氣)의 관계인 천지와 만물 사이에서 천인감응이 일어난다는 것은 동기
상응(同氣相應)이라는 대전제가 있다. 이런 견해는 "같은 소리는 상응하
고, 같은 기(氣)는 서로 추구한다. …… 하늘에 근본을 둔 것은 위와 친하
고, 땅에 근본을 둔 것은 아래와 친하다"[39], "기(氣)가 같으면 서로 합하
고, 소리가 같으면 서로 응한다"[40]는 것을 계승한 것이다.

동중서는 사람은 하늘의 자식으로서 천자나 백성도 마찬가지이고, 그
렇게 유사성을 가진 것은 상응(相應)하므로 천인이 동류상동(同類相動)의
관계에 있다고 말한다. 즉 "동류 간에 상응하는 것은 말이 울면 말이 호응
하고, 소가 울면 소가 호응하는 것과 같다"[41]는 것이다. 또 "하늘은 만물의
조상이므로, 만물은 하늘이 아니면 생길 수 없다"[42], "천지는 만물의 근본
이고, 조상들이 태어난 근원이다"[43], "하늘 역시 사람의 증조부이다. ……
사람의 형체는 천수(天數)를 부여받아 변화시켜 이룬 것이고, 사람의 혈
기는 천지(天志)를 부여받아 변화시켜 인(仁)하게 한 것이며, 사람의 덕
행은 천리(天理)를 부여받아 변화시켜 의(義)롭게 한 것"[44]이라고 한다.

천명을 받은 천자는 그 증거로 "『서경』에 흰 물고기가 왕의 배에 뛰어
올랐다"는 것과 같은 수명지부(受命之符)가 있다고 한다. 그런 수명(受命)
의 증거가 있을 경우 천자가 정치적 권위를 얻을 수도 있지만, 그 반면에
는 재이론을 가지고 권력의 절대화를 막을 수도 있게 된다. 그렇기 때문
에 "행동에 윤리(倫理)가 있는 것은 천지에 부합되는 것"[45]이므로, 천자

39　同聲相應, 同氣相求. …… 本乎天者親上, 本乎地者親下.(『易傳』「乾卦 文言傳」)

40　氣同則合, 聲比則應.(『呂氏春秋』「應同」)

41　類之相應而起也, 如馬鳴則馬應之, 牛鳴則牛應之.(『春秋繁露』「同類相動」)

42　天者萬物之祖, 萬物非天不生.(『春秋繁露』「順命」)

43　天地者萬物之本, 先祖之所出也.(『春秋繁露』「觀德」)

44　天亦人之曾祖父也. …… 人之形體化天數而成, 人之血氣化天志而仁, 人之德行化天
理而義.(『春秋繁露』「爲人者天」)

45　行有倫理, 副天地也.(『春秋繁露』「人副天數」)

(天子)는 하늘의 덕을 닮은 자로서 하늘의 뜻에 상응해야 한다는 것이다.

동기상응은 동류적(同類的) 관계라 하여 언제나 일어나는 것은 아니다. 음양 사이에는 기본적으로 상응 관계가 있지만 언제나 그런 것이 아니고, 『주역』 64괘에서 말하는 것처럼 득위(得位)나 득중(得中)의 관계에서 그런 것이다. 오행의 경우는 상생과 상극의 관계가 있으므로, 상생의 관계에서는 목화토금수(木火土金水)의 순서로 돌아가면서 앞에서 뒤로 상생(相生)으로 상응해도, 상극의 관계인 목토수화금(木土水火金)의 순서는 그렇지 않고 상극(相剋)으로 상응하게 된다. 음양오행의 관계에서 그렇듯이 자연계나 인간 세계에서 동기상응은 시공상의 적당이 요구될 뿐만 아니라, 본분에도 알맞게 처신해야 된다. 그것은 군군·신신·부부·자자와 같은 대의명분론에 기초한 정치 구조 속에서의 상응 관계가 이루어질 수 있다는 것이다. 그렇게 천하가 평화로우면 천인감응이 일어나 하늘이 천자에게 복을 내려 주고, 그렇지 못하면 재이를 내려 보낸다는 것은 바로 음양오행의 동기상응을 전제로 한 것이다.

(3) 유사성

동중서는 하늘과 사람에게는 수리적(數理的) 유사성이 있다고 한다. 즉 "사람의 형체는 천수(天數)를 변화시켜 이루어진 것"[46]이라고 하고, "만물은 결함이 있어 인의를 실행할 수 없으나 단지 사람만이 인의를 행할 수 있고, 만물은 결함이 있어 천지와 짝을 이룰 수 없으나 단지 사람만이 천지와 짝을 이룰 수 있다. 인체에는 360마디의 관절이 있는 것은 하늘의 수에 짝하는 것이다. 사람의 신체 골육은 땅의 두터움과 짝하는 것이다. …… 하늘은 일 년 한 주기의 숫자로 사람의 몸을 만들었다. 그래서 360개의 작은 마디는 날 수에 부합되는 것이다. 큰 마디는 12개로 달 수에 부

46　人之形體, 化天數而成.(『春秋繁露』「爲人者天」)

합되는 것이다. 뱃속에 5장이 있는데, 그것은 5행에 부합되는 것이다. 밖으로는 4지(四肢)가 있는데, 그것은 4계절에 부합되는 것이다. 보였다 안보였다 하는 것은 밤낮에 부합되는 것이고, 강하고 부드러운 것은 겨울과 여름에 부합되는 것이다. 슬펐다 즐거웠다 하는 것은 음양에 부합되는 것이다. 마음이 생각하는 것은 도수(度數)에 부합되는 것이다. 행동에 조리가 있는 것은 천지에 부합되는 것"[47]이라고 한다. 그는 또 정부 조직도 하늘의 수[天數]에 맞추어 3공·9경·27대부·81원사로 조직하고, 사계절에 사정(四政), 즉 경상벌형(慶賞罰刑)을 맞추었다.

"동중서가 말하는 천은 플라톤(Plato)이 말하는 이데아(Idea)계에 해당하고, 사람은 하늘의 수를 복사한 것이라는 관념은 플라톤이 말하는 이데아를 모방한 것이라는 것에 해당한다"[48]고 말하는 사람도 있다. 그러나 플라톤이 말하는 이데아는 진실 존재이고 현상은 그의 그림자에 불과하기 때문에 진실성이 없다. 그러나 동중서의 경우는 천지와 사람이 모두 동질의 음양오행의 기로 되어 있고 동수(同數)로 형성된 것이므로, 사물의 진실성은 물론 형식상으로도 유사성을 갖는 것이다.

동중서는 "이름이 바르지 않으면 말이 순조롭지 않다"[49]는 공자의 말을

---

47 본문은 「人副天數」의 말이다. 또 「爲人者天」에서는 "人之形體, 化天數而成. 人之血氣, 化天志而仁"이라 하고, 「官制象天」에서는 다음과 같이 말한다.

◎ 天地의 수	◎ 官制
天地人 3才	3公
日月星 3光	3卿
3개월 한 계절	3大夫
3旬 한 달	3元士
4 - 春夏秋冬	계급을 넷으로 나눈 것
10 - 天地人陰陽金木水火土	120 신하의 10조
12 - 12달	3명씩 4계급

48 勞思光, 『中國哲學史』 卷2, 臺北, 三民書局, 1981, 27쪽

49 名不正, 則言不順. (『論語』 「子路」 3)

인용하면서 명실상부해야 천인감응할 수 있다고 하였다. 즉 "모든 사물이 각기 그 이름에 순조롭고 모든 이름이 각기 하늘의 뜻에 순조로우면, 하늘과 사람은 합일(合一)하게 된다. 천인(天人) 간의 도리가 같아져 함께 통하고, 활동하여 서로 이롭게 하며, 순조롭게 서로 받아들이는데, 그것을 덕도(德道)라고 한다"[50]는 것이다. 그가 덕도라는 실천의 원리로 천인합일을 끌어낼 수 있다고 보는 까닭은 "이름은 큰 이치의 제1장에 해당하기 때문이다. 제1장의 뜻을 파악함으로써 그 가운데의 일을 들여다볼 수 있으면 옳고 그름을 알 수 있고, 역순(逆順)이 명백해져 그 미묘한 것이 천지와 상통하게 된다. …… 이름[名]과 호(號)의 표준은 천지에서 취하는 것인데, 천지는 이름의 대의(大義)"[51]라고 보기 때문이다. 그래서 "옛날 성인이 큰소리로 천지를 본받으라고 하는 것을 호라고 부르는 것이다."[52] 이것은 바로 인간 세상의 명분과 자연 세계의 사물이나 이치를 일치시키는 데서 조화를 얻으려는 것으로서, 단지 하늘과 사람 간의 유사성만으로 일체화를 얻으려는 것과는 달리 적극성을 가진 것이다.

(4) 상호 보완성

음과 양은 독립 불가능한 반존재(半存在)·반실체(半實體)로서 상호 보완의 관계를 가지고 있다. 즉 "음 혼자서는 새 생명을 낳을 수 없고, 양 혼자 역시 새 생명을 낳을 수 없다"[53]고 하고, "천지의 기는 합하여 하나가 된다"[54]고 하여, 천지 음양은 독립 불가능한 반존재로서 상호 의존적이고

50　事各順於名, 名各順於天, 天人之際, 合而爲一, 同而通理, 動而相益, 順而相受, 謂之德道.(『春秋繁露』「深察名號」)

51　名者大理之首章也. 錄其首章之意, 以窺其中之事, 則是非可知. 逆順自著其幾通於天地矣. …… 名號之正, 取之天地, 天地爲名號之大義也.(『春秋繁露』「深察名號」)

52　古之聖人謞而效天地謂之號.(『春秋繁露』「深察名號」)

53　獨陰不生, 獨陽不生.(『春秋繁露』「順命」)

54　天地之氣, 合而爲一.(『春秋繁露』「五行相生」)

상호 보완적인 것으로 본 것이다. 동중서에 따르면 오행은 음양처럼 원기
가 분화된 것이므로 마찬가지로 독립 불가능한 상호 의존적이고 상호 보
완적인 것이다. 이런 견해는 결국 만물이 하나의 유기체라는 결론에 도달
하게 된다.

음형양덕으로 이해한 천도 역시 음이든 양이든 어느 하나만 있으면 안
되고 상호 보완적이어야 한다. 음양은 비록 상반적인 것이라 하지만,[55] 오
히려 지선(至善)이라는 하나의 목적을 추구하여 상호 보완적인 것이다.
그렇게 상호 보완적으로 작용하기 위해서는 먼저 내부적으로 음양 간에
서로 감응하여 음으로 표현할 것인가 양으로 표현할 것인가를 결정해야
한다. 마찬가지로 오행은 음양의 다른 표현이므로, 서로 감응하여 경우에
따라 상생이나 상극의 관계로 서로 반응하게 될 것이다. 오행의 상극은
음의 작용과 같고, 상생은 양의 작용과 같게 된다. 왜냐하면 음형양덕이
기 때문이다.

동중서는 우주 만물을 어떻게 구분하는가? 그는 우주 만물을 천지인
셋으로 나누고 역할도 구분했다. 즉 "무엇을 근본이라 하는가? 천지인이
만물의 근본이다. 하늘은 낳고, 땅은 기르며, 사람은 그것을 완성한다.
…… 이 삼자는 서로 수족이 되고, 합하여 하나의 몸을 이루므로 하나라
도 없으면 안 된다"[56]는 것이다. 또 "일월과 별은 셋이지만 빛을 이루고,
천지와 사람은 셋이지만 덕을 이룬다. 이로 보면 셋이면서 하나로 되는
것은 하늘의 가장 큰 도[大經]를 이루는 것"[57]이라고 하고, "천지와 사람
관계에서의 중용의 도를 취하여 삼자를 관통하는 것은 임금(즉 聖王)이

---

55   『春秋繁露』「陰陽出入」와 「天道無二」 참조.
56   何謂本? 曰天地人萬物之本也. 天生之, 地養之, 人成之. …… 三者相爲手足, 合以成
體, 不可一無也.(「立元神」)
57   日月與星, 三而成光, 天地與人, 三而成德. 由此觀之, 三而一成, 天之大經也.(「官制
象天」)

아니고서 누가 할 수 있겠는가?"[58]라고 하여 사람의 노력을 강조한다. 이런 것은 순자(荀子)가 "천지는 만물을 낳고, 성인은 그것을 완성한다"[59]고 말한 것과 거의 같은 맥락의 말이다. 특히 중민(中民)의 성을 중심으로 말하는 인성론과 교육론은 상당히 유사하다. 이렇게 상호 보완 관계에서 일체적 감응 관계가 나타난다고 보는 것 역시 천인감응의 한 전제인 것이다.

2) 실천 방법

동중서가 천인감응의 경로를 통해 천인고금을 대일통하려 했다면, 천인감응을 위한 실천적 방법은 무엇인가? 천인감응은 바로 사람이 어떻게 하느냐에 달려 있기 때문에, 그 구체적 실천 방법은 인성론을 기초로 교육을 논하고, 교육론을 기초로 도덕을 논하며, 도덕론을 기초로 재이를 논하는 것이다. 그리고 동중서는 역사학적 관점에서 변화를 어떻게 이해하고 있는가를 밝혀 거편보폐(擧偏補弊)적 예악(禮樂) 개혁을 논하고, 또 애기적(愛氣的) · 귀기적(貴氣的)인 양생(養生)에 대해 논한다.

(1) 교육론

동중서는 대일통을 위해서 국가가 통일적인 제도 교육을 담당해야 한다고 말한다. 그의 교육 철학적 기초는, 사람(즉 中民)은 선할 수 있는 가능성의 소유자일 뿐 아직 선한 것은 아니라는 인성론에 있다. 그래서 교육자는 태어날 때부터 이미 선한 성인(聖人)의 성품을 가진 사람이고, 피교육자는 아직 선하지 않은 중민(中民)의 성품을 가진 보통 사람이다. 비록 동중서는 「현량대책」에서 공자의 철학 사상을 계승해야 한다고 말했지만, 교육론에서는 오히려 순자적인 면이 강하다. 또 그는 교육 내용상 유

58　取天地與人之中, 以爲貫而參通之, 非王者孰能當是.(「王道通三」)

59　天地生之, 聖人成之.(『荀子』「富國」)

가 사상을 취했을 뿐, 인성론의 차이로 선한 본성에 대한 계발(啓發)은 소
홀히 한 것이다.

　동중서는 인성을 성인·중민·두소(斗筲) 세 부류의 성품으로 나누고,
그중 중민의 성만 성이라 말할 수 있고, 성인의 성품이나 기량이 적은 사
람의 경우는 성이라 할 수 없다고 말한다.[60] 그런 동중서의 인성 개념에는
인(仁)한 성(性)도 있지만 탐(貪)하는 정(情)까지 내포하는데, 그것은 "기
를 수는 있으나 고칠 수 없고, 사전에 못하게 할 수는 있으나 제거할 수는
없다"[61]는 것이다. 이런 견해는 아마 "오직 상지(上知)와 하우(下愚)는 교
육에 의해 변하지 않는다"[62]는 공자의 견해를 따르는 것 같다. 공자의 말
은 교육의 필요성과 가능성 등으로 말한 것이지, 본성의 인불인(仁不仁)
을 말한 것이 아니다.

　동중서의 교육론은 그런 불완전한 인성에 기초를 둔다. 그는 선(善)을
쌀에 성을 벼에 비유하면서, 벼를 쌀이라 하지 않듯이, 성은 선을 산출하
지만 성 자체를 선이라 하지 않는다고 말한다.[63] 즉 "사람은 하늘로부터
선한 재질을 받았으나, 아직 선한 것이라고 말할 수는 없다"[64]는 것이다.
그런 본성을 선하게 만들기 위해서는 국가의 교육이 필요하다고 주장한
다. 왕교(王敎) 없이 질박한 본성은 선하게 될 수 없고,[65] "임금을 세워 백
성을 선하게 하는 것은 하늘의 뜻[天意]"[66]이라는 것이다. 이렇게 그는 비
록 성삼품설(性三品說)을 주장하지만, 교육 대상은 중민(中民)뿐이다. 이

60　『春秋繁露』「實性」 참조.
61　可養而不可改. 可豫而不可去.(『春秋繁露』「玉杯」)
62　唯上知與下愚不移.(『論語』「陽貨」 3)
63　『春秋繁露』「深察名號」와 「實性」 참조.
64　天生民性, 有善質而未能善.(『春秋繁露』「深察名號」)
65　性者天質之樸也, 善者王敎之化也. 無其質則王敎不能化, 無其王敎則質樸不能
善.(『春秋繁露』「實性」)
66　是故爲之立王, 以善之此天意也.(『春秋繁露』「深察名號」)

런 교육론은 바로 인간과 천지 간의 상호 보완 관계 속에서 인간이 어떻게 해야 천인감응할 수 있는가를 보여 준다.

그러면 천의(天意)는 지선(至善)인가? 동중서는 천에는 음양이 있고, 그에 따라 음형양덕의 양면성을 가지고 있다고 말한다. 천의가 단지 하늘이 선을 실현하기 위해 취하는 태도일 뿐이라면 그것은 지선일 수 있다. 그래서 그는 "이로써 천의는 인하며, 인간을 곤경에 빠트리려는 것이 아니라는 것을 알 수 있다"[67]라고 말했다. 그러나 하늘에 음양이 있듯이 사람 몸에도 성정(性情)이 있으며, 그 성과 정은 모두 하나의 성이라고 한다. 성과 정은 모두 하나의 성이기 때문에 인한 성과 탐하는 정은 선악 행위의 근원이 된다. 그런데 인한 성이 탐하는 정에 대해 우위에 있지 않다면, 사람이 선행을 행하든 악행을 행하든 그것은 당연한 것이 아닌가? 또 그에 대해 하늘이 상벌을 내리는 근거는 무엇인가? 구조상 인선탐후(仁先貪後)가 아니면 벌할 수 없고, 인선탐후라면 왕교가 없어도 선해질 수 있다.

동중서는 "선한 것과 쌀은 사람이 천도를 따름으로써 외부에서 이루어지는 것이지, 하늘이 창조해 놓은 범위 내에 있는 것이 아니다"[68]라고 하여, 자기 외적이지만 천도를 수양 목표로 삼는다. 그러면서도 "사람이 하늘로부터 명을 받았으니 하늘에서 인을 취하여 인하다"[69]고 말하고, 본성 속에 인한 도덕성이 탐하는 정에 대해 우선한다고 본다. 즉 "임금은 양이고 신하는 음이며, 아버지는 양이고 아들은 음이며, 남편은 양이고 아내는 음"[70]이라고 하기 때문에 인선탐후가 된다는 것이다. 만약 인선탐후라면 맹자의 말처럼 이미 선립호기대자(先立乎其大者)가 된 것이니, 단지 공자처럼 계발(啓發)하거나 맹자처럼 확충(擴充)을 위한 교육이라면 모를까

67　以此見天意之仁, 而不欲害人也.(『春秋繁露』「必仁且智」)

68　善與米人之所繼天而成於外, 非在天所爲之內也.(『春秋繁露』「深察名號」)

69　人之受命於天也. 取仁於天而仁也.(『春秋繁露』「王道通三」)

70　君爲陽, 臣爲陰; 父爲陽, 子爲陰; 夫爲陽, 妻爲陰.(『春秋繁露』「基義」)

선하기 위해 구태여 성인의 교육을 기다릴 필요가 있겠는가?

동중서가 음양오행과 도덕성의 관계에서 "하늘이 변하지 않으므로, 도역시 변하지 않는다"[71]고 한 말은, 천도는 천지의 기에 종속되었다는 말이다. 마찬가지로 인 역시 양기(陽氣)에 종속된 것이기 때문에, 도덕심의 주체적 지위는 없게 된다. 우리가 지향할 천도가 있다 해도, 그것은 외부에 있는 것이기 때문에 주체의 지위를 떨어뜨리게 된다.

(2) 도덕론

동기상응론은 우주론적 접근 과정에서 원기론(元氣論)인 음양오행론이 확립되고, 그것으로 자연 현상이나 인간 정신 현상을 설명하는 과정에서 추론된 것으로 보인다. 기(氣)와 인간의 도덕 주체와의 관계에 대해서는 맹자도 호연지기(浩然之氣)를 가지고 말했다. 즉 "공손추가 물었다. 호연지기가 무엇입니까? 말하기 어렵다. 그 기의 됨됨이는 지극히 크고 지극히 강한데, 곧음[直]으로써 기르고 해치지 않는다면, 하늘과 땅 사이에 가득 차게 될 것이다. 그 기의 됨됨이는 내적 도덕성[義, 즉 仁義禮智]과 외적인 중용의 도[道, 즉 中道]를 짝해야 하는데, 그런 것이 없으면 위축된다. 그것은 내적 도덕성[義]을 쌓아서 생긴 것이지, 우연히 한 번의 행위가 그에 부합되었다고 해서 호연지기를 지니게 되는 것이 아니다"[72]라는 것이다. 호연지기는 바로 기가 도덕 의지를 따르게 하는 기수지(氣隨志)의 관계에서 도덕적 용기를 모은 집의소생(集義所生)의 결과라는 것이다. 마찬가지로 동중서도 유사한 말을 한다. 즉 "무릇 기는 마음을 따르므로, 마음은 기의 주인이다. 어찌 기가 마음을 따르지 않겠는가? 이 때문에 세

---

71   天不變, 道亦不變.(『漢書』「董仲舒傳」)

72   敢問, 何謂浩然之氣. 曰, 難言也. 其爲氣也, 至大至剛, 以直養而無害, 則塞於天地之間. 其爲氣也, 配義與道, 無是餒也. 是集義所生者, 非義襲而取之也.(『孟子』「公孫丑上」2)

상의 수도하는 사람은 모두 마음[心]을 그 근본으로 삼아 말한다"[73]고 하고, "양생에서 가장 큰 것은 기를 사랑하는[愛氣] 데 있다. 기는 정신[神]을 따라 이루어지고, 정신은 뜻[意]을 따라 나온다. 마음[心]이 가는 것이 뜻[意]"[74]이라고 하여, 정신이나 마음을 기(氣)에 대해 상대적으로 우위에 두었다.

그러나 동중서는 "맹자가 '나는 나의 호연지기를 잘 기른다'고 말한 것은, 행동은 반드시 예로써 마치고, 마음은 스스로 상도를 즐거워함으로써 늘 양덕(陽德)이 생기(生氣)를 얻는 것을 말하는 것"[75]이라고 말했다. 여기서 양덕이 생기를 얻어 호연지기가 되는 것은 기수지(氣隨志)의 관계이지만, 마음이 상도를 스스로 즐거워하는 것은 바로 인성 속에 있는 인의 작용이다. 인은 바로 성과 정 중에서 성에 해당하는 것으로서 사람이 본래 타고 태어나는 양기(陽氣)의 작용이 아닌가? 그렇다면 결국 양기가 마음을 따라 생기를 얻는 것이 아니라, 음양의 기 내부에 있는 인(仁)과 탐(貪)의 성품 중 인한 본성을 따르는 것이 될 것이다. 동중서는 그렇게 음양론 속에서 도덕론을 펼치는 것이다.

동중서는 이렇게 우주 만물의 원기를 음양오행으로 보기 때문에, 오히려 의지는 기의 운행에 따른다는 지수기(志隨氣)를 주장하는 것이 된다. 즉 도덕심을 바로 양기의 작용으로 설명(陰情陽性, 陰貪陽仁 등)함으로써 도덕심의 위치는 양기에 종속되는 것이다. 그렇게 양의 작용에 따라 덕을 베풂으로써 천의를 따라야 한다면 그 당위성은 어디서 확보할 것인가? 인간은 천지의 자식이니 하늘의 뜻을 따르는 것은 천륜(天倫)이라고 해야

---

73 凡氣從心, 心氣之君也. 何爲而氣不隨也. 是以天下之道者, 皆言內心其本也.(『春秋繁露』「循天之道」)

74 故養生之大者乃在愛氣, 氣從神而成, 神從意而出, 心之所之謂意.(『春秋繁露』「循天之道」)

75 孟子曰我善養吾浩然之氣者也, 謂行必終禮, 而心自喜, 常以陽得(劉師培는 德으로 봄.) 生其意也.(『春秋繁露』「循天之道」)

할 것인가? 아니면 하늘의 뜻을 따르면 이롭기 때문이라고 할 것인가? 그것을 모두 긍정하고 음에 대한 양의 우위성을 확보한다 해도, 기에 대한 도덕 의지의 우위성을 확보하지 못하면 천인감응의 자기 내적 주체성과 타당성은 확보할 수 없다. 그래서 서복관도 "동중서의 심(心)은 (순자처럼) 인식 방면에서 발휘된 것이 없고, (맹자처럼) 도덕 방면에서도 발휘된 것이 없어, 맹자와 순자에 비교해 보면 어느 쪽의 주체적 역량도 결핍되어 있다"[76]고 말했다.

동중서는 의(意)와 지(志)를 구분해 쓴다. 의는 마음이 가는 것[心之所之]을 말하고,[77] 지는 도덕 의지를 말한다. 지에 대해서는 "『춘추』에서 사변(事變)을 논할 때 지보다 중한 것이 없다"[78]고 하고, "예가 소중히 하는 것은 그 지에 있다"[79]고 말한다. 그렇지만 지는 결국 양기의 소생일 뿐이다. 그래서 그의 도덕론에서 천인감응은 천의(天意)와 인지(人志) 사이의 관계로 말할 수 있지만, 천의와 인지는 모두 원기의 작용일 뿐이다. 또 의는 사람에게서는 마음을 수고롭게 하는 욕심 등의 번뇌와 같은 것이지만, 하늘에 대해서는 오히려 지의 의미로 쓰인다. 물론 동중서는 천지(天志)라는 말을 사용하기도 하지만,[80] 천의(天意)·천리(天理)·천도(天道) 등의 용어를 주로 쓰는 것은 아마도 묵자의 천지(天志)를 의식했기 때문인 것 같다.

(3) 재이론

재이란 무엇인가? 재이(災異)의 재(災)는 때에 반대로 나타나는 것으

76   徐復觀, 『兩漢思想史』 卷2, 臺北, 臺灣學生書局, 1979, 400쪽
77   『春秋繁露』 「循天之道」
78   春秋之論事, 莫重於志.(『春秋繁露』 「玉杯」)
79   禮之所重者在其志.(『春秋繁露』 「玉杯」)
80   『春秋繁露』 「楚莊王」, 「爲人者天」 등에서 사용함.

로서, 그것을 내리는 주체는 하늘[天]이다. 즉 "하늘이 재해[災]를 내린다"[81]는 말은 재해를 내리는 주체를 말하는 것이고, "하늘의 운행이 계절에 반대로 나타나는 것을 재해라 한다"[82]라는 말은 재의 의미를 말하는 것이다. 그리고 "이변[異]은 재해[災]보다 크다"[83]는 말에서 확인할 수 있듯이 기상 이변은 재해보다 크다는 것이다. 그래서 "큰 가뭄은 짧지만 재(災)라고 기록하고, …… 비오지 않는 날이 길지만 재해가 없으면 이(異)라고 기록했다"[84]고 한다.

동중서는 "하늘은 모든 신의 임금"[85]이기 때문에, "재는 하늘이 견고(譴告)하는 것이고, 이는 하늘이 위엄을 보이는 것이다. 견고해도 모르면, 바로 위엄을 보여 두렵게 한다. …… 재이의 근원은 완전히 국가가 잘못하는 데서 생기는 것이다. 국가가 도를 잃기 시작할 때 하늘은 재이를 일으켜 견고한다. 견고를 해도 그칠 줄 모르면 괴이한 일로써 놀라게 한다. 놀라게 해도 두려워할 줄 모르면 그 재앙은 바로 이르게 된다"[86]는 것이다. 동중서는 그런 음양오행의 작용을 천의라고 했다.

재이 발생 원인은 어디에 있는가? 재이 발생의 원인은 바로 사람에게 있다고 한다. 즉 사람은 인탐(仁貪)의 양면이 있는데, 재이 발생 원인은 인한 성품에 따르지 않고 탐하는 성품에 따르는 데 있다는 것이다. 그래서 인한 성품을 기르기 위한 국가적인 교육을 강조한 것은 재이 발생을 적극적이고 근본적으로 막으려는 데 있다고 할 수 있다. 한 무제가 "어찌

---

81   上天降災.(『左傳』「僖公15年」)

82   天反時爲災.(『左傳』「宣公15年」)

83   異大乎災也.(『公羊傳』「定公1年」)

84   大旱以災書, …… 不雨之日長而無災, 故以異書也.(『公羊傳』「文公2年」)

85   天者百神之君也.(『春秋繁露』「郊義」)

86   災者天之譴也, 異者天之威也. 譴之而不知, 乃畏之以威. …… 凡災異之本, 盡生於國家之失. 國家之失乃始萌芽, 而天出災異以譴告之. 譴告之而不知變, 乃見怪異之驚駭之. 驚駭之尙不知畏恐, 其殃咎乃至.(『春秋繁露』「必仁且智」)

왕도를 지키려 하거나 어긋나게 하는 사람 때문에 그 전통을 잃는 것이겠는가? 틀림없이 하늘이 명하여 과거 5제3왕의 도를 회복할 수 없게 하여, (지난 500년 동안이나) 반드시 크게 쇠퇴하게 한 후에 멸망시키는 것은 아닌가? …… 재이의 변화는 어떤 연고로 일어나는가?"라고 물었다. 이에 대해 동중서는 "그 일을 맡은 사람이 그런 성현이 아니고, 그 말미암는 것이 그런 왕도가 아니기 때문에, 정치는 날로 망해 가는 것이다. …… 다스려짐과 혼란, 망하고 흥함은 나에게서 생겨나는 것이다. 그것은 하늘이 명하여 과거 5제3왕(五帝三王)의 도를 회복할 수 없게 되는 것이 아니며, 지키려 하거나 어긋나게 하는 사람 때문에 왕도의 전통을 잃는 것"[87]이라고 하고, "도덕 교육을 하지 않고 형벌에 맡겨 형벌이 적당치 않으면 좋지 않은 기운이 생긴다. 그런 좋지 않은 기운이 아랫사람에게 쌓이면, 원망하고 미워하는 것이 윗사람에게 쌓이게 된다. 상하가 화합하지 못하면, 음양이 혼란스러워져 괴상한 일이 생기는 것이다. 이것이 재이가 생기는 까닭"[88]이라고 대답했다.

『사기』「효무본기」에 기록된 내용은 거의 한 무제가 신선가의 이소군(李少君)·박유기(薄誘忌)·공손경(公孫卿) 등의 방사(方士)들과 불로장생 등에 관해 나눈 이야기들이다. 동중서는 아마도 이런 제왕과 사회적 분위기하에서 재이에 대해 경전의 기록을 빌려 억지로 타당화하려는 가경설의(假經設誼)를 하려 했던 것으로 보인다. 그러나 반고(班固)는 가경설의를 학자가 크게 경계해야 할 것이라고 말한다.[89]

재이론은 수명론(受命論)에 상대적인 것이다. 동중서는 하늘은 음형양덕의 양면성을 가지고 있으므로 잘할 경우에는 천명을 내려 임금이 되게

---

87   故治亂廢興在於己, 非天降命不可得反, 其所操持誖謬失其統也.(『漢書』「董仲舒傳」)
88   廢德教而任刑罰, 刑罰不中, 則生邪氣. 邪氣積於下, 怨惡畜於上. 上下不和, 則陰陽繆盭而妖孽生矣. 此災異所緣而起也.(『漢書』「董仲舒傳」)
89   『漢書』「眭兩夏侯京翼李傳」

해 주거나 복을 내려 주고, 잘못할 경우에는 재이를 통해 경고를 하며, 극에 달하면 천명을 회수해 간다고 하였다. 즉 "하늘이 백성을 낳은 것은 임금을 위한 것이 아니고, 하늘이 임금을 세운 것은 백성을 위함이다. 그러므로 그의 덕이 백성을 안락하게 할 수 있으면 그에게 임금의 자리를 내려 주고, 나쁜 짓이 백성을 해칠 정도이면 하늘은 그 임금의 자리를 박탈한다"[90]는 것이다. 또 "천자가 천명을 받들 수 없을 때 천자를 폐위(廢位)하여 공(公)으로 호칭하는 것은 제왕의 후대가 이와 같다"[91], "하나라가 무도(無道)하니 은나라가 정벌을 했고, 은나라가 무도하니 주나라가 정벌을 했으며, 주나라가 무도하니 진나라가 정벌했고, 진나라가 무도하니 한나라가 정벌했다. 유도자(有道者)가 무도자(無道者)를 정벌하는 것은 천리(天理)"[92]라고 말했다. 여기서 천자를 폐위하는 주체가 누구인지는 확실하지 않지만 호칭한다는 것으로 보면 백성인 것 같다. 그러면서도 "하늘의 명을 받아 다른 성을 가진 사람으로 임금을 바꾸는 것이므로 앞의 임금을 계승하여 임금이 되는 것이 아니다"[93]라고 하여 천자를 바꾸는 것은 천명에 있음을 분명히 한다. 재이론은, 게으른 사람이나 나쁜 짓하는 사람이라도 최소한 손해를 안 보고 벌을 받지 않음으로써 현상태를 유지하려 하는 인간의 심리를 활용하여 군주에게 최소한의 제재를 가하려 한 것이다.

임금은 천지인을 대일통하기 위해 어떻게 해야 하는가? 왕이란 글자는 세 획[三]의 가운데를 연결하여 만든 것으로서, 세 획은 천지인이고, 천지인의 도를 관통하는 것이 왕도(王道)이다.[94] 그래서 왕도를 지키는 것은

---

90   『春秋繁露』「堯舜不擅移湯武不專殺」

91   天子不能奉天之命, 則廢而稱公, 王者之後是也.(『春秋繁露』「順命」)

92   『春秋繁露』「堯舜不擅移湯武不專殺」

93   受命於天, 易姓更王, 非繼前王而王也.(『春秋繁露』「楚莊王」)

94   『春秋繁露』「王道通三」

왕의 임무라는 것이다. 또 "천지의 가장 큰 것은 음양에 있다. 양은 덕이고, 음은 형벌이다. 형벌은 죽이는 것을 주로 하고 덕은 살리는 것을 주로 한다. …… 이로써 천은 덕으로 하고 형벌로 하지 않음을 알 수 있다. …… 이런 것이 하늘의 뜻이다. 임금은 하늘의 뜻을 받들어 국사에 종사해야 한다. 그러므로 덕으로 다스려야 하고 형벌로 다스려서는 안 된다"[95]고 한다. 여기서 말하는 하늘의 뜻은 음양의 작용 중 양의 작용인 덕을 가리킨다. 사람은 그런 하늘의 뜻인 양의 작용에 맞도록 해야 좋은 천인감응을 얻을 수 있으며, 반대로 하면 군신 상하가 화목하지 못하고 이반되어 괴상한 일이 생겨난다. 그래서 "하늘과 같게 하는 자는 크게 다스려지고, 하늘과 다르게 하는 자는 크게 혼란스럽게 된다"[96]는 것이다.

　　현실적으로 천자(天子)의 절대 권력에 대해 백성들은 어쩔 수 없으므로, 천명이나 천의에 기대할 수밖에 없었던 것 같다. 그래서 군주로 하여금 천도를 따르게 한다고 하고, "군주의 권한을 위축시키고, 천도를 신장시킨다"[97]고 말한다. 이것은 바로 천도 앞에 통치자를 굴복시키려는 것이다. 그래서 서복관은 "동중서는 엄숙한 태도를 가진 사람으로서, 천의가 표현되어 재이가 된다고 말하는 것은 고심 끝에 창조한 것이고 확신하여 의심하지 않는 것"[98]이라고 말했다. 물론 태도가 진지했어도 엄격하게 사고하고 확신할 수 있는 근거하에 판단하지 않으면 안 될 것이다.

　　동중서의 재이설은 음양오행론과 어떤 관련이 있는가? 동중서가 주로 근거로 하는 『공양전』에서 음양에 관한 것은 "일식이 있으면 왜 토지신에게 제물을 바쳐 제를 올리는가? 음의 도에서 방법을 구하려는 것"[99]이라

95　天道之大者在陰陽, 陽爲德, 陰爲刑. …… 以此見天之任德不任刑也. …… 此天意也. 王者承天意以從事. 故任德教而不任刑.(『漢書』「董仲舒傳」)

96　與天同者大治, 與天異者大亂.(『春秋繁露』「陰陽義」)

97　以人隨君, 以君隨天, …… 故屈民而伸君, 屈君而伸天, 春秋之大義也.(『春秋繁露』「玉杯」)

98　徐復觀, 『兩漢思想史』卷2, 臺北, 臺灣學生書局, 1979, 304쪽

는 말뿐이다. 또『좌씨전』에는 "일식이 있는 것은 재해[災]라 하지 않는
다. 해와 달이 같은 길을 가기 때문에 그런 것"[100]이라고 하여 재이로 보지
않았다.

　동중서에게서 문제가 되는 재이설이 추연의 설과 관련이 있는 것인가?
서복관은 "현재 우리가 볼 수 있는 자료로 보면, 추연이 오덕운전(五德運
轉)과 음양소식(陰陽消息)을 하나의 계통으로 만든 것인지, 또는 오행이
음양의 두 기로부터 분화(分化)되어 나온 것이기 때문에 오행을 사계절
속에 집어넣은 것인지는 분명하지 않다. 나는 그럴 가능성은 아주 적다고
본다. 왜냐하면 그는 음양소식을 천도의 운행 법칙으로 보았고, 오덕종시
(五德終始)를 역사의 운행 법칙으로 보았으며"[101], "음양소식으로 재이를
말하여 당시 통치자의 행위에 압력을 가했기 때문이다."[102]라고 말했다.추
연의 경우는 추론할 수밖에 없지만, 동중서의 경우는 분명히 음양론과 오
행론을 하나의 계통 속에서 운용한다. 동중서가 음양오행론을 통합한 주
요 목적은 생명 현상에 관한 설명은 물론 정치 권력에 제동을 걸기 위해
서였다.

　인간의 도덕 행위와 음양오행의 운행과는 어떤 관계가 있는가? 음양오
행의 상생상극의 법칙 뒤에는 동기상응이라는 전제가 있다. 자연에는 동
기상응·동류상동의 현상이 있지만, 그것은 반드시 그런 것은 아니다. 특
히 인간은 의지를 갖고 있기 때문에 더욱 그렇지 않을 수 있다.

　동중서는 오행의 상생상극의 관계를 한마디로 "직접 관계는 상생하고,
간접 관계는 상승한다"[103]고 정리했다. 상생 관계인 비(比)는 "수(水)가 목

99　日食則曷爲鼓用牲于社? 求乎陰之道也.(『公羊傳』「莊公25年 6月」)

100　日有食之, 不爲災, 日月之行也, 分同道也.(『公羊傳』「昭公21年 5月」)

101　徐復觀,『兩漢思想史』卷2, 臺北, 臺灣學生書局, 1979, 11쪽

102　徐復觀,『兩漢思想史』卷2, 臺北, 臺灣學生書局, 1979, 9쪽

103　比相生而間相勝也.(『春秋繁露』「五行相生」)

(木)을 생(生)하고, 목(木)이 화(火)를 생하며, 화(火)가 토(土)를 생하고,
토(土)가 금(金)을 생하며, 금(金)이 수(水)를 생하고, 수(水)는 다시 돌아
와 목(木)을 생한다"는 것처럼 목화토금수의 직접 관계로서 순차적으로
상생하며 다시 돌아가는 순환 관계가 있음을 말하고, 상극 관계인 간(間)
은 상생과 같은 방향으로 돌아가되 하나 건너 만큼씩 관계를 갖는 목토수
화금의 간접 관계로서, 상승상극(相勝相剋)하며 다시 돌아가는 순환 관계
가 있음을 말한다. 그래서 상생상극의 상(相)은 순환하지 않는 직선 관계
에서가 아닌 오행의 순환 관계에서 순차적으로 영향 관계가 있다는 의미
이다.

　또한 동중서는 『여씨춘추』에서 12달에 오행을 적용할 때 해결하지 못
한 토(土)의 문제를 거의 해결했다. 즉 화생토(火生土)이기 때문에 "자식
된 자는 토(土)가 화(火)를 섬기는 것을 본받아야 한다"[104], "토(土)는 비
록 중앙에 있어도 역시 1년 중 72일을 주재한다"[105]고 말하는 것을 보면,
오행에 모두 똑같이 72일씩을 배당했음을 알 수 있다. 그뿐만 아니라 토
(土)의 위치에 대해서도 "토는 오행의 가운데이다. …… 토는 중앙에 있
다. …… 토는 오행의 주재자이다. 오행의 주재자는 토기(土氣)"[106]라고
말하는 것을 보면 시공간상에서 오행론이 정리된 것으로 보인다. 이를 계
승한 반고는 『백호통의』에서 "토는 사계절을 각각 18일씩 주재한다"[107]는
토왕사계론(土王四季論)을 확립하였다.

　사마담(司馬談)은 그의 「6가요지」(六家要指)[108]에서 음양가의 학설이 춘
생하장(春生夏長), 추수동장(秋收冬臧)을 위해 "사계절의 운행을 어길 수

104　爲人之子, 視土之事火也.(『春秋繁露』「陽尊陰卑」)

105　雖居中央亦歲七十二之王.(『春秋繁露』「陽尊陰卑」)

106　土五行之中也. …… 土居中央. …… 土者五行之主也, 五行之主土氣也.(『春秋繁露』「五行之義」)

107　土王四季各十八日.(『白虎通義』「德論, 五行」)

108　『史記』「太史公自序」

없다"고 하였으나, 4계절·8방위·12도(度)·24절기에 따라 금령(禁令)을
반드시 따라야 한다는 것은 필연적인 것이 아니며, 그것, 즉 음양설은 사
람을 구속하고 두렵게 한다는 것이다. 그러나 그와 거의 동년배인 동중서
는 천인(天人)의 유사 관계에 근거하여 천인감응을 말하고, 그 결과를 가
지고 재이를 말한다.

(4) 거편보폐론

동중서는 242년간의 『춘추』 기록을 10종류의 지(指), 즉 본의(本義)를
정리했다. 그것은 『춘추』에 나타난 사건 변화를 연계하여 『춘추』의 본의
를 정리한 것이므로 계사십지(繫事十指)라고 할 수 있다. 그 계사십지는
다시 안백성(安百姓)·심득실(審得失)·정사본(正事本)·분군신(分君臣)·
저시비(著是非)·서백관(序百官)·입교화(立敎化)·시인은(施仁恩)·순천
리(順天理)·명천의(明天意) 등으로 정리할 수 있다.[109] 또 그는 이 계사십
지를 종합하여 "사람에게 인을 베풀고, 자기 행위는 도리에 맞으며, 덕택
(德澤)이 광대하니 천하에 넘쳐난다. 음양이 조화를 이루니, 만물이 그 이
치를 얻지 않는 것이 없다"[110]고 말했다. 이런 『춘추』의 본의는 바로 거편
보폐(擧偏補弊)하려는 동중서의 역사철학적 배경이 되었다.

동중서는 현량(賢良)으로서 B.C.140~B.C.138년경에 한 무제에게 제
출한 「현량대책」(賢良對策)에서 "하나라는 충후함을 가장 중시했고, 은나
라는 공경을 가장 중시했으며, 주나라는 절문을 가장 중시했다"[111]는 말을
했다. 그러면 왜 하·은·주가 각각 그 방법을 달리했는가? 요·순·우는
하나의 도를 지켜 폐정이 없었지만, 하·은·주 3대에 이르러 각각 그 손

109　『春秋繁露』「十指」 참조.
110　仁往而義來, 德澤廣大, 衍溢於四海. 陰陽和調, 萬物靡不得其理矣.(『春秋繁露』「十指」)
111　夏上忠, 殷上敬, 周上文.(『漢書』「董仲舒傳」)

익(損益)이 있었다는 것이다. 또 손익이 있었으므로 편파적인 것이 생겼다는 것이다. 즉 "도는 만세를 지나도 폐단이 없는 것이다. 폐단이라는 것은 도를 잃은 것"[112]이라고 하여 중용의 도를 잃었기 때문이라고 지적한다.

중용의 도는 왜 잃는가? "선왕의 도는 반드시 기울어진 부분이 있어 발휘되지 못하는 것이 있기 때문"[113]이라는 것이다. 그래서 동중서는 "정치에는 눈이 어두워 실행되지 못하는 것이 있으므로, 기울어진 부분을 들어올려 줌으로써 그 폐단을 보완하는 것 뿐"[114]이라고 보고, 한나라의 현실문제에 대한 처방으로 "오늘날 우리는 대란을 겪고 난 다음이므로, 주나라의 예 또는 절문(節文)의 극치가 조금 손상되었다면 하나라의 충후(忠厚)의 방법을 다시 사용해야 할 것"[115]이라고 말했다. 이것은 거편보폐함으로써 충(忠)·경(敬)·문(文)의 방법이 순환한다고 보는 것으로서, 공자의 역사관을 계승한 것이자 사마천에게 승폐통변(承敝通變)이라는 역사관을 갖게 한 순환적인 역사관이다. 그래서 그는 "4종의 법도는 마치 사계절의 운행과 같다. 끝나면 다시 시작하고, 궁극에 이르면 근본으로 돌아온다"[116]고 말한 것이다. 이때 순환한다는 것은 정체를 의미하는 것이 아니라 자연의 도를 의미한다.

예악의 개혁은 누가 할 수 있는 것인가? 공자는 예악정벌(禮樂征伐)은 성왕(聖王)에게서 나와야 한다고 했다. 그러니 천자라 해도 인품이 훌륭하지 못하면 할 수 없고 성인의 인품을 가졌어도 천자가 아니면 할 수 없

112　道者萬世亡弊, 弊者道之失也.(『漢書』「董仲舒傳」)
113　先王之道, 必有偏而不起之處.(『漢書』「董仲舒傳」)
114　故政有眊而不行, 擧其偏者以補其弊而已矣.(『漢書』「董仲舒傳」)
115　今繼大亂之後, 若宜少損周之文致, 用夏之忠者.(『漢書』「董仲舒傳」)
116　四法如四時然, 終而復始, 窮而返本.(『春秋繁露』「三代改制質文」) 여기서 四法은 商·夏의 도를 본받고, 質樸·文采를 숭상하는 것으로서, 이것은 또 天道를 따르는 商·質, 地道를 따르는 夏·文, 人道를 따르는 春秋로 구분하여 春秋三等이라고 분류한다.

는 것이다. 그런데 동중서는 정삭(正朔)과 복색(服色) 등의 예제(禮制)를
고치는 것은 천명을 받은 자가 하늘의 명령에 호응하고자 하는 것이고,
음악을 새로 짓는 것은 민심에 호응하고자 하는 것이라 한다.[117] 비록 제
례작악이 수명응천(受命應天)하는 정치 행위라 하더라도 도리를 고치거
나 변화시키는 것이 아니다. 즉 "오늘날의 새로운 왕조는 반드시 제도 개
혁을 해야 하는데, 그것은 그 도를 고치는 것도 아니며, 그 도리를 변화시
키는 것도 아니다"[118]라는 것이다. 그래서 문왕은 그런 천명을 받았기 때
문에 즉위한 원년 봄에 정월을 바로잡을 수 있었다는 것이다.

　왜 새롭게 제례작악을 해야 하는가? 첫째, 제도의 폐단이 누적되면 더
욱 심화될 수 있다는 것이다. 동중서는 "옛날 진나라는 주나라를 망하게
한 폐단을 이어받았으나 그것을 고치지 못했고, 한나라는 진나라를 망하
게 한 폐단을 이어받았으나 또 그것을 고치지 못하였다. 두 가지 폐단을
계승한 후에, 그 저급의 문화를 이어받고 그 누적된 것을 함께 이어받았
으니, 다스리기 더욱 어렵다"[119]고 말했다. 정치적으로 대일통을 이루려면
제도를 시대 변화에 맞게 고쳐야 한다는 것이다. 그렇지만 "법제가 자주
바뀌면 백성들은 그 지킬 바를 알지 못하게 된다."[120] 둘째, 천명(天命)을
밝히고 민심을 잡으려는 것이다. 새로운 천명을 받았기 때문에 반드시 제
도 개혁을 해야 한다는 것이다. 새로운 천명을 받아 임금이 되는 것은 전
대의 왕을 계승하여 이루어지는 것이 아니기 때문이다. 그렇다고 그것의
목적이 도리까지 개혁하는 데에 있는 것이 아니라 오히려 천명을 밝히는
데 있다. "그러므로 처음에 대대적으로 제도를 개혁하는 것은 천명을 밝

117　制爲應天改之, 樂爲應人作之. …… 正朔服色之改, 受命應天. 制禮作樂之異, 人心
之動也.(『春秋繁露』「楚莊王」)
118　所謂新王, 必改制者, 非改其道, 非變其理.(『春秋繁露』「楚莊王」)
119　昔秦受亡周之敝, 而亡以化之, 漢受亡秦之敝, 又亡以化之. 夫繼二敝之後, 承其下
流, 兼受其猥, 難治甚矣.(『漢書』「五行志」)
120　法制數變, 下不知所守.(『漢書』「董仲舒傳」)

히기 위한 것이고, 끝에 음악을 고쳐 짓는 것은 하늘의 공을 나타내 보이기 위함이다. …… 정삭과 복색을 고치는 것은 임금이 천명에 호응하는 것이다. 예를 제정하는 것과 음악을 작곡하는 것이 다른 것은 인심(人心)이 움직이기 때문"[121]이라는 것이다.

제례작악은 어떻게 해야 하는가? 본질과 문식을 겸비해야 하지만, 그 둘 사이에서는 본질을 우선으로 하고 문식을 보조로 삼아야 한다고 말한다. 즉 "뜻[志]은 본질이고, 사물은 문식[文]이다. 문식[文]은 본질[質]에 부수적인 것이라서, 본질이 문식을 필요로 하지 않는다면 문식이 어떻게 본질상에서 표현될 수 있겠는가? 본질과 문식 둘을 겸비한 후에야 예가 이루어지는 것이다. …… 춘추의 서법(書法) 순서는 본질을 우선으로 하고 문식을 뒤에 하며, 뜻[志]을 중시하고 사물을 경시한다. 그러므로 공자가 '예라 하는 것이 옥백(玉帛)을 말하는 것이냐'라고 말한 것이다."[122]

제례작악은 천명을 받은 자가 하늘의 뜻에 호응하고 민심에 호응하기 위한 것이라 하지만 언제나 그런 것은 아니다. 즉 문왕은 문례(文禮)를 제정하고 무악(武樂)을 지었지만, 무왕과 주공은 제례(制禮)하지 못했다. 그래서 무왕은 문례를 계승했고 상악(象樂)을 지었으며, 주공은 문무왕의 예제를 완성했고 작악(汋樂)을 지었다고 한다.[123] 아마 예제를 자주 바꾸면 오히려 혼란을 일으킬 염려가 있기 때문이었고, 음악을 바꾼 것은 수시로 움직이는 민심을 따라 교화해야 했기 때문이었을 것이다.

임금이 비록 천명을 받아 정삭을 고치고 제도를 개혁한다 해도 세상이 바로 바뀌는 것은 아니다. 습속(習俗)은 그것이 폐습이라도 긴 세월이 지

---

121 是故大改制於初, 所以明天命也. 更作樂於終, 所以見天功也. …… 正朔服色之改, 受命應天. 制禮作樂之異, 人心之動也.(『春秋繁露』「楚莊王」)

122 志爲質, 物爲文. 文著於質, 質不居文, 文安施質. 質文兩備, 然後其禮成. …… 春秋之序道也, 先質而後文, 右志而左物. 故曰禮云禮云玉帛云乎哉.(『春秋繁露』「玉杯」)

123 『春秋繁露』「三代改制質文」

나야 바뀔 수 있는 것이다. 그래서 공자도 "선인(善人)이 나라를 다스려 100년이 경과하면 폭정을 제거하고 형륙(刑戮)을 폐기할 수 있다"[124]고 말했다.

그러나 그것으로 끝나지 않는다. 시대에 따른 변화에 적응하는 권도(權道)도 필요하다. 동중서는 "『춘추』는 어디에나 통하는 말[達辭]이 없으므로 변화에 따르고 대의명분에 따라야 하지만, 하나 같은 것은 천도(天道)를 따라야 한다는 것"[125]이라고 말했다. 즉 "『춘추』는 본래 불변의 대의(大義)도 있고, 변화에 적응하는 예(禮)가 있다."[126] 그래서 "불변의 대의와 응변(應變)의 도리를 잘 안 후에 경중의 구분을 알고 권도를 할 수 있다"[127]는 것이다. 그것은 바로 거편보폐를 위한 권도이며, 거편보폐함으로써 천인감응하려는 것이다.

(5) 양생론

양생(養生)은 바로 육체의 생명력을 기르는 것이다. 동중서는 "천도에 순응함으로써 그 육체의 생명력을 기르는 것을 도(道)라 한다. …… 중(中)은 천하의 시작과 끝이고, 화(和)는 천지의 생장과 성숙이다. …… 중화(中和)로써 천하를 다스릴 수 있는 사람은 그 덕이 크게 완성될 것이고, 중화로써 그 육체를 기를 수 있는 사람은 천수를 다할 수 있을 것"[128]이라고 말했다. 그렇게 양생의 최고 방법은 천도에 순응하는 것이지만, "만물

---

124 善人爲邦百年, 亦可以勝殘去殺矣.(『論語』「子路」11)

125 春秋無達辭, 從變從義, 而一而奉人(盧文弨 註는 天).(『春秋繁露』「精華」)

126 春秋固有常義, 又有應變.(『春秋繁露』「精華」)

127 明乎經變之事, 然後知輕重之分, 可與適權矣.(『春秋繁露』「玉英」)

128 循天之道, 以養其身謂之道也. …… 中者天下之終始也, 而和者天地之所生成也. …… 是故能以中和理天下者, 其德大盛, 能以中和養其身者, 其壽極命.(『春秋繁露』「循天之道」)

이 살아가려면 모두 기를 귀하게 여기고[貴氣] 맞아들여 길러야 한다"[129]
는 것이다. 또 "양생에서 가장 큰 것은 기를 사랑하는[愛氣] 데 있다. ……
마음[心]이 가는 것이 뜻[意]이다. 마음 씀[意]을 힘들게 하는 사람은 정
신[神]이 어지럽고, 정신이 어지러운 사람은 기(氣)가 적게 되고, 기가 적
은 사람은 오래 살기 어렵다. …… 정신을 안정되게 함으로써 기를 기르
고, 기가 많고 잘 다스려지면 양생의 가장 큰 것을 얻는 것이다."[130]라고
했다. 이런 귀기(貴氣)·애기(愛氣)는 양생의 관건이 된다.

　그러면서도 동중서는 "무릇 기는 마음을 따르므로, 마음은 기의 주인이
다. 어찌 기가 마음을 따르지 않겠는가? 이 때문에 세상의 수도하는 사람
은 모두 마음[心]을 그 근본으로 삼아 말한다. 그러므로 인한 사람[仁人]
이 오래 사는 까닭은 밖으로 욕심냄이 없고, 안으로 청정심(淸淨心)을 가
지며, 화평하여 중정(中正)의 마음을 잃지 않고, 천지의 좋은 음식을 취함
으로써 육신을 기르기 때문에 수명이 길고 건강한 것"[131]이라고 말한다.
중정무사(中正無私)한 청정심을 갖는 것이 장수의 비결이라는 것이다.

　양생은 어떻게 할 것인가? "물질의 이로움으로써 그 몸을 기르고, 의로
움으로써 그 마음을 기르는 것이다. 마음은 의로움을 얻지 못하면 즐거울
수 없고, 몸은 물질의 이로움을 얻지 못하면 편안할 수 없다. …… 그러므
로 기르는 것으로는 의로움보다 중한 것이 없다. 의로움이 사람을 양생하
는 것은 물질적 이로움보다 큰 것"[132]이라고 말하여 도덕적인 데 더 많은

129　是故物生皆貴氣而迎養之.(『春秋繁露』「循天之道」)
130　養生之大者, 乃在愛氣. …… 心之所之謂意, 意勞者神擾, 神擾者氣少, 氣少者難久
矣. …… 靜神以養氣, 氣多而治則養身之大者得矣.(『春秋繁露』「循天之道」)
131　凡氣從心, 心氣之君也. 何爲而氣不隨也. 是以天下之道者, 皆言內心其本也. 故仁
人之所以多壽者, 外無貪而內淸淨心, 和平而不失中正, 取天下之美, 以養其身.(『春秋繁露』
「循天之道」)
132　利以養其體, 義以養其心, 心不得義不能樂, 體不得利不能安. …… 故養莫重於義,
義之養生人大於利矣.(『春秋繁露』「身之養重於義」)

제14장 동중서의 천인감응의 방법   **375**

비중을 둔다. 양생과 도덕 수양은 그런 면에서 관계가 있지만, 그것은 결국 천지 원기의 흐름, 즉 천도에 순응하려는 데 목적이 있는 것이다.

양생의 도는 천도에 순응하는 것으로서, 그것은 바로 중화이며, 중화는 천지와 상감상응하는 것을 말한다. 그런데 천도는 음양의 기와 도이므로,[133] 중화는 음양의 조화인 것이다. 양생은 다름 아닌 음양의 기를 조화되도록 하는 데 있지만, 역시 천도에 순응함으로써 천인감응하려는 것이다.

3. 삶으로의 복귀

동중서의 천인감응론은 춘추 전국 시대에 있었던 천인합일 사상을 모델로 삼은 것이다. 그런데 고대의 천인합일은 도덕 수양을 통해 자연법칙에 순응하기 위한 것이지, 동중서처럼 동기상응하려는 것은 아니다. 물론 동중서가 천인감응을 주장한다 해도 굴속의 개미가 산천의 변화를 좌우할 수 있다고 믿었겠는가? 그가 재이설의 근거를 『춘추』와 『서경』 등의 역사 기록을 예로 들어 증명하려 했으며, 의심 없이 천의를 믿으려 한 것은 천도 중심의 대일통의 정치 철학을 건립하기 위해서였다. 왜냐하면 신념 체계에 따라 행위가 달라지는 삶 속에서는 그 신념 체계가 비합리적이라도 의심 없이 믿고 따라 하면 행위 결과 역시 그렇게 나타나기 때문이다. 만약 동중서가 맹자의 "서경을 모두 믿으면, 차라리 서경이 없는 것만도 못할 것"[134]이라는 말을 염두에 두었거나, 의심나는 것이나 모르는 것은 말

---

133   天道大數, 相反之物也.(『春秋繁露』「陰陽出入上下」), 天之常道, 相反之物也.
…… 陰與陽相反之物也.(『春秋繁露』「天道無二」)

134   盡信書, 則不如無書.(『孟子』「盡心下」3)

하지 않는다는 개궐(蓋闕)[135] 또는 궐의(闕疑)의 태도를 취했다면, 비판을 덜 받았을 것이다.

동중서는 『여씨춘추』에서 불완전하게 구성한 음양오행론을 다듬어 체계화하여 기 중심의 생명 철학을 건립하였으며, 그 속에서 유가의 도덕 철학을 재해석해 보려 했다. 전자는 보통 백성들에게 생명을 중시하고 보전하게 하는 데는 공헌했다. 그러나 후자는 유가 철학이 음양오행론과 깊은 관계를 갖기 시작하는 단계였으므로 음양오행의 기 속에 도덕 정신을 가두고 말았다. 음양오행론에 기초한 천인감응론은 육체 생명에 치중함으로써 정신 생명의 천인합덕적 정신은 추락하고 말았다. 육체 생명 없는 정신 생명은 의존할 곳이 없고, 정신 생명 없는 육체 생명은 육신의 삶뿐이다. 이러한 편향된 생명 존중 사상으로 진·한대에 이르러 정신 생명은 추락하고 만 것이다.

또한 동중서가 천인감응론을 주장한 목적이 사상적·정치적으로 대일통을 추구했다 하더라도 결과적으로는 유가 철학 일존(一尊)으로 인해 나머지 제자백가 사상을 억압하게 되었다. 그 기초 방법으로 운용한 음양오행론은 후대 유가 철학에도 지대한 영향을 주었지만, 동중서가 유가 철학의 정신을 되살리는 데는 공헌하지 못한 것이다. 그뿐만 아니라 음양오행의 구조 속에서 설명되는 천지자연을 유기체로 본다 하더라도, 자기희생적 사랑의 정신이 기초가 되지 못하고 주체성 없는 기계론적 결론에 도달하게 되어 확보하려는 생명과 유가적 보편 사랑의 정신[仁]은 제대로 확보하지 못했다.

동중서가 천지와 더불어 인간의 역할과 위치를 대등하게 높여 놓은 것은 『주역』이나 『중용』과 그 사상의 맥을 같이 한다. 그러나 천인감응을 말하며 수명지부와 재이를 논하는 것을 마치 실험실에서 화학적 반응 실험

---

135   君子於其所不知, 蓋闕如也.(『論語』「子路」3)

을 설명하듯 했다.

이제는 동중서의 말처럼 인간의 역할과 위치는 천지와 대등해졌다. 그러나 과학의 발달은 천지의 화육(化育)을 돕는 것이 아니라, 오히려 환경오염 등과 같은 문제를 일으켜 지구상의 생명체를 위협하는 위치에 있다. 그러므로 동중서의 사상에서 그 해결의 실마리를 찾아보는 것, 즉 자연과 인간이 함께 살아가는 대일통을 추구해 보는 것은 바람직할 것이다.

[2000년][136]

---

136   「동중서의 천인감응의 방법」,『범한철학』 22집, 범한철학회, 2000.12.에 게재한 것을 수정 보완함.

제15장

회남자의 도사일통의 방법

『회남자』의 저작을 주도한 유안(劉安, B.C.179?~B.C.122)은 16세 무렵에 회남왕(淮南王)으로 봉해졌다. 그는 본래 학술을 좋아하여 많은 빈객과 방술지사(方術之士) 수천 명을 두었고, 내서(內書) 21편과 많은 외서(外書)를 지었다. 또 중편(中篇) 8권을 지었는데 신선가의 연금술[神仙黃白之術]을 논하는 것으로서 20여 만 자가 되었다. 한 무제는 문예를 좋아하였기 때문에, 회남왕 유안을 당숙으로 대접하면서 그를 존중하여, 편지나 공문을 보낼 때는 사마상여(司馬相如) 등에게 초고를 교열하게 한 다음에 보냈다. 유안이 입조할 때 그동안 새로 지은 내편을 무제에게 바치자 한 무제는 그것을 좋아하여 잘 보관하도록 명령했다. 또 한 무제는 유안에게 『이소전』(離騷傳)을 지으라고 명령했는데, 유안은 아침에 명령을 받고 점심 식사 전에 지어 바쳤다고 한다.[1]

『회남자』는 홍렬(鴻烈), 또는 회남홍렬(淮南鴻烈)이라고도 부르는데, 현전하는 것은 모두 21편이다. 이것은 유안이 제자백가 철학 사상을 통합하여 현실에 실용화하고자 한 무제에게 바친 것이다. 한대 초기 70~80년 동안은 황로(黃老) 도가 사상이 세상을 주도하던 시기였다. 그러나 유안

---

1 『漢書』「淮南衡山濟北王傳」

은 제후국의 국왕으로서 어느 한 사상에 치중하기보다는 어느 분야를 막
론하고 고루 활용하여 국가 경영에 이바지할 수 있도록 하는 실용주의적
발상을 한 것이다. 아울러 철학 사상의 분열로 국력이 분열되는 것을 극
복하여 같은 신념 체계를 갖고 국가 발전에 이바지할 수 있도록 하려는
일종의 정치 철학적 발상을 한 것이다. 그런 변습역속(變習易俗)은 갑자
기 창출되는 것이 아니라, 역사적인 지속과 변화 속에서 이루어지는 것이
기 때문에 『회남자』는 전통문화를 통합하여 조정해 보려 한 것이다.

　『회남자』의 철학적 세계관의 목적은 제자백가 철학 사상을 통합하여
기도경사(紀道經事)하는 실용에 있다. 기도경사란 각종 철학 사상 원리
간의 기강을 바로잡고, 그것으로 인간사를 경영하는 것을 말한다. 기도
(紀道), 즉 도덕기강(道德紀綱)을 바로잡는 방법은 만수위일(萬殊爲一)이
고, 경사(經事), 즉 인사경영(人事經營)의 방법은 집일응만(執一應萬)이
다. 『회남자』의 방법론상 만수위일은 하나의 원리에 모든 제자백가의 학
설을 통합하려는 동도론적(同道論的) 통합론이고, 집일응만은 하나의 원
리를 현실에 응용하려는 동도론적 실용론이다. 제자백가의 모든 실용 관
련 학설은 하나로 통한다는 만수위일과 하나의 도를 만사에 응용한다는
집일응만은 한마디로 실용적 도사일통론(道事一通論)이다. 도사일통론은
이론과 실제를 합일하려는 『회남자』의 실용적 방법론이다.

　도사일통론은 제자백가의 학설을 통합하여 현실에 실용화하려는 것이
다. 그것은 한마디로 기도경사로서, 도(道)와 사(事) 어느 쪽에도 기울어
지지 않는 균형 잡힌 것이다. 그래서 본 장에서는 기도경사를 위한 만수
위일의 방법과 집일응만의 방법을 중심으로 『회남자』의 방법론을 논하고
자 한다.

1. 방법론적 배경

현존하는 『회남자』 21편을 내용별로 분류하면, 「원도훈」은 도가적 본체론
이고, 「숙진훈」·「남명훈」·「정신훈」·「무칭훈」은 유·도가적 수양론이며,
「천문훈」·「지형훈」·「시칙훈」은 음양오행가적 생명환경론이고, 「본경
훈」·「주술훈」·「제속훈」·「범론훈」·「수무훈」·「태족훈」은 유·도·묵·
법·명가적 경세론이며, 「도응훈」·「전언훈」·「인간훈」은 유·도가적 처세
론이고, 「병략훈」은 병가적 병법론이며, 「설산훈」·「설림훈」은 명가적 토
론이고, 「요략」은 20편 전체를 요약한 총론이다.[2] 한마디로 말하면 기도
경사하기 위해 위로는 하늘을, 아래로는 땅을, 중간에는 인간을 살피는
실용주의적 사상의 집대성이다.[3]

기도경사(紀道經事)를 위한 『회남자』의 방법론적 배경은 무엇인가?
『회남자』는 "옛날에는 보습을 깎아 밭갈이를 했고, 대합 껍질을 갈아 잡
초를 베었으며, 나무로 낫을 만들어 나무를 베고, 항아리를 껴안고 물을
길었으므로, 백성은 고생을 많이 해도 이익은 얼마 안 되었다. 후세에는

---

2   김용섭에 의하면 "무카이 테츠오(向井哲夫)는 『회남자』의 사상 성분을 도가: 「원도
훈」·「숙진훈」·「정신훈」·「제속훈」·「도응훈」·「전언훈」·「요략」, 유가: 「무칭훈」·「태
족훈」, 법가: 「주술훈」, 음양오행가: 「천문훈」·「지형훈」·「시칙훈」·「남명훈」·「본경
훈」, 묵가: 「수무훈」, 명가: 「설산훈」·「설림훈」, 병가: 「병략훈」, 종횡가: 「인간훈」으로
분류했고, 타케우찌 요시오(武內義雄)는 도가: 「원도훈」·「숙진훈」·「도응훈」, 유가: 「무
칭훈」, 법가: (「주술훈」), 음양오행가: 「천문훈」·「시칙훈」, 명가: (「주술훈」), 병가: 「병
략훈」), 농가: 「제속훈」·「수무훈」 등으로 분류했다고 한다.(김용섭, 『회남자 철학의 세
계』, 경산, 경산대학교 출판부, 1997, 47쪽)
3   上因天時, 下盡地財, 中用人力.(『淮南子』「主術訓」) 上得天道, 下得地利, 中得人
心.(『淮南子』「兵略訓」) 上知天道, 下習地形, 中察人情.(『淮南子』「兵略訓」) 夫作爲書論
者, 所以紀綱道德, 經緯人事, 上考之天, 下揆之地, 中通諸理.(『淮南子』「要略」) 故著書
二十篇, 則天地之理究矣, 人間之事接矣, 帝王之道備矣.(『淮南子』「要略」) 본문에서 인용
하는 『회남자』의 원문은 高誘 注, 『淮南子』, 臺北, 世界書局本(『新編諸子集成』), 1983을
臺本으로 한다.

날이 붙은 보습이 생겨나고, 도끼로 나무를 베며, 두레박으로 물을 긷게 되었으므로, 백성은 편하게 일을 해도 이익은 많게 되었다. …… 이처럼 백성은 곤경에 직면하면 보다 나은 수단을 찾아내고, 근심 때문에 그에 대한 대비책을 마련했다. 사람은 누구나 자신의 지혜를 사용하여 해악을 제거하고 이익을 취하는 것이다. 예로부터 전해 오는 관습이라도 (때에 안 맞으면) 따를 수 없고, 기구라도 사용할 수 없다. 마찬가지로 선왕의 법도라도 바꾸어 나아가야 한다"[4]고 말했다. 『회남자』의 방법론적 배경은 실용성을 높이기 위한 방법으로, 전통 철학 사상을 통합 또는 변경하려 한 것이다.

도(道)와 사(事)의 관계는 어떤 것이며 어떻게 연결해야 하는가? 도와 사의 관계는 원칙과 변칙의 관계이다. 즉 "성인이 의거하는 것을 도라고 하고, 행하는 것을 사라고 한다. 도란 종(鐘)과 경(磬)이 하나의 조(調)를 정하면 바꾸지 않는 것과 같고, 사란 금슬(琴瑟)을 탈 때마다 조율하는 것과 같다. 다시 말해 법제와 예의는 다스리는 도구이지 다스리는 도리는 아닌 것이다."[5] 각종 제도는 정치 도구이므로 시대에 알맞게 변화시켜야 하겠지만 근본 원리에 어긋나면 안 되는 것이다.

임계유(任繼愈)는 도와 사의 범주를 위진현학의 체용(體用)·본말(本末) 등의 철학 범주의 기초로 보았는데, 거기엔 약간의 문제가 있다.[6] 회남자의 도사일통론 속에는 형이상학·본체론의 요소가 있어 그렇게 볼 수도 있지만, 주요 성격은 실천 철학이기 때문에, 오히려 그것은 공자의 문

---

4   古者剡耜而耕, 摩蜃而耨, 木鉤而樵, 抱甄而汲, 民勞而利薄. 後世爲之未耜耰鉏, 斧柯而樵, 桔皐而汲, 民逸而利多焉. …… 故民迫其難, 則求其便, 因其患, 則造其備. 人各以其所知, 去其所害, 就其所利. 常故不可循, 器械不可因也. 則先王之法度, 有移易者矣.(『淮南子』「氾論訓」)

5   故聖人所由曰道, 所爲曰事. 道猶金石, 一調不更, 事猶琴瑟, 每絃改調. 故法制禮義者, 治人之具也, 而非所以爲治也.(『淮南子』「氾論訓」)

6   任繼愈 主編, 『中國哲學發展史』(秦漢), 北京, 人民出版社, 1985, 278쪽

질론(文質論)에 가까운 것이다. 공자의 문과 질의 관계는 수양 실천의 관계이지 형이상학·본체론적인 설명이 아니다. 그래서 위진현학과 같은 범주에서 보는 것은 무리가 따른다.

『회남자』에서 "모든 하천은 근원이 달라도 모두 바다로 흘러가고, 제자백가의 학설은 서로 달라도 모두 세상 다스리는 데 힘쓰는 것"[7]이라고 말한 것처럼, 제자백가 철학은 구체적인 실천 방법상 다른 것이지 그 목적은 모두 세상 다스리는 실용에 있다는 것이다. 『회남자』에서 추구한 근본 원리와 제자백가의 철학 사상과의 관계 역시 하나의 도와 사의 실용적 관계일 뿐이다. 그러나 『회남자』는 그 근본 원리를 새로운 개념으로 제시하지 못하고, 도가의 도(道)·일(一)·현동(玄同) 등의 개념을 빌려 썼기 때문에, 도가의 도를 종주로 삼은 것처럼 오해받는다.

진나라 때의 『여씨춘추』는 여원동기(與元同氣)와 같은 동기론(同氣論)을 기초로 방법론을 건립했다. 『회남자』는 『여씨춘추』의 형식과 내용을 참조하기는 하였으나, 이과동도(異科同道)의 동도론(同道論)을 기초로 만수위일과 집일응만의 방법론을 건립했다. 이 두 사상은 모두 여러 철학 사상을 통합하는 데 목적을 두었는데, 『여씨춘추』는 기에 두었고, 『회남자』는 도에 두었다. 또 『여씨춘추』의 주요 문제는 생존이었고, 『회남자』의 경우는 실용이었다.

『회남자』는 외적으로 학술 체계상 무위자연의 도를 중심으로 정치론·우주론·형이상학적 논의에 치중한 노자보다는, 술(術)을 중심으로 인생에서의 수양 실천적 논의에 치중한 장자의 영향이 컸다고 볼 수 있다.[8] 왜

---

7   百川異源, 而皆歸於海. 百家殊業, 而皆務於治.(『淮南子』「氾論訓」)

8   徐復觀, 『兩漢思想史』 卷2, 臺北, 臺灣學生書局, 1979, 191~193쪽 참조. 김동천은 『회남자』의 글과 같거나 유사한 것을 도가 499, 유가 71, 법가 81, 묵가 11, 잡가 218 군데에서 찾아냈다. 특히 『노자도덕경』 99, 『장자』 269군데에 달한다고 보았다.(「〈淮南子〉의 '原道論'과 '經世論' 연구」, 서울, 서강대학교, 1994, 4쪽)

냐하면 『회남자』가 도가의 학설을 많이 취했으나, 이때 대부분 형이상학적 기초를 같이할 뿐 실천론은 오히려 유묵(儒墨)의 방법으로 전개했기 때문이다. 그것은 도가적 형이상학 위에서는 실천론 역시 반드시 도가적이어야 하고, 유가적 형이상학 위에서는 실천론 역시 반드시 유가적이어야 하는 것은 아니다. 즉 『회남자』는 오히려 제자백가 철학 사상의 목적이 세상을 다스리는 데 있다는 실용성을 최고 이념으로 본 것이다.

『회남자』는 『여씨춘추』의 말을 빌려 세상에는 흰 여우는 없으나 흰 여우 털옷은 있는데, 그것은 여우의 털 중 흰 부분만 모았기 때문이라고 말했다.[9] 그러나 흰 여우의 일부로서의 흰 털과 털옷의 일부로서의 흰 털은 그 기능상 다른 것이다. 즉 흰 털은 여우에게서는 생존을 위한 필수적인 것이지만, 사람에게서는 실용을 위한 선택적인 것이다. 마찬가지로 제자백가 철학 사상에서의 개념과 『회남자』 속에서의 개념이 다를 수 있다. 즉 노장 철학에서 도(道)·일(一)·현동(玄同) 등의 개념은 형이상학·우주론의 체계에 종속적이지만, 『회남자』에서는 실용에 종속적이다. 그래서 그들은 동자이의(同字異義)의 개념으로 볼 수 있다. 경우에 따라 동자동의(同字同義)라 해도 그들의 정신 경지 역시 동급은 아니다. 왜냐하면 『회남자』의 최고 경지를 몸으로 체득한 것이 아니라 거의 관념으로 얻은 것이기 때문이다. 물론 『회남자』에서도 체도(體道)한 성인을 전제로 하고 있지만,[10] 집필자 중에 과연 그 경지에 오른 사람이 얼마나 있었을까? 그렇게 되면 개념 사용상에서는 그럴듯하지만 실제 내용과 정신 경지에서는 그렇지 않을 수 있으므로 역시 동자이의어로 보아야 할 것이다.

노장 철학의 주요 개념인 무위란 개념이 처음 사용된 것은 『시경』에서

---

9   天下無粹白狐, 而有粹白之裘, 掇之衆白也.(『淮南子』 「說山訓」)

10   體道者, 不專在于我, 亦有繫于世矣.(『淮南子』 「俶眞訓」) 是故體道者, 不哀不樂, 不喜不怒, 其坐無慮, 其寢無夢, 物來而名, 事來而應.(『淮南子』 「繆稱訓」)

였다. 즉 "아무 탈이 없었다"[11], "자나 깨나 다른 생각이 없네"[12], "아첨하지 마라"[13]는 시구에 나온다. 다시 말해 무위(無爲)는 본래 "……이 없다"나 "……하지 마라"는 뜻이었다. 이와 같이 무위의 위(爲)는 정해진 것이 없을 뿐만 아니라 비록 정해진 것이 있다 하더라도 구체적으로 지시하는 바가 없는 것이다. 왜냐하면 무위란 단지 인위적인 것이 없고 부정하는 것뿐, 그런 것이 없는 곳에 무엇이 있는가는 말하지 않기 때문이다. 따라서 부정하고 남은 세계가 무엇인지 구체적으로 규정하지 않는다면 현실적으로 구체적인 의미는 없게 된다. 『회남자』는 무위의 개념을 통해 부정하고 남은 세계에 대해 도사일통의 실용상에서 그 의미를 확보하려 하였다. 그래서 그것을 단지 한두 가지 성격으로 규정하기가 어렵다. 유·도·묵·법가 등의 무위 개념과 교차되어 있는 것은 물론 백성들 삶의 다양성만큼이나 다의성(多義性)을 갖는 것이다. 물론 『회남자』의 무위를 자동적 유위주의(有爲主義)나[14] 양의성(兩義性)[15]으로 말하는 학자도 있다.

　자연(自然)이란 개념도 역시 자연법칙을 따르는 것만을 지시하는 것은 노장 철학이지만 『회남자』의 경우는 다르다. 삶의 실용을 따르는 『회남자』는 그러한[然]의 주요 개념을 백성의 실용적 삶으로 삼았다. 즉 백성들의 삶이 하고자 하는 대로 그렇게 하는 것을 의미로 삼은 것이다. 만약 노장 철학의 자연의 개념과 같다면 『회남자』는 다른 제자백가의 학설을 한마디도 취하지 못했을 것이다. 『회남자』가 다르면서도 같고 같으면서도 다른 제자백가의 학설을 녹일 수 있었던 것은 백성들의 삶이라는 실용의

11　尙無爲.(「王風, 免爰」)

12　寤寐無爲.(「陳風, 澤陂」)

13　無爲夸毘.(「大雅, 生民之什, 板」)

14　羅光, 『中國哲學思想史』(兩漢南北朝篇), 臺北, 學生書局, 1978, 588~589쪽 참조.

15　김용섭, 『회남자 철학의 세계』, 경산, 경산대학교 출판부, 1997, 111~130쪽 참조. 김용섭은 "소극적 의미의 무위가 『회남자』의 이상향을 나타낸다면, 적극적 의미의 무위는 『회남자』의 현실 태도를 가리킨다"고 말했다.(같은 책, 119쪽)

도가니였다. 그래서 그 속에는 다중적 관점이 공존하는 것이다.

『한서』「예문지」에서 반고(班固, 32~92)는 유향(劉向)과 유흠(劉歆) 부자의 견해를 받아들여, 『여씨춘추』와 『회남자』가 학문 체계상에서 제자백가의 학설을 종합했다고 해서 잡가(雜家)로 분류했다. 풍우란(馮友蘭) 역시 『회남자』는 "각 학파의 말을 잡스럽게 취하여 중심 사상이 없다. 오직 우주 발생에 관한 부분의 말만큼은 이전의 철학가가 말한 것에 비해 모두 상세하고 분명했다"[16]고 말했다.

잡가란 자신의 일관된 세계관적 목적이 없는 사상가를 말한다. 일관된 세계관적 목적이 없을 때 철학 사상으로서의 체계를 갖출 수 없다. 제자백가의 학설을 취하여 하나의 학술 계통을 세웠다고 해서 잡가라고 한다면, 제자백가의 학설은 순수한데 잡가는 잡박(雜駁)하다는 의미가 된다. 물론 풍우란의 말처럼 하나의 학문 체계를 세우지 못해서 단지 잡박하다는 의미도 있을 수 있다. 순수하지 못하다는 이유로 잡가라고 규정한다면 제자백가의 학설의 순수성은 어디에 있는 것인가? 순수하게 자신의 창조성에 근거한 것이 아닌 제자백가를 기준으로 삼아 나머지를 순수하지 못하다고 보는 것은 제자백가 중심주의이다. 제자백가 역시 오십보백보라면 『회남자』는 잡가가 아니라 제자백가의 학설을 종합한 종합가(綜合家)라고 해야 할 것이다.

우리가 장점이니 단점이니 하는 것은 단지 정해 놓은 목적에 부합되느냐 안 되느냐에 따라 결정된다. 『회남자』는 제자백가의 사상에서 자기 목적에 장점으로 작용할 수 있는 것만을 추출하여 활용한 것이다.[17] 그래서 『회남자』가 장점으로 보고 모아 놓은 제자백가의 학설을 살펴보고 추론하면 『회남자』가 무슨 목적을 가지고 있는지를 알 수 있을 것이다. 새로운

---

16   雜取各家之言, 無中心思想. 惟其中講宇宙發生之部分, 比以前哲學家所講皆較詳明.(馮友蘭, 『中國哲學史』, 臺北, 三民書局, 1981, 477~478쪽)

17   權而用其長者而已矣.(『淮南子』「道應訓」)

철학 사상을 창출할 능력이 없어서 궁여지책으로 기존의 것을 활용한 이유도 있겠지만, 기존의 철학 사상 간의 현실적 이해의 조정이라는 정치 철학적 목적도 작용했다고 본다. 왜냐하면 철학 사상은 백성들의 삶에 직·간접적인 영향을 주기 때문에, 관련된 삶의 철학들의 관계를 재조정하지 않으면 안 되었을 것이다.

황로를 숭상하고 유가를 배척했던 두태후(竇太后, B.C.?~B.C.135) 말년에 유안은 4~50대의 젊고 의욕적인 나이였으며, 더욱이 한 무제와 만나면서 보다 큰 의욕을 보였을 것이다. 안정과 번영기에서 유안이 제시한 세계관적 목적은 분명하지 않지만, 제자백가 철학 사상에 따르는 사람들의 현실적 이해를 조정하여 전체를 통합하는 거대 이론을 꿈꾸었을 것이다. 그 형태는 두 가지가 있을 수 있다. 각 부분에 자율성을 많이 주고 전체와 조화를 요구하는 지방 분권형과 각 부분의 기능 일체를 전체의 중심에 집약시키는 중앙 집권형이 있을 수 있는데, 유안은 약간 느슨한 중앙 집권형의 철학 체제를 추구했다. 그때 『회남자』는 포괄하지 않는 것 없이 큰, 지대지고(至大至高)한 도가의 도 개념으로 기초를 삼으려 했다. 즉 "무릇 도에는 일관된 조리가 있어 하나의 도를 얻으면 천지만엽까지 이어진다. …… 도는 하나의 근원에서 나와 구천(九天)의 문을 지나 육합(六合)의 시가지로 퍼지고 무한의 세계를 돌아다니는데, 적막하고 허무하므로 만물에 작용을 가하지 않아도 만물이 스스로 작용하는 것이다. 그러므로 일을 할 때 도에 따르는 것은 도가 작용을 가하는 것이 아니라 도가 베풀어져 자연히 그렇게 되는 것이다."[18] 이와 같이 형이상학의 기초는 도가 철학에 두었다.

우대성(于大成)은 『회남자』가 제자백가의 장점을 융합하여 이룬 것으

---

18   夫道有經紀條貫, 得一之道, 連千枝萬葉. …… 道出一原, 通九門, 散六衢, 設於無垓 坫之宇. 寂漠以虛無, 非有爲於物也, 物以有爲於己也. 是故擧事而順于道者, 非道之所爲 也, 道之所施也.(『淮南子』「俶眞訓」)

로서 그의 중심 사상을 도가에 두었다고 말했다.[19] 그런데 서복관(徐復觀)은 "(「원도훈」의 저자는) 도가가 건립한 형이상학의 도를 지고무상의 것으로 존중했는데, 「태족훈」의 저자는 6경을 지고무상의 것으로 존중했다. 실제는 유가의 6경으로 도가의 도의 지위를 대체하려 한 것이다. 이것은 바로 『회남자』 전체에서 도가의 지위를 완전히 유가 중심으로 전도시킨 것"[20]이라고 말했다. 이런 견해는 아직 제자백가 중심의 견해를 벗어나지 못한 것이다. 그뿐만 아니라 제자백가 철학 사상의 근원인 6경을 유가만의 전유물로 생각하는 것 역시 문제가 있다.

구성 요소의 근원을 중심으로 보면 그렇게 볼 수도 있다. 우리는 곡식을 먹고사므로, 곡식 입장에서 우리의 육신을 볼 수도 있고, 육신 입장에서 곡식을 볼 수도 있다. 그러나 나의 삶 속에서 갖는 곡식의 의미를 소홀히 하면 그의 실용적 가치를 알 수 없게 된다. 마찬가지로 본 장은 『회남자』에 관한 것이기 때문에 방법상 『회남자』에서 제자백가 철학 사상의 실용적 가치를 논할 수밖에 없는 것이다.

『회남자』의 실천론은 유·묵·법가 등에 두었다. 『회남자』가 실천 방법상 제자백가의 개념과 사상을 빌려 왔지만 본의와는 어느 정도 거리가 있는 것들이었다. 방법의 역사도 지속과 변화 속에서 이루어지는 것이다. 『회남자』는 학술사적으로 6경이나 제자백가와의 관계에서 변화보다는 지속이 많은 것은 사실이다. 그 결과 제자백가의 학술을 모아 놓은 것처럼 보이는 것이다. 따라서 제자백가를 중심으로 분석하면 『회남자』의 사상은 오히려 희석될 수 있으므로, 『회남자』를 중심으로 분석하고 이해해야 할 것이다. 특히 무분별·무차별한 도가의 도를 차용함으로써 『회남자』는 제자백가 철학을 통합하는 거대한 실용론을 추구할 수 있게 된 것이다.

---

19   于大成, 『中國歷代思想家』 卷10, 臺北, 商務印書館, 1978, 17쪽
20   徐復觀, 『兩漢思想史』 卷2, 臺北, 臺灣學生書局, 1979, 274쪽

『회남자』 전반에 걸쳐 사용되는 주요 개념들은 실용을 위한 일(一)과 통(通)에 집중되어 있다.[21] 일을 강조한 것은 제자백가의 철학 사상을 하나로 통합하는 만수위일의 방법이고, 통을 강조하는 것은 그들을 현실 속에서 활용하는 집일응만의 방법이다. 그래서 필자는 일과 통을 합쳐 일통이란 말을 한 것이다. 동시대의 동중서(董仲舒)는 공양춘추의 대일통(大一統) 사상을 주장하여 유가 독존(獨尊)의 정치 철학을 추구했다. 그런데 『회남자』의 일통론(一通論)은 제자백가 철학 사상의 상생론이면서, 이론과 실제인 도와 사를 조화롭게[22] 연결시켜 주는 거대 실용론이다. 그래서 본 장에서는 도사일통(道事一通)의 방법을 중심으로 구체적 목적과 그의 실천 방법을 논하기로 한다.

2. 주요 방법

하나의 철학 사상을 건립하거나 기존의 철학 사상을 통합할 때, 하나의 중심 원리가 있다고 보는 일원론과 여러 개의 원리가 공존할 수 있다고 보는 다원론이 있다. 『회남자』는 제자백가의 철학 사상을 통합할 수 있는 하나의 원리가 있다고 보았다. 그것은 일(一)이나 도(道)라고 하는 것으

---

21   一家, 一圈, 一原, 太一, 純一, 一化, 一體, 爲一, 一心, 一齊, 執一, 一本, 一道; 通乎德, 上通九天, 通乎不變, 通於神明, 通于天機, 大通冥冥, 通爲一家, 通于無圻, 通其道, 通障塞, 四維乃通, 發通有紀, 通於大和, 大通, 太通混冥, 相通, 通達, 通學, 通禮于天地, 通治, 通於道德之倫, 上通太一, 理無不通, 博通, 川谷通原, 通於道, 通於大理, 通士, 中通諸理, 誠通其志, 通異同之理, 通維初之道, 通古今之論, 通而無爲, 窮道通意, 通殊類 등과 같이 一과 通을 많이 사용했다. 그런 가운데 제자백가의 학설을 통합하여 현실에 응용할 수 있다는 『회남자』의 자신감이 엿보인다.

22   이석명은 "『회남자』에 내재된 기틀은 道事並重, 혹은 道事調和라고 할 수 있다"(「〈淮南子〉의 無爲論 연구」, 서울, 고려대학교, 1997)고 말했다.

로서 그로부터 벗어나 있는 것은 아무것도 없다는 것이다. 그래서 『회남자』에서 일과 도가 갖는 학술적 위치는 인식론·형이상학·우주론·수양 실천론에서 최고 정점에 있다. 그러므로 『회남자』는 "마음이 바깥 사물을 제어하면 만사가 잘 되고"[23], "사방을 경영하고 근본으로 돌아온다"[24]고 말한 것이다. "만물 전체는 모두 하나의 구멍에 수용되고, 백사(百事)의 근본은 모두 하나의 문에서 나온다"[25]는 도사일통론이 바로 그의 근거이다.

『회남자』는 "근본적인 원리[道]만 말하고 그 순박한 도를 해석하지 않고 나누어 설명하지 않으면, 사람들이 몽매하여 알 수 없을까 두렵다. 그렇다고 말을 많이 하고 널리 설명하면, 근본적인 도에서 이탈하여 말단에 사로잡힐까 염려된다. 그러므로 원리[道]를 말하고 활용[事]을 말하지 않으면 세상 변화에 적응함이 없고, 활용[事]만 말하고 원리[道]를 말하지 않으면 세상 변화와 더불어 노닐 수 없다"[26]고 말했다. 그러나 도사일통론은 실용이라는 하나의 세계관적 목적을 중심으로 하지만 집중력은 그리 강하지 않다. 왜냐하면 현실에는 다양한 삶이 공존하고 있다는 것을 인정하기 때문이다.

『회남자』는 만물을 혼돈의 관점에서 파악하라는 만물혼돈(萬物混沌)[27]이라는 말이나, 만물을 피차의 구별이 없는 하나라는 관점에서 파악하라는 만물현동(萬物玄同)[28]이라는 말을 했다. 이처럼 『회남자』는 약간 느슨

---

23 以中制外, 百事不廢.(『淮南子』「原道」)

24 經營四隅, 還反於樞.(『淮南子』「原道」)

25 萬物之總, 皆閱一孔. 百事之根, 皆出一門.(『淮南子』「原道訓」)

26 總要擧凡, 而語不剖判純樸, 靡散大宗, 懼爲人之惛惛然弗能知也. 故多爲之辭, 博爲之說, 又恐人之離本就末也. 故言道而不言事, 則無以與世浮沈; 言事而不言道, 則無以與化游息.(『淮南子』「要略」)

27 原道者, 盧牟六合, 混沌萬物, 象太一之容, 測窈冥之深, 以翔虛無之軫, 託小以苞大, 守約以治廣, 使人知先後之禍福, 動靜之利害, 誠通其志, 浩然可以大觀矣.(『淮南子』「要略」)에 나오는 混沌萬物을 바꾸어 말한 것이다.

28 是故無所喜而無所怒, 無所樂而無所苦, 萬物玄同也.(『淮南子』「原道訓」) 참조.

한 형태의 중앙 집권적 철학 체계를 갖고 있다. 도가의 현동과 혼돈은 단지 자연을 그대로 보려는 것뿐이다. 그러나 혼돈이나 현동은 도가에서 빌려 온 개념이지만 제자백가 학설을 포괄하려 한 것이기 때문에 그 내용은 다르다. 『회남자』는 오히려 혼돈을 통찰하는 남명(覽冥)의 방법을 통해 제자백가의 많은 철학적 방법을 수용하여 현실에 적용할 수 있었다. 그것은 이념적 색깔을 분명히 하지 않음으로써 통합 과정에서 여유를 확보하려 한 것이다.

동서고금을 통해 수많은 학술 체계가 있다. 그것은 인간이 발견한 하나의 통일된 이론 체계들이다. 그런데 백성들의 실용 체계는 이론 체계와의 정밀한 정합성(整合性)을 따지지 않는다. 모로 가도 서울만 가면 된다는 주먹구구식이다. 『회남자』 역시 이론 체계보다는 비교적 실용에 중점을 두지만, 제자백가들처럼 이론 체계에 맞추어 보려는 형태를 답습한다. 최근 천체 물리학에서는 통일된 불변의 체계(cosmos)는 없고, 오히려 혼돈(chaos)이 우주의 본질이며 법칙이라고 한다. 우리가 불변의 법칙으로 믿는 천도라는 것도 긴 우주 시간에서는 변화 속에 있으며, 그래서 언젠가는 혼돈에 빠지고 만다는 것이다.[29] 만물현동이나 혼돈만물의 세계관을 가진 『회남자』는 노장 철학이나 요하임 부블라트의 견해와 비슷하다고 할 수 있다.

필자가 보기엔 그렇게 완전 혼돈의 상태가 있다면 그것은 자기희생성의 원리가 완전히 자기를 실현했을 때이다. 그러나 그런 혼돈은 혼돈으로 영원히 정지해 있는 것이 아니고, 그런 혼돈 역시 자기희생성을 가지고 있기 때문에 또 다른 어떤 질서를 가질 수도 있다. 우주의 배후에는 혼돈의 원리가 있는 것이 아니라, 자신의 원리까지도 희생할 수 있는 자기희생성의 원리가 있는 것이다. 『회남자』 역시 참여자들에게 자신의 학설에

---

29   요하임 부블라트 저, 염영록 역, 『카오스와 코스모스』, 서울, 생각의나무, 2003, 참조.

집착하지 않고 보다 큰 거대 이론으로 일통(一通)을 이루기 위해서는 그런 자기희생의 정신을 요구했을 것이다.

1) 만수위일의 통합론

만수위일의 철학적 방법은 무엇인가? 그의 관점은 혼돈을 통찰하는 남명에 의해 만물현동[30]을 보는 것이고, 그의 출발점은 정신과 육체가 조화를 이룬 전신(全身)에 있다. 『회남자』의 세계관은 주로 노장 철학을 따랐지만, 그 원리의 소재와 수양 실천론적 기초는 자기 자신에게 두었다. 즉 "천하라는 것은 신기한 것이어서 다스릴 수가 없다. 다스리고자 하는 자는 실패할 것이고, 잡고자 하는 자는 놓칠 것이다. …… 그런 까닭이 무엇인가? 천하에 의해 천하를 다스리는 것이다. 천하를 다스리는 요체는 남에게 있는 것이 아니고 나에게 있는 것이며, 다른 사람에게 있는 것이 아니고 나의 몸에 있는 것이다. 몸을 얻으면 만물의 이치는 나에게 갖추어지는 것이다. 심술(心術)의 논의를 끝까지 해 보면 기욕(嗜欲)과 호증(好憎)은 나의 바깥에 있는 것이다. 이 때문에 희노애락은 (내부에) 없는 것이다. 만물은 혼연일체가 되니 시비가 없고, 생성화육의 현란함 속의 생은 죽음과 같은 것이 된다. 무릇 천하라는 것은 나에게 있는 것이고, 나역시 천하에 있는 것이다. …… 내가 천하를 가지고 있다고 말하는 것은, …… 자득한 것뿐이다. 내가 천하의 이치를 자득하면, 천하 역시 나를 얻는 것이다. …… 소위 자득한 자는 그 몸가짐을 온전하게 한다. 그 몸가짐을 온전하게 하면 도와 일체가 된다"[31]는 것이다. 그렇게 도와 일체된 전

---

30   『淮南子』「原道訓」. 玄同이란 용어는 老子와 莊子가 이미 사용한 것이나, 萬物玄同이란 용어는 『淮南子』에서 사용한 것이다.

31   天下神器, 不可爲也. 爲者敗之, 執者失之. …… 所以然者何也? 因天下而爲天下也. 天下之要, 不在於彼, 而在於我; 不在於人, 而在於我身. 身得則萬物備矣. 徹於心術之論, 則嗜欲好憎外矣. 是故無所喜而無所怒, 無所樂而無所苦. 萬物玄同也, 無非無是, 化育玄燿, 生而如死. 夫天下者亦吾有也, 吾亦天下之有也. …… 吾所謂有天下者, …… 自得而

신은 만수위일하여 도사일통이 되는 제일의 기초가 된다. 그렇기 때문에 『회남자』는 "성인은 안으로는 그 근본을 닦지만 밖으로는 그 말단을 꾸미지 않는다. 그 정신을 보전하고 계략을 억지하며 막연히 무위하지만, 다스려지지 않는 것이 없는 것"[32]이라고 말한 것이다. 그렇게 함으로써 "성인은 가까운 데서 시작해서 먼 것을 아는 방법으로 수많은 다른 것을 하나로 통합하는 것이다."[33]

(1) 제자백가 사상 통합과 만수위일

만수위일(萬殊爲一)이란 "천지 우주는 한 사람의 몸과 같고, 육합(六合, 즉 상하와 사방)은 한 사람이 복종하고 사는 것과 같다. 이 때문에 사람의 본성에 밝은 사람은 천지도 위협을 가할 수 없고, 변화를 관찰하여 그에 부합하는 사람은 요괴도 유혹할 수 없다. 그러므로 성인은 몸 가까이 있는 것으로 인하여 먼 곳의 것을 알고, 삼라만상을 하나로 정리할 수 있다"[34]는 문구에서 나온 것이다. 마찬가지로 『회남자』는 6경을 통합하기 위해 이과동도(異科同道)라는 말을 했다. 여기서 이과동도란 6경은 6분야의 경전이지만 하나의 도를 추구한다는 것이다. 즉 "만물이 같지 않지만, 옛것도 없고 새것도 없으며, 소원한 것도 없고 친근한 것도 없다. …… 오행은 기를 달리하는데도 모두 조화되고, 육경은 분과를 달리하는데도 모두 도를 같이한다"[35]는 것이다. 6경은 각기 다르면서도 그 실용 목적은 같

已. 自得則天下亦得我矣. …… 所謂自得者, 全其身者也. 全其身則與道爲一矣.(『淮南子』「原道訓」)

32   聖人內脩其本, 而不外飾其末. 保其精神, 偃其智故, 漠然無爲而無不爲也.(『淮南子』「原道訓」)

33   聖人者, 由近知遠, 而萬殊爲一.(『淮南子』「本經訓」)

34   天地宇宙, 一人之身也. 六合之內, 一人之制也. 是故明於性者, 天地不能脅也. 審於符者, 怪物不能惑也. 故聖人者, 由近知遠, 而萬殊爲一.(『淮南子』「本經訓」)

35   萬物不同, 無故無新, 無疏無親. …… 五行異氣而皆適調, 六藝異科而皆同道.(『淮南

다는 전제가 있는 것이다.

우리가 매일 먹는 음식도 사람의 체질에 따라 그의 작용은 다를 수 있다. 그래서 어떤 음식을(What) 먹느냐하는 것도 중요하지만, 몸의 체질을(Why) 고려하여 먹어도 되는지가 우선 고려되어야 한다. 마찬가지로 『회남자』에 관한 연구에서도 『회남자』가 과거의 어떤 철학을 취했는가를 분석하는 것은 하나의 기초 작업이나 그의 의미는 결국 왜 그런 사상을 취했느냐 하는 것을 밝힐 때 알 수 있는 것이다. 『회남자』의 철학 정신은 『회남자』가 인용한 제자백가들의 사상에 있는 것이 아니라 인용문과 인용문 사이에 존재하는 것이기 때문이다.

『회남자』는 "성인이 어떤 일에 종사하는 경우, 형태가 다르더라도 이치에 맞게 하고 다른 길로 가더라도 도착점은 같게 하며, 위험을 안고 위태로움을 안정시키는 경우에도 한결같이, 그 뜻은 사람들을 이롭게 해 주려는 것을 잊지 않았다"[36]고 말했다. 『회남자』에서 말하는 성인이란 요·순·우·탕·문왕 등이다. 성인이 이치에 합당하게 한다는 것은 무엇을 의미하는가? 몸가짐을 자연과 일치시킬 때 도와 합일이 가능하다고 본 것이다. 즉 "그 몸가짐을 온전하게 하면 도와 일체가 된다"[37]고 하여 수신을 기본으로 한다.

제자백가의 통합은 어떻게 이루어졌는가? 『회남자』는 제자백가를 통합한 거대 이론으로서 스스로를 태족(泰族)이라고 규정했다. 태족이란 대류(大類)라는 뜻으로, 제자백가 철학 사상은 물론 만사만물을 총망라했다는 말이다.[38] 그렇게 일체를 총망라할 수 있다고 보는 견해는 어떤 것인

子』「泰族訓」)

36　聖人之從事也, 殊體而合于理, 其所由異路而同歸, 其存危定傾若一, 志不忘於欲利人也.(『淮南子』「脩務訓」)

37　全其身則與道爲一矣.(『淮南子』「原道訓」)

38　若劉氏之書, 觀天地之象, 通古今之事, 權事而立制, 度形而施宜, 原道之心, 合三王之風, 以儲與扈冶, 玄眇之中, 精搖靡覽, 棄其畛挈, 斟其淑靜, 以統天下, 理萬物, 應變化,

가? 그것은 바로 근본이 같다는 것이다. 즉 "만일 소를 잡아서 그 고기로 요리를 한다면, 어떤 사람은 신맛을 가미하고 어떤 사람은 단맛을 가미한다. 또 볶기도 하고 지지기도 하는 등 그 조리 방법은 여러 가지인데, 그 근본이 되는 것은 한 마리의 소이다. 편(楩)·남(枏)·예장(豫樟) 나무를 베어 제재하면, 어떤 사람은 관곽을 만들고, 어떤 사람은 기둥과 대들보를 만든다. 가로로 자르고 세로로 켜는 등 그 용도는 다양하지만, 그 근본은 하나의 통나무인 것이다. 그러므로 제자백가가 말하는 것은 상반되지만, 그것들은 도에 맞게 일체가 된다"[39]고 보는 것이다. 그 도는 결국 실용의 도라고 할 수 있다.

통합 과정에서 각기 다른 학파의 학자들이 다른 생각을 가지고 있으면서 하나의 통합 학술 체계를 건설한다는 것은 어려운 일이었을 것이다. 그래서 서복관은 "「수무훈」의 작자는 유가의 입장에 서서 분명하게 도가 사상에 반격했다. 그러나 「태족훈」의 작자는 종합하는 입장에서 도가 사상을 깨끗이 말살해서는 안 되기 때문에, 부득이 유·도가의 변두리 사상을 다루었다"[40]고 말했다. 다르다는 면에서 보면 만물이 다르지 않은 것이 없는 것이다. 마찬가지로 제자백가 철학 사상을 통합한 『회남자』를 다르다는 면에서 보면 잡박하기만 한 것이다. 그렇기 때문에 실용을 위한 거대 이론을 만들려는 『회남자』의 세계관적 목적 속에서 『회남자』를 이해해야 할 것이다.

『회남자』의 세계관적 목적은 제자백가의 시비 논쟁을 조정하거나 해소함으로써 실용을 위한 거대 이론을 만드는 것이다. 다시 말해 제자백가

通殊類, 非循一跡之路, 守一隅之指, 拘擊牽連之物, 而不與世推移也. 故置之尋常而不塞, 布之天下而不窕.(『淮南子』「要略」)

39　今屠牛而烹其肉, 或以爲酸, 或以爲甘. 煎熬燎炙, 齊味萬方, 其本一牛之體. 伐楩枏豫樟而剖梨之, 或爲棺槨, 或爲柱梁, 披斷撥檖, 所用萬方, 然一木之樸也. 故百家之言, 指奏相反, 其合道一體也.(『淮南子』「齊俗訓」)

40　徐復觀, 『兩漢思想史』卷2, 臺北, 臺灣學生書局, 1979, 266쪽

철학 사상 역시 하나의 도로 통한다고 간주하고, 그것을 통합해 보고자
하는 것이 바로 『회남자』의 목표이다. 구체적으로 변습역속시켜 통일된
한나라 정치 문화를 건설하려는 것이다. 그래서 "하나의 길로 나아가면,
백성들의 성품은 착해지고 풍속은 아름다워질 수 있다"[41]고 말한다. 또한
『회남자』는 "그러므로 시비에는 어떤 조건[處]이 있다. 그 조건에 맞으면
그름이 없고, 그 조건에 맞지 않으면 옳음이 없다"[42]고 한다. 그 조건[處]
이란 무엇인가? 진광충(陳光忠)은 일정한 환경, 이석호(李錫浩)는 알맞은
곳, 김용섭은 일리(一理)·진리라고 풀이했다.[43] 그러나 그 조건[處]이 시
비를 조정하는 것이라면 알맞은 것이 될 것이고, 시비를 아예 해소하는
것이라면 현동(玄同)과 같은 것이 될 것이다. 만약 그것을 얻음으로써 그
름이 없는 것이라면, 그것은 곧 진리라고도 말할 수 있을 것이다.

　시비의 기준이 되는 조건[處]은 다른 말로 하면 세계관적 목적이다. 그
세계관적 목적에 맞으면 옳다고 하고 안 맞으면 그르다고 하는 것이다.
하지만 백성들의 삶 속에는 구체적인 많은 문제가 있으므로 그렇게 단순
하게 말할 수 있는 것이 아니다. 경우에 따라서는 앞뒤가 맞지 않는 논리
적 모순조차도 문제 삼지 않는다. 그런 것을 조정하기 위해서 『회남자』는
세계관적 목적에 해당하는 최고 이념을 혼돈·현동의 도에 둔 것이다. 이
러한 만물현동의 세계관으로 『회남자』는 백성들의 삶에서 발생하는 현실
적 갈등 문제의 조정, 제자백가들의 사상적 갈등 문제의 해소와 해결 등
을 보다 원활히 할 수 있었다.

　그런 면에서 "공자·묵자의 제자들은 모두 인의로 세상을 교화했다. 그
러나 고생은 면치 못하여 자신도 실행할 수 없었는데, 하물며 남을 가르
치는 일에서 가능하겠는가? 왜냐하면 그 도가 밖에 있기 때문이다. 말단

41　與同出一道, 則民性可善而風俗可美也.(『淮南子』「泰族訓」)

42　故是非有處, 得其處則無非, 失其處則無是.(『淮南子』「氾論訓」)

43　김용섭, 『회남자 철학의 세계』, 경산, 경산대학교 출판부, 1997, 78쪽

에서 본원으로 되돌리고자 한다면 허유라도 불가능한데, 하물며 보통 사람이라면 말할 필요가 있는가? 실로 성명(性命)의 정을 다하면 인의는 저절로 몸에 붙는 것"[44]이라고 말한다. 여기서는 유묵의 인의를 말단에서 근본을 추구하는 것이라고 본 것이다. 이것은 도가의 사상을 반영하여 인의를 하나의 제도 등으로 보고 한 말이다. 그런데 "대저 사람의 본성으로서 인(仁)만큼 귀중한 것이 없고, 지(智)만큼 절실한 것이 없다. 인을 본질로 하고, 지에 의해 이것을 실행한다"[45], "사람의 본성은 사악한 것이 없는 것인데, 오랫동안 속세에 물들어 가는 동안에 변하고, 변함으로써 본래 성질을 잊게 된다"[46], "사람의 본성에는 인의의 자질이 있다. …… 군자와 소인의 성은 다르지 않다"[47]에서는 유가의 전통 사상을 반영하여 바로잡았다.

(2) 생명과 여현동기

『여씨춘추』의 기본 방법은 여원동기(與元同氣)이다. 왜냐하면 생명 보전을 주요 목표로 하여 전생(全生)을 주장했기 때문이다. 그것은 전국 말기부터 흥성하기 시작한 황로 사상의 영향이기도 하고, 음양오행가의 영향이기도 하다. 그것은 모든 국가의 정치 행사와 백성들의 삶을 천지의 원기(元氣)에 맞추게 하려는 것이다. 그것의 영향을 받은 『회남자』 역시 여원동기라는 말도 했지만, 여현동기(與玄同氣)라는 말도 했다. 여기에서 『회남자』가 여원동기를 여현동기로 이해했음을 알 수 있으며, 역시 원기와 원도를 같은 것으로 이해한 것이다. 또 "옛날 사람은 천지의 기와 일체가 되고 세상의 변화에 따라 자적했다. …… 그의 마음은 혼명(混冥)의 경지

---

44   孔墨之弟子, 皆以仁義之術教導於世. 然而不免於僞, 身猶不能行也. 又況所教乎? 是何則其道外也. 夫以末求返於本, 許由不能行也. 又況齊民乎? 誠達于性命之情, 而仁義固附矣.(『淮南子』「俶眞訓」)

45   凡人之性, 莫貴於仁, 莫急於智. 仁以爲質, 智以行之.(『淮南子』「主術訓」)

46   人之性無邪, 久湛於俗則易, 易而忘本.(『淮南子』「齊俗訓」)

47   人之性有仁義之資. …… 君子與小人之性非異也.(『淮南子』「泰族訓」)

에 있는 것 같았다"[48]고 말했다. 『회남자』 체제상 「원도훈」을 제1장으로 배열하고, 그다음으로 진인(眞人)의 경지를 논한 「숙진훈(俶眞訓)」, 천론(天論)인 「천문훈(天文訓)」, 지론(地論)인 「지형훈(墜形訓)」, 그리고 계절 변화에 따른 적응론인 「시칙훈(時則訓)」을 배열한 것이 그것을 일부 말해 준다.

『회남자』는 「천문훈」에서 우주론적 논의를 했다. 즉 천지가 형체를 갖추기 전 혼돈의 상태인 풍익동촉(馮翼洞濁)[49]의 태소(太昭)에서 시작하여, 천지·음양·일월·구야(九野, 즉 하늘을 중앙과 8方으로 나눈 것)·오성(五星, 즉 木火土金水 등의 遊星)·팔풍(八風, 즉 8계절에 부는 바람)·오관(五官)·육부(六府)·태미(太微, 즉 天子의 宮庭)·자궁(紫宮, 즉 太一의 거처)·헌원(軒轅, 즉 帝妃의 舍)·함지(咸池, 즉 天魚의 못)·천아(天阿, 즉 群神이 출입하는 곳)·사수(四守, 즉 상벌을 주관하는 官所) 등에 대해 논한다. 이것들은 인간의 근본을 하늘에 두었기 때문에 인간 세상의 일과 같은 형태로 구성한 것이다. 이것은 사마천의 『사기』 「천관서」와 아울러 중국 고대 천문학의 연구물을 집대성한 것으로 평가된다. 아울러 주로 음악에서 많이 사용하는 12율려(律呂)를 계절의 변화와 함께 논하는 것과, 음형양덕(陰刑陽德)의 관념은 동중서와 일치한다.

『회남자』는 「지형훈」에서 지론(地論)을 말한다. 천지 사이에는 구주(九州)와 팔주(八柱), 육지에는 구산(九山), 산지에는 구새(九塞), 택지(澤地)에는 구수(九藪), 바람에는 팔등(八等), 물에는 육품(六品)의 구별이 있다는 것이다. 그뿐만 아니라 오행의 상생상극의 관계에 대해서도 말하는데, 토를 단련하여 목을 태어나게 하듯, 토(土) → 목(木) → 화(火) → 운(雲, 즉 金) → 수(水)의 순서대로 생성된다는 연생설(鍊生說)을 주장하고, 아

---

48 古之人, 同氣于天地, 與一世而優游. …… 猶在于混冥之中.(『淮南子』「本經訓」)
49 高誘 注: 馮翼洞濁, 無形之貌. 洞, 讀挺挏之挏. 濁, 讀以鐵頭斫地之鐲也.

울러 5음도 삼분손익법(三分損益法)에 의해 산출된 순서에 따라 궁 → 치 → 상 → 우 → 각으로 배열한다. 이것들은 모두 발생 순서에 따른 배열이 지 오행의 상생설, 즉 목 → 화 → 토 → 금 → 수와는 다른 것이다.

『회남자』는 「시칙훈」에서 4계절의 변화에 따른 인간의 적응에 대해 말한다. 그것은 『예기』 「월령」과 『여씨춘추』 「12기」의 축소판이다. 「시칙훈」은 음양오행론을 기초로 일년을 나눈 것으로, 동지와 하지를 음양의 양극점으로 보았고, 360일을 72일씩 나누어 목화토금수의 순서로 분배했으며, 해마다 6일씩을 옮겨 70년 만에 원점인 갑자일(甲子日)이 돌아오는 것으로 계산했다.[50] 그것은 『여씨춘추』에서 4계절에 오행을 적용할 때 토(土)에 시간을 배당하지 않아서 유명무실하게 된 것과 다르다.

동중서는 『여씨춘추』에서 12달에 오행을 적용할 때 해결하지 못한 토(土)의 문제를 거의 해결했다. 『춘추여로』에서 화생토(火生土)이기 때문에 "자식이 된 자는 토(土)가 화(火)를 섬기는 것을 본받아야 한다"[51], "토(土)는 비록 중앙에 있어도, 역시 1년 중 72일을 주재한다"[52]고 말하는 것을 보면, 오행에 모두 똑같이 72일씩 배당했음을 알 수 있다. 그뿐만 아니라 토(土)의 위치에 대해서도 "토는 오행의 가운데이다. …… 토는 중앙에 있다. …… 토는 오행의 주재자이다. 오행의 주재자는 토기(土氣)"[53]라고 말하는데, 이것은 단지 목화토금수 오행을 시간적으로 1년 360일을 72일씩 순서대로 분배한 것과 공간적으로 4방(목화금수)과 중앙(토)에

50　壬午冬至, 甲子受制, 木用事, 火煙靑, 七十二日. 丙子受制, 火用事, 火煙赤, 七十二日. 戊子受制, 土用事, 火煙黃, 七十二日. 庚子受制, 金用事, 火煙白, 七十二日. 壬子受制, 水用事, 火煙黑, 七十二日而歲終. 庚子受制. 歲遷六日, 以數推之, 七十歲而復至甲子.(『淮南子』「天文訓」)

51　爲人子者, 視土之事火也.(『春秋繁露』「陽尊陰卑」)

52　雖居中央, 亦歲七十二日之王.(『春秋繁露』「陽尊陰卑」)

53　土, 五行之中也. …… 土居中央. …… 土者, 五行之主也. 五行之主, 土氣也.(『春秋繁露』「五行之義」)

배치한 것을 의미한다. 즉 이것은 아직 4계절을 5행으로 분명히 설명하지 못함을 보여 주는 것이다.

　이것은 동시대의 『회남자』 역시 마찬가지였다. 그래서 이를 계승한 반고는 『백호통의』에서 "목이 72일을 주재하는 까닭은 무엇인가? 토는 사계절을 각각 18일씩 주재하는데, (사계절은 각각 72일에 18일을) 합하여 90일을 한 계절로 하는 것이다. …… (그러나) 토는 사계절을 (18일씩) 주재하되 중앙에 있으므로 때를 말하지 않는다"[54]는 토왕사계론(土王四季論)을 확립한 것이다.

　『회남자』는 『여씨춘추』의 영향을 받아 중생(重生)[55]·전신(全身)[56] 등을 추구했다. 그것은 육체보다는 정신적 생명을 추구한 장자 사상과는 약간 거리가 있는 것이다.[57] "몸이 수고롭되 쉬지 않으면 쓰러지고, 정신을 쓰되 그치지 않으면 고갈된다. 그러므로 성인은 그것을 존귀하게 여겨 지나치지 않게 한다"[58]고 하고, "지인의 다스림은 마음과 정신이 함께하게 하고, 몸과 본성이 조화를 이루게 한다"[59]고 말한 것에서 알 수 있다. 『회남자』는 성인의 삶이 아닌 일반 백성의 삶을 중심으로 한 것이기 때문에 오히려 정신과 육체가 조화를 이룬 전신을 추구한 것이다. 이런 전신은 바로 만수위일의 중요한 기초가 된다.

2) 집일응만의 실용론
공자와 묵자는 옛 성인의 6경에 통달하여 입으로 말하고 몸으로 행하지만

54　木王所以七十二日何? 土王四季各十八日, 合九十日爲一時. …… 王四季居中央不名時.(『白虎通義』「德論上, 五行」)

55　夫重生者不以利害己.(『淮南子』「齊俗訓」)

56　『淮南子』「詮言訓」「人間訓」 참조.

57　所謂自得者, 全其身者也. 全其身, 則與道爲一矣.(『淮南子』「原道訓」)

58　形勞而不休則蹶, 精用而不已則竭. 是故聖人貴而尊之, 不敢越也.(『淮南子』「精神訓」)

59　故至人之治也, 心與神處, 形與性調.(『淮南子』「本經訓」)

그것을 따르는 사람은 불과 십여 사람이라고 했다. 왜냐하면 지위가 없어 힘이 없기 때문이라는 것이다.[60] 물론 지도력은 정치적 지위에서 나오기도 하지만, 성인들은 그런 것 없이도 몇 천 년간 지도력을 발휘하고 있다. 『회남자』에서 지도자의 지도 원칙은 구체적으로 무엇인가?

『회남자』에서는 집일응만(執一應萬)의 최종 목적을 누구나 쉽게 알 수 있고 행할 수 있는 자연법칙에 기초한 실용에 두었다. 즉 "도를 얻은 사람은 그 의지는 약하지만 일을 하는 데는 강하고, 마음은 허하게 하되 대응은 적당하게 한다. …… 행동함에는 시기를 잃지 않아, 만물과 더불어 근원으로 돌아가며; 먼저 주창하는 일이 없이 자연 변화에 감응하여 따라간다"[61]는 것이다.

그뿐만 아니라『회남자』는 지도 원칙 역시 실용에 두었다. 즉 "무릇 강가에서 낚시질을 할 때 하루 종일 하더라도 물고기 통을 다 채울 수 없다. 비록 정교한 낚시 바늘, 가느다란 실, 먹음직한 미끼에 첨하(詹何)와 연현(娟嬛) 같은 사람의 기술로 잡는 것이라도, 그물로 잡는 것과 경쟁할 수 없다. …… 왜냐하면 그 방법과 기술이 부족하기 때문이다. 천하에 펼칠 만한 그물이나 강과 바다를 담을 만한 그물을 만든다면, 어찌 물고기와 새를 놓치는 것이 있겠는가? 그러므로 화살은 주살만 못하고, 주살은 그물만 못하며, 그물은 무형의 도구에 미치지 못한다. 무릇 대도를 버리고 작은 술수에 의존하는 것은 게에게 쥐를 잡으라 하는 것이나 두꺼비에게 이를 잡으라 하는 것과 다름없다. 이렇게 하면 간사한 것을 막을 수 없을 뿐만 아니라 끝내 혼란해질 것"[62]이라는 것이다.

---

60 孔丘墨翟, 脩先聖之術, 通六藝之論, 口道其言, 身行其志, 慕義從風而爲之服役者, 不過數十人. 使居天子之位, 則天下徧爲儒墨矣.(『淮南子』「主術訓」)

61 得道者, 志弱而事强, 心虛而應當. …… 動不失時, 與萬物回周旋轉; 不爲先唱, 感而應之.(『淮南子』「原道訓」)

62 夫臨江而釣, 曠日而不能盈羅, 雖有鉤箴芒距, 微綸芳餌, 加之以詹何娟嬛之數, 猶不能與網罟爭得也. …… 何則以所持之小也, 張天下以爲之籠, 因江海以爲之罟, 又何亡魚失

(1) 집일응만

집일응만(執一應萬)이란 말은 "근본을 보고 말단을 알고, 손가락을 보고 지시하는 사물을 알며, 하나의 도를 잡아 만사만물을 대하고, 요점을 파악하여 상세한 것에 대처하는 것을 기술[術]이라 하는 것"[63]이라는 문구에서 나온 것이다. 집일응만의 기술이란 원리를 실용화하는 응용술을 말한다.

이일합만(以一合萬)이란 말도 집일응만과 같은 말이다. 이일합만이란 말은 "일이 적기를 바라는 것은 권세의 자루를 잡아 수람(收攬)의 기술을 체득하여 요소를 억누르고, 간략함을 잡아 넓고 큰 것을 다스리며, 조용히 거처하며 중용을 유지하고, 추기(樞機)에 있으면서 일을 처리하며, 하나를 가지고 만 가지를 합치하는 것이 부절(符節)이 합치하는 것과 같게 하기 위함"[64]이라는 문구에서 나온 말이다. 여기서 일(一)은 도(道)를 말하고, 만(萬)은 만사(萬事)를 말한다. 그래서 이일합만이란 곧 실용상에서의 도사합일, 또는 도사일통을 말하는 것이다.

집일응만이나 이일합만의 목적은 백성을 효과적으로 통치하고 제자백가의 사상을 함께 실용화하는 데 있다. 그래서 『회남자』는 "나라를 다스리는 것에는 변하지 않는 것이 있는데, 그것은 백성을 이롭게 하는 것을 근본으로 하는 것"[65]이라고 하였다. 그러나 그런 이해는 표리를 이루고 있기 때문에 살피지 않을 수 없는데,[66] 이해관계는 지자(智者)만이 꿰뚫어볼 수 있다고 한다.[67] 지자는 자기중심의 원리를 보는 사람이 아니라 자기희

鳥之有乎. 故矢不若繳, 繳不若無形之像. 夫釋大道而任小數, 無以異於使蟹捕鼠, 蟾蜍捕蚤. 不足以禁姦塞邪, 亂乃逾滋.(『淮南子』「原道訓」)

63　見本而知末, 觀指而睹歸, 執一而應萬, 握要而治詳, 謂之術.(『淮南子』「人間訓」)

64　事欲鮮者, 執柄持術, 得要以應衆, 執約以治廣, 處靜持中, 運於璇樞, 以一合萬, 若合符節者也.(『淮南子』「主述訓」)

65　治國有常, 而利民爲本.(『淮南子』「氾論訓」)

66　利害之反, 禍福之接, 不可不審也.(『淮南子』「氾論訓」)

생의 원리를 보는 사람을 말한다.

집일응만이나 이일합만의 또 다른 목적은 이미 정치적 통일천하를 이룬 한나라의 문물제도와 그 풍속까지도 통일하려는 것이다. 즉『회남자』는 "그러므로 성인의 법은 시대에 맞추어 변하고, 예는 세속에 맞추어 변한다. 의복이나 기계 등은 그 실용에 편리하게 하고, 법령과 제도 등은 각기 그 타당함을 따른다. 그러므로 옛것을 변화시키는 것은 안 될 것이 없고, 풍속을 따르는 것이 만족스런 것이 아니다. 수많은 개천은 근원이 달라도 모두 바다로 흘러가듯, 제자백가의 주장이 서로 달라도 모두가 세상을 다스리는 데 힘쓰는 것"[68]이라고 말했다. 그래서 "하나의 도에서 나오면 백성들의 성품이 좋아질 수 있고, 풍속도 아름다워질 수 있다"[69]고 말한 것이다.

『회남자』에서 말하는 집일응만의 일(一)은 대자연의 섭리 또는 도이며, 대자연의 섭리를 인간 만사에 응용하는 것이 집일응만이다. 그 집일응만의 실용 과정에서 대자연의 것과 가까운 것도 있고 먼 것도 있다. 그래서 "이것으로 보면 무위라는 것은 도의 근본이다. 도의 근본을 얻으면 만물에 무궁하게 활용할 수 있으나, 사람의 지혜에 맡기면 다스리기 어렵다", "법이란 정치 도구이지, 정치 원리가 아니다"[70]라고 하며, 도가의 도와 법가의 법을 원리와 도구로 인정한다.

『회남자』는 왜 집일응만하려 했는가? 철학의 도리를 일상 언어로 말하려면 아무래도 미흡하다고 보았다. 구체적인 사물로 형이상학적 사물을 표현하기 때문이다. 그래서 "『주서』[71]에 상언(上言)은 실용상 하급(下級)

---

67 利害之反覆, 知者之所獨明達也.(『淮南子』「氾論訓」)

68 故聖人法與時變, 禮與俗化. 衣服器械, 各便其用, 法度制令, 各因其宜. 故變古未可非, 而循俗未足多也. 百川異源, 而皆歸於海. 百家殊業, 而皆務於治.(『淮南子』「氾論訓」)

69 與同出一道, 則民性可美也, 而風俗可美也.(『淮南子』「泰族訓」)

70 由此觀之, 無爲者道之宗. 故得道之宗, 應物無窮, 任人之才, 難以至治.(『淮南子』「主術訓」) 故法者, 治之具也, 而非所以爲治也.(『淮南子』「泰族訓」)

이며, 하언(下言)은 실용상 상급(上級)이다. 상언이란 원칙(즉 常道)이고, 하언이란 변칙(즉 權道)이다"[72], "신명(神明, 즉 세속적인 사려분별을 초월한 至極한 智慧가 가져다주는 光明)을 알면 도덕의 가치가 모자란다는 것을 알고, 도덕을 알면 인의의 행위가 모자란다는 것을 알며, 인의를 알면 예악을 배울 가치가 없음을 안다. 이제 그 근본을 버리고 말엽을 찾으며, 그 중요한 것을 버리고 번잡한 것을 찾는 사람은 지도(至道)를 함께 이야기하기에 부족하게 된다"[73]고 말한 것이다.

『회남자』가 보다 폭넓은 철학적 원리를 확보하려 한 것은 그 실용상 이념의 충돌을 적게 하려는 것 때문이었다. 그래서 "불언의 변(辯), 부도(不道)의 도로 만약 통할 수 있다면, 그것이야말로 하늘의 창고라고 부를 수 있다. 아무리 취(取)해도 줄어들지 않고, 아무리 따라도 마르지 않으며, 그 생겨나는 연원을 알 수 없는 것, 그것을 요광(瑤光)이라 한다. 요광이란 만물을 길러 내는 것"[74]이라고 하며 실용론의 원론을 무한에서 확보하고자 했다.

『회남자』는 "사람이 인의를 세우고 예악을 배우고자 하자 덕은 허위가 되었다. 그리고 허위가 생겨나자 지혜를 과시하여 어리석은 자를 겁주게 되었으며, 속임수를 써서 윗사람을 속이게 되었다"[75]고 하면서, "전쟁이란

71　安吉煥은 『史記』「蘇秦傳」과 『韓非子』「說林下」를 참조하여, 여기서 말하는 『周書』는 縱橫家인 蘇秦이 읽었다고 하는 『周書陰符』類일 것으로 보았다.(안길환 편역, 『회남자』(中), 서울, 명문당, 2001, 264쪽)

72　周書有言曰, 上言者下用也, 下言者上用也. 上言者常也, 下言者權也.(『淮南子』「氾論訓」)

73　是故知神明, 然後知道德之不足爲也. 知道德, 然後知仁義之不足行也. 知仁義, 然後知禮樂之不足脩也. 今背其本, 而求其末, 釋其要, 而索之于詳, 未可與言至也.(『淮南子』「本經訓」)

74　不言之辯, 不道之道, 若或通焉, 謂之天府. 取焉而不損, 酌焉而不竭, 莫知其所由出, 是言瑤光. 瑤光者資糧萬物者也.(『淮南子』「本經訓」)

75　立仁義, 脩禮樂, 則德遷而爲僞矣. 及僞之生也, 飾智以驚愚, 設詐以巧上.(『淮南子』

포악을 정벌하기 위한 것이지, 포악하기 위한 것이 아니다. 음악은 화합
을 이루기 위한 것이지, 음란하기 위한 것이 아니다. 상례는 애달픔을 다
하기 위한 것이지, 거짓을 행하기 위한 것이 아니다. 그러므로 부모를 섬
기는 데 도를 갖추되 사랑을 힘써야 하고, 조정에서 용모를 갖추되 공경
을 제일로 삼아야 하며, 상사에도 예의를 갖추되 슬픔을 주로 하고, 용병
에도 전술을 도모하되 정의를 근본으로 삼아야 한다. 근본이 바로 서면
도가 행해지고, 근본이 무너지면 도 역시 사라지게 된다"[76]고 말한다. 진
정 도사일통이 되기 위해서는 인의예악 등의 삶 속에서 도가 실현될 수
있도록 해야 한다는 것이다.

(2) 인순응변

인(因)의 개념은 정치상 유·도·법가가 마찬가지라고 보는 사람이 있
다.[77] 『신자』(愼子)에는 "천도에 따르는 것이 효과가 크고, 교화에 의한 것
은 적다. 따른다는 것은 인정, 즉 이기심에 따르는 것이다. 사람은 자기를
위하지 않는 것이 없다"[78]는 말이 있고, 『회남자』에는 "천성에 따르면 커
지고, 교화를 하면 작아지는 것"[79]이라는 말이 있다. 그 이전에 『논어』에
서 "공자는 '백성이 이롭게 여기는 것으로 인하여 이롭게 한다면, 그것이
곧 은혜롭되 낭비하지 않는 것이 아닌가'라고 말했다."[80] 이것은 표면상
모두 이익을 가지고 말하는 것이지만, 법가인 신도(愼到)가 말하는 이익

「本經訓」)
76　兵者所以討暴, 非所以爲暴也. 樂者所以致和, 非所以爲淫也. 喪者所以盡哀, 非所以
爲僞也. 故事親有道矣, 而愛爲務, 朝廷有容矣, 而敬爲上, 處喪有禮矣, 而哀爲主, 用兵有
術矣, 而義爲本. 本立而道行, 本傷而道廢.(『淮南子』「本經訓」)
77　徐復觀, 『兩漢思想史』 卷2, 臺北, 臺灣學生書局, 1979, 254쪽
78　天道因則大, 化則細. 因也者, 因人之情也. 人莫不自爲也.(『愼子』「因循」)
79　故因則大, 化則細矣.(『淮南子』「泰族訓」)
80　子曰, 因民之所利而利之, 斯不亦惠而不費乎?(『論語』「堯曰」)

은 이기심을 충족하는 이익이고, 『회남자』에서 말하는 이익은 전신(全身)을 위한 생명의 이익이며, 공자가 말하는 이익은 그 속에 인(仁)을 담고 있는 도덕적인 사물의 이익이다. 인(因), 즉 따르는 내용은 다르나 그 어떤 원인자를 따른다는 의미는 같은 것이다.

　『회남자』의 인순은 대체적으로 자연법칙에 따르는 것을 말한다. 즉 "세상일은 인위적으로 하려 해서는 안 된다. 자연스럽게 되는 대로 맡겨야 한다. …… 도리를 닦고 천지의 법칙에 따르면 육합까지 평정하는 데도 어려움이 없다. …… 소위 인위적으로 함이 없다는 것은 사물이 하고자 하는 대로 맡기는 것이다. …… 소위 인위적으로 다스림이 없다는 것은 사물의 본래 모습에 따르는 것이다. …… 그렇기 때문에 성인은 청정한 도를 지키며 유약하게 하고, 사리에 따라 변화에 적응하며, 항상 뒤에 서서 남보다 앞서지 않는다"[81]는 것이다. 그러면서도 그것은 백성들의 이익에 맞추어져 있다. "그러므로 덕으로 천하를 덮고 지교(智巧)를 사용하지 않으며, 만민의 이익을 따른다"[82], "이들은 모두 시대 변화에 따라 예악을 제정했기 때문이다. …… 각기 시의적절함을 따른 것이다. …… 기계란 시세의 변화에 따라 적합하게 만들어져야 한다"[83], "때에 따라 변화한 것"[84]이라고 말한 것에서 알 수 있다.

　이익 중심의 인간 세상에는 그 무엇이 반드시 이익 추구의 방법은 아니다. 같은 것도 상황에 따라서 득이 되기도 하고 실이 되기도 하는 새옹지마이다. 그러나 그런 속에서도 현자는 그것이 득이 될지 실이 될지를 통

81　是故天下之事, 不可爲也. 因其自然而推之. …… 修道理之數, 因天地之自然, 則六合不足均也. …… 所謂無不爲者, 因物之所爲也. …… 所謂無不治者, 因物之相然也. …… 是故聖人守淸道而抱雌節, 因循應變, 常後而不先.(『淮南子』「原道訓」)
82　是故人主覆之以德, 不行其智, 而因萬人之所利.(『淮南子』「主術訓」)
83　此皆因時變, 而制禮樂者. …… 各因其宜 …… 器械者, 因時變而制宜適也.(『淮南子』「氾論訓」)
84　因時而變化者也.(『淮南子』「兵略訓」)

찰할 수 있다. 즉 "성인만이 이 권도(權道)를 알고 있다. …… 실로 이 권도란 성인만이 통찰할 수 있다. 도에 거스르는 것 같다가도 최후에는 맞는 것을 권도라고 하고, 도에 맞는 것 같다가도 거스르는 것은 권도를 모르는 것이라고 한다. 권도를 모르는 자는 선행을 하고도 추행으로 끝난다"[85], "지혜로운 자는 구체적인 방법에서 벗어나더라도 큰 도리를 얻고, 어리석은 자는 큰 도리를 지키려고 구체적인 방법을 잃는다"[86]는 것이다. 그래서 현자는 제자백가 철학을 응용하여 변칙 운용으로 하더라도 원칙에서 벗어나지 않을 수 있다고 말한다.

　목적이 모든 수단을 합리화할 수 있는가? 만약 진리처럼 목적과 방법을 자체적으로 갖추고 있다면 별도로 합리화할 필요가 없다. 그것은 자족적이기 때문이다. 그러나 현실에서는 목적의 타당성과 방법의 적당은 각기 추구하되 원만하게 조화를 이루지 못하면 안 된다. 그렇게 할 수 있는 지혜로운 사람은 어떤 사람인가? 『회남자』에는 "어떤 사람이 공자에게 '안회는 어떤 인물입니까?' 라고 물었다. 공자는 '인이 뛰어난 사람이오. 그런 점은 나도 따르지 못하오' 라고 대답했다. 또 '자공은 어떤 인물입니까?' 라고 물었다. 공자는 '변론에 뛰어난 사람이오. 그런 점은 나도 따르지 못하오' 라고 대답했다. 또 '자로는 어떤 인물입니까?' 라고 물었다. 공자는 '용기가 뛰어난 사람이오. 그런 점은 나도 따르지 못하오' 라고 대답했다. 그 손님이 '세 사람이 모두 선생님보다 뛰어난데 어째서 선생님이 시키는 대로 따르는 것인가요?' 라고 말했다. 공자는 '나는 인자하기도 하지만 잔인(殘忍)하기도 하며, 말을 잘하기도 하지만 어눌하기도 하고, 용기가 있기도 하지만 겁도 많습니다. 그러므로 세 사람이 각각 가지고 있는 재능을 나의 하나의 도로 바꿀 수도 있는데, 나는 바꾸지 않을 것이오.

85　　唯聖人爲能知權. …… 權者, 聖人之所獨見也. 故忤而後合者, 謂之知權, 合而後忤者, 謂之不知權. 不知權者, 善反醜也.(『淮南子』「氾論訓」)

86　　智者離路而得道, 愚者守道而失路.(『淮南子』「人間訓」)

공자는 그 펼칠 바를 아는 깃"[87]이라는 말이 있다. 여기서 예를 든 것은 인간 세상에서 인순응변(因循應變)할 수 있는 사람은 한 분야의 전문가가 아니라 여러 분야에 걸쳐 두루 지혜를 갖춘 사람이라는 것이다.

『회남자』는 제자백가 철학 사상과 관련하여 현실 응용 방법에 대해 어떻게 말하는가? 『회남자』에는 "『주역』에서 말하는 잠룡물용(潛龍勿用)이란 것은 때가 불가능함을 말하는 것이다. …… 무릇 서나라 언왕은 정의를 위해 멸망했고, 연나라 쾌왕은 인을 행하다 망했으며, 노나라 애공은 유가를 좋아하다가 영토가 좁아졌으며, 대나라 군주는 묵가의 정치를 행하다 망했다. 이 멸망삭잔(滅亡削殘)은 난폭이 초래한 것이다. 네 임금이 인의(仁義)를 주장하는 유묵(儒墨) 때문에 망한 것은 때에 따라 힘써야 할 것이 달랐기 때문이다. 인의를 주장하는 유묵의 정신을 세상에서 실행하면 안 되는 것은 아니지만, 그에 어울리는 세상이 아닌데 행하면 그로 인해 곤경에 빠지는 것"[88]이라는 말이 있다. 여기서 『회남자』는 시대에 따라 힘써야 하는 것이 다르다고 했는데, 달라야 하는 것은 그 시대에 적절한 방법이다. 그렇게 시대의 상황 변화에 따라 사용 도구도 변화해야 한다는 '도구변화론'이 바로 『회남자』의 인순응변론이다. 방법은 시대성을 갖기 때문이다. 시대성은 시공간상에서의 적당이다. 단지 적당뿐이면 제도 등으로 시스템을 구축할 수 있다. 그러나 동시에 응당을 갖추지 못하면 주체가 이기심이 되어 결국은 그 적당을 계속 지키지 못하고 실패하게 된다. 그래서 유가에서는 응당을 도덕 자아로 귀속시키는 것이다.

87　人或問孔子曰, 顏回何如人也? 曰, 仁人也, 丘弗如也. 子貢何如人也? 曰, 辯人也, 丘弗如也. 子路何如人也? 曰, 勇人也, 丘弗如也. 賓曰, 三人皆賢夫子, 而爲夫子役, 何也? 孔子曰, 丘能仁且忍, 辯且訥, 勇且怯. 以三者之能, 易丘一道, 丘弗爲也. 孔子知所施之也.(『淮南子』「人間訓」)

88　故易曰, 潛龍勿用者, 言時之不可以行也. …… 夫徐偃王爲義而滅, 燕子噲行仁而亡, 哀公好儒而削, 代君爲墨而殘. 滅亡削殘, 暴亂之所致也. 而四君獨以仁義儒墨而亡者, 遭時之務異也. 非仁義儒墨之不行, 非其世而用之, 則爲之禽矣.(『淮南子』「人間訓」)

『회남자』의 도구변화론은 상황에 따라 어떤 도구든 변화시켜야 한다는
것이다. 일반 백성에게는 성인과 같은 삶을 요구할 수 없으므로, 때로는
도가의 방법을, 때로는 유가의 방법을, 때로는 법가의 방법 등을 사용해
야 한다는 것이다. 그런 도구 변화론은 인순응변을 기초로 한다. 인순응
변은 바로 지속과 변화를 말하는 것으로, 인순(因循)은 과거의 것을 계승
하여 지속하는 것이 있음을 말하는 것이고, 응변(應變)은 상황에 따라 그
것을 알맞게 변화시키는 것이 있음을 말하는 것이다. 즉 인순응변을 단지
변화 방법으로 보아서는 안 된다.

효과적인 인순응변의 방법은 무엇인가?『회남자』에서는 "예를 들면 슬
(瑟)을 조현(調絃)하는 사람은 (두 대의 슬을 나란히 놓고 한쪽의 슬로)
궁현을 타면 (다른 쪽 슬의) 궁현이 울리며, 마찬가지로 각현을 타면 (다
른 쪽 슬의) 각현이 울린다. 또 (한쪽 슬의) 한 현을 개조(改調)하여 5음
의 어느 것에도 맞지 않게 하고 (근원적인 한 음으로 해서) 타면 (다른 슬
의) 25현이 모두가 응한다. 원래 각 음 사이에 본질적으로 차이가 있는 것
이 아니고, 이미 음의 군(君, 즉 5음을 포함하는 근원적인 1음)이 형성되
어 있기 때문이다. 태화(太和)에 통한 사람은 마치 은밀하게 미주(美酒)에
취하여 평안하게 잠을 자는 것과 같아서 그 사이에 유유자적하여 취해 오
르는 것을 모른다. 평안함 속에 매몰되어 아무 정념도 없이 생애를 끝내
는데, 그러면서도 도의 근본에서 벗어나는 일이 없다. 이것이야말로 대통
(大通)이다"[89]라고 말한다. 이 말에서처럼 인순응변의 최고 경지는 도에
근본 기초를 두고 각 사물에 도를 응용함으로써 도(道)와 사(事)가 조화
를 이루어 크게 상통할 수 있는 것이다. 그러므로『회남자』는 "성인은 시

---

89   今夫調弦者, 叩宮宮應, 彈角角動. 此同聲相和者也. 夫有改調一弦, 其於五音無所比
鼓之, 而二十五弦皆應. 此未始異於聲, 而音之君已形也. 故通於太和者, 惛若純醉而甘臥,
以游其中, 而不知其所由至也. 純溫以淪, 鈍悶以終, 若未始出其宗, 是謂大通.(『淮南子』
「覽冥訓」)

세에 거역하지 않고, 그 분수에 안주하며, 세상 변화에 따라 생업을 즐기
는 것"[90]이라고 말한 것이다.

위와 같이 볼 때, 『회남자』는 새로운 문물제도는 물론 풍속을 마련하기
위해 혁명적 변화를 추구했다고 볼 수 있다. 그것의 성공 여부는 결국 인
순응변이 얼마나 현실적 타당성을 얻느냐에 달려 있고, 그 타당성은 결국
백성들의 삶에서 판가름 난다. 그래서 그 원칙을 실용에 둠으로써 백성들
의 호응을 얻으려 한 것이다.

(3) 각득기의

장자(莊子)는 인시인비(因是因非), 즉 시비는 각자의 입장에 따라 달라
지는 것이라고 말했다. 장자의 인시인비는 가치 상대론이 아니라, 오히려
가치 평가는 입장에 따라 상대적인 것이기 때문에 같은 것이라는 가치 평
등론이다. 그런 입장에 선 『회남자』는 유·도·묵을 함께 말해도 문제가
생기지 않게 되었다. 그것은 심지어 실용상에서도 마찬가지이다. 즉 "각
각 그 알맞은 곳에 사용하고 또 적당한 곳에 적용하면, 만물의 가치는 똑
같이 되어 어느 것이 낮다고 말할 것이 없다"[91]고 말하는 것이다. 또 "그
형체와 능력에 따라 지위와 임무가 분담된다. …… 재능의 대소장단에 관
계없이 모두가 적소에 배치된다면 천하는 공평해지며 우열의 차이가 없
게 된다. 성인은 모든 사람을 빠짐없이 사용하기 때문에 천하에는 버려지
는 인재가 없다"[92]는 것이다.

이런 방법은 장자에서 유래했으나, 장자는 자연 상태에서 시비 논쟁을
잊고 초월하자는 데 목적이 있다면, 『회남자』는 제자백가의 모든 것을 동

---

90   是故聖人因時以安其位, 當世而樂其業.(『淮南子』「精神訓」)
91   各用之於其所適, 施之於其所宜, 卽萬物一齊而無由相過.(『淮南子』「齊俗訓」)
92   是故有一形者處一位, 有一能者服一事. …… 毌小大脩短, 各得其宜, 則天下一齊, 無
以相過也. 聖人兼而用之, 故無棄才.(『淮南子』「主術訓」)

시에 긍정하고 쓸모에 따라 각각의 위치를 인정하자는 것이다. 그래서 "옥은 두터운 것을 싫어하지 않고, 각교(角觵)는 얇은 것을 싫어하지 않으며, 칠은 검은 것을 싫어하지 않고, 분은 흰 것을 싫어하지 않는다. 이 네 가지는 서로 반대되나 긴요하게 사용하는 것에서는 같은 것이다. 원래 갖옷과 도롱이는 어느 쪽이 더 긴요한가? 비가 올 때는 갖옷이 필요치 않고, 당위에 올라가서는 도롱이가 필요 없다. 이런 것은 그 때와 장소에 따라 필요하기 때문이다. …… 그러므로 사물에는 마땅하게 쓰이는 곳이 있는 것"[93]이라고 말한 것이다.

이런 방법은 공자의 정명(正名) 사상과도 같다. 그것은 "옛날에는 천자는 사방 천리, 제후는 사방 백리의 영토에 따라 각기 그 분수를 지키면서 서로 침범하는 일이 없었다. 그런데 그 후 왕도 정치를 행하지 않는 자가 생겨나서 만민에게 포학하게 하고 영토를 침략하여 정치를 문란케 하며 금령을 범하는 일이 많았다"[94]는 말에서 확인할 수 있다.

『회남자』가 생각한 왕도 정치란 어떤 것인가? 왕도 정치란 "먹고사는 것은 백성의 근본이고, 백성은 나라의 근본이며, 나라는 임금의 근본이다. 그러므로 임금 된 사람은 위로는 하늘의 때를 따르고, 아래로는 땅의 재물을 적절히 활용하며, 중간으로는 사람의 힘을 활용한다"[95]고 하는 것이다. 그것은 『회남자』의 주요 사상인 기도경사하기 위해 위로는 하늘을, 아래로는 땅을, 중간으로는 인간 세계를 살핀다는 것이다.

왕도 정치 실현의 구체적인 덕목은 무엇인가? 『회남자』에서는 "나라가

---

93   夫玉璞不厭厚, 角觵不厭薄, 漆不厭黑, 粉不厭白, 此四者相反也, 所急則均, 其用一也. 今之裘與蓑孰急, 見雨則裘不用, 升堂則蓑不御, 此代爲常者也. …… 故有所宜也.(『淮南子』「齊俗訓」)

94   古者天子一畿, 諸侯一同, 各守其分, 不得相侵. 有不行王道者, 暴虐萬民, 爭地侵壤, 亂政犯禁.(『淮南子』「本經訓」)

95   食者民之本也, 民者國之本也, 國者君之本也. 是故人君者, 上因天時, 下盡地財, 中用人力.(『淮南子』「主術訓」)

존립할 수 있는 까닭은 인의이다. 사람이 살 수 있는 까닭은 선을 행하는 것이다. …… 선비가 비은(卑隱)한 데 처해 있을 때 영달을 바란다면, 반드시 먼저 자신을 돌아보고 반성해야 한다. …… 몸을 성실히 수양 못하면 부모를 섬길 수 없다. 몸을 성실히 수양하는 데는 도가 있는데, 마음을 전일(專一)하게 하지 못하면 지성으로 할 수 없다. 도는 쉬운 곳에 있건만 어려운 데서 찾으려 하며, 효험은 가까운 곳에 있지만 먼 데서 찾으려 한다. 그러므로 아무것도 얻지 못한다"[96]고 하였다. 왕도 정치를 위해서는 성심(誠心) → 수신(修身) → 사친(事親) → 신의(信義)로 이어지는 하학상달(下學上達)의 과정을 거쳐야 한다는 것이다. 즉 "천하를 다스리는 요체는 남에게 있는 것이 아니고 나에게 있는 것이며, 다른 사람에게 있는 것이 아니고 나의 몸에 있는 것이다. 몸을 얻으면 만물의 이치는 나에게 갖추어지는 것이다. …… 그 몸가짐을 온전하게 하면 도와 일체가 된다"[97]는 것이다. 그뿐만 아니라 백성들의 성품에 맞추어야 한다. 그래서 "성인이 천하를 다스리는 것은 백성들의 성품을 바꾸려는 것이 아니라, 품고 있는 성품에 따라가면서 더러운 것을 씻어 주는 것이다. 본성을 따르면 커지고, 억지로 하면 작아지는 것"[98]이라고 하였다.

『회남자』의 집일응만적 실용론은 백성들의 이익을 위해[99], 백성들의 본성에 따라, 때와 장소에 알맞게 인도함으로써, 원칙을 적절히 운용하는 변칙을 활용하는 것이다. 『회남자』에는 동시에 양립할 수 없는 제자백가

---

96   國之所以存者, 仁義是也. 人之所以生者, 行善是也. …… 士處卑隱, 欲上達, 必先反諸己. …… 脩身不誠, 不能事親矣. 誠身有道, 心不專一, 不能專誠. 道在易而求之難, 驗在近而求之遠. 故弗得也.(『淮南子』「主術訓」)

97   天下之要, 不在於彼, 而在於我; 不在於人, 而在於我身. 身得則萬物備矣. …… 全其身則與道爲一矣.(『淮南子』「原道訓」)

98   聖人之治天下, 非易民性也. 拊循其所有, 而滌蕩之. 故因則大, 化則細矣.(『淮南子』「泰族訓」)

99   因萬人之所利.(『淮南子』「主術訓」)

의 말을 인용하기도 하지만, 그것은 때와 장소에 따라 적절히 변통함으로써 각득기의(各得其宜)를 추구하는 것이므로 모순·갈등은 일어나지 않는다. 모순은 동일 시공간에서만 일어나는 것이기 때문이다. 그러므로 『회남자』가 추구한 도사일통의 용광로는 결국 변통하는 백성들의 삶이었다.

3. 삶으로의 복귀

모든 철학을 녹일 수 있는 최고의 용광로는 우리의 삶이다. 삶 속에서는 그 어떤 철학도 새로운 모습으로 다시 태어날 수 있다. 그렇게 새로운 모습으로 만들어 내는 금형은 실용이라는 틀이다. 실용이란 틀은 금을 녹인 것이라도 맞지 않으면 거부하여 토해 내고 만다. 그런 면에서 『회남자』의 기도경사하기 위한 도사일통론은 실용의 원칙을 선언하는 것이라고 할 수 있다.

철학 사상의 실용성은 삶에서 확인되는 것이므로 기본적으로 철학자 자신의 삶에서 확보할 수 있어야 한다. 『회남자』의 철학 사상은 저자 자신의 삶 속에서 그 실용의 진실성을 확보하려는 것보다는 관념적으로 제자백가의 철학 사상을 종합하는 데 치중했다. 그 결과 제자백가 철학에서 진일보한 정신 경지보다는 수준이 저하된 자의적 응용에 중점을 두게 되었다. 그래서 만수위일의 통합론에 의해 추구된 새로운 철학 사상의 이론 체계는 엉성할 수밖에 없었다. 그러나 그로부터 연역해 낸 집일응만의 실용 체계는 상대적으로 방법의 다양성과 실효성이 커졌다.

일반 백성은 반드시 하나의 원리나 신념에 의해 사는 것은 아니다. 비교적 이론과 실제의 일치가 많이 이루어지는 종교 생활 역시 언제나 그렇게 하는 것은 아니다. 한나라 건국 이후 이렇다 할 철학 사상 없이 혼미한 세상에 대해 오직 유안만이 그것을 인식했다. 유안은 Pax Britanica(19세기 영국의 지배에 의한 평화)나 Pax Americana(미국의 지배에 의한 평화)와 같이『회남자』에 의한 사상적 지배 체제하에서 평화를 추구한 사상적 패권주의를 꿈꾸었던 것이다. 그런 백성들의 일상생활을 중심으로 보면『회남자』의 철학 사상 통합론과 실용론은 성공적이었다고 할 수 있다. 그러나 학술 체계에 결함이 있다면 설득력이 약해 그런 흡인력은 떨어진다. 즉 '왜『회남자』는 홍렬태족(鴻烈泰族)하려 했는가' 하는 답을 자체적으로 갖추지 못한다면, 독자는 또 다른 이유를 찾으려 할 것이기 때문이다.『회남자』는 새 시대를 위한 변습역속을 추구하여 제자백가 철학 사상이나 전통문화를 통합하려 했지만, 그의 세계관적 목적인 기도경사만으로는 그 이유를 스스로 확보하지 못하여 집중력이 약할 수밖에 없다.

『회남자』가 나름대로 통합된 거대 이론을 형성할 수 있었던 것은 유안의 막강한 정치 권력과 재정적 뒷받침이 있었기 때문이다. 그뿐만 아니라 저술에 함께 참여한 학자들의 시대적 공감도 있었다. 그런데 그 후『회남자』에 접근하는 시각은 대체적으로 과거 제자백가의 입장에 사로잡혀『회남자』 자체에서의 의미를 제대로 살려 내지 못한 것이 아쉽다. 진정한 도사일통이 이루어지기 위해서는 닫힌 듯 열린 세계를 보아야 한다. 닫힌 듯 열린 세계관을 가질 때 도사일통의 실용론은 그 실천 기초를 열 수 있을 것이다.

[2003년][100]

---

100   「회남자의 도사일통의 방법」,『공자학』 10호, 한국공자학회, 2003.11.에 게재한 것을 수정 보완함.

제16장

사마천의 승폐통변의 방법

사마천(司馬遷, B.C.145~B.C.86)은 사관의 집안에서 태어났다. 그의 아버지 사마담(司馬談)이 『사기』(史記)를 완성하도록 유언했다. 사마천은 B.C.108년 태사령이 되어 『사기』를 집필하기 시작했지만, 흉노에게 투항한 이릉(李陵) 장군을 변호하다 B.C.99년 궁형을 당했다. 치욕감에 죽으려 했으나 부친의 유언에 따라 중국 최초의 통사인 『사기』 130편을 편찬하였다.

사마천은 아버지의 유언과 관련하여, "유려(幽厲) 이후 왕도가 무너지고 예악이 쇠퇴하니, 공자가 예로부터 전해 오던 전적과 폐기된 『예』·『악』을 다시 정리·진흥하여 『시』·『서』를 정리하고, 『춘추』를 지음으로써 오늘에 이르기까지도 학자들이 그것을 준칙으로 삼고 있다. 획린(獲麟) 이래 400여 년간 제후들은 서로 빼앗고 빼앗기는 혼전만 계속하고 있어 역사에 대한 기록은 버려둔 채 단절되었다. …… 주공이 세상을 떠난 후 500년이 지나 공자가 태어났고, 공자가 세상을 떠난 후 지금까지 500년이 되었으니, 청명한 세상을 계승하여 『역전』(易傳)을 바로잡고, 『춘추』를 계승하며, 『시』·『서』·『예』·『악』의 근원을 규명하는 자가 나올 것인가 라고 말했다. (사마천은 이에 대해) 그 뜻이 여기에 있었을 것이다. 그 뜻이 여기에 있었을 것이다. 내가 어찌 사양하리오"[1]라고 말했다. 이런 것으로 보면, 사마천은 공자 이후 단절된 문물을 계승함으로써 제2의 『춘추』를 쓰길 바랐던 부친의 뜻을 적극 수용함을 알 수 있다.

사마천은 『사기』130편을 편찬한 목적을 "천지 만물과 인간의 이치를 연구하고 고금의 역사를 관통하는 사도(史道)를 정립하여, 사가(史家)의 학설을 건립하기 위한 것"[2]이라고 말했다. 그는 『사기』를 완성하고 나서 "나는 황제(黃帝)로부터 태초(太初, B.C.104~B.C.101)에 이르기까지 사실(史實)을 역술(歷述)하였으니, 모두 130편"[3]이라고 정리했다. 이처럼 그는 상고 시대부터 당시까지 존재하던 3천여 년간의 각종 기록과 유물·유적을 확인하고, 그들을 본기 12편·표 10편·서 8편·세가 30편·열전 70편(열전 70편에는 「太史公自序」 포함)으로 각각 정리하여 춘추 전국 시대의 제자백가들처럼 새로운 세계관을 창출하고자 하였다. 특히 「태사공자서」(太史公自序) 부분은 그의 집필 목적과 방법, 그리고 구성 내용 등이 들어 있는 해제로서 부친과 자신의 역사 철학의 정화(精華)라고 할 수 있다. 현존하는 『사기』는 대부분 사마천이 집필했지만, 그의 부친 사마담이 저술한 부분[4]과 훗날 저소손(褚小孫)[5]이 증보한 부분도 있다. 이렇게 『사기』는 중국 고대 사상·문물·제도 등의 역사를 총정리한 대저작이다.

---

1 幽厲之後, 王道缺, 禮樂衰, 孔子脩舊起廢, 論詩書, 作春秋, 則學者至今則之. 自獲麟以來四百有餘歲, 而諸侯相兼, 史記放絶. …… 自周公卒五百歲而有孔子, 孔子卒後至於今五百歲, 有能紹明世, 正易傳, 繼春秋, 本詩書禮樂之際? 意在斯乎. 意在斯乎. 小子何敢讓焉.(『史記』「太史公自序」)

2 凡130篇, 亦欲以究天人之際, 通古今之變, 成一家之言.(『漢書』「司馬遷傳」)

3 余述歷黃帝以來至太初而訖, 百三十篇.(『史記』「太史公自序」)

4 『史記』「太史公自序」 중의 「論六家要指」는 물론, 70편의 列傳 중 8편은 司馬談의 저작일 것이라고 보는 사람도 있다.(李長之, 『司馬遷之人格與風格』, 臺北, 開明書局, 1980, 151~162쪽)

5 褚小孫은 漢元帝(B.C.49~B.C.33)-成帝(B.C.33~B.C.7) 년간의 博士로서 "태사공은 武帝 때까지 사적을 기록하는 데 그쳤는데, 나는 昭帝 이래의 공신과 제후들에 관해 編修하여 뒤에 편집하였다"(『史記』「建元以來侯者年表」)고 말했다.

사마천은 '역사의 피로(疲勞)'[6]로 인하여 발생하는 폐단을 발견하고, 그것을 풀기 위해 찾아낸 주요 방법으로 승폐통변(承敝通變)[7]을 주장했다. 이런 통찰력으로 볼 때 그는 결코 말과 사건만을 기록하는 단순한 사관(史官)[8]이 아니었으며, 오히려 춘추 전국 시대의 제자백가처럼 한 위대한 사상가로서의 사가(史家)였다.

1. 방법론적 배경

사마천의 방법론적 배경은 어떠한가? 사마천은 만물의 변화, 인간의 역사, 세월의 변화 과정에는 흥망성쇠의 법칙이 있으며, 또 그것은 순환한다고 보았다. 즉 "사물이 극도로 흥성해지면 쇠락해지고, 시대가 발전하여 극한 시기에 도달하면 전변하며, 질박해졌다 문채로워졌다고 하는 것은 모두 사물이 종말에 이르면 다시 시작하는 변화"[9]라는 것이다. 이것은 중국 전통의 역사관에 기초한 것이기도 하지만, 그가 『사기』를 편찬하는

---

6 역사의 피로·권태라는 말은 司馬遷이 직접 사용한 말은 아니다. 그러나 司馬遷은 자연의 흥망성쇠의 이치로 역사의 흥망성쇠를 말하며, 그 속에서 승폐통변함으로써 백성들을 피로·권태롭지 않게 해야 한다고 주장한다. 그래서 필자는 역으로 추론하여 역사적 흥망성쇠의 원인이 되는 폐단 발생 역시 역사의 피로·권태라고 보고, '역사의 피로'라는 말을 사용하는 것이다.

7 承敝通變은 본래 "禮樂損益, 律曆改易, 兵權山川鬼神, 天人之際, 承敝通變, 作八書."(시대에 따른 禮樂의 증감, 律曆의 改易, 兵權, 山川, 鬼神, 天人 간의 관계 등에서 폐단을 극복하고 변화에 통할 수 있도록 하기 위해 八書를 지었다.(「太史公自序」))는 말에서 인용한 말이다. 필자는 「八書」의 저작 목적에 한정하지 않고, 나머지 영역에서도 적용 가능한 것으로 본다.

8 動則左史書之, 言則右史書之.(행동은 左史가 기록하고, 말은 右史가 기록한다.(『禮記』「玉藻」))

9 物盛則衰, 時極而轉, 一質一文, 終始之變也.(『史記』「平準書」)

과정에서 확인한 사리(史理)이기도 하다.

역사는 단순히 말과 사건의 기록이 아니다. 사마천은 천도(天道)와 사도(史道)를 기준으로 하나의 생명체처럼 흥망성쇠하는 역사를 평가·기록하였다. 그는 "요순이 봉한 후(侯)와 백(伯)은 하·은·주 3대에 걸친 천여 년의 세월을 거치면서 자신을 보호하고 천자를 보위하였으니, 어찌 인의를 돈독히 실천하고 법을 받들어 지킨 것이 아니겠는가?"[10]라고 말했다. 이런 사도를 세우기 위해 사마천은 역사의 본질을 도덕 자아의 실현으로 보았다. 비록 역사에는 전쟁이나 폭력도 있지만, 평화로울 때는 인성(人性)에 맞추지 않으면 안 된다는 것이다.[11] 사마천은 진시황처럼 역취(逆取)의 방법으로 전쟁을 했어도, 아들 2세 황제에 이르러 인성에 맞는 순수(順守)의 방법을 썼다면 그렇게 쉽게 망하지는 않았을 것이라고 말했다. 그러나 2세 황제는 오히려 심한 폭정을 계속함으로써 각지에서 일어난 폭동으로 천하통일(B.C.221) 14년 만에 멸망시켰다는 것이다.[12]

사마천은 중국 고대 역사를 130편으로 정리하면서 각 편의 마지막 부분에서 "태사공은 말한다"고 하면서, 마땅히 어떻게 했어야 한다는 도덕적 판단으로 결론을 내리는 경우가 많다. 이것은 우리의 역사가 지향해야 할 목표로서의 사도가 무엇인지를 말하려는 것이다. 그는 공자에게 의탁하여 "공자는 왕도를 밝히기 위해 70여 제후에게 요구했으나 쓰이지 못했다. 그래서 공자는 서쪽 주 왕실의 서적을 살펴보고, 역사 기록과 예전의 견문들을 논술하며, 노나라의 사적(史籍)을 위시하여 『춘추』를 편찬하였

10　尙書有唐虞之侯伯, 歷三代千有餘載, 自全以蕃衛天子, 豈非篤於仁義, 奉上法哉?(『史記』「高祖功臣侯者年表」)

11　逆取와 順守는 본래 陸賈의 말로서 "居馬上得之, 寧可以馬上治之乎? 且湯武逆取而順守之, 文武竝用, 長久之術也."(『史記』「酈生陸賈列傳」에서 취한 말. 의미상에서는 賈誼 (B.C.200∼B.C.168) 역시 같은 말을 했다. 즉 "夫幷兼者高詐力, 安危者貴順權."(『新書』「過秦論上」))

12　『史記』「秦始皇本紀」

다. …… 그 문장은 간략하게 썼고, 번잡하고 중복되는 것은 빼 버렸다. 의리와 법도를 제정함으로써 왕도가 구비되게 했으며, 인사(人事)에 두루 통하게 했다. 70명의 제자들은 스승의 주장을 구전으로 전수하였는데, 거기에는 비평·권고·찬양·은휘·힐난·훼손 등의 문장이 있으나 겉으로 표현하지는 않았다"[13]고 말했다. 이것은 공자가 저술한 『춘추』가 대의명분(大義名分)을 세우고, 권선징악(勸善懲惡)을 위해 포폄(褒貶)했다는 것을 말해 준다. 대의명분은 역사의 기준이고, 권선징악은 역사의 작용이다. 이에 대해 사마천은 "『춘추』는 예의(禮義)의 대종(大宗)이다. 예의는 문제가 발생하기 전에 금하도록 하는 것이고, 법은 문제가 이미 발생한 후에 처벌하는 것이다. 법이 시행되는 것은 쉽게 볼 수 있으나, 예의가 금지하는 것에 대해서는 알기 어렵다"[14]고 말한다. 『춘추』에서 비평·권고·찬양·은휘·힐난·훼손 등의 가치 평가를 하는 것은 마치 법을 적용하는 것이나 마찬가지로서, 대의명분인 예를 기준으로 역사적 심판을 하는 것이다. 그러나 그런 역사적 심판의 목적도 후세 사람들의 문제를 미연(未然)에 방지하기 위한 데 있다. 사도의 본질은 바로 본성인 인의이며, 그 판단 기준은 대의명분인 예의이다.

사마천의 방법론상 목적은 무엇인가? 사마천이 지향한 목적은 대체적으로 유가 철학적인 요소가 주류를 이루지만, 권선징악적 포폄 이외에 천리(天理)와 사리(史理)를 합일시켜 사도를 구하려 한 것에도 있다. 그는 동중서(董仲舒)의 말을 인용하여 공자가 『춘추』를 편찬한 것은 "242년간의 노나라 역사의 시비를 따져 천하의 본보기로 삼았는데, 천자라도 어질

---

13   孔子明王道, 干七十餘君, 莫能用, 故西觀周室, 論史記舊聞, 興於魯而次春秋, …… 約其辭文, 去其煩重, 以制義法, 王道備, 人事決. 七十子之徒口受其傳指, 爲有所刺譏褒諱 挹損之文辭不可以書見也.(『史記』「12諸侯年表序」)
14   春秋者, 禮義大宗也. 夫禮禁未然之前, 法施已然之後; 法之所爲用者易見, 而禮之所 爲禁者難知.(『史記』「太史公自序」)

지 못하면 깎아내리고, 무도한 제후는 물리치며, 간악한 대부는 성토하여 왕도를 이루려 했을 뿐"[15]이라고 말했지만, 자신이 『사기』를 편찬한 것은 "고사를 서술하여 가세(家世)의 전기를 정리한 것이지 저작한 것이 아니다"[16]라고 낮추어 말했다. 하지만 친구 임소경(任少卿)에게 보낸 편지에서 그는 『사기』130편을 편찬한 목적이 "천지 만물과 인간의 이치를 연구하고, 고금의 역사를 관통하는 사도를 정립하여, 사가의 학설을 건립하기 위한 것"이라고 말하기도 했다.[17]

사마천이 지향했던 사도는 무엇인가? 그것은 승폐통변(承敝通變), 즉 역사적 폐단을 찾아 치유하여 인의(仁義)가 시대의 변화에 통할 수 있도록 하는 것이다. 승폐통변은 본래 사마천이 「팔서」(八書)를 지은 목적으로 제시한 것으로, 승폐통변의 방법을 응용한 이유는 한나라가 계승한 오제(五帝)의 말류를[18] 치유하여 왕도(王道)를 밝히려는 데 있다.

사도의 실현은 어떻게 할 것인가? 사마담은 「논육가요지」(論六家要指)에서 "천하 사람들은 같은 것을 이루려고 하면서도 생각은 각기 다르고 도달하는 목적은 같아도 취하는 길은 다른 것처럼, 음양·유·묵·명·법·도가가 모두 천하를 다스리는 데 힘썼지만 다만 따르는 길이 달랐던 것뿐"[19]이라고 말했다. 즉 지향하는 목표는 같지만 방법은 다양하다는 것이다. 현실적으로 방법의 다양성을 인정하는 것은 쉬운 일이 아니다. 그렇게 할 수 있는 사람은 개방된 세계관을 가진 사람이거나 이상적 통치자로 추앙받는 성왕(聖王)일 것이다. 그래야 각종 사상과 문물제도를 편파

15　余聞董生(董仲舒)曰, …… 是非二百四十二年之中, 以爲天下儀表, 貶天子, 退諸侯, 討大夫, 以達王事而已矣.(『史記』「太史公自序」)

16　余所謂述故事, 整齊其世傳, 非所謂作也.(『史記』「太史公自序」)

17　凡130篇, 亦欲以究天人之際, 通古今之變, 成一家之言.(『漢書』「司馬遷傳」)

18　維我漢繼五帝末流.(『史記』「太史公自序」)

19　天下一致而百慮, 同歸而殊塗. 夫陰陽儒墨名法道德, 此務爲治者也, 直所從言之異路, 有省不省耳.(『史記』「太史公自序」)

적이지 않게 조화시켜 정치적 평천하를 이룰 수 있기 때문이다. 그래서 사마천은 각종 분야를 『사기』 130편으로 정리해 놓고 "정본(正本)은 명산에 보관하고, 부본(副本)은 세상에 내놓아 성인·군자들이 읽기를 기다린다"[20]고 말한 것이다.

2. 주요 방법

사마천은 중국 역사 속에서 무엇을 어떻게 보았는가? 공간적으로 자연과 인간의 관계[天人之際]를, 시간적으로 고금의 변화 과정[古今之變]을 입체적으로 보았다. 그래서 그는 전통적인 편년체(編年體)만이 아니라 기전체(紀傳體)를 창안하여 중국의 고대 역사를 종횡으로 관통시켜 시공간적으로 입체화하였다. 아울러 그는 역사적 폐단의 원인과 치유 방법을 찾아냈다. 즉 하·은·주 3대의 역사 속에서 충폐(忠敝)는 공경(恭敬)으로 개혁했고, 경폐(敬敝)는 절문(節文)으로 개혁했는데, 문폐(文敝)는 다시 충후(忠厚)함으로 개혁해야 한다는 것이다. 사마천은 역사적 폐단을 치유하기 위해, 구천인통고금(究天人通古今)이라는 방법론적 좌표 속에서 승폐통변이라는 역사 철학적 치유 방법을 내놓았다.

1) 구천인통고금의 방법

(1) 역사의 이해와 정리

사마천은 어떤 방법으로 고대 중국의 역사를 정리하였는가? 그것은 정제(整齊)의 방법으로 정리·서술하는 것이었다.[21] 그러나 그것은 있는 그

---

20   藏之名山, 副在京師, 俟後世聖人君子.(『史記』「太史公自序」)
21   述故事, 整齊其世傳, 非所謂作也. …… 罔羅天下放失舊聞. …… 整齊百家雜語.(『史記』「太史公自序」)

대로가 아니라, 공자가 『시』·『서』를 정리할 때 산정(刪定)했다는 것을 포함해야 할 것이다. 사마천은 "명확한 것만을 기록하고 의심이 가는 것은 기록하지 않았다"[22]고 했기 때문이다. 그뿐만 아니라 그는 거기에 만족할 수 없었다. 진일보하여 역사적 통찰력으로 승폐통변해야 한다는 치유 방법도 제시하였다.

사마천이 참고한 주요 사료(史料)는 무엇인가? 주요 사료는 「태사공자서」에서도 밝히듯 천하의 모든 사료를 총망라하여 수집되지 않는 것이 없었다고 말했다. 그중 가장 중요한 것은 6경이었다. 즉 "무릇 학자들이 읽는 서적은 지극히 광범위하지만, 그러나 믿을 만한 근거는 역시 6예(즉 시·서·예·악·역·춘추)[23]에서 찾아야 한다"[24]는 것이다. 이 말은 사마천이 중시한 영역이 어디에 있는지를 잘 보여 주는 말이다. 『사기』는 단순히 궁중의 석실과 금궤 속에 있는 사료를 정리한 사료사가 아니라, 6경을 기초로 한 중국의 정신문화사로서 고금의 사도를 밝히려 한 것이다.

사마천은 역사를 정리하는 것은 있는 그대로 술이부작(述而不作)하려 했지만, 그것에 머물지 않고 마땅히 해야 할 것 또한 지적한다. 그것은 사도를 밝히고자 역사적 심판을 하는 것이다. 『사기』 본문 곳곳에 있는 "태사공왈(太史公曰)이라는 말의 기능은, 첫째 본문에서 빠진 것을 보충하거나, 둘째 경력을 기술하거나, 셋째 거취(去取)를 언급하거나, 넷째 포폄하는 것이다."[25] 이중 포폄하는 것은 바로 역사적 평가로서, 역사 기록이라는 것만으로도 부담을 느끼는 사람들은 이런 역사적 평가를 두려워하는

---

22   著其明, 疑者闕之.(『史記』「高祖功臣侯者年表」)

23   「滑稽傳」에서는 六藝를 禮·樂·書·詩·易·春秋로 말하고, 「天官書」에서는 "孔子論六經"이라고 말한다.

24   夫學者載籍極博, 猶考信於六藝.(『史記』「伯夷列傳」)

25   최병수, 「사마천의 「成一家之言」에 관하여」, 『충북사학』 제4집, 충북사학회, 1991, 130쪽에 있는 註(즉 阮芝生, 「論史記五體及「太史公曰」的述與作」, 臺北, 臺灣大學歷史系學報 第6期, 1979, 17~43쪽의 내용)를 풀어서 말한 것이다.

것은 당연하다. 그래서 공자도 "나를 알아 주는 자도 오직 『춘추』이고, 나를 벌줄 자도 오직 『춘추』일 것"[26]이라고 말한 것이다.

보통 사람이 역사로부터 자유로울 수 없는 것은 역사적 대의명분에 통달하지 못하기 때문이다. 그래서 사마천은 "군주나 아버지로서 『춘추』의 대의(大義)에 통달하지 못하는 자는 반드시 최고의 악명을 뒤집어쓴다. 신하나 아들로서 『춘추』의 대의에 통달하지 못하는 자는 반드시 찬탈이나 시살한 주벌(誅罰)을 받고 사죄(死罪)의 악명에서 헤어나지 못한다. 사실 그들은 응당 해야 할 일로 여기고 행하지만 대의의 소재를 알지 못하고 행하기 때문에 사관으로부터 악명을 뒤집어쓴다 해도 감히 원망하지 못한다"[27]고 말한다. 이렇게 사마천은 역사 속에서 연출되는 자연과 인간 세계에 대해 6경으로 그 이치와 도리를 밝히려 했다. 특히 그것은 바로 구천인통고금(究天人通古今)함으로써 천리(天理)와 인도(人道)를 합치시키는 것이다.

(2) 구천인지제의 방법

사람은 자연에서 태어나고 다시 자연으로 돌아간다. 그래서 고대 중국의 자연 철학은 천지를 만물의 부모로 보고, 하늘의 명령, 즉 자연법칙을 부모의 명령처럼 받들고 따라야 한다고 했다. 자연법칙에 따르려면 그것이 어떤 것인가 알아야 한다. 그런 천인지제(天人之際)에 관련한 것은 「역서」(曆書)·「천관서」(天官書) 등이며, 거기서 언급하는 여러 형태의 자연의 주기는 대체적으로 천도(天道)이다. 그러나 달력으로 정리한 천도는 일정 불변의 것이 아니라 어느 정도 편차가 있다. 그래서 왕조가 바뀔 때

---

26 知我者, 其惟春秋乎. 罪我者, 其惟春秋乎.(『孟子』「滕文公下9」)

27 爲人君父而不通於春秋之義者, 必蒙首惡之名. 爲人臣子而不通於春秋之義者, 必陷纂弑之誅, 死罪之名. 其實皆以爲善, 爲之不知其義, 被之空言而不敢辭.(『史記』「太史公自序」)

마다 불가피하게 월력과 계절 변화가 일치되도록 조율해야 했지만, 그것
도 결국 순환한다는 것이다. 즉 "하나라 때에는 정월(正月)에 세수(歲首)
가 시작되었고, 은나라 때에는 12월에 시작되었으며, 주나라 때에는 11월
에 시작되었다. 3왕조의 정삭(正朔)은 순환되어 마지막에 다다르면 처음
으로 다시 돌아오는 것이다."[28]

자연 변화에는 어떤 주기가 있는가?『사기』에서는 "무릇 천운(天運)은
30년에 작게 변하고, 100년에 중간 정도로 변하며, 500년에 크게 변한다.
500년의 세 번의 대변화를 거치면 일기(一紀)가 되며, 세 번의 기(紀)를
거치면 일체의 변화를 다 갖추게 되니, 이것이 천지 변화 주기의 한계이
다. 국정을 담당하는 사람은 반드시 이런 3(30년)과 5(500년)의 변화 주
기를 중시해야 한다. 위아래로 각각 천 년의 변화상에 통달한 후에야 천
인(天人) 간의 관계가 계속 갖추어진다"[29]고 하였다.

천운의 한 주기는 4,500년이 되며, 그것은 일월성신 등의 천도 변화의
주기를 말하는 것이다. 아울러 이런 천도 변화의 주기를 인간 사회 변화
에도 적용한다. 사마천이 "공자는 반드시 한 세대를 다스린 후에야 인정
(仁政)이 이루어지고, 선인(善人)이 나라를 다스린 지 100년이 경과한 후
에야 폭정을 제거하고 형륙(刑戮)을 폐기할 수 있다고 말했다. 이 말이 맞
지 않는가! 한이 건국된 지 효문제에 이르기까지 40여 년이 되어 덕이 지
극히 성해졌다"[30]고 말한 것을 보면 사마천 자신도 대체적으로 그런 자연

---

28 夏正以正月, 殷正以十二月, 周正以十一月. 蓋三王之正, 若循環, 窮則反本.(『史記』
「曆書」) 또 "한 고조가 10월에 覇上에 이르렀다 하여, 원래 秦나라 때 10월을 歲首로 삼
았던 것을 고치지 않았다. …… 五德의 운행 법칙에 근거하여 한나라는 水德에 해당한다
고 보고, 黑色 숭상을 이전과 같이 했다."(『史記』「張丞相列傳」)
29 夫天運, 三十歲小變, 百年中變, 五百載大變; 三大變一紀, 三紀而大備; 此其大數也.
爲國者必貴三五. 上下各千歲, 然后天人之際續備也.(『史記』「天官書」)
30 孔子言, 必世然後仁. 善人之治國百年, 亦可以勝殘去殺. 誠哉是言! 漢興至孝文四十
有餘載, 德至盛也.(『史記』「孝文本紀」)

변화의 주기를 믿었던 것 같다. 아울러 인간의 활동도 역시 크고 작은 천운의 주기에 따라 맞추어야 한다고 했다. 그래서 『사기』에서는 "음양을 나누고, 4계절을 정하며, 5행을 조절하고, 절기를 바꾸며, 세(歲)·일(日)·월(月)·성신(星辰)·역수(曆數) 등의 법도를 확정 짓는 모든 것이 북두좌(北斗座)에 연계된다"[31]고 했다.

5행의 상생 관계에 따라 목·화·토·금·수성의 순서로 오성(五星)을 설명한다. 아울러 목에 나무·동쪽·봄·갑을(甲乙)·의(義)를, 화에 불·남쪽·여름·병정(丙丁)·예(禮)를, 토에 흙·중앙·계하(季夏)·무기(戊己)·덕(德)을, 금에 쇠·서쪽·가을·경신(庚辛)·살(殺)을, 수에 물·북쪽·겨울·임계(壬癸)·형벌을 각각 연관시켰다. 그래서 상극 관계에 있는 "목성과 토성이 만나면 내란과 기근이 있으니, 임금은 전쟁을 하지 말아야 하며 싸우면 패한다. …… 목성과 화성이 만나면 한발의 피해가 있다. …… 화성과 수성이 만나면 쇠를 담금질하듯 하고, 화성과 금성이 만나면 쇠를 녹이듯 하고 상사(喪事)가 있다"[32]고 한다. 이것은 오행의 원리가 천상(天象)과 인사(人事)에 똑같이 작용한다는 것을 보여 준다.

이런 오행론은 점성술(占星術)로 변하기도 했지만, 사마천은 역사적 검증을 통해 진실을 밝히고 사람이 마땅히 해야 할 일을 찾으려 했다. 이것은 "그동안 보인 천상(天象)의 모든 이변을 각 나라마다 다르게 기록해 놓았고, 점술가들은 그 괴이한 물상(物象)들로 점을 쳐서 당시 사건과 현상에 부합시켰다. 그런데 그들이 문자와 그림·서적으로 설명해 놓은 길흉화복의 조짐에는 귀납할 만한 어떤 법칙도 없었다"[33], "혹자는 말하길 '천도는 공평무사하여 항상 착한 사람을 돕는다'고 한다. 백이·숙제와 같은

31   分陰陽, 建四時, 均五行, 移節度, 定諸紀, 皆繫於斗.(『史記』「天官書」)
32   木星與土合, 爲內亂, 饑, 主勿用戰, 敗. …… 火爲旱, …… 火與水合爲焠, 與金合爲鑠, 爲喪.(『史記』「天官書」)
33   所見天變, 皆國殊窟穴, 家占物怪, 以合時應, 其文圖籍禨祥不法.(『史記』「天官書」)

사람은 착한 사람이라 말할 수 있지 않은가? 그러나 그처럼 인덕을 쌓고 행실을 깨끗이 했음에도 굶어 죽었다. …… 도척은 날마다 죄 없는 사람을 죽이고, 사람을 회쳐 먹으며, 포악무도한 짓을 함부로 행하고, 수천 명의 도당을 모아 천하를 횡행했지만, 천수를 다 누리고 죽었다. 이것은 그 어떠한 덕행 때문인가? …… 나는 이에 대해 매우 의혹스럽다. 만약 이런 것이 소위 천도라면, 천도는 옳은 것인가 그른 것인가?"[34]라고 말한 것에서 알 수 있다.

사마천이 이해한 천도·천명(天命)의 의미는 비교적 천상의 변화와 관련이 있다. 그러나 그런 천상의 변화는 자연 현상일 뿐 인간의 길흉화복과 무관하다는 것이다. 길흉화복은 오히려 인간이 자연 변화에 어떻게 대처했느냐에 의해 결정된다는 것으로서, "사마천은 천인의 관계를 고찰하여 역사 속의 이성적인 것과 비이성적인 것, 필연적인 것과 우연적인 것에 커다란 경계선을 그은 것"[35]이라고 말할 수 있다.

천상(天象)에 이변이 생기면 인간 사회에도 이변이 생길 수 있다. 사마천은 이에 대해 어떻게 대처해야 한다고 보았는가? 그는 "해에 이변이 생기면 덕을 쌓고, 달에 이변이 생기면 형벌을 줄이고, 별에 이변이 생기면 인화단결을 해야 한다"[36]고 하였다. 그렇게 하지 않으면 안 되는 이유는 무엇인가? "(천상에 이변이 생길 때) 나라 임금이 강대하고 덕이 있으면 (나라가) 번성하게 되지만, 약소하고 꾸미고 속이는 자이면 망하게 되기"[37] 때문이다. 그래서 사람이 천운의 변화 주기에 통달하여 미리 대비하고 이변이 생겼을 때는 적절히 대응하는 것이 중요하다는 것이다. 이것이

---

34   或曰, 天道無親, 常與善人. 若伯夷叔齊, 可謂善人者非邪? 積仁潔行如此而餓死. …… 盜蹠日殺不辜, 肝人之肉, 暴戾恣睢, 聚黨數千人橫行天下, 竟以壽終. 是遵何德哉? …… 余甚惑焉, 儻所謂天道, 是邪非邪?(『史記』「伯夷列傳」)

35   徐復觀, 『兩漢思想史』 3卷, 臺北, 學生書局, 1979, 332쪽

36   日變脩德, 月變省刑, 星變結和.(『史記』「天官書」)

37   國君彊大, 有德者昌, 弱小, 飾詐者亡.(『史記』「天官書」)

그가 천인지제를 연구하는 목적이며 결론이다.

　사마천은 천운에 이변이 생겼을 때 "첫째는 덕을 닦는 것이고, 다음은 정치를 잘하는 것이며, 그다음은 보완 조치를 취하는 것이고, 그다음은 귀신에 비는 것이며, 가장 나쁜 것은 무시하는 것"[38]이라 말한다. "공자가 6경을 정리하면서 괴이한 사건은 기록하되 설명은 하지 않았으며, 천도나 운명에 대해서는 전하지 않았다"[39]고 말하는 것처럼 그는 천인지제를 연구한 결론이 점성술로 빠지지 않고, 오히려 도덕 수양을 해야 하고 선정(善政)을 베풀어야 한다는 것으로 귀결시켰다. 사마천이 이렇게 천인의 관계를 연구하여 얻은 결론은 자연 변화에 잘 대처하고 덕을 쌓아야 한다는 것이다.

(3) 통고금지변의 방법

　역사 역시 중요한 하나의 환경이다. 그런 역사 환경은 생물처럼 흥망성쇠의 과정을 겪는데, 역사의 피로·권태를 찾아 새롭게 해 주지 않으면 국가의 운명은 위태로울 수 있다. 그래서 사마천은 시간적으로 통고금지변(通古今之變)하려 한 것이다. "한나라가 흥기한 후 70여 년이 지났을 때, 국가는 태평무사하고, 홍수나 가뭄도 없어 백성들은 모두 자급자족이 가능해졌다. 각 군과 현의 곡식 창고는 꽉 차 있었고, 정부 창고에는 많은 재화가 보관되어 있었다. …… 봉읍(封邑) 토지를 받은 종실(宗室)과 공경대부 이하 모두가 사치를 다투어, 주택이나 마차·관복 등이 모두 분수를 넘어 한계가 없을 정도였다. 모든 사물은 성하면 쇠하게 마련인데, 원래 이렇게 변하는 것이다"[40]라는 말에서 역사도 반복 순환한다는 순환 사

38　太上脩德, 其次脩政, 其次脩救, 其次脩禳, 正下無之.(『史記』「天官書」)

39　孔子論六經, 紀異而說不書, 至天道命, 不傳.(『史記』「天官書」)

40　漢興七十餘年之間, 國家無事, 非遇水旱之災, 民則人給家足, 都鄙廩庾皆滿, 而府庫餘貨財. …… 宗室有土公卿大夫以下, 爭于奢侈, 室廬輿服僭于上, 無限度. 物盛而衰, 固其

관을 지니고 있음을 알 수 있다.

앞서 말했다시피 역사가 흥망성쇠하는 것은 바로 피로·권태 때문이다. 그래서 사마천은 승폐통변, 즉 폐단을 개혁하여 변화에 통하게 하지 않으면 안 된다고 말한다. 이런 폐단의 개혁은 국가 정책의 전환을 말하는 것이다. 그것도 충후(忠厚)·공경(恭敬)·절문(節文)과 같은 도덕 정책을 응용하는 것이다. 만약 그렇지 못하면 어떻게 되는가? "진시황은 자만하여 남에게 자문을 구하지 않고, 끝내는 잘못을 저지르고도 그칠 줄 몰랐다. 2세 황제는 부친의 과오를 그대로 이어받아서 고치지 않았고, 포학무도하여 화를 가중시켰다"[41]고 한 가의(賈誼, B.C.200~B.C.168)의 말처럼 결국 패망의 길을 가게 된다는 것이다.

승폐통변이 방법의 방법이 되는 이유는 하나라 정치 방법의 폐단을 은나라가 극복했고, 은나라 정치 방법의 폐단은 주나라가 극복했다는 것은 역사로부터 얻은 것이기 때문이다. 즉 이들 충경문(忠敬文)의 관계 속에서 폐단의 극복을 보았으며, 그런 방법과 방법의 관계를 기초로 찾아낸 사마천의 방법이 바로 승폐통변인 것이다. 승폐통변이라는 방법에 근거하여 사마천은 한나라가 주대의 문폐를 극복할 수 있는 방법은 바로 충후에 있다고 말했다. 그것은 동중서의 영향으로 볼 수 있다.[42]

한편 추연(騶衍, B.C.355~B.C.265)은 오덕종시설(五德終始說)을 주장하여 왕조의 흥망성쇠를 논하였고, 진시황도 그것을 그대로 믿어 수덕(水德)을 중시했다. 한나라 효문제 때에도 공손신(公孫臣)이 오덕종시설에 입각한 글을 황제에게 올려 "한나라는 토덕(土德)을 얻었으니 마땅히 갱원(更元)하여야 하고, 정삭을 바꾸어야 하며, 복색(服色)도 바꾸어야 합니

變也.(『史記』「平準書」)

41   秦王足己不問, 遂過而不變. 二世受之, 因而不改, 暴虐以重禍.(『史記』「秦始皇本紀」)

42   然夏上忠, 殷上敬, 周上文者, 所繼之捄, 當用此也.(『漢書』「董仲舒傳」)

다. (그렇게 한다면) 마땅히 길조가 있을 것이며, 그것은 황룡(黃龍)이 출현하는 것입니다' 라고 말하자 황제가 그 일에 관하여 승상인 장창(張蒼)[43]에게 자문을 구했더니, 장창은 자신이 율력을 배운 바가 있어 그것이 옳지 않다고 아뢰었다. 그래서 황제는 그 일을 없었던 것으로 했다"[44], "그런데 그 후 황룡이 성기(成紀)에 나타났으므로, 문제(文帝)는 공손신을 불러다가 박사에 임명하고, 토덕의 시대에 맞는 역법 제도를 기초하게 했으며, 개원(改元)하여 원년(元年)이라 하였다"[45]고 한다. 이렇게 오덕종시설을 적용하여 왕조의 정권 교체에 적용한 것이다.

사마천은 이에 대해 "내가 『첩기』(諜記)를 읽어 보니, 황제에게는 모두 연대가 기록되어 있었다. 그러한 역대 보첩(譜諜)과 종시오덕(終始五德)에 관한 전기를 앞뒤로 고증해 보니, 고문의 기록이 모두 일치하는 것은 아니고 괴리되거나 차이가 있었다"[46]고 말했다. 정치는 실천 영역에 있으므로, 오덕종시설처럼 비록 믿을 만한 근거가 없더라도 백성들이 그것을 진실로 믿고 따르면 그의 정치적 목적은 달성할 수 있다. 하지만 그렇게 정치 현실의 위기를 모면하기 위한 임기응변은 결코 오래 가기 어렵다.

사마천은 고금지변을 관통하여 역사적 검증을 해 본 결과 오덕종시설은 근거가 없는 것이며, 충경문의 방법은 승폐통변의 과정에서 순환하는 것이라고 말했다. 이런 순환론적 역사 철학 입장에서 그가 찾은 사리(史理)는 결국 역사적 노폐물을 승폐통변하는 과정에서 인간의 본성과 자연의 섭리에 따라야 한다는 것이다.

---

43   漢相張蒼曆譜五德.(『史記』「十二諸侯年表」)

44   漢得土德, 宜更元, 改正朔, 易服色. 當有瑞, 瑞黃龍見. 事下丞相張蒼, 張蒼亦學律曆, 以爲非是, 罷之.(『史記』「曆書」)

45   其後黃龍見成紀, 於是文帝召公孫臣以爲博士, 草土德之曆制度, 更元年.(『史記』「張丞相列傳」)

46   余讀諜記, 黃帝以來皆有年數. 稽其曆譜諜終始五德之傳, 古文咸不同, 乖異.(『史記』「三代世表」)

2) 승폐통변의 방법

역사는 심판 기능 이외에 문제 해결의 지혜가 들어 있다. 역사 속에서 인류는 어떤 문제를 어떻게 해결했는가를 보는 것도 중요하지만, 방법 간의 역사적 관계가 어떠했는가 하는 것이 더 중요하다. 전자는 방법의 한 단면을 보여 주지만, 후자는 방법의 방법을 알 수 있게 한다. 그렇게 사마천이 구천인통고금이라는 방법적 좌표 속에서 발견한 방법의 방법은 바로 승폐통변의 방법이다.

사마천이 승폐통변을 주장하게 된 기초는 어디에 있는가? 첫째, 『예기』「표기」에 있다. 즉 "공자가 말하길, 하나라의 도는 명령을 존중했다. 귀(鬼)를 섬기고 신(神)을 공경하되 멀리했고, 사람을 가까이하고 충후했다. 봉록을 먼저 주고 위엄을 뒤에 보였으며, 상을 먼저 주고 벌을 나중에 주어, 친할 줄만 알았지 존경할 줄은 몰랐다. 그 백성들의 폐단은 둔하고 어리석으며, 교만하고 야(野)하며, 질박하고 절문이 없었다. 은나라 사람들은 신(神)을 공경하여 백성을 거느리고 신을 섬겼다. 귀(鬼)를 먼저 섬기고 예(禮)를 다음에 행했으며, 벌을 먼저 주고 상을 나중에 주어, 존경할 줄만 알았지 친할 줄은 몰랐다. 백성들의 폐단은 방탕하여 안정되게 생각할 줄 모르고, 이기려고만 하고 부끄러워할 줄 몰랐다. 주나라 사람은 예를 높이고 은혜를 베푸는 것을 숭상했다. 귀(鬼)를 섬기고 신(神)을 공경하되 멀리했고, 사람을 가까이하고 충후했다. 상벌은 벼슬에 따라 시행했으므로, 친할 줄만 알았지 존경할 줄은 몰랐다. 백성들의 폐단은 이익에 밝고 교묘했으며, 절문이 많고 부끄러워할 줄 몰랐으며, 예의 실질을 해치고 절문에 가려져 있었다. 공자는 말했다. 하나라의 도는 아직 사령(辭令)을 더럽히지 않고, 갖추어짐을 구하지 않으며, 백성에게 크게 바라지 않고, 백성이 그 부모를 싫어하지 않는다. 은나라 사람은 예를 더럽히지 않고, 백성에게 갖추어지기를 구한다. 주나라 사람은 백성에게 강요하고, 신은 더럽히지 않으며, 상벌과 형벌을 몹시 따진다. 공자는 말했다.

우하(虞夏)의 도는 백성에게 원망이 적고, 은주(殷周)의 도는 그 폐단을 이기지 못한다. 공자는 말했다. 우하의 질박함과 은주의 절문은 지극한 것이다. 우하의 절문은 그 질박함을 이기지 못하고, 은주의 질박함은 그 절문을 이기지 못한다"[47]는 것이다. 이것은 공자가 하·은·주 3대의 장단점을 정리한 것이다. 폐단 발생은 중용의 도를 잃어 어느 한쪽에 치우쳤기 때문이다. 질박함과 절문이 중용을 얻어 빈빈(彬彬)하게 되었다면 이상적이었을 것이다.

둘째, 동중서의 「현량대책」(賢良對策)에 있다. 즉 동중서가 현량(賢良)으로서 B.C.140~B.C.138년경에 한 무제에게 제출한 「대책」(對策)에서 "하나라는 충후함을 가장 중시했고, 은나라는 공경을 가장 중시했으며, 주나라는 절문을 가장 중시했다"[48]고 말했다. 왜 하·은·주는 방법을 달리했는가? 요·순·우는 하나의 도를 지켜 폐정이 없었지만, 하·은·주 3대에 이르러 각각 그 손익(損益)이 있었으므로 편파적인 것이 생겼다는 것이다. 즉 "도는 만세를 지나도 폐단이 없는 것이다. 폐단이라는 것은 도를 잃은 것"[49] 때문이라고 지적했다.

도는 왜 잃었는가? "선왕의 도는 반드시 기울어진 부분이 있어 발휘되지 못하는 것이 있기 때문"[50]이라는 것이다. 동중서는 "정치에는 눈이 어두워 실행되지 못하는 것이 있으므로, 기울어진 부분을 들어 올려 줌으로

---

47 子曰, 夏道尊命. 事鬼敬神而遠之, 近人而忠焉. 先祿而後威, 先賞而後罰, 親而不尊. 其民之敝, 惷而愚, 喬而野, 朴而不文. 殷人尊神, 率民而事神. 先鬼而後禮, 先罰而後賞, 尊而不親. 其民之敝, 蕩而不靜, 勝而無恥. 周人尊禮尚施. 事鬼敬神而遠之, 近人而忠焉. 其賞罰用爵列, 親而不尊. 其民之敝, 利而巧, 文而不慚, 賊而蔽. 子曰, 夏道未瀆辭, 不求備, 不大望於民, 民未厭其親. 殷人未瀆禮, 而求備於民. 周人强民, 未瀆神, 而賞爵刑罰窮矣. 子曰, 虞夏之道, 寡怨於民. 殷周之道, 不勝其敝. 子曰, 虞夏之質殷周之文至矣. 虞夏之文, 不勝其質. 殷周之質, 不勝其文.(『禮記』「表記」)

48 夏上忠, 殷上敬, 周上文.(『漢書』「董仲舒傳」)

49 道者萬世亡弊, 弊者道之失也.(『漢書』「董仲舒傳」)

50 先王之道, 必有偏而不起之處.(『漢書』「董仲舒傳」)

써 그 폐단을 보완하는 것 뿐"[51]이라고 보고, 한나라의 현실 문제에 대한 처방으로 "오늘날 우리는 대란을 겪고 난 다음이므로, 주나라의 예 또는 절문의 극치가 조금 손상되었다면 하나라의 충후의 방법을 사용해야 한다"[52]고 말했다. 이런 동중서의 거편보폐(擧偏補弊)적인 역사관은 공자의 역사관을 계승한 것이고, 사마천에게 승폐통변이라는 역사관을 갖도록 한 것이다.

폐단의 발생 원인이 동중서처럼 현명하지 못한 군주 때문이라고 볼 수도 있지만, 구체적으로는 사마천처럼 '역사의 피로' 때문이라고 볼 수 있다. 그의 해결 방법은 무엇인가? 그것은 순천통(順天統)의 방법이다. 사마천은 "하나라 정치는 충후했으나, 충후함의 병폐가 백성들을 촌스럽고 무례하게 했으므로, 은나라는 그 대신에 공경함을 숭상했다. 그러나 공경함의 병폐는 백성들로 하여금 귀신을 믿게 했기 때문에, 주나라는 그 대신에 절문, 즉 예의를 숭상했다. 그런데 절문의 병폐는 백성들을 가식적이고 무성의하게 만들었으므로, 가식적이고 무성의한 폐단을 바로잡는 것으로는 충후함보다 나은 것이 없다. 하·은·주 삼대의 치국 원칙은 마치 반복하고 순환하는 듯이 끝났다가 다시 시작되는 것이다. 주나라에서 진나라에 이르는 기간의 병폐는 문폐(文敝), 즉 지나치게 예의를 강구하는 데 있었다고 말할 수 있으나, 진나라의 정치는 그 병폐를 고치지 않고 도리어 형법을 가혹하게 하였으니, 이 어찌 잘못된 일이 아니겠는가? 그러므로 한(漢)나라가 흥기하여 비록 전대의 폐정을 계승하였으나, 그 폐단을 개혁함으로써 백성들로 하여금 피로하게 하거나 권태롭지 않게 하였으니, 이것은 천통(天統)을 얻은 것"[53]이라고 말했다. 여기서 말하는 천

---

51 故政有眊而不行, 擧其偏者以補其弊而已矣.(『漢書』「董仲舒傳」)
52 今繼大亂之後, 若宜少損周之文致, 用夏之忠者.(『漢書』「董仲舒傳」)
53 夏之政忠. 忠之敝, 小人以野, 故殷人承之以敬. 敬之敝, 小人以鬼, 故周人承之以文. 文之敝, 小人以僿, 故救僿莫若以忠. 三王之道若循環, 終而復始. 周秦之間, 可謂文敝矣.

통이란 자연의 섭리로서 피로하고 권태로우면 쉽게 해야 한다는 이치이다. 또 "주나라 여(厲)·유(幽)왕 이후 왕실이 이지러지고, 후백(侯伯) 중에 강국이 일어났다. 그러나 천자는 힘이 약해서 그들을 다스릴 수가 없었다. 이것은 주왕실의 도덕성이 문제가 있기 때문이 아니라 힘이 약해졌기 때문"[54]이라고 말했다. 즉 역사의 흥망성쇠는 자연의 법칙이지만, 쇠퇴기에는 제도를 개혁하여 백성들로 하여금 권태롭지 않게 새로운 생명력을 불어넣어 주어야 한다는 것이다.

사마천은 여태후의 정치 전횡을 기술하면서 "백성들이 전국 시기의 고통으로부터 벗어날 수 있었고, 군신은 무위의 경지에서 안식하려 했다. 혜제(惠帝)는 팔짱만 끼고 아무 일도 하지 않았고, 고후(高后, 즉 여태후)는 여성으로서 황제의 권한을 대행하여 모든 정치가 방안에서 이루어졌지만 천하는 태평하고 안락했다"[55]고 말한다. 그 피로·권태의 내용이 전국 시대의 전란에 있었기 때문에, 한나라 초기에는 새로운 사업을 벌이지 않음으로써 쉽게 하고 형벌을 약하게 한 것이다.

피로·권태는 만사를 방해하고 만물을 죽음으로 이끄는 이길 수 없는 무거움이다. 그래서 새로운 역사의 변화가 싹트는 것은 바로 피로·권태의 정도에 달려 있다. 그것이 견딜 만하면 아무런 조짐이 보이지 않으나, 한계를 넘으면 새로운 변화의 조짐이 보이고, 가속화되면 가시화되며, 극에 달하면 새로운 역사가 시작된다. 그렇게 역사가 흥망성쇠의 변화를 하는 원리는 바로 자연법칙에 있는 것이다. 생리·심리·물리 등은 모두 자연법칙, 즉 천리(天理)로서 우리가 순응할 수밖에 없는 것이다. 사리(史

秦政不改, 反酷刑法, 豈不繆乎? 故漢興, 承敝易變, 使人不倦, 得天統矣.(『史記』「高祖本紀」)

54　厲幽之後, 王室缺, 侯伯彊國興焉, 天子微, 弗能正. 非德不純, 形勢弱也.(『史記』「漢興以來諸侯王年表」)

55　(孝惠皇帝高后之時)黎民得離戰國之苦, 君臣俱欲休息乎無爲, 故惠帝垂拱, 高后女主稱制, 政不出房戶, 天下晏然.(『史記』「呂太后本紀」)

理) 역시 그런 천리에 속한다.

역사적 피로·권태의 발생 원인은 복합적이다. 천상의 이변과 그로 인한 자연 재해, 그리고 정치 제도 등이 주는 피로감은 자기 외적 주요 원인이 되고, 외압에 오래 견디지 못하고 피로를 느끼는 생명체의 생리 작용은 내적 주요 원인이 된다. 특히 국가 정책과 제도는 나름대로의 효과와 그 한계가 있기 때문에 백성들은 생리적·심리적 한계에 도달하면 피로를 느끼게 되는 것이다. 그래서 하나라의 충(忠)의 정책은 촌스럽고 무례한 충폐(忠敝)를 낳고, 그것을 극복하려 한 은나라의 경(敬)의 정책 역시 귀신을 섬기는 경폐(敬敝)를 낳은 것이다.

폐단은 어떻게 해결할 것인가? 정책 전환을 중심으로 보면, 사마천은 하나라의 충폐는 은나라의 경의 방법으로, 은나라의 경폐는 주나라의 문의 방법으로, 주나라의 문폐는 다시 충의 방법으로 해결할 수 있다는 것이다. 이렇게 충경문의 방법이 승폐통변의 과정에서 순환한다고 보는 것은 춘추 전국 시대의 제자백가들과는 다른 점이다. 공자는 인(仁)의 방법으로, 노자는 도(道)의 방법으로 시대의 변화와 관계없이 늘 그렇게 살아야 한다고 주장했지만, 사마천은 역사성을 중시하여 시대의 변화에 따라 그 해결 방법도 달라져야 한다고 보았다. 즉 "전해 오는 말에 후대의 왕을 본받는다고 했는데, 그 까닭은 무엇인가? 그것은 당대와 가깝고 풍속의 변화도 서로 비슷하여 의론(議論)의 수준이 낮아도 쉽게 행할 수 있기 때문"[56]이라는 것이다.

이런 견해는 이사(李斯)의 견해와도 유사하다. 즉 "오제(五帝)의 다스림이 서로 중복되지 않았고, 하·은·주 3대가 서로 이어받지 않고 각자의 방법으로 천하를 다스린 것은 서로를 반대해서가 아니라 시대가 변하여 달라졌기 때문이라는 것이다."[57] 사마천과 이사의 견해는 바로 시대의

---

56   傳曰, 法後王, 何也? 以其近己而俗變相類, 議卑而易行也.(『史記』「六國年表」)

변화에 알맞은 방법을 적용해야 한다는 순자(荀子)의 법후왕(法後王)과 맥락을 같이한다. 그래서 해결 방법은 시대적 요구를 반영하여 폐단의 원인을 제거하고 피로 · 권태를 풀어 주어야 한다. 그렇다고 사마천은 언제나 법후왕은 아니었다. 기본 원칙은 요순 이후 하 · 은 · 주 삼대의 도덕 정치에 두면서도, 그의 실행 방식은 당대 실정에 맞도록 해야 한다는 것이다. 이것은 소위 인습(因襲)과 창조(創造)[58]가 공존하는 사관(史觀)이다. 만약 법후왕만을 주장한다면 혹리(酷吏) 두주(杜周) 같은 사람의 언행까지 긍정하는 것이 된다. 여기서 두주의 언행이란 "어떤 사람이 두주에게 꾸짖어 말하길 '당신은 공평한 판결을 결정해야 하는 자리에 있으면서, 3척(三尺)의 법에 따르지 않고, 오로지 황제의 의향에 따라 판결하니 사법관이 본래 이런 것이오?' 라고 말했다. 그러나 두주는 '3척의 법이란 어디서 나온 것이겠소? 이전의 군주가 옳다고 여기어 정한 것은 법률이 되고, 후대의 군주가 옳다고 여기는 것은 법령이 되는 것이오. 당시 상황에 적합한 것이 옳다는 말이오. 어찌 과거의 법만 고집하는 것입니까?' 라고 말했다"[59]는 것이다.

백성의 피로 · 권태를 적게 해 주는 방법은 무엇일까? 그것은 본성에 알맞게 하는 것이다. 장자는 "무위하면서 존귀한 자는 천도이고, 유위하면서 피로한 것은 인도"[60]라고 말했다. 사마담도 「논육가요지」에서 "유가의 학설은 넓기는 하나 요점이 적고, 수고로우나 효과가 적다"[61]고 말했다.

---

57 五帝不相復, 三代不相襲, 各以治, 非其相反, 時變異也.(「秦始皇本紀」에 기록된 李斯의 말.)

58 方東美, 『方東美先生演講集』, 臺北, 黎明文化事業公司, 1984, 113쪽

59 客有讓周曰, 君爲天子決平, 不循三尺法, 專以人主意指爲獄, 獄者固如是乎? 周曰, 三尺安出哉? 前主所是著爲律, 後主所是疏爲令, 當時爲是, 何古之法乎?(『史記』「酷吏列傳」)

60 無爲而尊者, 天道也. 有爲而累者, 人道也.(『莊子』「在宥篇」)

61 儒者博而寡要, 勞而少功.(『史記』「太史公自序」)

피로·권태 쪽에서 볼 때 도가의 무위자연이 제일 편안한 방법일 것이다. 한나라 초기에 흥성한 황로(黃老) 사상은 백성들의 피로·권태감을 씻어 주었을 것이다. 이러한 무위자연의 방법을 쓸 수 없다면 어떻게 할 것인가? 그것은 바로 승폐통변하는 것이다. 충경문이 유가 철학적 도덕 정신의 표현이라면, 승폐통변은 그 폐단을 고쳐 인간 도덕 본성에 맞게 하는 방법이다. 그래서 사마천은 "형세에는 비록 강약이 있을 수 있으나, 인의를 치국(治國)의 근본으로 삼아야 할 것"[62]이라고 하였다.

흥망성쇠의 역사는 피로·권태 때문인가? 흥망성쇠의 원인은 각종 폐단에 있으며, 폐단은 인간이 피로·권태를 느끼는 데 있다. 사마천은 때에 따라 승폐통변해야 하는 이유에 대해, "정신을 남용하면 쇠갈(衰竭)하고, 몸을 너무 수고롭게 하면 피폐(疲弊)하며, 정신과 육체가 분리되면 죽는다"[63]고 말했다. 승폐통변해야 하는 근본적인 이유가 피로·권태를 느끼는 생리적·심리적인 것에 있는 것이다. 따라서 역사의 피로·권태를 풀어 주기 위해서는 폐정을 개혁하지 않으면 안 되는 것이다.

가의(賈誼)는 "백성의 고달픈 하소연은 새로 즉위하는 임금의 자산(資産)이 된다. 이 말은 고달픈 백성에게는 인정(仁政)을 베풀기 쉽다는 것을 말하는 것이다. …… 선왕은 일의 처음과 끝의 변화를 보고 존망의 기미를 알았으므로, 백성을 다스리는 도리는 다만 백성을 편안하게 해 주는데 있음을 알고 그것을 힘썼을 뿐"[64]이라고 말했다. 사마천 역시 "한나라는 진나라의 폐정을 개혁함으로써 백성들을 권태롭게 하지 않았으니, 이것은 천통을 얻은 것"[65]이라고 말했다. 또 "사물이 최고로 흥성하면 쇠락

---

62 形勢雖彊, 要之以仁義爲本.(『史記』「漢興以來諸侯王年表」)

63 神大用則竭, 形大勞則敝, 形神離則死.(『史記』「太史公自序」 속에 있는 司馬談의 論六家要指)

64 天下之嗷嗷, 新王之資也. 此言勞民之易爲仁也. …… 故先王見始終之變, 知存亡之機. 是以牧民之道, 務在安之而已.(『史記』「秦始皇本紀」)

65 故漢興, 承敝易變, 使人不倦, 得天統矣.(『史記』「高祖本紀」)

(衰落)하기 마련이고, 시대가 발전하여 극한 시기에 도달하면 곧 전변(轉變)하기 마련이다. …… 상나라의 탕왕(湯王)과 주나라의 무왕(武王)은 옛날의 폐습을 이어받았으나, 그것을 개혁하여 백성들로 하여금 권태를 느끼지 않게 하며, 각자 신중하면서 열심히 국가를 다스렸으나 결국 점점 쇠망의 길을 걸었다"[66]는 것이다. 이렇게 보면, 승폐통변의 과정은 결국 자연의 법칙에 따라 도덕 정신을 실현해 가는 과정인 것이다.

역사의 피로 해소와 예악은 어떤 관계가 있는가? 역사의 피로를 풀어주는 방법으로 활용된 것이 예악(禮樂)이다. 사마천은 『춘추』와 예(禮)를 연결시켜 "『춘추』는 예의의 대종"[67]이라고 한 것처럼 대의명분의 기준을 예에 두고 폐단 발생을 미연에 방지하려고 생각했다. 그러나 정치의 이상은 이런 예만으로 추구되지 않고 음악도 함께 운용되어야 한다. 즉 "음악은 사람의 관계를 동화시키고, 예는 사람의 관계를 구별 짓는다. 동화되면 서로 친하게 되고, 구별되면 서로 공경하게 된다. …… 최고의 음악은 천지와 더불어 동화되고, 최고의 예는 천지와 더불어 절도가 있게 된다. …… 음악이란 천지 만물의 조화(調和)이며, 예란 천지 만물의 질서"[68]라는 것이다. 이 말은 『예기』 「악기」에도 나오는 말로서 예악에 관한 중국 전통의 사상을 정리한 것이다.

우리는 왜 "잠시라도 예악을 떠나면 안 된다"[69]는 것인가? 사마천은 『사기』의 「예서」와 「악서」[70]에서 예악으로 이풍역속(移風易俗)해야 한다

---

66   物盛則衰, 時極而轉. …… 湯武承弊易變, 使民不倦. 各競競所以爲治, 而稍陵遲衰微.(「平準書」)

67   春秋者, 禮義之大宗也.(『史記』 「太史公自序」)

68   樂者爲同, 禮者爲異. 同則相親, 異則相敬. …… 大樂與天地同和, 大禮與天地同節. …… 樂者, 天地之和也, 禮者, 天地之序也.(『史記』 「樂書」)

69   禮樂不可以斯須去身.(『史記』 「樂書」)

70   班固의 『漢書』 「司馬遷傳」에서 (「太史公自序」은 本紀 12편 · 表 10편 · 書 8편 · 世家 30편 · 列傳 70편 등 모두 130편이라는) "기록은 있는데, 실제는 10편이 결여되어 있

고 보았다. 특히 사마천은 "상고 시대 현명한 군주가 음악을 제정하고 연주한 것은, 마음을 편안하게 하여 즐겁게 하거나, 뜻을 유쾌하게 하여 방자하게 욕망을 채우려는 것이 아니라, 천하를 잘 다스려 보려는 것이다. …… 예는 바깥에서 들어오는 것이고, 음악은 안에서 나가는 것이다. 그러므로 군자는 잠시라도 예를 떠날 수 없으며, 잠시라도 떠나면 포악하고 태만한 행위가 바깥을 궁색하게 만든다. 잠시라도 음악을 떠날 수 없으며, 잠시라도 떠나면 간사한 행위가 안을 궁색하게 만든다. 그러므로 음악을 즐기는 것은 군자가 의(義)를 기르는 것"[71]이라고 말한다. 또 "음악을 살피고 연구하여 마음을 다스리면 평이하고 정직하며 자애롭고 이해하는 마음이 일어난다. 평이하고 정직하며 자애롭고 이해하는 마음이 일어나면 마음이 즐겁고, 즐거우면 편안하고, 편안하면 장수하고, 장수하면 천지의 이치에 통하고, 천지의 이치에 통하면 신(神)처럼 통하지 않는 것이 없게 된다"[72]는 것이다. 이것은 정신과 생명력을 기르는 것과 관련된 말이지만, 통치자가 백성들을 안락하고 건강하게 살게 하는 데 주요 목적이 있다. 또 "땅의 힘이 다하면 초목이 자라지 못하고, 물이 요동치면 고기가 크지 않으며, 음양의 기가 쇠약하면 생물이 발육하지 못하고, 세상이 혼란스러우면 예가 무너지고 음악이 음란해진다"[73]고 말한다. 즉 "간사

다."(而十篇缺, 有錄無書)고 말한다. 張晏은 그의 註釋에서 그 10편 중에 「禮書」와 「樂書」도 포함된 것으로 말한다. 그래서 지금 『史記』에 있는 「禮書」와 「樂書」는 司馬遷 자신이 정리한 것이 아닐 수 있다. 그러나 여기서는 「太史公自序」에 있는 「禮書」와 「樂書」의 근본 정신과 「八書」에 있는 「禮書」와 「樂書」의 근본 정신이 통한다고 보고 논의를 전개하였다.

71 夫上古明王擧樂者, 非以娛心自樂, 快意恣欲, 將欲爲治也. …… 夫禮由外入, 樂自內出. 故君子不可須臾離禮, 須臾離禮則暴慢之行窮外; 不可須臾離樂, 須臾離樂則姦邪之行窮內. 故樂音者, 君子之所養義也.(『史記』「樂書」)

72 致樂以治心, 則易直子諒之心油然生矣. 易直子諒之心生則樂, 樂則安, 安則久, 久則天, 天則神.(『史記』「樂書」)

73 土敝則草木不長, 水煩則魚鼈不大, 氣衰則生物不育, 世亂則禮廢而樂淫.(『史記』「樂書」)

한 소리가 사람을 감응케 하면 역기(逆氣)가 응하고, 역기가 형성되면 음란한 음악이 일어난다. 우아한 바른 소리가 사람을 감응케 하면 순기(順氣)가 응하고, 순기가 형성되면 화락한 음악이 일어난다"[74]는 것이다.

『효경』에는 "이풍역속에는 음악보다 좋은 것이 없다"[75]고 했으며, 『순자』에도 "음악이란 성인이 즐기는 것이다. 민심을 선하게 하고 사람을 깊이 감화시키며 이풍역속을 할 수 있다"[76]고 하였다. 이렇게 승폐통변의 구체적 방법은 주로 예악이다. 예악으로 이풍역속을 하므로 예악이 방법이지만, 풍속이란 것 자체가 이미 예악을 행하는 것이므로, 전대의 예악은 시대에 맞지 않거나 폐단이 발생할 경우 승폐통변의 대상이 된다. 그렇다면 그렇게 변화시키거나 변화하는 것은 결국 무엇에 맞추어야 하는가? 사마천은 인간의 성정(性情)에 맞추어야 한다고 말한다. 사마천은 『사기』에서 "나는 대행(大行)의 예관(禮官)에 가서 3대에 걸친 예제의 증감을 살펴보고 나서야 비로소 인정(人情)에 따라 예(禮)가 정해지고, 인성(人性)에 의거하여 의(儀)가 만들어진 유래가 오래 되었다는 것을 알았다"[77]고 말했다.

한편 「8서」 중 「예서」와 「악서」의 내용을 보면 『순자』의 「예론」·「악론」과 상당 부분 일치한다. 만약 그렇다면 사마천은 예악의 기초를 어디에 두는 것인가? 공자는 "사람이 인하지 못하면 예는 어떻게 할 수 있으며, 사람이 인하지 못하면 음악은 어떻게 할 수 있겠는가"[78]라고 말했다. 즉 예악의 기초를 인(仁)에 두려 한 것이다. 만약 사마천의 예악론의 기초가

---

74   姦聲感人而逆氣應之, 逆氣成象而淫樂興焉. 正聲感人而順氣應之, 順氣成象而和樂興焉.(『史記』「樂書」)

75   異風易俗, 莫善於樂.(『孝經』「紀孝行章」)

76   樂者, 聖人之所樂也, 而可以善民心, 其感人深, 其移風易俗.(『荀子』「樂論」)

77   余至大行禮官, 觀三代損益, 乃知緣人情而制禮, 依人性而作儀, 其所由來尙矣.(『史記』「禮書」)

78   子曰, 人而不仁, 如禮何. 人而不仁, 如樂何.(『論語』「八佾」3)

인한 인간 본성과 상관이 없다면, 예악을 고쳐 승폐통변하려는 것 역시 인의의 실현과 상관이 없게 된다. 그러므로 역사를 인의의 실현 과정으로 삼으려는 그의 목적과는 어긋나게 된다. 사마천은 "3대의 예가 바뀌어 각각 힘쓰는 것이 다르지만, 그러나 총체적으로 보면 인간의 본성에 가깝게 하고 왕도에 통하려 한 것이다. 그러므로 예는 인간의 질박한 본성에 근거하여 예절과 절문을 절약하여 대체적으로 고금의 변화에 순응하게 하는 것"[79]이라고 말했다.

3. 삶으로의 복귀

사마천은 『사기』를 집필하면서 천인고금을 구통(究通)하는 과정에서 사리(史理)를 밝히고, 사도(史道)를 바로잡아 보려 했다. 그래서 그는 『사기』를 "과거의 일을 기술하여, 미래를 생각하게 하려는 것"[80]이라고 말했다.

사마천이 '역사의 피로'를 썼고 새로운 활력을 불어넣기 위해 6경을 보충하는 그의 일가지언(一家之言)은 바로 승폐통변(承敝通變)이었다.[81] 사마천이 승폐통변의 구체적 방법으로 충경문을 말하는 것에는 동의하기 어렵다 하더라도, 승폐통변이라는 그의 역사적 치유 방법은 탁견이라고

---

79 維三代之禮, 所損益各殊務, 然要以近性情, 通王道. 故禮因人質爲之節文, 略協古今之變.(『史記』「太史公自序」)

80 故述往事, 思來者.(『史記』「太史公自序」)

81 一家之言에 대한 해석은 다양하다. 鄭鶴聲은 "소위 成一家之言하겠다는 것은 바로 자신이 형성한 체계의 역사 기록을 이룩하겠다는 의미이다"(文史哲雜誌編輯委員會 編, 『司馬遷與史記』, 北京, 中華書局, 1958, 135쪽)라고 말했고, 程金造는 "一家之言의 廣義는 揚雄이 말하는 心聲이다"(程金造, 『史記管窺』, 西安, 陝西人民出版, 1986, 67쪽)라고 말했으며, 또 최병수는 "史家로서의 功能, 功業, 그 功業의 綜合性, 그 공업에 대한 자부심을 한마디로 표현한 것"(「사마천의 「成一家之言」에 관하여」, 『충북사학』 제4집, 1990, 156쪽)이라고 말했다.

인정하지 않을 수 없다.

　인간은 역사를 기록함으로써 역사에 구속되었으며, 그런 역사는 힘을 얻어 더욱 우리 인간 사회를 옭아매게 되었다. 그렇게 되면서 미래의 역사는 현재 우리의 삶을 끌고 가는 고삐가 된 것이다. 현재 행위를 결정하는 원인으로서의 나의 역사는 미래에 있고, 결과로서의 나의 삶은 오히려 현재에 있다. 왜냐하면 그것은 바로 역사를 두려워하여 미리 역사의 심판에 대비하기 때문이다. 사람들은 역사에 오명을 남기지 않고 좋은 이름을 남기기를 원하므로, 기록으로서의 역사는 인간 사회의 질서를 유지하기 위해 필요한 것이다. 그렇지만 그런 역사 의식이 있다는 것은 최악의 경우 역사의 노예로 전락될 수도 있다. 그렇게 역사 기록에 연연하는 것은 오히려 사도 실현을 방해하는 것이기 때문이다.

　우리는 역사로부터도 해방되어야 한다. 행위 원인을 미래에 기록·심판될 역사에 두지 말고 우리의 자아실현에 둠으로써, 역사는 곧 자아실현의 결과물이 되도록 해야 한다. 그렇지 않은 한 우리는 결코 역사로부터 자유로울 수 없다. 이런 면에서 사마천의 승폐통변은 역사적 구속으로부터 해방되어 자아를 실현하는 데 더 큰 의미가 있는 것은 아닌가?

[1999년][82]

82　「사마천의 승폐통변의 방법」, 『강원인문논총』 7집, 강원대학교 인문과학연구소, 1999. 12.에 게재한 것을 수정 보완함.

제17장

양웅의 응시변경의 방법

한대는 천하통일 후 정치적으로 중앙 집권화를 꾀했으며, 철학적으로는 제자백가 철학을 집대성하여 통합하려 했다. 그래서 한대 철학은 새로운 창의보다는 통합적 응용이 많았던 것이다. 예컨대 동중서(董仲舒, B.C. 179~B.C.104)가 음양오행론을 끌어들여 유가 철학의 재건을 추구했다면, 양웅(揚雄,[1] B.C.53~18)은 도가의 현(玄)과 유가의 인(仁)을 취하여 유도가 통합의 실용 철학을 추구했다. 그리고 회남자(淮南子, 즉 劉安 B.C.179?~B.C.122)가 도가 철학을 기반으로 실용 철학을 건설했다면, 양웅은 유가 철학을 기반으로 실용 철학을 건설했다.

양웅의 세계관적 목적은 바로 유가와 도가를 통합한 실용 철학을 건설하는 데 있었다. 이런 실용 철학 건설을 위한 양웅의 방법은 '경전도 시대에 맞게 재편하여 변경(變更)해야 한다'는 응시변경(應時變經)이다. 응시변경을 방법으로 삼은 것은 『주역』이 8괘에서 문왕에 이르러 64괘로 증가했으며, 『시』·『서』·『예』·『춘추』가 공자에 이르러 손익이 있다고 보았기 때문이다. 그래서 양웅도 『주역』을 모방하여 『태현』을 짓고, 『논어』를 모

---

1 양웅의 성씨에 대한 학설은 揚과 楊 두 가지가 있는데, 본문에서는 四庫全書本 『揚子雲集』에 따라 揚으로 한다.

방하여 『법언』을 지었으며, 『이아』를 모방하여 『방언』 등을 지었다. 이런 방법은 소위 의고법(擬古法)이라 한다. 그래서 후대 사람들은 『법언』과 『태현』을 의경(擬經)이라 부르는 것이다. 양웅이 의고법을 취한 것은 역사적 지속과 변화를 인정하기 때문이며, 그의 주요 목적은 때에 따르는 변화에 있다. 그가 지속시킨 것은 과거의 것을 모방한 것이고, 변화시킨 것은 시대적 요구와 자신의 세계관을 반영한 것이다. 그래서 양웅의 저술은 단순한 의경이 아니라 변경(變經)이라 할 수 있다.

하나의 철학 사상을 제창하려는 사람은 자신의 학문을 자신의 세계관적 목적에 부합되도록 하여 하나의 체계를 이루어야 한다. 그때 활용한 지식이 자기 철학의 목적에 맞으면 되는 것이지 본래 철학의 세계관적 목적에 부합되도록 할 필요는 없다. 양웅도 제자백가의 학설을 취했지만 자기 철학의 세계관적 목적에 부합되는 것만을 취했을 뿐이며, 나아가서는 취한 개념을 자신의 철학적 목적에 맞도록 새로운 의미를 부여하였다. 부분적으로 인용된 문장은 인용되는 순간 본래 문장상의 목적보다는 인용자의 목적에 따르기 때문이다. 제자백가는 물론 한대에 저술된 『한시외전』(漢詩外傳)에서 인용한 『시경』의 시구는 본래 시의 의미와는 상당히 다른 해석을 하고 있는 것이 그 예이다. 그런데 일반적으로는 그런 것을 단장취의(斷章取義)라고 비판한다.

양웅은 노장 철학에서 현(玄)이란 개념을 취하고, 그것의 내용은 유가 철학이 지닌 인의 도덕으로 채웠다. 이처럼 양웅은 유·도가를 넘나드는 것은 물론 『주역』이나 『논어』 같은 경전도 시대에 맞게 재편하여 변경(變經)하려는 응시변경론자(應時變經論者)인 것이다. 그뿐만 아니라 개념의 변화를 인정하여 『방언』이란 책을 지었다. 이와 같이 양웅이 응시변경의 방법을 취하게 된 것은 바로 학문의 실용성을 확보하려는 데 있었다. 학문의 실용성 역시 실천 가능한 영역에서 확보되어야 하므로, 양웅은 현실을 반영할 수 있는 응시변경의 방법을 찾은 것이다.

1. 방법론의 배경

양웅의 철학적 방법론의 배경은 어떤가? 양웅은 "누가 물었다. 공자는 술
이부작했다고 했는데, 그대는 왜 『태현』을 지으려 했는가? 양웅이 대답했
다. 『태현』의 내용은 서술한 것이고, 그의 책은 만든 것"[2]이라고 말했다.
이처럼 양웅의 저술관은 성현의 정신은 유지하면서 형식은 변화시킬 수
있다는 것이다. 아울러 그는 경전도 변해야 한다는 경전관을 가지고 있었
다. 즉 "혹자가 말하길, 경전의 손익(즉 變經)이 있을 수 있는가? 『주역』
은 8괘에서 시작하여, 문왕이 64괘로 만들었으니 그 더함을 알 수 있다.
『시』·『서』·『예』·『춘추』는 어떤 것은 전승하고 어떤 것은 지어 공자에게
서 이루어졌으니 그 더함을 알 수 있다. 그러므로 무릇 도라는 것은 천연
적인 것이 아니라 때에 따라 만들어진 것이므로 그 손익을 알 수 있는
것"[3]이라고 말했다.

　양웅의 응시변경론(應時變經論)은 형태상 고전을 모방한 모방형(模倣
型)이면서,[4] 내용상 보존할 것은 보존하고 변경할 것은 변경한다는 변경
형(變更型)이다. 양웅의 변경론은 학문적 내원으로 볼 때 유가와 도가의
절충 융합형이다. 그래서 일반적으로 윤리관·정치관 등은 유가의 것이
고, 우주관·자연관 등은 도가의 것이라고 본다. 남수룡(藍秀隆)도 "양웅
의 학문은 유가를 주류로 하여 공자를 종주로 삼고, 노자와도 함께 통하
고 있다"[5]고 말했다. 그러나 그런 내원의 규명은 물론 양웅 철학 속에서의

2　或曰. 述而不作, 玄何以作? 曰. 其事則述, 其書則作.(『法言』「問神」)
3　或曰. 經可損益歟? 曰. 易始八卦, 而文王六十四, 其益可知也. 詩書禮春秋, 或因或作,
而成於仲尼, 其益可知也. 故夫道非天然, 應時而造者, 損益可知也.(『法言』「問神」)
4　楊雄(揚雄)的 『法言』 中就有不少 '倣' 『論語』 而 '擬' 出的語句, 諸如: (1) "雖有民,
焉得而涂諸?"(「問道」) 倣自 「顏淵」 中的 "雖有粟, 吾得而食諸?" (2) "三年不目日, 視必
盲, 三年不目月, 精必矇."(「修身」) 則倣自 「陽貨」 中的 "三年不爲禮, 禮必壞; 三年不爲樂,
樂必崩."(徐國珍, 『倣擬研究』, 南昌, 江西人民出版社, 2003. 3쪽)

의미도 논하여 종합적으로 판단해야 한다. 본 장의 목적이 양웅의 철학적 방법을 논하는 것이기 때문에 논의의 기준은 그의 철학 사상을 총괄할 수 있는 현(玄)이라는 최고 개념을 중심으로 한다. 그래서 양웅의 철학은 현을 외연(外延)으로 하고 인을 내포(內包)로 하는 현인학(玄仁學)이라고 규정할 수 있다.

1) 실용적 지변 사관

양웅의 역사관은 실용적 지변(持變) 사관이다. 진리는 지속과 변화하는 현실의 실용 속에 놓여 있다고 보기 때문이다. 즉 "어떤 사람이 도를 물었다. 인습함이 있는가 없는가? 적당하면 인습하고, 그렇지 않으면 고쳐야 한다"[6]는 것이다. 반고(班固) 역시 "세상이 달라지면 일 역시 변하는 것, 인간의 도 역시 다르지 않다. 세상과 내가 달라질 때 그것을 모른다면 어떻게 되겠는가?"[7]라고 말했다.

이렇게 양웅이 지변의 역사관을 가지게 된 것은 선대 철학에 대한 개혁적 비판 속에서 얻어진 것이다. 아울러 그 지변의 기준은 실용에 두었다. 실용적이면 어느 것이든지 지속시키고, 그렇지 않으면 실용에 맞게 변화시켜야 한다는 것이다. 그래서 응시변경은 변화만을 말하는 것이 아니라 실용성에 따라 지속과 변화가 있는 것이다.

역사적으로 볼 때, 춘추 전국 시대에는 근본 원리가 무엇인가라는 부동의 원리론이 주류였다면, 진·한대에는 근본 원리를 어떻게 쓸 것인가 하는 실용의 변통론이 주류였다. 양웅은 여기서 한 걸음 더 나아가 진리는 존재하는 것이 아니라 실용 속에서 나오는 것이라는 입장에서 변경론(變

---

5 雄之學, 主儒宗孔, 兼通老氏.(藍秀隆, 『楊子法言硏究』, 臺北: 文津出版社, 民國 78[1989], 2쪽)

6 或問道, 有因無因乎? 曰, 可則因, 否則革.(『法言』「問道」)

7 世異事變, 人道不殊, 彼我易時, 未知何如?(『漢書』「揚雄傳下」)

經論)까지 들고 나와 『태현』·『법언』·『방언』 등을 지었다.[8] 이와 같이 양
웅은 진리를 천지 등의 존재 사물에서 찾으려 하기보다는 인간의 삶 속에
서 찾으려 했다.

　서복관은 "『태현』은 노자의 도덕으로 체를 삼고, 유가의 인의로 용을
삼아 건립한 것"[9]이라고 말했다. 이 말이 맞는가? 우리는 쌀을 먹지만, 양
식으로서의 쌀과 우리 몸속에서 쌀의 의미는 다르다. 우리 몸속에서 쌀은
그의 정체성을 잃고 사람의 영양소라는 의미만 남는다. 현(玄)이란 글자
는 노자에서 비롯된 것이지만, 양웅 철학에서는 그 내용이 공자의 인의로
해석된 것이다. 그러니 현과 인의의 관계가 본래부터 체용의 관계라고 할
수 있는 것인가? 그것은 형식상 『태현』은 『주역』이 자연 철학을 바탕으로
건립한 것과 마찬가지이지만, 내용상으로는 유·도가의 사상과 음양오행
론을 절충·융합한 것이다. 오히려 현은 본래 검다거나 어둡다는 개념 속
에서 무분별·무차별한 세계를 추구하여 천지인의 도는 물론 제자백가 철
학 사상의 본원으로 제시되는 것이다.

　지변의 역사관을 가진 양웅이 말하는 현의 내용이 공자가 말하는 인이
라면 어디까지 인정할 수 있는가? 그것은 양웅의 인성론과 관계가 있다.
지금까지 일반적인 학설로 볼 때 공자는 성선론자로 분류하고, 양웅은 선
악혼재론자(善惡混在論者)로 분류한다. 주희는 공자가 말한 성상근(性相
近)의 성이 본연지성(本然之性)과 기질지성(氣質之性)을 함께 말하는 것[10]
이라고 보는 데 비해 양웅은 아예 선과 악을 함께 말하는 것이라고 보았
다. 즉 "인간의 본성은 선악이 혼재해 있다. 선한 것을 닦으면 선인이 되

8　揚雄은 44세 이전에는 辭賦를 지었고, 44세에서 57~58세경까지는 『太玄』을 지었으
며, 58세 전후에서 64세까지는 『法言』을 지었다고 한다.(徐復觀, 『兩漢思想史』卷2, 臺
北, 臺灣學生書局, 1979, 501쪽)
9　徐復觀, 『兩漢思想史』卷2, 臺北, 臺灣學生書局, 1979, 488쪽
10　此所謂性, 兼氣質而言者也.(『論語』「陽貨」2)

고, 악한 것을 닦으면 악인이 되는 것이다. 기(氣)라는 것은 선악을 행할 수 있게 하는 것"[11]이라고 말했다. 인성론 중심으로 보면 양웅은 공자의 인을 계승했다기보다는 오히려 자기의 철학적 세계관을 표현하는 데 치중했다. 양웅이 선악혼재론을 주장하게 된 것은 만물에 양면성이 있다고 보는 한대의 음양론적 세계관 때문이다.

2) 실용적 진리관

양웅의 진리관은 실용적 진리관이다. 양웅은 "도는 천연적인 것이 아니라 때에 알맞게 하여 만들어진 것"[12]이라고 말했다. 도가 인간의 시공간 속에서 변통하는 생활의 원리이지, 천연의 시공간 속에 있는 고정된 원리가 아니라는 것이다. 따라서 그의 도는 실용 속에서 때에 알맞게 응용되는 원칙을 말하는 것이다.

양웅은 진리가 실용 속에서 생겨나는 활용 가치를 바탕으로 한다고 보았다. 이것은 "요순이나 문왕에 통하는 것이 정도(正道)이고, 그렇지 않은 것은 사도(邪道)이다. 군자는 정도로 가지 사도로 가지 않는다. …… 어떻게 곧은 길을 갈 수 있는가? 길이 비록 굽었어도 중국으로 통하면 갈 수 있는 것이다. …… 일이 왜곡되더라도 성현에 통하면 되는 것인가? 도덕인의예(道德仁義禮)를 몸에 비유해 보자. 도로 백성을 인도하고 덕으로 민심을 얻으며 인으로 사람답게 하고 의로 마땅히 하며 예로 체모를 갖추는데, 이 다섯 가지는 천성이다. 천도와 합치하면 혼융되지만 분리되면 흐트러진다. 한 사람이 사지를 함께 통솔하면 그 몸이 온전해지는 것이다"[13]라는 말에서 알 수 있다. 즉 목적 달성 과정에서 그의 추구 방법이 원

---

11 人之性也善惡混. 修其善則爲善人, 修其惡則爲惡人. 氣也者, 所以適善惡之馬也與.(『法言』「修身」)

12 道非天然, 應時而造者.(『法言』「問神」)

13 適堯舜文王者爲正道, 非堯舜文王者爲它道. 君子正而不它. …… 焉得直道而由諸?

칙인 도에서 어긋나지 말아야 한다는 것이다.

실용적 진리를 추구하는 구체적인 방법은 무엇이며, 한계는 어디까지
인가? "혹자가 도를 물었다. 따름과 따르지 않음이 있는가? 적당하면 따
르고, 그렇지 않으면 고쳐야 한다. …… 혹자가 새로운 것과 폐지할 것을
물었다. 새로우면 따르고, 폐단이 있으면 가감해야 한다"[14]는 것이다. 즉
현실의 실용성이 판단 기준이며, 구체적인 방법은 따를 것은 따르고 바꿀
것은 바꾸는 인혁(因革)과 더할 것은 더하고 뺄 것은 빼는 가감 등이다.
실용성의 정도에 알맞게 따르는 것이다.

양웅은 이렇게 역사는 지속과 변화 속에 놓여 있고, 진리는 실용 속에
서 나온다고 보았다. 그렇다고 근원자의 부동의 존재 가치를 부정하는 것
은 아니다. 그의 철학적 세계관은 폐단을 버리고 새로운 것을 취해 가는
신진대사의 작용과 같은 것을 최고 가치로 보는 것이다. 양웅의 이런 실
용적 역사관과 진리관은 그가 응시변경론을 주장하게 된 주요 배경이 되
었다.

2. 주요 방법

양웅의 철학적 방법은 현(玄)이라는 최고 개념으로 기존 학설을 통합·조
정하여 일사분란한 거대 이론의 체계를 세움으로써 철학의 실용적 효과
를 높이는 데 있었다. 그래서 실용적 거대 이론에 맞지 않는 것은 버리고

曰, 塗雖曲而通諸夏, 則由諸. …… 事雖曲而通諸聖, 則由諸乎? 道德仁義禮, 譬諸身乎! 夫
道以導之, 德以得之, 仁以人之, 義以宜之, 禮以體之, 天也. 合則渾, 離則散. 一人而兼統四
體者, 其身全乎!(『法言』「問道」)

14   或問道, 有因無因乎? 曰, 可則因, 否則革. …… 或問新敝. 曰, 新則襲之, 敝則益損
之.(『法言』「問道」)

맞는 것만 취한 것이다. 그 과정에서 『이아』·『주역』·『논어』를 중심으로 하였다. 즉 『방언』에서는 언어의 유기체적 변화를 고찰함으로써 외현내인(外玄內仁)한 현의 개념을 새롭게 형성했고, 『태현』에서는 현을 우주의 근본 원리로 보고 천인 관계를 3원의 81수 구조로 재편하였으며, 『법언』에서는 현의 내용을 유가 성현의 말로 채워 시비의 기준으로 설정하였다.

양웅이 육경과 제자백가의 철학 사상을 수용하면서 일사불란하게 박학부잡(博學不雜)한 학문 체계를 세우려 했던 그의 방법은 무엇이었나? 양웅은 『법언』에서 "혹자가 말했다. 유안과 사마천은 박학다식하다. 어찌 잡되지 않은가? 말하자면 그것은 잡되고 또 잡되다. 보통 사람들의 허물은 박학다식하기 때문에 잡되는데, 오직 성인만은 잡되지 않다"[15]고 했는데, 그것은 "글에 체계가 서지 않으면 글이 아니오, 말에 체계가 서지 않으면 말이 아니다. 말과 글에 체계가 서지 않으면 군더더기일 뿐"[16]이기 때문이다. 물론 철학과 역사의 서술 체계가 다르니 전적으로 양웅의 말에 동의하기는 어렵다. 그러나 양웅이 제시하는 철학 체계를 잡는 비결은 바로 "성인은 본심을 지키고 진리를 탐구하여 세상 사람들이 크게 순종하게 하고, 세상 사람들을 크게 이롭게 하며, 자연과 인간의 관계를 화동(和同)하게 함으로써 일체가 되게 하는 것"[17]이다. 즉 성인의 말이 박학부잡할 수 있는 것은 자연과 인간이 화동무간(和同無間)하여 체계가 서 있기 때문이라는 것이다.

양웅이 제자백가 철학을 취해서 실용적 거대 이론을 건립할 수 있었던

---

15 或曰, 淮南太史公者, 其多知與! 曷其雜也. 曰, 雜乎雜. 人病以多知爲雜, 惟聖人爲不雜.(『法言』「問神」)

16 書不經, 非書也. 言不經, 非言也. 言書不經, 多多贅矣.(『法言』「問神」)

17 聖人存神索至, 成天下之大順, 致天下之大利, 和同天人之際, 使之無間也.(『法言』「問神」)

구체적인 방법은 바로 현이란 최고 개념을 중심으로 체계를 세우는 것이 었다. 양웅은 성인의 경전이 하나의 중심 개념을 가지고 체계(즉 經) 있게 집대성한 것이라고 보고, 자신의 응시변경 역시 그렇게 하려고 했다.

  본 장의 목적이 양웅 철학의 방법을 논하는 것이므로, 그의 세계관적 목적을 중심으로 논할 수밖에 없다. 양웅이 그의 세계관적 목적, 즉 자연과 인간, 과거와 현재 등이 화동무간하기 위해 취한 방법은 현이라는 최고 개념으로 총괄하는 것이다. 즉 화동무간의 형식은 구별·차별이 없는 현이고, 내용은 서로 사랑하는 인인 것이다. 그러나 화동무간의 경지는 수덕입성(修德入聖)하지 않고 관념적으로 도달할 수 있는 것이 아니다. 그래서 양웅도 "어떤 사람이 말했다. 알기 어렵다. 그에 대답했다. 어째서 어려운가? 태산이 개미둑과 함께하고, 강이 홍수와 함께하는 것은 어려운 것이 아니다. 성인이 커다란 위선과 함께하는 것이 어려운 것이다. 아! 사이비를 구별할 줄 아는 자야말로 어려움이 없을 것"[18]이라고 말했다. 그러면 보통 사람들은 어떻게 해야 하는가? 양웅은 성인의 말을 시비 기준으로 삼으면 된다고 말한다.

1) 『방언』의 방법

양웅은 응시변경하기 위한 개념 정리 작업으로 『방언』을 지었고, 동시에 『태현』에서 자기 철학의 최고 개념으로 현의 개념을 재정립했다. 순자(荀子)는 시장에서 도량형기를 임의로 조작하는 사람을 처벌하듯이 개념을 함부로 사용하는 사람들도 제재해야 한다고 말했다. 즉 순자는 "말을 왜곡되게 분석하고 제멋대로 이름을 지음으로써 바른 이름을 어지럽혀, 백성을 의혹되게 하고, 변론을 일으키는 것을 대간(大姦)이라 한다. 이런 죄

---

18   或問人曰, 艱知也. 曰, 焉難? 曰, 太山之與螘垤, 江河之與行潦, 非難也. 大聖之與大 佞, 難也. 烏呼, 能別似者爲無難.(『法言』「問神」)

는 부절이나 도량형기를 위조하는 죄와 같은 것"[19]이라고 말했다. 그러나
한 사물의 개념은 갑자기 하늘에서 떨어진 것이 아니다. 오랜 역사 속에
서 형성된 것이고 변화되고 있는 것이기 때문에, 개념은 불변일 수가 없
다. 철학의 개념도 시대에 따라 지속과 변화를 하고 있는 것이다.

   양웅은 순자와 달리 철학 용어의 고정적 개념을 인정하지 않고 새로운
의미 확장과 실용상의 변화를 추구했다. 그는 『이아』를 주공(周公)이 기
록하고 공자 제자들이 전해 준 것으로서 육경을 해석하기 위한 도구라고
보았다.[20] 그것은 그가 『이아』를 모방하여 『방언』을 지으면서 같은 개념의
다른 용어[21]를 보고 다양성과 변화를 깨달았기 때문일 것이다. 특히 "췌
(萃)는 잡되게 모은 것으로서 동제(東齊)에서는 성(聖)이라 한다"[22]고 정
리하면서, 성현을 고대 문물의 체계적인 집대성자로 이해하고 있다는 점
에서 알 수 있다. 만약 잡되기만 하다면 그것은 경전이 될 수 없고, 성인
의 작품이라 할 수 없다. 그런 점에서 양웅은 노자가 도를 의미한 현이란
개념을 차용하였고, 그 내용을 공자가 가장 중시한 인으로 채워 자신의
철학 체계를 공고히 하려 한 것이다.

   양웅의 『방언』에는 현이란 글자의 변천에 관한 언급은 없다. 현이란 글
자의 경우 지방간의 다름이 없었던 것 같다. 지방마다 현이란 의미 영역
에 대해 다른 글자를 사용했다면 정리하지 않았을 리 없다. 현(玄)이란 개

---

19   故析辭擅作名, 以亂正名, 使民疑惑, 人多辨訟, 則謂之大姦. 其罪猶爲符節度量之罪
也.(『荀子』「正名」) 王念孫은 故析辭擅作名의 名자는 衍文이라 했다. 其罪猶爲符節度量
之罪也의 爲자는 僞와 같다.(李滌生,『荀子集釋』, 臺北, 學生書局, 1981, 510쪽)

20   爾雅孔門游夏之儔所記, 以解釋六藝者也. …… 爾雅小學也. …… 爾雅之出遠矣. 學
者皆云周公所記也.(『揚子雲集』「答茂陵郭威」)

21   예를 들면, "黨曉哲知也, 楚謂之黨或曰曉, 齊宋之間謂之哲.", "凡飮藥傅藥而毒, 南
楚之外謂之瘌, 北燕朝鮮之間謂之癆, 東齊海岱之間謂之眠或謂之眩, 自關而西謂之毒瘌痛
也."(『方言』)

22   萃, 雜集也. 東齊曰聖.(『方言』)

넘은 본래 『시경』에서 생리적으로는 힘이 부쳐 '눈앞이 캄캄하다' 는 뜻으로 "높은 언덕 오르려니, 나의 말이 헐떡이네"[23]라고 말했고, 색깔로는 '검다' 는 뜻으로 "팔월이면 베를 짜서, 검고 노란 물을 들이자"[24], "제후들 내조하니, 무엇을 줄까나. 비록 줄게 없어도 수레와 말을 주지. 또 무엇을 얻어 주나, 검은 곤복(袞服)에 수놓은 바지를"[25], "하늘이 제비에게 명하시어, 내려가 은의 조상 낳게 하시와"[26], "계왕(契王)이 위엄으로 왕 노릇 하니, 작은 나라 맡아 잘 다스리고, 큰 나라 맡아 잘 다스린다"[27]고 말했으며, 형태로는 '마르다' 는 뜻으로 "어느 풀이 마르지 않으랴. 어느 누군들 홀아비 안 되랴"[28]라고 말했다.

현이 도(道)를 의미하게 된 것은 아마 노자부터일 것이다. 『도덕경』에 나타난 현의 개념은 무위자연의 도를 의미하거나 도를 형용한다. 즉 "같은 것을 현이라 한다. 현묘하고 또 현묘하다", "이를 현빈(玄牝)이라 한다. 현빈의 문", "인위적인 것을 씻어 내고 만물을 꿰뚫어본다" "이를 현덕이라 한다", "미묘하게 현통(玄通)한다", "이를 현동(玄同)이라 한다", "현덕(玄德)의 심원함이여"[29]와 같이 도의 다른 이름이거나 지극한 도의 지극한 경지를 형용하는 형용사로 사용되었다. 양웅은 이와 달리 의미 영역을 변경시켰다.

양웅은 『법언』에서 "어떤 사람이 현은 무엇을 하기 위한 것인가를 물었

23   陟彼高岡, 我馬玄黃.(『詩經』「周南, 卷耳」)

24   八月載績, 載玄載黃.(『詩經』「豳風, 七月」)

25   君子來朝, 何錫予之. 雖無予之, 路車乘馬. 又何予之, 玄袞及黼.(『詩經』「魚藻之什, 采菽」)

26   天命玄鳥, 降而生商.(『詩經』「商頌, 玄鳥」)

27   玄王桓撥, 受小國是達, 受大國是達.(『詩經』「商頌, 長發」)

28   何草不玄, 何人不矜.(『詩經』「魚藻之什, 何草不黃」)

29   同謂之玄, 玄之又玄.(『道德經』1) 是謂玄牝, 玄牝之門.(『道德經』6) 滌除玄覽(『道德經』10) 是謂玄德(『道德經』10, 51, 65) 微妙玄通(『道德經』15) 是謂玄同(『道德經』56) 玄德深矣遠矣(『道德經』65)

다. 그것은 인의를 위한 것이다"[30], "노자가 말한 도덕은 취하지만, 인의예
지를 버리고 예학을 없애는 것은 취하지 않는다"[31]고 말했다. 이것은 양웅
이 유·도가를 포괄하는 현 중심의 실용 철학적 기초를 마련하기 위해 한
말이다. 양웅의 현은 여기서 한 걸음 더 나아가 인의예지의 도덕적 개념
까지 포괄하는 천지인의 도를 의미하게 되었다. 즉 "현이란 것은 천도이
고, 지도이며, 인도이다"[32], "하늘은 보이지 않는 것으로 현을 삼고, 땅은
형체로 나타내지 않음으로 현을 삼으며, 사람은 마음으로 현을 삼는다"[33]
고 말한 것처럼, 양웅은 현이란 개념을 은밀한 원리나 작용으로서의 천지
인의 도로 말했다. 그런데 서복관은 "『태현』은 노자의 도와 덕으로 체를
삼고, 유가의 인의로 용을 삼아 건립한 것"[34]이라고 말했다. 이 말은 양웅
의 입장이 아니라 노자와 공자의 입장에서 한 것이다.

　양웅은 다음과 같이 현의 개념을 재정립하였다. 첫째, 현의 우주론적인
정의로 "현이란 것은 우주 만물을 은밀하게 펼쳐 놓으면서도 그 형체는
나타내지 않는다. 허무를 바탕으로 삼아 규(規, 즉 밖에서 둥글게 돌면서
운행하는 天道)를 생겨나게 하고, 신명에 관련하여 모(摹, 즉 천도를 본받
는 地道)를 정한다. 두루 고금에 같이 통하여 종류를 구별하고, 음양을 배
치하여 기가 생기도록 했다. 음양의 기가 나뉘기도 하고 합해지기도 하여
천지가 갖추어진 것"[35]이라고 했다.

　둘째 현의 작용론적 정의를 개인의 덕목이나 인간 사회의 주요 가치로
내렸다. 양웅은 현의 작용을 지(智)·인(仁)·용(勇)·공(公)·통(通)·성

30　或曰, 玄何爲? 曰, 爲仁義.(『法言』「問神」)

31　老子之言道德, 吾有取焉耳. 及捁提仁義, 絶滅禮學, 吾無取焉耳.(『法言』「問道」)

32　夫玄也者, 天道也, 地道也, 人道也.(『太玄』「玄圖」)

33　天以不見爲玄, 地以不形爲玄, 人以心腹爲玄.(『太玄』「玄告」)

34　徐復觀, 『兩漢思想史』卷2, 臺北, 學生書局, 1979, 488쪽

35　玄者, 幽攤萬類而不見形者也. 資陶虛無而生乎規, 攔神明而定摹, 通同古今而開類,
攤措陰陽而發氣, 一判一合, 天地備矣.(『太玄』「玄攤」)

(聖)·명(命)·도(道)·덕(德)·인(仁)·의(義)·업(業)·양(陽)·음(陰) 등으로 분류하여 설명한다. 즉 양웅은 "현이란 것은 작용이 지극하다. 본 것을 아는 것이 지(智)이다. 친한 이를 사랑하는 것이 인(仁)이다. 끊어 결정하는 것이 용(勇)이다. 겸하여 만들고 널리 쓰는 것이 공(公)이다. 사물에 두루 어울릴 수 있는 것이 통(通)이다. 장애가 없는 것이 성(聖)이다. 때를 만나고 만나지 못하는 것은 명(命)이다. 형체는 없으나 만물에 통하는 것을 도(道)라 한다. 이치에 따르며 고침이 없어도 세상 이치에 맞는 것을 덕(德)이라 한다. 만물을 다스려 함께 사랑하는 것을 인(仁)이라 한다. 만물의 짝을 질서 있게 하고 마땅함을 헤아리는 것을 의(義)라 한다. 도덕인의를 만물에 베푸는 것을 업(業)이라 한다. 하늘의 공로를 밝히고, 만물을 밝게 하는 것을 양(陽)이라 한다. 유현함이 형체가 없으며, 깊이를 알 수 없는 것을 음(陰)이라 한다"[36]고 말했다.

양웅은 이런 우주론·작용론적 현의 개념으로부터 인간 세계에서 도의 인혁론(因革論)을 주장한다. 즉 "도에는 따르는 것이 있고, 바꾸는 것이 있다. 따름으로써 도와 더불어 신명스럽고, 바꿈으로써 때에 알맞게 된다. 그러므로 따르면서 바꿀 수 있으면 천도를 얻을 수 있고, 바꾸면서 천도를 따를 수 있으면 천도에 길들여지게 된다. 사물은 천도를 따르지 않으면 생겨날 수 없고, 바꾸지 않으면 이루어질 수 없다. 그러므로 따름만 알고 바꿀 줄 모르면 사물은 그 법칙을 잃게 되고, 바꿀 줄만 알고 따를 줄 모르면 사물은 그 균형을 잃게 된다"[37]고 말했다. 양웅이 여기서 말하

36　玄者用之至也. 見而知之者智也. 親而愛之者仁也. 斷而決之者勇也. 兼制而博用者公也. 能以偶物者通也. 無所繫轍者聖也. 時與不時者命也. 虛形萬物所道之謂道也. 因循無革, 天下之理得之謂德也. 理生昆群兼愛之謂仁也. 列敵度宜之謂義也. 秉道德仁義而施之之謂業也. 瑩天功明萬物之謂陽也. 幽無形深不測陰也.(『太玄』「玄攡」)

37　夫道有因有循, 有革有化. 因而循之, 與道神之. 革而化之, 與時宜之. 故因而能革, 天道乃得. 革而能因, 天道乃馴. 夫物不因不生, 不革不成. 故知因而不知革, 物失其則. 知革而不知因, 物失其均.(『太玄』「玄瑩」)

는 도는 현의 작용이다.

양웅의 입장에서 보면 현의 개념은 도가의 천도와 유가의 인도를 함께 아우를 수 있는 한층 높은 개념이면서 아예 천지인의 도를 하나로 총괄할 수 있는 최고 개념이다. 그뿐만 아니라 양웅은 현을 최고의 으뜸이 되는 원개념으로 사용하기 위해 태(太)자를 첨가하여 태현(太玄)이라 한 것은 양웅의 창의이다. 그러면서도 노자처럼 그것을 개념 정의할 수 없다고 말하지는 않았다.

양웅의 태현은『주역』이 태극 → 양의 → 사상 → 팔괘 → 64괘로 전개할 때 근원자에 태극이란 개념을 사용했듯이, 양웅은 태현 → 3방(천지인) → 9주 → 27부 → 81가 등으로 전개하는 과정에서 최고의 근원자에 태현이란 개념을 사용했다. 물론『주역』「계사전」에서도 여섯 효에 천지인의 도를 모두 포괄하여 그의 근원을 태극이라 한다. 그러나 양웅은 진일보하여 유·도가의 천도와 인도를 통합하는 것은 물론 음양오행설도 통합하는 태극 이상의 포괄자로서 태현이란 신개념을 제시한 것이다.

양웅은 방언 연구를 통해 지변하는 언어의 유기체적 면을 현이란 개념 형성에 적용하여 인의예지 도덕론과 음양오행론 등을 더하였고, 그 위에 우주론·존재론·도덕실천론 등의 기초를 건설함으로써『태현』과『법언』등의 중심 개념이 된 것이다.

2)『태현』의 방법

양웅이 천인 관계를 재정립하기 위해『주역』의 음양 2원의 64괘 체제를 천지인 3원의 81수 구조로 재편하여 지은 책을『태현』, 또는『태현경』이라고 한다.[38] 그런데 서복관은 양웅의『태현』이 한대에 유행했던 괘기설

---

38 司馬光은 「說玄」에서 『周易』과 『太玄』은 대체적으로 道同法異한 것으로서 모두가 太極·兩儀·三才·四時·五行에 근본을 두고 道德仁義禮로 귀결된다고 말했다.(揚雄 著, 司馬光 集注, 劉韶軍點校,『太玄集注』, 北京, 中華書局, 2003, 3~5쪽) 그것을 정리하

(卦氣說)에 바탕을 두었다고 말했다.[39] 시대적 영향을 중심으로 보면 그런 면을 인정할 수 있을 것이다. 그러나 양웅 철학의 내용을 중심으로 보면, 양웅은 인의예지 도덕론과 음양오행론을 기초로 한 전통의 우주론·존재론·도덕실천론을 통합하기 위해 『태현』을 지은 것으로 볼 수 있다. 그런 기초 없이 설득력 있는 실용적 실천을 전개하기 어렵기 때문이다.

『태현』의 방법을 말하려면 먼저 그의 세계관적 목적을 말해야 한다. 양웅은 「태현부」에서 『주역』·『노자도덕경』·복서·일월·성속(聖俗)·자연의 변화·인간 세상사에 관한 것은 물론 인의충정(仁義忠貞)을 노래하고 있는데,[40] 이들의 화동무간(和同無間)한 관계 정립이 『태현』의 세계관적 목적이다. 내용상으로는 『주역』과 『태현』 모두 천지인 3재를 말하나, 표면 다음과 같다.

周易	太玄	비고
陰陽(1, 2)	天地人(1, 2, 3)	
6位(初0, 02, 03, 04, 05, 上0)	4重(方, 州, 部, 家)	
64卦 384爻	81首 729贊	
元亨利貞 동남서북	罔直蒙酋冥 북동남서	冥은 형체가 있기 이전
7, 8, 9, 6(四象)	1, 2, 3(三摹)	점을 칠 때 수를 세는 법
彖	首	
爻	贊	
象	測	
文言	文	
繫辭	攡, 瑩, 掜, 圖, 告	
說卦	數	
序卦	衝	
雜卦	錯	

39　揚雄的太玄是卦氣說的發展.(徐復觀, 『兩漢思想史』 卷2, 臺北, 臺灣學生書局, 1979, 480쪽) 卦氣據鄭康成的解釋是指陽氣而言. 這是受董仲舒尊陽紲陰的影響. ⋯⋯ 易始於乾坤終於未濟, 卦氣始於中孚終於頤.(같은 책, 483쪽), 揚雄也是學焦延壽推卦氣.(『朱子語類』, 臺北, 文津出版社, 1986, 1674쪽)

40　觀大易之損益兮, 覽老氏之倚伏.(『太玄』 「太玄賦」)

현 부호상으로는『주역』이 천(天, -, 陽)·지(地, --, 陰)를 기초로 삼았다
면, 양웅은 천(天, -)·지(地, --)·인(人, ---) 3재를 가지고『태현』을 지
었다. 그리고『주역』은 효와 효, 상괘와 하괘 등의 관계 속에서 점괘를 판
단하였는데,『태현』은 그렇지 않다. 즉『태현』은 역(易) 중심의『주역』을
현(玄) 중심으로, 복서 중심의 한대 역학을 인의 중심으로 바꾸었다. 이것
은 훗날 왕필이『주역』을 의리 중심으로 해석하게 되는 선구자적 역할을
하였다.

『한서』에 "양웅은 어려서 엄군평(嚴君平)에게 배웠으며, 그 후 입관하
여 이름을 떨쳤다. 그래서 조정에서 봉직하는 현자들은 자주 엄군평의 덕
을 칭송하였다"[41]고 말했다. 위계붕은 "『태현』은 그 학문이 깊이가 넓고
크다. 이 책은『주역』의 학술적 전통을 이어받았으며 당시의 자연 과학,
특히 천문 역법의 주요 성과를 받아들여 공간을 뛰어넘는 시간의 거대한
도식을 마련했다. 여기에는 음양·오행·천지인(天地人) 세상의 인문 사
회와 상관있는 모든 사물을 연계하여 한 폭의 세계의 무수하고 복잡한 연
계와 운동 변화의 총체적인 결구도(結構圖)로 묘사하였다"[42]고 말했다. 또
"엄준(嚴遵)의 사상은 양웅에게 큰 영향을 미쳤는데, 양웅이 제창한 '현
묵(玄默)'의 청정무위(淸靜無爲)와 수신치국(修身治國)은 엄준의『노자지
귀』에 있는 '현묵' 관념을 직접적으로 계승한 것이며, 양웅 철학의 핵심
인 '태현' 또한 엄준도학설(嚴遵道學說)의 영향을 받았음을 보여 준다"[43]
고 말했다.

현묵(玄默)이란 말은 양웅의 글에서 "잡는 자는 망하고, 묵묵히 하는

41   楊雄少時從遊學, 以而仕京師顯名, 數爲朝廷在位賢者稱君平德.(『漢書』卷72「王貢
兩龔鮑傳」) 여기서는 양웅이 楊雄으로 되어 있고,『漢書』卷87의「양웅전」은「揚雄傳」으
로 되어 있다.
42   위계붕,「嚴遵與揚雄 - 巴蜀古文化的雙星」, 율곡사상연구 제5집, 율곡학회, 2002,
118쪽
43   상게서, 118쪽

자는 생존하며, 극에 달한 자는 근본이 위험하다. 자신을 지키는 자는 몸
이 온전하기 때문에 현묵을 알고 도의 지극함을 지킨다. 청정한 곳에 처
하여 초월한 정신세계에서 노닐며, 적막한 곳에 처하여 덕의 근본을 지킨
다"[44], "묵묵히 하여 얻은 것이 현이다"[45]에 나오는 것뿐이다. 여기서 말하
는 현묵은 수신과 수도의 방법이며, 현과 묵의 관계는 묵이 현을 획득하
는 방법이다. 그러나 양웅 철학에서 많이 사용하는 현 개념을 분석해 보
면 형식은 도가이지만 그 내용은 유가이기 때문에, 단지 현묵이란 피상적
개념으로 전체를 규정하면 곤란하다. 그뿐만 아니라 현이 노자에서 나왔
다면 묵은 공자·『주역』·장자에서 나온 것이다.[46]

　『태현』의 철학적 방법의 구조와 내용은 어떤가? 『태현』의 세계관적 목
적이 유·도가 철학은 물론 인간사 일반을 포괄하여 실용 철학을 건립하
는 것이므로, 『주역』의 음양 2원의 64괘 구조는 부족하다고 본다. 그래서
『태현』은 천지인 3원의 구조에 음양오행을 결합한 것이다. 그 결과 『태
현』의 체제는 9찬(贊)의 81수(首)가 되었고, 천인 간의 화동무간한 관계
정립을 위해 오행인 목화토금수와 오음인 각치궁상우, 5방인 동남중서북,
5색인 청적황백흑, 5사인 민(民)·사(事)·군(君)·상(相, 즉 臣)·물(物),
12율 중 고선·임종·황종·태주·남려 등을 함께 결합시켰다.

　이 중 특이한 점은 9찬 중 제5찬을 오행의 토, 오방의 중앙으로 이해했
다는 것이다.[47] 오행을 중심으로 1찬에서 9찬까지 연결해 보면 수화목금
토수화목금(水火木金土水火木金)과 같이 된다. 왜냐하면 「현수」에서 3·8

44　攫拏者亡, 默默者存, 位極者宗危. 自守者身全, 是故知玄知默. 守道之極. 爰淸爰靜,
游神之庭. 惟寂惟寞, 守德之宅.(『太玄』「解嘲」)

45　默而得其所者, 玄也.(『太玄』「玄攡」)

46　『論語』에는 默而識之(「述而」 2)가 나오나 『道德經』, 『詩經』, 『書經』, 『禮記』에는 나
오지 않는다. 그러나 『周易』에 "或默或語"(「繫辭上」 6), "默而成之"(「繫辭上」 12), 『莊
子』에 "昏昏默默" 등이 나온다.

47　五五, 爲土, 爲中央, 爲四維.(『太玄』「玄數」)

은 목(木), 4·9는 금(金), 2·7은 화(火), 1·6은 수(水), 5는 토(土)로 말
하기 때문이다. 그러나 수화목금토수화목금(水火木金土水火木金)의 전후
관계는 오행의 기본 관계인 상생이나 상극의 관계를 활용하지 못했다. 그
래도 제5찬에 토(土)를 배치한 것은 매 수(首)의 중심을 토(土)에 설정하
려 한 것이라 할 수 있다. 이것은『상서』의 홍범구주에서 제5에 황극을 둔
것과 같다.

   음양을 중심으로 81수를 분석해 보면『태현』에서는 중수(中首)에서 법
수(法首)까지 40수는 양수(陽首)이고, 응수(應首)에서 근수(勤首)까지 40
수는 음수(陰首)이다. 그런데 맨 마지막 81번의 양수(養首)는 양수(陽首)
도 음수(陰首)도 아니다.「현충」(玄衝)에서는 81수 전체의 관계를 음의 수
(首)와 양의 수(首)로 대비하면서 논하여 81번의 양수(養首)는 다른 어떤
것과도 짝하여 말하지 않았기 때문이다. 이것은 군자는 양길(養吉)하고,
소인은 양흉(養凶)하므로 길흉, 즉 음양을 함께 말하고 있는 것과 맥락을
같이한다.[48]

  『태현』이 음양오행론의 구조 위에 81수를 배열하고 정리한 것은『여씨
춘추』의 12기와 비슷하지만, 음양론만을 기초로 한『주역』과는 다르다.
음양론은 음양 2원의 구조이고, 오행론은 목화토금수 5원의 구조인데,
『주역』은 1원론적 2원론의 구조이고,『태현』은 1원론적 3원론의 구조이
다. 그뿐만 아니라『태현』의 81수의 이름은『주역』의 64괘의 이름과 모두

---

48 中則陽始, 應則陰生. …… 養受群餘君子養吉, 小人養凶也.(『太玄』「玄衝」) 陽氣極
于上, 陰信萌乎下.(『太玄』, 應首의 首辭) 그런데 徐復觀은『太玄經』의 음양의 구조를 中
에서 應까지 41수를 陽首로, 迎에서 養까지를 陰首로 보았는데 사실은 그렇지 않다.(徐復
觀,『兩漢思想史』卷2, 臺北, 臺灣學生書局, 1979, 493쪽) 이것은 일본의 日原利國 編,
『中國思想史』(東京, ぺりかん社, 昭和62年[1987]) 177쪽에 나오는 견해도 마찬가지이
다. 아마도 그것은『太玄』의 편제상 1~3권이 中首~應首로 되어 있고, 4~6권이 迎首~
養首로 되어 있는 데, 이러한 구분을 중심으로 보았기 때문이었을 것이다. 그들의 주장에
는 별다른 근거가 없기 때문이다.

다르게 지었다. 그것은 양웅이 새로운 사상 모형을 추구하여 응시변경의
방법을 취했기 때문이다.

　『태현』의 현방주부가(玄方州部家)는 1현 → 3방 → 9주 → 27부 → 81
가로 나누어지는 과정에서 하나의 현에서 시작하여 3배수로 늘어 가므로
1원론적 3원론이라고 말할 수 있다. 그뿐만 아니라 방주부가(方州部家)의
구조는 그 경우의 수로 81개 형태가 있으며, 그에 따라 81수가 결정된다.
즉 81수는 생성 단위를 3으로 한 것이다. 방주부가를 하나씩 결합한 것이
제1수인 중(中)이고, 순차적으로 적용하여 마지막으로 각각 3가지씩 결
합한 것이 81번째 수인 양(養)이다. 그래서 『태현』 전체는 81개의 수가 되
는 것이다. 그런데 사고전서본 『태현』의 제1수, 즉 중수(中首)와 제5수,
즉 소수(少首)의 그림과 설명이 잘못되었고, 「태현도」에도 몇 군데 잘못
된 곳이 있다.[49] 그것을 고치면 81수의 수도(首圖)는 겹치는 것이 없다.

　방주부가와 9찬은 어떤 관계인가? 사마광(司馬光)은 양웅의 『양자운
집』 서문을 인용하여 "『주역』을 관찰한 자는 그 괘상을 보고 이름을 붙였
지만, 『태현』을 관찰한 자는 그 획을 세어 수에 따라 정한 것이다. 현수(玄
首)를 네 개의 획으로 한 것은 괘가 아니라 수이다.' 그러므로 『주역』의
괘가 6효이고 각 효에 모두 효사가 있는 반면, 『태현』의 현수는 네 개의
획으로 되어 있지만 9개의 찬으로 구별함으로써 현수를 연결하고 있다.

49　필자가 논리적으로 검토해 본 결과 사고전서본 『揚子雲集』에 있는 『太玄』에서, 第1
首 中의 그림은 『周易』의 효로 말해 모두 양의 효로 되어 1方 1州 1部 1家가 되어야 하는
데 그림이 잘못되었고, 第5首 少의 그림은 1方 1州 2部 2家가 되어야 하는데 그림과 그림
의 설명이 잘못되었으며, 第13首 增의 그림은 1方 2州 2部 1家가 되어야 하는데 1方 2州
3部 1家로 되어 그림과 설명이 모두 잘못되었고, 第32首 衆의 그림은 2方 1州 2部 2家가
되어야 하는데 그림이 잘못되었다. 또 「太玄圖」에는 『太玄』 본문의 내용과 대조해 본 결
과 몇 가지 불일치점이 발견되었다. 즉 礥首 第3贊, 釋首 第3贊, 毅首 第3贊은 오행으로
木이어야 하는데 水로 되어 있다. 또 首名에서 第8首 干은 千, 第9首 羨는 符, 第21首 釋
은 移, 第45首 大는 六, 第53首 永은 水로 각각 잘못 표기된 것 같다.

그러므로 수와 찬은 서로 다른 것으로서 상관이 없는 것"[50]이라고 말했다.

81개 수(首)가 괘(卦)가 아니라 수(數)라는 것은 천(一)·지(--)·인(---) 3재(三才)를 방주부가 4형(四形)에 맞추어 그릴 수 있는 경우의 수가 모두 4획의 구조뿐이라는 것이다. 그것은 단지 4획으로 된 81개의 부호일 뿐이다. 그런데 비해 9찬은 오행을 9개 영역에 적용하였기 때문에 다섯 번째에 토를 배치하였다. 사마광이 수와 찬이 상관관계가 없다고 한 말은『주역』의 괘·효와 괘·효사의 관계처럼 그림과 설명의 관계가 아니라는 것이다. 그러나 81개 수(首)는 각각 하나의 수(首)를 대표한다. 이렇게 보면『태현』을『주역』체계에 맞추어 이해해 보려는 것은 오히려 무리가 있다.

『태현』의 방주부가의 형성 과정은 우주론적 설명 방식을 취했지만, 현(玄)의 내용은 인의이기 때문에 도덕·실천론적 목적을 가지고 있다. 우주론적 의미만을 강조하게 되면 양웅 철학이 실용성을 지향한 것에서 어긋난다. 그래서『태현』의 제1수는 중수(中首)로서 모두 천(天), 즉 양을 의미하는 찬(≡)으로만 되어 있는데, 그것은 양기가 싹으로 황궁(黃宮)에 잠재한 것이다. 그런데 제41수는 응수(應首)로서 모두 지(地), 즉 음을 의미하는 찬으로만(≡≡) 되어 있는데, 그것은 양이 위에서 극에 달하니 음이 아래에서 생기는 것이다. 이런 것은『주역』이 생명의 화생(化生)을 최고 가치로 생각하여 건괘와 곤괘를 맨 앞에 배치한 것과 크게 다르다.『태현』이 수의 이름을 건곤이 아닌 중(中)과 응(應)이란 개념으로 처리한 것 역시 실용 철학적 목적 때문이다.

사마광(司馬光)을 비롯한 많은 학자가『주역』을 중심으로『태현』을 분석하였는데, 그렇게 하면 그것은 양웅을 죽이는 것이다. 양웅이 비록『주

50　觀易者見其卦而名之, 觀玄者數其畫而定之. 玄首四重者非卦也, 數也. 故易卦六爻, 爻皆有辭. 玄首四重, 而別九贊以繫其下. 然則首與贊分道而行, 不相因者也.(司馬光 注, 『太玄經集注』, 「說玄」)

역』을 모방하였다 하더라도, 그는 오히려 『태현』을 중심으로 『주역』이나 『노자도덕경』 등의 고전을 인용한 것이기 때문이다. 그것은 마치 농경시대의 쟁기 등을 녹여 공업 시대의 각종 기계를 만든 것과 같다. 그런데 쟁기에 얽매어 기계를 못 본다면 무슨 의미가 있는가? 양웅은 제자백가의 철학 사상을 현이라는 용광로에 넣고 천지인 3요소를 방주부가 네 가지 사회 구조 속에서 표현하는 인사 중심의 실용 철학을 만들어 낸 것이다.

따라서 『주역』 기준으로 『태현』에도 그와 유사한 것이 있다고 분석해 내는 것도 필요하지만, 양웅 철학을 밝히기 위해서는 동시에 『태현』을 중심으로 『태현』을 이해하는 것이 더 중요하다. 그중 81수는 천지인 3요소로 방주부가의 사회 구조 속에서 만들 수 있는 최대한의 조합이다. 그렇게 네 획으로 수(首)가 만들어진 것이고, 그에 대한 설명은 소위 9찬으로 되어 있다. 이 점이 학자들을 혼란스럽게 만들었는데, 그것은 오히려 『주역』의 이해 방식으로 『태현』을 이해하려 했기 때문에 생긴 문제이다.

3) 『법언』의 방법

양웅은 실용 철학을 구축하면서 현의 개념을 재정립했는데, 그의 내용이 인의이다. 왜냐하면 학행의 모범이 있어야 하고 현실의 시비를 분별해야 하기 때문이다. 그에 대해 직접 언급한 것은 『법언』 13편이었다. 법언(法言)이란 본래 『논어』의 "바르게 해 주는, 모범이 되는 말을 따르지 않을 수 있겠는가?"[51]라는 문장에서 모범이 되는 말이란 뜻의 법어지언(法語之言)과 같은 말이다. 양웅이 『법언』을 지은 목적은 무엇인가? 맹자가 양주와 묵적을 물리쳤듯이 양웅도 『법언』을 지어 제자백가 학설의 시비를 가리려는 것이라 했고,[52] 학자들이 유가의 정신을 올바로 이해하게 하기 위

---

51   法語之言, 能無從乎?(『論語』 「子罕」 23)

52   古者楊墨塞路, 孟子辭而闢之, 廓(空如也, 與塞相對)如也. 後之塞路者有矣. 竊自比 於孟子.(『法言』 「吾子」)

함에 있다고 하였다.[53]

양웅이 말하는 법언이란 누구의 말을 말하는 것인가? 법언이란 성인의 말이고, 그것은 바로 공자의 말을 의미한다. 즉 양웅은 "세상에는 세 가지 문이 있다. 정욕을 따르면 금수의 문으로 들어가고, 예의를 따르면 인간의 문으로 들어가며, 남에 의존하지 않는 지혜를 따르면 성인의 문으로 들어간다"[54]고 말했다. 성인의 문이란 요순과 문왕, 그리고 공자를 이르는 말이다. 또 양웅은 "도라는 것은 통하는 것이다. …… 요순과 문왕에 이르는 것은 정도이고, 요순과 문왕에 통하지 않는 것은 정도가 아니다"[55]라고 말했다. 아울러 양웅은 "천도가 공자에게 있지 않은가?"[56]라고 반문했다.

양웅이 요·순·문왕·공자의 도를 법으로 삼은 세계관적 목적은 무엇인가? 그들의 언행이 보통 사람들의 모범이 되기 때문이다. 예를 들면 "성인은 본심을 지키고 진리를 탐구하여, 세상 사람들이 크게 순종하게 하고, 세상 사람들을 크게 이롭게 하며, 자연과 인간의 관계를 화동(和同)하게 함으로써 일체가 되게 하는 것"[57], "군자가 현에 처하면 바르게 되고, …… 소인이 현에 처하면 사악하게 된다"[58], "혹자가 성인의 겉과 속에 대해 물었다. 대답하길 위엄 있는 거동과 문채 있는 언사는 겉이고, 덕이 있는 품행과 충성스런 믿음은 속이다"[59], "성인은 천지를 본떠서 자기 몸에 참고함이 있는가?"[60], "성인의 말은 하늘처럼 멀고, 현인의 말은 땅처럼

---

53 雄見諸子各以其知舛馳, …… 雖小辯, 終破大道而惑衆, 使溺於所聞而不自知其非也. …… 譔爲十三卷象論語, 號曰, 法言.(『揚子雲集』「自序」)

54 天下有三門. 由於情欲, 入自禽門. 由於禮義, 入自人門. 由於獨智, 入自聖門.(『法言』「修身」)

55 道也者, 通也. …… 適堯舜文王者爲正道, 非堯舜文王者爲它道.(『法言』「問道」)

56 天之道不在仲尼乎?(『法言』「學行」)

57 聖人存神索至, 成天下之大順, 致天下之大利, 和同天人之際, 使之無間也.(『法言』「問神」)

58 君子在玄則正, …… 小人在玄則邪.(『太玄』「玄文」)

59 或問聖人表裏. 曰, 威儀文辭, 表也. 德行忠信, 裏也.(『法言』「重黎」)

가깝다"[61], "혹자가 성인은 하늘에 대해 점을 치는가라고 물었다. 천지에
대해 점을 친다. 이와 같다면 일관(日官)과 무엇이 다른가? 일관은 하늘
로 사람에 대한 점을 치고, 성인은 사람으로 하늘에 대한 점을 친다"[62],
"혹자가 말했다. 성인의 도는 자연의 도와 같고, 자연의 도는 불변하는 것
이다. 그런데 어째서 성인은 본래 다변하는가? 성인은 당연히 다변한다.
…… 성인의 글·말·행동 등은 자연의 도와 같은 것이다. 자연의 도가
(일정한 규칙이 없는 것인데) 조금 변하는 것이냐?"[63], "천지인과 통하는
사람을 선비라 하고, 천지와 통하되 사람과 통하지 못하는 것을 편파적인
재주꾼이라 한다"[64]와 같다. 한마디로 말해서 『법언』 역시 천인 간의 관계
를 화동무간하게 함으로써 최대한의 실용성을 확보하려 한 것이다.

　양웅은 철학적 방법상 요·순·문왕·공자의 도를 법으로 삼아 제자백
가 학설의 시비를 가리겠다고 했는데, 과연 그 제일 기준은 어디에 있는
가? 그것은 인의의 도이다. 그러나 양웅은 인의의 도를 실용적 실천에 치
중함으로써 인성론적·우주론적 도덕 형이상학적 규명을 제대로 하지 못
했다.[65] 그 결과 양웅은 인간 본성상 인의의 근거를 규명함에서 음양론을
적용하여 양(陽)에 선(善)을, 음(陰)에 악(惡)을 각각 대입하여 인성론상
선악혼재설(善惡混在說)을 주장하게 된 것이다. 결국 양웅이 『법언』에서
추구한 것은 유가의 인의를 기준으로 삼는 것이었지만 그 기초로 적용한

60　聖人有以擬天地而參諸身乎?(『法言』「五百」)

61　聖人之言遠如天, 賢人之言近如地.(『法言』「五百」)

62　或問聖人占天乎? 曰, 占天地. 若此則史也何異? 曰, 史以天占人, 聖人以人占天.(『法言』「五百」)

63　或曰, 聖人之道若天. 天則有常矣. 奚聖人之多變也. 曰, 聖人固多變. …… 聖人之書·言·行, 天也. 天其少變乎?(『法言』「君子」)

64　通天地人曰儒, 通天地而不通人曰伎.(『法言』「君子」)

65　或問仁義禮智信之用. 曰, 仁, 宅也. 義, 路也. 禮, 服也. 知, 燭也. 信, 符也. 處宅, 由路, 正服, 明燭, 執符. 君子不動, 動斯得矣.(『法言』「修身」)

방법은 음양론이었기 때문에, 인의 도덕을 음양의 작용 속에 종속시켜 도덕적 주체성을 약화시키고 말았다. 이런 것은 1세기 이전의 동중서와 별 차이가 없다.

　그러면 양웅의 철학적 공로는 무엇인가? 남수룽(藍秀隆)은 양웅이 한 대 방사(方士)들의 황당무계한 말[66]을 물리치고, 참위학(讖緯學)을 배척했으며[67], 오경박사의 적폐(積弊)를 통찰하였고, 맹자를 공자의 계승자로 추존[68]한 공로가 있다고 평가하였다.[69] 그뿐만 아니라 양웅은 적극적으로 신(神)을 심(心)으로 해석하기도 했다.[70]

　반면 양웅 철학의 결함은 무엇인가? 인의예지의 정신이나 도덕적 언어가 스스로 세상을 다스리는 것이 아니라 그것을 바탕으로 한 예와 법도 등의 제도가 실행될 때 다스려지는 것이다. 공자와 맹자가 도덕 정치를 주장했지만, 그것은 제도를 통해야 실현되는 제도 정치인 것이다. 그래서 맹자는 "이루의 눈 밝음과 공수자의 솜씨로도 규구를 쓰지 않고는 방형과 원형을 만들지 못하고, 사광의 귀 밝음으로도 6율을 쓰지 않으면 5음을 바로잡지 못하며, 요순의 도로도 인정을 쓰지 않으면 천하를 평화롭게 다스릴 수 없다. 이제 군주가 인한 마음과 인을 들음이 있으면서도 백성이 그 혜택을 입지 못하여 후세에 법이 될 수 없는 것은 선왕의 도를 행하지

66　或曰, 甚矣. 傳書之不果矣. 曰不果則不果矣. 人以巫鼓.(『法言』「君子」) 或問人言仙者, 有諸乎? 吁, 吾聞伏犧·神農歿, 黃帝·堯舜·殂落而死, 文王畢, 孔子魯城之北, 獨子愛其死乎, 非人之所及也. 仙亦無益子之彙矣.(『法言』「君子」) 或問趙世多神, 何也. 曰, 神怪茫茫, 若存若亡, 聖人曼云.(『法言』「重黎」)

67　或問聖人占天乎? 曰, 占天地. 若此則史也何異? 曰, 史以天占人, 聖人以人占天.(『法言』「五百」)

68　或問孟子, 知言之要, 知德之奧. 曰, 非苟知之, 亦允蹈之. 或曰, 子小諸子, 孟子非諸子乎? 曰, 諸子者, 以其知異於孔子者也. 孟子異乎不異.(『法言』「君子」) 或問孟軻之勇. 曰, 勇於義而果於德. 不以貧富貴賤死生動其心, 於勇也其庶乎.(『法言』「淵騫」)

69　藍秀隆,『楊子法言研究』,臺北, 文津出版社, 民國78年[1989], 2~4쪽 참조.

70　或問神. 曰, 心.(『法言』「問神」)

않기 때문이다. 그러므로 말하기를 한갓 선심만 가지고는 정사를 행할 수 없고, 한갓 법만 가지고도 스스로 실행될 수 없는 것"[71]이라고 말했다. 그런데 양웅은 법언인 성인의 말에 치중하는데, 그 성인의 말 속에는 예와 법도 등이 포함되어 있는 것인지 불분명하다. 그의 실용적 진리는 바로 예와 법도 등의 실현 속에서 나오는 것이고, 그 예와 법도 등은 시대에 따라 변해야 하는 것이기 때문이다.

그래서 양웅은 『법언』에서 공자의 말을 법으로 삼는다고 했는데, 그것은 사실상 반 정도뿐이었다. 방식상으로 하늘의 변화는 일정한 규칙이 없다는 무방(無方)은 『주역』의 신무방(神無方)의 개념을 반영한 것이며, 하늘이 공자에게 자신의 뜻대로 해도 좋다고 허락했다는 의미의 천종(天縱)의 개념이 반영된 것이다. 무방이나 천종은 인이 전제되지 않으면 약육강식의 헛된 명분이 되고 만다. 물론 인(仁), 즉 사랑한다는 명분만 있다면 어떤 방식도 허용 가능하다는 말은 아니다. 현실적인 적당도 함께 갖추어야 한다.

3. 삶으로의 복귀

양웅은 시대 변화에 따라 '외현내인(外玄內仁)한 새로운 현의 개념을 재정립'하고, '천인 관계를 3원 구조의 81수로 재편'하며, '성인을 학행의 모범으로 삼고 인의를 시비의 기준으로 설정'하여 경전까지도 바꾸는 대혁신의 꿈을 꾸었다. 그러나 그는 형식상 새로운 것을 찾았을 뿐 자신만의 정신세계를 확보하지 못한 점이 아쉽다. 그래서 그는 기존 철학을 재

---

71   孟子曰, 離婁之明, 公輸子之巧, 不以規矩, 不能成方員(圓). 師曠之聰, 不以六律, 不能正五音. 堯舜之道, 不以仁政, 不能平治天下. 今有仁心仁聞, 而民不被其澤, 不可法於後世者, 不行先王之道也. 故曰, 徒善不足以爲政, 徒法不能以自行.(『孟子』「離婁章句上」1)

구성한 사상가는 될 수 있어도 새로운 철학을 창조하는 철학가는 될 수 없었던 것이다. 아울러 진리를 실용 속에서 확보하려 한 그가 오히려 무분별·무차별한 현(玄)과 진실무망(眞實無妄)한 인(仁)의 세계를 수족이 아닌 머리로만 사색하였다는 것이 그의 한계였다.

양웅이 변경론의 입장에서 『이아』·『주역』·『논어』를 모방하여 『방언』·『태현』·『법언』을 지은 것은 주목할 만하다. 그렇게 중국 전통의 최고 권위에 도전한 용기는 중국 역사상 보기 드문 예이다. 특히 『주역』과 『논어』에 도전장을 낸 것이 더욱 그렇다. 그 과정에서 양웅은 『여씨춘추』와 『회남자』는 물론 사마천의 『사기』에 대해서도 잡박하다고 비판했다. 여기서 잡박하다는 말은 여러 사람이 저술했다는 의미보다는 여러 학설이 체계 없이 뒤섞여 있다는 것을 의미한다. 그래서 양웅은 현이라는 개념을 정점으로 하여 자신의 학술 체계를 세웠으며, 현을 외현내인한 개념으로 새롭게 개조하였다. 그런 것은 제자백가가 이미 사용했던 철학 개념을 재사용할 수밖에 없는 상황에서 취할 수 있는 하나의 방법이었다. 그렇게 해서라도 자기 철학의 개념을 가져 보려 노력한 사람은 전체 중국 철학 방법사에서도 보기 드문 일이다.

새로운 철학 사상을 건립할 때 누구든지 순수하게 자신의 개념에만 의존할 수는 없다. 그러나 중심 개념을 비롯하여 주요 개념은 새로 지어야 기존의 철학 사상과 차별화할 수 있다. 양웅은 현이란 개념을 중심으로 기존 개념을 통합 사용하면서 변화를 추구한 것이다. 양웅 철학의 장점이 과거 철학의 조정과 조화라는 데 있다면 단점은 과거와 차별화 부족에 있다고 할 수 있다.

철학자가 새로운 철학 사상을 꿈꿀 때 그의 시대적 상황에서 자유롭기 어렵다. 그래서 철학자는 시대상을 반영하는 속에서 철학 정신을 노출하게 된다. 만약 그것이 시대 상황의 반영에 치우쳐 그 시대를 넘어서는 철학을 반영하지 못하면 그 시대와 운명을 같이하게 되고, 보편성만 강조하는 것뿐이면 원론적인 주장만 되어 당시 사람들에게 외면당한다.

  양웅의 실용 철학에 대한 역사적인 평가는 다양하다. 당시의 유생들은 성인도 아닌 사람이 경전을 짓는다고 비난하면서 『춘추』에 오초(吳楚)의 군주가 왕을 칭하는 것처럼 죽을죄에 속한다고 말했다. 반고는 그가 죽은 지 40여 년 후 『법언』은 크게 유행하고 있으나 『태현』은 결국 유행하지 않았다고 말했다.[72] 동한(東漢)의 왕충(王充, 27~97?)은 학덕을 기준으로 사람을 속인(俗人)·유생(儒生)·통인(通人)·문인(文人)·홍유(鴻儒)와 같이 나누고, 양웅을 홍유에 분류했다. 왕충은 "양성자장(陽成子長)이 『악경』을 짓고, 양자운(揚子雲)은 『태현경』을 지었는데, 이처럼 정심한 사고를 하고 오묘한 큰 도리를 궁구하려면, 성인에 가까운 재능이 아니면 이룰 수 없다. 공자가 『춘추』를 짓고, 두 사람이 경을 지은 것은 소위 공자의 치적을 따르는 것이다. 공자와 같이 거론할 만한 크고 아름다운 재능을 가진 자"[73]라고 말했다. 또 송대에 이르러서는 "『태현』에서 중요한 것은 단지 황로 사상이다. ……『태현』은 단지 노장 철학 사상"[74]이라고 비판하였다. 그러나 이러한 그의 저술이 아직도 학문적 연구 대상이 되고 있는 것은 무슨 이유인가?

[2005년][75]

---

72 諸儒或譏以爲雄非聖人而作經, 猶春秋吳楚之君僭號稱王, 蓋誅絶之罪也. 自雄之沒至今四十餘年, 其法言大行, 而玄終不顯, 然篇籍具存.(『漢書』「揚雄傳」)
73 陽成子長作樂經, 揚子雲作太玄經, 造於助思, 極窅冥之深, 非庶幾之才, 不能成也. 孔子作春秋, 二子作兩經, 所謂卓爾蹈孔子之跡, 鴻茂參貳聖之才者也.(『論衡』「超奇」)
74 太玄中高處只是黃老. …… 太玄之說只是老莊.(『朱子語類』, 臺北, 文津出版社, 1986년, 1674쪽)
75 「양웅의 응시변경의 방법」, 『유교사상연구』 제23집, 한국유교학회, 2005.8.에 게재한 것을 수정 보완함.

제18장

천태종의 정혜쌍수의 방법

불교는 무엇을 실상(實相)이라고 보았는가? 『반야경』에서는 공(空)을 실상으로 보았고, 『화엄경』과 『대승기신론』에서는 진여(眞如)나 심(心)을 실상으로 보았으며, 『법화경』에서는 심(心)과 물(物) 자체를 모두 실상으로 보았다. 그들 사이에는 입장 차이가 있을 뿐 다른 것을 말하는 것은 아니다. 그렇게 존재 사물 자체의 문제가 아니라면, 불교가 추구한 실상은 어떤 의미를 갖는가? 실상이란 단지 존재 사물에 대한 하나의 규정일 뿐인가, 아니면 실상이라고 믿는 하나의 믿음일 뿐인가, 아니면 아무런 전제도 없이 스스로 존재하는 그 무엇이 있기를 바라는 하나의 희망일 뿐인가, 아니면 그런 여러 가지에 의해 구성된 하나의 의식일 뿐인가?

천태종도 다른 종파처럼 어떤 형태로든 실상은 존재한다고 보았다. 그래서 천태종의 중심 문제는 '어떻게 실상을 깨닫느냐' 하는 것이고, 그의 방법은 지관·일심삼관 등이다. 깨달음의 대상은 마음을 포함한 삼천대천세계의 실상이지만, 오히려 문제의 중심은 깨달음의 주체에 있다. 그런 깨달음의 주체는 일심이지만, 그 작용으로 보면 공관·가관·중관의 삼관이 있다. 그래서 우리는 지관을 통해 모든 존재의 공·가·중에 대한 삼제(三諦)를 원만하게 깨달을 수 있고, 그렇게 삼제가 원융(圓融)하게 될 수 있을 때 마음을 포함한 삼천대천세계(三千大天世界) 그 자체를 여실지견

(如實知見)할 수 있다. 이처럼 천태종의 중심 문제는 존재 사물 자체가 아닌, 자신의 닫힌 마음을 열어 깨달음을 얻는 것이다. 우리가 열린 마음으로 사물의 실상을 여실지견하는 방법은 바로 지관·일심삼관 등을 포괄하는 정혜쌍수(定慧雙修)이다.

천태종의 시조는 남북조 말기부터 수(隋)대까지 살았던 천태지의(天台智顗 혹은 智者大師, 538~597)이고, 소의 경전은 구마라집(鳩摩羅什, 344~413)이 번역한 『묘법연화경』(妙法蓮華經), 즉 『법화경』[1]이다. 천태종의 최종 목표는 자신의 마음으로 제법실상을 깨닫는 것이다. 제법실상은 삼제원융의 세계관으로 접근하지만, 그것은 수양·실천적으로 지와 관을 병행한다.

본 장의 목적이 천태종의 철학적 방법을 논하는 것이므로 가장 주된 방법인 정혜쌍수를 중심으로 한 것이고, 그것을 이루기 위한 각종 구체적인 방법은 그 가운데서 논한다. 천태종의 주요 철학적 방법의 특색이 정혜쌍수이기 때문이다. 즉 화엄종은 『화엄경』을 돈교(頓教)라 하고 『법화경』을 점돈교(漸頓教)라고 한 데 비해, 천태종은 『화엄경』이 점돈을 겸했다고 하고 『법화경』은 원교로서 돈교일 뿐이라고 말한다.[2] 그러나 지의의 주요 방법인 지관론을 보면, 점차지관과 부정지관은 상대적 이해를 통해 계단 오르듯 이루어지는 것이지만, 원돈지관은 단박에 무한·보편·평등한 깨달음을 얻는 것이다. 그러나 원돈지관의 경지에서 보면 정과 혜가 다른 것이 아니므로 정혜불이(定慧不二)한 정혜쌍수가 천태종의 주요 철학적 방법이 된다.

---

1   『法華經』의 번역과 관련하여 六譯三存이라는 말이 있다. 즉 『法華經』은 여섯 번의 번역이 있었고, 현존하는 것은 세 가지가 남아 있다는 말이다. 그 세 가지가 『正法華經』·『妙法蓮華經』·『添品妙法蓮華經』이다. 이 중 천태종의 소의 경전은 鳩摩羅什이 번역한 『妙法蓮華經』이다.

2   彼七中圓與法華圓其體不別, …… 法華爲漸頓, 華嚴爲頓頓, 恐未可也.(『法華玄義釋籤』卷第2, 『大正新修大藏經』 33卷, No.1717, 825쪽 下)

본 장은 전개 방법상 시기적으로는 천태종 성립 초기의 여러 조사의 철학적 방법을 함께 논하지만, 주로 천태지의를 중심으로 한다. 그것은 지의가 선대 조사들의 철학적 방법을 종합했을 뿐만 아니라, 그것을 기초로 천태종의 기틀을 확립했기 때문이다. 그래서 본문에서는 지의의 정혜불이한 원돈의 정혜쌍수론을 중심으로 천태종의 철학적 방법을 논하고자 한다.

1. 방법론적 배경

인도 불교가 중국에서 흥성하기 시작한 것은 남북조 시대부터이다. 특히 북위(北魏, 386~534) 시대부터 수나라가 581년 남북을 통일할 때까지 200년간 500만 이상의 승려가 7만 개 이상의 사찰에서 활동하였다. 그리고 수 문제는 581년 칙령으로 5악에 모두 절을 짓게 하고 황족을 포함하여 20여 만 명에게 승려가 되도록 했다. 비록 수나라 왕조는 30여 년밖에 존속되지 못했지만 불교를 국가 이념으로 삼아 그 기초를 다져 놓았기 때문에 당나라 때는 그 꽃을 피우게 되었다.[3]

중국 불교가 교판(敎判)상 자기 개념을 갖게 된 것은 불경을 번역하면서부터였다. AD.265년 월지국의 축법호(竺法護)가 장안에 와서 『정법화경』을 번역하면서 불교의 핵심어인 공(空, śūnya) 개념을 사용한 것이 그하나의 예이다.[4] 아울러 후한 환제(桓帝) 때의 모융(牟融)이 『이혹론』(理惑論) 37편을 지어 불가·유가·도가를 학술적으로 비교하고 불교의 우수성을 주장하면서 격의불교(格義佛敎)가 흥성하게 되었다. 그로부터 백년

---

3   이영자, 『천태불교학』, 서울, 불지사, 2001, 42~44쪽 참조.
4   無常若空.(『正法華經』「藥王如來品」, 『大正新修大藏經』 9卷, No.263, 100쪽 中)

이 지난 후 구마라집이 중국 제자들과 많은 불경을 번역하였다.[5]

천태종의 성립과 관련하여 보면 『불조통기』(佛祖統紀)[6]에서는 인도의 용수(龍樹, 150~250년경)를 시조로 보고, 2조는 혜문(慧文, 慧聞), 3조는 혜사, 4조는 지의로 정리했다. 천태종 성립의 기초인 일심삼관과 정혜쌍수 및 법화삼매가 천태지의 이전에 이미 형성되었으므로 그렇게 볼 수도 있다. 그러나 일반적으로 천태종의 조사는 1조 지의(智顗), 2조 관정(灌頂, 561~632), 3조 지위(智威), 4조 혜위(慧威), 5조 현랑(玄郎), 6조 묘락(妙樂), 즉 담연(湛然)이고, 주요 교리는 지관(止觀)이라 한다. 지관은 혜사에게서 시작되고, 지의에 의해 확립되었으며, 6조 담연에 의해 중흥기를 맞이한다. 그러나 천태지관이라고 할 정도로 지관의 개념이 지의에게서 완성된 것이므로 지의를 천태종의 시조로 보는 것이 타당하다.

일심삼관(一心三觀)은 혜문이 인도 용수의 중론(中論) 개념에 기초하여 깨달은 것이다. 『불조통기』에 "선사는 이 문장에 의거하여, 마음을 닦는 수심관으로 세 가지 지혜를 논하는 것은 일심 중에서 얻은 것이다. …… 그러므로 이 관법이 성립될 때 일심삼지(一心三智)를 증명한 것"[7]이라고 말한 것처럼, 혜문은 『지도론』(智度論)을 읽다가 일심삼지의 뜻을 깨닫고, 용수의 『중관론』「사제품」(四諦品)에서 인연소생법(因緣所生法)을 보고 공제(空諦, 一切智)·가제(假諦, 道種智)·중제(中諦, 一切種智)를 깨달았다고 한다. 혜문의 일심삼관은 심(心)을 실상이라고 보는 것으로서 일심의 깨달음을 중심으로 한 것이다.

정혜쌍수는 법화삼매와 관련하여 나온 말이다. 법화삼매(法華三昧)는

5   鳩摩羅什에게는 제자가 3,000명이 있었으며, 그 가운데는 四哲이라고 불리는 道生·僧肇·道融·僧叡가 있다.

6   『佛祖統紀』, 『大正新修大藏經』 49卷, No.2035

7   師依此文, 以修心觀, 論中三智實在一心中得. …… 故此觀成時, 證一心三智.(『佛祖統紀』 卷6, 『大正新修大藏經』 49卷, No.2035, 178쪽 下)

남악혜사(南岳慧思, 515~577)가 수년 동안에 『법화경』을 천 번이나 독송하면서 깨달았다는 것이다. 즉 "법화삼매를 깨달아 의문(義門), 즉 이론을 개척한 것을 북제에서는 몰랐던 것이다."[8] 법화삼매는 『법화경』을 근거로 하여 죄업을 참회하는 하나의 수행법이다. 즉 "강동에서부터 불법은 이론[9]만 중시하고 선법(禪法)은 무시했다. 그래서 혜사가 개탄하자 남쪽에서 그를 따라 정(定)과 혜(慧)를 함께 중시하게 되었다. 낮에는 이론[10]을 말하고, 밤에는 생각[11]을 한다"[12]고 말한 것처럼 법화삼매는 육시오회를 행하는 것이다. 육시오회(六時五悔)란 아침·낮·해질녘·초저녁·밤중·새벽에 참회·권청(勸請)·수희(隨喜)·회향(廻向)·발원을 행하는 것을 말한다.

1조 지의의 천태사상은 주로 『법화현의』·『마하지관』·『유마경현소』 등에 나타나 있다. 그중 『유마경현소』와 『유마경문소』는 지의가 만년에 직접 써서 수 양제에게 헌상한 것이다. 『유마경』은 선종의 소의 경전이기도 하지만 지의 역시 많이 연구한 경전이다. 지의는 "삼승(三乘), 즉 성문(聲聞)·연각(緣覺)·보살(菩薩)은 일승(一乘)으로 돌아간다"는 종지를 가지고 불경 전체를 정리하여 오시팔교론(五時八教論)의 교판론을 건립했다. 그렇게 방편상 취하는 모든 교법은 모두 부처의 경지에 들어가기 위한 하나의 방편일 뿐이라는 것이다. 그래서 부처의 경지인 일승은 바로 제법을 여실지견하는 데 있고, 그것은 삼제원융의 경지에서 가능하므로 일승으로 돌아간 회삼귀일과 다른 것이 아니다.

---

8 至於悟法華三昧, 開拓義門, 則又北齊之所未知.(『佛祖統紀』 卷6, 『大正新修大藏經』 49卷, No.2035, 180쪽 下)

9 여기서 말하는 이론은 義門으로서 본체론에 속하고, 현상론인 事門의 상대 개념이다.

10 여기서 말하는 이론은 理義, 즉 yukta-artha로서 '적절한 뜻이 있는 이론'을 말한다.

11 여기서 말하는 생각은 思擇으로서 심사숙고를 말한다.

12 自江東佛法弘重義門, 至於禪法, 蓋蔑如也. 而思慨斯南服, 定慧雙開. 晝談理義, 夜便思擇.(『續高僧傳』 卷第17, 「慧思傳」, 『大正新修大藏經』 50卷, No.2060, 563쪽 下~564쪽 上)

2. 주요 방법

천태종의 주요 문제는 어떻게 자신을 통해 실상을 깨닫느냐 하는 것이고,
주요 방법은 교판론과 정혜쌍수론이다. 교판론은 천태종의 조사들이 부
처가 설한 불경을 오시팔교(五時八敎)로 분류한 것이고, 정혜쌍수는 지관
(止觀)의 다른 표현이다. 그처럼 천태종은 점돈(漸頓)을 겸한 정혜쌍수의
방법을 사용했다. 돈오만을 고집하면 부처가 필요 없고, 점오만 고집하면
중생은 부처 없이는 해탈할 수 없기 때문이다. 그래서 선종에서도 경전
공부만 치중하여 선정과 실천을 소홀히 하는 학승을 문자법사(文字法師)
라고 비판했고, 지의는『마하지관』등에서 선정에 치중하여 교법을 소홀
히 하는 맹선자(盲禪者)를 암증선사(暗證禪師)라고 비판했다. 정혜쌍수는
마치 "배우기만 하고 생각하지 않으면 그 배운 것에 사로잡히고, 생각하
기만 하고 배우지 않으면 위태롭다"[13]고 한 공자의 학사병진(學思並進) 사
상 모형과 비슷하다.

정혜쌍수의 정과 혜는 원돈지관의 입장에서 보면 상호 불가분의 관계
가 있지만 설명 방편상 나누어 보면 다음과 같다. 정(定)의 방법은 지관의
지(止), 회삼귀일의 일승(一乘), 일심삼관의 일심(一心), 권실(權實)의 실
(實), 화법사교의 원교(圓敎), 화의사교의 돈교(頓敎) 등이 있다. 혜(慧)의
방법은 지관의 관(觀), 회삼귀일의 삼승(三乘), 일심삼관의 삼관(三觀),
권실의 권(權), 화법사교의 장·통·별교(藏·通·別敎), 화의사교의 점·
부정·비밀교(漸·不定·秘密敎) 등이 있다.

정(定)은 본래 samādhi의 의역이다. 정은 마음을 산란하지 않게 하는
수행으로서 계·혜와 함께 3학이라 한다. 같은 개념으로 사용되는 선(禪)
은 dhyāna의 음역이다.『법화현의』(法華玄義)에서는 선을 세간선(世間禪,

---

13   子曰, 學而不思則罔, 思而不學則殆.(『論語』「爲政」15章)

즉 根本四禪·四無量心·四無色定)·출세선(出世禪, 즉 觀禪·練禪·熏禪·修禪)·상상선(上上禪, 즉 自性禪·一切禪·難禪·一切門禪·善人禪·一切行禪·除煩惱禪·此世他世樂禪·淸淨淨禪)으로 분류하여 말했다.[14] 선은 마음을 오직 하나의 대상에만 집중하여 자세히 사유하는 것으로서 정혜(定慧)가 균등한 것을 말하기도 하고, 정(定)의 일종이라고 말하기도 한다. 그래서 이 두 개념을 합쳐 선정(禪定)이라고 말하기도 한다.

　혜(慧)는 무위(無爲)의 공리(空理)를 깨닫는 조견(照見)을 말하고, 그와 유사 개념으로 사용되는 지(智)는 유위(有爲)의 사상(事相)을 깨닫는 요해(了解)를 말한다. 이 둘을 합쳐 지혜라고 하는데, 일체의 제법을 통달해서 득실과 사정(邪正)을 분별하는 마음의 작용을 말한다.

　정과 혜를 이원론적 구조로 말하는 것은 설명 방편상 취하는 것뿐이다. 만약 이원론에 빠지면 일심·일승으로 돌아갈 수 없게 된다. 그렇게 되면 그것은 마치 정주학이 격물치지에서 출발하여 활연관통에 도달하려는 주장과 같게 된다.

1) 정혜쌍수의 기초 방법

천태종에서 실상을 규명하는 방법은 존재론적으로 십여시(十如是)와 수양·실천론적으로 일심삼관과 지관 등이 있다. 그중 지의의 십여시는 『법화경』에 나오는 것을 재해석한 것이고, 일심삼관과 지관은 지혜의 눈으로 만법을 있는 그대로 보는 것을 말한다. 그런 방법을 한마디로 말하면 정혜쌍수이다.

　정혜쌍수를 주장하는 수양·실천의 이론 기초는 무엇인가? 그것은 바로 사람의 근기 차이를 인정한 회삼귀일(會三歸一)과 권실론(權實論)이다. 회삼귀일은 삼승귀일승(三乘歸一乘)을 본질로 하고, 권실론은 권실불

14　『妙法蓮華經玄義』卷第4 上,『大正新修大藏經』33卷, No.1716, 718쪽 上

이(權實不二)를 본질로 한다. 삼승은 성문·연각·보살의 교법을 말하고, 일승은 부처의 참다운 가르침을 말한다. 그래서 부처의 가르침은 사람의 근기에 따라 다르지만 그 목표는 모두 여실지견하는 것 즉, "제법이 곧 실상이라는 것을 아는 것이 일승의 묘경"[15]이라는 것을 깨닫는 것이다. 그것을 권과 실로 구분하면, 삼승은 권에 속하고 일승은 실에 속한다.

　일승(一乘)이라는 말은 본래 『법화경』의 "유유일승법, 무이역무삼(唯有一乘法, 無二亦無三)"[16]이라는 말에서 유래한 것으로서, 그 의미는 삼승이 내적으로는 모두 하나의 방편일 뿐이라는 것이다. 즉 일승진실(一乘眞實), 삼승방편(三乘方便)이다. 그래서 천태종에서는 『법화경』에 의거하여 법화일승(法華一乘)을 주장하는데, 법화일승은 교행일리(敎行一理), 즉 교법·수행 행위·수행자가 다르더라도 깨달은 이치는 모두 같다는 것이고, 깨닫고 보면 모두가 진실한 실상이라는 것이다. 그러므로 법화일승은 제법실상을 깨닫고 제법을 있는 그대로 인정하는 것을 의미한다.

　회삼귀일의 종취(宗趣)는 『화엄경』에서 이미 언급되었다. 즉 "불법은 오직 하나일 뿐이다. …… 중생이 최고의 깨달음을 구하는 만행(萬行)의 방법에 따라 부처의 설법도 달라지는 것"[17]이라는 것이다. 일승은 일법(一法)·불승(佛乘)·일불승(一佛乘)·일승교(一乘敎)·일승구경교(一乘究竟敎)·일승법(一乘法)이라고도 부르는데, 그 하나가 연기법 자체이든 연기법에 의해 생긴 사물이든 그 어떤 전제가 있다. 단 그것은 고정된 것이 아닌 현재 진행형으로 변화하고 있는 것이다.

　회삼귀일의 회(會)는 모은다는 의미가 아니라, 오히려 삼승의 구분을

15　諸法實相, 一乘妙境.(『妙法蓮華經玄義』卷第9 下, 『大正新修大藏經』33卷, No.1716, 794쪽 下)

16　『法華經』「方便品」, 『大正新修大藏經』9卷, No.262, 8쪽 上

17　中法王唯一法, …… 隨衆生本行(보살이 성불하기 전 인위에서 행하는 보살만행), 求無上菩提. 佛利及衆會, 說法悉不同.(『華嚴經』「菩薩明難品」, 『大正新修大藏經』9卷, 429쪽)

버린다는 말이다. 지의는 회삼귀일의 회자의 의미를 파(破)·폐(廢)·개(開)·회(會)·주(住)·복(覆) 등으로 바꾸어 말하면서 그때 동시에 일승이나 근본이 나타난다고 말한다.[18] 그렇게 회삼귀일을 본질 중심으로 보면 권도를 버리고 본질로 돌아가는 민권귀실(泯權歸實)을 추구하지만,[19] 방편 중심으로 보면 "제도 중생을 위해 응적(應迹)의 자취로 보여 주는 적문(迹門)의 회삼귀일이 곧 개권현실(開權顯實)하는 것"[20]이다. 권과 실 역시 상즉 관계가 있으므로 불이불일(不異不一)한 즉비(卽非)의 관계이다. 행권방편(行權方便), 즉 권도(權道)를 가지고 진실을 표현한다는 것은 단지 방편일 뿐이기 때문에, 『법화경』이 바로 진실교이고 일승교라는 것이다.

　권실론(權實論)으로 화법사교를 보면 원교는 실교(實敎)이고, 장·통·별교는 모두 권교(權敎)이다. 마찬가지로 불승은 실교이고, 성문·연각·보살승은 권교이다. 그러나 권과 실은 다른 것이 아닌 권실불이(權實不二)한 것이므로 삼권이 곧 일실이다. 즉 "일체의 법이 모두 권이고, 일체의 법이 모두 실이며, 일체의 법이 역시 권이고 실이며, 일체의 법이 권도 아니고 실도 아니다. …… 일체의 법 역시 권이고 실이라는 것은 제법실상과 같은 말이다."[21]

　지의는 권과 실을 열 쌍으로 분류하고 화법사교에 각각 대입하여 40종

18　一破三顯一, 二廢三顯一, 三開三顯一, 四會三顯一, …… 六住三顯一, …… 八覆三顯一. …… 破迹顯本, …… 一一妙中皆具十意.(『妙法蓮華經玄義』卷第9 下, 『大正新修大藏經』33卷, No.1716, 797~798쪽)

19　화엄종의 法藏의 말로서 上來分乘竟, 二融本末者. 此同文說諸乘等會融無二同一法界, 有其二門, 一泯權歸實門, 卽一乘敎也.(『華嚴一乘敎義分齊章』卷1, 『大正新修大藏經』45卷, No.1866, 479쪽 下)

20　迹門會三歸一, 開權顯實.(『妙法蓮華經玄義』卷第7 下, 『大正新修大藏經』33卷, No.1716, 770쪽 下)

21　一切法皆權, 一切法皆實, 一切法亦權亦實, 一切法非權非實. …… 一切法亦權亦實者, 如文所謂諸法如實相.(『法華文句』卷3 下, 『大正新修大藏經』34卷, No.1718, 37쪽 上~中)

의 권실로 분류했다. 십종명(十種名), 즉 십쌍권실(十雙權實)은 사리(事理, 權인 현상과 實인 이치) · 이교(理敎, 實인 이치와 權인 교육) · 교행(敎行, 實인 교육과 權인 실행) · 박탈(縛脫, 權인 속박과 實인 탈출) · 인과(因果, 權인 원인과 實인 결과) · 체용(體用, 實인 진여본체와 權인 중생교화) · 점돈(漸頓, 權인 점차교화와 實인 단번에 깨달음) · 개합(開合, 權인 차별적 방법과 實인 頓에 합일) · 통별(通別, 權인 보통의 개합과 實인 특별한 개합) · 실단(悉檀, 權인 출세간적인 3가지 실단, 實인 출세간적인 실단)이 그것이다.[22]

종합하면 정혜쌍수를 주장하는 수양 · 실천의 이론 기초는 삼승귀일승과 권실불이 등이 있다. 그것의 주요 의의는 다양한 교학의 방법 속에서 근본을 잃지 않아야 한다는 것이다. 현실에는 수많은 문제가 발생하고 있으며 다양한 해결 방법이 필요하기 때문에, 그런 구체적 방편론은 실용적이다. 그런 면에서 천태종과 유가 철학은 방법론상 유사성이 많다.

2) 교판론

불경의 내용과 형식을 분석하고 체계화하는 것을 교상판석(敎相判釋), 또는 교판(敎判)이라고 한다. 중국 초기 불교의 주요 문제는 바로 교판이었는데, 천태종의 오시팔교, 법상종의 삼시교(三時敎), 화엄종의 오교십종(五敎十宗)이 그것이다.

천태종의 교판론은 한마디로 지의가 정리한 오시팔교론이다. 즉 오시(五時)는 지의가 부처의 설법을 시간의 순서대로 정리한 불학 체계이고, 팔교(八敎)[23]는 부처의 설법 내용에 따라 분류한 화법사교(化法四敎)와 부처의 설법 형식에 따라 분류한 화의사교(化儀四敎)이다. 그것은 지의가

---

22 『法華文句』卷3 下, 『大正新修大藏經』 34卷, No.1718, 37쪽 下
23 『妙法蓮華經玄義』卷第2, 『大正新修大藏經』 33卷, No.1716 참조.

정리한 하나의 이해와 해석일 뿐 역사적 근거가 있는 것은 아니다.[24]

오시(五時)

화엄시(華嚴時): 득도한 후 화엄의 세계를 말한 『화엄경』.

아함시(阿含時, 혹은 鹿苑時): 현상계에 대한 욕망의 절제를 말한 『아함경』.

방등시(方等時): 연기설(緣起說)을 말한 『유마경』·『금광명경』·『능가경』·『승만경』·『무량수경』 등 방등부 경전.

반야시(般若時): 공(空)의 세계를 말한 반야부의 경전.

법화열반시(法華涅槃時): 역설법을 통해 일체를 긍정한 『법화경』·『열반경』.

팔교(八敎)

화법사교(化法四敎): 부처가 중생을 가르쳐 인도하는 설법의 뜻과 내용.

장교(藏敎): 성문·연각을 보살로 이끄는 교의.

통교(通敎): 공통성(同義·共義), 즉 인연에 따라 생기는 관계가 곧 공(空)이라는 교의.

별교(別敎): 차별성(異義·各義), 즉 인연에 따라 생기는 사물은 곧 가(假)라는 교의.

원교(圓敎): 통교와 별교 어느 쪽에도 치우치지 않는 원만한 중도가 실상이라는 교의.

화의사교(化儀四敎): 부처가 중생을 가르쳐 인도하는 설법의 형식과 방법.

24　타무라 쇼루·우메하라 타케시 지음, 이영자 역, 『천태법화의 사상』, 서울, 민족사, 1989, 83~84쪽 참조.

돈교(頓敎): 소승과 대승의 차례를 따지지 않고 일불승의 법을 말한 『화
　　엄경』의 설법.

점교(漸敎): 소승에서 대승으로 점차 순서를 밟아 법을 말하며 『아함경』
　　→『방등경』→『반야경』→『법화경』→『열반경』에 이르는 설법.

부정교(不定敎): 같은 설법이라도 기량에 따라 제각기 아는 것이 다름.

비밀교(秘密敎): 자기의 기량에 따라 이해하되 그런 줄 모르게 하는 묘한
　　설법.

　　부처가 일자불설(一字不說)[25]을 말한 것처럼 선종은 돈오돈수를 주장하
여 계·정·혜조차 필요 없다고 말했다. 그러나 천태종은 불경 전체를 분
석하여 중생의 근기에 따라 활용할 수 있도록 부처의 방법을 체계화했다.
그처럼 부처가 일생동안 행한 설법, 즉 전체 불경의 시간·내용·형식 등
을 방법 중심으로 연구한 것은 불교가 중국에서 새로운 뿌리를 내리도록
하기 위한 것으로서 중국 불학사에서 매우 중요한 의미를 갖는다.

3) 지관론

지관(止觀)은 천태종의 수양·실천론의 핵심 개념으로서 정혜쌍수와 같
은 말이다. 지관이란 망념을 그치고 지혜의 눈으로 만법을 있는 그대로
보는 것을 말한다. 지관이란 말은 불교가 발생하기 이전에는 없던 개념이
다. 지관은 본래 범어의 śamatha-vipaśyanā, 팔리어의 samatha-
vipassanā가 변한 것이라 한다.[26] 불경과 직접 관련된 근거는 "선정만 있

25　大慧菩薩摩訶薩, 復白佛言, 世尊如世尊說, 我於某夜, 成最正覺, 乃至某夜, 當入涅
槃, 於其中間不說一字, 亦不已說, 亦不當說, 不說是佛說. 世尊依何密意, 作如是語? 佛言
大慧, 依二密法故, 作如是說. 云何二法? 謂自證法(판본에 따라 自得法이란 것도 있다)及
本住法.(『大乘入楞伽經』「無常品」第3之1, 『大正新修大藏經』16卷, No.672, 606쪽 中)
26　오지연, 『천태지관이란 무엇인가』, 서울, 연기사, 1999, 24~25쪽 참조.

고 지혜가 없는 것도 아니고, 지혜만 있고 선정이 없는 것도 아니므로, 반
드시 선정도 있고 지혜도 있어야 비로소 열반을 증득할 수 있다"[27]는 것이
다.[28] 이렇게 지관은 지와 관의 합성 개념으로서 초기에는 지관균행(止觀
均行)의 방식이었지만, 남악혜사에 이르러 인정발혜(因定發慧)의 방식으
로 바뀌었다. 즉 "강동에서부터 불법은 이론만 중시하고 선법은 무시했
다. 그래서 혜사가 개탄하자 남쪽에서 그를 따라 정과 혜를 함께 중시하
게 되었다. 낮에는 이론을 말하고, 밤에는 생각을 한다. 그래서 그의 말이
지극한 데 이르지 않는 것이 없다. 이것이 바로 선정으로 말미암아 반야
지혜를 일으킨다는 인정발혜(因定發慧)를 검증한 것이니 그 종지가 거짓
이 아니다"[29]라는 것이다.

혜사의 인정발혜는 인과 관계상 선정발혜(先定發慧)이다. 선정은 수행
과정이고 관은 그 결과가 된다. 그러나 선종의 혜능(慧能 혹은 惠能,
638~713)은 정혜불이(定慧不二)의 정혜균등(定慧均等)을 말했다. 즉 "여
러분, 내가 설하는 남종 돈교의 법문은 선정과 지혜로서 근본을 삼는다.
가장 중요한 것은 자신이 미혹하여 선정과 지혜가 각기 다른 것이라고 말
하지 말라. 선정과 지혜의 본체는 본래 하나도 아니고 둘도 아니다. 즉 선
정은 바로 지혜의 본체이며, 또한 지혜는 바로 선정의 작용인 것이다. 지
혜가 작용할 때는 선정은 지혜에 있으며, 또한 선정이 작용할 때에 지혜
는 선정에 있는 것이다. 여러분, 이것은 곧 선정과 지혜가 같은 것임을 의
미한다. 도를 배우는 사람은 제멋대로 생각하여 먼저 선정을 닦아야 지혜
가 발현되는 것이고, 또 먼저 지혜가 있어야 선정을 낼 수 있으며, 선정과

27 非有定無慧, 非有慧無定, 要有定有慧, 方證於涅槃.(舍利子說, 『阿毘達磨集異門足
論』卷第3, 『大正新修大藏經』 26卷, No.1536, 375쪽 中)
28 오지연, 『천태지관이란 무엇인가』, 서울, 연기사, 1999, 29~30쪽 참조.
29 自江東佛法弘重義門, 至於禪法, 蓋蔑如也. 而思慨斯南服, 定慧雙開. 晝談理義, 夜
便思擇. 故所發言無非致遠, 便驗因定發慧, 此旨不虛.(『續高僧傳』 卷第17, 「慧思傳」, 『大
正新修大藏經』 50卷, No.2060, 563쪽 下~564쪽 上)

지혜는 각기 다른 것이라고 말하지 말라"[30]고 말했다.

지의의 지관론에는 점차지관(漸次止觀)·부정지관(不定止觀)·원돈지관(圓頓止觀) 세 가지가 있다. 점차지관은 앞은 쉽고 뒤는 어려운 것, 즉 계를 지켜 선정에 이르는 것이고, 부정지관은 중생의 근기에 따라 순서를 바꾸는 것이며, 원돈지관은 완전하다는 원(圓)과 단박이라는 돈(頓)의 합성어로서 망념을 멈추고 있는 그대로를 진상으로 보는 것이다.[31] 지의의 삼종지관에서 점차지관과 부정지관은 선혜발정(先慧發定)으로, 원돈지관은 정혜불이(定慧不二)로 볼 수 있다. 즉 점차지관과 부정지관은 수양·실천의 방법을 말하고 원돈지관은 여실지견하는 최고 경지를 말하지만, 깨닫고 보면 그들은 다른 것이 아닌 것이다. 그래서 지의는 "지와 관은 자연히 모이는 것이다. 지 역시 관이라 부르고, 역시 부지(不止)라고 부른다. 관 역시 지라고 부르고, 역시 불관(不觀)이라고 부른다"[32]고 말했다. 지와 관은 이름의 차이이지 내용의 차이는 아닌 것이다.

지의는 지관을 지행(止行)과 관행(觀行) 두 가지로 나누었는데, 그들의 관계는 "지행이 과오로부터 멀리 떠나면 모든 번뇌를 끊은 덕인 단덕(斷德)을 이루고, 관행에 집착이 없으면 보리의 덕인 지덕(智德)을 이루며, 자비로 남을 이롭게 하면 중생을 구제하는 덕인 은덕(恩德)을 이룬다. 은덕은 지덕을 이루며, 지덕은 단덕에 통할 수 있다. 이것을 몸으로 짓는 일

---

30 我此法門, 以定慧爲本. 第一勿迷言定慧別. 定慧體不一不二, 卽定是慧體, 卽慧是定用. 卽慧之時定在慧, 卽定之時慧在定. 善知識, 此義卽是定慧等. 學道之人作意, 莫言先定發慧, 先慧發定, 定慧各別.(정성본 역주, 『돈황본 육조단경』, 서울, 한국선문화연구원, 2003, 79쪽)

31 『摩訶止觀』卷第1 上, 『大正新修大藏經』46卷, No.1911, 1쪽 下. 지의는 점차지관은 『차제선문』에서 말하고, 부정지관은 『육묘법문』에서 말하며, 원돈지관은 『마하지관』에서 말한다. 이 세 가지 지관은 바로 지의가 혜사에게서 전수받은 것이다.

32 又止觀自相會者, 止亦名觀, 亦名不止. 觀亦名止, 亦名不觀.(『摩訶止觀』卷第3 上, 『大正新修大藏經』46卷, No.1911, 22쪽 下)

체의 업으로부터 몸을 편안히 하고 마음을 바로잡는 안락행이라 하는
것"[33]이다. 그러면 지행과 관행으로 나누어 지관론을 살펴보자.

(1) 지행

지관의 지는 망념을 멈추는 것이라 하는데, 그것은 부정법을 활용하는
것이다. 즉 지(止, Śamatha)는 무(無)·불(不)·비(非)·사(捨)·리(離)·단
(斷)·절(絶)·멸(滅)과 같이 문제가 되는 것을 걷어 내는 부정의 기능을
가진 것이다. 그래서 이원(離遠)·부주(不住)·불착(不著)·무위(無爲)·적
멸(寂滅)·불분별선정(不分別禪定)·기(棄)·제(除)·사(捨) 등은 모두 지
(止)의 다른 이름이라고 본다.[34] 만약 단순 부정법이면 부정한 깃을 끝내
버리게 되는 문제를 스스로 해결할 수 없다. 그러나 지행의 부정은 상대
적 단순 부정이 아니라 역설적으로 부정하여 부정한 것조차 다시 긍정하
고 수용하는 것이다.

일심삼관 중 공(空)과 가(假)는 그 어떤 것이 있다[有]는 것을 부정하는
부정어이다. 부정어는 기본적으로 부정되는 것(X)의 반대쪽을 지시한다.
그러나 공은 상대적인 부정을 하는 것이 아니라 역설적인 부정을 하는 것
이다. 상대적인 부정어는 양변의 대칭 관계를 갖지만, 역설적인 부정어는
유한자(X) 대 무한·보편·평등자의 무대 관계(無待關係), 즉 절대 관계
를 갖는다. 왜냐하면 X의 반대편에는 그것이 언제·어디서·누가·무엇
을·어떻게·왜를 막론하고 X만 아니면 되기 때문이다. 그러므로 역설적
인 부정의 경우 양변은 X 대 무한·보편·평등자의 절대 관계가 되므로,
수학에서 무한대(∞) 분의 그 무엇(X)은 제로(0)로 수렴하는 것과 같다.
다시 말해 부정의 의미가 자동 소멸하므로 다시 돌아와 X를 포함한 모든

33   止行離過卽成斷德, 觀行無著成智德, 慈悲利他卽成恩德. 恩德資成智德, 智德能通斷
德, 是名身業安樂行.(『法華文句』卷8 下, 『大正新修大藏經』34卷, No.1718, 119쪽 上)
34   오지연, 『천태지관이란 무엇인가』, 서울, 연기사, 1999, 146~147쪽 참조.

것을 단박에 긍정할 수 있게 된다. 그것이 바로 무한·보편·평등한 깨달음인 돈오의 의미이다. 이렇게 공관과 가관은 역설적인 부정의 방법으로 모든 것을 긍정하는 것이므로, 공제 가운데는 가제와 중제가 있고, 가제 가운데도 공제와 중제가 있는 것이다. 그러므로 일심삼관 속에 삼제원융(三諦圓融)이 이루어지는 것은 삼제 간의 상즉 관계 속에서 원융한 인연의 실상을 보는 것을 의미한다.

그렇게 역설적인 부정으로 절대 관계 속에서 얻은 지관이 바로 지의의 절대지관(즉 원돈지관)이다. 즉 "요즘 말하는 절대지관이란 종횡으로 상대적인 것을 끊고, 모든 생각을 끊으며, 모든 번뇌와 업과를 끊고, 모든 논리적 교상판석, 실천적 관심(觀心), 수행적 분증(分證)을 끊는 것이다. …… 끊음도 사라지고, 사라짐마저 끊어지므로 절대지(絶待止)라 한다. 뒤바뀐 생각이 끊어지므로 절대관(絶待觀)이라 한다. 또한 이것은 유위가 끊어진 지관이며, 나아가서는 생사가 끊어진 지관이다. 그래서 이런 절대지관은 말로 할 수 없는 것이다."[35] 그러나 여기서 진일보해 보면 멈추거나 버리거나 하는 그런 생각조차도 긍정하고 수용할 수 있어야 한다. 단지 있는 그대로가 실상이기 때문이다. 망념 속에서도 제법실상을 볼 수 있어야 진정 앞뒤 생각이 끊어져 진여심이 현재 진행형으로 깨어 있는 절대지관은 지관불이(止觀不二)한 원돈지관이 된다.

(2) 관행

지관의 관(觀), 즉 vipaśyanā는 지(止)의 상대어로서 지혜로 삼천대천 세계의 대경(對境)의 실상을 조견(照見) 또는 여실지견하는 것이다. 천태종에서는 일념삼천·일심삼관 등과 같이 자기 마음의 본모습을 보는 것이

---

35 今言絶待止觀者, 絶橫竪諸待, 絶諸思議, 絶諸煩惱諸業諸果, 絶諸敎觀證等. …… 滅絶絶滅故名絶待止. 顚倒想斷故名絶待觀, 亦是絶有爲止觀, 乃至絶生死止觀. 絶待止觀則不可說.(『摩訶止觀』卷第3 上,『大正新修大藏經』46卷, No.1911, 22쪽 上)

므로 관심(觀心)이라고도 한다. 그래서 지견(知見)·명식(明識)·안각(眼覺)·지혜·조료(照了)·감달(鑒達) 등은 모두 관의 다른 이름이라고 본다.[36] 그러나 중도관(中道觀)의 관은 지와 잘 조화된 지관균행(止觀均行)을 말한다. 그래서 관은 일념삼천·일심삼관처럼 열린 세계관(opened view)으로서 모든 입장이 열려 있는 것이다.

관행(觀行)의 세계는 삼천대천세계이다. 삼천대천세계는 십여시와 십계로 구성된다.『법화경』에 나오는 십여시(十如是)는 제법의 실상을 10개로 나눈 존재론적 범주이다. 즉 "오직 부처만이 부처와 더불어 제법의 실상을 남김없이 모두 안다. 소위 제법이 여시상(如是相)·여시성(如是性)·여시체(如是體)·여시력(如是力)·여시작(如是作)·여시인(如是因)·여시연(如是緣)·여시과(如是果)·여시보(如是報)하며, 여시본말구경(如是本末究竟)이 모두 평등한 것이다."[37] 지의는 이 문장 중 如是本末究竟等의 等자를 평등하다는 의미로 해석했다. 즉 제법의 상(相)·성(性)·체(體)·력(力)·작(作)·인(因)·연(緣)·과(果)·보(報) 그대로가 실상이며, 본말구경이 모두 평등하다는 것이다. 그래서 십여실상이라고도 한다.

지의는 십여시를 해석하여 "상(相)은 바깥에 있어 보고 구별할 수 있으므로 상이라 부르고, 성(性)은 내부에 있어 스스로의 직분을 지키고 바꾸지 않으므로 성이라 부르고, 기본 바탕을 체(體)라고 부르고, 기능을 역(力)이라 하고, 활동을 작(作)이라 하고, 1차 원인을 인(因)이라 하고, 2차 원인을 연(緣)이라 하고, 1차 결과를 과(果)라 하고, 2차 결과를 보(報)라 하고, 앞의 상을 본(本)이라 하고, 뒤의 상을 말(末)이라 하며, 돌아가는 곳을 구경(究竟)이라 한다"[38]라고 말했다. 일심삼관이 인식론적 설명이라

---

36   오지연,『천태지관이란 무엇인가』, 서울, 연기사, 1999, 147쪽 참조.
37   唯佛與佛乃能究盡諸法實相. 所謂諸法如是相·如是性·如是體·如是力·如是作·如是因·如是緣·如是果·如是報·如是本末究竟等.(『法華經』「方便品」,『大正新修大藏經』9卷, No.262, 5쪽 下)

면, 십여시는 존재론적 설명이다. 십여시는 앞에서 논한 일념삼천에 근거한 것이므로 인식론은 물론 수행론도 함께 들어 있는 것이다.

십여시를 혜사처럼 십여(十如)로 끊어서 읽든, 지의처럼 십여삼전독(十如三轉讀)으로 읽든[39] 십여가 모두 평등하게 상즉하는 것이므로 상관이 없다. 지의는 삼전독법을 공·가·중의 삼제에 적용하여, 시상여(是相如)와 같이 읽을 경우는 공제로, 여시상(如是相)과 같이 읽을 경우는 가제로, 상여시(相如是)와 같이 읽을 경우는 중제로 해석했다. 즉 "첫째, 시상여(是相如)·시성여(是性如)에서 시보여(是報如)까지이다. 둘째, 여시상(如是相)·여시성(如是性)에서 여시보(如是報)까지이다. 셋째, 상여시(相如是)·성여시(性如是)에서 보여시(報如是)까지이다. 만약 (첫째의 경우처럼) 모두 여(如)와 같이 부른다면 그 명칭은 공(空)의 의미와 다르지 않다. 만약 (둘째의 경우처럼) 여시상·여시성과 같이 읽는다면 공(空)·상(相)·성(性)이란 이름은 하나하나 같지 않으므로 가(假)의 의미이다. 만약 (셋째의 경우처럼) 상여시와 같이 읽는다면 중도실상(中道實相)과 같은 것이므로 중(中)의 의미이다."[40] 수행 방법상 십여시를 돌아가면서 읽는다고 해서 상즉원융을 얻게 되는 것은 아니지만, 그렇게 반복 수행함으로써 진여심은 현재 진행형으로 깨어 있게 된다.

십계(十界)는 미계(迷界)인 6범(六凡), 즉 지옥·아귀·축생·아수라·

38 　相以據外 覽而可別 名爲相, 性以據內 自分不改 名爲性. 主質名爲體, 功能爲力, 構造爲作, 習因爲因, 助因爲緣, 習果爲果, 報果爲報, 初相爲本 後相爲末 所歸趣處爲究竟等.(『妙法蓮華經玄義』卷第2 上, 『大正新修大藏經』 33卷, No.1716, 694쪽 上)

39 　南岳師[慧思]讀此文, 皆云如. 故呼爲十如也. 天台師[智顗]云依義讀文, 凡有三轉.(『妙法蓮華經玄義』卷第2, 『大正新修大藏經』 33卷, No.1716, 693쪽 中)

40 　一云, 是相如, 是性如, 乃至是報如. 二云, 如是相, 如是性, 乃至如是報. 三云, 相如是, 性如是, 乃至報如是. 若皆稱如者, 如名不異卽空義也. 若作如是相如是性者, 點空相性名字施設邐迤不同, 卽假義也. 若作相如是者, 如於中道實相之是, 卽中義也.(『妙法蓮華經玄義』卷第2, 『大正新修大藏經』 33卷, No.1716, 693쪽 中)

사람·하늘과 오계(悟界)인 4성(四聖), 즉 성문(聲聞)·연각(緣覺)·보살·부처를 말한다. 십계를 권과 실로 나누면, 부처의 세계만 실계이고, 나머지 아홉 개의 세계는 권계이다. 그런데 권과 실이 서로 원융하여 둘이 아니므로 모두 진실한 것이 된다. 즉 십계권실(十界權實)이 모두 진실하다는 것이다.

삼천대천세계는 10계가 서로 원융하는 이치를 가지고 다른 10계를 포함하고 있기 때문에 모두 100계가 되고, 100계 하나하나는 각각 10여(十如)가 있기 때문에 모두 1000여가 되며, 1000여는 삼세간(三世間), 즉 중생·국토(國土)·오음(五陰)의 3세간이 있어 모두 3000세계가 된다는 것이다. 그런 삼천대천세계는 다름 아닌 일념 속에 원융하게 갖추어져 있는 것이기 때문에 일념삼천(一念三千)이라 한다.

천태종의 주요 문제는 제법의 실상을 깨닫는 것인데, 그 방법은 바로 여실지견하는 것이다. 여실지견하기 위한 천태종의 접근은 실상론과 수행론이 있다. 실상론은 십여시론이고, 수행론은 일심삼관이다. 제법실상은 『법화경』[41]과 『마하반야바라밀경』[42]에 나오는 말로서 각 종파별로 그 사용 개념이 조금씩 다르다. 즉 삼론종에서는 긍정과 부정을 초월한 불가사의(不可思議)한 경지를, 선종에서는 부처가 깨달은 진면목을 말한다. 천태종에서는 일체 인연 관계에서 공·가·중을 상즉 관계로 보고 제법실상을 말한다. 제법실상은, 첫째 인연에 따라 일어나는 것은 실체가 없으므로 공(空)을 제법의 본질이라 보고, 둘째 공과 유(有)의 제법을 초월한 절대 긍정인 중도(中道)가 실상이라고 보며, 셋째 제법이 있는 그대로의 공·가·중을 실상이라고 보는 것이다.

관행(觀行)의 실제는 일심 속에서 시작되기 때문에 일념삼천이라고 말

---

41   諸法實相義.(『法華經』「序品」, 『大正新修大藏經』 9卷, No.262, 5쪽 上)

42   諸法實相不可說.(『摩訶般若波羅密經』「深奧品」 第57, 『大正新修大藏經』 8卷, No.223, 345쪽 下)

한다. 일념삼천이란 무전무후(無前無後)한 찰나의 생각 속에 삼천의 사상
(事象)이 원융하게 갖추어져 있는 것을 말한다. 그러나 내외의 관계에서
말하면 일심삼관이라 할 수 있다. 일심삼관은 일체 제법의 실상을 상즉관
(相卽觀)으로 공·가·중 삼관을 관통하는 것이다. 일심은 진여·여래장
이고, 삼관은 일심진여 속에서 동시에 삼제가 원융하는 것이다. 그래서
일심삼관은 모든 면에서 제법을 바라볼 수 있는 세계관 아닌 세계관이라
할 수 있다. 그래서 그것은 화엄의 사법계관 중 사사무애법계관과 같다.

　일심삼관은 혜문의 일심삼지를 1조 지의가 개명한 것으로서, 6조 담연
에 이르러 보충 설명을 한 것이다. 일심삼관은 일념삼천이라고도 하는데,
범부의 미혹된 생각 속에도 삼천의 사상(事象)이 원만하게 갖추어져 있다
는 것을 말한다. 즉 일념삼천 속에는 이구삼천(理具三千)·색구삼천(色具
三千)·심구삼천(心具三千)처럼 제법실상이 들어 있다는 것이다. 그래서
지의는 "이 삼천의 세계가 일념의 마음속에 있다는 것은 무심뿐인 것 같
다. 찰나의 마음이 있게 되면 삼천의 세계를 갖추게 되는데, 그것은 일심
이 앞에 있고 일체의 법이 뒤에 있다는 말도 아니고, 일체의 법이 앞에 있
고 일심이 뒤에 있다는 말도 아니다"[43]라고 말했다. 여기서 일심이니 일념
이니 하는 것은 서로 다른 것이 아니며, 삼천의 세계 역시 일심과 일념 이
외에 다른 것이 아닌 일체유식(一切唯識)이다. 그래서 일심삼지·일심삼
관·일념삼천은 결국 같은 내용의 다른 말이다. 그래서 지의는 일심이 곧
실상이라는 심즉실상(心卽實相)을 말했다. 즉 "심은 본래 무명일 뿐만 아
니라 역시 무명이라는 말도 없는 것이다. 심이란 이름은 생기지도 않고
없어지지도 않는 것이므로 심이 곧 실상이다. …… 삼계는 별도의 법이
없고 오직 일심뿐이다. 마음만 먹으면 지옥도 될 수 있고, 천당도 될 수

43　此三千在一念心, 若無心而已. 介爾有心卽具三千, 亦不言一心在前一切法在後, 亦不
言一切法在前一心在後.(『摩訶止觀』 卷第5 上, 『大正新修大藏經』 46卷, No.1911, 54쪽
上)

있으며, 범부도 될 수 있고, 성현도 될 수 있다"[44]는 것이다.

일심삼관의 삼관은 공관(空觀)·가관(假觀)·중관(中觀)인데, 그것을 평등관(平等觀)·이제관(二諦觀)·중도제일의제관(中道第一義諦觀)이라고도 한다. 그것은 일심의 삼면을 말하는 것이므로 공제 가운데는 가제와 중제가 있고, 가제 가운데 역시 공제와 중제가 있으며, 중제 가운데도 공제와 가제가 있는 것이다. 공관은 종공입가관(從空入假觀)으로서 제법(諸法)의 인연연기가 보편 평등한 것이라고 보는 일체지(一切智)를 말한다. 가관은 종가입공관(從假入空觀)으로서 제법의 차별상은 인연연기에 의한 것이므로 가명(假名)이라고 보는 도종지(道種智)를 말한다. 중관은 중도제일의제관으로서 제법의 보편·평등한 면과 차별적인 면이 동시에 공존하는 깃을 진상(眞相)이라고 보는 일체종지(一切種智)를 말한다. 그래서 일심삼관은 곧 삼제(三諦)의 진리를 조견(照見)하여 원융함을 보는 것이다. 사물이 거울에 비칠 때 한순간에 모두 나타나고 사라지듯, 일념삼천이란 삼천의 세계, 즉 우주 만물의 실상은 한순간에 일어나는 마음[一念]에 함께 나타나고 사라진다는 것이다.

여실지견(如實知見)은 부처가 깨달음을 얻고 난 다음 처음 설법한『화엄경』「보살명난품」(菩薩明難品)에서 나오는 말이다. 즉 "지혜가 밝은 사람의 마음은 늘 적멸의 실천을 즐긴다. 나는 있는 그대로 설법하고자 한다. …… 몸이 있는 그대로를 볼 수 있으면, 일체의 법에 명달한다. 모든 법이 허망(즉 空)하다는 것을 깨달을 수 있으면, 그 마음은 번뇌에 물들지 않는다"[45]는 말에서 이미 언급된 것이다. 그러나 그것을 구체적으로 여실

44   心本無名亦無無名, 心名不生亦復不滅, 心卽實相. …… 三界無別法唯是一心. 作心能地獄心能天堂, 心能凡夫心能賢聖.(『妙法蓮華經玄義』卷第1 上,『大正新修大藏經』33卷, No.1716, 685쪽 下)
45   明智心境界, 常樂寂滅行. 我今如實說. …… 能解身如實, 明達一切法. 知法悉虛妄, 其心無所染.(『華嚴經』「菩薩明難品」,『大正新修大藏經』9卷, No.278, 427쪽 中)

지견이나 여실지지(如實知之)라고 사용한 것은 『법화경』 「약초유품」(藥草喩品)에 나온다. 여실지견은 불지견(佛知見)이라고도 하는데, 제법실상의 진리를 남김없이 깨달아 조견하는 부처의 지혜를 말한다. 그러면 천태종에서 여실지견하기 위한 구체적인 방법은 어디에 있고 무엇인가? 그 방법은 현재 진행형으로 깨어 있는 일심 자체에 있고, 그런 일심 자체가 방법이다.

종합하면 천태종의 모든 방법은 최고 목적인 제법실상을 깨닫는 것이다. 그러나 그것을 분석해 보면 중심 문제는 깨달음의 대상인 제법의 실상이 아니라, 깨달음의 주체인 마음을 일심삼관이나 일념삼천처럼 무한·보편·평등하게 열어 놓는 것이다. 정혜쌍수는 우리의 마음을 일심삼관이나 일념삼천으로 열어 놓고 제법을 여실지견하게 하는 원돈지관의 방법인 것이다.

3. 삶으로의 복귀

우리는 각종 불교 이론에 대해 이해한 것을 깨달았다고 하는 경우가 있다. 이해와 깨달음에는 어떤 차이가 있을까? 티베트 속담에 "이해를 깨달음이라 착각하지 말고, 깨달음을 해탈이라 착각하지 말라"고 한다. 이해는 상대적으로 닫힌 인식이고, 깨달음은 무한·보편·평등하게 열린 인식이다. 그래서 "깨달음의 순간, 붓다는 무수한 생에 걸쳐 자신을 가두고 있는 감옥이 무너져 내리는 듯한 느낌을 받았다고 한다. 무명(無明)이 그 감옥을 지키는 간수였다"[46]고 한다.

---

46   소갈 린포체 지음, 오진탁 번역, 『깨달음 뒤의 깨달음』, 서울, 민음사, 2001, 91~92쪽

우리의 몸은 시공 속에 살면서도, 생각은 존재 사물을 시간 바깥에 설정해 둠으로써 한 평생을 무시간적인 관념 속에서 산다. 제법실상은 늘 깨어 있는 진여의 현재 의식이 현재 진행형으로 순간순간 바라보고 있는 세계 그대로이다. 그래서 "깨달음에 대한 어떤 기대도 품지 말고 일생동안 수행에 정진하라"[47]고 한 것이다.

천태종의 주요 논점은 제법실상론에 있다. 보편자[空]만을 실상으로 보는 것도 아니고, 개별자[色]만을 실상으로 보는 것도 아니며, 보편자니 개별자니 하는 것을 초월해 있는 것[中]만을 실상으로 보는 것도 아니다. 보편자는 개별자와 공존하는 것이고, 보편자와 개별자를 초월한 것 역시 모두가 동시에 공존하는 것이다. 다시 말해 개별자와 보편자의 관계는 체용불이의 관계이며, 체용불이라는 개념도 개별자와 보편자를 떠난 별도의 그 무엇이 아니다. 그것은 정지된 것이 아닌 중중무진한 인연연기 속에서 현재 진행형으로 변하는 것을 제법실상이라고 보는 것이다.

천태종에서 실상을 깨닫고 해탈하는 정혜쌍수의 방법에는 일심삼관이나 지관의 방법 등 여러 가지가 있다. 그러나 정과 혜의 관계를 동등하게 하든 주종 관계로 하든 모든 이를 부처가 되게 하지는 못한다. 염화시중의 묘법을 행했지만 가섭 한 사람만이 깨달았을 뿐이라면 그렇지 않은가? 불교에서 무진연기(無盡緣起)를 말한다면 교법과 깨달음 사이에도 역시 인연을 말할 수밖에 없다. 깨닫고 못 깨닫는 것은 사제 간의 인연에 따를 수밖에 없다고 한다면 불교의 교학이 성립된다고 할 수 있을까? 또 불교의 각 종파는 자기네 소의 경전만이 진실한 가르침이며 부처에 이르는 가장 빠른 길이라고 주장할 수 있을까? 그렇다면 과연 어느 말이 옳고 어느 말이 그른 것인가? 대승 불교에서 일체중생실유불성(一切衆生悉有佛性)이라고 희망적으로 말했지만, 가불가(可不可)와 능불능(能不能)은 구분해야 한다.

　불교가 중생의 번뇌를 해결하기 위한 방법을 추구함은 그야말로 무한 도전이다. 12두타행의 고행은 물론 소신공양의 길도 몸소 가고자 하는 수도자에게 부처가 개척해 놓은 팔만대장경이라는 불도를 연구하는 것은 그래도 쉬운 공부이다. 그러나 사람들은 그것이 우리의 이해를 높여 줄 뿐 단박에 깨달음의 경지에 들어가게 하지는 못한다고 생각한다. 그러면서 깨달음을 위한 방법의 유용성은 오히려 전적으로 수행자의 절실한 마음에 달려 있고, 절실한 마음만 있으면 평상심으로도 부처와 같은 깨달음을 얻을 수 있다고 생각한다. 만약 정과 혜가 결국 하나도 아니고 둘도 아니라는 정혜불일불이(定慧不一不二)를 깨닫는다면, 부처의 가르침과 나의 진여심은 다르지 않을 것이다.

[2010년][48]

제19장

화엄종의 상즉원융의 방법

『화엄경』「현수보살품」에 해인삼매(海印三昧)라는 말이 있다. 바다에 천지 만물이 있는 그대로 비치듯, 부처의 지혜에 만법이 있는 그대로 비친다는 것이다. 그러나 깨닫지 못한 중생은 언제 어디서나 자기만의 세계관을 고집하며 살아가기 때문에 많은 대립과 갈등의 문제가 발생한다. 그런 사회적 대립과 갈등 때문에 소통(疏通)은 지금도 여전히 주요 개념어이다. 문제의 정도가 심각하기 때문이다. 그런 속세의 문제에 부처의 방법을 적용한다면 어떨까?

화엄종의 시조는 수·당대의 두순(杜順, 557~640)이고, 소의 경전은 동진(東晉) 말 북인도의 불타발타라(Buddahabhadra, 佛陀跋陀羅, 즉 覺賢)가 100여 명의 승려와 함께 420년경 번역한 『대방광불화엄경』(大方廣佛華嚴經, 약칭 60華嚴 혹은 華嚴經)이다. 『화엄경』은 부처가 크게 깨닫고 난 뒤 맨 처음 화장세계(華藏世界)를 설법한 것이다. 『화엄경』은 내용상 순일무잡한 진리를 밝히는 돈교(頓敎)라고 불리고, 그 이외의 경전은 사람의 근기(根機)에 따라 설법한 것이므로 점교(漸敎)라고 불린다. 그러나 수행 방법상 돈교는 돈오돈수(頓悟頓修)하여 성불하는 것이므로 법상(法相)을 말하지 않고 직접 진성(眞性)을 말한다. 『유마경』이 그에 속하며, 선종이 그를 근본으로 한다. 그러나 원교(圓敎)는 모든 경계를 넘어서 원융무애(圓融無礙)한 무진법계(無盡法界)를 이루는 것이다. 『화엄경』이 그에 속하며, 화엄종이 그를 근본으로 한다. 그래서 화엄종은 내용상 돈교에 속하고 방법상 원교에 속한다.

　원교적 특징을 지닌 화엄종의 주요 방법은 일심(一心)·직심(直心)을 바탕으로 중중무진하게 연기하는 무진법계의 상즉원융관(相卽圓融觀)으로 정리할 수 있다. 그것은 중생의 상대적 세계관을 절대적 세계관으로 전환함으로써 세계관적 갈등을 해소하여 무한·보편·평등한 세계관을 갖게 하는 방법이다. 화엄 철학은 사법계는 물론 십현육상(十玄六相)의 법계가 서로 소통하고 상즉원융함으로써 화해(和諧)하여 부처의 화장세계를 건설할 수 있다는 것이다. 그래서 필자는 화엄 철학이 방법상 상즉원융관을 어떻게 운용하며, 현실 문제에 대한 그의 적용 가능성은 어떠한지를 논하고자 한다.

1. 방법론적 배경

대승 불교의 최고 목적은 해탈이며, 그의 방법론상 주요 개념어는 공(空)·반야(般若)·연기(緣起)·중도(中道)·유심(唯心)·보살(菩薩)·열반(涅槃) 등으로 대표할 수 있다. 접근 방법이 다르면 사용 개념 역시 다르다. 존재를 중심으로 접근할 때는 공·연기라는 개념을 사용하여 실상을 말하고, 인식을 중심으로 접근할 때는 유심이라는 개념을 사용하여 깨어있는 반야·보리심을 말하며, 실천을 중심으로 접근할 때는 중도·보살·열반 등을 사용하여 속세에서 보살행을 말한다. 이들을 종합하면, 대승불교는 모든 사물은 인연에 따라 연기하는 것이므로 실상은 공(空)한 것이라서 늘 깨어 있는 보리심으로 중도 보살행을 실천함으로써 다 함께 해탈하려는 것이다.

의정(義淨, 635~713)의 『남해기귀내법전』(南海寄歸內法傳)에 의하면 "인도에서 말하는 대승은 두 가지 뿐이다. 즉 하나는 중관(中觀)이고, 다른 하나는 유가(瑜伽)이다. 중관은, 즉 속세에서는 유라고 하고 실제는 공이므로, 체는 허하여 환영과 같은 것이다. 유가(瑜伽)는, 즉 바깥은 없으며 마음뿐이라 사물은 모두 유식일 뿐"[1]이라고 말했다. 그래서 당군의(唐君毅)도 "중관은 반야종이 되고, 유가는 법상유식종[2]이 되었다. 그러나 천태종과 화엄종은 모두 순수하게 중국인이 창조한 종파"[3]라고 말했다.

화엄 철학의 목적 역시 해탈하여 자유정신을 얻는 데 있고, 그 주요 방법은 법계 간의 소통이라 할 수 있다. 그 소통의 형태는 상즉원융으로 대표할 수 있는데, 상즉원융은 중중무진한 법계연기 속에서 이루어진다. 중중무진한 법계연기는 결국 마음의 현상이므로, 법계 간 상즉원융의 기초 역시 인간의 마음 하나에 달려 있다. 그 마음을 『화엄경』에서는 일심(一心)[4]·직심(直心)[5]이라 한다. 그렇게 화엄종 역시 내적으로 직심을 근본으로 삼지만, 주요 방법은 외적으로 사법계관·십현문·육상원융론 등을 가지고 세계관의 전환을 설득하는 데 있다.

화엄종에서 주요 개념으로 사용하는 법계(法界)는 본래 『화엄경』 후반부의 「입법계품」에서 유래한 것이다. 따라서 징관이 무장애법계를 종지로

---

1   所云大乘無過二種. 一則中觀, 二乃瑜伽. 中觀則俗有眞空, 體虛如幻. 瑜伽則外無內有, 事皆唯識.(『大正新修大藏經』 54卷, 義淨, 『南海寄歸內法傳』, 205쪽 下)

2   法相唯識宗은 法相宗·唯識宗·唯識中道宗·中道宗이라고도 한다. 일체 만유의 본체보다도 현상을 자세히 나누어 보았기 때문에 법상종이라고도 하고, 오직 아뢰야식의 연기라고 보기 때문에 유식종이라고 한다.

3   中觀則般若宗, 瑜伽則法相唯識宗. 而天台與華嚴二宗, 皆同純屬中國人所創造.(唐君毅, 「華嚴宗之敎判論」, 『華嚴宗之敎判及其發展』, 臺北, 大乘文化出版社, 1978, 39쪽)

4   一切諸佛身, 唯是一法身, 一心一智慧.(『大正新修大藏經』 9卷, 『華嚴經』 「菩薩明難品」, 429쪽 中)

5   淸淨正直心. …… 直心如須彌.(『大正新修大藏經』 9卷, 『華嚴經』 「入法界品」 34-12, 752쪽 上) 以眞淨直心.(『大正新修大藏經』 9卷, 『華嚴經』 「入法界品」 34-13, 757쪽 上)

이해한 것 역시 『화엄경』에서 "일체제법무장애(一切諸法無障礙)"[6]나 "일체무장애(一切無障礙)"[7]와 같은 말에서 비롯된 것이다. 그런 법계연기론은 『화엄경』에 기초를 두고, 1조 두순(杜順)에서 5조 종밀(宗密)에 이르는 동안에 점차 완성되었으며, 5조 종밀에 이르러서는 유심연기론도 출현했다. 그 과정에서 『화엄경』의 직심은 진여나 여래장심이란 말로 바뀌었다.

2. 주요 방법

화엄종의 방법론은 오교십종(五敎十宗)의 교판론과 자기 방법인 상즉원융론(相卽圓融論)이다. 천태종이 불경을 부처의 설법 시간에 따라 오시팔교(五時八敎)의 교판론을 구성했다면, 화엄종은 불경의 교의에 따라 오교십종의 교판론을 구성했다. 그뿐만 아니라 자기 방법론으로 천태종이 여실지견(如實知見)을 주장했다면, 화엄종은 상즉원융을 주장했다. 교판론이든 자기 방법론이든 본질적으로 그 내용이 다른 것은 아니다.

1) 오교십종론
화엄종의 교판론은 한마디로 오교십종론이다. 오교(五敎)는 1조 두순이 실천적 관점에서 분류한 것에 3조 법장이 교의를 붙인 것이다. 즉 두순은 『화엄오교지관』에서 법유무아문(法有無我門, 즉 소승교), 생즉무생문(生卽無生門, 즉 대승시교), 사리원융문(事理圓融門, 즉 대승종교), 어관쌍절문(語觀雙絶門, 즉 대승돈교), 화엄삼매문(華嚴三昧門, 즉 일승원교)[8]을 법장이 『화엄경탐현기』(華嚴經探玄記)에서 계승한 것이다. 그리고 십종(十

---

6   『乾隆大藏經』第24冊, 『華嚴經』 「功德華取菩薩十行品」 第17之2, 208쪽

7   『乾隆大藏經』第25冊, 「入法界品」 第34之2, 80쪽

8   『大正新修大藏經』45卷, 『華嚴五教止觀』, No.1867, 509쪽

宗)은 불경의 교의를 10가지로 분류한 것이다. 그러나 그렇게 불경을 교의 중심으로 분류했지만, 그것은 하나의 이해이고 분류일 뿐이다. 오교십종과 그에 따라 분류된 불경은 다음과 같다.

오교(五敎)[9]

소승교(小乘敎, 혹은 愚法小乘敎, 愚法聲聞敎):『아함경』

대승시교(大乘始敎, 혹은 生敎, 權敎, 分敎):『반야경』,『해심밀경』

대승종교(大乘終敎, 혹은 熟敎, 實敎):『능가경』,『기신론』

돈교(頓敎):『유마경』

원교(圓敎):『화엄경』,『법화경』

십종(十宗)[10]

아법구유종(我法俱有宗): 소승의 독자부(犢子部) 등

법유아무종(法有我無宗): 소승의 일체유부(一切有部)

법무거래종(法無去來宗): 대중부(大衆部) 등

현통가실종(現通假實宗): 법가부(法假部), 성실론(成實論) 등

속망진실종(俗妄眞實宗): 설출세부(說出世部)

제법단명종(諸法但名宗): 일설부(一說部) 등

일체개공종(一切皆空宗):『반야경』 등의 대승시교(大乘始敎)

진덕불공종(眞德不空宗): 일체 법의 진덕인 진여가 번뇌 속에 있는 것을 여래장이라 하는 대승종교(大乘終敎)

9 以義分敎, 敎類有五. 此就義分, 非約時事. 一小乘敎·二大乘始敎·三終敎·四頓敎·五圓敎.(『大正新修大藏經』35卷,『華嚴經探玄記』卷1, No.1733, 115쪽 下)『大正新修大藏經』45卷,『華嚴一乘敎義分齊章』卷1, No.1866, 481쪽 中에도 나온다.

10 以理改宗, 宗內有十.(『大正新修大藏經』45卷,『華嚴一乘敎義分齊章』卷1, No.1866, 481쪽 下~482쪽 上)

상상구절종(相想俱絶宗): 『유마경』등의 돈교(頓教)

원명구덕종(圓明具德宗): 제법이 상즉원융하는 『화엄경』의 별교일승(別教
一乘)

2) 상즉원융론

화엄종은 바로 일다(一多) 간의 관계 문제를 상즉(相卽)으로 해소하고, 개
체(個體) 간의 관계 문제를 원융(圓融)으로 해결하려 했다. 그래서 화엄종
이 다른 종파와 구별되는 주요 특징은 한마디로 법계연기론(法界緣起論)
이다. 그의 핵심은 "하나의 개체는 만물이고, 만물은 하나의 개체"[11]라는
말에 있다. 법계연기론은 만유를 동일 평면상에서 보고 개체와 전체, 이
것과 저것 등은 모두 동등한 것이라고 본다. 그뿐만 아니라 피차가 중중
무진(重重無盡)하게 서로 인과 관계를 이룸으로 서로 끌어안는 상즉호섭
(相卽互攝)의 관계를 형성한다고 말한다. 따라서 이렇게 불가분의 관계에
있는 일체 사물은 진실하지 않은 것이 없기 때문에 일진법계(一眞法界)라
는 것이다. 그렇게 불가분의 일체적 관계가 될 수 있는 것은 나눌 수 없는
정신인 직심(直心)으로 서로 통섭(統攝)하고 관통(貫通)하며 융회(融會)
하기 때문이다. 그렇게 서로가 소통하는 법계는 무한 관계를 갖기 때문
에, 그 연기는 중중무진하게 된다는 것이다.

(1) 일다 간의 문제와 상즉의 방법

연기론은 본래 불교에서 존재론적 접근을 할 때 공(空) 개념과 동시에
등장한 것이다. 연기(緣起) – 무자성(無自性) – 공(空)은 삼위일체로서 일
다상즉(一多相卽)의 인연이 되어 법이 만들어지고, 그런 연기가 무궁하게
이루어져 삼라만상을 형성한다. 그러므로 『중아함경』에서 "이것 때문에

---

11 一卽多, 多卽一.(『大正新修大藏經』 9卷, 『華嚴經』 60卷, 「菩薩十住品」)

저것이 있고, 이것이 없으면 저것도 없는 것이다. 이것이 생기니 저것이 생겨나고, 이것이 사라지니 저것도 사라지는 것"[12]이라고 말한다. 그래서 화엄의 법계연기론은 연기론의 극치로서 연기의 주체를 하나의 근원자에 설정하지 않고, 개개의 사물과 그들 간의 관계 속에 설정했다.

『화엄경』에서는 "하나의 개체는 만물이고, 만물은 하나의 개체"[13], "하나의 사물을 보고 만물로 알고, 만물을 보고 하나의 사물임을 아는 것"[14]이라고 말한다. 일다상즉의 방법은 구체적으로 사법계관 중 사사무애법계관, 십현문 중 일다상용부동문, 진여연기 중 깨어 있는 진여의 현재 의식으로 말할 수 있다. 사사무애법계관과 일다상용부동문에서는 개체 간의 무애상용의 관계 속에 일다상즉의 관계를 포함하고, 그런 상즉 속에는 원융을 포함하므로 일다상즉이 그 기초 방법이 된다. 왜냐하면 사사무애가 일 대 일의 관계만이 아니라 일 대 다의 관계 역시 포함하기 때문이다. 그리고 진여연기에서도 깨어 있는 진여의 현재 의식의 흐름만 존재하고 주객이 사라지는 것 역시 일다상즉이 그 기초 방법이 된다. 진여의 현재 의식 속에서 일과 다는 더 이상 의미가 없다. 즉 그 전후 방법을 총괄해서 말하면 상즉원융이라 할 수 있다.

상즉원융의 동력은 어디에서 오는가? 시작도 없는 윤회 속에는 업장 (業障, karma)이 들어 있다. 그러나 업장은 숙명이 아니다. 업장은 중생을 삼세에 떠돌게 하는 동력이기도 하지만, 반대로 새로운 해탈의 세계로의 도약과 발전으로 이끄는 동력이기도 하기 때문이다. 그런데 업장이 사라지고 적멸에 이르면 그 동력은 어떻게 되는가? 해탈이나 자유는 최고

---

12   因此有彼, 無此無彼. 此生彼生, 此滅彼滅.(『大正新修大藏經』1卷, 『中阿含經』卷 47, No.26, 723쪽 下)

13   若一卽多多卽一.(『大正新修大藏經』9卷, 『華嚴經』60卷, 「菩薩十住品」, No.278, 448쪽 中)

14   知一法爲衆, 知衆法爲一.(『大正新修大藏經』9卷, 『華嚴經』60卷, 「菩薩雲集妙勝殿 上說偈品」, No.278, 444쪽 上)

이상 목표가 되지만, 그런 목표를 이루어 그에 안주하면 곧 중생의 세계
로 다시 떨어지고 만다. 따라서 해탈 뒤에도 계속해서 무한한 동력이 필
요한데 그것은 어디서 오는가? 그 어떤 존재가 존재하는 한 그 속에는 어
떤 형태로든 동력인을 내포하며, 만물이 상즉원융하는 동력 역시 그 속에
존재하는 것은 물론 해탈 뒤에 해탈의 세계에 안주하지 않고 계속 정진할
수 있게 하는 무한 동력도 그 속에 갖추어져 있는 것으로 보아야 한다.

(2) 개체 간의 문제와 원융의 방법

화엄종은 일체 우주 만물을 비로자나불(毘盧遮那佛, Vairocana. 부처의
眞身을 말하는 호칭)의 모습으로 보고, 부처의 경지에서 일체 우주 만물
을 절대 긍정하는 종파이다. 그래서 화엄 철학에서 소통과 관련된 개념을
찾아보면 계입(契入)·함섭(含攝)·섭취(攝取)·삼투(滲透)·호섭(互攝)·
상즉(相卽)·상용(相容) 등이 있다. 이들 개념어 중 가장 중요한 것은 상용
이란 개념이다. 상용은 상대가 누구든 상관없이 서로 품어 주는 것이 법
계, 즉 우주 만물의 본체라는 것이다. 우주 만물이 일다상즉의 관계이므
로 상용이 가능한 것이다. 그래서 그것은 관계론일 뿐만 아니라 동시에
실천·수양론이 된다.

모든 것이 마음의 조화라는 일체유심조(一切唯心造)는 우리 보통 사람
들의 가슴에 와 닿는 말이 아니다. 왜냐하면 보통 사람들은 안쪽 마음이
아닌 바깥쪽 사물로부터의 구체적인 해결 방법을 추구하기 때문이다. 그
래서 화엄종은 세계관을 분석하여 사사무애법계 등의 열린 세계관을 가
지고 설득하여 그들의 세계관을 전환하려 했다. 송의 지각선사(智覺禪師)
영명(永明)이 세운 삼종(三宗)[15], 즉 법상(法相)·파상(破相)·법성(法性)이

---

15 法相은 시작이 없는 먼 과거로부터 일체 染淨의 종자가 아뢰야식 가운데 있다가 인
연을 만나 名相을 건립하는 것이고, 破相은 일체 법이 因緣生이므로 일체 법이 공하며 공
또한 공하여 有相과 空相을 모두 破한 것이며, 法性은 물에서 물결이 일어나듯 법성이 은

나 천태종의 삼관(三觀)[16], 즉 공관(空觀)·가관(假觀)·중관(中觀)처럼 입장에 따라 달리 볼 수 있으나, 그 내용은 삼제가 원융해 있는 것이므로 결국 같다고 할 수 있다. 어떤 세계관에도 사로잡히지 않는 열린 세계관으로 세상을 바라보고 다가서는 방법을 논한 것이 바로 사법계관·십현문·육상원융 등이다.

화엄종의 주요 철학 사상은 사법계관(四法界觀)·십현문(十玄門)·육상원융론(六相圓融論) 등이다. 그러나 일반적으로 화엄 철학적 세계관을 사법계관이라는 말로 대표하기도 한다. 그런 화엄 철학은 여러 대를 거치면서 형성된 것이다. 즉 1조 두순(杜順, 557~640)은 평등원만(平等圓滿)·광대실비(廣大悉備)·교철호융(交徹互融)·보편섭수(普遍攝受)의 화엄법계관의 기초를 건립했다. 2조 지엄(智儼, 600~668)은 십현문과 육상원융(六相圓融)을 주장했고, 3조 법장(法藏, 혹은 賢首, 643~712)은 법계관과 십현문을 확장하여 법계연기(法界緣起)와 무궁연기(無窮緣起)를 주장했다. 그래서 화엄종을 현수종(賢首宗) 또는 법계종(法界宗)이라고 부르기도 하며, 화엄종의 실제 시조를 법장이라고 보는 사람도 있다.[17] 4조 징관(澄觀, 738~839)은 두순의 삼중관(三重觀)을 근거로 사법계관을 세웠고, 5조 종밀(宗密, 738~841)은 법계삼관(法界三觀)·십현문·사법계를 융회관통하여 일심법계여래장심(一心法界如來藏心), 즉 진심이 대승법의 본체라고 보았다.

연을 따라 만법이 되는 것이다. 이런 것은 『楞伽經』과 『起信論』에서 밝힌 것과 같다.

16   삼관이란 삼제를 觀하는 것이다. 공제는 모든 존재는 집착하는 마음에서 생기는 것이므로 空한 것이다. 가제는 모든 존재는 실체가 없는 것이므로 인연에 의해 잠시 거짓으로 존재하는 것이다. 공제는 모든 존재는 空과 假를 넘어선 절대적인 것이므로 언어로 표현할 수 없는 것이다.

17   唐君毅는 같은 글에서 화엄종의 시조를 智儼 혹은 智正이라고 보는 사람도 있다고 말했다. 呂澂은 『현대불학』(제4권 9월호. 唐君毅, 「華嚴宗之敎判論」, 『華嚴宗之敎判及其發展』, 臺北, 大乘文化出版社, 1978, 39쪽)에서 재인용함.

① 사법계관

법계(法界, dharma-dhātu)라는 개념은 본래 18계(十八界)의 하나로서, 육근 중 의(意)의 대상이 되는 법(法), 즉 모든 사물을 말한다.[18] 그러나 화엄종의 법계는 본래 『화엄경』의 「여래상해품」과 「입법계품」에서 사용된 개념으로서, 법장은 『화엄경탐현기』 권18에서 ① 부처의 법인 성법(聖法)을 낳는 인(因), ② 제법의 진실한 체성(體性), ③ 제법은 각각의 분제를 보유해서 그 형상은 구별된다는 의미로 사용했다.[19] 그래서 화엄종의 법계는 진여(眞如) 또는 일체 제법을 의미한다. 그런데 비해 천태종의 10계(十界)인 6범4성(六凡四聖), 즉 지옥·아귀·축생·아수라·사람·하늘·성문(聲聞)·연각(緣覺)·보살·부처 등 역시 10개의 법계를 의미한다. 천태종의 『법화경』에서 사용하는 제법(諸法)과 화엄종의 『화엄경』에서 사용하는 법계는 같은 것이기 때문에 일반적으로 10계는 10법계와 같은 개념으로 사용한다.

1조 두순의 삼중관(三重觀, 三重觀門이나 法界三觀이라고도 함)은 진공관(眞空觀)·이사무애관(理事無礙觀)·주편함용관(周徧含容觀)이다.[20] 4조 징관은 그에 주석을 달아 "첫째, 진공(眞空)은 단멸(斷滅)의 공(空)이 아니고 색을 떠난 공도 아니다. 유(有)가 곧 공을 밝혀 주고 있지만, 역시 공한 상이므로 진공이라 부르는 것은 본문의 것과 같다. 둘째, 이사무애(理

---

18   十八界는 六根(眼, 耳, 鼻, 舌, 身, 意)·六境(色, 聲, 香, 味, 觸, 法)·六識(眼識, 耳識, 鼻識, 舌識, 身識, 意識)이다.

19   法界是所入法有三義. 一是持自性義, 二是軌則義, 三(是)對意義. 界亦有三義. 一是因義, 依生聖道故. …… 二是性義, 謂是諸法所依性故. …… 三是分齊義, 謂諸緣起相不雜故.(『大正新修大藏經』35卷, 『華嚴經探玄記』, No.1733, 440쪽 中)

20   三重觀은 澄觀이 『華嚴疏抄』10권에서 杜順의 말로 기록했는데, 唐君毅는 지금까지 전해 오는 杜順의 글은 法藏의 글과 대부분 같으므로 法藏의 것일 수도 있다고 말한다.(唐君毅, 「華嚴宗之教判論」, 『華嚴宗之教判及其發展』, 臺北, 大乘文化出版社, 1978, 96쪽)

事無礙)의 이(理)는 무형이지만 전적으로 상(相) 속에 있는 것이다. 이와 사가 상호 의존적으로 존재하는 것이므로 장애가 없다는 것이다. 역시 본문의 것과 같다. 셋째, 주편함용(周偏含容)의 사(事)는 본래 상(相)의 장애와 대소 등의 차이가 있지만, 이(理)는 본래 두루 편재하는 것이 마치 허공처럼 장애가 없다. 이(理)로서 사를 융합하면, 모든 사물은 이(理)처럼 티끌과 털끝에 이르기까지 모두에 두루 편재하게 된다"[21]고 말했다.

4조 징관은 위와 같이 두순의 삼중관에 기초하여 사물을 사법계로 나누어 화엄사법계관을 완성했다. 그래서 그는 "법계라는 개념은 『화엄경』의 최종 귀착점이다. 총괄하면 연기의 세계는 불가사의한 것이라는 사상을 종주로 삼기 때문이다. 그러나 법계의 형태를 요약하면 3 가지가 있지만, 전체는 4 가지가 있다. 즉 첫째는 사법계(事法界), 둘째는 이법계(理法界), 셋째는 이사무애법계(理事無礙法界), 넷째는 사사무애법계(事事無礙法界)"[22]라고 말했다. 즉 화엄사법계 중 사법계는 징관이 추가한 것이고, 이법계는 두순의 진공관과 같으며, 이사무애법계는 두순의 이사무애관과 같고, 사사무애법계는 두순의 주편함용관과 같은 것이다.[23] 사법계는 차별적인 현상계이고, 이법계는 차별을 넘어 있는 진리의 경계, 즉 모든 법(法)의 차별을 일관하여 존재하는 체성(體性)으로서 본체평등계(本體平等界)이다. 이사무애법계는 현상계와 실체계의 일체불이(一體不二)의 관계

21　言眞空者, 非斷滅空, 非離色空. 卽有明空, 亦與空相, 故名眞空, 如文具之. 二理事無礙者, 理無形相全在相中, 互奪存亡故云無礙, 亦如文具. 三周偏含容者, 事本相礙大小等殊, 理本包偏如空無礙, 以理融事全事理事, 乃至塵毛皆具包遍.(『大正新修大藏經』45卷, 『華嚴法界玄鏡』, No.1883, 672쪽 下)

22　言法界者, 一經之玄宗. 總以緣起法界不思議爲宗故. 然法界之相要唯有三. 然總具有四種, 一事法界, 二理法界, 三理事無礙法界, 四事事無礙法界.(『大正新修大藏經』45卷, 『華嚴法界玄鏡』, No.1883, 672쪽 下)

23　釋曰(澄觀), 此列三名, 眞空則理法界二如本名, 三則事事無礙法界.(『大正新修大藏經』45卷, 『華嚴法界玄鏡』, No.1883, 672쪽 下)

가 있는 것이다. 사사무애법계는 현상계 만유의 개개 사물이 서로 장애가 되지 않고 중중무진하게 상융하며 연기를 나타내는 것이다.

사법계는 4조 징관이 추가한 것이지만, 그것은 두순의 진공관 속에 이미 들어 있다고 봐야 한다. 왜냐하면 5조 종밀은 "간략하게 하여 삼중이라 한 것은 사법계를 제외한 것이다. 왜냐하면 사(事)는 독립적으로 존재하지 않기 때문이고, 법계종[화엄종]은 단독적인 존재를 인정하지 않기때문"[24]이라고 말했기 때문이다.

연기론은 하나의 인중무과론에 속한다. 연기론은 하나의 근원자를 설정하지 않고, 어떤 관계에 존재 근거를 갖고 있기 때문이다. 그러나 유심연기론은 여래장의 연기 작용을 기초로 하기 때문에 인중유과론적이다. 그러나 우주 만물은 본질적으로 공이기 때문에 본체론에 건립한 철학처럼 대립·갈등하지는 않는다. 법계연기론 중심의 화엄종에서 일다상즉·피차상의(彼此相依)의 법계관을 주장한다면 그의 세계관은 무한·보편·평등관을 기초로 하지 않으면 안 된다. 일과 다는 모두 무한·보편·평등해야 상즉할 수 있고, 피와 차 역시 무한·보편·평등해야 상의할 수 있기 때문이다. 어느 한쪽으로 기울거나 없으면 성립되지 않는 것이다. 그처럼 삼라만상이 무한·보편·평등해야 비로소 무진연기가 가능해진다.

4조 징관의 사법계관은 1조 두순뿐만 아니라 3조 법장의 법계연기 사상의 영향도 받았다. 즉 법장이 『화엄경의해백문』(華嚴經義海百門)에서 "그 현묘한 관계를 보면, 이와 사의 문을 바로 알 수 있는데, 오늘날의 체용(體用)으로 말하는 것"[25]이라고 말한 것이 그 근거이다. 천태종의 제법실상(諸法實相)의 제법은 현상·작용이고, 실상은 실체·본체이기 때문

24　略有三重, 除事法界也. 事不獨立故. 法界宗中無孤單法故.(『大正新修大藏經』45卷, 『注華嚴法界觀門』, No.1884, 674쪽 下)

25　覽其玄網, 則理事之門方曉, 今就體用而言.(『大正新修大藏經』45卷, 『華嚴經義海百門』, No.1875, 627쪽 上)

에, 현상계가 곧 실체계이고 작용이 곧 본체라는 말이다. 그래서 천태종에서 말하는 제법실상은 화엄사법계관 중 이사무애법계를 포함하여 사사무애법계를 말한다고 할 수 있다. 이들은 모두 제법이 공한 것이므로 번뇌라고 피함이 없고 보리라고 집착함이 없어, 번뇌를 곧 보리로 보고 언제 어디서든지 **보리심의 현재 의식**으로 깨어 있음을 말하는 것이다.

서로가 서로의 세계를 자유롭게 드나드는 것이 소통이다. 그것은 화엄사법계관의 사사무애법계관을 가질 때 가능하다. 그것은 서로는 서로를 받아들여 서로 화해하는 것으로서, 자기희생을 강조하기보다는 서로를 인정하고 받아들이는 것이다. 그렇기 때문에 화엄의 상즉원융은 전체 속에서 개체가 소멸하는 것이 아니라 모두가 공존하며 융화하는 것이다. 그렇게 삼라만상이 원융할 수 있는 것은 개체 사물의 본질이 공하기 때문이다. 이런 사사무애법계관은 하나의 법계관을 가지고 있으면서도 법계관의 장애가 없으므로 아무런 법계관을 가지고 있지 않은 것과 마찬가지가 된다. 그래서 "법계 간에 장애가 없는 사람이 참된 불자(佛子)"[26]라고 한 것이다.

② 십현문[27]

법계는 개체 사물이 서로 같아서[相卽] 서로 오고가도 장애가 없고[相入], 그물의 코와 같이 서로 결합되어 있는 것이다. 그래서 십현연기라고도 한다. 그런 상즉상입(相卽相入)하는 법계연기는 화엄종의 소통론이다. 십현문에는 두 가지가 있다. 고십현(古十玄)은 법장이 두순의 『화엄일승십현문』(華嚴一乘十玄門)[28]을 『화엄오교장』(華嚴五教章, 혹은 『華嚴一乘敎

26　法界無障礙, 此是眞佛子.(『大正新修大藏經』 9卷, 『華嚴經』 「入法界品」 34-12, 752쪽 上)

27　十玄門은 화엄의 근본 교리로서 十玄緣起·十玄緣起無碍法門·華嚴一乘十玄門·一乘十玄門·十玄 등으로 불린다.

『義分齊章』이라고도 함)에서 계승하여 말한 것이고, 신십현(新十玄)은 징관이 법장의 『화엄경탐현기』 권1을 계승하여 『화엄현담』(華嚴玄談)에서 말한 것이다.

2조 지엄의 일승십현문에서는 이미 4조 징관의 화엄사법계관 중 사사무애법계의 내용을 구체적으로 설명했다. 즉 3조 법장이 『화엄경탐현기』에서 "연화의 꽃잎 하나하나는 먼지 속에서 한없는 찰해(刹海)가 나타나고, 찰해 가운데 다시 먼지가 있으며, 그 먼지 속에 다시 찰해가 있다. 이처럼 중중무진함이 끝이 없어 인식이나 생각이 미칠 수 있는 것이 아니다. 마치 제석천의 구슬이 밝게 빛나 영상에 영상이 서로 나타나고, 다시 영상의 나타남이 무한하여 아래 문장에서 말하는 인드라망의 세계와 같다"[29]고 한 것이 그것이다.

4조 징관의 신십현은 다음과 같다. "10개의 표식 하나하나가 현묘함을 이룸이 끝이 없어, 하나의 법을 들면 진상은 열 개가 된다. 첫째는 동시구족상응문(同時具足相應門)으로서, 큰 바다의 물 한 방울이 수많은 시냇물의 맛을 포함하고 있는 것과 같다(즉 모든 현상이 동시에 상응하여 연기를 성립시키고 一과 多가 일체로 되어 선후가 없는 것). 둘째는 광협자재무애문(廣狹自在無礙門)으로서, 조그만 거울 속에서 천 리의 영상을 볼 수 있는 것과 같다(즉 廣狹이 대립적 모순을 매개로 자유롭게 상즉상입하여 융합하는 것). 셋째는 일다상용부동문(一多相容不同門)으로서, 방 안에 있는 천 개의 등불이 빛을 서로 교차하고 있는 것과 같다(즉 一 가운데 多를, 多 가운데 一을 상입하여 방해하지 않는 것). 넷째는 제법상즉자재문

---

28   『화엄일승십현문』은 杜順의 말을 智儼이 정리한 것으로서 『大正新修大藏經』 45卷, No.1868, 514~518쪽에 있다.

29   華葉一一微塵之中各皆竝現無邊刹海, 刹海之中復有微塵, 彼諸塵內復有刹海. 如是重重不可窮盡, 非是心識思量所及. 如帝釋天珠, 明徹互相, 影現影復現, 影而無窮盡, 下文如因陀羅網世界等.(『大正新修大藏經』 35卷, 『華嚴探玄記』, No.1733, 123쪽 下)

(諸法相卽自在門)으로서, 금과 금색이 서로 이탈하지 않는 것과 같다(즉 空과 有가 일체화되는 것). 다섯째는 비밀은현구성문(秘密隱顯俱成門)으로서, 조각달이 맑은 하늘에서 있되 어둡고 밝음이 함께 있는 것과 같다(즉 一을 有로, 多를 空으로 顯과 隱이 동시적으로 일체화되는 것). 여섯째는 미세상용안립문(微細相容安立門)으로서, 유리병에 겨자씨를 많이 담은 것과 같다(즉 하나하나의 현상에 작은 것은 큰 것에 넣고, 하나를 많은 것에 넣으면서 一多의 相을 파괴하지 않는 것. 一多相容不同門과 달리 自相을 무너뜨리지 않는다.). 일곱째는 인드라망경계문(因陀羅網境界門)으로서, 두 개의 거울이 서로 번갈아 가며 비추는 것이 무궁한 것과 같다(즉 重重無盡하게 하나하나가 서로 다른 것을 비추어 제석천궁전의 寶珠網과 같은 것). 여덟째는 탁사현법생해문(託事顯法生解門)으로서, 서 있는 석상이 팔을 세우고 눈빛이 닿는 것 모두가 진리라는 것과 같다(즉 비유는 곧 법의 상징으로서 일사일물이 모두 무한 진리를 나타내는 것). 아홉째는 십세격법이성문(十世隔法異成門)으로서, 하룻밤의 꿈이 백 년 동안 생생한 것과 같다(즉 십세는 시간적으로 오랜 세월이지만 상즉상입하면서 전후장단이 분명하고 질서 정연한 것). 열째는 주반원명구덕문(主伴圓明具德門)으로서, 북극성 있는 곳을 모든 별이 떠받드는 것과 같다(즉 연기 현상에서 그 어느 것을 주체로 보면 다른 것은 수반자가 되듯, 서로서로 주체와 수반자가 되는 모든 덕을 갖춘 것)."[30]

십현문은 사사무애법계의 상(相)을 시방(十方)이라는 공간으로 설명한

<hr/>

30   十表無盡——造玄, 隨擧一法卽眞斯十. 一謂同時具足相應門, 如大海一滴含百川之味. 二廣狹自在無礙門, 如經尺之鏡見千里之影. 三一多相容不同門, 若一室千燈光光涉入. 四諸法相卽自在門, 如金與金色二不相離. 五秘密隱顯俱成門, 如片月澄空晦明相竝. 六微細相容安立門, 如琉璃瓶盛多芥子. 七因陀羅網境界門, 若兩鏡互照傳曜相寫遞出無窮. 八託事顯法生解門, 如立像竪臂觸目皆道. 九十世隔法異成門, 如一夕之夢翺翔百年. 十主伴圓明具德門, 如北辰所居衆星同拱.(『大正新修大藏經』36卷, 『大華嚴經略策』, 707쪽) 괄호 안의 부연 설명은 『불교학대사전』(김응관 감수, 서울, 홍법원, 1990, 3판)을 참조함.

것으로서, 법계연기론의 4개 형식을 10개 형식으로 분석·설명하는 것이다. 그것은 마치 소화력이 약한 사람에게 음식물을 잘게 갈아 먹이는 것처럼, 중생의 근기가 다양하기 때문에 다양한 설명을 하는 하나의 설법 방편일 뿐이다.

③ 육상원융

육상(六相)은 본래 세친(世親)이 『십지경론』(十地經論) 권1에서 보살행을 말할 때 사용한 것이지만,[31] 지엄이 육상원융(六相圓融)을 주장한 이후 법장과 징관이 완성한 것이다. 그래서 육상원융은 화엄종의 법계연기론을 설명하는 또 다른 방식이 되었다. 육상은 총상(總相, 만유는 하나의 體)·별상(別相, 만유의 차별적 각 부분)·동상(同相, 각 부분의 상호 통일적 조화)·이상(異相, 각 부분의 자기 정체성)·성상(成相, 각 부분 간의 동일체적 관계형성)·괴상(壞相, 각 부분이 일체적 관계를 가졌어도 자기 정체성을 유지)으로서 만사만물이 모두 갖추고 있는 존재 양상이다. 육상원융은 그들 양상(전체와 부분, 부분과 부분 등) 간에 서로 다른 것을 방해하지 않고 일체가 되어 원만히 융합하는 것을 말한다.

객관 세계의 물상은 다양하고, 그를 바라보는 주관 세계의 세계관 역시 다양하다. 그러나 문제는 그 다양성에 있는 것이 아니라, 주객 간의 관계나 작용에 있는 것이다. 물상이나 세계관이 서로 장애가 되지 않고 일체적 조화를 이룬다면, 그들의 다양성은 전혀 문제가 되지 않는다. 육상이 원융한다면, 먼지 속에서도 우주를 볼 수도 있고 부처를 볼 수도 있기 때문이다.

육상의 총상(總相)과 십현문의 동시구족상응문(同時具足相應門)은 같

---

31   六種相者, 謂總相別相同相異相成相壞相.(『大正新修大藏經』 26卷, 『十地經論』 卷1, No.1522, 125쪽 上)

은 것이며, 나머지 각 부분에 대한 설명이 다섯 가지이냐 아홉 가지이냐의 차이가 있을 뿐이다. 만물이 각각 서로 다르면서도 하나의 정체성을 유지하는 것은 마찬가지이다. 총상과 별상은 서로 원융의 관계가 있으므로, 별상 속에 총상이 있고 총상 속에 별상이 있는 것이다.

종합하면 화엄종에서 법계연기론으로 규명하고자 하는 것은 만물의 진상뿐만 아니라 상대적 세계관을 넘어 무한·보편·평등한 절대적 세계관도 포함한다. 그러나 그것만으로는 부족하여 공간적으로 설명하는 십현문과 존재 양상으로 설명하는 육상을 말한 것이다. 그렇게 4법계·10현문·6상 등으로 분류하여 말하더라도 결국은 모두가 상즉원융한다는 것이다. 그러나 그것은 그렇게 보는 세계관에 의존해 있는 것이므로 진상(眞相)은 곧 심상(心相)이라 할 수 있다. 그렇다면 유식론으로 결론이 나는 것인가? 아니다. 화엄종은 각종 세계관을 논함으로써 어떤 세계관에도 구속되지 않는 자유정신을 얻으려 한 것이다. 그런 면에서 화엄종의 법계연기론은 각종 법계를 인정함으로써 법계관의 한계를 극복하려 한 원융론이라고 할 수 있다.

화엄종의 시조에 관해서는 두순설과 법장설이 있다. 필자는 두순설이 더 적합하다고 생각한다. 철학이란 사상의 원점을 통찰하고 체계화하는 데 있는 것이지, 단지 그를 체계화하기만 하면 되는 것이 아니기 때문이다. 마치 공자가 인(仁)의 세계를 열었지만, 맹자가 인을 인의예지로 분석하여 인성론적 보완을 한 것이 하나의 예이다. 두순이 삼중관 또는 법계삼관을 주장한 후에 대를 이어 가면서 보충 설명하여 완성했다는 것은 인정할 수 있지만, 그 원점은 여전히 두순에게 있기 때문이다. 단지 체계 완성을 중심으로 한다면 유심연기설을 추가하여 철학적 완성도를 높인 5조 징관을 시조라고 해야 할 것이다.

(3) 유심연기의 원융론

서로 품어 주기를 하여 상용할 수 있는 까닭은 진실한 마음[一心·直心], 즉 진여가 일체 법계에 주편무진(周遍無盡)하기 때문이다. 이런 점 때문에 화엄 철학에서 유심연기를 말하는 사람이 있다. 마음 중심으로 보면 법계의 문제는 당연히 마음이 일으킨 것으로 볼 수 있다. 화엄종의 그런 유식적 요소를 중시하는 사람은 화엄종의 법계연기론이 천태종의 제법실상론과 별 차이가 없으며, 그렇기 때문에 화엄종의 특징은 유심연기에 있다고 말한다. 그것은 2조 지엄의 『일승십현문』 제9의 유심회전선성문에 나오는 "심 바깥에 별도의 경계가 있는 것이 아니므로, 유심이라 말하는 것"[32]이란 말에 근거한다. 이 말은 본래 『화엄경』이 아닌 『능가경』에 나오는 말이다. 그러나 직심이 전제되지 않은 일진법계는 사실상 불가능하다. 법계연기론이 상즉원융의 이상을 가질 수 있는 것은 직심이 보리심으로 열려 있을 때 가능한 것이므로, 지엄이 『능가경』을 인용하여 보충한 것으로 보아야 한다.

2조 지엄이 『화엄일승십현문』에서 말하는 심은 여래장의 청정진심이다. 그러나 『화엄경』에서는 일심(一心)·직심(直心)이란 개념을 쓰고 진심이란 개념은 거의 쓰지 않으므로, 진심은 일심이나 직심을 말하는 지엄의 개념으로 보아야 한다. 유심연기론은 2조 지엄에서 시작하여 5조 종밀에 이르는 과정에서 완성되었다. 화엄종은 삼라만상을 비로자나불의 현신으로 보기 때문에,[33] 법계연기는 유심연기로도 볼 수 있다. 물론 유심연기는 모든 존재(즉 有爲法)는 여러 조건[因緣]에 따라 생긴다고 보는 연기

---

32   心外無別境故言唯心.(『大正新修大藏經』 45卷, 『華嚴一乘十玄門』 第9, 唯心廻轉善成門, 518쪽 中)

33   감히 제군에게 묻는다. 도는 지금 어떤 사람의 경계인가? 불자를 들고 말하길, 비로자나불 본신이 그 전체를 보여 주고 있는 것인데, 바로 발밑에는 털끝만큼도 없다.(敢問大衆, 且道卽今是什麼人境界? 擧拂子云, 盧舍本身全體現, 當機直下沒纖毫.(『大正新修大藏經』 47卷, 『圓悟語錄』 2, 722쪽 上))

설 중 진실한 마음인 심진여(心眞如)의 정염(淨染)의 연기 작용을 말한다. 즉 그것은 보편적 유심체인 진여가 모든 법을 전개하는 것이라는 진여연기라고 할 수 있다.

유심연기를 말할 수 있는 ālaya-vijñāna를 현장(玄奬)계의 신역 유식설에서는 아뢰야식(阿賴耶識, 즉 藏)이라 부르고, 진제(眞諦)계의 구역 유식설에서는 아리야식(阿梨耶識, 즉 無沒)이라 부른다. 유식종에서 말하는 아뢰야식은 종자식(種子識)이라고도 하는데, 모든 업의 종자를 아뢰야식 속에 보존하고 있다가 그 각각의 인연을 만나게 되면 그에 상대적인 연기가 일어난다는 것이다. 즉 뒤집어 말하면 아뢰야식에 종자로 갖추어지지 않은 것은 어떤 것도 연기되지 않는다는 상대적인 유심론(唯心論)이다. 그런데 비해『대승기신론』의 아리야식은 진여와 화합한 생멸의 법(진여의 현상)을 말한다. 아리야와 아뢰야의 내용을 비교해 보면 "『대승기신론』의 아리야식은 진망화합(眞妄和合)으로서 오직 진여만도 아니고 망념만도 아니다. 보리유지(菩提流支)가 번역한『세친십지경론』(世親十地經論)의 아리야식은 오직 진여뿐이다. 현장(玄奬)이 번역한『성유식론』(成唯識論)의 아뢰야식은 오직 망념뿐"[34]이라 한다.

『대승기신론』에서는 아리야식을 자성청정한 여래장심이 무명의 생멸심과 화합하여 심체가 둘이 아닌 하나가 되어 같지도 다르지도 않다고 본다. 즉 절대 유심론이다. "심생멸이란 여래장에 의거하기 때문에 생멸심이 있다. 소위 불생불멸하는 여래장심이 생멸심과 화합하므로 하나도 아니고 다른 것도 아니다. 그것을 아리야식이라 부른다. 이 아리야식에는 두 가지의 뜻이 있어 일체의 법을 통섭하고 낳을 수 있지만, 어떻게 두 가지라 할 수 있나? 하나는 각의(覺義)이고, 다른 하나는 불각의(不覺義)"[35]

34　『起信論』的阿梨耶識是眞妄和合, 非唯眞, 亦非唯妄. 菩提流支譯的『世親十地經論』, 以阿梨耶爲唯眞; 玄奬的『成唯識論』以阿賴耶爲唯妄.(湯次了榮 著, 豐子愷 譯,『大乘起信論新釋』, 臺北, 天華出版社, 1981, 94쪽)

인 것이다. 여기서 여래장심과 생멸심이 화합하여 같지도 다르지도 않다
는 말은 의이체동(義異體同)을 말한다. 즉 현상은 다르지만 본체는 같은
것으로서 일체의 양면이다. 이와 같은 『대승기신론』의 유심연기[진여연
기]의 구조는 다음과 같다.

$$
一心\begin{cases}心眞如門 \\ 心生滅門\end{cases} \rightarrow 아리야식 \begin{cases}覺義 \rightarrow 淨法 \\ 不覺義 \rightarrow 染法\end{cases}
$$

깨달음, 즉 각의란 무엇인가? "각의란 심체가 망념을 떠난 것이다. 망
념을 떠났다는 것은 허공계와 같아서 보편적이고 법계가 하나의 모습이
다. 즉 그것은 여래의 평등법신이다."[36] 즉 심이 망념을 떠났으니 인식의
주체(六根)와 대상(六境)이 사라지고, 진여연기 작용으로서의 보고 듣고
냄새 맡고 맛을 보며 감촉을 느끼며 생각을 하는 **진여의 현재 의식의 흐름**
만 있는 것이다.[37] 『대승기신론』의 이런 사상은 "제법은 공(空)한 것이므

---

35   心生滅者, 依如來藏故有生滅心. 所謂不生不滅, 與生滅和合, 非一非異. 名爲阿梨耶
識. 此識有二種義, 能攝一切法, 生一切法. 云何爲二, 一者覺義, 二者不覺義.(『大乘起信
論』「解釋分」)

36   所言覺義者, 謂心體離念. 離念相者, 等虛空界, 無所不遍, 法界一相, 卽是如來平等
法身.(『大乘起信論』「解釋分」)

37   티베트 불교의 리그파(Rigpa) 등도 불교의 **진여의 현재 의식의 흐름**과 같다.

ⓐ 어느 〈선문답〉에서 제자: "스승님 어떻게 하면 깨달음을 일상의 행위에 깃들이게
할 수 있을까요? 스승님께서는 일상생활에서 어떤 수행을 하십니까?" 스승: "먹고 자는
것으로 행하느니라." 제자: "그러나 스승님 누구나 잠을 자고 누구나 밥을 먹습니다." 스
승: "하지만 모든 사람이 밥을 먹을 때 다 밥만 먹는 것이 아니고, 모든 사람이 잠잘 때
다 잠만 자는 것이 아니다." 이 일화를 계기로 유명한 선어가 생겨났습니다. "밥을 먹을
때 나는 밥만 먹을 뿐이고, 잠을 잘 때 나는 잠만 잘 뿐이다."(소걀 린포체 저, 오진탁 옮
김, 『깨달음 뒤의 깨달음』, 서울, 민음사, 2001, 178쪽)

ⓑ 소걀 린포체는 다음과 같이 말했다. "나는 명상할 때, 때때로 어떤 방법도 이용하지
않습니다. 단지 마음을 푹 쉬게 할 뿐이다. 특히 영감이 솟아오를 때는 아주 빨리 내 마음

로 자성이 없는 것[無我]이라, 깨달은 사람은 일체 법상에 집착하지 않는
다. 인연이 일으킨 업은 자성이 없는 것이어서 꿈과 같은 것이다. …… 세
상의 모든 것은 오직 마음을 중심으로 일어나는 것이다. …… 생멸하는
일체 세계는 모두 인연에 따라 일어난다. 깨어 있는 사람의 생각 하나하
나는 빠르게 변해가며 소멸해 가니 현재 의식만 있는 것이다. 그래서 시
작부터 끝까지 다른 법상이 없는 무상(無相)을 얻게 된다"[38]고 말한 『화엄
경』에서 유래한 것이다.

　　당군의는 "법장은 무루종(無漏種), 즉 성불할 수 있는 인자로 불성을 삼
는 유식종의 이론을 따르지 않고, 여래장(如來藏)·심진여(心眞如)를 불성
으로 삼는 학설을 취했다. 아울러 심진여는 늘 인연을 따르지만 불변하며,
사람의 인연에 따라 수양함으로써 부처가 된다고 말할 수 있다는 것"[39]이
라고 말했다. 왜냐하면 『대승기신론』에서 "심진여란 바로 일법계인 대총

을 있는 그대로 느끼고 휴식을 취할 수 있습니다. 나는 조용히 앉아서 마음의 본성 안에
서 쉴 따름입니다. 내가 올바른 상태에 있는 것인지 묻지도 않고 의심하지도 않습니다.
특별히 노력할 필요도 없습니다. 오직 마음의 본성에 대한 풍부한 이해와 자각, 그리고
흔들리지 않는 확신만 있을 뿐입니다."(같은 책, 231쪽)

　ⓒ 正見이 계속 유지될 때
　　리그파는 끝없이 흐르고
　　두 가지 광명은 지속적으로 또 자발적으로 합일되고
　　온갖 미혹은 그 근원에서부터 소진되고
　　당신의 지각 전부는 단 한 번의 단절도 없이
　　리그파로서 솟아오르게 되리라

*리그파(Rigpa)는 "마음의 본성"으로 변화나 죽음에 흔들리지 않는 가장 내밀한 정수이
며, 이해의 뿌리이며, 앎 자체에 대한 **현재 의식으로서의 앎**이다.(같은 책, 232쪽 참조.)

38　　諸法空無我, 則離一切相. 因緣所起業, 無我猶如夢. …… 一切世間法, 唯以心爲主.
…… 一切生滅法, 皆悉從緣起. 念念速歸滅, 終始無異相.(『乾隆大藏經』「菩薩明難品」, 90
쪽 上;『大正新修大藏經』9卷, 427쪽 中)

39　　法藏之不取唯識宗之以無漏種爲佛性之說, 取如來藏心眞如爲佛性之說, 竝謂此心眞
如恒隨緣而不變, 而能表現爲人之依緣起修以至成佛者.(唐君毅,「華嚴宗之判教論」,『華嚴
宗之判教及其發展』, 臺北, 大乘文化出版社, 1978, 80쪽)

상 법문의 본체이다. 소위 나지도 않고 죽지도 않는다는 것은 일체 법이 오직 망념에 의지하여 차별심이 생겼기 때문이다. 만약 망념을 떠난다면, 일체 경계의 상은 없어질 것"[40]이라고 말하기 때문이다.

그렇게 보면 법장의 유심연기설은 정법과 염법이 모두 여래장에서 연기한다는 『대승기신론』에 의거하는 것이다. 즉 『대승기신론』의 심진여문과 심생멸문은 본원에서 보면 모두 일심의 연기일 뿐이다. 그래서 진여문과 생멸문은 둘이 아니다. 그러나 깨닫지 못한 중생의 관점에서 보면 생멸문뿐인데, 그 속에서 다시 불생불멸의 여래장과 생멸심이 결합된 아리야식이 망념을 떨치고 깨달았을 때는 정법(淨法)으로 연기하고, 깨닫지 못했을 때는 염법(染法)으로 연기한다. 깨달은 자는 집착이 없이 모든 연기 작용이 청정하게 이루어지므로 정법이 되는 것이다. 그래서 『화엄경』에서는 "지혜가 밝은 사람의 마음은 늘 적멸의 실천을 즐긴다. 나는 있는 그대로 설법하고자 한다. …… 몸이 있는 그대로를 볼 수 있으면, 일체의 법에 명달할 수 있다. 모든 법이 공하다는 것을 깨달으면, 그 마음은 번뇌에 물들지 않는다"[41], "부처의 지혜는 삼세에 걸림이 없어, 그 묘한 세계는 모두 허공과 같다. 법계는 무상이라 중생에 따라 설법하는 것"[42]이라고 말한 것이다.

3조 법장은 어떤 면에서 유심연기설을 『대승기신론』과 관계 지었는가? 『화엄경』에서는 "불성[佛種性]을 수호하고, 법성[法種性]을 깨끗이 닦으며, 승려가 될 수 있는 성품[僧種性]을 모은다. …… 보리심은 일체 부처가 될 수 있는 종자[佛種子]가 되어 일체의 법을 생성할 수 있기 때문이

---

40   心眞如者, 卽是一法界大總相法門體. 所謂心性不生不滅, 一切諸法唯依妄念而有差別. 若離心念, 則無一切境界之相.(『大乘起信論』「解釋分」)

41   明智心境界, 常樂寂滅行. 我今如實說. …… 能解身如實, 明達一切法. 知法悉虛妄, 其心無所染.(『大正新修大藏經』 9卷, 『華嚴經』「菩薩明難品」, 427쪽 中)

42   如來一切智, 三世無障礙. 諸佛妙境界, 皆悉如虛空. 法界無異相, 隨順衆生說.(『大正新修大藏經』 9卷, 『華嚴經』「菩薩明難品」, 429쪽 下)

고, …… 보리심은 깨끗한 물이 되어 일체 번뇌를 씻을 수 있기 때문이고, 보리심은 큰 바람이 되어 일체 세간에 장애가 없게 하기 때문이고, …… 보리심은 밝은 등이 되어 일체 법계를 비추기 때문"[43]이라고 말했다. 즉 심진여문과 심생멸문은 본원에서 보면 모두 일심의 연기일 뿐이라고 보는 『대승기신론』이 『화엄경』과 같은 맥락에 서 있다는 것이다.

5조 종밀은 법계삼관·십현문·사법계를 융회관통하여 일심법계여래장심, 즉 진심이 대승법의 본체라고 보았다. 그래서 "이제 본말을 회통하려하는데, 그것은 유가와 도가 역시 마찬가지이다. 처음에는 유일하게 참된 본성이 있는데, 그것은 생멸하지도 않고 증감하지도 않으며 변화하지도 않는다. 중생은 언제 시작된지도 모르는 미혹 속에서 스스로 깨닫지 못하고 있다. 참된 본성은 은밀히 덮혀 있기 때문에 여래장이라 부르는 것이다. 여래장에 의하기 때문에 생멸하는 심상이 있다. 소위 생멸하지 않는 진심과 생멸하는 망상이 화합하여 있기 때문에 같은 것도 아니고 다른 것도 아니다. 그렇기 때문에 아뢰야식(『대승기신론』에서 말한 阿梨耶識과 같다)이라 부른다"[44]는 것이다. 3조 법장도 『대승기신론』과 유심연기를 연결했지만, 5조 종밀에 이르러 더욱 구체화되었다고 할 수 있다.

공 역시 공한 것이라고 보는 제법개공의 불교 철학 입장에서 볼 때, 우주 만상은 일심진여의 이체(理體)로부터 일어난다는 유심연기는 어느 정도 한계가 있다. 그래서 법장은 『화엄경지귀』에서 "그 마음은 영원불멸의 실체는 아니지만, 무량하여 생각하기 어렵다. 그것은 일체 법을 나타내지

---

43 守護佛種性, 淨修法種性, 攝取僧種性. …… 菩提心者, 則爲一切諸佛種子, 能生一切諸佛法故. …… 菩提心者, 則爲淨水, 洗濯一切煩惱垢故. 菩提心者, 則爲大風, 一切世間無障礙故. …… 菩提心者, 則爲淨燈, 普照一切諸法界故.(『乾隆大藏經』 「入法界品」 34之15, 332 下~333 上; 『大正新修大藏經』 9卷, 775 上, 中)

44 今將本末會通, 乃至儒道亦是, 謂初唯一眞靈性. 不生不滅, 不增不減, 不變不易. 衆生無始迷睡不自覺知. 由隱覆故名如來藏. 依如來藏故有生滅心相. 所謂不生滅眞心與生滅妄想和合, 非一非異, 名爲阿賴耶識.(『大正新修大藏經』 45卷, 『原人論』, No.1886, 710쪽 中)

만, 일체 법은 서로 알지 못한다"[45]고 말한 것이다. 이와 같이 화엄종에서
도 유심연기를 논하고 있으나, 종파의 특징으로 볼 때 법계연기설이 주축
을 이룬다고 볼 수 있다. 법장이 유심연기설을 『대승기신론』과 연결시킨
것도 중중무진한 법계연기를 염두에 두었기 때문이다.

3. 삶으로의 복귀

화엄종은 삼라만상을 4법계·10현문·6상 등으로 나누어 말했지만, 일즉
다, 다즉일(一卽多, 多卽一)의 즉(卽)이란 중중무진한 법계연기 속에서 무
한·보편·평등한 상즉을 말한다. 그렇기 때문에 모든 개체 간에는 원융
무애하게 된다. 그래서 화엄종에서 추구하는 주요 방법을 다소나 대소 등
과 상관없이 상즉원융하는 것으로 정리할 수 있다.

　화엄종의 상즉원융을 점(點)과 점 간의 관계로 재해석하면, 하나의 먼
지도 무한대의 점과 점의 관계가 있고, 우주 만물도 역시 무한대의 점과
점의 관계가 있다. 따라서 무한대 앞에서 먼지와 시방세계의 크기를 비교
하는 것은 무의미하다. 또 무한대의 점과 점 사이의 관계는 무한중층적으
로 중중무진하게 변하는데, 그것은 먼지나 우주 만물도 마찬가지이다. 육
안으로 볼 때 먼지와 시방세계는 부분과 전체의 관계이지만, 관계로 보면
모두가 무한한 점으로 이루어진 것이므로 크기의 비교는 무의미한 것이
다. 여기서 말하는 점은 기하학적인 점만이 아니라, 물리학·형이상학·
신학적인 점 등 근원적인 물극(物極)의 의미를 가진다. 그것은 자기 속,
즉 ego가 없는 것이므로, 아집이 없고 어떤 것과도 연결할 수 있는 열린

45　彼心不常住, 無量難思議, 顯現一切法, 各各不相知等.(『大正新修大藏經』 45卷, 『華
嚴經旨歸』, No.1871, 595쪽 上)

존재이므로 타자와의 관계를 상즉원융할 수 있는 것이다.

불교의 각 종파에서 제시하는 방편은 그것이 어떤 것이든 해탈하려는 것이다. 비록 화엄종이 법계관의 전환을 통해 해탈을 추구하지만 단지 그 길만을 고집할 필요는 없다. 철학사나 종교사에서 보면 유·불·도를 합일해야 한다는 삼교합일이나 선종과 교종을 합일해야 한다는 선교합일 등을 주장해 왔다. 그렇게 합일의 목적이 최고 목표이면 마치 삼제원융처럼 유·불·도 중 어떤 방법으로 합일하든 문제시하지 말아야 한다. 그러나 현실적으로 볼 때, 마치 음악에서 큰 소리가 작은 소리를 압도하여 들리지 않게 되는 것은 화음이 아니라는 것처럼, 큰 자가 작은 자를 흡수 통합하는 합일은 소통이 아니다. 상즉원융은 큰 자와 작은 자가 서로 자기 속에 상대를 품어 양자 또는 다자와의 관계에서 무한히 서로를 인정하고 서로를 수용하는 상용무진(相容無盡)의 관계이므로, 법계의 상즉원융은 사실상 일체가 되어 분리 불가능한 하나가 된 것이다. 요즘 사회에서 서로 안아 주기(Free hug)하는 것도 화엄 정신과 같은 것이다.

천태종은 회삼귀일(會三歸一)을 주장하며 삼승이 모두 하나의 일승으로 귀착된다고 하고, 선종에서는 돈오돈수하며 계정혜조차 필요 없다고 하여 어떤 방편도 부정한다. 화엄종은 원교(圓敎)로서 모든 경계를 넘어 무진연기의 원융무애를 추구했다. 그래서 화엄종은 판교(判敎) 방법상 사법계·십현문·육상 등을 구분하지만, 결국에는 일다상즉의 관계를 기초로 하기 때문에 삼라만상의 연기는 상즉원융하는 것이다.

[2010년]⁴⁶

---

46   「화엄종의 상즉원융의 방법」, 『양명학』 제25호, 한국양명학회, 2010.4.에 게재한 것을 수정 보완함.

제20장

선종의 일행삼매의 방법

선종은 비교적 특이한 방식으로 깨달음의 세계를 추구했다. 조사선의 경우는 과거에 사용한 적이 없는 일회적인 방법으로 깨달음을 유도하는 선문답을 사용했다. 예를 들어 스승이 제자를 죽비로 내리치거나, 큰 소리를 지르거나, 먼지떨이[拂子]를 거꾸로 세우거나 하는 등의 기이한 언행으로 인식의 차이를 최대한 크게 벌림으로써 깨달음을 일으키고자 한 것이다. 간화선(看話禪)의 경우는 부처의 말이나 역대 조사들의 선문답을 화두로 삼아 참선 수행을 하면서 깨달음을 추구한다.

선문답에서는 "뜰아래 잣나무"나 "차나 마시라"는 등 눈앞의 구체 사물로 진리의 세계를 직접 지시하는 경우가 있다. 그것은 단지 눈앞의 사물을 말하는 것이 아니라, 그런 말단의 사물에서 근본적인 진리로 무한 대반전을 일으켜 깨달음을 얻게 하려는 것이다. 마찬가지로 ‘······이 아니다’는 등의 부정어를 사용하여 역설적으로 진리의 세계를 간접 지시하는 경우도 있다. 그것은 단지 그 무엇을 부정하려는 것이 아니라, 부정에서 긍정으로 무한 대반전을 일으켜 깨달음을 얻게 하려는 것이다. 그런 선문답의 목적은 긍정이나 부정을 넘어 무한·보편·평등의 세계를 깨닫게 하려는 데 있다. 간화선의 화두도 무전제·무조건의 자각을 얻고자 하는 수행자에게는 오히려 장애물이 될 수 있다. 그래서 그것이 어떤 것이든 단

지 하나의 방편일 뿐 참구(參究)의 대상으로는 삼지 않는다. 그 어떤 것에
도 잡히지 않아야 깨달음을 얻을 수 있기 때문이다.

　선종의 시조는 달마(達磨, Bodhidharma, ?~528?)이고, 소의 경전은
『능가아발다라보경』(楞伽阿跋多羅寶經), 또는 『대승입능가경』(大乘入楞伽
經, 약칭 『능가경』), 『금강반야바라밀경』(金剛般若波羅密經, 약칭 『금강
경』), 『유마힐소설경』(維摩詰所說經, 약칭 『유마힐경』)이다.[1] 선종은 인도
인 달마가 중국에 온 후 숭산(嵩山) 소림사(少林寺)에서 9년 동안 무전
제·무조건의 자각을 얻고자 면벽좌선(面壁坐禪)하여 개척한 종파이므로
소의 경전을 말하는 것 자체가 어렵지만, 3대 소의 경전은 후대 조사들이
주로 참고한 경전이다.

　선종은 6조 혜능(慧能 혹은 惠能, 638~713)에 이르러 완성되었다. 혜
능은 어떻게 깨달음을 얻어 달마로부터 전해 오던 법통을 계승하여 6대
조사가 되었는가? 그는 문맹자였기 때문에 과거의 어떤 수행 방법 사이
에 아무런 관계도 없을까? 그와 관계가 있고 없고 보다는 어떤 자세로 과
거의 방법을 활용하느냐 하는 것이 더 중요하다. 최상승선(最上乘禪)의
내용인 마하반야바라밀을 깨닫기 위한 혜능의 주요 방법은 일행삼매(一
行三昧)이지만, 혜능은 그것을 자기의 직심(直心)을 따르는 하나의 방편
으로 사용했을 뿐이다.

　불교의 최종 목표는 현실에서 번뇌로부터의 해탈이다. 그래서 『유마힐
경』에서도 "예순두 가지 잘못된 견해와 일체 번뇌는 모두 부처가 되는 씨
앗이다. …… 그런고로 당연히 일체 번뇌는 여래가 되는 씨앗임을 알아야
한다. …… 번뇌의 바다에 들어가지 않고는 일체지의 보배를 얻을 수 없
다"[2]고 한다. 모든 문제는 속세[번뇌]에 있고, 그에 대한 답 역시 그곳에

1　선종의 조사들은 제자들에게 도를 전할 때 達磨 – 『楞伽經』, 弘忍 – 『金剛經』, 宗密 –
『楞伽經』·『金剛經』, 이외에 『十地論』·『維摩經』·『心王經』·『涅槃經』·『法華經』 등을 중
시하였다.

서 찾아야 한다는 것이다. 그래서 본 장의 목적은 혜능의 돈오돈수를 위한 일행삼매의 방법을 『육조단경』 중심으로 그의 역사적 배경과 철학적 방법을 논하고자 한다.

1. 방법론적 배경

일행삼매(一行三昧)[3]라는 용어는 『문수사리소설마하반야바라밀경』(文殊師利所說摩訶般若波羅密經), 즉 약칭 『문수설반야경』에 처음 나온다. 『문수설반야경』은 양(梁)의 만다라선(曼陀羅仙)과 승가바라(僧伽婆羅)의 번역본이 전해진다. 그런데 일행삼매는 만다라선의 번역본에만 15번이나 나오고 승가바라 번역본에는 한 번도 나오지 않는다. 그리고 승가바라의 번역본에는 삼매(三昧, samādhi) 대신 삼마발제(三摩跋提, samāpatti)·부사의삼매(不思議三昧)라는 말이 나올 뿐이다. 삼매는 모든 마음과 더불어 움직이는 정신 작용으로 정(定), 산(散), 선·악·무기(無記)의 삼성(三性)을 통하여 다만 일체의 유심위(有心位)에만(無心定에는 통하지 않음) 마음을 어지럽히지 않고 하나의 대상에 멈추게 한다는 뜻을 가진 것이고; 삼마발제는 유심·무심에 통하고 다만 정(定, 唯心定과 無心定을 포함)에

---

2   六十二見及一切煩惱, 皆是佛種. …… 是故當知一切煩惱爲如來種. …… 如是不入煩惱大海, 則不能得一切智寶.(『維摩詰經』「佛道品第8」)

3   一行三昧는 범어 ekavyūha-samādhi의 번역으로서 一相三昧·眞如三昧라고도 한다. 마음을 하나의 行에 定하고 닦는 三昧. ① 진여법계는 平等一相이라고 觀하여 진실 그대로의 모습을 觀想하는 三昧. ② 고요한 장소에서 心不亂하고 오직 불타를 생각에 떠올리는 염불삼매. ③ 6조 慧能에 의하면 일체시중에 있어서 행주좌와 어느 때나 항상 참다운 진심이 되도록 하는 것.(김응관 감수, 『불교학대사전』, 서울, 홍법원, 1990, 3판) 정성본은 "宗密(780~841)은 달마로부터 시작하는 선을 最上乘禪, 혹은 如來淸淨禪, 一行三昧, 眞如三昧라고 불러 종래의 諸禪과 다르며 그보다 차원이 높고 뛰어난 것이라고 주장하고 있다"고 말했다.(정성본, 『중국선종의 성립사 연구』, 서울, 민족사, 2000, 231쪽)

만 통하고 산(散)에는 통하지 않는다는 뜻을 가진 것이다.[4] 두 번역본 사이
에는 마치 다른 대본을 번역한 것처럼 용어와 내용에서 많은 차이가 있다.

만다라선의 번역본에서 문수보살과 부처는 일행삼매에 대해 "문수보살
이 부처에게 아뢰었다. 무엇을 일행삼매라 합니까? 부처가 말했다. 법계
는 일상(一相)이므로 반야바라밀의 일상일미(一相一味)한 법계관으로 사
물을 대하는 것을 일행삼매라 한다"[5]고 말했다. 그것에 비해 혜능은 "일행
삼매란 언제나 참다운 직심(直心, 즉 眞心)으로 일상생활, 즉 행주좌와(行
住坐臥)하는 것이다. …… 단지 모든 법에 직심을 행하여 집착이 없는 것
을 일행삼매라 한다"[6]고 말했다. 혜능은 일행삼매에 대해 법계관을 중심
으로 하지 않고 직심을 중심으로 실행을 강조한 것이다. 그래서 혜능의
일행삼매는 "번뇌가 곧 지혜"[7]라는 것처럼, 일행(一行)의 일(一)은 늘상
또는 오직의 의미이고, 행(行)은 행주좌와(行住坐臥)와 같은 일상의 삶이
며, 삼매는 직심에 따르는 것을 말한다. 즉 혜능의 일행삼매는 상행직심
(常行直心)이다. 부처는 일상법계관(一相法界觀)으로 일행삼매에 접근했
다면, 혜능은 직심으로 접근했다.

그런데 "선종에 있어서는 일찍부터 『문수설반야경』의 일행삼매설의 입
장에서 탈피하여 『대승기신론』의 일행삼매설로 바뀌고 있었음을 알 수 있

---

4 김응관 감수, 『불교학대사전』, 서울, 홍법원, 1990, 3판

5 文殊師利言世尊云, 何名一行三昧? 佛言, 法界一相, 繫緣法界, 是名一行三昧.(曼陀羅
仙 譯, 『文殊師利所說摩訶般若波羅密經』, 乾隆大藏經 第16冊, 624쪽) 法界一相은 4법계
가운데에 事事無礙法界. 一眞法界가 一相一味임을 말함.(김응관 감수, 『불교학대사전』,
서울, 홍법원, 1990, 3판)

6 一行三昧者, 於一切時中行住坐臥常行直心是. …… 但行直心, 於一切法上, 無有執著,
名一行三昧.(정성본 역주본, 『돈황본 육조단경』, 서울, 한국선문화연구원, 2003, 16단)
이하 정성본 역주본은 모두 『돈황본 육조단경』(서울, 한국선문화연구원, 2003)을 말한
다. 대본으로 정성본 역주본을 사용한 것은 문단 중심으로 나누어 원문을 찾는 데 편리하
기 때문이다. 『육조단경』 원본 역시 여러 가지가 있는데, 종지는 마찬가지이다.

7 煩惱卽是菩提.(정성본 역주본, 28단)

다. …… 도신(道信, 580~651)이 주장하는 일행삼매의 좌선은 분명히
『대승기신론』에 의거한 것이다. 그의 주장에 벌써 그렇게 마음을 살피고
확인하는 근원적인 일심의 깨달음의 성격을 가지고 있었던 점은 주목해
야 할 것이며, 실제 그것은『문수설반야경』에서 설하는 일행삼매와는 그
내용이 전연 다른 것"[8]이라고 보는 사람도 있다. 왜냐하면 "좌선시에 정신
차려서 자기의 인식심이 처음 움직이는 것을 자각해야 한다"[9]는 것은 "분
명히『대승기신론』에 생멸심의 최초의 움직임을 내성하는 의미의 구경각
(究境覺)"[10]이기 때문이다. 그래서 "도신이 주장하는 일행삼매의 좌선은
분명히『대승기신론』에 의거한 것"[11]이라고 말했다.

　『대승기신론』의 일행삼매는 바로 지관(止觀)의 방편을 의미한다. 즉
"어떻게 지관문(止觀門)을 수행하는가? 지(止)란 진여분, 즉 각혜(覺慧)
에 의해 모든 바깥 경계상을 그치게 함을 말한다.(무분별지를 이룸) ……
점점 그 마음이 예리해져 진여삼매에 수순하여 들어가게 된다. …… 지를
수행하면 진여삼매에 의해 법계가 하나의 상[一相]인 것을 아는 것이니,
이는 모든 부처·법신이 중생신과 더불어 평등하여 둘이 아님을 말한다.
이를 곧 일행삼매(一相三昧라고도 한다)라 한다."[12]

8　정성본,『중국선종의 성립사 연구』, 서울, 민족사, 2000, 231~232쪽
9　坐時當覺, 識心初動.(『楞伽師資記』. 정성본의『중국선종의 성립사 연구』(서울, 민족
사, 2000)의 232쪽에서 재인용함.)
10　정성본,『중국선종의 성립사 연구』, 서울, 민족사, 2000, 232쪽
11　정성본,『중국선종의 성립사 연구』, 서울, 민족사, 2000, 232쪽. 그뿐만 아니라 "慧能
心性論的起點, 則是將自心與本性聯係起來, 卽自心與本性一不二. (達摩 …… 無自無他,
凡聖等一. 慧可 …… 觀身與佛不差別) …… 慧能以大乘起信論的一心二門說爲根據, 進一
步發揮了這一思想."(吳立民 主編,『禪宗宗派源流』, 北京, 中國社會科學出版社, 1998, 65
쪽)라고 말하는 사람도 있다.
12　云何修行止觀門? 所言止者, 謂止一切境界相. …… 漸漸猛利, 隨順得入眞如三昧.
…… 復次依是三昧故, 則知法界一相, 謂一切諸佛法身與衆生身, 平等無二, 卽名一行三昧.
『大乘起信論』「止觀門」본 번역은 은정희의『은정희 교수의 대승기신론 강의』(서울, 예문

그러나 5조 홍인(弘忍)의 제자인 신수(神秀)가 측천무후와의 대화에서 "무후: 누구의 종지를 받았습니까? 신수: 기주의 동산법문[13]을 이어받았습니다. 무후: 소의 경전(所依經典)은 무엇입니까? 신수:『문수설반야경』의 일행삼매설에 의거합니다"[14]라고 한 것을 보면,『문수설반야경』의 일행삼매설에 더 비중이 있을 것이다. 그뿐만 아니라 어떤 경로를 통하든 언어도단의 경지에 이르는 것은 마찬가지일 것이다. 더욱이 돈오돈수를 주장하여 직심으로 행주좌와를 해야 한다는 혜능의 일행삼매는 지관적 일행삼매와는 다르다.

혜능은 최상승(最上乘)의 반야바라밀을 "일체 만법(萬法)을 모두 통달하고, 만행(萬行)을 두루 갖추어, 일체의 경계를 떠나지 않으면서, 법상을 여의어, 얻은 것이 없는 것이다. 최상승은 바로 최상의 행의(行義)로서, 말로 다툴 것이 아니다"[15]라고 말했다. 그렇게 법상을 여의고 얻은 것이 없다고 말한 혜능의 일행삼매는 바로 최상승의 반야바라밀이지만, 어떤 면에서 그것은 오히려 불경 · 조사 · 전통 철학 사상을 하나의 방편으로 삼아 형성된 것이다.

1) 불경의 영향

혜능의 일행삼매의 방법론적 기초는 기본적으로『문수설반야경』에 있다. 일행삼매의 경지에 들기 위한 방법으로『문수설반야경』은 "선남선녀가 일행삼매에 들어가고자 한다면 먼저 반야바라밀을 들어 보아야 한다. 반야바라밀처럼 수양한 후 일행삼매에 들어가 법계 인연이 불퇴(不退) · 불

서원, 2008)를 참조함.

13 蘄州의 雙峰山에서 道信이 수행하였고, 그의 제자 弘忍이 쌍봉산 동산으로 도량을 옮겨 개창하였으므로 동산법문이라 함.

14 정성본,『선의 역사와 사상』, 서울, 불교시대사, 1994, 188쪽에서 재인용함.

15 萬法盡通, 萬行俱備, 一切不離, 但離法相, 作無所得, 是最上乘. 最上乘是最上行義, 不在口諍.(정성본 역주본, 45단)

괴(不壞)하면 부사의(不思議)·무애(無礙)·무상(無相)의 경지에 들어갈 수 있다. 또 선남선녀가 일행삼매에 들고자 한다면, 한적한 곳에 거처하면서 혼란스런 망념을 버리고, 모양을 취하지 않으며, 마음을 가다듬고, 오로지 부처의 이름만을 부르며, 몸을 단정히 하고, 계속해서 부처를 생각하면 생각 중에 과거·현재·미래의 모든 부처를 볼 수 있게 된다"[16]고 말했다. 즉 『문수설반야경』에서 일행삼매의 경지에 이르는 방법은 두 가지로서, 하나는 반야바라밀을 듣고 수양해야 하고, 다른 하나는 부처만을 생각하며 참선해야 한다는 것이다.

　혜능 역시 그와 유사한 말을 했다. 즉 "무엇을 반야라 하는가? 반야는 지혜이니 일체시중에 한 생각 한 생각이 어리석지 않고 항상 지혜로 실행하는 것을 반야행이라고 한다"[17], "만약 깊은 진리를 깨닫고 반야삼매(般若三昧)에 들어가고자 하는 사람은 곧바로 반야바라밀을 닦아야 한다. 단 『금강반야바라밀경』 하나로 곧바로 견성하면 반야삼매에 들어갈 수 있다"[18]고 말했다. 혜능 역시 『문수설반야경』처럼 반야바라밀을 닦아야 일행삼매에 들어갈 수 있다는 것이다. 혜능이 이 문장에서 반야삼매라고 말했는데, 『문수설반야경』에서는 일행삼매(一行三昧)라고 말했다.[19] 이런 것

16　若善男子善女人, 欲入一行三昧, 當先聞般若波羅密, 如說修學, 然後能入一行三昧, 如法界緣, 不退·不壞, 不思議·無礙·無相. 善男子善女人, 欲入一行三昧, 應處空閑, 捨諸亂意, 不取相貌, 繫心一佛, 專稱名字, 隨佛方所, 端身正向, 能於一佛念念相續, 卽是念中能見過去未來現在諸佛.(曼陀羅仙 譯, 『文殊師利所說摩訶般若波羅密經』, 乾隆大藏經 第16冊, 624쪽)

17　何名般若? 般若是智慧. 一切時中念念不愚, 常行智慧, 卽名般若行.(정성본 역주본, 28단)

18　若欲入甚法界, 入般若三昧者, 直須修般若波羅密行. 但金剛般若波羅密經一卷, 卽得見性, 入般若三昧.(정성본 역주본, 30단)

19　若欲入甚法界, 入般若三昧者, 直須修般若波羅密行.(정성본 역주본, 30단)

　欲入一行三昧當先聞般若波羅密, 如說修學然後能入一行三昧.(曼陀羅仙 譯, 『文殊師利所說摩訶般若波羅密經』, 乾隆大藏經 第16冊, 624쪽)

으로 보면 혜능의 일행삼매는 곧 반야삼매와 같은 말임을 알 수 있다.

혜능의 소의 경전은 무엇이며, 구체적 영향 관계는 어떤가? 선종의 3대 소의 경전 『능가경』, 『금강경』 『유마힐경』이지만, 혜능이 중시한 일행삼매설은 오히려 『문수설반야경』에 나오므로 그것 역시 중요한 소의 경전으로 보아야 한다. 그뿐만 아니라 앞에서 논한 바와 같이 『대승기신론』과도 관련이 있어 보인다. 그러나 혜능에게 그것들은 직심을 전하는 하나의 방편일 뿐이다.

선종은 이들 경전을 바탕으로 불립문자(不立文字)·교외별전(敎外別傳)·이심전심(以心傳心)·직지인심(直指人心)·견성성불(見性成佛) 등의 방법을 사용했다. 이들의 공통점은 진리의 소재지는 언어를 초월한 세계에 있다는 것이다. 그래서 혜능은 무상·무념·무주함으로써 실상을 얻을 수 있다고 보았다.

『능가경』에 무상·무념·무주의 단서가 있다. 즉 "의식이 사라질 때 7식도 역시 사라진다. …… 사물의 경계를 분별하는 의식이 사라지면 그것이 열반"[20]이라고 보기 때문이다. 심·의·의식을 떠나는 공부가 곧 경계를 분별하는 의식을 없애어 무상·무념·무주하는 방법이 된다. 그렇게 경계 분별 의식이 사라진 것을 해탈이라 하는 것은 외부 구속이 없어서가 아니라, 전적으로 자신의 본성에 의존해 자립적으로 설 수 있기 때문이다. 즉 "진상은 없어지지 않는다. 단 업상이 없어지는 것뿐이다. 만약 진상이 없어지는 것이라면 장식도 없어져야 한다"[21]는 것이다.

『금강경』은 홍인과 혜능이 취한 무주(無住)의 방법을 말하고 있는 경전이다. 즉 집착함이 없도록 진리 세계의 위치를 의식이나 언어 바깥에 둔 이유 역시 그렇기 때문이다. 의식하거나 그것을 표현하는 것이 없으므로

20　意識滅時七識亦滅. …… 分別境識滅, 如是說涅槃.(『大乘入楞伽經』「集一切法品」)
21　眞相不滅, 但業相滅. 若眞相滅者, 藏識應滅.(『大乘入楞伽經』「集一切法品」)

업보의 작용점이 생기지 않아 자유롭게 되고, 자유롭게 된다는 것은 인과
관계가 소멸되었다는 것을 의미한다. 선사들의 기이한 언행은 바로 의식
이나 언어 세계를 떨치고 인과의 고리를 끊음으로써 모든 관계상에서 정
신적 자유, 즉 무주하는 본성을 회복하려는 것이다.

홍인(弘忍)은 제자들에게 『금강경』 「장엄정토분」의 "응무소주이생기심
(應無所住而生其心)"[22]할 것을 주문했고, 그에 따라 혜능의 깨달음을 일으
키게 되었다. 홍인이 무주를 주문한 것은 맞춤식 교육이지만 하나의 방편
일 뿐 혜능의 깨달음과는 필연적 관계가 없다. 반대로 지옥의 도로 도를
삼으면 죄악을 짓고 지옥으로 떨어져야 할 텐데 그렇게 되지 않을 수 있
기 때문이다.

『유마힐경』은 현실에서 보살행을 실천하면서 수양할 것을 주장한다.
즉 "문수보살이 유마힐에게 물었다. 보살은 어떻게 불도(佛道)에 통달합
니까? 또 유마힐에게 물었다. 중생의 세계(非道 혹은 無道의 세계)에서 보
살행을 행하는 것이 불도에 통달한 것입니까? 또 어떻게 하면 중생의 세
계에서 보살행을 행할 수 있습니까? 유마힐이 대답했다. 보살은 5무간죄
(五無間罪: 부·모·아라한을 죽이고, 부처를 상해하며, 교단의 화합을 깨
는 것)를 도로 삼더라도 악의를 갖지 않게 하고, 지옥의 도를 도로 삼더라
도 죄악을 저지르지 않게 하며, 축생의 도를 도로 삼더라도 어리석지 않
게 하고, ……"[23]라고 말했다. 여기서 진일보하여 문수보살이 부처의 도는
중생의 세계를 극락의 세계로 만드는 데 있을 뿐만 아니라, 그 도는 언어
나 감각 또는 논의를 떠나야 불이문(不二門)에 들어갈 수 있는 것이 아니
냐고 말하자, 유마힐은 묵연무언(默然無言)하였다.[24] 이러한 유마힐의 침

---

22   "應無所住而生其心"이란 구절은 鳩摩羅什, 留支, 眞諦의 번역본에서 모두 같다.
23   文殊師利問維摩詰言, 菩薩云何達通佛道? 維摩詰言, 若菩薩行於非道, 是爲通達佛
道. 又問云何菩薩行於非道? 答曰, 菩薩行五無間而無惱恚, 至於地獄無諸罪垢, 至于畜生無
有愚癡, …….(『維摩詰經』 「佛道品第8」)

묵은 『능가경』의 "진실은 언어를 떠나 있는 것이다. …… 수행이 진실을 보여 주는 것"[25]이라는 것과 같은 맥락에서 이해할 수 있다. 혜능의 일행 삼매는 성속일체를 말하는 것이므로 그의 피안은 속세의 반대편을 지시하는 것이 아니다.

혜능의 무상·무념·무주 등은 이미 『유마힐경』에 많이 나온 말들이다. 즉 유마힐은 "그대가 수행하고 있는 것이 반드시 좌선은 아닙니다. 몸과 마음이 삼계(三界)에 있으면서도 그 모습을 내비치지 않는 것이 좌선이 되며, 멸정(滅定)을 일으키지 않으면서도 계율에 맞는 행주좌와 4가지 위의(威儀)를 내보이는 것이 좌선이 되며, 부처의 도법을 버리지 않으면서도 범부의 일을 내보이는 것이 좌선이 되며, 마음이 안이나 바깥에도 집착하지 않는 것이 좌선이 되며, 모든 견해에도 움직이지 않고 37조도품을 수행하는 것이 좌선이 되며, **번뇌를 끊지 않고 그대로 열반에 드는 것이라야 좌선이 됩니다**"[26]라고 말했다. 혜능의 일행삼매설은 이 경문과 설명 체계가 유사하다. 즉 혜능의 무상·무념·무주는 『유마힐경』에서처럼 반야사상을 기초로 속세에서 성속일체를 추구한 것이다.

성속일체적 수행은 "보리는 몸으로 깨닫는 것도 아니고, 마음으로 깨닫는 것도 아닙니다. 모든 상(相)이 적멸한 것이 보리입니다. 왜냐하면 일체의 인식 대상이 사라지는 것이기 때문입니다. 보지 않는 것이 보리입니다. 왜냐하면 모든 인연을 떠나는 것이기 때문입니다. 업을 짓지 않는 것이 보리입니다. 왜냐하면 모든 생각과 마음이 없는 것이기 때문입니다. 끊는 것이 보리입니다. 왜냐하면 모든 견해를 버리는 것이기 때문입니다.

---

24   一切法無言無說無示無識離諸問答, 是爲入不二門. …… 維摩詰默然無言.(『維摩詰經』「入不二法門品第9」)

25   眞實離名字, …… 修行示眞實.(『楞伽阿跋多羅寶經』「一切佛語心品」)

26   不必是坐爲宴坐也. 夫宴坐者, 不於三界現身意是爲宴坐, 不起滅定而現諸威儀是爲宴坐, 不捨道法而現凡夫事是爲宴坐, 心不住內亦不住外是爲宴坐, 於諸見不動而修行三十七品是爲宴坐, 不斷煩惱而入涅槃是爲宴坐.(『維摩詰經』「弟子品第3」)

…… 차이가 없는 것이 보리입니다. 왜냐하면 모든 존재의 본성이 평등하기 때문입니다. 비교할 수 없는 것이 보리입니다. 왜냐하면 비유할 것이 없기 때문입니다. 미묘한 것이 보리입니다. 왜냐하면 모든 존재가 알기 어렵기 때문입니다. 공한 본성이 보리입니다. 왜냐하면 모든 존재가 보편적이기 때문입니다. 그래서 보리는 몸으로도 마음으로도 깨달을 수 없는 절대적인 것입니다"[27]와 같은 말 속에서 엿볼 수 있다.

2) 조사의 영향

위와 같이 불경을 기초로 한 선대의 조사들이 이심전심으로 도를 전하였으므로, 혜능 역시 "내가 말하는 불법의 가르침은 바로 부처님과 조사들이 전해 주신 것이지 내가 스스로 안 것이 아니다"[28], "나의 법문은 달마 이래로 역대 조사가 모두 무념을 내세워 종지로 삼고, 무상을 체로 삼았으며, 무주로 근본을 삼았다"[29]고 말했다. 이것은 자기를 낮추는 겸손한 말이기도 하지만, 수행 방법상 무상·무념·무주의 방법은 부처에게서 시작하여 달마를 거쳐 혜능에 이르는 동안 그 체계가 서서히 정립된 것이다. 그래서 "혜능은 자성청정심의 자각과 무념·무주·무상의 반야의 실천을 일체화하여 새로운 중국의 선불교를 완성시키고 있다"[30]고 보는 사람도 있다.

---

27 菩提者, 不可以身得, 不可以心得. 寂滅是菩提, 滅諸相故. 不觀是菩提, 離諸緣故. 不行是菩提, 無憶念故. 斷是菩提, 捨諸見故. …… 無異是菩提, 諸法性等故. 無比是菩提, 無可喩故. 微妙是菩提, 諸法難知故. 空性是菩提, 普徧諸法故. 是以菩提不可以身得, 不可以心得.(『維摩詰經』「菩薩品第4」)

28 教是先聖所傳, 不是慧能自知.(정성본 역주본, 14단) 여기서 말하는 先聖이란 정성본 역주본 53단에서 法海의 질문에 慧能의 대답을 보면, 석가모니불 이전 7불에서 시작하고, 석가모니불을 거쳐 35대 달마 때 중국에 왔으며, 40대인 자기에 이르렀다고 말했다.

29 我自法門, 從上已來, 頓漸皆立無念爲宗, 無相爲體, 無住爲本.(정성본 역주본, 19단)

30 정성본, 『선의 역사와 사상』, 서울, 불교시대사, 1994, 293쪽

1조 달마에서 5조 홍인까지 이르는 과정에서 어떤 점이 혜능에게 무념·무주·무상의 일행삼매의 방법을 세우게 했는가? 일행삼매설을 역대 조사들과의 관계에서 보면, 4조 도신은『능가사자기』「도신전」에서 처음에 "내가 설하는 법요는『능가경』의 제불심을 제일로 하는 것에 의거하고 있으며, 또『문수설반야경』에 나오는 일행삼매에 의거하고 있다"[31]고 말했다. 마찬가지로 5조 홍인도 신수의 말을 통해 보면 역시『문수설반야경』에 나오는 일행삼매를 중심으로 하고 있음을 알 수 있다. 신수는 측천무후와의 대화에서처럼 홍인과 신수 역시 일행삼매설을 중시했는데, 그의 근거는 만다라선이 번역한『문수설반야경』에 있음을 알 수 있다. 그러나 동선사에서 혜능이 한 일은 8개월여 동안 단지 디딜방아를 찧은 것뿐이기 때문에[32], 혜능의 일행삼매론은 신수의 영향보다는 홍인과의 관계에서 이해해야 할 것이다.

홍인은『최상승론』(最上乘論)에서 "진여는 본래 가지고 있는 것이므로 인연에 따라 생기는 것이 아니다. …… 이 진실한 마음은 자연스레 가지고 있는 것이므로 바깥에서 얻은 것이 아니다"[33]라고 말했듯, 혜능 역시 "한순간에 깨달으면 중생이 곧 부처이다"[34], "자성을 깨달으면 곧 부처이다"[35], "만법이 자기 본성 속에 있는 것이다. 일체 법이 모두 자기 본성에 있기 때문에 자기 본성은 늘 청정한 것이다"[36], "자기 본성을 깨우치면 계정혜(戒定慧)조차도 세우지 않는다. …… 자기 본성을 단박에 깨달았기에 점차 깨닫는 것이 없다. 그렇기 때문에 계정혜조차도 세우지 않는 것"[37]이

---

31   정성본,『선의 역사와 사상』, 서울, 불교시대사, 1994, 198쪽에서 재인용함.
32   時有一行者, 遂差慧能於確坊, 踏確八箇餘月.(정성본 역주본, 5단)
33   眞如本有不從緣生. …… 此眞心者, 自然而有不從外來.(『最上乘論』)
34   一念若悟卽衆生是佛.(정성본 역주본, 32단)
35   自性悟, 衆生卽是佛.(정성본 역주본, 37단)
36   萬法在自性, …… 一切法盡在自性. 自性常淸淨.(정성본 역주본, 22단)
37   得悟自性, 亦不立戒定慧. …… 自性頓修, 無有漸次, 所以不立.(정성본 역주본, 43단)

라고 말했다. 혜능이 계정혜조차 세우지 않는 이유는 수행과 관련된 주체·목적(원인)·방법 등 모든 것이 본성에 이미 완전하게 갖추어져 있기 때문에 자기 외적인 그 어떤 것도 취할 필요가 없기 때문이다.

『능가경』에 일자불설(一字不說)이라는 부처의 말이 있다. 즉 "대혜보살 마하살이 부처께 아뢰었다. 세존이시여, 세존께서 말씀하시길, 나는 어느 날 밤에 바른 깨달음을 이루고, 어느 날 밤에 열반에 들기까지 그 중간에는 한마디 말도 하지 않았고, 또 마땅히 말하지 않아야 할 것이니, 말하지 않는 것이 부처님의 말씀이기 때문이라고 하셨는데, 세존께서 어떤 비밀스런 뜻 때문에 그렇게 하신 것입니까? 부처님이 대혜에게 말씀하셨다. 그것은 두 가지 비밀스런 법에 의하기 때문이다. 두 가지 법이란 스스로 깨닫는 자증법(自證法)과 본래 머무는 본주법(本住法)이다."[38] 부처가 한마디 말도 하지 않은 이유는 자증법과 본주법에 있다. 자증법은 자기 불성을 자각해야 부처가 될 수 있다는 말이고, 본주법은 그렇게 자각할 수 있는 모든 근거를 자기 불성에 이미 다 갖추고 있다는 말로서, 수행할 때 외부에서 그 무엇을 구하지 말라는 말이다. 그렇기 때문에 한마디 말도 하지 않은 것이다. 이렇게 『능가경』의 자증법과 본주법은 불성을 원인자로 보고, 자각하여 부처가 되는 것을 결과로 보는 것이기 때문에, 이는 곧 인중유과론(因中有果論, satkāryavāda)에 속한다.

홍인과 혜능 역시 모두 자기 본성 속에 불변의 진여가 있으니 그것을

---

[38]   大慧菩薩摩訶薩, 復白佛言, 世尊如世尊說, 我於某夜, 成最正覺, 乃至某夜, 當入涅槃, 於其中間不說一字, 亦不已說, 亦不當說, 不說是佛說. 世尊依何密意作如是語? 佛言大慧, 依二密法故作如是說. 云何二法? 謂自證法(판본에 따라 自得法이란 것도 있다), 及本住法.(『大乘入楞伽經』「無常品」第3之1, 『大正新修大藏經』16卷, No.672, 606쪽 中)과 거의 같은 부분인데도 번역본의 차이 때문에, 『楞伽阿跋多羅寶經』一切佛語心品之三에서는 "我從某夜, 得最正覺, 乃至某夜, 入般涅槃, 於其中間不說一字, 亦不已說當說. 爾時世尊欲重宣此義而說偈言. 我某夜成道, 至某夜涅槃, 於此二中間, 我都無所說, 緣自得法住, 故我作是說, 彼佛及與我, 悉無有差別."라고 되어 있다.

깨우치면 부처가 된다고 하였다. 본성 속의 진여는 어떤 것이기에 스스로 자기 법칙이 되는가? "모든 보살은 깨달은 것이 없다. 그렇기 때문에 진정한 깨달음에 도달하는 것"[39]과 같은 논리로 볼 때, 역설적이지만 그것은 하나의 법칙을 고집하지 않는 무자성(無自性)이기 때문에 법칙이 되는 것이라고 할 수 있다. 그것을 깨우치고 못 깨우치고는 개인차의 문제이고, 부처가 될 수 있느냐 없느냐는 본질의 문제이다. 즉 본질적으로는 모두 부처가 될 수 있지만, 현실적으로 모두 부처가 되는 것은 아니다. 그것은 근기라는 자질의 차이가 있기 때문이다. 선종에서 사용한 득도와 수도의 방법은 사람마다 조금씩 달랐지만, 자기 외적 방법을 최소화하려는 것은 모두가 같다.

3) 전통 철학 사상의 영향

전통 철학 사상의 영향은 무학인 혜능에게보다는 혜능의 말을 정리한 제자들에게 해당하는 것이다. 물론 혜능이 일상의 언어생활에서 듣고 배운 전통 사상은 있을 테니 그의 형식과 무관하다고 할 수는 없다. 언어적 표현법상 전통적 어법에 영향을 받게 된다. 그 내용까지 유사하다면 더욱 그렇다. 선종에서는 교학의 과정 없이 직접 깨닫는 주체와 내용을 자기 본성에 두었다. 그래서 혜능은 모든 진리는 나에게 갖추어져 있다고 보고, "일체 모든 가르침[萬法]이 자신의 마음속에 있음을 알 수 있는데, 어찌 자기 마음을 따라 진여의 본성을 단박에 나타내지 못하는가?"[40], "중생의 본성이 반야지이다"[41]라고 말했다. 혜능의 이런 견해는 "『금강반야바라밀경』 하나로 곧바로 견성하면 반야삼매에 들어갈 수 있다"[42]는 『금강

---

39 無所得故而得.(『維摩詰經』「觀衆生品第7」)

40 知一切萬法, 盡在自身心中. 何不從於自心, 頓見眞如本性.(정성본 역주본, 32단)

41 衆生本性般若之智.(정성본 역주본, 30단)

42 但金剛般若波羅密經一卷, 卽得見性, 入般若三昧.(정성본 역주본, 30단)

경』의 관점에서 비롯된 것이다.

그런 것은 맹자가 "만물 본연의 이치가 나에게 다 갖추어져 있다"[43]고 말한 것과 유사하다. 그렇게 『육조단경』을 기록한 사람이 맹자의 어법을 모방한 점도 있을 수 있겠지만, 오히려 유가와 불가의 사상 형식이 모두 인중유과론적이라는 데 더 큰 이유가 있다. 불교가 이렇게 인중유과론적 사상 형식을 취한 것은 인도에서 만물의 본체를 브라흐만(Brahman, 梵)과 아트만(Atman)으로 설명하는 것과 같다. 『육조단경』을 기록한 사람 역시 이미 글공부를 한 사람으로서 혜능의 말을 이해하고 정리하는 과정에서 맹자식의 표현을 차용할 수 있다.

초기 격의불교 시대에 불교가 노장 철학과 같은 기존 철학 사상의 개념을 차용한 것 역시 같은 이유 때문이다. 훗날 송·명 시대에 유학자들이 불교를 모방했다는 평가를 듣게 되는데 그것 역시 마찬가지이다. 이러한 것들은 바로 하나의 원인자에 모든 것을 귀속시켜 설명하려는 전형적인 인중유과론에 속하기 때문이다.

인중유과론적 철학 사상의 특징은 모든 결과는 이미 원인자 속에 다 들어 있다는 것이다. 사물을 체용 관계로 해석할 수 있는 것도 그 때문이다. 그런 해석법은 유·도·불가 철학이 모두 마찬가지이다. 체용론은 시대적으로 볼 때 차이가 있는데, 유가의 경우 송대의 정이·주희에 이르러 확립되었고, 도가의 경우 왕필이 『노자도덕경』에 주석을 달면서 사물과 그의 작용을 체와 용으로 구분했으며,[44] 불교의 경우 승조 이후 특히 혜능에 이르러 확립되었다.[45]

43　萬物皆備於我矣.(『孟子』「盡心上」4)

44　雖貴以無爲用, 不能捨無以爲體也.(『老子道德經』38章 王弼의 注)

45　"체용론은 개념 사용상 僧肇(384~414)에서부터 구체적으로 거론되기 시작한 본체론의 한 형태이다. 즉 僧肇는 '用은 곧 적寂이고, 적은 곧 용이다. 용과 적은 그 體가 하나로서, 같이 나왔으나 이름을 달리하는 것'(用卽寂, 寂卽用, 用寂體一, 同出而異名. 卍續藏經[第96冊], 『肇論』, 「般若無知論」)이라 한다. 체용 개념은 불교의 영향 이전에 도가

혜능은 정(定)과 혜(慧)를 체용의 관계로 분석하지만 불가분의 일체 관계로 보았다. 즉 정혜불이적 견해를 가진 혜능은 "내가 말하는 남종 돈교의 법문은 선정과 지혜를 근본으로 삼는다. 가장 중요한 것은 미혹하여 선정과 지혜가 각기 다른 것이라고 말하지 말라는 것이다. 선정과 지혜는 일체로서 하나도 아니고 둘도 아니다. 즉 선정은 바로 지혜의 본체이고, 지혜는 바로 선정의 작용이다. 지혜가 작용할 때는 선정은 지혜 속에 있으며, 선정이 작용할 때는 지혜는 선정 속에 있는 것이다. 여러분, 이것이 곧 선정과 지혜가 동등하다는 것을 의미하는 것이다"[46], "선정과 지혜를 무엇에 비유할까? 마치 등과 등불의 관계이다. …… 등은 등불의 체이고, 등불은 등의 용이다. 이름은 둘이지만 본체는 둘이 아니다"[47]라고 말했다. 등광에 비유한 정혜의 관계는 혜능에서 시작하여 후세에도 계속 인용되었다.[48] 그렇게 동실이명적 체용불이라고 말할 수 있는 까닭은 무엇인가? 인중유과론적으로 하나의 원인자인 체 속에 모든 결과물인 용을 귀속시킬 수 있기 때문이다.

혜능은 진여 본체를 깨닫기 위해 진여의 작용인 생각을 방법으로 취하여 "진여는 생각의 본체이고, 생각은 진여의 작용이다. 자성이 자각하여 보고 듣고 깨닫고 알지만, 일체의 모든 경계에 진여 자성은 더럽혀지지 않고 언제나 청정하며 자유자재한 것"[49]이라고 말했다. 본체와 작용을 목

철학에서 도와 만물의 관계를 설명하는 것에서 이미 나타났던 것이다. 이것은 내용상 『노자』 1장에서 유와 무는 같은 것이었으나, 형체를 갖춘 세계로 나오면서 그 이름이 달라졌다는 것이 같은 유형의 본체론이다."(남상호, 「중국철학의 본체론」, 『동서철학연구』 제41호, 한국동서철학회, 2006.9, 41쪽)

46 我此法門, 以定慧爲本, 第一勿迷言定慧別. 定慧體不一不二(定慧一體, 不是二. 丁福保 本 44쪽 上과 心印法師 本 135쪽), 卽定是慧體, 卽慧是定用; 卽慧之時定在慧, 卽定之時慧在定. 善知識, 此義卽是定慧等.(정성본 역주본, 15단)

47 定慧猶如何等. 如燈光. …… 燈是光之體, 光是燈之用. 名卽有二, 體無兩般.(정성본 역주본, 17단)

48 神會의 『壇語』 25단, 澄觀의 『演義鈔』 34권 등에서 인용한다.(정성본, 『돈황본 육조단경』, 서울, 한국선문화연구원, 2003, 91~92쪽 참조)

적과 방법의 관계로 설정한 것이다. 왜냐하면 진여는 본체로서 이미 '누가'·'무엇을'·'어떻게'·'왜'라는 물음으로 얻을 수 있는 것을 진여 자체에 다 갖추고 있고, 그의 작용물로서의 주체·내용·방법·목적 등도 모두 그 속에 갖추어져 있다고 보기 때문이다. 그것은 동어반복도 아니고 모순도 아니다. 왜냐하면 진여본성은 자기 원인적 존재[Causa Sui]이기 때문이다. 그것은 진여에 의해 진여를 위해 진여가 자아를 실현하는 것이다. 그래서 『문수설반야경』에서도 "선남선녀가 일행삼매에 들어가고자 한다면 먼저 반야바라밀을 들어 보아야 한다. 반야바라밀처럼 수양한 후 일행삼매에 들 수 있다"[50]고 한 것이다. 여기서 반야바라밀과 일행삼매는 같은 것이기 때문에 서로 방법과 동시에 목적이 될 수 있다.

2. 주요 방법

혜능은 돈오돈수하는 지혜의 눈이 본성에 본래 자재(自在)하는 것이라고 보았다. 돈오돈수는 접근 방식으로 직접이라는 뜻, 장소적으로 현실 또는 현장이라는 뜻, 존재론적으로 스스로 존재한다는 뜻, 수양 학습적으로 남의 도움이 필요 없이 단박이라는 뜻 등이 함께하는 것이다.[51] 왜냐하면 불

49　眞如是念之體, 念是眞如之用. 自性起念, 雖卽見聞覺知, 不染萬境而常自在.(정성본 역주본, 19단)

50　若善男子善女人欲入一行三昧當先聞般若波羅密, 如說修學然後能入一行三昧.(曼陀羅仙 譯, 『文殊師利所說摩訶般若波羅密經』, 乾隆大藏經 第16冊, 624쪽)

51　頓이라 하면 시간적으로 '빠른·신속한'이라는 뜻으로 오해하기 쉬운 말이기도 하다. 이것은 漸도 마찬가지로 '천천히'라는 시간적인 개념으로 오해하기 쉽다. 그러나 돈이나 점에는 이러한 시간적 개념이 없다. 점은 점차로 단계적인 향상을 말하며, 돈은 일체의 단계나 조건을 무시한 단번이라는 의미이다.(정성본, 『선의 역사와 사상』, 서울, 불교시대사, 1994, 285쪽)

성·불심은 점차 완성되어 가는 것이 아니라 이미 완전무결한 것이며 깨닫기만 하면 되는 것이라고 보기 때문이다. 그래서 혜능은 "불법에는 돈과 점의 차이가 없다. 단지 사람에 따라 총명하고 우둔한 차이가 있을 뿐이다. …… 그러나 깨달으면 차이가 없다"[52]고 말했다.

선종의 최고 경지인 선은 육바라밀 중 5도 좌선바라밀이 아니고, 6도 반야바라밀을 말한다.[53] 요가에서 수행하는 명상이나 5도의 좌선은 하나의 수행 방편일 뿐이다.[54] 일행삼매의 철학적 방법을 논의하는 것은 하나의 방편에 지나지 않지만, 그 내용은 6도 반야바라밀의 경지에 있는 것이다. 사물을 손으로 만져 보고 아는 것이 있고, 눈으로 보고 아는 것이 있듯이, 혜능이 돈오돈수하려는 일행삼매는 진리에 접근하는 하나의 방법이다.

일행삼매는 그 주체·내용·방법·목적의 제일 기초가 직심에 있으므로, 오직 진실한 직심, 즉 진여본성을 따르기만 하면 된다. 그러나 수양 방법상에서 직심에 장애가 있을 때는 부정법을 쓰고, 없을 때는 긍정법을 쓴다. 부정법은 무(無)·불(不)·비(非)·사(捨)·리(離)·단(斷)·멸(滅)·지(止, Śamatha) 등과 같이 버리거나 떠나야 할 장애물을 부정하는 것이고, 긍정법은 직심으로 직행하는 것이다. 그래서 부정법은 중생이 업장(業障)을 털어 버리는 방법이고, 긍정법은 보살이 불성을 있는 그대로 실현하는 방법이다. 부정법은 역설적인 부정의 방법을, 긍정법은 직심발행의 방법을 중심으로 논하고자 한다.

---

52 法無頓漸, 人有利鈍. …… 悟卽元無差別.(정성본 역주본, 18단)
53 丁福保箋註, 六祖壇經箋註, 臺北, 天華出版社, 1979, 1쪽. 『文殊說般若經』에서도 일행삼매에 들어가기 위해서는 먼저 반야바라밀을 들어 보아야 한다고 말했다.(若善男子善女人欲入一行三昧當先聞般若波羅密.(曼陀羅仙 譯, 『文殊師利所說摩訶般若波羅密經』, 乾隆大藏經 第16冊, 624쪽))
54 不必是坐爲宴坐也. 夫宴坐者, 不於三界現身意是爲宴坐, 不起滅定而現諸威儀是爲宴坐, 不捨道法而現凡夫事是爲宴坐, 心不住內亦不住外是爲宴坐, 於諸見不動而修行三十七品是爲宴坐, 不斷煩惱而入涅槃是爲宴坐.(『維摩詰經』「弟子品第3」) 참조.

1) 역설적 부정법

불교는 업에 의한 인연의 고리를 끊음으로써 해탈을 얻고자 한다. 해탈이란 인연연기의 인과 관계 속에서 벗어나 주체적 자유정신을 얻은 것이다. 그러면 과연 인연의 인과 관계는 존재하는 것인가? 아니면 그렇게 보는 의식의 산물인가? 또 그런 것이 있다면 벗어날 수는 있는 것인가? 인자 간의 인과 관계가 필연적인 것이라면 해탈할 수 없을 것이고, 우연한 것이라면 피하면 될 것이다. 어떤 사람은 인연을 우연한 것으로 보고 출세 간적 방법을 통해 그런 관계를 피하려 한다. 또 어떤 사람은 인연이 의식의 산물이라고 보고 의식의 전환을 통해 그런 의식을 소멸시키려 한다.

불교의 수행은 어리석음을 깨우치려는 것이지 외부에서 불성·직심 등을 얻으려는 것이 아니다. 그래서 사용하는 부정법은 잠자는 사람을 깨우듯 자성·불성·직심 등을 가린 장애물을 제거하여 깨달음의 세계로 들어가려는 것이지, 그 무엇을 부정하려는 것이 아니다. 『금강경』 등의 각종 불경에서 사용했던 부정법은 역설적으로 부정하는 것이다. 역설적 부정의 내용은 절대 긍정이다. 역설적 부정법을 활용하는 사람은 아래와 같이 부정하는 과정을 통과하면서 생각하거나 말로 표현할 수 없는 언어도단의 경지에 이르게 된다. 예를 들면 다음과 같다.

① 긍정 : 수부티야 어떻게 생각하느냐?
　　　　어떤 보살이 부처님의 나라가 장엄하지 않으냐고 말한다면,
　부정 : 그것은 아니다.
　　　　세존은 어찌 된 까닭이냐고 물었다.
　　　　부처의 나라가 장엄하다는 것은 곧 장엄한 것이 아니므로,
　긍정 : 장엄하다고 불리는 것이다.
　　　　그러므로 수부티야,
　　　　10지(地) 이상의 훌륭한 보살은 청정한 마음을 일으켰고,

색·성·향·미·촉·법 등에 집착하여 마음을 일으키지 않았다.[55]

② 긍정 : 수부티야 어떻게 생각하느냐?

신체 형상으로 여래를 볼 수 있지 않으냐고 말한다면,

부정 : 그것은 아니다.

세존은 신체 형상으로 여래를 볼 수 없는 것인데

어찌 된 까닭이냐고 물었다.

여래가 말하는 몸의 형상이란 몸의 형상이 아니다.

세존이 수부티에게 말했다.

형상을 가진 모든 것이 다 허망한 것이다.

만약 형상을 보고 형상이 아니라 하면,

긍정 : 곧 여래를 볼 수 있을 것이다.[56]

③ 긍정 : 여래가 제일의 도피안(到彼岸), 즉 제일 바라밀을 말하는 것은

부정 : 곧 제일의 도피안이 아니다.

긍정 : 그래서 제일의 도피안이라고 말하는 것이다.[57]

④ 긍정 : (사람들은 보살을 깨달은 사람이라고 하는데)

부정 : 모든 보살은 깨달은 것이 없다.

긍정 : 그렇기 때문에 진정한 깨달음에 도달하는 것이다.[58]

---

55 須菩提, 於意云何? 菩薩, 莊嚴佛土不? 不也. 世尊, 何以故? 莊嚴佛土者, 卽非莊嚴, 是名莊嚴.(『金剛經』「莊嚴淨土分」)

56 須菩提, 於意云何? 可以身相見如來不? 不也. 世尊, 不可以身相得見如來, 何以故? 如來所說身相, 卽非身相. 佛告須菩提. 凡所有相, 皆是虛妄. 若見諸相非相, 卽見如來.(『金剛經』「如理實見分」)

57 如來說第一波羅蜜, 卽非第一波羅蜜. 是名第一波羅蜜.(『金剛經』「離相寂滅分」)

이런 『금강경』의 예는 물론 모든 불경의 부정법은 역설법으로서 무한·보편·평등의 세계를 깨닫게 하는 것이다. 그러나 일반적으로 부정법은 부정되는 사물과 부정되지 않는 그 어떤 사물 사이에 대칭적 상대 관계를 말한다. 예를 들어 ① A → ② not A→ ③ A의 과정에서 ② not A가 단지 ① A에 대한 부정뿐이면 뒤에 오는 ③ A는 변증법적으로 ① A와 ② not A의 상대적 세계를 지양하여 ① A와 ② not A의 세계를 떠나게 된다. 그런 방식으로 해탈한다면, 그것은 속세의 번뇌를 떨치고 피안으로 들어간 후 다시 현실로 돌아오지 않는 소승 불교가 된다. 그것은 번뇌를 끊지 않고 열반에 드는 대승 불교가 아니다.

역설적 부정법은 그 내용이 완전 긍정이기 때문에 앞에서 부정했던 것조차 긍정할 수 있고, 그렇기 때문에 심지어 뜰아래 잣나무로도 부처(진리)를 말할 수 있게 된다. 즉 모든 것을 긍정하고 현실로 돌아올 수 있는 대승적 경지를 얻게 되는 것이다.

인도에는 neti neti법이 있다. 즉 '그게 아니다 그게 아니다' 는 일반적인 상대적 부정이 아니라, 역설적 부정을 통해 만물의 본체인 브라흐만과 아트만의 세계를 통찰할 수 있게 하는 방법이다. 따라서 실제는 부정이 아닌 긍정 그것도 무한 대반전을 통해 무한·보편·평등의 세계를 긍정하는 것이다. 그렇게 역설적 부정어가 별도로 있는 것이 아니라, 일반 부정어를 역설적으로 활용하면 되는 것이다. 만약 부정어를 부정과 긍정처럼 좌우 대칭형으로 이해하면 악취공(惡取空)에 빠지고 만다. 그러나 상대와 절대의 관계는 상대적 세계의 일부를 부정하고 무한·보편·평등의 세계를 바라봄으로써 다시 돌아와 부정한 것까지도 긍정하는 무한 긍정을 할 수 있는 것이다. 이럴 경우 절대는 상대의 대칭적 상대어가 아니고, 무는 유의 대칭적 상대어가 아니다.

---

58   無所得故而得.(『維摩詰經』「觀衆生品第7」)

『능가경』에서 말하는 "離心意意識" "一切法如幻, 遠離於心識"이라는 말에서 '떠날 이(離)'의 기능 역시 그 무엇에 대한 부정의 형식을 취한다. 부정어는 아니지만 부정어와 같은 기능을 하는 것이다. 그것은 그냥 떠나는 것이 아니라, 집착 없이 현실로 돌아오기 위해 떠나는 것으로, 이런 것은 『육조단경』에서도 계승하는데, "마음이 일체의 형상으로부터 떠난 사람이 깨달은 사람"[59]이라는 말이 바로 그것이다. 『금강경』에서도 "일체의 모든 법상을 떠난 사람을 부처라고 부르는 것이다"[60]라고 말한다.

혜능은 신수의 게송을 부정함으로써 신수의 정신 경지 너머에 있는 무한·보편·평등의 세계를 노래하는 게송을 지었다.[61] 즉 혜능은 인식 주체인 근(根)과 인식 대상인 경(境)을 부정하기 때문에 해탈의 세계를 어떤 사물로 말하는 것을 반대한다. 문제는 사물에 대한 인식이 아니라 그것을 가지고 형성하는 의식에 있다. 즉 해탈은 아무런 의식이 없는 것이 아니라 의식에 아무런 장애가 없는 것이다.

홍인은 제자들을 깨닫게 하려고 『금강경』의 "응무소주, 이생기심(應無所住, 而生其心)"이라는 말을 인용했다. 소위 무주함으로써 본심을 내놓으라는 부정법을 사용했는데, 그 방법은 혜능에게는 통했지만 신수에게는 통하지 못했다. 보통은 그것을 근기(根機)의 차이로 설명한다. 혜능의 근기는 악기가 공명하는 것처럼 스승이 인도하는 대로 움직인 것이다.

---

59   離一切相卽佛.(丁福保 箋註,『六祖壇經箋註』, 臺北, 天華出版社, 1979, 58쪽)

60   離一切諸相, 則名諸佛.(『金剛經』)

61   ① 神秀의 게송
　　　身是菩提樹, 心如明鏡臺. 時時勤拂拭, 勿使惹塵埃.
　　　몸은 보리수와 같고, 마음은 맑은 거울 같다
　　　때때로 털고 닦아, 먼지가 끼지 않게 하리라
　　　② 慧能의 게송
　　　菩提本無樹, 明鏡亦非臺. 本來無一物, 何處惹塵埃.
　　　몸은 본래 형체가 있는 것이 아니고, 마음 역시 틀이 있는 게 아니다
　　　본래 아무것도 없는 것인데, 어디에서 먼지가 일어나겠는가

홍인의 어떤 면이 혜능의 청정심을 일깨웠는가? 즉 생심(生心)의 계기는 무엇인가? 그것은 바로 무주에 있다. 혜능은 이미 집착이 없는 상태였을 것이다. 왜냐하면 모든 10지 이상의 훌륭한 보살은 청정한 마음을 일으켰고, 색·성·향·미·촉·법 등에 집착하여 망념을 일으키지 않았기 때문이다.[62] 그 집착함을 버린다는 것은 일체 사물에 대해서이다. 집착함을 버린다는 것은 무엇을 말하는가? 그것은 집착했던 사물 반대편에 있는 세계를 보는 것으로, 무주라는 부정어를 역설적으로 활용한 것이다.

무주(無住)란 무엇인가? 무주란 단지 아무런 집착이 없다는 것이 아니라, 사물에 대한 망집(妄執)이 일어나지 않아 진여가 자유자재롭다는 것이다. 혜능은 "앞의 생각, 지금의 생각, 다음의 생각이 서로 이어져 단절이 없어야 한다. 만약 단절이 되면 법신은 육신을 떠나게 된다"[63]고 말했다. 왜냐하면 생각의 본체가 진여이고, 생각은 진여의 발현이기 때문이다.[64] 그래서 무주란 끊임없이 진여의 표현이 있는 것이라야 한다. 그러면서 무주는 동시에 근본이 없는 것이어야 한다. 왜냐하면 "만물은 머무는 데 없음을 근본으로 삼는다. 또 묻기를, 머무는 것이 없는 것은 누구를 근본으로 합니까? 머무는 데 없으니 곧 근본이 없는 것"[65]이기 때문이다. 따라서 무념과 무상 역시 무주처럼 근본이 없는 것을 기초로 성립되는 것이다.

무념(無念)이란 무엇인가? 무념이란 아무런 생각이 없다는 것이 아니라, 상대적 세계관을 버려 망념이 일어나지 않아 진여가 자유롭다는 것이다. 그래서 혜능은 "만약 번뇌·망념이 없으면, 무념 역시 성립되지 않는다. …… 번뇌·망념이 없다는 것은 상대적 세계관과 망념을 모두 떨친

---

62   諸菩薩摩訶薩, 應如是生清淨心, 不應住色生心, 不應住聲香味觸法生心.(『金剛經』「莊嚴淨土分」)

63   前念今念後念, 念念相續無有斷絶. 若一念斷絶, 法身卽是離色身.(정성본 역주본, 19단)

64   眞如是念之體, 念是眞如之用.(정성본 역주본, 19단)

65   無住爲本. 又問, 無住孰爲本? 答曰, 無住則無本.(『維摩詰經』「觀衆生品第7」)

것을 말한다"[66]는 의미에서 "일체 경계에 물들지 않는 것을 무념이라 하는 것이다"[67], "반야삼매를 깨달은 것이 바로 무념이다"[68]라고 말했다.

무상(無相)이란 무엇인가? 무상이란 아무런 형상이 없다는 것이 아니라, 고정된 형상 관념을 버려 망상이 일어나지 않아 진여가 자유롭다는 것이다. 혜능은 "밖으로 모든 형상을 떨친 것이 아무런 형상이 없다는 것이다"[69], "모든 것은 모두 자성에 있는 것이다. 일체 악행만을 생각하면 악을 저지르고, 일체 선행만을 생각하면 선을 닦게 된다"[70]고 말한다. 그래서 청정한 본성을 무상이라 하는 것이다.

무주·무념·무상은 서로 구분할 수 없는 것이다. 그것은 한마디로 해탈함으로써 자유롭게 계속 일어나는 진여의 발현을 말한다. 이런 무주·무념·무상은 이미 『유마힐경』과 『금강경』에 많이 나온 개념이지만, 혜능이 신수의 게송을 부정하고 진여의 세계를 직지(直指)하거나 제자를 돈오돈수하게 이끌 때 사용한 방법이다.

결론적으로 이런 부정법은 업장을 가진 중생이 그것을 걷어 내는 방법이다. 즉 보조 지눌은 『보조전서』에서 "어떤 스님이 조주에게 '개에게도 불성이 있습니까?' 라는 질문에, 조주는 '무(無)' 라고 대답했습니다. 조주의 무야말로 생사의 번뇌를 타파하고 불안의 중생심(의심)을 끊는 칼(지혜)인 것입니다"[71]라고 했다. 무는 존재 자체를 부정하는 것이므로 불

---

66   若無有念, 無念亦不立. …… 無者, 離二相諸塵勞.(정성본 역주본, 19단)

67   於一切境上不染, 名爲無念.(정성본 역주본, 19단)

68   悟般若三昧, 卽是無念.(정성본 역주본, 33단)

69   外離一切相是無相.(정성본 역주본, 19단)

70   萬法在自性. 思惟一切惡事, 卽行於惡行. 思量一切善事, 便修於善行.(정성본 역주본, 22단)

71   狗子還有佛性也無. 州云, 無. 遮一字者, 便是箇破生死疑心底刀子也.(『대정장』 v.47, 923a쪽) 정성본, 『간화선의 이론과 실제』, 서울, 동국대학교 출판부, 2005, 285쪽에서 재인용함.

(不)·비(非)·미(未) 등과는 비교가 되지 않는 강한 부정이다. 그런 무를 중생심 부수는 무기로만 사용하면 안 된다. 왜냐하면 중생심과 번뇌가 없다고 해탈하는 것이 아니기 때문이다. 진여본성이 깨어나면 중생심과 번뇌의 요인이 있어도 마음이 일어나지 않기 때문이다. 단지 중생심과 번뇌만을 제거하는 것뿐이면, 그것은 곧 사선(死禪)이 된다.

부정법은 어떻게 사용하느냐에 따라 그 결과는 천양지차로 벌어진다. 단지 부정만 하는 사람은 부정에 빠져 불심을 깨닫지 못하지만, 역설적 부정을 하는 사람은 부정을 넘어서서 부정한 것조차 긍정하는 무한·보편·평등의 세계를 깨닫게 된다. 역설적 부정은 부정에 있는 것이 아니라 절대 긍정에 있기 때문이다. 직심이 행주좌와의 주체가 되면 부정의 방법을 취하든 긍정의 방법을 취하든 그것은 단지 하나의 방편일 뿐이다. 그것은 다음에 논하는 직심발행의 방법과 일치한다.

2) 직심발행의 방법

혜능의 일행삼매는 직심을 실천으로 직행(直行)하게 하는 방법이다. 직심의 직행을 주장하는 것은 이미 진여본성을 품고 있기 때문이며, 그것 이외에 다른 주체·내용·방법·원인을 찾을 필요가 없기 때문이다. 직심은 어떤 것인가? 혜능이 말하는 직심은 본래 『유마힐경』「불국품」과 『대승기신론』「해석분」의 용어이다. 그래서 필자는 "대승심을 따르면 직심을 따를 수 있고, 그 직심을 따를 수 있으면 실행할 수 있다"[72]는 말에서 직심(直心)과 발행(發行)을 취하여 직심발행(直心發行)이라는 용어를 만들었다.

혜능이 사용한 직심의 의미는 어떠한가? 혜능은 『육조단경』에서 『유마힐경』의 "모든 법상을 잘 분별할 수 있으니, 제일의 의미가 움직이지 않는

---

72   隨大乘心則能直心, 隨其直心則能發行.(『維摩詰經』「佛國品第1」)

다. …… 직심이 보살정토이다"[73], "즉시 활연하게 본심을 돌려 얻는다"[74], "직심이 도량이고, 정토이다"[75]와 같은 말을 인용했다. 이렇게 혜능이 『유마힐경』의 말을 인용하기 때문에, 『유마힐경』 중심의 직심을 종합하면, 직심은 진여를 생각하는 마음이면서 진여 자체이고, 그의 표현으로서 진여본성에서 직접 나온 것이다.

『육조단경』을 중심으로 보면, 직심은 진여 본체이면서 그의 작용이다. 혜능은 "진여는 생각의 본체이고, 생각은 진여의 작용이다. 자성이 자각하여 보고 듣고 깨닫고 알지만, 일체의 모든 경계에 진여 자성은 더럽혀지지 않고 언제나 청정하며 자유자재한 것"[76]이라고 말했기 때문이다. 그래서 혜능은 "본심을 모르면 공부를 해도 무익하다"[77]고 말한 것이다.

이렇게 직심이 혜능에게 주요 개념어가 된 것은 그가 돈오돈수를 주장했기 때문이다. 일행삼매는 일상생활에서 직심을 행하는 직심발행이므로, 혜능은 "입으로 일행삼매를 말하면서 직심을 행하지 않으면 불제자가 아니다"[78]라고 말했고, 무념은 아무 생각이 없는 것이 아니라, 진여본성을 생각하는 것이라고 말했다.[79] 그뿐만 아니라 "미혹된 사람은 사물[法]의 모양에 집착하고 일행삼매에 집착하여, 앉아서 움직이지 않고 망령된 마음을 제거한 것을 일행삼매라 한다. 만약 그와 같다면 그런 가르침은 목

73 能善分別諸法相, 於第一義而不動. …… 直心是菩薩淨土.(『維摩詰經』「佛國品第1」, 131쪽)

74 卽時豁然還得本心.(『維摩詰經』「弟子品第3」, 136쪽)

75 淨名經云直心是道場, 直心是淨土.(정성본 역주본, 16단) 直心是道場은 『維摩詰經』「菩薩品第4」에 나오고, 直心是淨土는 直心是菩薩淨土라는 말로 『維摩詰經』「佛國品第1」에 나온다.

76 眞如是念之體, 念是眞如之用. 自性起念, 雖卽見聞覺知, 不染萬境而常自在.(정성본 역주본, 19단)

77 不識本心, 學法無益.(정성본 역주본, 10단)

78 口說一行三昧, 不行直心, 非佛弟子.(정성본 역주본, 16단)

79 無者, 離二相諸塵勞; 念者, 念眞如本性.(정성본 역주본, 19단)

석처럼 무정한 것이 되어 오히려 불도를 닦는 데 장애가 된다. 도란 모름 지기 두루 통해야 하는데, 어찌 한곳에 정체시키려 하는가? 마음이 한곳에 머물지 않는다면 도는 두루 통하는 것이고, 머물면 속박당하는 것이다"[80], "마음을 살펴보고, 마음의 청정함을 살펴본다고 한다면, 이것은 오히려 불도 수행에 장애가 된다"[81]고도 했다. 그래서 혜능은 일상생활에서 직심발행하여 성불한 사람이라 할 수 있다. 그래서 구태여 부정법을 사용하여 제거할 장애물도 없고, 학습을 통해 점차 수양할 필요도 없어 돈오돈수해야 한다고 말한 것이다.

돈오돈수를 주장하는 혜능의 수도와 실천 방법은 오직 일행삼매 하나뿐이다. 왜냐하면 혜능이 수도와 실천의 방법을 일행삼매 하나로 말하는 것은 득도를 직심발행하는 실천 속에 설정했기 때문이다. 예를 들어 보고 듣고 말하는 일상 행위 속에는 그렇게 할 줄 안다는 것을 내포하듯, 직심이 그렇게 한다는 속에는 이미 그렇게 할 줄 안다는 것이 내포된 것이다. 더욱이 행주좌와하는 모든 주체·내용·방법·원인을 진여본성에 완전무결하게 다 갖추었기 때문에 바깥에서 구할 것이 전혀 없다.

의식의 대반전을 위해 경유하는 긍정 → 부정 → 긍정의 과정에서 앞의 긍정은 부정의 상대 개념으로서 일상적인 의미이고, 뒤의 긍정은 절대 개념으로서 무한·보편·평등한 것이다. 그래서 부정의 방법은 한 번 부정으로 곧바로 무한·보편·평등의 세계를 들어갈 수 있다. 그리고 긍정의 형식으로 "뜰아래 잣나무"처럼 직접 진리를 말하는 것은 직심으로 직행하는 직심발행이다. 만약 중생심이 있는 사람이라면 긍정 → 부정 → 긍정의 과정을 거치겠지만, 중생심이 없는 사람에게는 그럴 필요가 없이 진리로 직행할 수 있다.

---

80 迷人著法相, 執一行三昧, 直言坐不動, 除妄不起心, 卽是一行三昧. 若如是, 此法同無情, 却是障道因緣. 道須通流, 何以却滯. 心不住法, 道卽通流, 住卽被縛.(정성본 역주본, 16단)
81 看心看淨, 却是障道因緣.(정성본 역주본, 20단)

불성을 가지고 있다고 해서 모두 부처가 아니듯, 집착이 없다고 곧 진리를 깨닫는 것도 아니다. 『유마힐경』에서 "번뇌를 끊지 않고 그대로 열반에 드는 것이라야 좌선"[82]이 된다는 것처럼, 직심으로 행주좌와하면 어떤 환경이든 문제가 되지 않는다. 사람의 근기에 따라 돈(頓)과 점(漸)의 차이는 있지만 깨닫고 나면 모두 마찬가지이듯, 역설적 부정의 방법으로 돌아가든 직심직행하든 방법상 차이가 있을 뿐이다.

3. 삶으로의 복귀

선종의 일행삼매는 본론에서 논한 것을 기초로 하여 여러 가지로 규정할 수 있다. 삶 중심으로 보면 일행삼매, 지혜 중심으로 보면 반야삼매, 심성 중심으로 보면 직심삼매나 진여삼매, 형상 중심으로 보면 일상삼매(一相三昧), 방식 중심으로 보면 직심발행이라고 구분할 수 있다. 혜능의 일행삼매의 모든 기초는 본성 속에 이미 완전무결한 진여본성, 즉 직심이 갖추어져 있다는 데 있다.

만법이 모두 진여본성에 갖추어졌다는 말은 실상 아무것도 갖추고 있지 않은 거울 같은 청정함뿐이다. 그렇기 때문에 만법이 진여본성에 갖추어져 있다는 것이다. 그런 진여본성은 진여본성으로 진여본성을 깨닫고 만법에 대해 언제·어디서나 보편·타당·평등하게 행주좌와를 할 수 있다는 것이다.

진여본성이 청정하여 아무것도 갖추고 있지 않기 때문에 만법을 갖추고 있다는 말은 모순되는 듯 보인다. 그러나 그것은 독립자존하는 언어도단의 절대 세계이기 때문에 역설적으로 말하는 것뿐이다. 그래서 물음의 범주인 '언제'·'어디서'·'누가'·'무엇을'·'어떻게'·'왜'와 같은 형식의

---

[82] 不斷煩惱而入涅槃是爲宴坐.(『維摩詰經』「弟子品第3」)

물음으로 탐색하여 접근을 하지 않는다. 비록 상대적 세계관으로 접근한다 해도 아무런 장애 없이 언행을 할 수 있는 것은 그 어떤 것의 제약도 받지 않을 수 있는 진여본성을 가지고 있기 때문이다. 그런 진여본성을 깨달은 해탈은 고해를 벗어나는 것이 아니라 고해 속에서도 고통을 받지 않는 정신 경지를 말하는 것이다.

도신 이후 거론된 일행삼매론에 대해, 종밀이 『대승기신론』의 영향에 대해 논의한 이래 많은 연구를 해 왔다. 혜능이 일행삼매를 말한 것은 그런 외적 영향 관계보다는 오히려 돈오돈수를 주장하는 그의 직심발행 속에서 모든 것을 해결하려 한 내적인 이유가 더 크다. 돈오돈수하기 위한 방법으로 직심과 실천을 연결하여 직심발행하는 일행삼매론을 주장한 것이다. 그래서 일행삼매론 역시 직심발행 안에 있다고 할 수 있다. 중국 선종이 6조 혜능에 이르러 완성되었다는 것은 바로 이와 같이 직심발행을 본질로 하는 일행삼매 때문은 아닌가?

혜능의 일행삼매가 『문수설반야경』에 근본을 두고 있든, 또는 『대승기신론』의 영향으로 그 방법이 바뀌었든, 그 내용은 혜능이 깨달음으로 얻은 것이다. 그는 단지 직심발행하는 삶 속에 일체의 깨달음이나 실천을 포괄함으로써 지행이 분리될 수 없도록 하여 직심 실현을 극대화한 것이다. 또한 혜능의 일행삼매는 만법·만행을 관통하며 일체 경계를 떠나지 않는 무상·무념·무주의 최상승의 반야바라밀의 경지이다. 선종의 성격은 이처럼 수양과 실천을 일치시키고 성속을 하나로 묶음으로써 현실의 모든 사람과 함께하려는 것이다. 그런 대승적 성격은 현실 중심의 중국 전통 철학과 같은 형태이다.

[2008년][83]

---

83 「혜능의 일행삼매의 방법」, 『동서철학연구』 49호, 한국동서철학회, 2008.9.30.에 게재한 것을 수정 보완함.

제21장

장재의 허체화용의 방법

송·명대의 유학자들은 수·당대의 도가와 불가의 전성기를 지나면서 정치적·학문적으로 많은 위기감을 가지고 있었다. 그렇기 때문에 유학자들은 여러 방법으로 유가 철학을 새롭게 재건하였는데, 그런 위기감이 오히려 그들의 학문을 개성 있게 만들었다. 일반적으로 그들의 학문을 특징에 따라 이학(理學)·도학(道學)·기학(氣學)과 같이 분류하는데, 장재의 철학은 기학에 속한다.

장재(張載, 1020~1077, 字는 子厚, 號는 橫渠)는 도가와 불가 철학의 문제점을 비판하는 동시에 유가 자체의 부족한 점도 보완함으로써 유가 철학 발전에 이바지하려 했다. 특히 그는 태허(太虛)와 태화(太和)라는 철학적 개념을 중심으로 한 새로운 방법을 제시했다. 같은 개념이라도 사용자의 입장에 따라 다른 의미를 가지는데, 장재는 태허와 태화의 개념을 『주역』·『중용』과 공맹의 유가 철학적 입장에서 재해석하고, 그것을 유가 철학 재건에 활용했다.

장재 철학의 현실적 목적은 당시 절박했던 송나라의 국난을 극복하는 것이었다. 그를 위해 부단히 변화하는 『주역』의 역(易)을 중심 개념으로 삼아 역동적 기학을 건립했고, 천명을 본성으로 보는 『중용』을 중심으로 삼아 공맹 철학의 도덕 정신을 계승했다. 그래서 그의 철학적 특징은 한마디로 역동적 실천 철학이 되었다. 그는 그런 철학 사상을 태허와 태화라는 형용사형 개념 속에서 전개했는데, 그것은 부단히 변화하는 현상과 개념 사이를 최대한 가깝게 하기 위한 것이었다. 그렇게 형용사형 개념으로 철학적 제일 개념을 건립했기 때문에, 그는 용 중심의 태허 본체론을 형성하게 되었고, 균형과 조화 중심의 태화 우주론을 형성하게 되었으며, 그런 것을 기초로 성명(誠明)의 천도 도덕론을 건설할 수 있었다. 따라서 그의 철학적 방법은 한마디로 용즉체(用卽體)의 허체화용(虛體和用)이라고 할 수 있다.

　본문의 중심은 장재가 그의 시대적 문제를 해결하기 위해 자신의 철학적 방법을 어떻게 건립했으며, 어떻게 운용하는가를 논하는 데 있다. 그래서 그의 철학적 방법이 지향하는 최고 목적을 중심으로 하여 먼저 역사적 배경을 검토함으로써 시대적 문제를 논하고, 그의 도덕 형이상학을 본체론·우주론·도덕 실천론 등으로 분석함으로써 허체화용의 철학적 방법을 논하고자 한다.

1. 방법론적 배경

위진남북조 및 수·당을 지나는 동안 도가와 불가는 흥성하고 유가는 침체되었다. 국가적 혼란기에 일반 백성들은 인간적 고통을 벗어나기 위해 도교의 도관이나 불교의 절을 찾았다. 일반 백성들의 종교 생활은 늘 그렇듯 기복 신앙의 수준을 벗어나지는 못했지만, 불교의 각 종파 선사들의 괄목할 만한 연구 성과는 상대적 위치에 있는 유학자들에게는 위기감을 갖게 하기에 충분했다. 불안해진 유학자들은 도·불가의 문제점을 비판하고 유가 자체의 문제점도 보완하기 시작했다.

　장재 철학의 동기와 목적에는 도·불가에 대항하여 유가를 부흥시키려는 것도 있지만, 당시 절박했던 송나라의 국가적 위기를 극복하려는 것도 있다. 왜냐하면 당시 송나라는 국력이 쇠약하여 거란족이 세운 요(遼)와 굴욕적인 조약을 맺고, 서하(西夏)에는 은과 비단 등의 세폐(歲幣)를 바치는 등 국가의 자존심은 물론 국가 존립 자체가 문제가 되었기 때문이다. 그래서 그는 병법을 좋아하여 18세에는 당시 섬서초토부사(陝西招討副使)인 범중엄(范仲淹, 989~1052)에게 변방 문제를 논의하는 편지를 보냈는데, 범중엄은 오히려 그에게 『중용』을 읽어 보라고 추천했다. 그러나 장재는 『중용』에서 답을 찾지 못하고 다시 도가와 불가를 찾았으며, 거기에서도 역시 답을 찾지 못하자 다시 육경으로 돌아왔다.[1]

장재의 학문적 동기는 구국의 현실적인 방법을 찾는 것이었으며, 그 과정에서 선택한 것이 바로 유가 철학이었다. 그가 기초로 삼은 경전은 『주역』·『맹자』·『중용』 등이다. 그 속에서 건립한 장재 철학은 특징적으로 말해 기학(氣學)인데, 대표 저작으로는 『정몽』과 『횡거역설』(橫渠易說)이 있다. 훗날 왕부지(王夫之, 1619~1692) 역시 구국의 목적을 가지고 『주역』과 『정몽』을 기초로 하여 유가 철학을 재건하려 했으며,[2] 『장자정몽주』(張子正蒙注)를 지은 것도 그와 같은 기학적 맥락에서 이해될 수 있다.

철학적 방법의 역사를 보면 뒤에 등장하는 철학의 방법은 대개 앞 시대의 철학적 방법의 문제점을 지적하는 데서 시작한다. 장재가 비판한 철학

---

1   張載, 字子厚, 長安人. 少喜談兵, 至欲結客取洮西之地. 年二十一, 以書謁范仲俺, 一見知其遠器, 乃警之曰: '儒者自有名教可樂, 何事於兵?' 因勸讀中庸, 載(張載)讀其書, 猶以爲未足, 乃訪諸釋老, 累年究極其說, 知無所得, 反而求之六經.(『宋史』「列傳」第186, 12723쪽) 張子之學, 無非易也. 卽無非詩之志, 書之事, 禮之節, 樂之和, 春秋之大法也, 論孟之要歸也.(王夫之, 『張子正蒙注』「序論」)

2   "劉越石(西晉 末, 흉노의 永嘉之亂 때 충신)처럼 고군분투하는 마음을 품었으나 목숨을 바치지는 못했고, 張載처럼 바른 학문을 추구했으나 힘이 미치지 못했다. 다행히 온전한 몸으로 이 무덤으로 돌아가나 진정 동정하는 마음을 품고 세상을 떠난다."(抱劉越石之孤憤, 而命無從致. 希張橫渠之正學, 而力不能企. 幸全歸于玆丘, 固銜恤以永世.(王夫之, 「自題墓銘」, 『薑齋文集補遺』))

적 입장은 무엇이며, 그가 비판한 앞 시대 철학적 방법의 문제점은 무엇인가? 장재의 중심 문제는 도가와 불가의 문제점을 비판하고, 유가의 도덕 형이상학을 보완하는 것이었다.

첫째, 장재는 도·불가 학설의 문제점을 극복하려 했다. 장재가 주장하는 도·불가의 문제점은 본체와 작용이 괴리되어 있다는 것이며, 그에 대한 대안으로 제시한 것은 천명론과 유무혼일론(有無混一論)이다.[3] 즉 장재는 불가가 공(空)·적멸(寂滅) 등을 바탕으로 천지 만물을 환망(幻妄)한 것이라고 주장하는 것에 대해 천명(天命)을 모르는 것이라고 비판했고, 도가가 무(無)를 바탕으로 '유가 무에서 생긴다'[有生於無]고 주장하는 것에 대해 유무혼일(有無混一)의 도를 모르는 것이라고 비판했다.

> "(불교는) 천지 일월을 환망(幻妄)한 것이라고 속인다."[4]
>
> "불교는 천명을 모르고, 천지는 사물에 대한 마음의 작용, 즉 심법(心法)에 따라 생멸하는 것이라 한다."[5]
>
> "저 적멸을 말하는 자[불교]는 가고 돌아오지 않는다고 말하고, 불로장생을 좇고 유(有)에 집착하는 자[도교]는 사물이 변화하지 않는다고 말한다. …… 노자의 '유는 무에서 생긴다'는 자연론에 빠지며, 유와 무가 하나로 혼융된 항상성의 도를 알지 못하게 된다."[6]

---

3   知虛空卽氣, 則有無·隱顯·神化·性命通一無二.(『正蒙』「太和」) 若謂虛能生氣, 則虛無窮, 氣有限, 體用殊絶. 入老氏有生於無自然之論, 不識所謂有無混一之常.(『正蒙』「太和」) 佛老之初, 皆立體而廢用. 用旣廢則體亦無實!(王夫之, 『船山遺書全集』[17], 「思問錄內篇」, 9665쪽)

4   誣天地日月爲幻妄.(『正蒙』「大心」)

5   釋氏不知天命, 而以心法起滅天地.(『正蒙』「大心」)

6   彼語寂滅者往而不反, 徇生執有者物而不化. …… 入老氏有生於無自然之論, 不識所謂有無混一之常.(『正蒙』「太和」) 본문에서 인용하는 張載의 말은 『張載集』(臺北, 里仁書局, 1981)을 기준으로 한다.

"곡신(즉 노자의 도)은 한계가 있기 때문에 세상의 모든 소리와 통할 수 없다. (유가의) 성인의 신(神, 즉 天德)은 오직 하늘이기 때문에, 두루 만물과 통할 수 있고 알 수 있다."[7]

장재가 대안으로 제시한 유무혼일의 도는 무엇인가? 그것은 바로 태화(太和)의 도이다.[8] 태화는 유무 등 일체를 포월(包越)하여 혼일하게 만드는 조화의 도이기 때문이다. 즉 "허공이 곧 기라는 것을 알면, 유무·은현·신화·성명이 하나로 통하여 두 개가 없다는 것을 알게 된다"[9]는 것이다. 그렇게 그가 유무혼일의 도를 제시하게 된 것은 도·불가의 철학이 무(無)와 공(空) 쪽에 치우쳤다고 보았기 때문이다.

둘째, 장재는 유가 철학에 대해 천도론과 성인의 공부론이 없다고 비판했다. 그가 유가 철학에 없다고 비판한 천도론은 본체론·우주론 등을 말하고, 진·한 이래 없어졌다고 지적한 성인 공부론은 수양 실천의 방법론이다. 그래서 장재가 제안한 것은 바로 『주역』을 종주로 삼고, 『중용』을 몸체로 삼아 공맹 철학을 따르는 것이다.

"사람에 대해서는 알지만 천도에 대해서는 모르며, 현인이 되고자 하면서도 성인이 되고자 할 줄 모르니, 이것이 진·한 이래 유학자들의 가장 큰 폐단이다. 그래서 그의 학문은 예와 덕을 존귀하게 하며, 천성을 즐기고 천명을 편안히 하며, 『주역』을 종주로 하며, 『중용』을 몸체로 하며, 공맹 철학을 법으로 하며, 괴이하고 망령된 것을 물리치고 귀신을 분명히 해야 한다는 것이다."[10]

---

7   谷之神也有限, 故不能通天下之聲. 聖人之神惟天, 故能周萬物而知.(『正蒙』「天道」)

8   太和所謂道.(『正蒙』「太和」)

9   知虛空卽氣, 則有無·隱顯·神化·性命通一無二.(『正蒙』「太和」)

10   以爲知人而不知天, 求爲賢人而不求爲聖人, 此秦漢以來學者大蔽也. 故其學尊禮貴德, 樂天安命, 以易爲宗, 以中庸爲體, 以孔孟爲法, 黜怪妄辨鬼神.(『宋史』「列傳」 第186, 12724쪽)

　　장재 철학상 천도론의 주요 특징 중 하나는 명사형이 아닌 동사·형용사형의 철학 개념을 사용한다는 것이다. 공자가 인(仁), 노자가 자연(自然)이나 크다[大][11], 부처가 공(空)과 같이 동사·형용사형의 개념을 철학적 제일 개념으로 삼았듯이, 장재가 태허(太虛)나 태화를 사용한 것 역시 그렇다. 우리는 일반적 어법으로 '태양이 뜬다', '장미꽃이 향기롭다' 처럼 주어는 명사형, 술어는 동사형이나 형용사형 개념을 사용한다. 그런데 장재는 "무형인 태허가 기의 본체이다"[12], "지극히 조화로운 태화가 도라는 것"[13]이라는 것처럼 "태허·태화"와 같은 형용사형 개념을 주어의 위치에 두고, '본체·도'와 같은 명사형 개념을 술어의 위치에 둔다.

　　장재는 왜 '태허·태화'와 같은 형용사형 개념을 사용했으며, 심지어 왜 그것을 주어의 위치에 두었는가? 형용사형 개념은 사물의 속성을 말하므로 술어로 사용한다. 그런데 그것으로 어떻게 실체를 말할 수 있는가? 그는 명사형 개념을 오히려 형용사형 개념의 종속적 위치에 두고, 작용 자체(동사형 개념)로 본체를 말하려는 것이다. 그것은 동사·형용사형으로 일어나는 대자연의 변화 작용이 원형이고, 그것을 개념화한 것이 명사형 개념이라고 보는 것이다. 그래서 장재는 "기가 모이고 흩어지는 것은 객형(客形, 즉 변화하고 있는 과정으로서의 일시적 형태)일 뿐"[14], "신(神)과 역(易)은 비록 하나의 일[작용]이고, 방(方)과 체(體)도 비록 하나의 의미[본체]이지만, 그것의 변화를 헤아릴 수 없기 때문에 일정한 규칙이 없다고 말하고, 화생하고 또 화생하기 때문에 본체가 없다고 말하는 것"[15]이라고 했다. 즉 작용 자체를 본체로 본 것이다. 그것은 변화 작용을

11　吾不知其名, 字之曰道, 强爲之名曰大.(『老子道德經』 25)

12　太虛無形, 氣之本體."『正蒙』「乾稱」: "太虛者, 氣之體.(『正蒙』「太和」)

13　太和所謂道.(『正蒙』「太和」)

14　其聚其散, 變化之客形爾.(『正蒙』「太和」)

15　神(與)易雖是一事, 方與體雖是一義; 以其不測, 故言無方; 以其生生, 故言無體.(『張載集』「橫渠易說, 繫辭上」, 臺北: 里仁書局, 1981, 187쪽)

규정하는 데는 동사·형용사형 개념이 실제에 보다 가깝기 때문이고, 그렇게 실제에 보다 가깝게 함으로써 유가 철학의 실천성을 강화하려 한 것이다.

장재의 태허와 태화는 일반적으로 볼 때 위와 같이 동사·형용사형의 개념으로 보는 것은 물론 명사형으로도 볼 수 있다. 하지만 그것은 유무혼일체로서 규정 불가능하기 때문에 전개념적(前槪念的)이다. 즉 그것은 어떤 품사로도 분류할 수 없는 개념의 원형(原形)에 속하는 것이다. 그렇게 그는 전개념적인 태허와 태화를 기초로 본체론·우주론·도덕 수양론 등 세 분야의 문제를 태허의 본체론, 태화의 우주론, 천도의 도덕론으로 건설했다.

장재가 생기 넘치는 기(氣)의 작용을 철학의 제일 개념으로 삼은 것은 당시 침체된 유가 철학을 구하기 위한 것이다. 그래서 그는 태허의 허체(虛體)로 음양·허실·동정·취산·청탁·유무·은현·신화·성명 등의 이원적 요소를 통합하여 유무혼일체로 만듦으로써 도가의 무나 불가의 적멸을 포월하려 했고, 태화의 화용(和用)으로 실천적 방안을 강화함으로써 도·불가의 비현실성을 비판했다. 그는 그런 용즉체(用卽體)적 본체론을 수양 실천에 적용함으로써 백성들이 활기차고 강한 국가관을 가질 수 있는 철학적 모형을 제시한 것이다. 그가 젊어서 병법이나 도·불가 철학 등을 두루 연구한 것만 보아도 그의 현실 중시를 짐작할 수 있다. 그렇게 장재를 필두로 신유가의 기학이 형성되었으며, 훗날 황종희(黃宗羲, 1610~1695)가 "이(理)는 기(氣)의 이(理)이므로, 기가 없으면 이도 없다"[16]고 하고, 왕부지 역시 "기(氣)는 이가 의지하는 것이다. 기가 번성하면 이가 도달하게 된다"[17]고 하는 기선이후 사상으로 계승되었다.

---

16   理爲氣之理, 無氣則無理.(『明儒學案』「河東學案」, 144쪽)
17   氣者, 理之依也. 氣盛則理達.(『船山遺書全集』[17]「思問錄內篇」, 9668쪽)

장재의 철학은 한마디로 태허와 태화의 개념을 합친 허체화용(虛體和用)으로 정리될 수 있다. 그의 허체화용론은 도·불가의 관념성을 극복할 수 있는 하나의 대안이 되는 동시에 유가 철학을 역동적으로 보완하는 방법이 되었다. 그의 최종 목표에서 보면, 장재가 태허의 본체론과 태화의 우주론을 건설한 것은, 단지 유가 철학의 형이상학 보완이 아니라 역동적인 성명(誠明)의 천도 도덕론을 건설하려 한 것이다.

2. 주요 방법

장재 철학의 주요 방법에는 본체론으로 용즉체의 방법, 우주론으로 취산무궁(聚散無窮)의 방법, 천도의 도덕론으로 성명(誠明)의 방법이 있다. 그의 철학적 방법의 특색은 도·불가를 비판하고 유가의 도덕 형이상학을 보완하면서 입론했다는 것에 있다.

1) 용즉체의 태허 본체론

장재의 본체론은 용즉체(用卽體)의 구조로 되어 있다. 그것은 그가 『주역』의 '신무방, 역무체(神無方, 易無體)'와 같은 입장에서 만물의 변화 자체를 본체로 보았기 때문이다. 아래 인용문에서 현상과 본체의 관계를 보면, 현상이 본체에 종속적인 것이 아니고 오히려 본체가 현상에 종속적인 것임을 알 수 있다. 태허는 만물의 근원자이지만 형체가 없으므로 취산의 작용 속에서 비로소 알 수 있다는 것이다. 그러므로 우리는 그것을 허체화용이라는 개념으로 종합할 수 있다.

"신(神)과 역(易)은 비록 하나의 일이고 방(方)과 체(體)도 비록 하나의 의미이지만, 그것의 변화를 헤아릴 수 없기 때문에 일정한 규칙이 없다고 말하고 화생하고 또 화생하기 때문에 본체가 없다고 말하는 것이다."[18]

"태허는 본체가 없으므로 태허의 변천 운동을 외부에서는 증명할 수 없다."[19]

"형상이 있고 난 후, 변화의 징험을 알 수 있다."[20]

장재는 만물의 기원을 유무혼일의 도로 말한다. 그런 유무혼일의 도는 만물의 변화 작용 자체이다. 장재는 그런 유무혼일의 도를 기초로 삼고, 만물의 발원자를 말할 때는 태허(太虛)를 가지고 말하고, 만물의 조화 원리를 말할 때는 태화(太和)를 가지고 말한다. 따라서 유무혼일의 도와 태허 · 태화는 다른 어떤 것이 아니다. 장재는 다른 성리학자들과 달리 기(氣)의 작용 속에서 일체적 조화를 추구했기 때문에, 그의 형이상학을 '조화의 형이상학'이라고 말하는 사람도 있다.[21]

장재는 천덕(天德)을 본체라고 보고, 그것의 작용을 천도라고 말한다. 기가 이합집산하는 작용은 어떤 법칙을 갖는가? 만사만물의 조화 원리인

---

18   神(與)易雖是一事, 方與體雖是一義; 以其不測, 故言無方; 以其生生, 故言無體.(『張載集』「橫渠易說, 繫辭上」, 187쪽) 이 문장에서 '生生'을 '化生하고 化生하다'로 해석한 것은 張載 철학이 『周易』을 기초로 하고 있기 때문에 "生生之謂易."(「繫辭上」 5)을 반영한 것이다. 『周易』에 나오는 생(生)이란 말은 함괘의 "天地感而萬物化生", 「繫辭下」 5章의 "天地絪縕, 萬物化醇, 男女構精, 萬物化生"과 같은 化生의 의미이다.

19   太虛無體, 則無以驗其遷動於外也.(『正蒙』「參兩」) 이 문장을 "태허는 형체가 없으니, 곧 그것이 밖에서 옮겨 가며 움직임을 시험해 볼 방법이 없다"고 번역하는 사람도 있다.(장재 저, 정해왕 역주, 『정몽』, 서울, 명문당, 1991, 29쪽) 하지만 이 문장의 주어는 태허이기 때문에, "태허는 형체가 없으므로 태허의 변천 운동(작용 현상)을 (떠난) 외부에서는 증명할 수 없다"라고 번역해야 한다. 天地之氣, 雖聚散而取百塗, 然其爲理也順而不妄. …… 太虛不能無氣, 氣不能不聚而爲萬物, 萬物不能不散而爲太虛.(『正蒙』「太和」) 이것은 작용 자체를 본체로 보는 것이다. 즉 취산의 작용 현상 바깥에 理가 있는 것이 아니다. 太虛無體가 虛生無를 말하는 것이 아니다. 태허는 무형이지만, 흩어진 氣이다.

20   有形有象, 然後知變化之驗.(『張載集』「橫渠易說, 繫辭上」, 177쪽)

21   김길환, 「장횡거의 형이상학과 천인합일사상」, 『사총』 17집, 서울, 고려대학교 역사연구소, 1973, 168~170쪽 참조.

태화가 그것이다. 태화의 법칙은 스스로 그런 것이지 타율적인 것이 아니다. 또 그것은 무한하여 그치지 않는 것이다. 그렇게 자율적이고, 무한하며, 그치지 않는 것이 곧 천도이다. 즉 "하늘이 장구하여 그치지 않는 원리가 소위 성(誠)이라 하는 것"[22]이다. 태허의 기 속에는 이미 그렇게 그침이 없는 진실무망한 성실성이 들어 있다는 것이다. 그것을 본체로 말하면 천덕이고, 작용으로 말하면 천도이다. 천덕이나 천도는 모두 자율적으로 그치지 않는 작용을 말하는 것이다.

> "기는 무한하여 태허에서 오르내리고 날아다니며 퍼지는 것을 멈춘 적이 없다."[23]
> "세상 사람들은 도가 저절로 그런 것인 줄만 알고, 저절로 그런 것이 본체가 됨은 알지 못한다. 하늘의 덕이 있은 후에 천지의 도를 한마디로 말할 수 있다."[24]
> "신은 하늘의 덕이고, 화는 하늘의 도이다. 덕은 그 본체이고, 도는 그 작용이지만, 기에서는 하나일 뿐이다. 신은 하나의 규칙이 없고, 역은 하나의 본체가 없으니, 크면서도 또한 하나일 뿐이다."[25]

태허는 유무혼일한 무형의 그 무엇을 말하는 것이기 때문에 구체적으로는 규정 불가능한 것이다. 그러나 그것은 변천 작용 속에서 이합집산하면서 무수한 형상을 띠게 된다. 그때 비로소 그것을 기일분수(氣一分殊)라는 우주론적 사상 구조로 정리할 수 있다. 그런데 정주학에서는 그런 장재의 「서명」을 논의하는 과정에서 그의 사상 형식을 이일분수(理一分

---

22   天所以長久不已之道, 乃所謂誠.(『正蒙』「誠明」)

23   氣坱然太虛, 升降飛揚, 未嘗止息.(『正蒙』「太和」)

24   世人知道之自然, 未始識自然之爲體爾. 有天德, 然後天地之道可一言而盡.(『正蒙』「天道」)

25   神, 天德. 化, 天道. 德其體, 道其用, 一於氣而已. 神無方, 易無體, 大且一而已爾.(『正蒙』「神化」)

殊)[26]라는 말로 재해석했다. 이일분수설은 태극 속에는 만물의 본체인 이가 선재한 것[27]이므로 작용은 본체의 이(理)를 따른다고 보지만, 기일분수설은 작용에 본체가 종속적이므로 기(氣)의 이합집산 관계에 의해 사물의 이(理)가 결정된다고 보는 것이다.

장재는 만물이 변천하는 도, 또는 이(理)를 어떻게 규정했는가? 그는 도를 가장 조화로운 변화 과정 자체로 말한다. 태화는 기가 부침·승강·동정·상감하며 만물을 생성하는 조화 작용을 말하는데, 기의 그런 조화 작용 자체가 곧 도라는 것이다. 즉 "태화는 이른바 도라는 것이다. 그 가운데는 부침·승강·동정·상감하는 상대적 성질이 있어 만물을 생성하는 왕성한 원기, 격렬한 운동, 이기고 지는 승패, 굽고 펴는 굴신의 근원이 된다. …… 무형의 태허가 기의 본체"[28]라는 것이다. 그것은 멈춤이 없는 무한 진행형이기 때문에, 장재는 형용사형의 철학 개념을 사용하여 근원자와 본체를 태허로 말하고, 그것의 작용을 태화로 말했다.

본래 태허라는 개념은 어디에서 유래했고, 어떤 것인가? 태허는 『장자』「지북유」에서 맨 먼저 사용된 개념으로서 표면상으로는 빈 하늘을 의

---

26   「西銘」은 '이치는 하나이지만 나누어지면 달라진다'[理一分殊]는 것을 밝힌 것이다. 그러나 墨子는 근본이 둘이면서 구분함이 없다고 했다. 나누어 다르게 함의 폐단은 사욕이 본심을 이겨 仁을 잃게 하고, 나눔이 없는 잘못은 겸애하나 義가 없게 한다."(西銘明理一而分殊, 墨氏則二本而無分. 分殊之蔽, 私勝而失仁, 無分之罪, 兼愛而無義.(『二程集』上, 609쪽,「答楊時論西銘書」))

朱熹도 "「西銘」 전체에 관통하는 것은 하나의 理一分殊이고, 한 구절이 있다면 그것은 理一分殊이다. ……「西銘」은 처음부터 끝까지 하나의 理一分殊이다"(西銘通體是一箇理一分殊, 一句是箇理一分殊. …… 西銘自首至末箇是理一分殊.(『朱子語類』卷98, 臺北, 文津出版社, 1986, 2522~2523쪽))라고 말했다.

27   未有這事, 先有這理. 如未有君臣, 已先有君臣之理. 未有父子, 已先有父子之理.(『朱子語類』卷95, 2436쪽)

28   太和所謂道. 中涵浮沈昇降動靜相感之性. 是生絪縕相盪勝負屈伸之始. …… 太虛無形, 氣之本體.(『正蒙』「太和」)

미했고, 내용상으로는 인위가 없는 도의 세계를 의미했다. 그런데 당나라 때의 공영달(孔穎達, 574~648)이 왕필(王弼, 226~249)과 한강백(韓康伯, 332~380)의 주에 자신의 소를 붙인 『주역정의』(周易正義)에서 태허는 간접적으로 태극을 지시했다.[29] 그러면서 그는 『주역정의』 곳곳에서 태허·태일(太一)·무위자연·현람(玄覽)·좌망(坐忘) 등과 같은 노자와 장자의 개념은 물론 그들의 문장을 직접 인용하여 주석을 달았다. 이를 보면 공영달의 『주역』 철학은 격의불교처럼 아직도 왕필의 도가적 사상 범주를 벗어나지 못한 것이다.

> "이와 같이 도를 모르는 사람은 밖으로는 우주를 볼 수 없고, 안으로는 태초를 알지 못한다. 그래서 곤륜산에 이르지 못하고, 하늘에서 소요유하지 못한다."[30]
> "허무는 태허로서 분별할 수 없는 것이며, 오직 하나일 뿐이다."[31]
> "이 모두가 허무 자연으로부터 생긴 것이다."[32]
> "태허로부터 자연스레 상이 있게 된다. …… 태허로부터 자연스레 수가 있게 된다. 그래서 태허의 상이고, 태허의 수인 것이다."[33]

장재의 태허 개념은 어떤 것인가? 장재의 태허는 만물의 근원자이다. 그는 노자의 유생어무(有生於無)처럼 무를 만물의 근원자로 삼는 사람을 비판하면서, 음양·허실·동정·취산·청탁·유무·은현·신화·성명을 포월하는 유무혼일의 도를 근원자로 제시한 것이다. 태허는 기의 본체로

---

29 예를 들면 莫不獨化於太虛, 故兩而自造矣.(『周易正義』「繫辭上」 5章, 韓康伯의 註)
30 若是者, 外不觀乎宇宙, 內不知乎太初. 是以不過乎崑崙, 不遊乎太虛.(『莊子』「知北遊」)
31 虛無是太虛不可分別, 惟一而已.(『周易正義』「繫辭上」 4章, 孔穎達의 疏)
32 皆由於虛無自然而來也.(『周易正義』「繫辭上」 8章, 孔穎達의 疏)
33 由太虛自然而有象也. …… 由太虛自然而有數也. 是太虛之象, 太虛之數.(『周易正義』「繫辭上」 9章, 孔穎達의 疏)

서 바로 유무혼일의 도이다. 태허는 곧 태극과 같은 것인데, 장재가 말을 바꾼 것은 작용 중심으로 말하는 역무체의 의미를 강조하기 위한 것으로 볼 수 있다.

"만약 허가 기를 낳을 수 있다면, 허는 무궁하고 기는 유한하여 본체와 작용이 완전히 단절되므로, 노자의 '유는 무에서 생긴다'는 자연론에 빠지며, 유와 무가 하나로 혼용된 불변의 도를 알지 못하게 된다."[34]

"허공이 곧 기라는 것을 알면, 유무·은현·신화·성명이 하나로 통하여 두 개가 없다는 것을 알게 된다."[35]

"태화는 기의 본체이다."[36]

"하나의 사물이면서 두 개인 것은 태극이라는 것이다."[37]

"태허의 기는 음양으로서 하나의 사물이다. 그러나 두 개가 있는 것은 양의 강건과 음의 순종뿐이다."[38]

장재는 부침·승강·동정·상감하는 것이 바로 태화의 도이고, 유무·은현·신화·성명이 본래 태허의 기라고 하는 철학적 전제를 가지고, 『주역』에 대한 공영달·소옹(邵雍)·주돈이(周敦頤) 등의 노장 철학적 해석을 반대하였다. 그런 맥락에서 그는 "(어떤 사람은) 한 번은 음이 되고 한 번은 양이 되는 도가 천지를 구분하고 주야를 관통하는 삼극, 즉 천지인(天地人)의 보편타당한 원리를 깨닫지 못하고, 마침내 유·불·노장의 학설을

---

34   若謂虛能生氣, 則虛無窮, 氣有限, 體用殊絶. 入老氏有生於無自然之論, 不識所謂有無混一之常.(『正蒙』「太和」)

35   知虛空卽氣, 則有無·隱顯·神化·性命通一無二.(『正蒙』「太和」)

36   太虛者, 氣之體.(『正蒙』「乾稱」)

37   一物而兩體(者), 其太極之謂歟!(『正蒙』「大易」; 『張載集』「橫渠易說, 說卦」2)

38   太虛之氣, 陰陽一物也. 然而有兩(體), 健順而已.(『張載集』「橫渠易說, 繫辭下」, 231쪽)

뒤섞어 하나로 생각한다. 이렇게 천도와 성명을 논하는 사람들은 황홀한 몽환의 미혹에 빠지거나 그렇지 않으면 반드시 '유는 무에서 생긴다'는 학설을 가장 고원하고 지극히 정미한 학설로 여긴다. 덕에 들어가는 길에서는 올바른 학술을 택하여 추구하지 않기 때문에, 편파적인 논의에 가려지고 음험에 빠지는 것이 많이 보인다"[39]고 말했다.

장재의 본체론은 용즉체의 구조이기 때문에 변화 작용 이외에 별도의 본체가 없다. 그렇기 때문에 그는 그것을 명사형이 아닌 동사·형용사형 개념으로 규정한 것이다. 그것은 공자가 인으로 주요 개념을 삼은 것이나 노자가 자연으로 주요 개념을 삼은 것과 같다. 그의 본체론은 한마디로 용즉체의 태허 본체론이다.

2) 취산무궁의 태화 우주론

장재 철학은 용(用) 중심의 본체론을 가지고 있기 때문에, 그는 우주론에서도 기의 작용이 지극히 조화로워 무한하게 취산(聚散)할 수 있다고 말한다.[40] 즉 그의 우주론은 취산무궁(聚散無窮)의 태화론이 중심을 이룬다.

"태허는 기의 본체이다. 기에는 음양의 작용이 있어, 굴신하면서 서로 감응하는 것이 무궁하므로, 신(氣의 작용)의 응함이 무궁하다. 기가 무수히 흩어지므로 신의 응함이 무수한 것이다. 비록 신의 응함이 무궁하지만, 사실상 담연한 것이다. 비록 신의 응함이 무수하지만 사실상 하나일 뿐이다. 음양의 기가 분산되면 만 가지로 달라지는데, 사람들은 그것이 (본래) 하나라는 것을 모른다.

---

39   不悟一陰一陽, 範圍天地, 通乎晝夜, 三極大中之矩, 遂使儒佛老莊混然一途. 語天道性命者, 不罔於恍惚夢幻, 則定以有生於無, 爲窮高極微之論. 入德之途, 不知擇術而求, 多見其蔽於詖而陷於淫矣.(『正蒙』「太和」)

40   장횡거의 형이상학은 유나 무의 형이상학이 아니고, 변화의 형이상학이다. 靜態의 형이상학이 아니고, 動態의 형이상학이다.(김길환, 「장횡거의 형이상학과 천인합일사상」, 『사총』 17집, 서울, 고려대학교 역사연구소, 1973, 172쪽)

합쳐지면 혼연히 되는데, 사람들은 그 다름을 보지 못한다. 형체를 이루면 사물이 되고, 형체가 무너지면 근원으로 돌아간다. 근원으로 돌아간다는 것은 유혼으로 되는 변화를 말한다. 소위 변한다는 것은 취산존망과 같이 (관념적인) 말로 하는 것이지, (구체적인) 반딧불이나 참새처럼 변하는 사물의 전후 형체를 말하는 것이 아니다."[41]

"태허의 기는 하나의 음양이다. 그러나 두 개의 체로서 건순(健順)하는 천지의 덕뿐이다."[42]

"하나이면서 두 개인 것은 태극이라는 것이다."[43]

여기서 장재는 태허의 기가 '무수히 많다'고 하면서 '사실상 하나(一)'라고 하는 주장은 존재론상 어느 것에 속할까? '사실은 하나'라는 말이 ① '본래 하나였다'는 하나의 수량을 뜻하는 것인지, 아니면 ② '본질적으로 같다'는 동일 재질을 뜻하는 것인지, 또 아니면 ③ 하나의 기가 음양으로 나뉘고 무수한 음양의 기로 나뉘는 것이므로 한 개, 혹은 두 개, 혹은 무수함으로 구분하는 것이 무의미하다는 것인지? 이처럼 장재의 말은 한마디이지만 여러 면에서 이해가 가능하다.

장재가 말하는 '무수'나 '무궁', 그리고 '하나'라는 개념은 어떤 개념인가? 우리가 양적으로 무수히 많다든지 시공간적으로 무궁하다고 하는 말은 수학적이 아닌 철학적 개념일 뿐이다. 무수하고 무궁한 태허의 기는 불가분의 것이고 규정할 수 없는 것이기 때문에 하나라고 해도 된다. 그

---

41 太虛者, 氣之體. 氣有陰陽, 屈伸相感之無窮, 故神之應也無窮. 其散無數, 故神之應也無數. 數無窮, 其實湛然. 雖無數, 其實一而已. 陰陽之氣, 散則萬殊, 人莫知其一也. 合則混然, 人不見其殊也. 形聚而爲物, 形潰反原, 反原者, 其游魂爲變與! 所謂變者, 對聚散存亡爲文, 非如螢雀之化, 指前後身而爲說也.(『正蒙』「乾稱」)

42 太虛之氣, 陰陽一物也. 然而有兩(體), 健順而已.(『張載集』「橫渠易說, 繫辭下」, 231쪽)

43 一物而兩體(者), 其太極之謂歟!(『正蒙』「大易」, 『橫渠易說』「說卦」2)

뿐만 아니라 그런 하나의 기는 음과 양이라는 양면성을 가지고 있기 때문에, 음기와 양기 두 개라고 볼 수도 있다. 그래서 선행 연구자들의 논문에서는 기의 일체양면성 때문에 장재의 철학을 일원론적 이원론이라고 보는 사람도 있고,[44] 근본에서는 하나의 기일 뿐이므로 일원론이라고 보는 사람도 있다.[45] 장재의 태허는 유무합일의 도로서 규정 불가능한 것이지만, 연구자의 입장에 따라 일원론이니 이원론이니 또는 다원론이니 하는 다양한 견해가 성립될 수 있는 것이다. 그래서 그런 견해는 단지 하나의 이해이고 하나의 정의일 뿐이다.

주희는 모든 사물의 이치가 태극에 이미 들어 있다고 주장[46]하지만, 장재는 모든 사물의 이치가 단지 기의 이합집산하는 관계에 따라 동시적으로 생멸하는 것이라고 한다. 즉 "신과 역은 비록 하나의 일이고, 방과 체도 비록 하나의 의미이지만, 그것의 변화를 헤아릴 수 없기 때문에 일정한 규칙이 없다고 말하고, 화생하고 또 화생하는 것이기 때문에 본체가 없다고 말하는 것이다."[47] 그런 것은 훗날 왕부지에게 계승된다. 즉 "태허

---

44 "태허의 절대성과 기의 상대성이 존재하고, 기의 다양성과 태허의 유일성이 존재하지만 장횡거의 형이상학이 다원론이거나 일원론은 아니다. 왜냐하면 기와 태허는 결코 二者도 아니며, 또 一者도 아니기 때문이다. 즉 태화는, 즉 도이고, 기와 태허는 혼연일체이기 때문이다. 그러므로 장횡거의 형이상학은 二元而一元, 一元而二元論이라 함이 옳다."(김길환, 「장횡거의 형이상학과 천인합일사상」, 『사총』 17집, 서울, 고려대학교 역사연구소, 1973, 170~171쪽)

45 "허와 기를 따로 말함으로 인해서 횡거의 우주론을 이원론으로 보는 사람도 있는데, 허가 노자적 의미의 무가 아니고, 또 단순한 허공도 아닌 기라 함으로써 일원적 입장은 견지될 수 있다"(고재욱, 「장횡거 정몽의 형상학적 도덕철학」, 『철학연구』 제10집, 서울, 고려대학교 철학연구소, 1985, 3쪽)

46 未有這事, 先有這理. 如未有君臣, 已先有君臣之理. 未有父子, 已先有父子之理.(『朱子語類』 卷95, 臺北, 文津出版社, 1986, 2436쪽) 若在理上看, 則雖未有物, 而已有物之理. 然亦但有其理而已, 未嘗實有是物也.(『朱子大全』 卷46, 「答劉叔文」, 臺北, 臺灣中華書局, 1960)

47 神(與)易雖是一事, 方與體雖是一義; 以其不測, 故言無方; 以其生生, 故言無體.(『張

의 본체를 이루는 것이 기(氣)이다. (태허의) 기는 아직 형상을 이루기 이
전의 것이다. (태허 속에) 두루 가득 차 간격이 없는 것이 모두 기이다. 기
는 동정보다 먼저 존재하는 것으로서, 음양의 본체이다. 기에는 음양 두
가지가 있다. …… 형상이 있고 난 후에 그 형상의 다름에 집착하는데, 그
것은 그 근본이 하나라는 것을 모르는 것"[48]이다. 만약 주희처럼 하나의
이(理)로서의 태극이 선재하고, 그에 따라 음양의 기가 만물을 구성하는
것이라면, 태극을 만물의 본체라고 볼 수 있다. 하지만 장재처럼 하나의
기로서의 태허가 선재할 뿐 기의 이합집산에 따라 사물이 생멸하는 것이
라면, 이합집산하는 이치는 기와 기 사이의 관계를 말한다. 주희의 경우
는 이치에 따라 기가 작용되는 데 비해, 장재의 경우는 기의 작용 관계에
따라 이치가 성립되는 것이다.

　우주론상 그 무엇이 천태만상의 만물로 될 수 있으려면, 그것은 무형의
것이어야 하고; 만물이 다양하게 생겨나려면, 그것의 작용 관계가 무한·
보편·평등해야 한다. 그래서 장재는 만물의 기원을 무형의 태허로 말했
고, 그의 작용을 무한·보편·평등한 태화로 말한 것이다. 장재의 철학이
작용 중심으로 되어 있기 때문에, 그의 우주론은 태화를 중심으로 보아야
할 것이다.

　본래 태화란 개념은 어디서 유래했고, 어떤 것인가? 태화는 본래 『주
역』과 『장자』에서 사용된 개념이다. 만물은 기본적으로 천지의 변화와 조
화를 이룬다는 것으로서, 자연에 순응하는 것을 최고 가치로 삼는다. 『주
역』과 『장자』에서 이렇게 태화라는 기본 개념으로 조화를 강조하는 것은
기의 이합집산에 의해 만물이 생기고 없어지기 때문이다.

_____

載集』「橫渠易說, 繫辭上」, 187쪽)
48　太虛之爲體, 氣也. 氣未成象. 人見其虛, 充周無間者, 皆氣也. 此動靜之先, 陰陽之本
體也. 氣有陰陽二殊. …… 有形有象之後, 執形執象之異, 而不知其本一.(王夫之, 『張子正
蒙注』卷9,「乾稱篇下」)

"건도가 변화하니, 만물은 각자 그의 성명을 바로 한다. 그렇게 지극히 조화롭게 보전하고 합치하게 하면 이롭다."[49]

"(하늘은) 사계절을 조화롭게 다스려 만물을 지극히 조화롭게 한다. 사계절이 번갈아 바뀌니 만물이 그에 따라 생겨난다."[50]

장재는 태화의 개념을 어떻게 사용했나? 태화를 도[51]라고 하듯이, 장재는 태화를 상대적인 음양 · 허실 · 동정 · 취산 · 청탁 · 유무 · 은현 · 신화 · 성명 등을 혼연일체로 조화시키는 원리나 원동력의 개념으로 사용했다. 한마디로 태화는 운동 변화의 작용 원리이면서 원동력이다.

"하나의 사물이면서 두 개인 것은 기이다. 하나이므로 신묘하고, 두 개이므로 만물을 화생한다. …… 두 개이므로 하나가 되는 것은 태극이다."[52]

"두 개는 허실 · 동정 · 취산 · 청탁이지만, 결국 그들은 하나일 뿐이다. 사랑하고 미워하는 정은 태허에서 함께 나온 것이다."[53]

기가 모이면 유형의 사물이 되고, 흩어지면 무형으로 되돌아가는 이합집산의 이치가 태허의 기 속에 이미 갖추고 있다고 보아야 할까? 장재는 "태허는 본체가 없는 것이므로 태허의 변천 운동 이외의 다른 것에서 증명할 수 없다"[54]고 말한다. 이 말은 장재의 본체론이 용(用) 중심으로 되어

---

49 乾道變化, 各正性命, 保合太和, 乃利貞.(『周易』「乾卦, 象傳」) 天所賦爲命, 物所受爲性. …… 保謂常存, 合謂常和. …… 天地之道常久而不已者, 保合太和也.(程伊川의 註)

50 調理四時, 太和萬物. 四時迭起, 萬物循生.(『莊子』「天運」)

51 太和所謂道.(『正蒙』「太和」)

52 一物兩體(者)氣也. 一故神, 兩故化. …… 有兩則有一, 是太極也.(『張載集』「橫渠易說, 說卦」, 233쪽)

53 兩體者, 虛實也, 動靜也, 聚散也, 淸濁也, 其究一而已. …… 愛惡之情同出於太虛.(『正蒙』「太和」)

있고, 그것도 용 이외에 별도로 체가 없다는 용즉체를 말하는 것이다. 장재의 그런 전제는 『주역』, 즉 역무체와 같은 사상에 두는 것이다.

끊임없이 변화하는 기는 어떤 조건을 갖추고 있을까? 첫째, 만물이 생겨나는 목적과 동력은 기 속에 이미 갖추고 있다[目的因·動力因]. 기가 만물이 되고, 만물이 다시 기로 돌아간다고 하는데, 그것은 구체 사물의 현상을 말하는 것이 아닌 관념적인 음양의 감응 작용을 말하는 것이다.[55] 하지만 그 감응 작용은 "신이란 태허의 신묘한 감응을 말하는 것"[56]이라는 말처럼 사물의 현상 바깥의 것을 말하는 것은 아니다. 이때 기의 취산은 있어도 그 자체는 생멸하지 않는다. 기 자체가 생멸하지 않는다고 보는 것은 장재가 노자의 "有生於無"에 대해 허무에서는 아무것도 생길 수 없다고 비판한 배경이 된다.

"기는 모여 만물이 되지 않을 수 없고, 만물의 기는 흩어져 태허가 되지 않을 수 없다. 이러한 과정을 따라 나가고 들어오는 것이 모두 부득이해서 그런 것이다."[57]

"기가 본래는 허할 때는 담백하여 무형이지만, 감응하게 되면 기가 모여 형상을 이루게 된다."[58]

둘째, 기가 어떤 형상을 이룰 것인지 그 가능성은 이미 무형의 기 속에

---

54 太虛無體, 則無以驗其遷動於外也.(『正蒙』「參兩」)
55 소위 변한다는 것은 취산존망과 같이 (관념적인) 말로 하는 것이지, (구체 사물인) 반딧불이나 참새가 변하는 것의 전후의 몸을 말하는 것이 아니다.(所謂變者, 對聚散存亡爲文, 非如螢雀之化, 指前後身而爲說也.(『正蒙』「乾稱」))
56 神者, 太虛妙應之目.(『正蒙』「太和」)
57 氣不能不聚而爲萬物, 萬物不能不散而爲太虛. 循是出入, 是皆不得已而然也.(『正蒙』「太和」)
58 氣本之虛則湛無形. 感而生則聚而有象.(『正蒙』「太和」)

갖추어져 있다[形相因·質料因]. 그러나 그것은 주희가 태극 속에는 만물의 이치가 선재한다는 것과 달리 어떤 형태도 없는 무형이기 때문에 어떤 것으로도 될 수 있다는 의미이다. 하늘은 양기가 이룬 것이고, 땅은 음기가 이룬 것으로, 사물의 형상이 곧 기라는 것이다. 기는 만물의 질료일 뿐만 아니라 어떻게 변하든지 그의 다양한 가능성은 무한대로 열려 있는 형상이다. 즉 "무릇 만물은 모두 형상이고, 무릇 형상은 모두 기이다."[59] 말장난 같지만 허공도 역시 기이므로 무는 존재할 수 없다는 것이다.[60] 그것은 0처럼 혼자 있으면 아무것도 없는 것처럼 보이는 것과 같다. 하지만 0, 1, 2, 3과 같이 되면 0은 실수(實數)의 출발점이 되는 것처럼, 사물이 형상을 갖추게 되면 기가 만물의 근본임을 알 수 있게 된다는 것이다.

셋째, 태허는 아무런 장애가 없다. 어떤 장애가 있다면 만물이 화생하는데 문제가 발생할 것이다. 장애가 없어야 일기만수가 가능해지는 것이다. 장애가 없다는 것은 기의 무한·보편·평등성을 말한다. 그래서 장재는 "하늘은 그 크기가 바깥이 없다"[61], "태허는 맑은데, 맑으니 장애가 없고, 장애가 없기 때문에 신묘하다. 맑음에 거스르면 탁해지는데, 탁하면 장애가 생기고, 장애가 생기면 형태를 띠게 된다"[62]고 말한 것이다.

넷째, 기가 굴신상감(屈伸相感)하는 작용은 무궁하다. 만약 기의 작용이 유한하다면 모든 변화 역시 언젠가는 끝날 것이다. 기의 작용은 감응을 말하며, 감응은 음과 양 사이에 굴신상감하는 것을 말한다. 그것은 음과 양은 서로 상대적이기 때문에 상감호응한다는 말로, 기본적으로 『주역』의 음양론에 기초하는 것이다. 동시에 그것은 같은 기이기 때문에 하

---

59   凡有, 皆象也. 凡象, 皆氣也.(『正蒙』「乾稱」) 有氣方有象, 雖未形, 不害象在其中.(『橫渠易說』「繫辭下」, 231쪽)

60   知虛空卽氣. …… 知太虛卽氣, 則無無.(『正蒙』「太和」)

61   天大無外.(『正蒙』「大心」)

62   太虛爲淸, 淸則無礙, 無礙故神. 反淸爲濁, 濁則礙, 礙則形.(『正蒙』「太和」)

나가 될 수 있음을 말한다. 이렇게 상감하면서도 하나가 되는 무궁한 가능성은 태허에 본래 내재된 것이다.

"기에는 음양의 작용이 있어, 굴신하면서 서로 감응하는 것이 무궁하므로, 신(氣의 작용)의 응함이 무궁한 것이다. 기가 무수히 흩어지므로 신의 응함이 무수한 것이다."[63]

"감응하지 않는 것이 없는 것이 태허이다. 감응은 곧 타자와 일치하는 것이며, 느낌이 일어나는 것이다. 만물은 본래 하나로 연결되어 있기 때문에 하나는 다른 것과 하나로 일치할 수 있다. 타자와 하나로 일치할 수 있기 때문에 감응이라고 하는 것이다. 만약 다름이 없으면 하나로 일치함도 없다. 천성은 건곤이고 음양이다. 두 끝단이기 때문에 감응함이 있고, 본래 하나이기 때문에 합치될 수 있는 것이다. 천지가 만물을 낳을 때 받은 것이 다르지만, 모두 잠시라도 감응하지 않을 때가 없으니, 이른바 성이란 천도이다."[64]

"허공이 곧 기라는 것을 알면 유무와 은현, 신화와 성명이 하나로 통하여 두 가지가 없다는 것을 알게 된다. 취산·출입·유형무형 등을 고찰하여 근본을 미루어 볼 수 있으면, 역(易)을 깊이 깨달은 사람이라고 할 수 있다"[65]

다섯째, 태허를 '맑다'[淸湛], '비어 있다'[虛空], '형체가 없다'[無體]고 말하는 것은 아무것도 없다는 것이 아니라, 아무런 장애가 없다는 것을 형용하는 말이다. 기는 아무런 장애가 없으므로 물체를 형성하기 전에

63　氣有陰陽, 屈伸相感之無窮, 故神之應也無窮. 其散無數, 故神之應也無數.(『張載集』「橫渠易說, 繫辭上」, 184쪽)

64　無所不感者虛也. 感卽合也, 咸也. 以萬物本一, 故一能合異. 以其能合異, 故謂之感. 若非有異則無合. 天性, 乾坤陰陽也. 二端故有感, 本一故能合. 天地生萬物, 所受雖不同, 皆無須臾之不感, 所謂性則天道也.(『正蒙』「乾稱」)

65　知虛空卽氣, 則有無·隱顯·神化·性命, 通一無二. 顧聚散·出入·形不形, 能推本所從來, 則深於易者也.(『正蒙』「太和」)

는 없는 것처럼 보이지만, 물체를 형성하면 볼 수 있기 때문에 태허의 기를 유무혼일의 도라고 하는 것이다. 그래서 태허의 기는 형이상적인 존재이면서도 동시에 형이하적인 존재이다.

이와 같이 보면, 장재의 태허의 기는 우주론적으로 목적인 · 동력인 · 형상인 · 질료인을 다 갖추고 있는 것이지만, 동시에 그것은 무한 · 보편 · 평등하게 변천하고 있는 태화의 작용을 말하는 것이다. 그래서 그것을 한마디로 말하면 태허의 개념과 태화의 개념이 일체가 된 허체화용으로 종합할 수 있다.

3) 성명의 천도 도덕론

유가 철학은 실천을 중심으로 하기 때문에, 도덕 형이상학도 수양 실천 행위를 중심으로 한다. 장재가 성명(誠明)의 천도 도덕론을 건설한 것은 도 · 불가의 현실 도피적 실천론을 비판하고, 진 · 한 이래 유가에는 인성론은 있어도 천도론이 없다고 비판하는 데서 시작한 것이다. 장재의 천도 도덕론의 기초는 어디에 있는가? 장재는 『주역』과 『중용』에 근거하여 그것을 입론했다.

> "한 번은 음이 되고, 한 번은 양이 되는 것을 도라 한다. …… 인자는 그것을 보고 인이라고 하고, 지자는 그것을 보고 지(知, 즉 진리)라고 한다."[66]
>
> "귀신이 덕으로 됨이 대단하구나. …… 사물의 본체가 되니 유기(遺棄)할 수 없다."[67]
>
> "천도가 만물의 본체가 되어 어떤 사물도 버림이 없듯이, 인이 만사의 본체가 되어 인이 없는 사물이 없는 것과 같다."[68]

66　一陰一陽之謂道. …… 仁者見之謂之仁, 知者見之謂之知.(『周易』「繫辭上」 5)

67　鬼神之爲德, 其盛矣乎. …… 體物而不可遺.(『中庸』 16)

68　天體物不遺, 猶仁體事無不在也.(『正蒙』「天道」)

　장재의 그런 이해와 해석은 기본적으로 천인합덕하려는 공자의 철학 사상을 충실히 지키는 것이다. 그래서 그는 태허의 본체론과 태화의 우주론처럼 천도의 도덕론에서도 수양 실천 활동 이외에 별도로 본체를 설정하지 않았다.

　장재의 인성론은 어떠한가? 그는 기질지성과 천지지성(인의예지 4단)을 하나로 만들어 "형체가 있은 후 기질지성이 있다. 기질지성을 잘 돌이켜보면 그 속에 천지지성이 있다"[69]고 말했다. 천지지성이란 바로 기의 작용 속에 나타나는 균형과 조화의 원리를 말하는 것이다. 그런 균형과 조화를 이루는 중용의 원리를 아는 것이 바로 성명(誠明)이다. 성명으로 천지지성을 안다는 것은 견문지로 아는 지식이 아니라, 실천 행위 속에서 활동하는 양지(良知)가 자기를 인식하는 반성적 도덕 인식이다.

"덕성지는 견문지에서 생기지 않는다."[70]

"신화(神化)는 하늘의 본래 능력이다."[71]

"천도가 만물의 본체가 되어 어떤 사물도 버림이 없듯이, 인이 만사의 본체가 되어 인이 없는 사물이 없는 것과 같다. 예의 3백 가지와 위의 3천 가지 그 어떤 것도 인 아닌 것이 없다."[72]

"성과 명으로 아는 것은 곧 천덕인 양지로 아는 것이지, 견문으로 아는 작은 지식이 아니다. 하늘과 사람의 작용이 다르면 성(誠)을 말하기 어렵고, 하늘과 사람의 앎이 다르면 명(明)을 다하기 어렵다. 소위 성(誠)과 명(明)은 본성과 천도상에서 대소가 구별되지 않는다. …… 본성과 천도가 합일하는 것은 성실

69　形而後有氣質之性, 善反之則天地之性存焉.(『正蒙』「誠明」) 덕성지 · 견문지 · 천지지성(본연지성) · 기질지성 등과 같은 개념은 『正蒙』에서 張載가 맨 처음 사용한 것이다.

70　德性所知, 不萌於見聞.(『正蒙』「大心」)

71　神化者, 天之良能.(『正蒙』「神化」)

72　天體物不遺, 猶仁體事無不在也. 禮義三百, 威儀三千, 無一物而非仁也.(『正蒙』「天道」)

에 달려 있다."[73]

장재는 실천 철학적 방법으로 어떤 것을 제시하는가? 장재는 천도에 도달하여 성인이 되는 제일의 방법으로 바로 성명(誠明)을 제시했다. 『중용』의 성명을 보면 "성(誠)으로 말미암아 지혜가 밝아지는 것[明]은 천성이라 하고, 지혜[明]로 말미암아 성(誠)해지는 것은 교화"[74]라고 하였다. 즉 자성명(自誠明)은 "오직 천하에 지극히 성실한 사람만이 그의 천성을 다할 수 있다"[75]는 것이고, 자명성(自明誠)은 "그다음에 속하는 사람은 어느 하나를 곡진하게 하면 성실해질 수 있다"[76]는 것이다.

성과 명 가운데 "하늘이 장구하여 그치지 않는 원리가 소위 성이라 하는 것"[77]이라는 것처럼, 성은 "그치지 않는다[不已]"는 무한 진행형의 동사형 개념이다. 그런 무한 진행형의 성실함이 바로 성인이 되는 수양 방법이라는 것이다.

> "오직 세상에서 가장 성실한 사람이라야 그의 본성을 다할 수 있고, 그의 본성을 다할 수 있으면 다른 사람의 본성을 다하게 할 수 있으며, 다른 사람의 본성을 다하게 할 수 있으면 만물의 본성을 다하게 할 수 있고, 만물의 본성을 다하게 할 수 있으면 천지의 화육을 도울 수 있으며, 만물의 화육을 도울 수 있으면 천지와 더불어 참여할 수 있다."[78]

---

73 誠明所知乃天德良知, 非聞見小知而已. 天人異用, 不足以言誠; 天人異知, 不足以盡明. 所謂誠明者, 性與天道不見乎小大之別也. …… 性與天道合一存乎誠.(『正蒙』「誠明」)

74 自誠明, 謂之性. 自明誠, 謂之教.(『中庸』 21)

75 惟天下至誠, 爲能盡其性.(『中庸』 22)

76 其次致曲, 曲能有誠.(『中庸』 23)

77 天所以長久不已之道, 乃所謂誠.(『正蒙』「誠明」)『中庸』에는 그와 관련된 말이 나온다. 詩云, '維天之命, 於穆不已.' 蓋曰天之所以爲天也. '於乎不顯, 文王之德之純.' 蓋曰文王之所以爲文也, 純亦不已.(『中庸』 26)

"성실은 사물의 시작과 끝이다. 성실하지 못하면 어떤 사물도 존재할 수 없다."[79]

"인자와 효자가 하늘을 섬기고 자신을 성실하게 할 수 있는 까닭은, 인과 효를 그침 없이 행하기 때문이다. 그러므로 군자는 성실하게 함을 귀하게 여긴다."[80]

장재는 궁리(窮理)[81]에 대해 어떻게 이해했는가? 장재는 궁리를 견문지와 구별하여 말한다. 궁리는 정도(正道)를 가지고 자신을 바르게 한 후 만물을 관조하는 것이라면, 견문지는 만물의 변화에 따르는 것이다. 그는 『주역』의 정명(貞明)과 정관(貞觀)이 단지 사물에 대한 견문지가 아니라, 정도를 가지고 자신을 바르게 한 다음 만물을 관조하는 것이라고 말한다. 그에 대한 장재의 견해는 다음과 같다.

"정명이란 일월의 명암을 말하는 것이 아니고, 정관이란 천지의 변화를 말하는 것이 아니다. 정관과 정명은 자신을 바르게 함으로써 일월을 밝게 보고 천지를 관조하는 것이다. 많은 사람은 일월의 밝음과 천지의 변화가 현혹하는 것을 진실하다고 여긴다. 그러므로 반드시 정도로 자신을 바르게 하고 만물을 관조해야 하는 것이다."[82]

---

78 惟天下至誠爲能盡其性, 能盡其性則能盡人之性, 能盡人之性則能盡物之性, 能盡物之性則可以贊天地之化育, 可以贊天地之化育則可以與天地參矣.(『中庸』 22)

79 誠者, 物之終始, 不誠無物.(『中庸』 25)

80 仁人孝子所以事天誠身, 不過不已於仁孝而已. 故君子誠之爲貴.(『正蒙』 「誠明」)

81 窮理盡性以至於命.(『周易』 「說卦傳」 1) 惟天下至誠爲能盡其性, 能盡其性則能盡人之性.(『中庸』 22)

82 貞明不爲日月之所眩, 貞觀不爲天地之所遷. 貞觀貞明, 是己以正而明日月, 觀天地也. 多爲日月之明與天地之變化所眩惑, 故必以己以正道觀之.(『張載集』 「橫渠易說, 繫辭下」, 210쪽)

　궁리와 진성 사이에는 어떤 선후 관계가 있는가? 장재는 보통 사람은 선궁리 후진성(先窮理 後盡性)하고, 성인은 선진성 후궁리(先盡性 後窮理)한다고 말했다. 즉 "지혜로 말미암아 성실해지면 그것은 궁리로 말미암아 진성하는 것이고, 성실함으로 말미암아 지혜로워지면 그것은 진성으로 말미암아 궁리하는 것"[83]이다. 그런데 "궁리 역시 당연히 점진적인 것이 있어, 견문이 많으면 궁리 또한 많게 된다. 이를 기초로 요약하면, 인성을 다할 수 있으면 물성을 다할 수 있다고 말할 수 있다"[84]는 것은, 마치 궁리가 견문지에 예속된 것처럼 보인다. 그러나 보통 사람은 그럴 수 있지만 성인은 그렇지 않다. 그래서 장재는 "세상 사람들의 마음은 견문지에 그치지만, 성인은 본성을 다하기 때문에 견문지가 그 마음을 구속하지 않는다"[85]고 말했다. 즉 진성의 방법으로 견문지에 빠지지 않는다는 것이다.

　장재는 왜 '선궁리 후진성'을 강조했는가? 그는 그 이유를 "불교는 실용이 없기 때문에 이치를 취하지 않는다. 저들은 본성이 없다 하지만, 우리 유가는 본성을 헤아리므로 '선궁리 후진성' 하는 것"[86]이라고 설명했다. 그런데 이에 반해 이정(二程)은 "궁리·진성함으로써 천명에 이른다는 말은, 세 가지 일이 동시에 이루어지는 것이므로 본래 순서가 없다"[87]고 주장했다. 하지만 주희는 "덕이 성실하지 않음이 없고, 지혜의 밝음이 비추지 않는 것이 없는 것은 성인의 덕으로서, 본성대로 간직하는 것이니 하늘의 도이다. 먼저 선을 밝게 안 후에야 그 선을 성실히 하는 것은 현인의 배움으로서 (성인의) 가르침으로 말미암아 도에 들어가는 것이니 사람

83　自明誠, 由窮理而盡性也. 自誠明, 由盡性而窮理也.(『正蒙』「誠明」)

84　窮理亦當有漸. 見物多, 窮理多. 從此就約, 盡人之性, 盡物之性.(『張載集』「橫渠易說, 說卦」, 235쪽)

85　世人之心, 止於聞見之狹, 聖人盡性, 不以見聞梏其心.(『正蒙』「大心」)

86　釋氏(元)無用, 故不取理. 彼以(有)爲無, 吾儒以參爲性, 故先窮理而後盡性.(『張載集』「橫渠易說, 說卦」, 234쪽)

87　窮理盡性以至於命, 三事一時竝了, 元無次序.(『二程集』(上), 15쪽)

의 도"[88]라고 주장했다. 이 문장에서 보면, 주희는 자성명(自誠明)을 성인의 경우에 대입하고, 자명성(自明誠)을 현인의 경우에 대입한 것이다.

장재는 왜 '선궁리 후진성'을 말하면서 '선진성 후궁리'를 말하는가? 그것은 작용 이외에 별도로 본성이 없는 것이므로 수양 실천 활동으로 본체를 말하려 했기 때문이다.[89] 그뿐만 아니라 그는 양지로 사물을 인식함으로써 온 우주 만물을 자신으로 이해하기 때문이다. 즉 "성인은 자기 본성을 다하기 때문에 견문지가 그 본심을 구속하지 않아 세상 보기를 자기 자신 아닌 것이 없는 것으로 본다"[90]는 것이다. 그러나 진성(盡性)해야 하는 보다 본질적 이유는 진성하는 것이 천도, 즉 본성[91]에서 비롯되는 것이기 때문이다. 즉 태허의 기 속에는 기가 그 무엇으로 변화할 수 있는 목적·동력·형상·질료·무한·무애의 조건을 이미 다 갖추고 있으며, 그것의 작용이 곧 천도이고 본성이기 때문이다.

장재는 그런 천도를 자기 본성과 같은 것으로 보고, "천도는 사시가 운행하고 만물이 생겨나는 것으로서 지극한 가르침 아닌 것이 없다"[92]고 말했다. 이 말은 『예기』의 "하늘에는 사계절의 변화가 있는데, 춘하추동에 따라 비·바람과 이슬·서리 내리는 것 모두가 가르침 아닌 것이 없다. 땅에는 신기(神氣)가 있는데, 비·바람과 천둥·번개가 운행하여 만물이 생겨나는 것 모두 가르침 아닌 것이 없다"[93]는 말과 같은 것이다. 사시가 운

---

88   德無不實而明無不照者, 聖人之德, 所性而有者也, 天道也. 先明乎善而後, 能實其善者, 賢人之學, 由敎而入者也, 人道也.(『中庸』21, 朱熹의 註)

89   太虛無形, 氣之本體. 其聚其散, 變化之客形爾. 至靜無感, 性之淵源. 有識有知, 物交之客感爾. 客感客形與無感無形, 惟盡性者一之.(『正蒙』「太和」)

90   聖人盡性, 不以見聞梏其心, 其視天下無一物非我.(『正蒙』「大心」)

91   天道卽性也.(『張載集』「橫渠易說, 說卦」, 234쪽)

92   天道四時行, 百物生, 無非至敎.(『正蒙』「天道」)

93   天有四時, 春秋冬夏, 風雨霜露, 無非敎也. 地載神氣, 神氣風霆, 風霆流形, 庶物露生, 無非敎也.(『禮記』「孔子閒居」)

행하고 만물이 생겨나는 천지 만물의 조화, 즉 태화가 최고의 교육이라는 것이다. 그것은 공자가 『논어』에서 이미 말한 것[94]으로서, 천지 만물의 조화를 진리로 보는 세계관을 가지고 있다고 할 수 있다. 그래서 장재의 천도는 바로 태화의 도가 된다.

장재 철학은 그 목적에 비춰 볼 때 실천이 최우선 과제이다. 장재는 기에서 그의 구체적인 실천성을 추구했기 때문에, 도나 원리가 기에 종속되는 기체도용의 관계를 갖는다. 그것은 장재가 『주역』의 "한 번은 음이 되고 한 번은 양이 되는 것"은 기(氣)이고, 그런 작용이 곧 이(理)라는 이해를 전제로 한다. 장재는 그런 입장에서 "태허가 무형인 것은 기의 본체이기 때문이다. …… 천지의 기가 비록 모이고 흩어지며, 물리치고 취하는 작용이 여러 가지로 다르지만, 그 이치는 순조로워 망령되지 않는다"[95]고 말한 것이다. 또한 장재는 "천지는 화생하고 화생하기 때문에, 그래서 역에는 본체가 없다고 말하는 것"[96]이라고 말했는데, 이 말은 그렇게 화생하고 화생하는 작용을 본체로 본다는 것이다.

유가에서 음양의 작용으로 도덕 행위를 설명하게 된 것은 『주역』 복괘에서 비롯한다. 즉 복괘 제2효의 효사인 "되돌아오다 쉬니 길하다"[97]는 말에 대해, 「소상전」(小象傳)에서 이미 "휴복(休復), 즉 돌아와서 쉰다는 것이 길하다는 것은 아래의 인(仁, 제1효)을 따르기 때문"[98]이라고 해석했다. 즉 제1효가 음에서 양으로 변화하는 작용을 인으로 해석한 것이다. 즉 자기희생의 작용을 선으로 본 것이다. 마찬가지로 장재는 "허한 것은 인(仁)의 근원"[99]이란 말을 통해 허(虛)는 곧 사심을 버린다는 것이고, 사

---

94 天何言哉, 四時行焉, 百物生焉, 天何言哉.(『論語』「陽貨」19)

95 太虛無形, 氣之本體. …… 天地之氣, 雖聚散攻取百塗, 然其爲理也順而不妄.(『正蒙』「太和」)

96 以其生生, 故言無體.(『張載集』「橫渠易說, 繫辭上」, 187쪽)

97 六二休復吉.(『周易』「復卦」)

98 象曰: 休復之吉, 以下仁也.(『周易』「復卦」)

심을 버린다는 것은 곧 중용적 조화를 이루어 과불급이 없는 자기희생적
인을 실천한다는 것을 말한다.[100] 그것은 무아(無我)와 같은 말이다. 즉 장
재는 "무아가 된 다음 (본성이) 크게 되고, 본성을 크게 이룬 다음 성인이
된다. 성인 경지의 천덕은 알 수 없으므로 신묘하다고 하는 것"[101]이라고
말한 것이다.

　만약 양기의 작용을 선이라 하고 음기의 작용을 악이라 한다면, 그는
동중서(董仲舒, B.C.179~B.C.104)처럼 될 것이다.[102] 그러나 장재는 일
음일양하는 작용이 중용적 조화를 이루며 끊임없이 지속해 가는 것을 선
이라고 보았다. 그래서 그는 "일음일양하는 천도를 계승하는 것을 선이라
한다"[103]는 말을 "계승하고 계승하여 끊임없이 이어 가는 것을 선이라 한
다"[104]고 주석을 달았다. 일음일양하는 기의 작용을 선하다고 보고 그를
계승하는 것 역시 선하다고 본 것은 허(虛)의 덕에 있다. 즉 "천지는 허한
것으로 덕을 삼으니, 지극히 선한 것은 허한 것이다. 허한 것은 천지의 근
원이며, 천지는 허한 속에서 나온 것"[105]이라는 것이다. 그런 허는 인간 세
계에서 무사(無私)나 무욕 등과 같은 개념이다.

　장재가 존재 사물보다 그 활용 가치를 중시하는 것은 부강한 중국을 지
향하는 그의 현실 목적과 아울러 사물의 작용 속에서 이루어지는 중용적
조화를 중시하기 때문이다. 그렇기 때문에 기가 형상을 갖게 되면 비로소

99　虛者, 仁之原.(『張載集』「張子語錄中」, 325쪽)

100　虛心然後能盡心. 虛則生仁, 仁在理以成之. 虛心則無外以爲累.(『張載集』「張子語錄中」, 325쪽)

101　無我而後大, 大成性而後聖, 聖位天德不可致知謂神.(『正蒙』「神化」)

102　天兩有陰陽之施, 身亦兩有貪仁之性.(『春秋繁露』「深察名號」) 天道之大者在陰陽, 陽爲德, 陰爲刑.(『漢書』「董仲舒傳」)

103　繼之者善也.(『張載集』「橫渠易說, 繫辭上」, 187쪽)

104　繼繼不已者善也.(『張載集』「橫渠易說, 繫辭上」, 187쪽)

105　天地以虛爲德, 至善者虛也. 虛者天地之祖, 天地從虛中來.(『張載集』「張子語錄中」, 326쪽)

본성을 말할 수 있게 되고 선악을 말할 수 있게 된다. 즉 "태허로 말미암아 하늘이란 이름이 있게 되고, 기화로 말미암아 도라는 이름이 있게 되며, 허와 기가 결합되어 본성이란 이름이 있게 되고, 본성과 지각이 결합되어 마음이라는 이름이 있게 된다"[106]는 것이다. 사물에 대한 이름과 가치 부여는 존재 이후 작용 속에서의 일이므로, 선악의 개념도 실천 과정에서의 중용과 과불급이다.

> "만물의 형색은 신묘한 음양의 결과물이다. 성과 천도라는 것은 (변화하는 작용인) 역일 뿐이다."[107]
> "천지라 말하지 않고 건곤이라 말하는데, 천지라고 말하는 것은 곧 형체가 있는 것이고, 건곤이라고 말하는 것은 형체가 없는 것이기 때문이다. 그러므로 성이라 하는 것은 비록 건곤이라 하더라도 역시 그 가운데 있는 것이다."[108]
> "사물마다 천지를 본받고 있는데, 천지라고 말하지 않고 건곤이라고 말하는 것은, 그 작용을 말한 것이다. 건곤이 무슨 정해진 것이 있는가? 신이라 말하는 것과 같다. …… 음양은 그 실체를 말하는 것이고, 건곤은 그 작용을 말하는 것이다."[109]

태허의 본체론과 태화의 우주론을 기초로 한 장재의 천도 도덕론은 한마디로 허체화용이다. 이때의 허(虛)는 지극한 것을 설명하는 하나의 형용사적 개념이다. 그것은 도덕 형이상학적으로 천지자연의 도, 즉 지선을

106　由太虛有天之名, 由氣化有道之名, 合虛與氣有性之名, 合性與知覺有心之名.(『正蒙』「太和」)

107　萬物形色, 神之精粕. 性與天道云者, 易而已矣.(『正蒙』「太和」)

108　不曰天地而曰乾坤. 言天地則有體, 言乾坤則無形. 故性也者, 雖乾坤亦在其中.(『張載集』「橫渠易說, 乾卦」, 69쪽)

109　物物象天地, 不曰天地而曰乾坤者, 言其用也. 乾坤亦何形, 猶言神也. …… 陰陽言其實, 乾坤言其用.(『張載集』「橫渠易說, 繫辭上」, 177쪽)

말하는 것이다. 그것을 바탕으로 실천적으로는 욕심이 없다는 의미로 사용하기도 했다. 욕심이 없다는 것은 마음속에 아무것도 없다는 것이 아니라, 욕심이 중용적 조화를 이루고 있다는 의미이며, 인(仁)하다는 의미이다. 욕심이 중용적 조화를 이루고 있으므로 본심이 자기 본성대로 작동할 수 있게 된다. 허는 곧 태화의 상태, 즉 본성 실현의 최적 조건을 말하는 것이다. 그것을 한마디로 정리한 장재의 말은 다음과 같다.

> "허한 것은 인의 근원이다. …… 태허라는 것은 자연의 도이다. …… 허심하게 한 연후에 본심을 다할 수 있다. 허하면 인한 마음이 생기고, 인은 이치로 이루는 데 있다. 허심하게 되면 바깥 사물에 영향을 받는 것이 없다. …… 하늘과 그 근원을 함께하는 것을 허라 한다. …… 허라고 말하는 것은 음양의 도를 논하기 이전의 것이다. 고요한 것은 선의 근본이고, 허한 것은 고요한 것의 근본이다. 고요한 것은 움직이는 것에 상대적인 것이고, 허하면 지극한 근본에 이른다. …… 천지는 허한 것으로 덕을 삼으니, 지극히 선한 것은 허한 것이다. 허한 것은 천지의 근원이며, 천지는 허한 것에서 나온 것이다."[110]
> "오늘날 사람은 스스로 강하다고 하고 옳다고 하며, 자기와 같은 자를 좋아하고 다른 자를 미워한다. 그것은 바로 집착·기필코 함·사사로움·이기심 등이 있어서 (삶을) 허로부터 말미암을 수 없다."[111]

장재의 천도 도덕론상 태허는 음양·허실·동정·취산·청탁·유무·은현·신화·성명이 혼연일체를 이루는 지선의 작용 자체이다. 그는 본성

110　虛者, 仁之原. …… 太虛者, 自然之道. …… 虛心然後能盡心. 虛則生仁, 仁在理以成之. 虛心則無外以爲累. …… 與天同原謂之虛. …… 言虛者, 未論陰陽之道. 靜者善之本, 虛者靜之本. 靜猶對動, 虛則至一. …… 天地以虛爲德, 至善者虛也. 虛者天地之祖, 天地從虛中來.(『張載集』「張子語錄中」, 325~326쪽)

111　今人自強自是, 樂己之同, 惡己之異. 便是有固必意我, 無由得虛.(『張載集』「經學理窟, 義理」, 272쪽)

에 대해서도 용즉체의 입장에서 작용으로 말하므로, 본성을 선하다고 하
는 것은 본질이 아니라 작용을 말하는 것이라고 할 수 있다. 즉 천지지성
인 본성과 기질지성인 칠정은 본래 하나이고, 중용이 되면 선이고 그렇지
않으면 악이라는 것이다. 이러한 맥락에서 그는 "맹자가 말하는 성과 정
은 같은 것이지만, 역시 그 문장의 맥락이 어떠하냐를 보아야 한다. 칠정
은 반드시 악이 아니고, 희노애락이 발하여 모두 절도에 맞으면 조화, 즉
선이라 하고, 절도에 맞지 않으면 악이라 하는 것이다"[112]라고 말한다. 그
는 그렇게 실천 과정에서 생기는 조화가 곧 도라는 성명의 천도 도덕론을
건립한 것이다. 그래서 그는 결론적으로 "백성은 나의 형제이고, 만물은
나의 동료"[113]라고 말한 것이다.

　　장재가 도덕론에서 이론보다 실천을 중시하게 된 것은 앞에서 논한 본
체론·우주론의 철학적 기초를 공유하기 때문이다. 그래서 그는 "마음이
본성을 다할 수 있는 것이므로 (공자는) '사람이 도를 넓히는 것'이라고
말한 것이고, 성은 그 마음을 단속할 줄 모르므로 '도가 사람의 마음을 넓
히는 것이 아니다'라고 한 것이다."[114] 그 마음을 넓히는 과정에서 장재가
특히 주목한 것은 예의이다. 마음을 단속하는 기준도 예의이지만, 마음을
넓혀 도의 세계로 나아가는 방법적 도구 역시 예의이다. 그렇다고 도덕
본성이 학습에 의해 형성된다는 것은 아니다.

　　"학자는 반드시 예를 알아야 한다. 예란 사람의 덕성을 길러 주고, 사람으로 하
　　여금 일정한 덕성을 지니고 안정성을 갖도록 하며, 배우면 바로 행할 수 있고,
　　의를 모을 수 있게 할 수 있기 때문이다. 호연지기를 기르는 데는 반드시 의를

112　孟子之言性情皆一也, 亦觀其文勢如何. 情未必爲惡, 哀樂喜怒發而皆中節謂之和,
不中節則爲惡.(『張載集』「張子語錄中」, 323~324쪽)

113　民吾同胞, 物吾與也.(『正蒙』「乾稱」)

114　心能盡性, '人能弘道'也. 性不知檢其心, '非道弘人'也.(『正蒙』「誠明」)

모아야 하는데, 의를 모은 후에야 호연지기를 얻을 수 있기 때문이다. 지기를 엄정하고 강대하게 하는 데는 반드시 예를 따라야 천도와 인도에 통할 수 있다. 의란 자기를 이기는 것이다."[115]

"내가 배우는 자에게 가장 먼저 예를 배워야 한다는 것은, 예를 배우면 곧 세속의 습속으로 익숙해진 얽매임과 어지러움을 한 번에 베어 버려 제거할 수 있기 때문이다. …… 진실로 세속의 습속을 한 번에 베어 버리면 자연히 깨끗해질 것이다. 또한 예를 배우면 안정을 지킬 수 있다."[116]

"예에는 결코 변할 수 없는 것이 있다. 하늘의 질서가 어찌 변할 수 있는 것인가? 그러므로 예가 모두 인간에게서 나온 것이라고 생각할 것은 없다. 인간이 없더라도 천지의 예는 저절로 있는 것이니, 어찌 인간에 의존하겠는가? 하늘이 사물을 낳으면 존비대소의 형상이 있어 인간이 그에 순종하는 것뿐이니, 이것이 예가 되는 까닭이다."[117]

장재는 예의를 행위 준칙은 물론 호연지기를 기르고 도를 넓혀 천인합덕에 이르는 수행 방법으로 이해한다. 왜냐하면 그것이 단지 인간이 만든 제도라는 의미만이 아니라 천도 자체이기 때문이다. 그것은 일상생활의 의식을 부정하는 도·불가 때문이라고 볼 수도 있겠지만, 예의를 수행 방법으로 채용하는 것에는 또 다른 의미가 있다. 그것은 장재가 진·한 이래

115　學者且須觀禮, 蓋禮者滋養人德性, 又使人有常業, 守得定, 又可學便可行, 又可集得義. 養浩然之氣須是集義, 集義然後可以得浩然之氣. 嚴正剛大, 必須得禮上下達. 義者, 克己也.(『張載集』「經學理窟, 學大原上」, 279쪽)

116　某所以使學者先學禮者, 只爲學禮則便除去了世俗一副當世習熟纏繞. …… 苟能除去了世俗一副當世習, 便自然脫灑也. 又學禮則可以守得定.(『張載集』「張子語錄下」, 330쪽)

117　禮亦有不須變者, 如天敍天秩, 如何可變! 禮不必皆出於人, 至如無人, 天地之禮自然而有, 何假於人? 天之生物便有尊卑大小之象, 人順之而已, 此所以爲禮也.(『張載集』「經學理窟, 禮樂」, 264쪽)

유학자들에게 현인은 되고자 하지만 성인이 되고자 하지 않는다고 비판한 것과 관련이 깊다. 마치 붓글씨를 배울 때 명필의 필법을 따라 연습하듯, 성인이 되기 위해서는 성인의 법을 배워야 한다는 것이다. 그것은 "자장이 착한 사람의 도에 대해 공자에게 여쭈었다. 공자가 대답했다. 성현을 따라 배우지 않으면 그 경지에 들어가지 못한다"[118]는 말과 같은 맥락에 서 있다. 이런 수양도 출발점으로 돌아가 볼 때 결국 허심으로 귀결된다.

"그 마음을 크게(즉 虛하게) 하면 만물을 자기 몸으로 삼을 수 있고, 만물을 자기 몸으로 삼지 못하면 마음에는 바깥 사물이 있게 된다. 세속적인 사람의 마음은 견문적인 앎에 갇히지만, 성인은 본성을 다하여 견문지로 그 마음을 질곡하지 않음으로써 온 세상 어느 하나라도 자기 아닌 것이 없다고 본다. 맹자가 진심하면 지성 · 지천할 수 있다고 말하는 것이 그런 것이다. 천지가 커서 바깥이 없다고 하는 것은 바깥에 관한 마음이 있게 되어 천심에 합치되기 어려운 것이다. 견문지는 사물과 접촉할 때 생기는 것으로서 덕성지가 아니다. 덕성지는 견문지에서 생기는 것이 아니다."[119]

"무아가 된 후에 크게 되고, 크게 본성을 이룬 후(호연지기를 이룬 후)에 성인이 되며, 성인의 위상은 천덕과 같아 알 수 없으니 신묘하다고 한다. 신묘하다는 것은 성스러워 알 수 없다는 뜻이다."[120]

"천지는 허를 덕으로 삼는데, 지선한 것은 허한 것이다."[121]

118　子張問善人之道, 子曰, 不踐迹, 亦不入於室.(『論語』「先進」19)

119　大其心則能體天下之物, 物有未體則心爲有外. 世人之心, 止於聞見之狹, 聖人盡性, 不以見聞梏其心, 其視天下無一物非我. 孟子謂盡心則知性知天以此. 天大無外, 故有外之心不足以合天心. 見聞之知, 乃物交而知, 非德性所知; 德性所知, 不萌於見聞.(『正蒙』「大心」)

120　無我而後大. 大成性而後聖, 聖位天德不可致知謂神. 故神也者, 聖而不可知.(『正蒙』「神化」)

121　天地以虛爲德, 至善者虛也.(『張載集』「張子語錄中」, 326쪽)

장재는 천지의 허한 덕을 체득하여 "크게 되면 천지와 합덕하게 된다"[122]는 말처럼 도덕 형이상학의 중심에 성명의 천도 도덕론을 입론함으로써 성인의 최고 경지인 천인합덕의 경지를 추구하려 하였다. 그런 점에서 장재의 최종 목표는 성인이 되기 위해 하학상달한 공자 철학과 호연지기를 기른 맹자 철학의 재건에 있다. 그런 성명의 천도 도덕론은 실천 행위 자체이지 행위를 초월해 있는 관념적인 것이 아니다. 그래서 그의 도덕론은 한마디로 허체화용의 성인 공부론이다.

3. 삶으로의 복귀

장재 철학의 특징이 태허·태화와 같은 동사·형용사형 개념을 사용한 데 있기 때문에, 그런 개념의 품사를 고려하여 그의 철학적 방법을 정리하면 '태허한 기가 조화롭게 작용하는 것', 즉 허체화용이라 할 수 있다. 그것은 장재가 철학적 기초를 『주역』과 『중용』에 두고, 도·불의 관념성을 비판하는 동시에 유가의 실용·실천성을 강화하고 형이상학을 보완하는 데서 입론했기 때문이다.

그의 학문적인 업적은 관념적인 것을 현실에 가깝게 되돌려 놓음으로써 현실성과 역동성을 확보한 것이다. 그중에서 특히 끊임없이 변화하는 기의 작용 자체를 본체로 보는 태허와 그런 기 사이의 소통을 이루는 태화를 최고 가치로 삼았다는 것이다. 그렇게 함으로써 그는 부침·승강·상감·방체(方體)·음양·허실·동정·취산·청탁·유무·은현·신화·성명 등을 근본적으로 하나로 통합하는 유무혼일의 도를 주장할 수 있었다. 장재는 그렇게 유무혼일의 도를 세움으로써 도가의 무와 불가의 공을 극복하

---

122   大則天地合德.(『正蒙』「至當」)

려 한 것이다.

장재의 철학은 중국 철학의 방법사적 관점에서 보면, 정주학에 대해서는 이일분수설의 논의를 일으켰고, 본연지성과 기질지성이란 인성론의 개념을 구분해 주었다. 그리고 그의 용즉체의 체용론은 왕수인(王守仁)에게 작용 중심의 언급인 심외무물 심외무리(心外無物 心外無理)와 같은 주장을 하게 했다. 그뿐만 아니라 그의 기학은 청대 왕부지에게 계승되어 대성하게 되었다.

장재의 철학은 현상 작용 자체를 실체로 삼는 역동적인 기학이기 때문에 난국을 헤쳐 나가는 중요한 하나의 방법이 될 수 있다. 우리 역시 현실적인 많은 문제에 직면하고 있는데, 그것에 대한 구체적인 방법을 찾아야 한다. 우리의 문제는 대체로 현대 과학의 연구 방법이다. 과학에서 사용하는 방법상 자제해야 하는 것의 한계와 그 한계를 극복하는 것이 문제이다. 그러나 그런 문제 발생과 새로운 해결 방법의 개발은 늘 현재 진행형으로 우리의 앞에 놓여 있다. 문제 자체가 현재 진행형으로 변하고 있기 때문에 해결 방법 역시 동시에 이루어지지 않으면 안 된다. 문제가 발생하고 난 다음 그것을 해결하려는 방법은 늘 소 잃고 외양간 고치는 격이 되기 때문이다.

제22장

주희의 이일분수의 방법

중국의 유가 철학은 송·명대에 이르러 새로운 변화를 하였기 때문에 이학(理學)·성리학(性理學), 혹은 신유학(新儒學, Neo-Confucianism)이라고 불린다. 그 새로운 변화는 원시 유가 철학에 대한 새로운 해석을 한 것인데, 그중에서 주희(朱熹, 號는 晦庵, 晦翁, 1130~1200)는 과거 유가 경전의 각종 주석을 집대성하였다. 주희가 집대성한 것은 가깝게는 북송 오자의 해석이고, 멀리는 육경과 공맹의 유가 철학이다. 주희가 그들을 일관되게 집대성한 기본적인 방법은 바로 정이(程頤, 伊川, 1033~1107)가 말한 이일분수(理一分殊)에 있다.

이일분수는 본래 장재(張載, 橫渠, 1020~1077)의 「서명」에 대한 논의 과정에서 정이가 제출한 개념이었다. 그것은 주희에 이르러 형이상학·인식론·가치론을 통합한 사상이 되었다. 주희는 『주역』에서 말하는 태극을 만물의 근본으로 생각하고, 근본에서 말단을 연역해 내는 일원적 우주론의 방법을 사용했으며, 다시 그것을 인간 세계에 적용하여 인식론과 가치론의 기초를 건립하였다. 그래서 일반적으로 주희의 이런 사상 체계를 이일분수설이라 부른다.

주희가 이일분수의 방법으로 유가 철학을 집대성하려 한 목적은 무엇인가? 주희의 목적은 숭유벽불로(崇儒闢佛老)를 제창한 한유(韓愈,

768~824)와 이고(李翶, 772~841)처럼 공맹 이래 쇠미해진 유가의 도를 시대에 맞게 재정비함으로써 유가 철학의 부흥 운동을 펼치는 것이다. 즉 도교와 불교의 흥성에 대항하여 유가의 형이상학을 보완하고 재정비하는 것이다. 그렇게 주희가 형이상학을 보완 재정비하고 그 속에서 존재와 가치문제 등을 동시에 해결하려 한 것은 이일분수의 방법에 집중되어 있다. 따라서 본문에서는 이일분수의 방법을 중심으로 주희의 형이상학·인식론·가치론 문제를 고찰하고자 한다.

1. 방법론적 배경

1) 이일분수설의 철학사적 배경

이일분수설의 철학사적 배경에 대해서는 여러 견해가 있다. 그것은 크게 볼 때 『중용』 등 유가 경전의 미언대의(微言大義), 화엄종의 사법계관의 이사설(理事說), 장재의 「서명」 등이라고 보는 견해가 있고,[1] 작게 볼 때 장재의 「서명」, 정이의 「답양시론서명서」, 주희의 「서명주석」(西銘註釋, 즉 「西銘解」) 등이라고 보는 견해가 있다.[2]

본 장에서는 이일분수설의 철학사적 배경을 중심으로 종전의 논의를 포함하되 누락된 부분을 보충하여 논하겠다. 그래서 ① 장재의 「서명」(西銘), ② 정이의 「답양시론서명서」(答楊時論西銘書), ③ 주희의 「서명주석」(西銘註釋), ④ 『주역』, ⑤ 『노자도덕경』, ⑥ 한대의 『회남자』, ⑦ 화엄종의 사법계관, ⑧ 주돈이(周敦頤, 濂溪, 1017~1073)의 「태극도설」(太極圖說)과 『통서』의 방법을 고찰하겠다.

---

1   徐遠和, 『洛學源流』, 齊南, 齊魯書社, 1987, 91~92쪽

2   김홍경, 「주희 이일분수설의 두 가지 이론적 원천」, 『동양철학연구』 제10집, 동양철학연구회, 1989, 173~215쪽

① 「서명」은 본래 정완(訂頑)이라 불렸던 것으로서 장재의 좌우명 중 하나이다. 주요 내용은 '천지를 부모로 삼고 모든 사람을 형제로 삼으며 만물과 일체가 되어, 살아서는 천지의 법칙에 따르고, 죽어서는 편안히 쉬리라' 하는 생활신조이다. 즉 "건을 아버지라 부르고, 곤을 어머니라 부른다. 나는 이렇게 고독하지만 혼연히 그 가운데 처한다. 그러므로 천지에 가득 찬 만물은 나의 몸이고, 천지의 운행 법칙은 나의 본성이다. 백성은 나의 형제이고, 만물은 나의 친구이다. …… 살아서는 사리를 따르고, 죽어서는 편히 쉬련다"[3]는 것이다.

생활신조는 자기의 철학을 반영한 것이므로 그의 다른 저술에서도 그 근거를 찾을 수 있다. 특히 장재는 『정몽』에서 "하늘은 만물의 본체가 되기 때문에 버리는 것이 없는 것은, 인이 만사의 본체가 되기 때문에 없는 곳이 없는 것과 같다. 삼백 가지의 예의와 삼천 가지의 위의(威儀) 중 어떤 것도 인 아닌 것이 없다"[4], 「예운」(禮運)은 인간 세상의 이치를 통달한 것을 말하는 것이고, 「예기」(禮器)는 그의 예절을 완성한 것을 말하는 것이다. 이치의 통달과 예절의 완성은 체와 용의 도이니, 체와 용을 합하면 대인의 행사가 갖출 것을 갖추게 되는 것"[5]이라고 말했다. 그것은 장재가 인(仁)을 사물의 본체로 인식하고 제반사를 인의 작용으로 보고 있음을 알려 준다. 특히 장재가 "비록 만물이 무수하지만, 그 실체는 하나의 기일 뿐이다. 음양의 기가 나뉘어 서로 달라진 것인데, 사람들은 그것이 본래 하나였다는 것을 모른다"[6]고 말한 문장이 결정적인 단서이다. 그래서 장

---

3 乾稱父, 坤稱母. 予玆藐焉, 乃混然中處. 故天地之塞, 吾其體; 天地之帥, 吾其性. 民吾同胞, 物吾與也. …… 存吾順事, 沒吾寧也.(『正蒙』「乾稱篇」第17 上)

4 天體物不遺, 猶仁體事無不在也. 禮儀三百, 威儀三千, 無一物而非仁也.(『正蒙』「天道稱篇」)

5 禮運云者, 語其達也. 禮器云者, 語其成也. 達與成, 體與用之道, 合體與用, 大人之事備矣.(『正蒙』「至當篇」)

6 雖無數, 其實一而已. 陰陽之氣散則萬殊, 人莫知其一也.(『正蒙』「乾稱篇下」)

재의 기 철학 입장에서 보면 그것은 기일분수(氣一分殊)라고 규정하는 것
이 적당할 것이다.

②「답양시론서명서」는 양시(楊時, 龜山, 1053~1135)가 정이에게「서
명」에 묵자의 겸애적 요소가 있다고 문제를 제기한 것에 대한 정이의 답
변이다. 양시가 문제시한 점은 "체에 대해서는 말하면서 용에 대해서는
말하지 않기 때문에 그 폐단이 겸애로 흐를 수 있다"[7]는 것이다. 이에 대
해 정이는 "「서명」에서는 '이치는 하나이지만 나누어지면 달라진다'[理一
分殊]는 것을 밝힌다. 그러나 묵자는 근본이 둘이면서 구분함이 없다고
했다. 나누어 다르게 함의 폐단은 사욕이 본심을 이겨 인(仁)을 잃게 하
고, 나눔이 없는 잘못은 겸애하나 의(義)가 없다"[8]고 말했다. 아울러 정이
는 "양자의 위아 역시 의이고, 묵자의 겸애 역시 인이다. 그러나 털끝만
한 차이가 결국 천리만리의 착오를 일으킨다. 그렇게 되면 곧바로 무부무
군(無父無君)이 되니 그것은 지나친 것"[9]이라고 말했다. 여기서 이일은 근
본적인 이치에서 같다는 말이고, 분수는 그 같은 것이 나누어지면서 만상
으로 다양해졌다는 말이다.

정이의 이일분수설의 성격을 존재론적이라고 보는 사람이 있고, 윤리
학적이라고 보는 사람도 있다.[10] 그러나 문맥상에서 보면 그것은 묵자와
양주의 실천 방법을 놓고 논하는 것이기 때문에, 존재론적 의미가 있다

---

7   言體而不及用, 恐其流遂至於兼愛. (『龜山集』 卷16, 寄伊川先生)

8   西銘明理一而分殊, 墨氏則二本而無分. 分殊之蔽, 私勝而失仁, 無分之罪, 兼愛而無
義.(『二程集』 上, 609쪽, 「答楊時論西銘書」)

9   楊子爲我亦是義, 墨子兼愛則是仁, 惟差之毫釐, 繆以千里, 直至無父無君, 如此之
甚.(『二程集』 上, 171쪽)

10 이 부분의 견해는 徐遠和, 『洛學源流』, 臺北, 齊魯書社, 1987, 92~95쪽의 것과 陳
來, 『朱熹哲學硏究』, 北京, 中國社會科學出版社, 1988, 43~44쪽에 관한 것으로서, 김홍
경, 「주회 이일분수설의 두 가지 이론적 원천」, 『동양철학연구』 제10집, 동양철학연구회,
1989, 201~202쪽을 참조하여 정리한 것임.

하더라도 그것을 가치론에 종속된 위치에 둘 수밖에 없다. 그것은 정이가 "「서명」이 좋은 글로 인정받는 까닭은 근본적인 이치를 미루어 실천상 정의를 보존하기 때문"[11]이라고 말한 것에서도 확인할 수 있다. 즉 정이의 경우 근본적인 이치[理一]가 존재론적인 것인지 또는 가치론적인 것인지를 구분할 수 없지만, 그것을 적용하여 인간의 삶 속에서 선악 등을 구분하는 정의의 기초가 된다는 점에서 이치는 가치를 포함한다고 할 수 있다.

　③「서명주석」(또는「西銘解」)에서 주희가 주장하는 이일분수설은『주역』－『중용』－장재－정이로 계승되는 학설에 기초하지만, 그는 그것을 확대하여 자신의 인식론·형이상학·가치론적 기초로 삼았다. 주희가 이해한 이일분수의 내용은 무엇인가? 주희가 "서명 전체에 관통하는 것은 하나의 이일분수이고, 한 구절이 있다면 그것은 이일분수이다. …… 서명은 처음부터 끝까지 하나의 이일분수"[12]라고 말한 것으로 보면 그가 얼마나 이일분수에 치중했는가를 알 수 있다. 정이가 본래 양시에게 답변한 이일분수설은 윤리적 관점에서 논한 것이지만, 주희는 그것을 유가 철학 전반의 기초로 삼으려 했다.

　주희는 장재와 마찬가지로 우주론적 기초를『주역』「계사전」에 두었다. "천지 간에는 하나의 이뿐이다. 그러나 하늘의 도는 남성을 이루고, 땅의 도는 여성을 이룬다. 두 기가 교감하여 만물을 화생하면 그의 대소의 구분, 친소의 등급은 십 백 천 만 가지 등에 이르게 되어 가지런하게 할 수 없다"[13]고 말했다. 그 하나의 이치란 무엇인가? 그것은 음양 두 기가 교감하여 만물을 화생하는 이치로서 음은 양으로 양은 음으로 자기를 희생하

11　西銘之爲書, 推理而存義.(『二程集』上, 609쪽,「答楊時論西銘書」)

12　西銘通體是一箇理一分殊, 一句是箇理一分殊. …… 西銘自首至末箇是理一分殊.(『朱子語類』卷98, 2522~2523쪽)

13　天地之間, 理一而已. 然乾道成男, 坤道成女, 二氣交感, 化生萬物, 則其大小之分, 親疏之等, 至於十百千萬而不能齊也.(『周張全書』「西銘」의 朱熹 註釋, 75쪽)

는 원리이다. 주희는 그 도가 대소의 구분과 친소의 차등 기초가 된다고
해석한 것이다. 『주역』에 대한 이런 이해는 이일분수설과 통한다. 특히 주
희의 가장 중요한 문제가 유가 철학 부흥이며, 그것을 위해 하나의 체계
로 종전의 많은 학설을 집대성하는 것이라고 보면, 이일분수설은 현실적
대안이 된다. 이일분수는 체용의 관계나 이기의 관계를 모두 설명할 수
있기 때문이다.

④『주역』「계사전」에서 태극 → 양의 → 사상 → 팔괘 등으로 전개하
는 사상의 모형은 이일분수설의 형태와 다르지 않다. 하나의 근원자로부
터 모든 것을 연역해 내는 방법을 취하기 때문이다. 이것은 주돈이의 「태
극도설」을 비롯해 송대 유가 형이상학의 근원이 되었다. 『주역』은 64괘 ·
효사에서 천지 만물을 음양 두 요소의 관계로 분석하였으나, 「계사전」에
서는 음양 위에 태극을 설정함으로써 일과 다의 관계로 통합하였다.

『주역』은 기본적으로 현재의 시공상에서 변화하고 있는 작용이 논의의
기준이다. 따라서 그런 변화는 화생(化生)의 과정을 말한다. 즉 "천지는
서로를 사랑하여 만물을 화생했다"[14]라고 하고, "천지의 기운이 서로 합하
여 만물을 화순하게 한다. (만물 속의) 남녀, 즉 음양의 정을 합쳐 만물을
화생한다"[15]고 하였다. 그런 화생은 "신(神)은 일정한 방소가 없고, 역(易)
은 일정한 본체가 없다"[16]는 말에서처럼 작용의 본체를 별도로 설정하지
않았다. 구태여 본체를 논한다면 그것은 작용 속에서 논한 것으로 보아야
한다.

⑤『노자도덕경』 1장의 "이 두 가지(유와 무, 혹은 유욕과 무욕 등)는
본래 같은 것이지만, 현상 세계로 나오면서 이름이 달라진 것"[17]이라는 말

---

14   天地感而萬物化生.(『周易』「彖」'咸卦')

15   天地絪縕, 萬物化醇. 男女構精, 萬物化生..(『周易』「繫辭下」5)

16   神无方而易无體.(『周易』「繫辭上」4)

17   此兩者同, 出而異名.(『老子道德經』1章)

이나, 42장의 "도는 하나를 화생하고, 하나는 둘을 화생하며, 둘은 셋을 화생하고, 셋은 만물을 화생하였다"[18]는 말은 하나의 근원자로부터 모든 만물의 존재를 도출하는 형태이다.

만물의 근원으로서의 도에 대해 노자는 "혼돈 상태의 그 무엇인가가 이루어지는 것이 천지보다 먼저 있었다. 소리도 없고 형태도 없으나, 홀로 독립적으로 있어 변화하지 않으며 두루 운행하여도 위태롭지 않으니, 천하 만물의 모체라 할 수 있다"[19]고 말했다. 그런 노자의 도 개념을 정리하면 만물의 존재나 삶의 기본 원리(原理), 우주 발생의 바탕인 원질(原質), 본연의 원상(原相), 유기적 통일체로서의 전체 등이다. 노자의 도 개념은 원리뿐만 아니라 원질이나 원상까지 다 갖추고 있기 때문에 이일분수의 사상 모형과 유사하다.

⑥『회남자』의 집일응만(執一應萬), 이일합만(以一合萬), 만수위일(萬殊爲一)[20]의 방법은 한나라가 정치적으로 천하통일한 것과 마찬가지로 사상을 천하통일하려던 유안(劉安)의 제자백가 통합론이었다. 집일응만은 "근본을 보고 말단을 알며, 손가락을 보고 지시하는 사물을 알며, 하나의 도를 잡아 만사만물을 대하며, 요점을 파악하여 상세한 것에 대처하는 것을 술(術)이라 하는 것"[21]이라는 문구에서 나온 것이다. 이일합만은 "일이 적기를 바라는 것은 권세의 자루를 잡아 수람(收攬)의 기술을 체득하여 요소를 억누르고, 간략함을 잡아 넓고 큰 것을 다스리며, 조용히 거처하며 중용을 유지하고, 추기(樞機)에 있으면서 일을 처리하며, 하나를 가지고 만 가지를 합치하는 것이 부절이 합치하는 것과 같게 하기 위함"[22]이라는

18　道生一, 一生二, 二生三, 三生萬物.(『老子道德經』1章)
19　有物混成, 先天地生, 寂兮寥兮, 獨立不改, 周行而不殆, 可以爲天下母.(『老子道德經』25章)
20　남상호,「회남자의 道事一通의 방법」,『공자학』10호, 한국공자학회, 2003.11, 111~145쪽 참조.
21　見本而知末, 觀指而睹歸, 執一而應萬, 握要而治詳, 謂之術.(『淮南子』「人間訓」)

문구에서 나온 말이다. 만수위일은 "천지 우주는 한 사람의 몸과 같고, 육합(六合, 상하와 사방)은 한 사람이 복종하고 사는 것과 같다. 이 때문에 사람의 본성에 밝은 사람은 천지도 위협을 가할 수 없고, 변화를 관찰하여 그에 부합하는 사람은 요괴도 유혹할 수가 없다. 그러므로 성인은 몸 가까이 있는 것으로 인하여 먼 곳의 것을 알고, 삼라만상을 하나로 정리할 수 있다"[23]는 문구에서 나온 것이다.

아울러 『회남자』에서 이과동도(異科同道)라고 말하는 것은 육경이 비록 여섯 분야의 경전이지만 하나의 도를 추구하기 때문이다. 즉 "만물이 같지 않지만, 옛것도 없고 새것도 없으며, 소원한 것도 없고 친근한 것도 없다. …… 오행은 기를 달리하는데도 모두 조화되고, 육경은 분과를 달리하는데도 모두 도를 같이한다"[24]는 것이다. 『회남자』에서 육경은 각기 다르면서도 그 실용 목적은 같다고 전제하는 것이다.

주희의 이일분수는 『회남자』처럼 육경과 제자백가를 모두 통합하여 집대성하려는 것은 아니지만, 주희가 유가 철학을 집대성하는 기초 방법으로 쓸 수 있는 것이다. 정주학에 대한 『회남자』의 영향 관계는 확인할 수 없으나, 그 사상적 모형이 유사하다는 것은 알 수 있다.

⑦ 화엄종의 사법계관은 불교의 세계관이다. 형식상 유사성 때문에 그동안 학계에서는 이일분수설과의 관계를 계속 거론해 왔다. 『회남자』와의 관계처럼 화엄사법계관과의 관계 역시 확인하기 어렵다. 그러나 상관성을 주장하는 사람들은 화엄사법계관에서 본체와 작용의 일치를 주장하는 이사무애법계관을 바탕으로 한 사사무애법계관이 이일분수설과 형식상

22　事欲鮮者, 執柄持術, 得要以應衆, 執約以治廣, 處靜持中, 運於璇樞, 以一合萬, 若合符節者也.(『淮南子』「主述訓」)

23　天地宇宙, 一人之身也. 六合之內, 一人之制也. 是故明於性者, 天地不能脅也. 審於符者, 怪物不能惑也. 故聖人者, 由近知遠, 而萬殊爲一.(『淮南子』「本經訓」)

24　萬物不同, 無故無新, 無疏無親. …… 五行異氣而皆適調, 六藝異科而皆同道.(『淮南子』「泰族訓」)

일치한다고 본다.

유가와 불가 철학의 내용이 다르므로 방법적 형식의 유사성은 상관없다고 말하기는 어렵다. 그러나 그보다는 오히려 이미 사용했던 방법을 사용했기 때문에 독창성이 없다는 점은 문제가 된다. 서원화(徐遠和)는 이일분수설이 근원에 대한 논의 중 불교의 4법계관의 영향으로 보았는데,[25] 진래(陳來)는 오히려 이일분수설과 불교(화엄종)의 차이점을 논하였다. 즉 진래는 주희의 통체태극(統體太極)은 하나[一]이고 각구태극(各具太極)은 다[萬]인데 단지 수량상 차이일 뿐 다른 차이가 없는데 비해, 불교(화엄종)의 하나는 개별적인 것이지 총체적인 하나가 아니라는 것이다. 주희의 이일분수설이 선종의 월인만천(月印萬川)과 가깝고 화엄종의 일다상섭(一多相攝) 사상과는 차이가 있다는 것이다.[26]

⑧ 주돈이의 「태극도설」과 『통서』가 이일분수의 하나의 내원이라고 보는 견해도 있다. 서원화는 이광지(李光地, 1642~1718)가 정리한 주희의 『성리정의』(性理精義) 卷1의 "무릇 하나의 이(理), 음양의 기(氣), 오행의 분리와 결합을 미루어 정미한 도체(道體)를 체계화 했다"는 말에는 이미 이일분수의 사상 모형을 갖추고 있다고 말했다.[27]

주희는 『통서』를 「태극도설」의 해설서라고 보는데,[28] 그중에는 "오행은 음양이고, 음양은 하나의 태극이다. 이는 만물이 하나의 태극이 되고, 하나의 태극은 만물로 나누어지는 것이다. 만물은 하나하나 바르게 되고, 크고 작은 것이 정해지는 것이다"[29]와 같은 말이 있다. 이 말 가운데 일실

---

25   徐遠和, 『洛學源流』, 齊南, 齊魯書社, 1987, 91~92쪽 참조.

26   陳來, 『朱熹哲學研究』, 北京, 中國社會科學出版社, 1988, 48~49쪽. 陳來는 "단지 수량상 차이일 뿐"이라고 말했지만, 일반적으로는 기질지성의 차이로 설명한다.

27   大抵推一理二氣五行之分合, 以紀綱道體之精微.(徐遠和, 『洛學源流』, 齊南, 齊魯書社, 1987, 91쪽)

28   通書一部, 皆是解太極說.(『朱子語類』卷94, 2389쪽)

29   五殊二實, 二本則一. 是萬爲一, 一實萬分. 萬一各正, 大小有定.(『通書』「理性命」)

만분(一實萬分)은 이일분수와 같은 개념이다. 연령상 주돈이가 정이보다 약간 선배이지만『통서』의 일실만분이 이일분수보다 앞선 것인지 아닌지는 알 수 없다. 그러나『통서』와「태극도설」을 중심으로 볼 때 주돈이의 일실만분이 보다 정리된 사상 체계를 이루고 있는 점은 알 수 있다.

2) 유가의 부흥과 이일분수설

주희는 주석학적 집대성가이다. 그는 새로운 개념을 창조하기보다는 과거의 것을 집대성하는 것에 초점을 맞추었다. 집대성의 의미는 무엇인가? 진영첩(陳榮捷)은 주희의 집대성의 의미를 신유학의 발전과 완성, 유학 도통의 개념 확립, 유학의 기본 문헌으로 사서의 확립으로 설명하였다.[30] 장군매(張君勱)도 역시 "주희는 특유의 조직 원칙, 즉 이일분수가 있다. 그는 이일분수의 원칙으로 주돈이의「태극도설」, 장재의「서명」및 정호(程顥, 明道, 1032~1085) · 정이의 많은 관념을 그의 사상 체계 속에 집어넣어 융화시켰다. 그는 각 학파의 학설을 취하는 것뿐만 아니라 각 학파의 학설을 자기 원칙에서 응용하였다"[31]고 말했다. 주희에게 이일분수설은 종전의 유학을 통합하고 주석하는 원칙일 뿐만 아니라, 만사만물을 보고 이해하는 세계관의 기본 원칙이다.

　주희가 유가 철학을 집대성하려한 목적은 북송오자(北宋五子), 즉 소옹(邵雍, 康節, 1011~1077), 주돈이, 장재, 정호, 정이 등이 발의한 것처럼 유학의 부흥이었다. 한대의 유안이 춘추 전국 시대의 제자백가 철학을 새롭게 집대성했다면, 주희는 가깝게는 신유학의 개척자인 북송오자의 사상을, 멀리는 육경과 유가 철학의 사상을 집대성하였다. 따라서 그의 목표는 새로운 세계관적 목적을 설정하여 자기의 철학을 건설하고자 하는

30　진영첩 저, 표정훈 역,『주자강의』, 서울, 푸른역사, 2001, 164쪽 참조.
31　張君勱,『新儒家思想史』, 臺北, 弘文館出版社, 1986, 206쪽

것이 아니라, 공맹 중심의 유가 철학의 체제를 재정비하는 것이었다. 그래서 주자학이 주석학적 집대성을 이룬 것이다. 그것도 육경이 아닌 『논어』·『맹자』·『대학』·『중용』 등 사서(四書)를 중심으로 하였으며, 그동안 전해 온 주석을 집대성하여 사서집주를 만들어 유학의 대중화에 앞장선 것이다.

왜 유학의 부흥을 주장했으며, 어떤 방법을 제시하였는가? 유학의 부흥을 제창한 것은 불학과의 현실 경쟁에서 생존하기 위한 것이었다. 그러기 위해서는 무엇보다도 일반 대중의 이해와 참여가 필요했다. 대중이 이해하고 참여하기 위해서는 간단한 하나의 사상적 구호가 필요한데, 그것이 바로 이일분수이다. 이일분수는 유가의 부흥과 관련된 주희의 새로운 대안이었다.

과연 이일분수설은 유가 철학의 새로운 대안이 될 수 있었는가? 이일분수설은 학술적으로 여러 고전을 하나로 집중시키고 그로부터 모든 것을 연역해 냄으로써 본말이 일관되게 유가 철학의 체계를 이루게 하였다. 그럼으로써 유가는 도가·불가의 일원론적 형이상학 체계에 맞설 수 있게 되었다. 아울러 실용적으로는 하나의 도를 만사에 적용하는 일통만수(一統萬殊)하는 철학적 방법을 건립할 수 있게 된 것이다. 이렇게 주희는 이일분수의 철학적 원리에 의거하여 인의 도덕을 형이상학·인식론·가치론 등에 일관되게 적용할 수 있게 되었다.

2. 주요 방법

1) 이일과 분수의 관계

주희가 이일분수를 중시하게 된 계기는 무엇일까? 그것은 아마도 이일분수를 신봉한 스승 이동(李侗, 延平, 1093~1163)의 영향을 받았을 것이다.

즉 이동은 "유가의 학문이 이단과 다른 까닭은 이일분수 때문이다. 이가 하나가 아닌 여러 개일 것이라고 염려하지는 않지만, 어려운 것은 분수 뿐"[32]이라고 말했기 때문이다.

주희는 이일과 분수의 관계를 어떻게 설정하였는가? 이일과 분수 간의 관계를 보면 전체 철학 사상의 구조나 성격을 알 수 있다. 이일과 분수의 관계를 다음과 같은 몇 가지로 분석해 볼 수 있는데, 물론 그것이 주희만 의 방법은 아니다.

(1) 월영만천의 관계

주희는 "오행은 음양이고, 음양은 하나의 태극이다. 이는 만물이 하나 의 태극이 되고, 하나의 태극은 만물로 나누어지는 것이다. 만물은 하나 하나 바르게 되고, 크고 작은 것이 정해지는 것"[33]이라는 말에 대해 "이일 과 분수의 관계는 전체를 부분으로 조각낸 것이 아니라, 단지 달이 온 냇 물에 비친 것과 같은 것"[34]이라고 말했다. 즉 이일과 분수는 전체와 부분 의 관계가 아니라는 것이다. 분수의 분은 전체의 분할을 의미하는 것이 아니라 전체의 투영을 의미하는 것이다.

이일과 분수는 공존하는 것이지 따로 분리되어 있는 것이 아니다. 그것 은 서양의 보편 논쟁에서 보편자는 개체와 공존하는 것으로 보는 견해와 형식상 같다. 즉 사람이란 개념과 개개인은 동시에 공존한다고 보는 것과 같이 주희의 월영만천(月映萬川) 역시 하늘의 달과 물의 그림자가 동시에 존재하면서 같은 것이라는 것이다.

---

32   吾儒之學所以異於異端者, 理一分殊也. 理不患其不一, 所難者分殊耳.(李侗, 『延平答問』「延平後錄序」, 京都, 中文出版社, 1980, 27쪽)

33   五殊二實, 二本則一. 是萬爲一, 一實萬分. 萬一各正, 大小有定.(『通書』「理性命」)

34   不是割成片去, 只如月映萬川相似.(『朱子語類』卷94, 2409쪽)

(2) 각구태극의 관계

사물의 현상은 각기 다르지만 하나하나가 모두 태극을 표현하는 것이
다.[35] 주희는 만물을 하나의 태극으로 보면서 동시에 그 태극이 하나하나
의 사물 속에 갖추어진 사물 본성, 즉 각구태극(各具太極)이라고 하였다.
그것은 일통만수이면서 동시에 만수일관(萬殊一貫)인 관계이므로 겸애
(兼愛)나 위아(爲我)의 폐단에 빠지지 않는다는 것이다.[36] 이일분수는 바
로 일통만수와 만수일관의 측면을 동시에 갖춘 것이다. 따라서 주희의 이
일분수는 합일분수의 관계로 말할 수 있다.

태극과 만물의 관계는 전체와 부분의 관계가 아니라 하나와 다수의 관
계이다. 그것은 본질상 단지 크기나 수량의 차이가 있을 뿐이기 때문이
다. 그렇다고 자석이 깨지면 깨진 조각들이 본래의 자석과 크기만 다를
뿐 동일한 성질을 띤 것과 마찬가지는 아니다. 왜냐하면 만물의 단계에서
는 같으면서도 다른 것이 있는데, 그것이 분수(分殊)이기 때문이다. 같은
것은 본질이고 다른 것은 형태이다. 형태상으로 보면 수직적 생산 관계이
고, 내용상으로 보면 수평적 평등 관계이다. 아무래도 다른 부분이 있으
므로 그 설명 방식이 우주론적이라고 볼 수 있다.

(3) 체용일원 현미무간의 관계

체용일원 현미무간(體用一源 顯微無間)은 정이의『역정전』서문에서 비
롯된 말이다. 물론 거슬러 올라가면 육경과 제자백가에 이르겠지만, 송·

35　自男女觀之, 則男女各一其性, 而男女一太極也. 自萬物而觀之, 則萬物各一其性, 而
萬物一太極也. 蓋合而言之, 萬物統體一太極也, 分而言之一物各具一太極也.(「太極圖說
解」『朱子全書』13冊, 74쪽) 自其本而之末, 則一理之實而萬物分之以爲體. 故萬物之中各
有一太極.(『性理大全』卷3) 自其本而之末, 則一理之實而萬物分之以爲體. 故萬物之中各
有一太極. 而小大之物, 莫不各有一定之分也.(『通書解』性理篇 卷3)

36　一統而萬殊, 則雖天下一家, 中國一人, 而不流於兼愛之敝. 萬殊而一貫, 則雖親疎異
情, 貴賤異等, 而不牿於爲我之私.(『周張全書』「西銘」의 朱熹 註釋, 75쪽)

명 성리학자들의 제일 근거는 역시 『중용』과 『주역』이었다. 이를 기초로
장재는 "신묘한 것은 하늘의 덕이고, 변화는 하늘의 도인데, 덕은 그[易]
의 체이고, 도는 그의 용으로서, 기에서 하나로 될 뿐이다. 신은 방소가
없고, 역은 체가 없으므로, 크고 하나일 뿐"³⁷이라고 말했다. 정이가 설정
한 이일과 분수의 관계는 본체와 작용의 관계로서 조금도 어긋남이 없는
것이다. 즉 그들은 일체 양면의 관계이지 두 세계의 조화가 아니다.

  체용의 체와 현미(顯微)의 개념은 본래 『중용』 16장 중 "사물의 본체가
되어 잃어버릴 수 없는 것이다. …… 은미한 본체가 드러나는 것은 진실
무망한 것을 가릴 수 없는 것과 같구나"³⁸에서 유래한 것이다. 체물(體物)
에 대해 주희는 "이는 그 사물의 본체가 되어 사물이 잃어버릴 수 없는
것"³⁹이라고 하였다. 주희 역시 천지(음양, 귀신)의 도를 사물의 본체로
본 것이다. 즉 진실무망한 천지의 본체[道]인 미(微)와 그의 작용[用]인
현(顯)을 체용 관계로 보는 것은 이미 『중용』에서 시작된 것이다. 아울러
주희는 『중용』에서 말하는 현미(顯微)와 비은(費隱)을 체용의 관계로 해
석하여, "비(費)는 용(用)의 광범함이고, 은(隱)은 체(體)의 은미함"⁴⁰이라
고 말했다. 여기서 은과 비를 체와 용으로 해석한 것은 주희의 독창적 견
해이다.⁴¹ 물론 그 기초 역시 천지 음양의 도를 본체로 보고, 그의 현상을
작용으로 해석할 수 있는 『중용』 본문에 기초한 것으로,⁴² 이런 체용본말
등으로 논리적 선후를 말한다면 이일은 분수의 근원이 된다. A가 B로 화

---

37   神天德, 化天道. 德其體, 道其用, 一於氣而已. 神無方, 易無體, 大且一而已爾(『正
蒙』「神化篇」)
38   體物而不可遺. …… 夫微之顯, 誠之不可揜, 如此夫.(『中庸』16章)
39   是其爲物之體而物之所不能遺也.(『中庸』16章, 朱熹의 注)
40   費, 用之廣也. 隱, 體之微也.(『中庸』12章, 朱熹의 注)
41   『朱子四書集註典據考』, 臺北, 臺灣學生書局, 1976, 진영첩 저, 표정훈 역, 『주자강
의』, 서울, 푸른역사, 2001, 85쪽에서 재인용함.
42   君子之道, 費而隱. …… 君子之道造端乎夫婦, 及其至也察乎天地.(『中庸』12章)

생되는 관계이므로 그것은 우주론적으로 볼 수 있다.

2) 주희의 형이상학과 이일분수설

송대에 이르러 유가가 형이상학을 재정비하려 한 것은 불가와 도가의 형
이상학에 맞서 대응하기 위한 것이다. 정호·정이 형제는 "양주 묵적의 폐
해는 이미 없어지고, 도가의 학설은 그 폐해가 마침내 작아졌다. 오직 불
학만이 사람들마다 말하니, 천지를 뒤덮어 그 폐해가 끝이 없다"[43]고 말했
다. 이런 세태를 반영한 유가 철학의 부흥 운동이 본격 시작된 것은 주돈
이의 「태극도설」에서 촉발되었는데,[44] 그 근거를 『주역』에서 확보하려 했
다.[45] 『도덕경』에서 비롯했다는 주장도 있다.[46] 「태극도설」처럼 우주 발생
을 무극 → 태극 → 음양 → 오행 → 만물, 혹은 태극(무극) → 음양 → 오
행 → 만물의 순서로 해석하는 것은 어떤 한 사람만의 주장은 아니다. 그것
은 중국 철학 일반에 깔려 있는 우주론적 해석이다. 단지 「태극도설」에서
는 무극(無極)을 태극 앞에 놓은 것 때문에 시비가 끊이지 않은 것이다.[47]

43　楊墨之害, 在今世則已無之. 如道家之說, 其害終小. 惟佛學今則人人談之, 瀰漫滔天,
其害無涯.(『二程集』上 67쪽)

44　無極而太極, 太極動而生陽, 動極而靜, 靜而生陰. 靜極復動, 一動一靜, 互爲其根, 分
陰分陽, 兩儀立焉. 陽變陰合, 而生水火木金土. 五氣順布, 四時行焉, 五行一陰陽也, 陰陽
一太極也, 太極本無極也. 五行之生也, 各一其性, 無極之眞, 二五之精, 妙合而凝, 乾道成
男, 坤道成女, 二氣交感, 化生萬物, 萬物生生而變化無窮焉. 惟人也, 得其秀而最靈. 形旣
生矣, 神發知矣, 五性感動而善惡分, 萬事出矣. 聖人定之以中正仁義(自注: 聖人之道, 仁
義中正而已矣), 而主靜(自注: 無欲故靜)立人極焉. 故聖人與天地合其德, 日月合其明, 四
時合其序, 鬼神合其吉凶.(「太極圖說」)

45　易有太極, 是生兩儀, 兩儀生四象, 四象生八卦.(『周易』「繫辭傳」)

46　萬物生於有, 有生於無.(『道德經』40章) 道生一, 一生二, 二生三, 三生萬物.(『道德
經』42章)

47　無極 : 陸九淵은 무극을 老子에서 유래한 것이라 하고, 어떤 이는 老子의 有生於無의
뜻이라고 말한다.(『中國學術名著今釋語譯』, 宋元明編, 61쪽) 程頤는 "태극은 무극"太極,
無極也.(『二程集』, 690쪽)라고 말했고, 朱熹는 "老子의 무극은 무궁하다는 뜻이고, 周敦

이기론은 이일분수적 사상 모형 위에 설정된 형이상학이다. 정이는 『주역』의 일음일양지위도(一陰一陽之謂道)를 "도는 음양이 아니라, 한 번은 음이 되고 한 번은 양이 되는 까닭"[48]이라고 말했다. 아울러 "음양이 되는 까닭이 도이며, 음양은 기이다. 기는 형이하자이고, 도는 형이상자"[49]라고 말했다. 그런데 정이는 "이가 있으면 기가 있고, 기가 있으면 수가 있다"[50]고 하여, 이기의 관계를 언급하였다.

이기의 관계는 어떠한가? 정이는 "드러나지 않는 극미한 것은 이치이고, 완전히 드러난 것은 현상이다. 체용의 근원은 하나이고, 극미한 이치와 드러난 현상 사이에는 간격이 없다"[51]고 하였다. 주희는 진일보하여 체용이 일체 관계에 있지만, 이(理) 쪽에서 보면 이(理) 속에 상(象)이 있고, 상 쪽에서 보면 상 속에 이가 있다고 말한다.[52] 이런 논리를 이일분수에 적용하면 근본인 이(理)가 만물로 화생하는 것에도 역시 마찬가지로 말할 수 있다. 이(理)와 만물은 우주론적으로 원인과 결과의 관계로 볼 수 있으나, 현상 속에서는 선후를 따질 수 없이 동시에 있는 것으로 보아야 한다. 그래서 주희는 "남녀 중심으로 보면 남녀는 각기 다른 하나의 성품을 갖고 있지만, 남녀는 하나의 태극이다. 만물 중심으로 보면 만물은 각기 다른 하나의 성품을 갖고 있지만, (근본에서 보면) 만물은 하나의 태극이다. 대체로 합하여 말하면 만물 전체는 하나의 태극이고, 나누어 말하면 사물은 각기 하나의 태극을 갖추고 있다"[53]고 말한 것이다.

頤가 말하는 뜻과 다르다"(『中國學術名著今釋語譯』, 宋元明篇, 61쪽)고 말했다.

48   "一陰一陽之謂道", 道非陰陽也, 所以一陰一陽者道也.(『二程集』 上, 67쪽)

49   離了陰陽更無道, 所以陰陽者是道也. 陰陽, 氣也. 氣是形而下者, 道是形而上者.(『二程集』 上, 162쪽)

50   有理則有氣, 有氣則有數.(『二程集』, 1030쪽)

51   至微者理也, 至著者象也. 體用一源, 顯微無間.(『易傳·序』)

52   體用一源者, 自理而觀, 則理爲體, 象爲用, 而理中有象, 是一源也. 顯微無間者, 自象而觀, 則象爲顯, 理爲微, 而象中有理, 是無間也.(『朱文公文集』 卷40, 「答何叔京」)

사물의 차이는 어떻게 설명할 것인가? 사물의 차이는 기의 청탁에 따라 달라진다고 보았다. 장재는 "태허의 기는 맑다. 맑으니 장애가 없고, 장애가 없으니 신묘하다. 맑음에 반하니 탁하게 되고, 탁하면 장애가 있다. 장애가 있으니 형체가 있다"[54]고 말했다. 사람의 성품에는 차이가 있는데 어떻게 설명할 것인가? 그 차이를 설명하기 위해 장재는 기질지성(氣質之性)이란 말을 했다. 즉 "형체가 있고 난 후에 기질의 성이 있다. 그것을 잘 돌이키면 천지의 성이 보존된다. 그러므로 기질지성을 군자는 성이라 여기지 않는다"[55]고 말했다. 그리고 성즉리(性卽理)는 정이가 맨 처음 사용한 말로서 "성에는 선하지 않은 것이 없지만, 선하지 않은 것이 있는 것은 재질 때문이다. 성이 곧 이(理)이니, 이는 요순에서 일반 사람에 이르기까지 모두가 같다. 그러나 재질은 기에서 받은 것인데, 기에는 청탁이 있다. 맑은 기를 받은 사람은 현명하고, 탁한 기를 받은 사람은 어리석은 것이다"[56]에서 나온 말이다. 이일분수 중심으로 보면 본연지성은 이일에 해당하고, 기질지성은 분수에 해당한다. 즉 분수가 가능한 것은 기질지성이 있기 때문이다. 이렇게 보면 주희가 본연지성과 기질지성을 이와 기의 관계로 설명하는 것은 장재와 정이에게서 비롯된 것임을 알 수 있다.

53　自男女觀之, 則男女各一其性, 而男女一太極也. 自萬物而觀之, 則萬物各一其性, 而萬物一太極也. 蓋合而言之, 萬物統體一太極也, 分而言之一物各具一太極也.(「太極圖說解」『朱子全書』13冊, 74쪽) 自其本而之末, 則一理之實而萬物分之以爲體. 故萬物之中各有一太極.(『性理大全』卷3) 自其本而之末, 則一理之實而萬物分之以爲體. 故萬物之中各有一太極. 而小大之物, 莫不各有一定之分也.(『通書解』性理篇 卷3)
54　太虛爲淸, 淸則無礙, 無礙故神. 反淸爲濁, 濁則礙, 礙則形.(『正蒙』「太和」)
55　形而後有氣質之性, 善反之, 則天地之性存焉. 故氣質之性, 君子有弗性焉.(『正蒙』「誠明」)
56　性無不善, 而有不善者才也. 性卽是理, 理則自堯舜至於途人一也. 才稟於氣, 氣有淸濁. 稟於淸者爲賢, 稟於濁者爲愚.(『二程集』語錄)

3) 주희의 인식론 · 가치론과 이일분수설

주희는 격물치지의 방법으로 즉물궁리(卽物窮理)를 주장했다. 즉물궁리는 주희의 인식론과 가치론을 잘 보여 주는 주요 개념이다. 즉물궁리란 사물에서 곧바로 만물의 이치를 연구한다는 뜻으로서, 그것은 아마도 임제(臨濟, 義玄, ?~867)의 당하견도(當下見道)와 같이 학습과 관계없이 깨달음을 얻으려는 선학의 수행 방법에 반대하기 위해서 주장된 것 같다.[57] 즉물궁리란 말은 "소위 치지가 격물에 달려 있다는 말은, 내가 알기 위해서는 사물에서 그 이치를 궁리해야 한다는 것을 말하려는 것"[58]이라고 말한데서 연유한 것으로서 학습을 중시한 유가 철학적 배경을 반영한 것이다.

주희는 격물치지의 방법으로 분수 쪽에서 이일 쪽으로 역류하여 만물[分殊]에 대해 즉물궁리한 결과, 활연관통하여 하나의 원리[理一]를 얻었다. 그것은 형이상학적 원리를 발견한 것이지 학습과 상관없는 인한 본성을 깨달은 것이라 하기 어렵다. 분수의 세계를 궁리하여 이일을 깨달았다는 것은 단지 근본과 말단의 관계를 형식상 이일분수의 관계로 규정하는 것에 불과한 것이고, 인을 깨달은 것은 학습과 상관없는 것이기 때문이다. 주희가 인을 몰랐겠는가? 그는 성현의 철학 사상을 집대성하는 데 치

---

57 윤사순은 "이(선학)에 대한 회암의 비판은 견성하는 방법과 그 결과에 대한 두 가지로 분류된다. 첫째 정주계 학자라면, 모든 사물에 대한 지식은 그것이 무슨 지식이든지, 이치를 궁구하는 궁리(窮理) 형식의 이른바 격물(格物)로 이루어진다고 생각한다. 어떤 매개도 없이 '직접 마음에서 불성을 깨달음'이란 그들에게는 납득되지 않을 이론이다. 둘째 성에 대한 직관적인 깨달음[頓悟]으로 모든 번뇌가 사라진 열반 해탈의 경지에 이른다는 이론은 설령 그 경지가 실제로 성립되더라도 문제다. 본원유학 이래 유학에서도 존심양성(存心養性), 진심지성(盡心知性), 명명덕(明明德), 성심진성(誠心盡性)을 수양법으로 강조하여 오는 터지만, 그 수양은 다 바른 나와 가정과 국가 생활을 이루기 위한 수단이다"라고 보았다.(윤사순, 『유학의 현대적 가용성 탐구』, 서울, 나남출판, 2006, 47쪽)

58 所謂致知在格物者, 言欲致吾之知, 在卽物而窮其理也.(『大學』釋格物致知章朱熹註解)

우쳐 자기의 체험을 드러내지 못했을 것이다.

주희가 사숙(私淑)한 정호는 인에 어떻게 접근하였는가? 정호는 "공부하는 사람은 반드시 먼저 인을 알아야 한다. 인이란 혼연히 사물과 한 몸이 되는 것이다. 의·예·지·신은 모두 인이다. 이런 이치를 알고 정성스레 공경하는 마음으로 그것을 보전하면 되는 것이고 특별히 방비하여 단속하거나 궁리하여 찾을 필요도 없는 것"[59]이라고 말했다. 혼연동체 이후 인을 알고 그것을 성경(誠敬)으로 보전하면 될 뿐 더 이상 아무것도 필요 없다는 것이 정호의 방법이다. 이것은 출발점에서 보자면 선학의 방법과 다르지 않다.

수양 방법상 정호의 여물동체 성경존인(與物同體 誠敬存仁)을 이동(李侗)이 묵좌징심 체인천리(默坐澄心 體認天理)[60]로 바꾸었고, 그것을 다시 주희가 즉물궁리 활연관통(卽物窮理 豁然貫通)으로 바꾸었다. 이 과정에서 주희는 즉심성불(卽心成佛)과 같은 선학의 주장이 유가의 교학을 해칠까 염려하여 즉물궁리를 주장한 것으로 보인다. 그 결과 주희는 『중용』 1장의 솔성(率性)의 길로 곧바로 가지 못하고 먼저 즉물궁리의 길로 갔다. 그래서 훗날 유종주(劉宗周)에게 너무 우원하다는 평을 듣게 되었다.[61]

먼저 인을 알고, 그다음에 식인(識仁)의 결과를 이일분수의 형식으로 설명하는 것은 앎 속에 설명이 내포되므로 논리상 별문제가 없다. 그러나 주희가 격물치지의 방법으로 이일분수를 이해했다는 것은 만물과 혼연동체가 되는 식인에 이른 것이라고 할 수는 없다. 따라서 이일분수에 대한 접근 태도가 격물치지식으로 추론해 가는 것이라면, 그 얻은 결과는 관념

59　學者須先識仁. 仁者, 渾然與物同體. 義禮智信皆仁也. 識得此理, 以誠敬存之而已, 不須防檢, 不須窮索.(『二程集』上, 16~17쪽)

60　學問之道不在多言, 但默坐澄心, 體認天理.(『延平答問』「延平後錄序」, 20쪽)

61　朱子自謂一生學問, 從致知入. 然補傳之說, 後人或疑其太迂.(劉蕺山, 『劉子全書及遺編』「證學雜解」22, 京都, 中文出版社, 1981, 112쪽)

적인 것이 될 수 있다. 주희는 수양 실천의 문제를 이일과 분수의 관계로 논하는데, 다음과 같다.

> "천지 간에는 하나의 이뿐이다. 그러나 하늘의 도는 남성을 이루고, 땅의 도는 여성을 이룬다. 두 기가 교감하여 만물을 화생하면 그의 대소의 구분, 친소의 등급은 십 백 천 만 가지 등에 이르게 되어 가지런하게 할 수 없다. …… 하나의 이치로 만 가지를 총괄하면 비록 천하가 한 가족처럼 되고, 중국이 한 사람처럼 되어도 겸애의 폐단에 빠지지 않는다. 만 가지를 일관되게 하면 비록 친소의 차이나 귀천의 등급이 있어도 위아의 사사로움에 빠지지 않는다."[62]
>
> "인은 뿌리이고, 측은지심은 싹이다. 친친·인민·애물 등은 바로 지엽에까지 확대한 것이다."[63]
>
> "사물과 나는 저절로 하나의 등차가 있다. 단지 인한 사람은 이 점에서 이루어지고, 다른 사람을 얻는 것 역시 그와 같이 인을 확대해 나가는 것이다. 그래서 친친하여 인민하고, 인민하여 애물하는 것이다. 다른 사람과 나는 이일에 속하고, 나누어지면서 저절로 달라지는 것이다."[64]

「서명」은 본래 장재의 좌우명이기 때문에, 이를 기초로 전개한 주희의 이일분수설 역시 인식론적이고 가치론적인 면이 강하다. 그래서 앞에서 주희가 말하는 일통만수와 만수일관은 『회남자』에서 말하는 집일응만·

62　天地之間, 理一而已. 然乾道成男, 坤道成女, 二氣交感, 化生萬物, 則其大小之分, 親疎之等, 至於十百千萬而不能齊也. …… 一統而萬殊, 則雖天下一家, 中國一人, 而不流於兼愛之敝. 萬殊而一貫, 則雖親疎異情, 貴賤異等, 而不牿於爲我之私.(『周張全書』「西銘」의 朱熹 註釋, 75쪽)

63　仁是根, 惻隱是萌芽. 親親·仁民·愛物, 便是推廣到枝葉處.(『朱子語類』 卷6, 118쪽)

64　物我自有一等差. 只是仁者做得在這裏了, 要得人也如此, 便推去及人. 所以親親而仁民, 仁民而愛物. 人我只是理一, 分自不同.(『朱子語類』 卷36, 952쪽)

이일합만·만수위일과 그 사상 구조가 같은 것이다. 이렇게 사상 구조가 유사성을 갖는 것은 그들이 일원론적이며 체용불이를 바탕으로 하기 때문이다. 정이와 주희의 이일분수설은 그 형식상 어느 것을 닮았든 간에 그의 용도는 여전히 묵자와 양주를 공격하는 데 있다.

주희가 일통만수함으로써 겸애의 폐단에 빠지지 않고, 만수일관함으로써 위아의 폐단에 빠지지 않을 수 있는 하나의 사상 모형을 바로 이일분수라고 본 것이다. 그러나 공자의 인은 묵자의 겸애와 양주의 위아와는 본질적으로 다른 것이므로 실천 형식에 따라 변할 수 있는 것이 아니다. 즉 묵자의 겸애는 생존 이익을 극대화하려는 이기심이 본질이고, 양주의 위아는 자연의 도를 본질로 하는 것이기 때문에 도덕성을 본질로 하는 공자의 인과는 다른 것이다. 형식이 내용을 변질시키는 것이 아니라면 실천 형식은 시대에 따라 바꿀 수 있는 것이다.

주희는 이러한 인식론·가치론을 가지고 있지만 수양론상에서는 분수에서 이일 쪽으로 가는 즉물궁리의 방법을 사용했다. 그 결과 지식의 객관성은 좋아졌지만, 도덕 행위가 선천적 도덕 본성과 통하지 못할 가능성을 내포하게 되었다. 만약 맹자처럼 선립호기대자(先立乎其大者)라는 원칙을 유지했다면 도덕의 자립성과 지식의 객관성을 동시에 확보할 수 있었을 것이다. 그는 일통만수와 만수일관을 추구하지 않았던가?

4) 이일분수설에 대한 비판과 대안

주희 역시 숭유벽불로를 위해 이일분수설을 기초로 유가의 도덕 형이상학 확립에 노력했다. 그러나 유불도가 모두 보편 가치인 인·자비·도 등을 근원자로 하여 전개한 인중유과론(因中有果論)에 속하기 때문에 철학적 구조상 근본적인 차별화는 할 수 없었으므로, 주희 역시 실천 방법에 치중하여 불가와 도가를 공격할 수밖에 없었다. 원시 유가는 불가나 도가처럼 철저한 인중유과론은 아니었다. 예를 들어 문질빈빈(文質彬彬)으로 대표되는 공자의 문질론은 문과 질이 체용불이의 관계는 아니다. 결국 송·명 신유학자들이 현실 중시의 유가 철학을 지나치게 형이상학화하는 과정에서 오히려 실천성을 약화시키고 말았다.

이일분수설은 전형적인 인중유과론에 속한다. 인중유과론은 결과가 어떤 형태이든 그것은 모두 원인자에 이미 내재한다고 보고 원인과 결과를 등질(等質)로 보는 하나의 사상 유형이다. 이일분수설도 만물을 하나의 이(理)와 동질적인 것으로 해석하기 때문에 역시 인중유과론에 속한다. 그래서 현실적인 차이를 인정하는 유가 철학이 다양성보다는 동질성에 치중하는 결과를 낳았다. 비록 정이가 체용불이와 현미무간이라는 대안을 내놓았지만, 그 역시 비교적 용이 체에 종속된 것이다. 물론 주희는 체용불이를 이중유상(理中有象)으로, 현미무간을 상중유리(象中有理)로 해석했다.[65] 송대의 호굉(胡宏)은 "성인의 도는 그 체를 얻으면 반드시 그 용을 얻는다. 체는 있으나 용이 없다면 이단과 무엇이 다르겠는가"[66]라고 말했고, 명·청대에 이르러서는 이(理)의 기(氣)가 기(氣)의 이(理)로 바뀌었으며, 왕부지(王夫之, 1619~1692)는 한 걸음 더 나아가 "불가와 도가는 처음에는 모두 체를 세웠으나 용을 폐기했다. 용이 이미 폐기되었으니 체 역시 그 실질이 없는 것"[67]이라고 말하며 기(器)의 이(理)를 주장하였다.

인중유과론적 학설은 기본적으로 인간의 불안 심리를 달래 주거나 하나의 체계로 설명하려는 학술적 목적을 위한 것이다. 즉 그것은 불변의 원리를 찾아 놓고 그에 의존하여 안심하거나 하나의 기준으로 삼고자 하는 것이다. 형이상학적 원리라는 것은 사물의 다양한 양상을 하나 또는

---

65 體用一源者, 自理而觀, 則理爲體, 象爲用, 而理中有象, 是一源也. 顯微無間者, 自象而觀, 則象爲顯, 理爲微, 而象中有理, 是無間也.(『朱文公文集』 卷40, 「答何叔京」)

66 聖人之道得其體必得其用, 有體而無用, 與異端何辨?(『宋元學案』[中], 「五峰學案」 중 與張欽夫書, 783쪽)

67 佛老之初, 皆立體而廢用. 用旣廢則體亦無實!(『船山遺書全集』(17), 「思問錄內篇」, 9665쪽)

몇 개의 근원에서 보고자 하는 인간의 심리가 반영된 것이다. 물론 그런 심리 체계는 그것이 철학이든 종교든 인간의 삶의 태도를 결정하는 데 반드시 필요한 것이다. 그렇다고 일사불란한 체계를 갖추어야만 되는 것은 아니다. 그런 체계적 해석을 부정하는 것도 역시 하나의 철학적 접근이기 때문이다. 오히려 하나의 목적 설정은 연구 결과를 왜곡할 뿐만 아니라, 그 결과를 당연시하고 비판을 막는 반작용도 한다. 이런 문제를 극복하기 위해서는 이일분수설에 대한 비판과 그의 대안이 모색되어야 할 것이다.

　현대 유가 철학은 중국의 송·명 시대처럼 형이상학의 재정비보다는 실천을 강화하는 것이 더 중요하다. 현대에는 어떤 실천론이 요구되는가? 세상에는 다양한 철학·종교 등이 공존하므로, 분수공존(分殊共存)·이도공영(異道共榮)할 수 있어야 할 것이다. 어떻게 그 목표를 달성할 수 있는가? 정호가 내린 인(仁)의 정의처럼 만물과 혼연일체가 되는 것이다. 즉 인을 실천하여 다과동이(多寡同異) 등의 사물의 양상과 상관없이 타자에게 자기희생적으로 관계함으로써 혼연일체(渾然一體)가 되는 것이다.

　자기희생을 본질로 하는 인(仁)은 인중유과론적이면서도 인중무과론적(因中無果論的)인 면이 있다. 왜냐하면 자기를 희생하는 원리에서 모든 것이 비롯된다는 것은 인중유과론적이지만, 문질론으로 대표되는 공자의 실천 철학은 인중무과론적인 요소도 있기 때문이다.

　우리의 현실은 이미 다양한 민족이 다양한 철학 사상을 가지고 수천 년을 살아왔기 때문에 그것을 인정하지 않을 수 없게 되었다. 그래서 새로운 철학의 방법은 분수공존·이도공영이다. 분수공존·이도공영을 실현하기 위한 실천적 방법은 무엇인가? 이일분수설은 철저하게 인중유과론적 체계를 갖기 때문에 유가 철학이 폐쇄성을 면하기 어렵다. 그래서 종관횡통(縱貫橫通), 즉 종적인 인과 관계와 횡적인 상호 관계가 결합되도록 하는 것이 하나의 방법이 될 수 있다. 종관횡통할 수 있는 방법은 무엇인가? 도덕 형이상학적인 종관(縱貫)의 방법은 위인유기(爲仁由己)에 기초를 둘 수 있고, 인식론 실천론적인 횡통(橫通)의 방법은 화이부동(和而 不同)에 기초를 둘 수 있다.

먼저 상하 종관의 방법으로 정이는 이일과 분수 사이의 관계에 대해 "구분하되 하나의 이치를 적용함으로써 사사로움이 지나치는 폐단을 바로잡는 것이 인의 방법"[68]이라고 말했다. 양시 역시 정이의 이일분수에 대한 해석으로 "이일은 인을 행하게 되는 까닭이고, 분수는 의를 행하게 되는 까닭이라는 의미를 알아야 한다"[69]고 말했다. 이것은 인한 본성으로 말미암아 인을 행한다는 공자의 위인유기와 같은 의미이다. 『중용』 1장에서 말하는 솔성지위도(率性之謂道)의 솔성 역시 위인유기의 다른 표현이다. 좌우로 횡통할 수 있는 방법은 서로 다르지만 화해하는 공자의 화이부동의 방법을 적용하면 좋을 것이다. 화이부동의 원리는 바로 인이다. 복괘처럼 음이 자기희생을 통해 양이 되는 원리인 인은 인과(因果) 관계를 초월하는 화해의 원리로서 천지 만물을 횡통할 수 있고 각 개체 간의 관계를 조화시킬 수 있는 것이기 때문이다.

어떻게 위인유기와 화이부동을 통합하여 종관과 횡통을 조화시킬 수 있을까? 유가 철학은 실천 철학이기 때문에 그 본질에 접근하는 방법은 이동의 묵좌징심이나 주희의 즉물궁리보다는 자기의 본심을 따라 인을 실천하는 『중용』의 솔성이 되어야 할 것이다. 그래서 유가 철학이 우리의 삶을 새롭게 종관횡통하는 방법은 한마디로 인으로 화합하는 솔성화이(率性和異)라 말할 수 있다.

---

68   分立而推理一, 以正私勝之蔽, 仁之方也.(『二程集』上, 609쪽, 「答楊時論西銘書」)
69   知其理一所以爲仁, 知其分殊所以爲義之意.(李侗, 『延平答問』「延平李先生師弟子答問」, 京都, 中文出版社, 1980, 92쪽)

3. 삶으로의 복귀

일반적으로 송·명 시대의 유학을 비평하여 양유음불(陽儒陰佛)이라고 한
다. 그러나 그것은 대체적으로 외형만 비교하여 생긴 오해이다. 송·명 신
유학이 일체 만물을 태극의 현실태로 보듯 불학도 일체 만물을 부처(진
리)의 현신으로 본다. 이렇게 유학과 불학이 일원론적 형이상학의 구조상
유사성을 갖고 있기 때문에, 정이의 이일분수설이 불학의 사법계관을 취
하여 형성한 것이라는 견해는 오히려 본말을 전도시킬 수 있는 것이다.
그런 유사성을 간과하면 불교가 중국에 전래되기 이전 『회남자』에서 말하
는 만수위일 등의 사상 형식을 설명하기 어렵게 된다.

　어떤 철학적 세계관이든 완벽할 수는 없다. 그래서 여러 사람과 여러
시대를 걸쳐 가면서 완성도를 높여 가는 것이다. 그러나 새로운 철학의
발견은 새로운 세계관의 창조를 의미한다. 동서고금의 철학 체계는 대체
적으로 인중유과론의 특징을 가지고 있는데, 이것은 일단 형성되면 굳어
지고 폐쇄적으로 변한다. 일차적으로 이를 극복할 수 있는 방법은 인중무
과론적 사고이다. 진일보하여 인중유과론과 인중무과론을 포월하여 존재
문제로부터 자유로운 새로운 방법론적 세계관을 갖게 되면 많은 유연성
을 확보할 수 있다. 방법론적 세계관으로 인을 실천한다면 분수공존·이
도공영은 물론 천차만별의 세계를 하나로 화합시켜 종관횡통할 수 있을
것이다.

　주희의 철학적 방법이 새로운 변화를 일으켰다면 그것은 무엇인가? 주
희는 이일분수설을 유가 철학 전반에 적용하여 하나의 체계로 구축했다
는 것과 교육무용론을 주장하는 선학에 대응하여 유가의 학습 방법을 지
켰다는 것이다. 아울러 주희는 공맹 철학의 교재로 『논어』·『맹자』·『대
학』·『중용』을 선정하여 사서로 명명하고, 그에 대한 주석을 수집 정리함
으로써 유가 철학을 대중화시킨 것이다. 그는 새로운 철학적 세계관을 창

조하는 것보다는 기존의 유가 철학을 재정비하는데 주력했다. 그 결과 유가는 사서를 통해 공맹을 보았기 때문에 공맹은 유가의 지존이 되었고, 사서가 유가의 제일 정전이 되었다. 그래서 유가는 밖으로 나가는 새로운 도전 정신은 자취를 감추고 안으로 집착하는 폐단을 일으켰다. 유가 철학은 실천 철학이기 때문에 각 개인의 삶을 위한 실용 프로그램이다. 그렇다면 우리 스스로의 삶에 맞고 시대에 맞도록 변환해 가야 하지 않을까?

맹자는 도덕심을 기의 주재자[將帥]라고 보았고, 동중서(董仲舒, B.C.170~B.C.120)는 음양오행의 기(氣) 속에 도덕심을 논하여 도덕심은 양기의 작용으로 보았다. 동중서가 기를 가지고 도덕심을 말한 것은 송·명 성리학자에 의해 계승되었고, 청대에 이르러 왕부지는 아예 도는 기(器)의 도라고 해석했다. 그 과정에서 육왕 계열의 학자들은 일체 만물의 작용을 도덕심의 눈으로 바라보았다. 따라서 육왕의 도덕론이 오히려 공맹의 원시 유가에 더 가깝다고 볼 수 있다.

[2007년][70]

---

70   「주희의 이일분수적 방법」, 『동서철학연구』 제44호, 한국동서철학회, 2007.6.에 게재한 것을 수정 보완함.

제23장

왕수인의 직치양지의 방법

왕수인(王守仁, 號는 陽明, 1472~1528)은 주자학이 지배하던 시대에 살았기 때문에, 그 역시 격물궁리(格物窮理)의 방법을 위주로 유가 철학적 진리를 탐구하였다. 그러나 그런 방법으로는 본성에 기초한 실천 원리를 찾을 수 없음을 알고, 다른 방법을 추구하다 치양지(致良知)의 방법을 깨닫게 된다. 즉 "(왕수인은) 17세에 강서성(江西省) 상요현(上饒縣)의 누량(婁諒)을 찾아가 주희의 격물의 근본 의미를 논했다. 집으로 돌아와 날마다 단정히 앉아 오경을 강독하고 자유롭게 나누는 우스갯소리는 하지 않았다. 안휘성(安徽省) 청양현(靑陽縣)의 구화(九華)를 유람하고 양명동으로 돌아와, 몇 년간 주돈이(周敦頤)와 정자(程子, 程顥와 程頤)를 두루 연구했으나 소득이 없었다. 용장(龍場)에서 귀양살이할 때 그곳은 황량한 시골이라 서책도 없어 옛날에 들은 것을 날마다 궁리하기만 했다. 그러다 홀연히 격물치지는 마땅히 자기 마음에서부터 구해야지 사물에서 구하면 안 된다는 것을 깨닫고, '도가 여기에 있구나'라고 말하며, 드디어 독실하게 믿고 그를 의심하지 않게 되었다. 그의 가르침은 전적으로 치양지를 위주로 하였다"[1]는 것이다.

---

1   年十七謁上饒婁諒, 與論朱子格物大指. 還家, 日端坐, 講讀五經, 不苟言笑. 游九華歸,

왕수인이 직면했던 문제는 무엇이며, 그 해결 방법은 어떤 것인가? 그는 「주자만년정론」(朱子晚年定論)까지 수집하여 정주학의 방법을 비판적으로 연구하였다. 그가 주희 철학에 대해 제기한 문제는 바로 즉물궁리(卽物窮理)·인심도심(人心道心)·지행(知行) 등의 문제였다. 왜냐하면 주자학이 도덕 형이상학상 일원론적 이원론의 입장에 서 있었기 때문이다. 이원론적 철학 구조는 어떤 문제를 발생시키는가? 이원론은 최후의 두 요소를 서로 원융회통(圓融會通)하기 어렵고 하나의 결론에 이르기도 어렵다. 왕수인은 그런 이원론적 문제를 해결하기 위해 치양지의 방법으로 인심도심·지행을 일원화했다.

본 장에서는 먼저 왕수인의 주자학 문제에 대한 해결 방법에 대해 논하고, 그 방법으로 철학과 과학의 관계에 대해 논하고자 한다.

1. 방법론적 배경

1) 전통 유가의 문제

중국 전통의 유가는 인의를 체로 삼았고, 예악을 용으로 삼았으며, 성성경세(成聖經世)를 현실 최고 목표로 삼았다. 그래서 유가는 중심 문제를 도덕론에 두었고, 그 도덕적 근원을 천명과 인성에 두었으며, 인의 도덕과 그 실천 도구인 제도 등의 본질 역시 모두 천명과 인성에 두었다. 유가의 그런 기본적인 개념에 대한 해석은 매 시대 매 사람마다 달랐지만, 그 발단은 모두 성성경세, 즉 수양 인격이 성인에 이르러 세상을 경영하는 내성외왕(內聖外王)에 두었다.

築室陽明洞中. 泛濫二氏學, 數年無所得. 謫龍場, 窮荒無書, 日繹舊聞. 忽悟格物致知, 當自求諸心, 不當求諸事物, 喟然曰: 道在是矣, 遂篤信不疑. 其爲教, 專以致良知爲主.(『明史』卷195, 「列傳」83, 王守仁)

주희 이래 유가의 교육은 어린 시절부터 소학과 사서를 배워 육경 등의 고전 속으로 들어가는 것이었다. 그래서 주희는 성성경세의 발단을 격물치지상에 두었을 뿐만 아니라, 매 단계마다의 공부 방법을 구별했다. 그러나 왕수인은 모든 기초를 치양지에 두고, 격치성정수제치평(格致誠正修齊治平)도 나누지 않았으며 모두 하나의 명명덕(明明德)일 뿐이라고 보았다.

내성외왕이라는 말은 『장자』(莊子) 「천하편」에 사용된 이래로 많은 사람은 그것을 유가의 최고 이상적인 목표로 간주한다. 그러나 공자는 오히려 현실 생활 가운데서 욕인(欲仁)·구인(求仁)·행인(行仁)하는 것을 최고 목표로 삼았으며, 그 가운데서 진실과 진리를 추구했다. 그래서 공자는 "실천하고 힘이 남으면 공부를 해라"[2]라고 말한 것이다. 공자 역시 성인을 따라 공부하는 것을 찬성하여, "자장이 착한 사람의 도에 대해 공자에게 여쭈었다. 공자가 대답했다. 성현을 따라 배우지 않으면 그 경지에 들어가지 못한다"[3]고 말했다. 마찬가지로 왕수인은 공자가 욕인·구인·행인하려 한 것처럼 치양지하는 실천 속에서 성현의 도를 실현하려 함으로써 작용 중심으로 양명학이라는 학문 체계를 정립한 것이다.

2) 주희의 이원론적 문제

주자학은 즉물궁리의 방법으로 『대학』의 격물치지(格物致知)에 접근했다. 그 결과 주자학은 소이연자(所以然者)와 소당연자(所當然者)를 둘로 나누었을 뿐만 아니라, 소당연자를 외부에서 얻으려 했다는 양명학자들의 비판을 들어야 했다. 그러면 먼저 주자학에 대한 왕수인과 그의 문인들의 비판에 대해 알아보기로 한다.

---

2   行有餘力, 則以學文.(『論語』「學而」6)
3   子張問善人之道, 子曰: 不踐迹, 亦不入於室.(『論語』「先進」19)

"(서애(徐愛)가 물었다.) 도심이 늘 일신의 주체이기 때문에, 인심은 매번 그의 명령을 들어야 한다고 합니다. 선생님의 정일(精一)에 대한 가르침을 가지고 추론해 보면, 이 말은 잘못이 있는 것 같습니다. (왕수인이 대답했다.) 그렇다. 심은 하나이다. …… 처음부터 두 마음이 있는 것이 아니다. 정자는 인심이 곧 인욕이고, 도심은 곧 천리라고 말했다. 그 말은 분석적이어서 그 의미를 얻을 수 있다. 오늘날 도심 위주로 인심이 도심의 명령을 들어야 한다는 것은 두 마음을 말하는 것이다. 천리와 인욕이 병립하는 것이 아닌데, 어떻게 천리 위주가 있으며, 인욕이 또 그 명령을 따르고 듣겠는가?"[4]

"(고동교(顧東橋)가 말했다.) 그것은 바로 즉물궁리설 역시 완물상지설과 같은 것입니다. …… (왕수인이 말했다.) 주희가 말하는 격물이라는 것은 직접 사물에서 그 이치를 궁구하는 것이다. 즉물궁리는 바로 사물 각각에서 정해진 이치를 알려고 하는 것이다. 그래서 나의 마음으로 사물에서 이치를 구하는 가운데 마음과 이치를 나누어 둘로 만든 것이다. 사물에서 이치를 구하는 것은 마치 효도의 이치를 그 부모에게서 찾는다는 것과 같은 말이다."[5]

"단지 세상 사람들이 마음과 이치를 둘로 나누었는데, 바로 그 때문에 많은 문제가 생긴 것이다."[6]

주희는 태극·이기 등으로 형이상학 체계를 구성하였다. 그렇기 때문

4　愛問, 道心常爲一身之主, 而人心每聽命. 以先生精一之訓推之, 此語似有弊. 先生曰, 然. 心一也. …… 初非有二心也. 程子謂人心卽人欲, 道心卽天理, 語若分析, 而意實得之. 今曰, 道心爲主, 而人心聽命, 是二心也. 天理人欲不竝立, 安有天理爲主, 人欲又從而聽命者.(『王陽明全書』(1)「傳習錄」(上), 臺北, 正中書局, 1979, 6쪽)

5　(顧東橋曰)乃謂卽物窮理之說亦是玩物喪志, …… (王明曰)朱子所謂格物云者, 在卽物而窮其理也. 卽物窮理是就事事物物上, 求其所謂定理者也. 是以吾心而求理於事事物物之中, 析心與理而爲二矣. 夫求理於事事物物者, 如求孝之理於其親之謂也.(『王陽明全書』(1)「傳習錄」(中), 37쪽)

6　只爲世人分心與理爲二, 故便有許多病痛.(『王陽明全書』(1)「傳習錄」(下), 101쪽)

에 주희의 철학 체계는 일원론적 이원론이 되었고, 도덕 철학도 마찬가지다. 주자학에 대한 양명학의 비판은 바로 인심과 도심, 지와 행 등의 이원론적 구조에서 발생하는 문제에 대한 것이다. 그런 주자학에 대한 왕수인의 견해는 바로 인심과 도심은 본래 하나이기 때문에, 그들 간에는 주종 관계가 있을 수 없다는 것이다. 그리고 주희의 즉물궁리의 방법은 본심을 상실하게 하여 소당연자를 찾을 수 없게 한다는 것이다.

주희 자신도 지행의 중간 과정에서 지리멸렬(支離滅裂)한 병폐를 일으켰다고 보았다. 그래서 그는 「답육상산」(答陸象山)에서 자신의 그런 학문적 병폐를 인정하여 "내가 쇠약해져 날로 병이 침범하는구나. 작년에는 재난과 우환 역시 적지 않았다. 요즘 병든 몸은 겨우 지탱할 수 있는데, 정신이 없어지는 것은 날로 심해진다. 결국 오래 살지는 못할 것 같다. 다행인 것은 요새 날마다 하는 공부가 효과가 있어, 종래 학문적으로 지리멸렬한 병폐는 다시 없을 것 같다. 아직 한가히 만나 토론하지 못하고, 언제 만나게 될지 모르겠다는 것이 심히 한스럽다. 오히려 또 다름이 있지나 않을는지"[7]라고 말했다. 주희의 지행론에서 발생한 지리멸렬한 병폐는 사욕의 간섭을 받는 것이었다. 그래서 왕수인은 행 속에서 지를 말하는 지행합일설(知行合一說)을 주장하게 되었다.

2. 주요 방법

왕수인은 소위 오익삼변(五溺三變) 과정에서 여러 방법을 활용했다. 그래서 담약수(湛若水, 1466~1560)는 「양명선생묘지명」(陽明先生墓誌銘)에

---

7   熹衰病日侵. 去年災患亦不少. 比來病軀方似略可支吾. 然精神耗減, 日甚一日. 恐終非能久於世者. 所幸邇來日用功夫, 頗覺有力, 無復向來支離之病. 甚恨未得從容面論, 未知異時相見. 尚復有異同否耳.(『王陽明全書』(1) 「傳習錄」(上) 答陸象山, 110쪽)

서 "맨 먼저 약자를 돕고 강자를 공격하는 임협(任俠)의 학습에 탐닉하고, 둘째 말 타고 활 쏘는 기사(騎射)의 학습에 탐닉하고, 셋째 문장과 시부를 익히는 사장(辭章)의 학습에 탐닉하고, 넷째 신선한 기를 체내에 끌어들이는 도교의 도인법(導引法)의 학습에 탐닉하고, 다섯째 묵언정좌(默言靜坐)하는 불교의 좌선의 학습에 탐닉했다. 정덕(正德) 병인년에 비로소 유가의 학문으로 돌아왔다"[8]고 말했다. 왕수인은 『대학』의 치지(致知) 두 글자를 읽고 나서 "이 치지 두 글자에는 참으로 먼 옛날부터 성현들이 전해주는 비밀이 들어 있다. 이를 알면 일백 세대 이후의 성현을 기다려도 의혹되지 않을 것"[9]이라고 말했다. 그래서 그는 그 '치지'를 '치양지(致良知)'로 이해하고, 주희의 이원론에서 발생한 폐단을 해결하려 '보편구폐(補偏救弊)'[10]의 방법으로 치양지론을 활용했다.

왕수인이 치양지로 보편구폐하려한 뜻은 어디에 있는가? 크게 보면 주희의 이원론 문제를 해결하려는 것이지만, 나누어 보면 하나는 지와 행을 합일하려 한 것이고, 다른 하나는 가치와 존재를 통합하려 한 것이다. 지와 행을 합일하는 문제는 도덕 인식과 실천 행위를 모두 치양지하는 속에 넣어 해결하려 했고, 가치와 존재를 통합하는 문제 역시 그 근본을 양지 속에서 해결하려 했다. 왕수인은 이들 문제 해결 방법을 치(致)와 지(知)에 설정하고, 그것의 새로운 의미를 부여했다.

치와 지의 새로운 의미는 무엇인가? 한마디로 왕수인의 치지의 치는 실천, 지는 양지이다. 그래서 그의 치양지는 머릿속의 지식 활동이 아니라 수족을 움직여 직접 행동하는 실천 활동이다. 본문에서는 왕수인의 방

---

8   湛若水說 "初溺於任俠之習, 再溺於騎射之習, 三溺於辭章之習, 四溺於神仙之習, 五溺於佛氏之習, 正德丙寅, 始歸正於聖賢之學."(『王陽明全書』(4), 陽明先生墓誌銘, 224쪽)

9   此致知二字, 眞是箇千古聖傳之秘. 見到這裏, 百世以俟聖人而不惑.(『王陽明全書』(1)「傳習錄」(下), 78쪽)

10   『王陽明全書』(1)「傳習錄」(上), 4쪽. 이 말은 사상 모형상 董仲舒의 擧偏補弊와 司馬遷의 承敝通變과 통하는 것이다.

법을 직치양지 중심으로 논하기로 한다.

1) 치의 두 가지 의미

치지(致知)라는 말에서 치(致)의 전통적 의미는 무엇인가? 『대학』에서는 "치지는 격물에 있다. …… 공자가 말했다. '소송 문제를 처리하는 것은 나 역시 다른 사람과 같지만, 반드시 해야 할 것은 소송이 없게 하는 것이다.' 사실 그렇지 않은 자가 거짓말을 못하는 것은 사람들의 여론을 두렵게 여기기 때문이다. 이것을 일러 근본을 안다고 하는 것이다"[11]라고 한다. 주희는 치지에 대해 "치는 지극한 데까지 도달하게 하는 것이고, 지는 앎[識]과 같다. 나의 지식을 지극한 데까지 도달하게 하여 앎이 다하지 않음이 없게 하는 것"[12]이라고 주석을 달았다. 주희가 말하는 치지는 지극한 데까지 추리하는 지식 활동이다. 왜냐하면 주희의 격물 역시 즉물궁리하는 지식 활동이기 때문이다.

왕수인이 주희에 대해 "치를 지극한 것이라고 하는 것은 마치 상례를 지극한 슬픔에 이르도록 하는 것과 같다. 바꾸어 말해 아는 것을 지극히 한다는 말에서 앎에 이른다는 것이 지요, 그것을 지극히 한다는 것은 치이다. 그러므로 치지란 내가 말하는 지식을 넓혀 간다는 말과 다른 것이다. 내가 말하는 치지는 내 마음의 양지를 도달하게 한다는 것"[13]이라고 말했다. 그러므로 왕수인의 치는 지극하게 추구하는 지식 활동이 아니라 실천 활동이고, 지는 이미 그런 실천 활동 속에 들어 있는 것이다. 이와 같이 왕수인은 치양지로 지와 행을 통합함으로써 지행의 이원론적 문제

---

11   致知在格物. …… 子曰, 聽訟, 吾猶人也. 必也, 使無訟乎. 無情者不得盡其辭. 大畏民志, 此謂知本. 此謂知之至也.(『大學』4章)

12   致推極也. 知猶識也. 推極吾之知識欲其所知無不盡也.(『大學』經1章)

13   致者至也. 如云喪致乎哀之致. 易言知至至之. 知至者, 知也. 至之者, 致也. 致知云者, 非若後儒所謂充廣其知識之謂也. 致吾心之良知焉耳.(『王陽明全書』(1)「大學問」, 122쪽)

를 해결한 것이다. 명명덕의 앞 글자 명은 명덕의 발용이고, 자아의 자기
실현 활동이듯, 치 역시 양지의 발용이고, 자아의 자기실현 활동이다. 그
뿐만 아니라 양지는 명덕이고, 명덕은 양지이다. 그래서 치양지는 명명덕
이고, 명명덕은 치양지이다.

(1) 치는 곧 직치

치양지의 치는 양지로 말미암아 양지를 실천하는 자아실현의 행위이
다. 왜냐하면 치양지는 양지가 자아를 실현하는 실천 행위상 지와 행이
분리되지 않은 것이기 때문이다. 왕수인은 "천지·귀신·만물이 나의 영명
함을 떠나면, 그들은 오히려 아무런 존재 의미도 없게 된다. 나의 영명함
이 천지·귀신·만물을 떠나면, 나의 영명함 역시 아무런 의미도 없게 되
는 것이다. 이와 같이 모두가 하나로 통하는 것이니, 어떻게 다른 사물과
간격이 있겠는가"[14]라고 말했다.

필자는 왕수인의 치양지 개념을 특징적으로 규정하기 위해, 치(致)자
앞에 직(直)자를 하나 더하여 직치양지(直致良知)라는 말을 지었다. 왜냐
하면 왕수인이 이해한 격치성정수제치평은 선후도 없고 본말도 없기 때
문이다. 이런 맥락에서 왕수인은 "격물치지에서 시작하여 평천하에 이르
기까지 모두 단지 하나의 명명덕일 뿐이다. 비록 친민이라도 역시 명덕의
일이며, 명덕은 양심의 덕, 즉 인이다. 인자는 천지 만물을 일체로 하는
자로서, 만약 하나의 사물이라도 잃는 것이 있다면, 그것은 바로 나의 인
을 다하지 못한 점이 있는 것"[15]이라고 말했다. 즉 명명덕의 행위는 인한

---

14 天地鬼神萬物離卻我的靈明, 便沒有天地鬼神萬物了. 我的靈明離卻天地鬼神萬物, 亦
沒有我的靈明. 如此便是一流通的. 如何與他間隔得?(『王陽明全書』(1)「傳習錄」(下), 104
쪽)

15 自格物致知至平天下, 只是一個明明德. 雖親民, 亦明德事也. 明德是此心之德, 卽是
仁. 仁者以天地萬物爲一體. 使有一物失所, 便是吾仁有未盡處.(『王陽明全書』(1)「傳習錄」
(上), 21쪽)

행위이고, 역시 치양지하는 행위라는 것이다. 그렇게 될 때 천지 만물과 일체가 되기 때문에 한 사물도 잃지 않는다는 것이다. 그러므로 왕수인의 치양지는 인한 본심을 사사물물(事事物物)에 직접 도달하게 함으로써 어떤 사물도 잃지 않게 하는 것이므로 '직치양지'라고 할 수 있다.

진가의(秦家懿)는 "치(致)자는 곧 미루어 이르게 한다(혹은 지극하게 한다)는 뜻과 실현한다는 뜻이다. 간단히 말해 치양지는 곧 선을 실행하여 악을 제거하는 위선거악(爲善去惡)이다. 그것은 바로 모든 마음의 선택과 행위상 본성의 선을 회복했다는 의미"[16]라고 말했다. 채인후(蔡仁厚) 역시 "양명은『대학』의 치지를 치양지라고 해석했는데, 치는 미루어 확충한다는 뜻"[17]이라고 말했다. 만약 치자가 미루어 이르게 한다는 뜻을 가졌다면 미루어 이르게 하는 자가 필요하다. 미루어 이르게 하는 자가 주체가 된다면 양지는 그의 명령을 듣는 자가 된다. 물론 미루어 이르게 하는 자가 양지 자체라 하더라도 미루어 이르게 하려는 의지는 하나의 이장(理障)[18]이 되므로 필요가 없다. 치양지는 단지 "악취를 싫어하고, 아름다운 짝을 좋아하는 것"[19]처럼 또다시 미루어 이르게 하는 의지는 필요 없는 것이다. 그래서 왕수인은 맹자에 비추어 "시비지심은 생각한 뒤에 아는 것이 아니며, 공부한 다음에 할 수 있는 것이 아니다. 이 때문에 양지라고 하는 것"[20]이라고 말한 것이다. 그 때문에 치양지의 치 역시 미루어 이르

16   致字卽推致與實現. 簡單說, 致良知卽是爲善去惡也. 就是在所有的內心選擇與行事上, 恢復本性之善的意思.(秦家懿,『王陽明』, 臺北, 東大圖書公司, 1987, 106쪽)

17   陽明解大學之致知爲致良知. 致是推致擴充之意.(蔡仁厚,『王陽明哲學』, 臺北, 三民書局, 1983)

18   理障은 본래 불교 용어로서 邪見이 正見을 방해하는 것을 말한다. 理障에 대해 王守仁은 "네가 오히려 마음속에서 천리를 찾는다면, 그것이 바로 이장이라는 것이다."(爾却去心上尋箇天理, 此正所謂理障.(『王陽明全書』(1)「傳習錄」(下), 門人陳九川錄, 77쪽) 라고 말했다.

19   如惡惡臭, 如好好色.(『大學』6章)

20   是非之心, 不待慮而知, 不待學而能, 是故謂之良知.(『王陽明全書』(1)「大學問」,

게 할 필요가 없는 것이다. 특히 왕수인이 심외무리(心外無理)·심외무물(心外無物)을 주장하기 때문에 더욱 그렇다. 진가의의 말처럼 미루어 이르게 한다는 말이나 실현한다는 생각이 있는 한 그것 역시 하나의 이장이 될 수 있다. 단지 악취를 싫어하고, 아름다운 짝을 좋아하는 것처럼 직치 양지하기만 하면 되는 것이다.

진가의는 하린(賀麟)의 말을 인용하여 "주희와 왕수인의 철학 사상의 방법은 모두 직각을 위주로 하고 추리를 보완적으로 사용했다. 그들 간의 차이는 그런 면에서 분량의 문제이다. 주희는 왕수인에 비해 추리를 중시하고, 왕수인은 주희에 비해 직각을 중시했다"[21]고 말했다. 학문은 본래 직각과 추리 중 어느 것도 무시할 수 없다. 그래서 주요 방법으로 어느 것을 사용하느냐 하는 것이 중요한 것이지 분량이 중요한 것은 아니다. 출발점에서 주희는 즉물궁리하는 추리의 방법을 취하고, 왕수인은 치양지 하는 직각의 방법을 취한 것 때문에 근본적인 차이가 생긴 것이다.

왕수인은 "양지는 견문으로부터 얻은 것은 아니지만, 견문은 양지의 활용 아닌 것이 없다. 그러므로 양지는 견문에 막히지 않고, 역시 견문을 떠나지 않는다. 공자는 '나에게 앎이 있는가? 아는 것이 없다'고 말했는데, 그것은 양지 이외에 별도의 앎이 없다는 말이다. 그러므로 치양지는 학문의 큰 뇌로서, 성인이 사람을 가르치는 제일 큰 의미"[22]라고 말했다. 그렇게 왕수인은 양지를 통하지 않은 견문지를 반대한 것이지, 모든 견문지를 반대한 것은 아니다. 양지는 견문지의 추리를 거치지 않고도 가지고 있는 것이므로 치양지의 '치' 역시 미루어 이르게 하는 공부는 불필요한 것이

---

21   朱子與王陽明的思想方法, 都以直覺爲主, 推理爲輔. 他們間的區別, 在這方面, 是分量問題. 朱比王重理, 王比朱重覺.(秦家懿, 『王陽明』, 臺北, 東大圖書公司, 1987, 26쪽)

22   良知不由見聞而有, 而見聞莫非良知之用. 故良知不滯於見聞, 而亦不離於見聞. 孔子云, '吾有知乎哉, 無知也.'(『論語』「子罕」7) 良知之外, 別無知矣. 故致良知是學問大頭腦, 聖人敎人第一義.(『王陽明全書』(1)「傳習錄」(中), 58쪽)

다. 치양지의 치는 본래 스스로 직치하는 것이기 때문이다. 그래서 왕수인은 '직치양지'가 유가 철학의 최고 방법이며, "견문지의 말단만을 추구한다면 가장 중요한 근본을 잃게 되어 그것은 이미 두 번째 의미로 전락"[23]한다고 생각했다.

양지를 통하지 않으면 어떤 문제가 있으며, 왜 양지를 통하여 실천해야 하는가? 양지를 통하지 않으면 사욕의 가림이 있어 과불급이 생긴다는 것이다. 양지를 통하지 않은 것 자체가 이미 지나치거나 모자란 것이다. 그뿐만 아니라 사욕에 의해 양지를 왜곡하는 '곡치양지'(曲致良知)도 문제이다. 혹시 선한 행위를 했다 해도 그 동기가 사욕에 있게 되면, 모든 폐단이 발생할 수 있기 때문이다. 따지고 보면 과불급의 죄는 사욕의 가림에 있는 것이 아니라 치양지가 제대로 되지 않음에 있는 것이다. 찬란한 아침 햇빛에 어두운 밤이 한순간 사라지듯, 치양지가 제대로 실행되면 사욕의 가림은 문제가 안 된다. 왕수인은 정주학처럼 과불급의 죄를 사욕에 뒤집어씌워 온 학술적 문제를 해결하기 위해서라도, '직치양지어사사물물'(直致良知於事事物物)의 방법을 취하지 않을 수 없었던 것이다.

(2) 치는 곧 자치

직치양지의 동인은 바로 양지 자체에 있다. 그렇기 때문에 직치양지는 자치양지(自致良知)라고 할 수 있다. 왕수인은 "다 같이 양지의 학문을 천하에 밝혀, 세상 사람들로 하여금 모두 그 양지에 스스로 이르게 해야 한다"[24]고 말했다. 만약 치양지의 '치'가 타치(他致)하는 것이라면, 양지는 더 이상 양지라고 할 수 없다. 그래서 직치와 자치(自致)는 근본에서 같은

---

23   專求之見聞之末, 則是失却頭腦, 而已落在第二義矣.(『王陽明全書』(1) 「傳習錄」(中), 58~59쪽)

24   共明良知之學於天下, 使天下之人, 皆知自致其良知.(『王陽明全書』(1) 「傳習錄」(中), 66쪽)

것이다. 왕수인은 "천리가 바로 명덕이다. 궁리하는 것은 바로 명덕을 밝히는 것이다"[25], "격물치지에서 평천하에 이르기까지 모두 단지 하나의 명명덕일 뿐이다. 비록 친민이라 하더라도 역시 덕을 실현하는 일이다"[26]라고 말했다. 천리(天理)가 유행하는 것은 본래 천리 자체에 달려 있으므로 천리 이외의 다른 법칙을 필요로 하지 않는 것처럼, 명덕 역시 천리이므로 명덕 이외의 다른 덕을 필요로 하지 않는 것이다. 명덕은 자체적으로 격치성정수제치평을 전개할 수 있으므로 명덕 이외의 다른 덕이나 동력인을 필요로 하지 않는다. 그래서 명명덕의 앞 글자 명자는 바로 자명(自明)을 의미한다. '격치성정수제치평'은 모두 치양지의 과정이므로, 양지가 자기를 실현하는 방법은 바로 자치이고 직치가 되는 것이다.

우리는 왜 자치직치양지해야 하는가? 왕수인의 제자 고동교는 기(氣)가 우리의 성정을 구속하고 사물은 양심을 가리게 된다고 보았다. 즉 기구물폐(氣拘物蔽) 때문에 정에 맡겨 제멋대로 하는 임정자의(任情恣意)가 된다는 것이다. 그는 "사람 마음의 본체는 지혜롭지 않은 게 없는 것인데, 사물에 가리어 어리석지 않은 경우가 적다. 학문과 사변으로 세상의 이치를 밝히지 않으면 선악의 기틀이나 진실과 망령의 분별은 자각할 수 없게 된다. 그렇게 되면 임정자의하게 되어 그 폐해가 말할 수 없이 많게 된다"[27]고 말했다. 고동교의 임정자의설에 대해 왕수인은 "오늘날 세상의 이치를 궁구하고도 자기 본심을 돌아보지 못하니, 소위 선악의 기틀이나 진실과 망령의 분별이라는 것은 내 마음의 양지를 버린 것이니 어떻게 몸을 살필 수 있겠는가? 자네가 말한 기구물폐라는 것은 그런 것에 얽매이고

---

25 天理卽是明德, 窮理卽是明明德.(『王陽明全書』(1) 「傳習錄」(上), 5쪽)

26 自格物致知至平天下, 只是一個明明德. 雖親民, 亦明德事也.(『王陽明全書』(1) 「傳習錄」(上), 21쪽)

27 人之心體, 本無不明, 而氣拘物蔽, 鮮有不昏. 非學問思辨, 以明天下之理, 則善惡之機, 眞妄之辨, 不能自覺. 任情恣意, 其害有不可勝言者矣.(『王陽明全書』(1) 「傳習錄」(中), 37쪽)

가린 것뿐이다. …… 임정자의의 폐해 역시 단지 우리 마음의 양지 속에
서 천리를 정밀하게 살필 수 없기 때문"[28]이라고 말했다. 왕수인은 고동교
가 제기한 '임정자의'의 문제는 '기구물폐' 때문이 아니라, 오히려 자기
성찰을 통해 양지를 발견하지 못하고 단지 선악과 진망(眞妄)만을 논한
때문이라는 것이다. 심지어 자기성찰 행위 역시 문제가 있는데, 왕수인은
그것을 이장(理障)이라 불렀다. 즉 그는 "자네는 오히려 마음속에서 하나
의 천리를 찾고 있는데, 그것이 바로 소위 이장이라는 것"[29]이라고 말했
다. 그것은 천리에 문제가 있는 것이 아니라, 천리를 생각이나 행동의 주
체로 삼지 않고 대상으로 삼은 데 문제가 있다는 것이다. 만약 천리조차
대상으로 삼아 추구한다면, 그것 역시 일반 사물을 연구하는 것과 같은
즉물궁리가 된다.

조선 시대의 정제두(鄭齊斗, 호는 霞谷, 1649~1736) 역시 양명학에서
정에 맡겨 욕심을 따르는 임정종욕(任情從欲)의 가능성을 문제 삼았다.
즉 그는 "왕수인의 치양지학은 아주 정밀하여, 그 폐단을 막았는데도 임
정종욕의 가능성은 남아 있다"[30]고 말했다. 그래서 그는 통생리(通生理)·
통인리(通仁理)·통천리(通天理)·통신극(通身極)·통천극(通天極)·통태
극(通太極)적인 중극론(中極論)을 통해 임정종욕의 문제를 해결하려 했
다. 그의 중극(中極)은 신체 생리의 중심일 뿐만 아니라 태극이고 천체 운
행의 중심 등이다. 정제두는 기(氣)의 동요가 없는 생리나 성체(性體)의
조화를 위해 방법론상 중극론을 전개한 것이다. 왜냐하면 생리와 성체의
최고 안정적 운용 방법은 중극에 통하는 데 있기 때문이다. 그의 중극론

28 今必曰窮天下之理, 而不知反求諸其心, 則凡所謂善惡之機, 眞妄之辨者, 舍吾心之良
知. 亦將何所致其體察乎? 吾子所謂氣拘物蔽者, 拘此蔽此而已. …… 任情恣意之害, 亦以
不能精察天理於此心之良知而已.(『王陽明全書』(1)「傳習錄」(中), 38쪽)
29 爾却去心上尋箇天理, 此正所謂理障.(『王陽明全書』(1)「傳習錄」(下), 門人陳九川
錄, 77쪽)
30 王氏致良知之學甚精, 抑其樊或有任情縱欲之患.(『霞谷集』「存言下」(朱王學東儒))

은 요가나 기공의 양생론과는 다르다. 중극론은 생리를 중심으로 한 한의학(韓醫學)적 방법과 성체를 중심으로 도덕 철학을 결합하여 만든 것이다. 그 과정에서 중극론은 그의 철학적 방법·도덕 수양론·실천론이 되었다. 중극론은 하나의 생리(生理)·인리(仁理)·천리(天理)를 분리하지 않고 함께 수양하여 임정종욕의 문제를 해결하려 한 것이라고 할 수 있다.[31]

결론적으로 양명학에서 치양지가 제대로 발휘되지 못하는 것은 사욕의 가림 때문이 아니라, 직치양지나 자치양지하지 못함 때문이다. 즉 송명 이학에서는 사욕을 악행의 주범으로 보았지만, 왕수인은 오히려 명덕 자신의 주체성을 문제 삼았다. 그런 면에서 치양지의 치는 직치이고 자치이다. 만약 양지의 주체성이 부족하면 작은 사욕이 발생하더라도 임정자의(任情恣意)하게 된다. 진일보해 보면, 양지의 주체성도 문제이지만, 직치 혹은 자치 여부도 문제이다. 양지가 직치·자치하지 못할 때 사욕이나 이장이 간섭할 기회가 생기기 때문이다. 그래서 왕수인은 "성인이 성인 되는 까닭은 단지 그 마음이 천리에 순수해야 하고, 사욕의 간섭이 없는 데 있다. …… 사람이 천리에 순수히 접근할 때 바로 성인의 경지에 이르는 것"[32]이라고 말했다. 이와 같이 직치양지는 바로 천리에 도달하는 방법이다.

2) 지의 두 가지 의미

주희가 추구한 지(知)는 바로 즉물궁리를 통해 활연관통(豁然貫通)하여 얻은 것이다. 그래서 주희에게는 먼저 견문지가 있고, 후에 자각지가 있는 것이다. 그런데 비해 왕수인은 "치지라고 하는 것은 후대 유학자들이 말하는 확충하여 넓게 하는 지식을 말하는 것이 아니고, 내 마음의 양지

---

31   남상호, 「하곡 정제두의 中極論」, 『양명학』 제13호, 한국양명학회, 2005.2, 101∼138쪽

32   聖人之所以爲聖, 只是其心純乎天理, 而無人欲之雜. …… 人到純乎天理方是聖.(『王陽明全書』(1)「傳習錄」(上), 23쪽)

를 사물에 이르게 하는 것"[33]이라고 말했다. 왕수인의 '양지를 사사물물에 이르게 한다[致良知於事事物物]'는 것에는 견문지와 자각지 사이에 선후가 없다. 단 의지의 간섭 혹은 사욕의 가림이 있게 되면 치(致)는 곡치(曲致), 즉 왜곡되어 이른다.

웅십력(熊十力)은 주희의 견문지와 왕수인의 자각지(自覺知, 즉 德性知)의 문제점을 지적하며, 그들을 통합하여 치양지를 위주로 하고 격물을 부수적인 것으로 할 것을 주장하였다. 즉 "나는 치지의 설은 양명에게서 바꿀 수 있는 것이 없다고 생각하고, 격물의 의미는 마땅히 주자를 참작해야 한다고 생각한다"[34]고 말했다.

모종삼(牟宗三)은 양명학과 웅십력 학설의 결함을 극복하려 양지자아감함론(良知自我坎陷論)을 주장하였다. 즉 그는 "단 치(致)자상에서 내 마음의 양지 역시 스스로 전화를 결정하여 사물을 인식[了別]할 필요가 있다. 이런 전화는 양지가 스스로 자기감함을 결정하는 것인데, 이것 역시 천리의 일환이다. 자기를 감함하고 사물을 인식함으로써 사물을 따라가게 된다. 사물을 따라감으로써 비로소 사물을 인식할 수 있으며, 사물을 인식함으로써 비로소 사물을 주재할 수 있다. 사물을 주재할 수 있게 되면, 양지는 감함하는 가운데서 자기를 용출시켜 회복하고, 내외 사물을 모아서 자기 본연으로 돌아감으로써 자기 통섭(統攝)을 이루는 것이다. 이처럼 그것은 스스로 족하지 않은 것이 없고, 스스로 족하여 자기를 좋아하는 것이다. …… 지식 세계에서 사물은 잠시 외적인 것이 되고, 심은 그 때문에 인식심이 되며, 양지 스스로 결정한 감함이 이루어진다. 그러므로 역시 잠시 사물과 두 개가 된다. 내외가 실천 세계에서 만나게 되면

33　致知云者, 非若後儒所謂充廣其知識之謂也. 致吾心之良知焉耳.(『王陽明全書』(1)「大學問」, 122쪽)

34　余以爲致知之說, 陽明無可易. 格物之義, 宜酌採朱子.(熊十力, 『讀經示要』, 臺北, 廣文書局, 1979, 103쪽)

실천 세계의 일원이 된다. 그러면 곧 실천 세계의 양지의 천심과 천리를 통섭하여 함께 데리고 들어오게 된다"[35]고 말했다.

모종삼이 본 왕수인의 결함은 치양지론상 과학 지식의 취득 방법이 부족한 데 있고, 웅십력의 결함은 두 주체를 통합하여 하나로 하려 한 데 있다는 것이다. 그래서 모종삼은 양지자아감함 속에서 한 주체의 두 작용을 통해 해결하려 한 것이다. 두 작용은 먼저 견문지를 얻기 위해 자기부정의 작용을 취하고, 다음에 자각지를 얻기 위해 양지 자체의 작용을 회복하는 것이다. 그것은 체용론적으로 볼 때 일체이용(一體二用)이다. 양지는 본래 자기희생적 인(仁)이 그의 본질이므로, 자아감함의 작용 역시 그 중 하나라고 봐야 할 것이다. 그러나 심외무물·심외무리처럼 양지는 일체 만물의 현상[用]으로 본체[體]를 삼는 것이기 때문에, 양지는 일체이용이 아니라 만용일체(萬用一體)도 가능하다. 양지자아감함이 체 중심으로 용을 전개한 일체이용론을 기초로 한 것이라면, 그것은 곧 정주학으로의 회귀가 된다.

모종삼의 양지자아감함론에 대해서는 긍정과 비판 두 가지의 견해가 있다. 긍정하는 사람은 모종삼이 양명학을 충분히 선양했다고 보고, 비판하는 사람은 양지가 자아감함을 할 수도 없고, 할 필요도 없으며, 역시 전절(轉折)·잠퇴(暫退)·굴강(屈降)·함락(陷落) 등을 할 수도 없다고 말한다.[36] 그러나 문제의 관건은 양지가 스스로 자아감함을 할 수 있느냐 여부

---

35 但卽在致字上, 吾心之良知亦須決定自己轉而爲了別. 此種轉化是良知自己決定坎陷 其自己: 此亦是其天理中之一環. 坎陷其自己而爲了別以從物. 從物始能知物, 知物始能宰 物. 及其可以宰也, 它復自坎陷中湧出其自己而復會物以歸己, 成爲自己之所統與所攝. 如 是它無不自足, 它自足而欣悅其自己. …… 在知識宇宙中, 物暫爲外, 而心因其是識心, 是 良知自己決定之坎陷, 故亦暫時與物而爲二. 然及其會歸於行爲宇宙而爲行爲宇宙之一員, 則卽隨行爲宇宙之統攝於良知之天心天理而亦帶進來.(牟宗三, 『從陸象山到劉蕺山』, 臺北, 臺灣學生書局, 1979, 251~252쪽)

36 錢明 主編, 『陽明學新探』, 杭州, 中國美術學院出版社, 2002.4, 3쪽

가 아니라, 치양지를 할 수 있느냐 여부이다. 제대로 치양지를 할 수 있으면 어떤 과정을 거치든 상관이 없을 것이다.

왕수인의 치양지 속에는 이미 자각지는 물론 견문지가 함께 들어 있을 뿐만 아니라 자각지와 견문지는 더 이상 둘이 아니다. 그래서 그의 견문지는 본질적으로 양지 자체이다. 그렇게 왕수인이 자각지와 견문지를 치양지 속에서 하나로 통합한 것은 주희가 지와 행, 인심과 도심을 양분하여 발생한 문제를 해소하기 위한 것이다. 그런데 모종삼이 다시 지(知)를 자각지와 견문지로 나누고, 견문지를 양지의 바깥에 잠시 등장시켰다. 아울러 그렇게 견문지를 등장시킨 것은 양지가 스스로 결정한 것이기 때문에 문제가 없다고 보았다. 그렇다 하더라도 견문지를 얻고 다시 자각지를 얻기 위해 자기 회복을 추구하는 과정에서 주희도 문제시했던 지리멸렬한 병폐가 재발할 수 있다. 즉 양지 바깥에 있는 견문지가 격물궁리하는 과정에서 양지조차 대상화하므로 이장이 일어나 자기를 회복하지 못할 수도 있기 때문이다.

치지의 지(知)는 양지이다. 양지는 본래 중화(中和)로운 것이므로, 과불급이 없다. 그러면 왜 우리의 언행에 과불급이 있으며, 어떻게 그를 바로잡을 것인가? 왕수인은 "마음을 바르게 하면 중(中)이 되고, 몸을 닦으면 화(和)가 된다"[37]고 말했다. 그러면 심신을 바르게 하고 닦는 기준은 무엇인가? 중화는 이미 우리의 본심 자체이다. 그러니 심신을 수양한다는 것은 그러한 본심의 본연을 회복한다는 것이다. 그것조차도 심성을 따를 수밖에 없다. 심성이 이미 바른 것이고 그 작용을 정상적으로 회복한다면, 사욕의 유무나 다과는 아무런 문제도 되지 않는다. 그래서 직치양지하게 되면 과불급 없는 치중화(致中和)가 이루어진다. 물론 이 경우 외부 현실의 제도나 관습 등과 적당한 조화를 이루어야 하는 문제는 남아 있다.

---

37 心正則中, 身修則和.(『王陽明全書』(1)「傳習錄」(上), 21쪽)

(1) 지는 양지

왕수인은 왜 지(知)를 양지(良知)로 간주했는가? 주희는 견문지와 자 각지를 분리하였고 견문지에 자각지를 의존시켰기 때문에, 먼저 격물궁 리의 지를 말하고 나중에 활연관통의 지를 말한 것이다. 그렇게 되면 주 희의 견문지와 자각지는 활연관통하기 이전에는 두 개의 지가 된다. 그래 서 왕수인은 자각지 속에 견문지를 일체화함으로써 언제든지 도덕적 자 각지를 얻으려 한 것이다.

왕수인의 치양지는 어떤 경지를 말하는 것인가? 그것은 자기희생성의 원리인 인에 의해 거꾸로 자기 정체성이 확립되는 경지이고, 천지 만물과 동체가 되는 주객일체의 경지이다. 그것은 마치 정호(程顥)가 "인자는 천 지 만물을 하나의 몸으로 이루니 자기 아닌 것이 없다"[38]고 말한 것과 유 사하다.

왕수인은 어떻게 만물일체를 이루었는가? 만물일체는 기본적으로 직 치양지하는 데 있다. 어떻게 직치하는가? 왕수인은 감응(感應)의 방법을 제시한다.

"(제자가 물었다.) 선생님은 사람의 마음과 사물이 동체인 것은 마치 내 몸에 서 본래 혈기가 유통하는 것과 같다고 하시고, 그래서 동체라고 말씀하셨습니 다. 만약 사람을 보면 사람 간에도 차이가 있으며, 금수초목의 경우에는 더욱 멀지 않습니까? 그런데 어떻게 동체라 하십니까? (선생이 말했다.) 단지 자네 가 감응하는 기점(幾點)에서 보면 어찌 금수초목뿐이겠나? 비록 천지라도 나 와 동체이고, 귀신 역시 나와 동체이다. …… 이와 같이 하나의 기운으로 유통 하는 것이니, 어떻게 그들과 간격이 있겠나?"[39]

38　仁者, 以天地萬物爲一體, 莫非己也.(『二程全書』「遺書」第二卷 上, 15쪽(里仁書局 本))

39　問, 人心與物同體, 如吾身原是血氣流通的, 所以謂之同體. 若於人便異體了, 禽獸草

만물과 혼연일체가 되는 감응은 배타적 위기(爲己)의 작용이 아니라, 위타적 자기희생의 작용이다. 우리는 어떻게 만물과 혼연일체가 될 수 있는가? 혼연일체가 되는 방법은 바로 직치양지에 있다.

왕수인의 양지는 마음의 본체이면서 작용일 뿐만 아니라, 역시 만물과 동체가 되는 일체적 감응하는 작용이다. 혈기가 유통하여 인체 각 부분이 하나의 유기체가 되는 것은 바로 자기를 희생하여 남을 이롭게 하는 것이 결국 자기도 이롭게 된다는 자기희생성의 원리 때문이다. 체용무간(體用無間)적 일체 역시 그렇고, 인물무간(人物無間) 역시 그렇다. 하나의 기운이 유통하여 어떤 간격도 없게 될 수 있는 것은 바로 자기희생의 원리, 즉 인(仁)이 유통하기 때문이다. 이와 같이 양지를 사사물물에 직치하게 되면 자각지와 견문지는 실천 행위상 더 이상 둘이 아니다.

(2) 지는 곧 행, 행은 곧 지

왕수인은 왜 지는 곧 행이고, 행은 곧 지라고 보았는가? 왜냐하면 왕수인의 지는 곧 양지이고, 치는 곧 실천 행위이기 때문이다. 양지의 위치는 바로 실천 행위 중에 있고, 실천 행위 중에 지가 있다. 이 때문에 행은 곧 지이고, 지는 곧 행인 것이다. 그래서 왕수인은 "지와 행은 본래 두 글자로 된 하나의 공부"[40], "지는 행의 주요 의미이고, 행은 지의 공부이다. 지는 행의 시작이고, 행은 지의 완성"[41], "지를 가장 절실히 하고 독실히 해야 하는 것은 행이고, 행을 분명히 깨닫고 살펴야 할 것은 지"[42]라고 말한

木益遠矣, 而何謂之同體. 先生曰, 你只在感應之幾上看, 豈但禽獸草木, 雖天地也與我同體的, 鬼神也與我同體的. 如此便是一氣流通的, 如何與他間隔得?(『王陽明全書』(1)「傳習錄」(下), 103～104쪽)

40　知行原是兩箇字說一箇工夫.(『王陽明全書』(2), 49쪽)

41　知是行的主意, 行是知的工夫. 知是行之始, 行是知之成.(『王陽明全書』(4), 85쪽)

42　知之眞切篤實處卽是行, 行之明覺精察處卽是知.(『王陽明全書』(1)「傳習錄」(中), 35쪽)

것이다. 따라서 왕수인은 지와 행을 분리하지 않은 것이다. 그래서 우리가 왕수인의 지를 논할 때는 지행합일상에서 논하지 않을 수 없다. 왕수인의 지행합일은 바로 치양지의 실천론 방식이 된다.

양지가 사사물물에 직치하게 되면, 지는 행이 되고 행은 지가 되어 서로 나뉘지 않게 된다. 만약 양지가 직치하지 못하면 주희처럼 지와 행이 두 개로 나뉠 수 있다. 그래서 왕수인은 양지를 직치함으로써 진지(眞知)가 될 수 있다고 보고, "진지는 곧 실행하는 원인자가 되는데, 행하지 않으면 아는 것(知)이라고 할 수 없다"[43]고 말한 것이다. 이미 지가 행이고 행이 지라면 지와 행 사이에는 틈이 없는 것이다. 이런 지행무간(知行無間)의 치양지가 바로 직치양지이다. 따라서 직치양지에는 사욕이 양지 활동을 방해할 수 있는 여지가 아예 없는 것이다.

왕수인의 체용론은 기본적으로 즉체즉용(卽體卽用)[44]이지만, 그의 치양지론을 볼 때 오히려 용 중심의 용즉체(用卽體)이다. 이런 맥락에서 왕수인은 "눈은 체가 없으며 만물의 색깔을 체로 삼고, 귀는 체가 없으며 만물의 소리를 체로 삼고, 코는 체가 없으며 만물의 냄새를 체로 삼고, 입은 체가 없으며 만물의 맛으로 체를 삼고, 심은 체가 없으며 천지 만물과 감응하여 옳고 그름을 아는 것으로 체를 삼는다"[45]고 말한 것이다. 그런 면에서 그의 종지(宗旨)인 심즉리(心卽理)는 심의 작용으로 본체를 삼는 것으로서 경험적이고 현실적인 것(심과 물, 자각지와 견문지 등) 이외에 별도로 이치[理]나 사물[物]이 없다는 것이다. 그의 심외무리·심외무물이

---

43   眞知卽所以爲行, 不行不足謂之知.(『王陽明全書』(1)「傳習錄」(中), 35쪽)

44   心不可以動靜. 爲體用, 動靜時也. 卽體而言, 用在體. 卽用而言, 體在用. 是謂體用一源.(『王陽明全書』(1)「傳習錄」(上), 26쪽) 문맥상으로 볼 때 體用一源보다는 오히려 卽體卽用이란 말이 더 좋다.

45   目無體, 以萬物之色爲體. 耳無體, 以萬物之聲爲體. 鼻無體, 以萬物之臭爲體. 口無體, 以萬物之味爲體. 心無體, 以天地萬物感應之是非爲體.(『王陽明全書』(1)「傳習錄」(下), 90쪽)

란 말도 역시 그와 같은 말이다.[46] 따라서 왕수인의 양지는 측은지심·수
오지심·사양지심·시비지심은 물론 견문 활동 등 일체의 작용 이외에 다
른 것이 아니다. 왕수인의 체용론은 근본적으로 체용의 구분이 없을 뿐만
아니라, 있다 하더라도 체 속에서 용을 말하는 체중유용(體中有用)이 아
닌 용 속에서 체를 말하는 용중유체(用中有體)이다.

그의 지행합일이 실행 중에 지가 있고, 실행 바깥에 별도의 지가 있는
것이 아니다. 그러므로 그가 말하는 심무체(心無體)는 심의 작용 이외에
별도의 체가 없다는 말로서, 용을 체로 삼는다는 용외무체(用外無體)인
것이다. 이와 같이 왕수인은 주희의 관념적인 철학을 실천 행위 속에 옮
겨 놓은 다음 실천 행위 속에서 본체의 문제를 논하였다. 그런 실천 중에
지가 있는 지행합일론의 관건은 직치양지 여부에 달려 있다. 직치양지가
안 되면 치는 관념적이어서 사욕이나 이장의 간섭을 받게 되고, 곡치나
불치(不致)의 문제가 생길 수 있다. 그래서 치양지는 직치양지하지 않으
면 안 되는 것이다.

3) 직치양지와 성성경세

동서양 모두 성성경세(成聖經世)하는 철인 군주의 이상 정치를 꿈꾸었다.
비록 그런 이상은 현실 정치와 수양상에서 하나의 견인차 역할을 하였다.
성성경세는 바로 유가 철학의 이상적 실천 프로그램이다. 양명학에서는
치양지론이 강학의 종지이고, 지행합일이 성성경세의 실천 프로그램이
다. 성성경세의 출발점은 주자학의 경우 격물궁리인데, 양명학의 경우는
치양지이다. 성성경세가 주자학에서는 마지막 실행의 단계라면, 양명학
에서는 지행합일의 단계이다.

현대 우리의 성성경세 중 제일 중요한 문제는 무엇인가? 그것은 대부

---

46   心外無物, 如吾心發一念孝親, 卽孝親便是物.(『王陽明全書』(1)「傳習錄」(上), 20쪽)

분 과학의 문제이다. 과학의 문제는 이미 정치·경제 등 민생의 주요 문제가 되었다. 왕수인에게 현대 과학의 문제를 묻는다면 그는 어떻게 대답할까? 그의 대답은 아마 과학에도 치양지하라고 할 것이다. 왜냐하면 과학의 문제 역시 결코 치양지 바깥의 그 무엇이 아니기 때문이다.

(1) 성성

치양지를 주장하는 왕수인에게 성인이 되는 수양과 학습이 필요 없는가? 그렇지 않다. 당연히 수양과 학습이 필요하다. 왕수인은 사욕의 폐단 때문에 치양지가 곡치, 또는 불치하는 수가 생기는 것을 염려했다. 그래서 성인이 되기 위한 성성의 수양 공부는 단지 직치양지하면 된다. 직치하게 되면 격치성정수제치평 중 어떤 단계든 모두 양지가 발현되어 명명덕이 된다. 그것은 바로 학행(學行)이나 지행(知行)이 하나가 된 것이다. 그러면 지와 행은 또다시 이원론에 떨어지지 않게 된다. 만약 학행이 이원론적 공부에 빠지면 계속해서 또 다른 동력을 필요로 하게 된다.

만약 성인이 되기 위한 목적 의식을 가지고 수양한다면 그 역시 하나의 이장과 마주치게 된다. 이장은 본래 존재하는 것이 아니고 모종 관계에서 형성되는 것이다. 마치 빛이 있을 때 그림자가 생기는 것처럼, 양지와 별도로 또 다른 의지를 가질 때 발생하는 장애이다. 심지어 인하려는 욕인(欲仁)의 의지조차도 하나의 이장이 될 수 있기 때문에 성성의 공부는 단지 직치양지하면 되는 것이다. 그래서 왕수인은 수양 공부를 실천 속에서 말한다. 즉 그는 현실의 삶 속에서 심신을 연마해야 한다는 사상마련(事上磨鍊)을 주장하는데, 그것도 역시 직치양지하는 것뿐, 다시 미루어 이르게 하거나 확충하려는 의지는 필요 없는 것이다. 학습은 인욕을 제거하고 천리를 보존하는 공부이다.

"(설간(薛侃)이 말했다.) 예전에 선생님의 가르침을 들은 적이 있다. 즉 학습은

존천리(存天理)를 배우는 것인데, 심의 본체가 천리이므로, 천리를 체득하여
아는 것은 단지 자기 마음의 바탕에 사사로운 생각이 없기만 하면 된다는 것이
다."[47]

"학습은 인욕을 제거하고 천리를 보존하는 것이다."[48]

그래서 성인이 되는 공부는 존천리와 거인욕(去人欲)의 공부이다. 왕수
인은 "무선무악한 것은 천리의 고요함이고, 유선유악하게 되는 것은 기
(氣, 즉 人欲)의 움직임이다. …… 천리에 따르는 것이 바로 선이고, 기를
동요시키는 것이 바로 악"[49]이라고 말했다. 그러면 어떻게 '거인욕, 존천
리' 할 것인가? 거인욕과 존천리의 공부는 하나의 공부로 두 가지의 효과
가 있는 일공이과(一功二果)이다. 즉 직치양지하면 존천리가 있을 뿐 별
도의 거인욕은 필요 없게 된다. 따라서 직치양지적 존천리 이외에 별도로
치기(治氣) · 치의(治意) · 치욕(治欲)의 공부는 필요 없는 것이다.

학습은 밝은 덕을 밝히는 명명덕의 공부이다. 왕수인은 "격물치지에서
평천하에 이르기까지 모두 단지 하나의 명명덕일 뿐"[50]이라고 말했다. 명
명덕은 명덕을 실천하는 것이므로 곧 치양지와 같은 것이다. 명명덕은 타
자에 의한 것이 아니라, 명덕 스스로 자기를 실현하는 것이다. 그래서 그
의 학습 개념은 명덕 스스로 자기를 실현하면서 확장해 가는 것이라고 할
수 있다.

학습은 실천 속에서 이루어진다. 어떻게 실천할 것인가? 왕수인의 방
법은 바로 치양지를 성실히 하는 것이다. 왕수인의 성성 공부의 방법은

47　(薛侃說)嘗聞先生教, 學是學存天理, 心之本體卽是天理. 體認天理只要自心地無私
意.(『王陽明全書』(1)「傳習錄」(上), 22쪽)

48　學是去人欲存天理.(『王陽明全書』(1)「傳習錄」(上), 22쪽)

49　無善無惡者理之靜, 有善有惡者氣之動. …… 循理便是善, 動氣便是惡.(『王陽明全
書』(1)「傳習錄」(上), 24쪽)

50　自格物致知至平天下, 只是一個明明德.(『王陽明全書』(1)「傳習錄」(上), 21쪽)

성실뿐이다. 왜냐하면 직치양지·자치양지하게 되면 또 다른 자기 외적
방법이 필요 없기 때문이다. 그래서 왕수인은 "사람은 단지 선을 좋아하
길 좋은 짝을 좋아하듯 하고, 악을 싫어하길 악취 싫어하듯 해야 하는데,
그렇게 하는 사람이 바로 성인이다. …… 만약 일념으로 선을 좋아하고
악을 싫어할 줄 알더라도 깨달을 줄 모른다면 협잡되어 순수하지 못하게
된다. 협잡되면 선을 좋아하는 것이 좋은 짝을 좋아하듯 하지 못하고, 악
을 싫어하는 것이 악취를 싫어하듯 하지 못한다. 선을 진실로 좋아하면
선 아닌 것을 생각함이 없게 되고, 악을 진실로 싫어하면 악을 생각함이
없게 된다. 어떻게 그를 성인이 아니라 하겠는가? 그러므로 성인이 되는
수양 공부는 성실뿐이라!"[51]라고 말했다. 왕수인은 한 걸음 더 나아가 "성
실[誠]은 진실한 이치, 즉 실리(實理)로서 단지 하나의 양지이다. 실리의
오묘한 작용이 일어나는 것을 정신[神]이라 한다. 그 시작하는 곳이 바로
기(幾)이다. 이 성(誠)·신(神)·기(幾)를 다 갖춘 사람을 성인이라 한다"[52]
고 말했다. 선을 좋아하길 좋은 짝을 좋아하듯 하는 것은 그 목적이 양지
의 자아실현 이외에 또 다른 목적이 없는 것이다. 양지는 이미 자협(自謙,
謙은 족할 협), 즉 자족적인 것이기 때문에 다른 주체나 목적·방법 등을
필요로 하지 않는다.

　　왕수인의 수양 공부는 현실의 삶 속에서 심신을 연마하는 사상마련(事
上磨鍊)이다. 왕수인은 "사람은 모름지기 현실의 삶 속에서 심신을 연마
해야 증진이 있게 된다. 만약 조용함을 좋아하면 일을 당했을 때 혼란스
러워 결국 오래 할 수 없게 된다"[53]고 말했다. 이 말은 양명학이 선종의 수

---

51 人但得好善如好好色, 惡惡如惡惡臭. 便是聖人. …… 如一念雖知好善惡惡, 然不知
不覺又夾雜去了. 才有夾雜, 便不是好善如好好色, 惡惡如惡惡臭的心. 善能實實的好, 是無
念不善矣. 惡能實實的惡, 是無念及惡矣. 如何不是聖人! 故聖人之學, 只是一誠而已.(『王
陽明全書』(1) 「傳習錄」(下), 81쪽)
52 誠是實理, 只是一箇良知. 實理之妙用流行就是神. 其萌動處就是幾. 誠神幾曰聖
人.(『王陽明全書』(1) 「傳習錄」(下), 91쪽)

양 방법과 다른 것임을 보여 주는 것이지만, 역시 '실행 중에 앎이 있으며 실행 이외에 별도의 앎이 없다는 것'을 말하는 것이다. 그래서 사상마련의 공부 역시 직치양지하게 하면 병폐가 없게 된다.

(2) 경세

유가 철학은 본래 실천·실용 철학이다. 그래서 최종 목표는 바로 현실 경세에 있다. 이 경세는 반드시 관리가 되어 정치를 해야 하는 것은 아니다. 그래서 필자는 내성외왕이란 개념을 '성성경세'라는 개념으로 바꾸었다. 경세는 바로 양지를 가정·국가·천하에 펼치는 것이다. 양지를 인간 세계 만사에 이르게 하는 것 모두 경세이다. 그렇지 않으면 경세는 밝은 덕을 밝히는 명명덕이 아닐 수 있고, 성성과 경세는 분리되고 만다.

유가 정치 철학상 성성경세는 최고 이상이다. 유가는 국가 군왕이 각종 제도를 제정하여 백성을 다스리는 것을 적극 찬성한다. 그래서 유가가 표면상으로는 인치·덕치인 것 같지만, 실제로는 제도 정치를 병행하지 않으면 안 된다. 맹자는 "이루의 눈 밝음과 공수자의 솜씨로도 규구를 쓰지 않고는 방형과 원형을 만들지 못하고, 사광의 귀 밝음으로도 6율을 쓰지 않으면 5음을 바로잡지 못하며, 요순의 도로도 인정을 쓰지 않으면 천하를 평화롭게 다스릴 수 없다. 이제 군주가 인한 마음과 인을 들음이 있으면서도 백성이 그 혜택을 입지 못하여 후세에 법이 될 수 없는 것은 선왕의 도를 행하지 않기 때문이다. 그러므로 말하기를 한갓 선심만 가지고는 정사를 행할 수 없고, 한갓 법만 가지고는 스스로 실행될 수 없는 것"[54]이라

53　人須在事上磨鍊做功夫乃有益. 若只好靜, 遇事便亂, 終無長進.(『王陽明全書』(1) 「傳習錄」(下), 76쪽)

54　孟子曰, 離婁之明, 公輸子之巧, 不以規矩, 不能成方員(圓). 師曠之聰, 不以六律, 不能正五音. 堯舜之道, 不以仁政, 不能平治天下. 今有仁心仁聞, 而民不被其澤, 不可法於後世者, 不行先王之道也. 故曰, 徒善不足以爲政, 徒法不能以自行.(『孟子』「離婁章句上」1)

고 말했다. 양명학에서 본다면 양지에 기초하여 그런 법률 제도를 제정한 다면 문제가 없다. 단 그런 제도는 단지 외적으로 선악을 구분하는 기준일 뿐이다. 왜냐하면 왕수인은 "선악은 모두 천리이다. 악이라 하는 것은 본래 악이 아니다. 단 본성에서 과불급이 발생한 것뿐"[55]이라고 보기 때문이다.

과학 활동 역시 하나의 경세 활동이다. 왜냐하면 과학이 인류의 행복한 삶을 위해 신기술을 개발하기 때문이다. 단 신기술은 늘 국가의 법률 제도 나 민심보다 앞서 가지만, 국가의 법률 제도는 기술의 변화를 따라가지 못 한다. 그뿐만 아니라 우리의 철학과 윤리 역시 기술 변화를 따라가지 못한 다. 그렇게 될 때 우리는 어떻게 지행합일할 수 있을까? 과학자의 연구가 치양지에서 시작하지 않는 한 가치와 존재는 각자의 길을 갈 것이다.

왕수인의 경세는 사상마련의 공부이고, 지행합일의 공부이며, 직치양 지의 공부이다. 경세는 왕수인 철학의 일체를 포괄할 수 있다. 왜냐하면 왕수인은 '실행 중에 앎이 있고, 실행 외에 별도의 앎이 없다'고 보기 때 문이다. 이와 같이 성성과 경세는 최소한 동시에 함께해야 한다. 왕수인 에게 지와 행에는 선후가 없는 것처럼, 성성과 경세에도 역시 선후가 없 다. 만약 경세를 성성의 종점으로 간주한다면 그것은 왕수인의 지행합일 이 아니다. 만약 양지를 곧바로 사물에 이르게 하려 한다면, 경세하는 중 에 성성의 수양 공부를 함께할 수 있어야 한다.

3. 삶으로의 복귀

왕수인은 주자학의 이원론적 폐단을 극복하기 위해 치지라는 글자 가운

---

55 善惡皆天理. 謂之惡者, 本非惡. 但於本性上過與不及之間耳.(『王陽明全書』(1)「傳習錄」(下), 81쪽)

데에 양자를 첨가하여 치양지라는 용어를 만들었다. 그런데 필자가 치양지 앞에 직자를 하나 덧붙여 직치양지(直致良知)라는 말을 만든 것은, 치양지상 발생할 수 있는 어떤 폐단을 아예 차단하기 위한 것이다. 치지·치양지·직치양지는 모두 수식어의 차이인데, 필자의 직치양지는 하나의 사물도 잃지 않고 지행합일을 확보하려는 것이다.

왕수인의 치양지 방법을 현대 과학에 적용해 볼 때 어떤 의미가 있을까? 최근 생명 과학계는 배아 줄기세포(stem cell, 즉 pluripotent cell)에 대한 연구와 관련하여 생명 윤리의 문제를 종교계나 윤리학계에 물었다. 그러나 종교계에서는 아직도 반대하고 있고, 윤리학계는 대안을 내놓지 못하고 있다. 그것은 근본적으로 종교계·윤리학계가 대답할 수 없는 문제인가, 아니면 과학이 해결할 수 없는 문제인가? 치양지 중심으로 보면 그 연구 목적은 반드시 구명의 정당성이 있어야 하고, 방법은 생명을 해치는 부당성을 제거할 수 있어야 한다. 즉 과학자는 어떤 생명도 죽이지 않으면서 구명할 수 있는 방법을 연구해야 한다. 그러나 우리가 매일 먹는 음식도 남의 생명이듯 세상에는 어쩔 수 없는 것이 있다. 병세가 절박한 환자에게 신의 손 같은 새로운 구명 의술을 기다려 달라고 한다면, 환자는 학철부어(涸轍鮒魚)처럼 될 것이다. 양지의 자각지가 이미 견문지를 포함하는 것이라면 공리주의적인 방법도 가능한 것은 아닌가? 맹자는 "개와 돼지가 사람이 먹을 것을 먹어도 단속할 줄 모르고, 길가에 굶어 죽은 시체가 있어도 창고를 열 줄을 모르면서, 사람이 죽으면 말하기를 그것은 내가 그런 것이 아니고 흉년이 든 해이기 때문이라 한다. 이것은 어찌 사람을 찔러 죽이고 나서 그것은 내가 그런 것이 아니라 병기 때문이라 하는 것과 다르다 하겠는가"[56]라고 말했다. 그렇다면 우리는 아직도 도

---

56   狗彘食人食而不知檢, 塗有餓莩而不知發. 人死, 則曰非我也, 歲也. 是何異於刺人而殺之, 曰非我也, 兵也.(『孟子』「梁惠王上」3)

덕 윤리에 갇혀 환자가 죽기를 기다리고 있을 것인가? 그런 후에 환자가 죽는 것은 우리의 탓이 아니라 세상의 여론 때문이라고 말할 것인가?

우리가 취하는 하나의 목적은 경우에 따라 그와 관련된 방법을 합리화할 수 있는 경우도 있고, 그럴 수 없는 경우도 있다. 치양지가 비록 사람 됨의 최고 목표라 하더라도 그 실천 방법이 반드시 합법적인 것은 아닐 수 있다. 만약 법률적인 정당성과 윤리적 타당성이 합치되지 못하지만 시급히 해결해야 할 문제가 있다면 어떻게 할 것인지? 만약 '양지를 곧바로 사사물물에 이르게 하는 직치양지어사사물물(直致良知於事事物物)'의 경로에 법이 가로막고 있다면 어떻게 할 것인지?

[2005년][57]

57　「王陽明之‘直致良知’的方法」, 『중국철학』 제13집, 중국철학회, 2005.12.에 게재된 것을 수정 보완함.

제24장
왕부지의 기체도용의 방법

왕부지(王夫之. 字는 而農, 號는 薑齋 또는 船山, 1619~1692)는 나이 25세에 만주족에 의해 명나라가 멸망하자, 35세까지 반청 활동을 하였다. 그후 그는 상서(湘西)와 형양(衡陽) 석선산(石船山)에 은거하면서 저술에 전념했는데,[1] 38세에 황종희(黃宗羲, 1610~1695)의 『명이대방록』(明夷待訪錄)과 유사한 『황서』(黃書)를 지었다. 그가 『황서』를 지은 목적은 이민족을 물리치고 한족에 의한 정치와 전통문화의 부흥이었다. 그것은 그가 일생 동안 연구하고 저술하는 데 주요 동기가 되었다.

왕부지의 저술은 그 분량에서 주희(朱熹, 號는 晦庵, 晦翁, 1130~1200)를 능가하는데, 주로 『주역외전』과 『주역내전』에서 그의 유기론적(惟器論的) 학술적 특징을 보였다.[2] 그 골격을 이루는 것은 기체도용론(器體道用

---

1 王夫之는 37~68세에 『주역외전』(周易外傳)(7권), 37세에 『노자연』(老子衍)(1권), 38세에 『黃書』(7권), 47세에 『독사서대전설』(讀四書大全說)(10권), 50세에 『춘추세론』(春秋世論)(5권), 『춘추가설』(春秋家說)(3권), 55세에 『예기장구』(禮記章句)(49권), 58세에 『주역대상해』(周易大象解)(1권), 61세에 『장자통』(莊子通)(1권), 63세에 『장자해』(莊子解)(33권)과 『사문록』(思問錄)(1권), 64세에 『악몽』(噩夢)(1권) 등을 지었으며, 67세에 『주역내전』(周易內傳)(7권), 71세에 『장자정몽주』(張子正蒙注)(9권) 등을 지었다. 본문에서 말하는 王夫之의 저서는 모두 『船山遺書全集』(臺北, 中國船山學會·自由出版社, 1972)에서 인용, 또는 참조하였다.

論)으로서, 그것은 종전의 도체기용론(道體器用論)을 뒤집은 것이다. 그렇게 세계관을 정반대로 뒤집은 철학적 출발점은 도가와 불가는 물론 정주의 이학(理學)과 양명의 심학(心學)의 학술적 폐단을 극복하려는 것과 아울러 유가 철학의 정체성을 강화하는 데 있다. 그래서 그는 자신의 형이상학적 기초를 『주역』에 두었고, 학술 체계가 비슷한 장재(張載, 號는 橫渠, 1020~1077)의 기(氣) 철학을 기본 모델로 삼았다. 그것은 과거로의 회귀가 아니라 자기 학문을 건립하는 데 도움이 되는 좋은 도반을 찾은 것이다. 그런 것은 정주학의 장점에 대해서도 마찬가지였다.

본문의 주요 논의는 왕부지의 도가와 불가 및 유가 일부의 견해에 대한 비판과 그의 해결 방법은 무엇이며, 그것은 과연 어떤 점에서 유효한가를 논하는 것이다. 아울러 왕부지 철학에 대해 우리 현실의 의미를 가지고 평가해 보고자 한다. 그러나 그것은 논의의 소재일 뿐, 필자의 연구 목적은 왕부지의 유기론적 기체도용의 방법을 위주로 그의 철학적 방법을 밝히고자 하는 것이다. 본문의 전개는 왕부지의 기체도용론을 중심으로 하되, 체(體)에 관한 논의는 도가와 불가 및 육왕의 본체론의 문제점과 더불어 논하고, 용(用)에 관한 논의는 실재적이고 구체적인 기(器)를 바탕으로 한 그의 유가적 실용성 확보의 문제와 더불어 논하고자 한다.

1. 방법론적 배경

주희가 이기(理氣)를 "이와 기는 서로 분리되지도 않고 서로 섞이지도 않는다"[理氣不相離不相雜]는 말처럼 두 사물로 보았는데, 황종희는 "이기라는 이름은 사람이 만든 것이다. 그의 부침승강하는 것을 중심으로 말해

---

2   天下惟器而已矣.(王夫之, 『周易外傳』卷5, 「繫辭上傳」12章)

기(氣)라고 말하고, 그의 부침승강함이 법칙을 잃지 않는 것을 이(理)라고 말하는 것이다. 이기는 한 사물의 두 이름이지, 이와 기 두 사물이 하나를 이룬 것이 아니다"[3]라고 보았다. 즉 주희가 이물일체론(二物一體論)을 주장한 것에 반해, 황종희는 일물이명론(一物二名論)을 주장한 것이다.

왕정상(王廷相, 號는 浚川, 1474~1544)은 이와 기의 관계에 대해 송·명 성리학자들과는 정반대의 견해를 가지고 있다. 그는 이(理)가 기(氣)에 종속된 것으로서 이가 기를 낳는 것이 아니며, 만약 이가 기를 낳는다면 그것은 도가의 견해와 같다고 말했다. 즉 "이는 기에 들어 있는 것으로서, 기를 낳을 수 없다. 요즘 유생들이 이가 기를 낳는다고 말하는데, 그것은 바로 노자가 도에서 천지 만물이 생긴다는 말과 같은 것이다"[4], "기라는 것은 도의 본체이고, 도라는 것은 기가 갖추고 있는 것이다"[5]라는 것이다. 이와 같이 왕부지가 『주역』을 연구하면서 형이상자인 도와 형이하자인 기는 한 사물의 두 측면을 말하는 것이지 두 존재를 말하는 것이 아니라고 말한 것은 황종희와 같고, 도를 기(器)의 도로 보는 것은 왕정상과 유사하다. 그래서 왕부지는 "상하(형이상과 형이하)라는 것은 본래 경계가 없는 것으로서, 논의하는 입장에 따라 다르게 부르는 것뿐이다. 그러므로 상하는 경계선이 없고, 도와 기는 다른 실체가 없다는 것이 분명하다"[6]는 주장을 하는 것이다. 그래서 왕부지는 일물이명론자가 되었고, 그의 중심 개념어는 도와 기(器)로서 기(器) 중심의 유기론자(惟器論者)가

3　理氣之名, 由人而造. 自其浮沈昇降者而言則謂之氣, 自其浮沈昇降不失其則者而言則謂之理. 蓋一物而兩名, 非兩物而一體也.(『明儒學案』, 「諸儒學案上二」, 臺北, 世界書局, 1973, 466쪽)

4　理載於氣, 非能始氣也. 世儒謂理能生氣, 卽老氏道生天地也.(『王廷相集』, 「道體」, 臺北, 中華書局, 1989, 753쪽)

5　氣也者, 道之體也. 道也者, 氣之具也.(『王廷相集』, 「五行」, 809쪽)

6　上下者, 初無定界, 從乎所擬議而施之謂也. 然則, 上下無殊畛而道器無異體, 明矣.(王夫之, 『周易外傳』卷5, 「繫辭上傳」12章)

되었다.

왕부지가 그런 유기론적 철학 개혁을 주장하게 된 주요 동기는 무엇인가? 그것은 중국 정치의 정통성을 계승하고 부흥시키려는 것이다. 그는 『황서』의 저술 목적에 대해서도 그와 같이 말했다. 즉 그는 "옛 전통을 잇고 천명을 계승하여, 왕이 된 자는 황제 헌원(軒轅)의 정치에 근본하여 황하의 중국을 건설하고, 분열의 기운과 타민족에 의한 재난을 막으며, 중국을 지키고 키워 나감으로써 그 재능을 다한다면 통치의 방법이 모두 갖추어질 것이다. …… 중국이 금방 부흥하기를 바라지만, 긴 세월이 필요할 것이다. 『황서』를 전하는 의도가 여기에 있다"[7]고 말했다. 그런 목적은 『황서』만이 아니라 그의 학문 전체의 동기와 목표가 되었다. 그런 목적을 실현하기 위해서는 철학의 병폐를 치유해야 한다고 보고, 도·불가는 물론 유가의 병폐도 진단했다.

왕부지의 중심 문제는 무엇인가? 왕부지 철학의 주요 목적이 중국 문화와 정치의 부흥에 있다. 그래서 철학사적 입장에서 보면 왕부지의 중심 문제는 도가와 불가를 배척하고, 육왕의 심학을 비판하며, 정주학의 관념론적 경향을 교정하고자 하는 데 있다. 그의 철학적 비판을 정리하면 다음 세 가지가 있다.

첫째, 왕부지는 도가의 허(虛)와 불가의 적(寂) 개념의 관념적 경향을 비판하여 "무릇 예기(禮器)라는 것은 순정한 의(義)이다. 기(器)와 도(道)는 서로 체용의 실질이 된다. …… 이것이 이단들의 텅 빔만 추구하고 실질이 없는 것과 다른 점이다. 그들은 스스로 신령스럽다고 하지만 실제로는 익히면서 정성스레 살피지 않고, 행동하면서도 분명히 하지 않는다"[8]

---

7 述古繼天而王者, 本軒轅之治, 建黃中, 拒間氣殊類之災, 扶長中夏以盡其材, 治道該矣. …… 俟之方將, 須永年也. 黃書之所以傳也, 意在斯乎.(王夫之, 『黃書』, 「後序」)
8 蓋禮器也, 義. 器與道相爲體用之實也. …… 此所以異於異端之虛而無實, 自謂神靈而實, 則習不察, 行不著也.(王夫之, 『張子正蒙注』卷6, 「三十篇」)

고 말했다.

둘째, 왕부지는 육왕 심학의 친불교적 경향을 비판하여 "육구연과 왕수인 같은 별 것 아닌 자들은 자기들만 아는 양 군자 앞에서 오만하게 굴면서도 정작 불교에 대해서는 짐승을 끌어다가 사람을 잡아먹게 하는 창귀(倀鬼)와 같은 짓을 하는가"[9]라고 말했다.

셋째, 왕부지는 정주학의 도체기용(道體器用)의 관념론적 경향을 비판하여 "주자의 학문은 정이를 종사로 하면서도, 유독 『주역』에서만큼은 왕필 이래 계속 이끌어 오던 의리를 폐기하고 오로지 상을 통해 점치는 것만 말한다. …… 이 역시 한대 역학자들의 학설과 같은 것으로서 공자가 「계사전」에서 '이치를 궁구하고 본성을 다하라'[窮理盡性]고 한 말과 현격히 어긋나 완전히 다른 것이 되었는데도 주자는 개의치 않는다. 그러므로 왕필(王弼)에서 정자(程子)에 이르기까지 잘못된 것을 바로잡으려다가 옳음을 지나쳤고, 주자는 바로잡으려다 다시 구부려 놓는 것조차 꺼리지 않았다"[10]고 말했다.

왕부지의 그와 같은 비판은 모두 "도는 기의 도이지, 도의 기라고 말할 수 없다"[11]는 실재론[12] 위에서 형성된 것이다. 그것은 중국 전통 철학의 주축인 『주역』에 대한 해석을 실재적이고 실용적으로 전환하려는 것이다. 아울러 그것은 정주학의 '도는 항구불변하는 것'이라는 사상을 '사물[器]

---

9 陸子靜王伯安之蔑然者, 亦惡能傲君子以所獨知, 而爲浮屠作率獸食人之倀乎!(王夫之, 『張子正蒙注』, 「序論」)

10 朱子學宗程氏, 獨於易焉, 盡廢王弼以來引伸之理, 而專言象占. …… 則又與漢人之說同, 而與孔子繫傳窮理盡性之言, 顯相牴牾而不恤. 由王弼以至程子, 矯枉而過正者也. 朱子則矯正而不嫌於枉矣.(王夫之, 『周易內傳發例』)

11 道者, 器之道; 器者, 不可謂之道之器也.(王夫之, 『周易外傳』 卷5, 「繫辭上傳」 12章)

12 勞思光은 王夫之를 실재론자라고 규정했다. 즉 "道可以說是 '器之道', 而器不可說是 '道之器' 也. 此是船山持實在論觀點之顯明證據."(勞思光, 『中國哲學史』 3卷 下, 臺北, 三民書局, 1981, 687쪽)

이 바뀌면 도 역시 변한다'는 사상으로 바꿈으로써 철학적 혁명을 추구한 것이다. 왕부지의 도가 기(器)의 종속적 위치에 있다고 해도 동중서(董仲舒, B.C.179~B.C.104)처럼 선을 양기에 악을 음기에 종속시키지는 않았지만, 공맹의 인의의 도덕 정신을 전통 그대로 유지하지는 못했다.

2. 주요 방법: 기체도용론

왕부지는 기체도용론을 어떻게 형성했는가? 그는 기체도용론의 철학적 기초를 『주역』과 장재의 『정몽』에 두었다. 그는 『주역외전』을 37세에 시작해서 68세에 완성했으며, 『주역내전』과 『장자정몽주』는 말년에 완성했다. 그렇기 때문에 그는 연령적으로 이미 젊을 때부터 유기론적 견해를 가지고 있었다고 할 수 있다.

왕부지의 기체도용론의 제일 기초는 『주역』의 도기론(道器論)이지만, 그런 형태의 방법을 취하게 된 원인은 정주학의 이주기종(理主氣從)적 이학과 양명학의 유심론적 심학의 성격을 바꾸려는 데 있다. 그래서 그는 기주도종(器主道從)적 학문의 기본 모형을 장재의 기학에서 찾았다. 장재 이후 그런 학문 성격은 양명 좌파 쪽에서 주로 나타났는데, 전후 철학사에서 보면 동중서 → 장재 → 왕정상 → 황종희 → 왕부지로 이어진다. 즉 역사적으로 동중서는 유가 철학과 음양오행론을 연결시켰고, 장재는 기본론(氣本論)을 건립했으며, 왕정상은 도를 기(氣)에 종속적인 것으로 보았고, 황종희는 이학과 심학의 개념을 벗어나 기학을 정립하려 했으며, 왕부지에 이르러서는 기주도종적 기학(器學)을 이룬 것이다.

왕부지는 실제 세계를 형이하자인 기(器)와 형이상자인 도(道)가 일체가 되어 있는 것뿐이라고 말했다. 그래서 그는 "형이상자는 무형을 말하는 것이 아니라, 이미 형상이 있는 것이다. 형상이 있고 난 후에야 형이상

자가 있을 수 있는 것이기 때문이다. 무형(즉 절대 無)의 위에는, 아무리
고금을 전후로 연장해 보고, 만변을 통틀어 보며, 천지를 궁리하고, 사람
과 만물을 궁리해 보아도 모두 아직 있지 않은 것이다. 그러므로 오직 성
현이 된 뒤라야 천부의 자질을 체현할 수 있다고 하는 것이다. 이는 형이
하의 것을 체현한다는 것이지 그 형이상의 것을 체현한다는 것이 아니
다"[13]라고 말했다. 여기서 "형상이 있고 난 후에야 형이상자가 있을 수 있
다"는 말은 기와 도의 체용론적 주종 관계 속에서 형이하자에 의해 형이
상자가 종속적으로 성립된다는 것을 말하는 것이다.

　왕부지의 기(器)는 어떠한 것인가? 왕부지의 기는 구체적인 사물이다.
그는 "천하의 기는 그 형상이 각기 다르고 그의 용 역시 다르다"[14], "천하
에는 수(數) 바깥에 형상이 없고, 형상 바깥에 수가 없다. …… 그 때문에
형상과 수는 서로 의지하고 있는 것이다"[15]라고 말했다. 즉 세상에 존재하
는 사물, 즉 기는 형·상·수를 갖고 있으며 상호 의존의 관계가 있다는
것이다. 그래서 왕부지는 형이상자를 형이하자인 기(器)에 종속적 위치에
있는 것으로 보고 "형이상자란 말은 형체가 없는 것을 말하는 것이 아니
다. 이미 형체는 있는 것이다. 형체가 있고 난 다음에 형이상자도 있는
것"[16]이고, "기가 있고 난 다음 형체가 있는 것이며, 형체가 있은 다음에
형이상자도 있다"[17]고 말한 것이다.

　왕부지의 기(器)는 무엇으로 형성되었는가? 기(器)는 기(氣)로 되어 있

13　形而上者, 非無形之謂, 旣有形矣. 有形而後有形而上. 無形之上, 亘古今, 通萬變, 窮
天窮地, 窮人窮物, 皆所未有者也. 故曰, '惟聖人然後可以踐形'. 踐其下, 非踐其上也.(王
夫之,『周易外傳』卷5,「繫辭上傳」12章)

14　天下之器, 其象各異而用亦異.(王夫之,『周易內傳』卷5,「繫辭上傳」10章)

15　天下無數外之象, 無象外之數. …… 是故象數相依.(王夫之,『尙書引義』,「洪範」1)

16　形而上者, 非無形之謂, 旣有形矣. 有形而後有形而上.(王夫之,『周易外傳』卷5,「繫
辭上傳」12章)

17　器而後有形, 形而後有上.(王夫之,『周易外傳』卷5,「繫辭上傳」12章)

다. 즉 왕부지는 "음양은 기의 두 체이다. …… 음양은 하나의 태극의 실체"[18]라고 말했다. 음양이 두 개의 체로 존재한다는 말이다. 음양 쪽에서 볼 때 마치 건곤병건(乾坤竝建)의 천지처럼 두 개의 체가 나란히 있다는 것이다. 즉 "건곤괘를 나란히 맨 처음에 배치한 것은 역의 본체이기 때문"[19]이라고 보면서도, "건곤괘는 맨 앞에 있지만 시간상 선후도 없고, 권력상 주종도 없다. 마치 우리가 호흡을 하는 것과 같다"[20]고 말했다. 그러나 태극 쪽에서 보면 동정에 따라 음양 두 개의 체로 변화한다고 한다. 이 것은 "동정이란 이 음양의 동정이고, 동하면 음이 양으로 되고, 정하면 양이 음으로 된다"[21]는 것처럼 음양호체(陰陽互體)론이다. 즉 입장에 따라 다르게 말하는 것이므로 건곤병건론과 음양호체론은 상호 모순이 아니다.

왕부지는 형이하자인 기보다 형이상자인 도의 선재성을 어디까지 부인하였는가? 그는 "형이상자는 아직 그 형상을 갖추기 전에는 숨어 있지만 어길 수 없는 천칙이 있다. 하늘은 그것으로 만물을 화생하고, 사람은 그것으로 마음의 작용을 삼는다. 형상은 스스로 생겨나는데 은미하여 보이지 않는 것이다. 형상이 이루어진 다음에 형상을 볼 수 있다"[22]고 말했다. 이 문장의 미형(未形)이란 말이 형상 이전에 형이상자[道]가 존재하는 것처럼 오해되고 있다. 그러나 그것은 미형의 형이상자는 천칙으로서 이미 천(天)이라는 기(器) 속에 종속된 것이다. 그래서 왕부지는 "기(器)는 죽

---

18 皆陰陽者, 氣之二體. …… 陰陽一太極之實體.(王夫之, 『張子正蒙注』 卷1, 「太和篇」)

19 乾坤竝建以爲首, 易之體也.(王夫之, 『周易外傳』, 「上經」)

20 乾坤竝建於上, 時無先後, 權無主輔. 猶呼吸也.(王夫之, 『周易外傳』 卷5, 「繫辭上傳」 1章)

21 動靜者卽此陰陽之動靜. 動則陰變於陽, 靜則陽凝于陰.(王夫之, 『張子正蒙注』 卷1, 「太和篇」)

22 形而上者, 當其未形, 而隱然有不可踰之天則. 天以之化, 而人以爲心之作用, 形之所自生, 隱而未見者也. 及其形之旣成而形可見.(王夫之, 『周易內傳』 卷5, 「繫辭上傳」 12章)

지 않고, 도는 그냥 허에서 생긴 것이 아니다"[23], "기(器)에 의거하여 도
(道)가 존재하고, 기와 분리되면 도는 무너진다"[24]고 말했다. 그렇게 보면
그는 결코 기체도용론에서 물러서지 않은 것이다.

기체도용론의 형이상학적 기초는 어디에 있는가? 왕부지는 기체도용
론을 유기론 위에 건설했다. 그가 자신의 유기론적 입장을 분명히 밝히고
있는 문장은, "세상에는 오직 기가 있을 뿐이다. 도는 기의 도이고, 기는
도의 기라고 말할 수 없다. 사람들은 도가 없으면 그 기도 없다고 말한다.
비록 그렇지만 진실로 기가 있는데, 어찌 도가 없음을 걱정하는가? ……
혹시 (오직 기가 있음을 못 보고) 도에 치우친 사람은 (도가 없으면) 사물
이 이루어지지 않는다고 말하지만, 사물이 이루어지지 않았다고 어떤 사
물도 없는 것이 아니다. 사물이 없으면 그의 도 역시 없는 것이라고 말하
는 사람은 드므니, 그것은 진실로 맞는 것"[25]이다. 그런데 노사광(勞思光)
은 이 문장에서 "不成, 非無器也"라는 말의 무(無)를 사물[器]이 아직 출
현하지 않은 미출현(未出現)의 단계라고 해석했다.[26] 그러나 그것은 아직
도 정주학의 도에서 만물이 유래한다는 우주론적 사고방식에서 벗어나지
못한 말이다. 왜냐하면 왕부지는 궁극적으로 도만의 존재를 인정하지 않
았을 뿐만 아니라, 만물은 태허의 기에서 형성된다고 보았기 때문이다.
아울러 그는 태허와 기(器)의 관계를 기(氣)의 취산(聚散)으로 말하면
서도, 그것은 둘이 아닌 하나라고 보았기 때문이다. 그러나 노사광은 형이
상자의 도와 형이하자의 기를 선후 두 개의 단계로 보고, 미출현을 형이

---

23 器不死, 而道不虛生.(王夫之, 『周易外傳』 卷5, 「繫辭上傳」 12章)

24 據器而道存, 離器而道毀.(王夫之, 『周易外傳』, 「大有」)

25 天下惟器而已矣. 道者, 器之道; 器者, 不可謂之道之器也. 無其道則無其器, 人類能
言之. 雖然, 苟有其器矣, 豈患無道哉? …… 人或昧於其道者, 其器不成; 不成, 非無器也.
無其器則無其道, 人鮮能言之, 而固其誠然者也.(王夫之, 『周易外傳』 卷5, 「繫辭上傳」 12
章)

26 勞思光, 『中國哲學史』 3卷 下, 臺北, 三民書局, 1981, 687쪽 참조.

상의 단계에 있는 것으로 본 것이다.

　왕부지의 유기론적 입장에서 그것을 재해석한다면, 그 문장은 "(세상에는 오직 器가 있을 뿐이니) A란 한 사물이 형태를 갖추지 못했더라도 (A 이외의 다른 것으로 존재하는 것이므로) 기(器)가 없는 것이 아니다"라고 해석할 수 있다. 왜냐하면 왕부지는 같은 문장에서 "형이상자는 무형을 말하는 것이 아니고, 이미 **형상이 있는 것**"[27]이라고 말했기 때문이다. 그뿐만 아니라 그는 "천지야말로 본래 생기거나 소멸함이 없는 것"[28], "선천(先天)이란 신선술을 배우는 사람의 잘못된 주장이다. 하늘이 있기도 전에 무슨 상이나 수가 있다고 말할 수 있다는 것인가"[29], "선천의 설이나 노자의 풀무의 비유 등이 어찌 『주역』이 사람에게서 갖는 의미가 천지에 귀의하게 함에 있다는 것을 알겠는가"[30]라고 말하기도 했다. 왕부지 학설의 주요 연원인 장재는 "허공이 곧 기라는 것을 알면, 유무ㆍ은현(隱顯)ㆍ신화(神化)ㆍ성명(性命)이 하나로 통하여 두 개는 더 이상 없다"[31]고 말한 것도 중요한 근거가 된다. 즉 형이상의 도(道), 즉 은(隱)과 형이하의 기(器), 즉 현(顯)은 단계별 선후 전개 과정이 아니라, 일체의 양면이라는 것이다. 그래서 왕부지는 "형이상의 것을 도라 하고, 형이하의 것을 기라 하는데, 그들은 **하나의 형체**에서 통괄된다"[32]고 말했다.

　왕부지는 장재의 태허론에 기초하여 "태허의 본체를 이루는 것이 기

27　形而上者, 非無形之謂, 旣有形矣.(王夫之, 『周易外傳』卷5,「繫辭上傳」12章)

28　天地本無起滅.(王夫之, 『張子正蒙注』卷4,「大心篇」)

29　先天者, 學僊者之邪說也. 未有天之先, 何象何數而可言者邪?(王夫之, 『周易內傳』卷6,「設卦傳」)

30　先天之說, 槖籥之喩, 其於易之存人以要天地之歸者, 又惡足以知之.(王夫之, 『周易外傳』卷5,「繫辭上傳」12章)

31　知虛空卽氣, 則有無ㆍ隱顯ㆍ神化ㆍ性命通一無二.(張載, 『正蒙』卷1,「太和篇」)

32　形而上者謂之道, 形而下者謂之器, 統之乎一形.(王夫之, 『周易外傳』卷5,「繫辭上傳」12章)

(氣)이다. 기란 기가 아직 형상을 이루기 이전의 것이다. 태허 속에 두루 가득 차 간격이 없는 것이 모두 기이다. 기는 동정보다 먼저 존재해 있는 것으로서, 음양의 본체이다. 기에는 음양 두 가지가 있다. …… 형상이 있고 난 후에, 그 형상의 다름에 집착하는데, 그것은 그 **근본이 하나**라는 것을 모르는 것"[33]이라고 말했다. 그뿐만 아니라 장재는 "비록 만물이 무수하지만, 그 실체는 하나의 기일 뿐이다. 음양의 기가 나뉘어 서로 달라진 것인데, 사람들은 그것이 본래 하나였다는 것을 모른다"[34]라고 말했다. 이것을 정리하면 '기는 본래 같은 것인데 그들이 나뉘어 만물처럼 형상을 달리하는 것'이라는 의미의 기일분수(氣一分殊)로 규정할 수 있다. 그러나 왕부지는 유기론 입장에서 태허는 기(器) 속에 존재한다고 본 것이지, 태허 → 음양 → 만물과 같은 우주론적 과정에서 논한 것이 아니다.

3. 주요 문제

왕부지는 도가와 불가의 문제점에 대해 다음과 같이 말했다. 즉 "총명은 이목이 하는 일이고, 예지는 마음의 사려가 하는 일이다. 인은 사람을 사랑하는 것이고, 의는 일을 바르게 처리하는 것이다. 중화(中和)는 예악을 행하는 것이고, 대공지정(大公至正)은 상벌을 처리하는 것이다. …… 만약 이런 것을 버리고 아직 있지도 않은 것을 구한다면, 아무리 고금을 연장해 보고, 만변을 통틀어 보며, 천지 끝까지 탐구하고, 사람과 만물을 궁구해 본다 하더라도 이름조차 붙일 수 없으니, 하물며 그 실질을 얻을 수

---

33   太虛之爲體, 氣也. 氣未成象. 人見其虛充周無間者, 皆氣也. 此動靜之先, 陰陽之本體也. 氣有陰陽二殊. …… 有形有象之後, 執形執象之異, 而不知其本一.(王夫之, 『張子正蒙注』 卷9, 「乾稱篇下」)

34   雖無數, 其實一而已. 陰陽之氣散則萬殊, 人莫知其一也.(張載, 『正蒙』, 「乾稱篇下」)

있겠는가? 도가는 이에 대해 까막눈이기 때문에, 도가 허에 있다고 말했
으나, 그 허 역시 기(器)의 허이다. 불가도 이에 대해 까막눈이었기 때문
에, 도가 적멸에 있다고 말했으나, 그 적멸 역시 기의 적멸이다. 옳지 않
은 말이 번지르르하나 기를 떠날 수 없는 것이다. 스스로 신명하다는 것
으로써 기로부터 벗어남을 표방하였지만, 누구를 속이려 하는 것인가?"[35]
라고 말했다. 그가 본 도가와 불가의 주요 문제는 한마디로 실재성을 확
보할 수 없다는 것이다.

왕부지의 기체도용론은 체용론에 속한다. 사물을 체와 용으로 분석하
지만, 정주학처럼 체용일원 현미무간(體用一源 顯微無間)의 원칙을 고수
하고, 그런 원칙하에 도·불가를 비판한 것이다. 즉 도가는 체가 없고 불
가는 용이 없다고 비판하여 "노장은 허무를 말하고, 본체가 없다고 말한
다. 부처는 적멸을 말하며, 용이 없다고 말한다"[36]고 말했다. 아울러 "불가
와 도가는 시작하는 점에서 모두 본체는 건립했으나 용은 폐기했다. 용이
이미 폐기 되었으니 본체 역시 실체가 없는 것"[37]이라고 말했다.

1) 도가와 유무·생성 문제

어떤 사람이 노자의 "유는 무에서 생긴다"[38]는 입장에서 주돈이(周敦頤,
濂溪, 1017~1073)의 「태극도설」을 해석했는데, 왕부지는 그것은 잘못되

---

35   聰明者耳目也, 睿知者心思也. 仁者人也, 義者事也. 中和者禮樂也, 大公至正者刑賞
也. …… 如其舍此而求諸未有器之先, 亘古今, 通萬變, 窮天窮地, 窮人窮物, 而不能爲之
名, 而況得有其實乎? 老氏瞀於此, 而曰道在虛, 虛亦器之虛也. 釋氏瞀於此, 而曰道在寂,
寂亦器之寂也. 淫詞嬲炙, 而不能離乎器, 然且標離器之名以自神, 將誰欺乎?(王夫之, 『周
易外傳』卷5, 「繫辭上傳」12章)

36   莊老言虛無言體之無也. 浮屠言寂滅言用之無也.(王夫之, 『張子正蒙注』卷9, 「乾稱
篇下」)

37   佛老之初皆立體而廢用, 用旣廢則體亦無實.(王夫之, 『思問錄』, 「內篇」)

38   有生於無.(『道德經』40章)

었다고 말한다. 즉 왕부지는 "태극도설을 오해하는 사람은, 태극에는 본래 음양이 없었는데 동(動)하여 비로소 양이 생기고 정(靜)하여 비로소 음이 생긴다고 말한다. 그러나 그것은 동정이 생성한 음양에 한서(寒暑)·윤조(潤燥)·남녀의 형상과 바탕이 되는 것이 본래 갖추어져 있는 것을 모르는 것이다. 충만하게 쌓여 있는 천지의 기운은 동정 이전에 있었던 것으로서, 동정이란 바로 이 음양의 동정이고, 그것이 동하면 음이 양으로 되고, 정하면 양이 음으로 되는 것이다. …… 그래서 동한 다음에 양이 있고, 정한 다음에 음이 있는 것이 아니다. 본래 두 기가 없는 것인데 동정에서 생기는 것이라고 말하는 것은 노자의 학설"[39]이라고 말했다. 이것은 본래 장재가 "허가 기를 생성할 수 있다면, 허는 무궁하고, 기는 유한하며, 체와 용은 서로 달라서 단절된다"[40]고 한 말의 주석이다. 그것은, 체용은 하나로서 유와 무는 섞여 하나로 되어 있다고 하는 유무혼일(有無混一)론이다. 유무혼일론은 본래 "허공이 곧 기라는 것을 알면, 유무·은현·신화·성명이 하나로 통하여 두 개는 더 이상 없다"[41]는 장재의 말에서 나온 것이다. 즉 유무는 은현과 같은 개념이지 존재의 유무가 아니다. 왕부지는 그에 대해 "무릇 허공이란 모두 기이다. 모이면 나타나고, 나타나면 그것을 유라고 부른다. 흩어지면 숨고, 숨으면 그것을 무라고 부른다. …… 유무혼일자는 그것을 볼 수 있을 때 유라 하고, 볼 수 없을 때 무라 한다"[42]고 말했다.

---

39 誤解太極圖者, 謂太極本未有陰陽, 因動而始生陽, 靜而始生陰. 不知動靜所生之陰陽, 爲寒暑潤燥男女之情質, 乃固有之蘊, 其絪縕充滿在動靜之先, 動靜者卽此陰陽之動靜. 動則陰變於陽, 靜則陽凝于陰. …… 非動而後有陽, 靜而後有陰. 本無二氣, 由動靜而生, 如老氏之說也.(王夫之,『張子正蒙注』卷1,「太和篇」)

40 若謂虛能生氣, 則虛無窮, 氣有限, 體用殊絶.(王夫之,『張子正蒙注』卷1,「太和篇」)

41 知虛空卽氣, 則有無·隱顯·神化·性命通一無二.(張載,『正蒙』卷1,「太和篇」)

42 凡虛空皆氣也. 聚則顯, 顯則人謂之有. 散則隱, 隱則人謂之無. …… 有無混一者, 可見謂之有, 不可見遂謂之無.(王夫之,『張子正蒙注』卷1,「太和篇」)

이와 같이 왕부지는 도가의 존재 사물에 대한 존재론과 인식론의 문제를 제기했다. 즉 그는 "『주역』을 배우는 사람은 반드시 변화 속에서 사물을 관찰하여 그 당연한 도리를 알 수 있고, 그다음에 그러한 까닭을 찾을 수 있다. 그러나 왕필은 말을 들었으면 형상을 잊고, 말의 뜻을 이해했으면 그 말을 잊어야 한다고 하는데, 그것은 아니다"[43]고 말했다. 그가 이렇게 말한 것은 기체도용론의 입장에 서 있기 때문이다. 그것을 감안하더라도 그는 개념의 겉 의미에 치우쳐 속 내용에 대한 비판은 하지 못함으로써 스스로 자신의 학문적 신뢰를 떨어뜨리고 말았다.

2) 불가와 적멸 · 생사 문제

왕부지는 불가의 진공적멸에 대해 "불가는 진공상적(眞空常寂, 진여의 실성)의 원성실성(圓成實性, 원만 · 성취 · 진실을 다 갖춘 진여본성)만이 오직 하나의 광명장(光明藏, 무한한 광명으로 가득 찬 여래의 몸)이고, 지수화풍과 근진(根塵, 眼耳鼻舌身意 6개의 인식 기관과 色聲香味觸法 6개의 對境) 등은 모두 망상이 나타난 것이며, 지견(知見)은 망령스레 세워 놓고 그것을 실상으로 집착하는 것이라고 말한다. 만약 태극은 본래 음과 양이 없는 것으로서, 동정이 나타난 그림자일 뿐이라고 말한다면, 성은 본래 청정하고 깨끗한 것으로서 태극에서 품부받은 것이 되며, 형상의 소장은 변화 가운데서 생긴 것이 된다. 성 가운데 형상이 겹치고, 형 바깥에 성이 있게 된다. 사람은 기에 의존하지 않고 생겨나며, 기 바깥에서 이치를 구하게 된다. 그러면 형상은 망령되고 성은 진실하다고 여기게 되어, 저 그릇된 학설(불교)에 빠지고 만다"[44]고 비판했다. 즉 태극은 아무것도 없는

---

43 學易者必於變化而察之知其當然, 而後可進求其所以然. 王弼得言忘象, 得意忘言之說 非也.(王夫之, 『張子正蒙注』卷7, 「大易篇」)

44 浮屠謂眞空常寂之圓成實性, 止一光明藏, 而地水火風根塵等, 皆有妄現. 知見妄立執 爲實相. 若謂太極本無陰陽, 乃動靜所顯之影象, 則性本淸空稟於太極, 形有消長, 生於變

허공이 연출한 그림자가 아니라, 본래 음양의 기로 되어 있는 진실체라는 것이다.

또 왕부지는 생사의 문제에 대해 "불교가 말하는 적멸은 가고 돌아오지 않는 것"[45]이란 장재의 말에 대해, "부처는 완전히 없어져 남은 것이 없는 것을 대열반이라 한다"[46]고 주석을 달았다. 왜냐하면 그는 "기는 흩어지면 태허로 돌아가고, 인온(絪縕), 즉 만물을 생성하는 천지음양의 기운이 충만한 본체로 복귀하는 것이지 소멸하는 것이 아니다"[47]라고 보았기 때문이다. 그래서 왕부지는 "기의 취산은 사물의 생사이므로,[48] 우리는 굴신·취산·유명이라고 말하지 불교처럼 생멸이라고 말하지 않는다"[49]고 말한 것이다. 즉 생사는 "기가 모이면 형체를 이루고, 흩어지면 태허로 돌아가는 것"[50]이라는 의미인 것이다.

왕부지가 불가의 적멸을 비판하면서 자기 주장을 한 것은 태극의 일물양체(一物兩體)설이다. 물론 일물양체설은 장재의 정몽에 나오는 말이다. 즉 장재는 "하나의 사물로서 양면(두 개의 몸)이 있는 것이 기"[51]라고 말했고, 왕부지는 그에 대해 "천지의 기운이 가득한 태화는 하나의 기에서 합치하고, 음양의 체는 그 가운데에 갖추어져 있다"[52]고 말했다.

化. 性中增形, 形外有性. 人不資氣而生, 而於氣外求理, 則形爲妄, 而性爲眞, 陷於其邪說矣.(王夫之,『張子正蒙注』卷1,「太和篇」) 張載,『正蒙』,「太和篇」의 원문은 "若謂萬象爲太虛中所見之物, 則物與虛不相資. 形自形, 性自性. 形性天人不相待而有陷於浮屠, 以山河大地爲見病之說."이다.

45   彼語寂滅者, 往而不返.(王夫之,『張子正蒙注』卷1,「太和篇」)

46   釋氏以滅盡無餘, 爲大涅槃.(王夫之,『張子正蒙注』卷1,「太和篇」)

47   散而歸於太虛, 復其絪縕之本體, 非消滅也.(王夫之,『張子正蒙注』卷1,「太和篇」)

48   氣之聚散, 物之死生.(王夫之,『張子正蒙注』卷1,「太和篇」)

49   故曰往來, 曰屈伸, 曰聚散, 曰幽明, 而不曰生滅.(王夫之,『張子正蒙注』卷1,「太和篇」)

50   聚而成形, 散而歸於太虛.(王夫之,『張子正蒙注』卷1,「太和篇」)

51   一物兩體氣也.(張載,『正蒙』卷1,「參兩篇」)

　　왕부지는 장재의 "불교는 천명을 모르고, 마음에 따라 천지가 생기기도 하고 없어지기도 한다"[53]는 말에 "천명·태화·인온의 기가 굴신하여 만물의 변화가 일어나는데, 기가 지극하면 음양의 작용이 지극해지고, 음양의 작용이 지극해지면 이치가 존재하게 되는 것이다. 그런데 부처는 마음이 작용하면 모든 법상이 생겨나고, 마음이 작용하지 않으면 모든 법상이 소멸한다고 말하며, 천명을 버리고 보고 들으려 하지 않고 본래 아무것도 없는 것이라 한다. 천지야말로 본래 생기거나 소멸하는 것이 없는 것이다. 사적인 생각으로 기멸을 말하는 것은 어리석은 짓"[54]이라고 해석했다. 이처럼 왕부지의 우주론에서는 생멸은 없고 기의 취산이 있을 뿐이고, 인식론에서는 실재하는 사물이 있을 뿐이다. 그런 것은 불교에서 만물을 지수화풍(地水火風)의 요소가 인연에 따라 취산하는 것으로 보는 것과 다르지 않다.

　　이와 같이 왕부지는 불교를 비판하지만, 그것은 불교 개념의 겉 의미만을 비판할 뿐이다. 사실상 그것은 자기 주장을 펴기 위한 명분에 지나지 않는다. 그뿐만 아니라 도가와 불가의 강점인 형이상학적 논의에 대해 정면 대결하기보다는 현실적 실용성을 강조함으로써 사람들의 지지를 얻으려고 한 것이라 할 수 있다.

3) 정주학의 도체기용적 문제

주희는 "아직 어떤 사물이 없더라도, 이미 그의 이(理)는 있는 것이다. 예를 들어 군신이 있기 전에 군신의 이가 있었고, 부자가 있기 전에 부자의

52　絪縕太和合於一氣, 而陰陽之體具於中矣.(王夫之, 『張子正蒙注』 卷1, 「參兩篇」)

53　釋氏不知天命, 而以心法起滅天地.(張載, 『正蒙』 卷4, 「大心篇」)

54　天命太和絪縕之氣, 屈伸而成萬化, 氣至而神至, 神至而理存者也. 釋氏謂心生種種法生, 心滅種種法滅, 置之不見不聞而卽謂之無. 天地本無起滅, 而以私意起滅之愚矣哉.(王夫之, 『張子正蒙注』 卷4, 「大心篇」)

이가 있었다"[55]고 말했다. 아울러 "만약 이 쪽에서 보면 비록 사물이 있기 전에 이미 사물의 이는 존재하는 것이다. 그러나 이가 있을 뿐 아직 실제로 사물이 있는 것은 아니다"[56]라고 말했다. 왕부지는 그런 주희의 견해에 대해 "(단지 관념적인 것으로서의) 도가 있을 수 있지만, (실제적인 형체가) 없는 경우가 많다"[57]고 관념적 존재를 일부 인정했지만, 그를 곧 뒤집어 "아직 자식이 없을 때는 부모의 도도 없고, 아직 동생이 없을 때는 형의 도도 없다"[58]고 주장했다. 그것은 정주학의 도체기용론을 뒤집어 기체도용론을 주장하고자 한 말이다.

왕부지 철학은 정주학적 형식과 유사한 점도 많이 있다. 정주학의 이기불상리(理氣不相離)처럼, 왕부지도 도기불상리[道與器不相離][59]를 말했다. 그것은 내용상 이기불상리의 기는 이의 기이고, 도기불상리의 도는 기의 도라고 본 것이 다른 점이다. 그뿐만 아니라 체용론이나 이일분수(理一分殊)론의 경우도 왕부지 철학은 형식상 정주학과 유사하나, 내용상에서는 뒤집어 정반대로 말한다. 즉 체용론의 경우 정주학과 왕부지의 철학에서 체용이 지시하는 것이 서로 정반대이고, 이일분수설은 기일분수(氣一分殊)설로『장자정몽주』「건칭하」[60]에서 말하는 것처럼 내용을 반대로 뒤집어 놓은 것이다.

도(道)나 이(理)를 체로 보고 기(器)나 기(氣)를 용으로 보는 체용론을

---

55 未有這事, 先有這理. 如未有君臣, 已先有君臣之理. 未有父子, 已先有父子之理.(『朱子語類』卷95, 臺北, 文津出版社, 1986, 2436쪽)

56 若在理上看, 則雖未有物, 而已有物之理. 然亦但有其理而已, 未嘗實有是物也.(『朱子大全』卷46, 「答劉叔文」, 臺北, 臺灣中華書局, 1960)

57 道之可有而且無者多矣.(王夫之, 『周易外傳』卷5, 「繫辭上傳」12章)

58 未有子而無父道, 未有弟而無兄道.(王夫之, 『周易外傳』卷5, 「繫辭上傳」12章)

59 王夫之, 『周易內傳』卷5, 「繫辭上傳」12章

60 太虛之爲體, 氣也. 氣未成象. 人見其虛, 充周無間者, 皆氣也. 此動靜之先, 陰陽之本體也. 氣有陰陽二殊. …… 有形有象之後, 執形執象之異, 而不知其本一.(王夫之, 『張子正蒙注』卷9, 「乾稱篇下」)

왕부지가 기(器)나 기(氣)를 체로 보고 도나 이를 용으로 보는 것은 주희의 체용론적 세계관을 뒤집은 것이다. 그렇게 실재성을 강조하게 된 명분은 도가의 허무와 불가의 적멸을 극복하려는 데 두었지만, 현실적으로는 힘이 있는 중국 철학을 재건하여 이민족의 지배하에서 벗어나려는 것에 있었다. 그가 초년에 지은 『황서』(黃書)나 말년에 지은 「자제묘명」(自題墓銘)을 보면 그것을 확연히 알 수 있다.

이일분수설은 본래 양시(楊時, 龜山, 1053~1135)가 정이(程頤, 伊川, 1033~1107)에게 장재의 「서명」에 묵자의 겸애적 요소가 있다고 문제를 제기한 것에 대한 정이의 답변에서 비롯되었다. 양시가 문제시한 점은 "체에 대해서는 말하면서 용에 대해서는 말하지 않아서 그 폐단이 겸애로 흐를 수 있다"[61]는 것이다. 이에 대해 정이는 "「서명」에서는 '이치는 하나이지만 나누어지면 달라진다'[理一分殊]는 것을 밝힌다. 그러나 묵자는 근본이 둘이면서 구분함이 없다. 나누어 다르게 함의 폐단은 사욕이 본심을 이겨 인(仁)을 잃게 하고, 나눔이 없는 잘못은 겸애하나 의(義)가 없게 한다"[62]고 말했다. 아울러 정이는 "양자의 위아 역시 의이고, 묵자의 겸애 역시 인이다. 그러나 털끝만 한 차이가 결국 천리만리의 착오를 일으킨다. 그렇게 되면 곧바로 무부무군(無父無君)이 되니 이것은 지나친 것"[63]이라고 말했다.[64] 그러나 논의의 대상을 중심으로 보면, 그것은 장재의 「서명」이므로 이일분수가 아니라 기일분수라고 규정해야 할 것이다. 그런 기일분수와 맥을 같이 하는 것이 왕부지의 기체도용론이다.

---

61   言體而不及用, 恐其流逢至於兼愛.(『龜山集』卷16, 「寄伊川先生」)

62   西銘明理一而分殊, 墨氏則二本而無分. 分殊之蔽, 私勝而失仁, 無分之罪, 兼愛而無義.(『二程集』上, 609쪽, 「答楊時論西銘書」)

63   楊子爲我亦是義, 墨子兼愛則是仁, 惟差之毫釐, 繆以千里, 直至無父無君, 如此之甚.(『二程集』上, 171쪽)

64   남상호, 「주희의 이일분수의 방법」, 『동서철학연구』 제44호, 한국동서철학회, 2007.6, 243~245쪽

4) 유가적 실용성 확보의 문제

중국 철학의 가장 중요한 주제는 실천이고, 그중 유가 철학의 실천은 도덕과 실용이다. 현실의 도덕과 실용은 바로 왕부지의 기체도용론에서 용(用)에 해당하는 것이다. 그 실천적 용이 힘을 얻기 위해서는 실재적이고 구체적인 기(器)를 바탕으로 해야 한다고 본 것이다. 특히 왕부지는 당시 이민족 지배하에서 벗어나려 반청 활동을 몸소 해 보았지만 여의치 않았다. 그렇기 때문에 그는 학자로서 그가 할 수 있는 하나의 실천 방법은 저술 활동이었다. 그는 저술 활동에서 도덕성과 실용성을 높이기 위해 어떻게 했는가?

왕부지는 철학적으로 『주역』에서 사물[器]과 그의 기능·성질·관계[道][65]를 활용하려 했다. 그래서 그는 "괘·사·상이라는 것은 모두 『주역』이란 책에서 드러내는 것으로서 기(器)이다. 변통함으로써 상과 사를 이루는 것이 도이다. …… (『주역』이란 책은) 도와 기를 합하여 상하의 이치를 다 드러내니, 성인의 뜻을 알 수 있다"[66]고 말했다. 왕부지는 성인이 바로 사물의 활용 방법을 잘 아는 사람이라고 보았다. 그래서 그는 성인의 역할을 기(器)를 만들고, 서술하며, 다스리는 것이라고 보았다. 즉 그는 "옛 성인은 기는 다스릴 수 있었으나 도는 다스릴 수 없었다. 기를 다스리는 것을 도라 하고, 도를 체득한 것을 덕이라 하며, 기가 성취됨을 행이라 하고, 기의 작용이 넓어짐을 변통이라 하며, 기의 효과가 드러남을 사업이라 한다"[67]고 말했다. 하지만 성인도 그것을 실현하기 어렵다는 것이다. 그래서 그는 "성인으로서도 알 수 없고 할 수 없는 것이 기이다. 부부도

---

65 道只表器之功能·性質及關係等.(勞思光,『中國哲學史』3卷 下, 臺北, 三民書局, 1981, 687쪽)

66 故卦也辭也象也, 皆書之所著也, 器也. 變通以成象辭者, 道也. …… 合道器而盡上下之理, 則聖人之意可見矣.(王夫之,『周易內傳』卷5,「繫辭上傳」12章)

67 古之聖人, 能治器而不能治道. 治器者則謂之道, 得道則謂之德, 器成則謂之行, 器用之廣謂之變通, 器效之著則謂之事業.(王夫之,『周易內傳』卷5,「繫辭上傳」12章)

알고 행할 수 있는 것은 도이다. 그러므로 기를 다 발휘하는 것은 어렵다. 기가 다 발휘되면 도가 관통하지 않는 것이 없으니, 도를 다 드러내기 위해서는 기를 살펴야 한다. 앎이 기를 다 발휘하는 데까지 이르고, 천부적 자질을 체현하는 데까지 이르면, 그 덕이 융성해진다"[68]고 말했다.

왕부지는 사물의 용은 체에 종속적이라고 보기 때문에, 사물이 다르면 사용 역시 다르게 해야 한다고 보았다. 그래서 왕부지의 실용론 역시 기체도용론 입장에서 진기(盡器)를 논한다. 즉 "세상의 기는 그 상이 다르니 그 용도 역시 다르다. 그 형질의 마땅함에 맞추어 우러러 받들기도 하고, 혹은 굽어 덮어 주기도 하며, 혹은 은미해서 이르게도 하고, 혹은 커서 받아들이기도 하며, 혹은 나아가 이롭게도 하고, 혹은 물러나 평안하게도 해야 한다. 요컨대 그 수의 많고 적음을 참작하여 굳셈과 부드러움의 사용을 잘 해야 한다"[69]는 것이다. 왕부지의 진기는 실용 실천론이지만, 보이는 사물 중심으로 했기 때문에 그의 정신이 사물 바깥으로 나가지 못하는 것이 한계라고 할 수 있다.

유가 철학의 실천 프로그램은 기본이 제가(齊家)이지만, 확대하면 치국과 평천하이다. 그러나 아무리 제가가 잘 되어도, 치국 평천하에 문제가 있으면 세상이 어지러워 가정을 지키기 어렵다. 그래서 성현들은 세상 다스리는 법에 대해 말하지 않은 사람이 없는 것이다. 공자도 잠시 벼슬했지만, 여의치 않아 대부분 사람에게 시서예악을 가르쳐 세상을 바로잡아 보려 하였다. 그도 여의치 않자 그는 말년에 역사 기록으로 세상을 바로잡아 보려 『춘추』를 편찬한 것이다.

---

68   聖人所不知不能者, 器也. 夫婦之所與知與能者, 道也. 故盡器難矣. 盡器則道無不貫, 盡道所以審器, 知至于盡器, 能至于踐形, 德盛矣哉.(王夫之, 『思問錄』, 「內篇」)
69   天下之器, 其象各異而用亦異. 要其形質之宜, 或仰而承, 或俯而覆, 或微而至, 或大而容, 或進而利, 或退而安. 要惟酌數之多寡, 以善剛柔之用.(王夫之, 『周易內傳』卷5, 「繫辭上傳」10章)

왕부지 역시 이민족 정치하에서 은거하면서 『상서인의』(尙書引義), 『춘추가설』(春秋家說), 『춘추세론』(春秋世論), 『춘추패소』(春秋稗疏), 『속춘추좌씨전박의』(續春秋左氏傳博議), 『독통감론』(讀通鑑論) 등 역사와 관련된 책을 많이 지었다. 장구한 세월 속에서 국가와 민족을 지켜 주고 관리해 줄 프로그램은 역사 기록뿐이라고 보았기 때문이다. 그러나 왕부지의 경우는 그의 철학 체계가 유기론 위에 서 있기 때문에 역사는 단지 사물의 작용일 뿐이었다. 즉 "힘[勢]은 사물이 말미암는 것이고, 사물[事]이란 힘이 이루는 것이다. 그러므로 사물을 떠나면 이치는 존재하지 않으며, 이치를 떠나면 힘도 존재하지 않는다"[70]는 것이다. 여기서 힘은 사물을 형성하는 동력이지만, 왕부지는 그의 본질이 무엇인지는 말하지 않았다. 단지 사물의 법칙은 사물에서 나오고 그런 법칙을 떠나서는 힘 역시 없다는 말을 보면, 힘은 사물에 내재하는 작용이다. 이것은 도기불상리(道器不相離)의 법칙을 지키는 것이다. 그러나 그것은 철길 위를 달리는 열차와 같이 좌우로 변화할 수 있는 융통성이 전혀 없다. 그래서 왕부지는 "변하는 것은 세월이고, 불변하는 것은 도이다. 변하는 것은 작용이고, 불변하는 것은 본체"[71]라고 말한 것이다. 그런 변화 이치와 관련하여 노사광은 형이상의 이치[形上之理]와 사물 변화의 이치[事勢之理]를 구분했는데,[72] 유기론자인 왕부지에게는 형이상의 이치가 사물 변화의 이치 속에 있는 것이므로 둘로 나눌 수 없는 것이다. 특히 왕부지는 "『춘추』는 천하의 공적인 역사이고, 왕도의 대강"[73]이라고 말하면서, 역사의 변화는 "문과 질은 인정의 변화이다. 인정이 새롭게 변화하여 스스로 멈추지 않는다. 그래서 시대가 질

---

70 勢者事之所因, 事者勢之所就. 故離事無理, 離理無勢.(王夫之, 『尙書引義』 卷4, 「武成」)

71 變者歲也, 不變者一也. 變者用也, 不變者體也.(王夫之, 『俟解』)

72 勞思光, 『中國哲學史』 3卷 下, 臺北, 三民書局, 1981, 760쪽

73 春秋天下之公史, 王道之大綱也.(王夫之, 『春秋家說』 卷3, 「襄公」)

박하면 문화 활동을 하고, 시대가 화려하면 질박하게 한다"[74]고 말했다.

공자는 역사를 인의의 정신을 실현하기 위한 도구로 보았다. 그러나 왕부지는 역사 기록이라는 사물이 포폄(褒貶) 등의 작용을 통해 세상을 다스릴 수 있다고 생각한 것이다. 왕부지의 경우 비록 평천하라는 목표를 달성했다 하더라도 그의 본질 내용은 인간의 주체적 도덕 정신이 아니다.

왕부지가 추구한 실용 철학은 기체도용론적 기도론(器道論)을 기초로 하여 얻어낸 결과이다. 그것은 중국 철학사에서 비교적 독특한 견해에 속한다. 많은 경우 도를 중심으로 한 것이 주류인데, 왕부지는 기(器)를 중심으로 함으로써 실재성과 구체성을 높였다. 그것은 성리학의 관념적인 면을 보완하고, 도가의 허무와 불가의 적멸 사상을 배척하기 위한 것이다.

4. 삶으로의 복귀

왕부지는 말년에 「자제묘명」을 지어 스스로 자기를 평가했다. 즉 그는 "유월석(劉越石)[75]처럼 고군분투하는 마음을 품었으나 목숨을 바치지는 못했고, 장재처럼 바른 학문을 추구했으나 힘이 미치지 못했다. 다행히 온전한 몸으로 이 무덤으로 돌아가나 진정 동정하는 마음을 품고 세상을 떠난다"[76]고 말했다. 왕부지는 이런 자기 평가처럼 투사적 연구 활동을 통해 수많은 저술을 남겼고, 학문적 목표로 삼았던 장재의 기일분수를 넘어 기체도용론을 주장하였다.

---

74   文質者人情之化也, 人情遷新而不自已. 故時質則動於文, 時文則動於質.(王夫之, 『春秋世論』 卷5, 「昭公」)

75   西晉 末 흉노의 永嘉之亂 때 충신.

76   抱劉越石之孤憤, 而命無從致. 希張橫渠之正學, 而力不能企. 幸全歸于玆丘, 固銜恤以永世.(王夫之, 「自題墓銘」, 『薑齋文集補遺』)

왕부지는 기체도용론을 기초로 하여 도가의 허무와 불가의 적멸 개념을 주로 비판하였다. 하지만 그것은 송·명 성리학자들이 그랬듯이 철학 사상의 내용이 아닌 개념의 표면적 의미에 치중하여 실효성 없는 비판이 되었다. 그것은 도가와 불가를 비판하기보다는 자기 학문을 건설하려는 데 더 큰 목적이 있었기 때문이다. 마찬가지로 육왕에 대한 비판 역시 구체적이지 못하고 개념적 비판에 그친 것은 왕부지 자신의 주장을 부각하기 위한 명분으로 삼은 데 원인이 있다. 그런 면에서 도·불가는 물론 육왕학도 왕부지가 기체도용론을 형성하는 데 하나의 역할을 한 것이다.

왕부지가 말년에 저술한『주역내전』과『주역외전』등에서 그의 학술 종지를 송·명대의 성리학으로 다시 회귀시켰다고 주장한 사람도 있다. 그러나 그것은 미형(未形)과 같은 몇 개의 개념을 왕부지의 입장이 아닌 정주학적 입장에서 해석함으로써 본의를 왜곡했기 때문에 생긴 오해이다. 그의 기체도용론은 시종 유지되었다.

결론적으로 볼 때, 왕부지의 유기론적 기체도용론은 도·불가를 비판하는 데서 시작했으나, 결과는 이(理) 중심의 송·명 성리학을 뒤집어 기(器) 중심으로 유가 철학의 개혁을 이루었다고 볼 수 있다. 그러나 그는 실재론의 길을 갔기 때문에, 그의 형이상학적 논의는 부족하여 애매할 수밖에 없게 되었다. 그뿐만 아니라 동중서 이래 도덕론을 기(氣)의 작용 속에서 논의해 온 것을 왕부지는 한 걸음 더 나아가 구체적인 사물[器] 속에서 논의하였다. 이것은 공맹의 주체적 도덕 정신을 구체적 사물의 성질이나 작용으로 전락시켜 물 위에 어른거리는 유령으로 만들고 말았다. 왕부지의 변명은 무엇일까? 그것은 중국을 부흥시키기 위한 극약처방이었다고?

[2009년][77]

77 「왕부지의 기체도용의 방법」, 『동서철학연구』 제52호, 한국동서철학회, 2009.6.에 게재한 것을 수정 보완함.

제25장

웅십력의 반구실증의 방법

어느 시대나 시대적인 문제도 있고, 그것을 해결하기 위한 방법도 추구되었다. 1900년 전후 동양의 시대적 주요 문제는 서양의 민주와 과학에 대한 비판과 수용이고, 그 방법은 체용론적 방법이었다. 송·명 시대 이후, 그런 체용론은 유가 철학에서 보편적으로 사용된 방법이지만, 그에 대한 비중이나 내용은 학자에 따라 조금씩 다르다. 체를 중시한 경우, 용을 중시한 경우, 체용을 평등하게 중시한 경우 등이 있다. 송대의 정이·주희 등은 도가와 불가의 본체론에 대응하여 본체 중심의 본체론을 건립했지만, 명대의 왕수인 등은 정주학의 관념적 경향을 극복하기 위해 구체적 작용 중심의 본체론을 건립했고, 명나라가 멸망하자 한족 정치의 부흥을 지향한 왕부지는 도(道)를 구체 사물[器]에 종속시키는 작용 중심의 본체론을 건립한 것 등이 그 예이다.

웅십력(熊十力, 1885~1968)[1]의 철학적 방법 역시 체용론에 제일 기초

---

1   원래 이름은 繼智, 升恒이고, 字는 子眞이며, 湖北省 黃岡縣 사람이다. 그는 1920년 남경의 支那內學院에서 유식불교를 공부하였고, 1922년 北京大學 유식학 특약 강사로 강의를 시작하였으며, 주요 저서로는 『新唯識論』(1932), 『十力語要』(1935), 『佛家名相通釋』(1937), 『中國歷史講話』(1938), 『讀經示要』(1945), 『體用論』(1958), 『明心篇』(1959), 『乾坤衍』(1961) 등이 있다.
   본문에서 인용하는 원문은 『新唯識論』[壬辰刪定本](北京, 中國人民大學出版社, 2009)

를 둔다. 그러나 그의 철학적 동기는 대체적으로 유식무경(唯識無境) 중심의 법상종(法相宗)의 유식론(唯識論)과 양론(量論) 중심의 서양 철학에 대한 비판에서 시작되었다. 그래서 그는 법상종의 유식무경론에는 본체가 없고, 서양의 양지(量智)로는 본체를 알 수 없다고 비판하면서, 유가의 성지(性智)는 본체를 수양 실천 과정에서 반구실증(反求實證)할 수 있다고 주장했다. 그렇기 때문에 그의 본체론은 수양 실천적 작용 중심의 본체론이 되었다.

웅십력의 본체론은 한마디로 수양 실천론적이다. 그렇기 때문에 그는 그의 철학이 체용론적으로는 즉용현체(卽用顯體)의 논리 구조를 가지고 있으면서도, 철학사적으로는 『주역』의 체용론과 맹자의 반신이성(反身而誠)적 실천 철학을 계승하고 있다고 말했다. 그래서 그의 체용론은 즉용현체의 특징과 동시에 모든 작용은 이미 원인자 속에 들어 있는 것이라는 인중유과론적 특징을 가지고 있다.

웅십력은 철학의 제일 임무가 본체를 밝히는 것이라고 보았지만, 본체를 밝히는 그의 방법은 수양 실천적 반구실증이다. 하지만 필자는 방법상 본체와 수양 실천을 나누어, 먼저 체용론 중심으로 그의 본체의 내용과 철학적 구조를 논하고, 그다음 반구실증을 중심으로 한 그의 수양 실천의 방법을 논하겠다. 마지막으로 웅십력 철학의 한계는 무엇인가 살펴본다.

을 대본으로 사용한다. 왜냐하면 대만과 대륙 등 여러 출판사에서 각기 다른 형태와 내용으로 되어 있기 때문이다. 1952년 熊十力이 직접 「唯識論語體文本壬辰刪定記」를 쓰고 원문을 고쳐 壬辰刪定本을 만들었기 때문이다. 원본은 간체자로 편집되어 있지만 필자는 그것을 번체자로 다시 바꾸었다. 단 壬辰刪定本에는 삭제되고 없는 것으로서 참고 가치가 있는 문장은 『新唯識論』(臺北, 廣文書局, 民國63年[1974])을 대본으로 보완했다.

1. 방법론적 배경

웅십력의 철학적 기초는 어디에 있는가? 그는 『주역』과 맹자 철학으로부터 자신의 철학적 방법을 취했다. 즉 그는 형이상학적 기초를 『주역』의 역동적(力動的)인 건원(乾元)에 두었기 때문에 작용을 본체로 보는 즉용현체적 체용론을 건설했고, 도덕적 수양 실천론의 기초를 맹자의 반신이성(反身而誠)에 두었기 때문에 반구실증론을 건설한 것이다.

웅십력은 철학을 어떻게 분류하는가? 중국 철학 대부분의 경우 학문과 삶을 함께 말하기 때문에, 중국 철학 연구에 서양의 분석적 방법을 적용하기란 쉽지 않다. 이 때문에 웅십력은 철학을 경론(境論)과 양론(量論)으로 나누어, 본체론·우주론 등은 경론에, 인식론은 양론에 속한다고 분류했다.[2] 아울러 본체(本體)[3]를 천명하는 것이 철학의 궁극 목표라고 보고, 본체를 인식하는 주체로 성지(性智)를 말한다.

본체를 깨닫는 주체는 누구인가? 그것은 성지(性智)이다. 성지는 본래 유식론의 용어로서 아상(我相)이 없어짐으로써 자아와의 경계가 사라져 말나식(末那識 혹 manas: 자아의식)이 지혜로 전환된 것을 말한다.[4] 성지는 어떻게 본체를 깨닫는가? 웅십력이 제시한 방법은 반구(反求)이다. 반구는 바로 자기를 되돌아보고 인식하는 자기성찰이다. 그것은 자신의 정신세계를 정화할 때 성지가 스스로 '진실한 자기'를 실현하는 방법이기도 하다. 그래서 반구적 성찰은 자기를 대상화하면서도 대상화하지 않는 것

---

2   原本擬爲二部. 曰境論. 境者義境, 佛典組織每作三分. 其一曰境, 如本體論或宇宙論等理論, 以佛典三分衡之, 當名境論. 曰量論. 量猶云知, 佛家有證量及比量等分類, 可考因明及諸經論.(『新唯識論』,「節錄印存上中卷初稿記」[壬辰刪定本], 19쪽)

3   則謂哲學建本立極只在本體論, 是說極成. 然從來哲學家談本體, 未免戱論紛然, 其根本謬誤卽在其特理智以向外推求而不曾反諸自心, 這個道理要待本論全部講完才會明白.(『新唯識論』,「明宗」[壬辰刪定本], 22쪽)

4   『哲學大事典』, 서울, 학원사, 1963 참조.

이므로 하나의 포월적(包越的) 인식이 된다. 만약 '진실한 자기'를 끝내 대상화하게 되면 이장(理障)[5]이 발생하여 성지 역시 작동하지 못하게 된다.『주역』이 역동적인 건원의 작용 자체를 본체로 삼은 것처럼, 웅십력도 '진실한 자기'를 반구성찰할 때, 실증상응하는 주체와 대상을 일체화하였다. 그것은 중국 철학의 입지를 확보하기 위한 것은 물론 유가 전통의 정체성을 지키고, 서양 철학의 본체론과 차별화하기 위한 것이다.

> "(자기성찰을 통해) 실증상응하는 것을 성지(性智)라고 부른다.(성지는 간단히 智라고도 한다) 이 성지는 분명히 양지(量智)와 다른 것이다. 성지와 양지를 어떻게 분별하는가? 성지는 자성(自性)을 분명히 깨닫는 것이고, 그 가운데 자성은 보이는 대로의 본체이다."[6]
>
> "본체는 자신을 되돌아보고 자성하여 스스로 얻은 것이다. 본체는 나의 고유한 성지로서, 내가 반드시 내적 정신 생활을 정화 발전시킬 경우에 그것은 비로소 발현되는 것이다. 성지가 발현될 때 자연히 내외가 혼융되고(즉 내아와 외물의 분계라고 할 것이 없는 것이다), 은연중에 스스로 증명되며, 상대적인 것이 없는 것이다.(이 성지의 자기인식은 인식하는 주체와 인식되는 대상이 나뉘지 않는다. 그래서 그것은 절대적인 것이다.) 즉 이 성지의 작용에 의지하여 다른 사물을 살피고, 역시 눈앞의 일체 사물은 지극히 진실하고 선하지 않은 것이 없다는 것을 깨닫게 된다."[7]

---

5 理障은 본래 불교 용어로서 邪見이 正見을 방해하는 것을 말한다. 理障에 대해 왕수인은 "爾却去心上尋箇天理, 此正所謂理障." (『王陽明全書』(1) 「傳習錄」(下), 門人陳九川錄, 77쪽)라고 말했다.

6 是實證相應者, 名爲性智.(性智, 亦省稱智) 這個智確與量智不同. 云何分別性智和量智? 性智者卽是自性的明解, 此中自性卽目本體.(『新唯識論』, 「明宗」[壬辰删定本], 22쪽)

7 本體是要反求自得的. 本體就是吾人固有的性智, 吾人必須內部生活淨化和發展時, 這個智才顯發的. 到了性智顯發的時候, 自然內外渾融(卽是無所謂內我和外物的分界), 冥冥自證, 無對待相.(此智的自識, 是能所不分的. 所以是絶對的.) 卽依靠着這個智的作用去察

웅십력은 대상적 경(境)과 주체적 심(心)의 관계를 어떻게 보았는가?
웅십력 철학의 대전제는, 우리가 도덕 본체를 성찰하기 위해서는 고도의
정신 수양을 해야 하고, 동시에 만물의 본체는 상응(相應)한다는 것이다.
즉 도덕 본체인 성지의 실증은 본심이 스스로 자기를 인식하는 것이다.[8]
이 때문에 실증상응은 고도의 수양을 거친 후 "물아무간, 일다상융(物我
無間, 一多相融)"[9]하는 정신 경지에서 비로소 얻을 수 있다. 그런 웅십력의
철학적 기초는, 역대 중국 철학자들의 경[事物][10]과 심[眞心]이 불가분의
관계를 이루고 있다는 혼융정체관(渾融整體觀)에 있다.[11] 비록 경과 심이
하나의 혼융정체적인 것이지만, 주체인 능(能)과 대상인 소(所)로 구분한
다면, 능에 해당하는 것은 심이고, 소에 해당하는 것은 경이다. 그래서 유
식의 취지는 바로 경을 심에 종속시키는 데 있다는 것이다.[12]

別事物, 也覺得現前一切物莫非至眞至善.(『新唯識論』(廣文書局本), 28쪽(「明宗」, 8쪽))
이 문장은 『新唯識論』(臺北, 廣文書局, 民國63年[1974])에는 있지만, 『新唯識論』[壬辰
删定本]에는 보이지 않는다. 『新唯識論』은 판본에 따라 페이지 수가 같지 않으므로 연구
자들의 편의를 위해 괄호 속에 편명과 페이지를 병기하였다.

8   吾所謂內緣者, 乃專就證量言. (孔子言默識與佛氏證量義相當.) 證量者, 卽吾本心自知
自識. 易言之, 只是本心自己知道自己, (用宗門語) 這裏所謂知或識, 絶沒有想像與推求等
作用參入, 絶沒有能所和內外及同異等分別, 却是照體獨立, 炯然自識, 不是渾沌無知. 吾儕
只有在這樣的境界中才叫做實證.(『新唯識論』, 「明宗」[壬辰删定本], 27-28쪽)

9   境和心是渾然不可分的完整體.(『新唯識論』, 「唯識上」[壬辰删定本], 43쪽)를 기초로
『中庸』의 "合內外之道也, 故時措之宜也.(隨時應物, 無有不宜)", 孟子의 "萬物皆備於我.",
程顥(1032~1085)의 "仁者渾然與萬物同體.", 陸九淵(1139~1193)의 "宇宙便是吾心, 吾
心卽是宇宙.", 王守仁(1472~1528)의 "心外無物, 心外無理."등을 그의 예로 들고 있다.

10 吾儕須知, 從我的身迄大地乃至諸天或無量世界以及他心, 一切都叫做境.(此中他心者,
謂他人或衆生的心.) (『新唯識論』, 「唯識上」[壬辰删定本], 40쪽)

11 吾國先哲對於境和心的看法, 總認爲是渾融而不可分. …… 總之境和心是渾然不可分的
完整體.(『新唯識論』, 「唯識上」[壬辰删定本], 42-43쪽)

12 能認心, 所謂境. 心能了別境, 且能改造境的, 故說心名能. 境, 但是心之所了別的, 且
隨心轉的, 故說境名所. 唯識的旨趣, 是把境來從屬於心.(熊十力, 『新唯識論』, 臺北, 廣文
書局, 民國63年[1974], 60쪽(「唯識上」, 24쪽))

2. 주요 문제

1) 도·불가 철학의 문제

웅십력이 문제시하는 도가의 문제는 무엇인가? 그것은 도가가 진실은 못보았다는 것이다.[13] 즉 만물을 허무로 귀속시키고, 태일(太一)을 만물의 근원으로 삼았으며, 유약함을 용으로 보았기 때문이라는 것이다. 또 그가 문제시하는 불가의 문제는 무엇인가? 그것은 바로 경(境), 즉 대상과 독립된 식(識)을 말하는 법상종의 유식무경(唯識無境)이다. 법상종이 유식무경을 주장하는 것은 자아를 깨닫지 못했기 때문이라는 것이다.[14] 그는 이에 대해 '경이란 마음이 미치는 일체 사물인데,[15] 그런 대상이 없다면 어떻게 인식이 성립될 수 있을 수 있는가'라고 반박하였다. 이 때문에 그는 심을 본체로 보는 심외무경(心外無境)을 주장하였는데,[16] 그것은 왕수인이 '심외무물'(心外無物)[17]을 주장한 것과 같은 맥락이다.

웅십력은 비록 불교 유식론으로 철학에 입문하였지만, 오히려 법상종의 유식론 때문에 비판적 입장에 서게 되었다. 그는『신유식론』(新唯識論)

13　熊十力,『體用論』, 臺北, 臺灣學生書局, 民國69年[1980],「贅語」, 2~3쪽 참조. 다음 註부터는『體用論』으로 표기함.

14　我癡者謂無明. 愚於我相迷無我理故名我癡.(『成唯識論』卷第四)

15　吾儕須知, 從我的身迄大地乃至諸天或無量世界以及他心, 一切都叫做境.(『新唯識論』,「唯識上」[壬辰刪定本], 40쪽) 凡爲心之所追求與所思構, 通名爲境.(『新唯識論』, 503쪽(「明心上」, 65쪽)) 境者, 不獨實物名境, 凡爲心之所向往與競逐者, 皆境也.(『新唯識論』, 510쪽(「明心上」, 68쪽))

16　(超越的本體, 却是其心外之境.) …… 是故禪家興, 而直指本心, 心卽是如(眞如省云如), 如卽是心, 于是心外無境.(『新唯識論』,「唯識上」[壬辰刪定本], 177쪽) (超越的本體世界, 却是其心外之境.) …… 心卽是理, 理卽是心, 於是心外無境.(『新唯識論』, 529-530쪽(「明心上」, 77-78쪽))

17　如意在於事親, 卽事親便是一物. …… 所以某說無心外之理, 無心外之物. …… 天理卽是明德, 窮理卽是明明德.(『王陽明全書』(1),「傳習錄」(上), 5쪽) 心外無物, 如吾心發一念孝親, 卽孝親便是物.(『王陽明全書』(1),「傳習錄」(上), 20쪽)

에서 "이 책의 근본 문제는 체용 이외의 다른 것이 아니다. 입론에 자체적으로 통일된 규칙인 통기(統紀)가 있어 모두 근본 원리에 의존하게 된다.(自注: 배우는 사람이 만일 체용의 의미를 확실하게 깨닫는다면, 그것은 바로 우주와 인생의 모든 문제를 명백하게 이해하여 더 이상의 의심이나 막힘이 없을 것)"[18]이라고 말한 것처럼, 저술 목적은 유식론이 아닌 유가 철학을 계승·발전시키기 위한 것이었다. 특히 심외무경과 같은 본체론은 그의 철학적 기초 방법과 내용이 되었다.

> "이 글을 지은 목적은 형이상학[玄學]을 연구하는 학자들에게 모든 사물의 본체가 자기 마음과 분리된 외물이 아니고, 지식이 통하는 경지도 아니며, 오직 상응한다는 까닭을 자기에게 되돌리면 실증할 수 있다는 것을 깨우치기 위한 것이다."[19]
> "초월적인 본체 세계가 있다면, 그것은 오히려 심외의 경물이 된다. …… 심이 바로 이이고, 이가 바로 심이다. 그래서 심외무경인 것이다."[20]

웅십력은 법상종의 유식무경에 대해, "유식(唯識)이란 말은, 단지 가지고 있는 외경(外境)에 대한 망견을 배척하고 깨 버리라는 것이지, 결코 경이 없다는 것이 아니다. 경은 마음을 떠나 독립적으로 존재하는 것이 아니므로 유식이라 말하는 것이다. 유(唯)라는 것은 특수하다는 뜻이지 유독의 의미는 아니다"[21]라고 말했다. 그가 이렇게 유식무경을 비판한 것은

---

18 本書根本問題, 不外體用. 立言自有統紀, 一依原本之底蘊. [學者如透悟體用義, 卽於宇宙人生諸大問題, 豁然解了, 無復疑滯.](『新唯識論』(廣文書局本), 5쪽(「初印上中卷序言」, 2쪽))

19 今造此論, 爲欲悟諸究玄學者, 令知宇宙本體非是離自心外在境界及非知識所行境界, 唯是反求實證相應故.(『新唯識論』,「明宗」[壬辰刪定本], 22쪽)

20 (超越的本體, 却是其心外之境.) …… 是故禪家興, 而直指本心, 心卽是如(眞如省云如), 如卽是心. 于是心外無境.(『新唯識論』,「唯識上」[壬辰刪定本], 177쪽)

유가의 본체론에 입각해 있기 때문이다. 그뿐만 아니라 불가에서는 성체(性體)를 단지 적정(寂靜)한 것으로 보기 때문에 만물을 모두 적멸의 세계로 귀속시킨다[22]고 불가의 생멸관을 비판한 것 역시 그가 『주역』의 입장에서 화기(化機)가 쉬지 않고 활발하게 움직이는 것 자체를 본체라고 보았기 때문이다.[23] 그러면서도 그는 "대승의 법성이란 이름은 『체용론』의 본론에서 말하는 실체라는 이름과 같고, 법상은 공용(功用)과 같다. 하지만 불가의 성과 상에 관한 논의는 분명히 『체용론』 본론에서 말하는 체용불이(體用不二)의 뜻과 극단적으로 상반되어 융화할 수 없다"[24]고 말했다. 그래서 그는 규기(窺基, 또는 慈恩大師, 632~682)처럼 마음을 공무(空無)하다고 보지 말고, 본체로 보아야 한다고 보았다.

2) 서양 철학의 문제

웅십력의 서양 철학에 대한 비판은 주로 양론(量論)에 관한 것이다. 그는 서양 철학처럼 양지(量智)로 궁리해서는 철학적 본체를 알 수 없고, 중국철학처럼 성지(性智)로 수양 실천 과정을 거쳐야 철학적 본체를 비로소 깨달을 수 있다고 말했다.[25] 이와 같이 웅십력이 비판한 양지는 장재(張

---

21 唯識的說法, 但斥破執有外境的妄見, 並不謂境無. 因爲境非離心獨在, 故說唯識. 唯者殊特義, 非唯獨義.(『新唯識論』, 「唯識上」[壬辰刪定本], 40~41쪽)

22 佛氏以爲性體祇是寂靜, 將導群生以同歸於寂滅之鄕.(『體用論』, 97쪽)

23 **化機**無一息之停. 故萬物恒相續起, 不斷絶也. 汝復須知, 佛家說刹那滅義, 祇顯無常. 本論闡明化機不息, 活潑潑地. 此是余與佛家根本不同處.(『體用論』, 41쪽) 佛氏以刹那滅卽是無常, 而作空觀, 卒流於反人生. 老莊雖見到刹那生滅, 而卒歸本自然, 遂至守靜任化(因任自然之化), 而廢人能.(『體用論』, 54쪽)

24 大乘法性一名, 與本論實體一名相當. 大乘法相一名, 與本論功用一名相當. 然佛家性相之談(法性省稱性, 法相省稱相, 見基師識論述記等), 確與本論體用不二義旨, 極端相反, 無可融和.(『體用論』, 65쪽) 즉 그가 자신의 체용불이론과 상반된 이론이라고 비판한 것은 바로 窺基 대사의 『成唯識論述記』의 주장 때문이다.

25 中國哲學由道德實踐而證得眞體.(證者證知. 此知字義深, 非知識之知, 乃本心之自

載, 1020~1077)가 말하는 견문지(見聞知)에 해당한다. 견문지나 논리적 사유로는 진리 본체, 즉 '진실한 자아'에 도달할 수 없다는 것이다. 그러면서 그가 제시한 개념은 바로 장재의 덕성지(德性知)와 같은 우주대심(宇宙大心)이나 성지이다.

"오늘날의 형이상학자들은 성지에서 함양 공부는 전혀 하지 않고, 오직 양지에 기대어 본체를 추측하며, 본체는 사료될 수 있는 것이라고 생각한다. 이것은 나의 마음을 떠난 외재 사물인 것이다."[26]

"마음을 크게 하면 천하 사물을 두루 몸소 체찰(體察)할 수 있고, 사물을 그렇게 체찰하지 못한다면, 마음에는 바깥 경계가 있는 것이다. 보통 사람들의 마음은 견문지의 좁은 한계에 그치지만, 성인은 본성을 다하여 견문지에 그 마음을 구속시키지 않기 때문에 천하 어떤 사물도 자기 아닌 것이 없다고 본다. 맹자가 본성을 다하면 지성·지천할 수 있다고 하는 것은 이 때문이다. 하늘은 커서 바깥이 없다. 그러므로 바깥 경계가 있는 마음은 천심과 합치하기 어렵다. 견문지는 사물과의 교류에서 생기는 것이지, 덕성으로 알게 된 것이 아니다. 덕성으로 아는 것은 견문에서 생기지 않는다."[27]

"맹자가 도는 하나뿐이라고 말하지 않았던가? 우주대심(宇宙大心)은 곧 일체 인간이나 일체 사물에 편재한 무량심이므로, 소위 하나[一]를 무량이라 하는

證, 而無有能知所知等相. 眞體猶云宇宙本體.)異乎西洋學者之搏量構畫而無實得.(無實得者, 言其以窮索爲務, 終不獲冥應眞理, 與之爲一也.)(熊十力, 『讀經示要』, 臺北, 廣文書局, 民國68年[1980], 102쪽)

26 今世之玄學者, 全不於性智上着涵養工夫, 唯憑量智來猜度本體, 以爲本體是思議所行的境界, 是離我的心而外在的境界.(『新唯識論』(廣文書局本), 27쪽(「明宗」, 7쪽))

27 大其心, 則能體天下之物. 物有未體, 則心爲有外. 世人之心, 止於聞見之狹. 聖人盡性, 不以見聞梏其心, 其視天下無一物非我. 孟子謂盡心則知性知天以此. 天大無外, 故有外之心, 不足以合天心. 見聞之知, 乃物交而知, 非德性所知. 德性所知, 不萌於見聞.(張載, 『正蒙』,「大心」)

것이 그것이다. 일체 인간이나 일체 사물의 무량심이 곧 우주대심이므로, 소위 무량을 하나[一]라고 하는 것이 그것이다. 노자가 말하는 현묘하고 또 현묘하다고 한 현지우현(玄之又玄)의 의미가 여기에 있는 것이다."[28]

웅십력은 반구실증의 주체에 관해서는 비록 맹자나 장재의 견해를 따르고, 그 철학적 기초는『주역』의 본체론에 두지만, 유·불·도를 함께 아우르려 한 일면도 있다. 그런 웅십력의 본체론은 변화하는 작용을 중심[29]으로 유가 철학의 실용성과 역동성을 강화하였다. 하지만 왕수인이 덕성지 속에서 견문지를 설명한 것처럼, 웅십력도 성지 속에서 양지를 설명[30]했기 때문에 그는 인식론이나 과학의 문제에 적극적으로 다가서지 못했다. 그래서 그는 "논박하는 사람은 다음과 같이 말한다. '과학의 공리와 법칙 등은 우리의 마음을 떠나 자존하는 것이지, 결코 내 마음의 분별을 기다려서 비로소 존재하는 것이 아니다. 이로써 일체의 사물이 우리 마음을 떠나 홀로 존재한다는 것을 증명하는 것이다.' 이런 견해를 가진 것은 분명히 틀린 것"[31]이라고 말한 것이다. 훗날 모종삼(牟宗三, 1909-1995)은 이와 같은 문제를 해결하기 위해 양지자아감함(良知自我坎陷)[32]의 방법

---

28 孟子不云乎, 夫道一而已矣. 宇宙大心, 即是徧在一切人或一切物之無量心, 所謂一爲無量是也. 一切人或一切物之無量心, 即是宇宙大心, 所謂無量爲一是也. 老云, 玄之又玄, 義在斯乎.(『體用論』, 29쪽)

29 功用以外, 無有實體.(『體用論』, 4쪽)

30 此(作用)不即是心體(心體是獨立無待, 沖寂無朕, 故見聞覺知不即是心體), 但心體亦非離見聞覺知而獨在.(『新唯識論』,「明心上」[壬辰刪定本], 174쪽)

31 難者所云: '科學上所發見定律公則等, 是離心自存的, 並非待吾心去了別他方才有他. 以此證明一切境離心獨在.' 汝持此見, 確是錯誤.(『新唯識論』,「唯識上」[壬辰刪定本], 42쪽)

32 但即在致字上, 吾心之良知亦須決定自己轉而爲了別. 此種轉化是良知自己決定坎陷其自己: 此亦是其天理中之一環. 坎陷其自己而爲了別以從物. 從物始能知物, 知物始能宰物. 及其可以宰也, 它復自坎陷中湧出其自己而復會物以歸己, 成爲自己之所統與所攝. 如

을 제시했다.

3. 주요 방법

웅십력은 도·불가와 서양 철학의 문제점에 대한 대안으로, 유가 전통의
반구실증적 본체론을 방법으로 주장했다. 마음의 본체인 본성과 우주의
본체인 태극이 같다는 것이다. 웅십력의 체용론은 『주역』에 기초를 두었
기 때문에, 그는 일음일양하는 우주의 대작용도 인(仁)으로 보았고, 그런
인을 인간과 우주의 본체라고 보았다.

> "(『주역』에서) '인에서 드러나고, 작용 속에 감추어져 있다'고 말했다. 그것은
> 한마디로 체용불이론을 일으킨 심원한 근원이다. 인을 드러낸다는 것은 어떤
> 것인가? 생명을 화생하고 화생하는 것을 인이라 하는 것이다. 이것이 (우주 본
> 체인) 태극의 작용이다. 작용에 감추어져 있다는 것은 어떠한 것인가? 작용이
> 란 곧 앞에서 말한 생생불식하는 인이다."[33]
>
> "천지조화의 덕을 인이라 한다.(인은 단지 생생불식하는 의미일 뿐이다.)"[34]
>
> "태극은 우주의 실체로서 건원(乾元)이라고도 부른다."[35]

是它無不自足, 它自足而欣悅其自己. …… 在知識宇宙中, 物暫爲外, 而心因其是識心, 是
良知自己決定之坎陷, 故亦暫時與物而爲二. 然及其會歸於行爲宇宙而爲行爲宇宙之一員,
則卽隨行爲宇宙之統攝於良知之天心天理而亦帶進來.(车宗三, 『從陸象山到劉蕺山』, 臺北,
臺灣學生書局, 1979, 251~252쪽)

33　易大傳曰, 顯諸仁, 藏諸用. 一言而發體用不二之緼, 深遠極矣. 顯仁者何? 生生不息,
謂之仁. 此太極之功用也.(太極, 卽宇宙本體之名. ……) 藏用者何? 用, 卽上文所言生生不
息的仁.(『體用論』, 216~217쪽)

34　造化之大德曰仁.(仁, 只是生生義.)(『新唯識論』(廣文書局本), 500쪽(「明心上」, 63
쪽))

35　太極, 是宇宙實體, 亦名乾元.(『體用論』, 313쪽) 熊十力이 乾元을 본체로 삼기 때문

"건원은 바로 실체의 이름이다."[36]

"(유물론과 유심론으로 나뉜 서양 철학은) 심물이 모두 하나의 실체에서 나온 것이라는 것을 모르는 것이다. 실체는 만화·만유의 가장 큰 근원이다."[37]

"역은 건원을 건립했다. 이것이 심물과 만상의 가장 큰 근원이 되었다.(건원이 만물화생의 실체이다.)"[38]

"한 번은 음이 되고, 한 번은 양이 되는 것을 도라 한다. …… 인자는 그것을 보고 인(仁)이라고 하고, 지자는 그것을 보고 지(智)라고 한다."[39]

『주역』처럼 천지 만물을 인하다고 보거나 진리라고 볼 수 있는 사람은 인자나 지자라야 한다. 그처럼 고도의 정신 수양을 거치지 않으면 만물을 인이나 진리로 볼 수 없다는 것이다. 만약 어떤 사람이 본체를 절대 지선이라고 볼 수 있다면, 그는 이미 오랜 동안 고도의 정신 수양과 실천을 해왔다고 볼 수 있는 것이다.

1) 체용론
웅십력은 중국 철학의 체용론을 『주역』으로부터 비롯된 것이라고 한다. 즉 주대 후기 제자백가는 『주역』을 계승하지 않은 사람이 없고, 유가의 경우도 그런 공자의 기본 뜻에서 크게 이탈하지 않았다는 것이다.[40] 그뿐만

에, 김대수는 熊十力의 본체론을 '乾元本體論'이라고 규정한다.(김대수, 「웅십력의 체용론 연구」, 경산, 영남대학교, 2011, 79쪽)

36 乾元, 卽實體之名.(『體用論』, 313쪽)
37 殊不知心物同由實體變成. 實體是萬化萬有之大原.(『體用論』, 327쪽)
38 易立乾元, 是爲心物萬象之大原.(乾元者, 生生之實體.)(『體用論』, 332쪽)
39 一陰一陽之謂道. …… 仁者見之謂之仁, 知者見之謂之知.(『周易』, 「繫辭上」5)
40 (宇宙實體簡稱體; 實體變動, 遂成宇宙萬象, 是爲實體之功用, 簡稱爲用.) …… 體用之義, 創發於變經.(易經古稱變經) 晚周群儒及諸子無不繼承大易, (易經亦稱大易) 深究體用. 大槪儒家未甚離孔子本恉.(『體用論』, 1쪽)

아니라 그 자신도 "나의 체용불이 위주의 우주론을 구차하게 불교 철학과
같게 할 수 없기 때문이며, 유가로 돌아와 멀리는 자연 사물에서 가까이
는 나의 몸에서 취하면서 점차 학문을 쌓고 깨달아 드디어 『주역』으로 돌
아가 종주로 삼게 되었다"[41]고 말했다. 웅십력은 자신의 본체론[42]에 대해
다음과 같은 정의를 내렸다.

"① 본체는 만리(萬理)의 근원이고, 만덕(萬德)의 단초이며, 만화(萬化)의 시작
(즉 근본)이다. ② 본체는 바로 절대적이면서 상대적이고, 상대적이면서 절대
적인 것이다. ③ 본체는 시작도 없고 끝도 없다. ④ 본체는 무궁무진한 작용으
로 드러나니 변역(變易)적이라고 말할 수 있다. 그러나 작용의 유행은 결국 그
본체 고유의 생생(生生)하는 상도를 바꾸지 않았으므로, 건원의 건동(健動)에
서 시작하여 다양한 덕성(德性)이 생겨나는 것에 이르기까지 모두가 불변적인
것이라고 해야 한다."[43]

이것을 내용 중심으로 보면, ① 본체는 만물과 도덕의 우주론적 근원자
이고, ② 본체는 체용일체이며, ③④ 본체는 만물이 무궁하게 반복 화생하
는 일체 현상이라는 것이다. 체용 관계를 중심으로 나누어 보면, ①②③
은 본체 중심이고, ④는 작용 중심이다. 하지만 그의 체용은 여전히 체용

---

41 余之宇宙論主體用不二, 蓋由不敢苟同於佛法, 乃返而遠取諸物, 近取諸身, 積漸啓
悟, 遂歸宗乎大易也.(『體用論』, 59쪽)

42 熊十力은 本體와 實體를 같은 개념으로 사용했다. 實體與本體二名, 雖有一字不同,
而其義則一也. 本者, 言其本來有故, 亦卽是萬物的自身. 實者, 言其眞眞實實.(『體用論』,
8쪽)

43 有問, 本體具何等義? 答曰, 略說四義. 一, 本體是萬理之原, 萬德之端, 萬化之始.
二, 本體卽無對卽有對, 卽有對卽無對. 三, 本體是無始無終. 四, 本體顯爲無窮無盡的大用,
應說是變易的. 然大用流行, 畢竟不曾改易其本體固有生生, 健動乃至種種德性, 應說是不
變易的.(『體用論』, 9쪽)

불이의 관계에 있다. 웅십력은 『요강학안』(姚江學案)에서 왕수인의 말을 인용하여, "체가 곧 용이고, 용이 곧 체"[44] 라고 말했다. 아울러 정이가 말한 '체용일원 현미무간(體用一源, 顯微無間)'[45]과 같은 체용불이를 주장했다. 웅십력의 본체는 삼라만상의 대용(大用) 자체로서, 이런 대작용 이외에 별도의 본체는 없다는 것이다. 이것을 그의 반구실증론과 연결해 보면, 일체 만물은 도덕 본체이기 때문에 반구하는 수양 실천을 통해 '진실한 자기'는 물론 만물의 본체를 실증할 수 있다는 것이다. 이와 같이 웅십력의 본체론은 그의 수양 실천적 '경지의 철학'과 직결되어 있다.

"본체가 없으면 작용도 없고, 작용을 떠난 본체는 원래 없는 것이다."[46]

"실체는 완전하게 천변만화하는 만물의 대작용이므로 그런 대작용 이외에 다른 실체는 없다."[47]

본체는 능변자(能變者)이고 작용은 소변자(所變者)이지만, 능(能)은 단지 하나의 형용사일 뿐만 아니라 능변자와 소변자가 대치되는 것은 아니라는 것이다.[48] 그것은 작용을 떠난 본체가 없다는 것이다. 그는 일체를

44　熊十力은 『王陽明全書』, 「傳習錄(上)」, 臺北, 正中書局, 1979, 26쪽의 "卽體而言, 用在體. 卽用而言, 體在用. 是謂體用一源."을 『明儒學案』 「姚江學案」, 86쪽에서 인용하였다. 그래서 熊十力이 비록 卽體卽用, 卽用卽體라는 말을 『體用論』, 臺北, 臺灣學生書局, 民國69年[1980], 10쪽에서 했지만, 그것의 사상 모형은 王守仁의 것과 같은 것이다.

45　程頤, 『易程傳』, 臺北, 世界書局, 1982, 序文

46　無體卽無用, 離用元無體.(『新唯識論』, 「唯識下」[壬辰刪定本], 58쪽)

47　實體是完完全全的變成萬有不齊的大用, 卽大用流行之外無有實體.(『體用論』, 10쪽)

48　復次, 前文已云, 不妨假說本體爲能變. 還要補充一段話. 此能變一詞的能字, 只是形容詞, 並不謂有所變與之爲對. 如果說, 由能變造起所變, 必將以能變爲超脫乎所變之上而獨在. 不惟同於宗敎擬人之神, 更有能所對峙不得圓融之大過. 須知, 實體是完完全全的變成萬有不齊的大用, 卽大用流行之外, 無有實體.(熊十力, 『體用論』, 臺北, 臺灣學生書局, 民國69年[1980], 9~10쪽)

즉용즉체(卽用卽體)로 말하지만, 체용의 관계는 무선무후이다. 그러나 본체 속에는 모든 작용이 이미 들어 있는 것이기 때문에, 그의 체용론은 논리적으로 인중유과론에 속한다. 특히 그는 철학자가 중점적으로 연구해야 할 것은 바로 본체론이라고 강조한 것을 보면, 그는 아직도 본체 중심의 사상을 떠나지 못한 것이다.

웅십력의 본체론은 경론(境論)과 양론(量論) 중 경론에 속한다. 그가 비록 본체를 작용 속에서 논하여 "마음이 곧 본체라는 것은 작용에서 본체를 드러내기 때문"[49]이라고 말해도, 그것은 결코 양론의 대상이 되는 것이 아니다. 양론적으로 인식 불가능하기 때문에, 본체에 대해 말하는 사람은 차전(遮詮)의 방법을 취해야 하고, 듣는 사람은 그 간접적인 묘사된 세계를 통해 스스로 본체를 깨달아야 한다.[50] 비록 작용에서 본체가 드러난다 해도 생이지지자가 아니라면 반드시 고도의 수양을 거쳐야 한다. 왜냐하면 학이지지자 이하의 사람은 스스로 깨닫기 어렵고, 후천적으로 형성한 망습을 가지고 있기 때문이다. 그런 수양 실천의 정도가 '종심소욕불유구'(從心所欲不踰矩)할 수 있을 때 비로소 즉용현체할 수 있다는 것이지, 모든 사람의 일상을 두고 하는 말이 아닌 것이다.

웅십력 철학에는 비록 다음과 같이 유식론적 요소가 많이 있지만, 그는 『주역』과 맹자 철학의 입장을 취했다고 천명했다. 그래서 우리는 그를 유가 철학자로 볼 수 있는 것이다.

"본체란 나의 마음을 떠나 바깥에 있는 것이 아니다. …… 그러나 하나의 마음을 말하자면 본심과 습심의 구분이 있음을 알아야 한다. 오직 내 마음의 본심

---

49 言心卽本體者, 卽用而顯其體也.(『新唯識論』(廣文書局本), 507쪽(「明心上」, 66쪽))
50 遮詮者, 這種言說的方式. 對於所欲詮釋的事物和道理, 無法直表, 只好針對人心迷妄執着的地方, 想方法來攻破他, 令他自悟.(『新唯識論』, 「唯識下」[壬辰删定本], 57쪽) 玄學上的修辭, 最好用遮詮的方式.(『新唯識論』(廣文書局本), 102쪽(「唯識下」, 45쪽))

만이 내 몸과 천지 만물이 함께 갖춘 본체이다."[51]

"맹자 역시 만물이 다 나에게 갖추어졌다고 말했다. 맹자는 만물을 모두 내 마음을 떠나 홀로 존재하는 것이 아니라고 보았다. 그래서 소위 나라는 존재는 결코 하찮고 고립적이며 만물과 대립하는 존재가 아니라, 확실히 만물을 다 갖추고 그들과 일체를 이루고 있는 것이다. 이런 자아 관념을 확대하여 절대의 세계에 이르러야 비로소 인생 최고의 이상을 실현하는 것이다."[52]

마음이란 어떤 존재인가? 웅십력은 마음의 작용이 곧 본체라고 보았다. 그래서 그는 "마음이 곧 본체라는 것은 작용에서 본체를 드러내기 때문"[53]이라고 말한 것이다. 마찬가지로 그는 만물의 본체를 설명할 때, 자연에서는 건곤(乾坤)·음양(陰陽)·흡벽(闢闢)·동정(動靜) 등의 작용을 가지고 말하고, 사람에게서는 인의예지신 등의 구체적인 실천 행위를 가지고 말한다. 그것은 작용이 곧 본체를 드러내 보여 준다는 즉용현체(卽用顯體)의 관점을 가지고 있기 때문이다. 또한 그가 유자성(有自性)적 도덕 본체론의 입장에 서서 본심이 만물의 본체와 실증상응(實證相應)한다는 대전제를 가지고 있기 때문이다. 이와 같은 웅십력이 말하는 본체는 서양 형이상학에서 양지로 추론한 관념이 아니라, 수양 실천 과정에서 성지의 자기성찰로 얻어진 내외합덕적 정신 경지인 것이다.

---

51   哲學家將本體當做外界獨存的物事來推度者是極大錯誤. …… 不過提到一心字應知有本心與習心之分. 本心才是吾人與天地萬物所同稟之眞性.(『新唯識論』,「明宗」[壬辰删定本], 25-26쪽) 夫性者, 吾人與天地萬物所同具之本體.(『新唯識論』,「明心上」[壬辰删定本], 171쪽) 此(作用)不卽是心體(心體是獨立無待, 沖寂無朕, 故見聞覺知不卽是心體), 但心體亦非離見聞覺知而獨在.(『新唯識論』,「明心上」[壬辰删定本], 174쪽)

52   孟子亦云, '萬物皆備於我矣.' 蓋以爲萬物都不是離心獨在, 故所謂我者, 并非小己孤立, 却是賅備萬物通爲一體.(『新唯識論』,「唯識上」[壬辰删定本], 42쪽)

53   言心卽本體者, 卽用而顯其體也.(『新唯識論』(廣文書局本), 507쪽(「明心上」, 66쪽))

2) 반구실증론

서양 철학은 본체에 대해 논리적 추론의 방법으로 접근하지만, 웅십력은 그것을 수양 실천론에 귀속시켜 반구실증하는 방법을 취하였다. 왜냐하면 "견문각지(見聞覺知) 등의 작용이 곧 심체는 아니지만, 심체는 견문각지를 떠나 독립적으로 존재하는 것이 아니므로"[54], 그는 실천 속에서 스스로 자신을 드러내는 본성을 본체로 보았기 때문이다. 그런 것은 왕수인의 치양지(致良知)설[55]과 같은 것으로서, 웅십력 역시 실천 공부 이외에 별도의 본체가 없다고 하였다.[56]

웅십력은 왜 본체에 대한 자각 주체를 성지(性智)로 보았는가? 성지는 이미 만물의 본체를 다 갖추고 있기 때문이다. 그러면 그것을 어떻게 깨닫게 되는가? 성지는 실천 과정에서 스스로 발현되는 본체이기 때문에, 자기를 되돌아보는 내적 반식(反識)[57]을 통해 알 수 있다. 그런 반식을 구태여 인식론적으로 분류한다면, 그것은 자기 내적 직관에 해당한다.[58] 그렇게 성지가 반식을 통해 사물을 초탈(超脫)하는 본심이 주재력을 확립하

---

54   此(作用)不卽是心體(心體是獨立無待, 沖寂無朕, 故見聞覺知不卽是心體), 但心體亦非離見聞覺知而獨在.(『新唯識論』,「明心上」[壬辰删定本], 174쪽)

55   人的良知, 就是草木瓦石的良知. 若草木瓦石無人的良知, 不可以爲草木瓦石矣. …… 你未看此花時, 此花與汝心同歸於寂. 你來看此花時, 則此花顏色一時明白起來. 便知此花不在你的心外. …… 目無體, 以萬物之色爲體. …… 心無體, 以天地萬物感應之是非爲體.(『王陽明全書』(1)「傳習錄下」, 臺北, 正中書局, 1979, 89~90쪽)

56   不用眞工夫, 却沒有眞本體.(『新唯識論』(廣文書局本), 541쪽(「明心上」, 83쪽))

57   反觀(『新唯識論』(廣文書局本), 505쪽(「明心上」, 65쪽))나 反求自識(『新唯識論』(廣文書局本), 508쪽(「明心上」, 67쪽))이란 용어도 사용한다.

58   本心亦云性智.(從人生論與心理學的觀點而言, 則名以本心. 從量論的觀點而言, 則名爲性智) 是吾人與萬物同具之本性.(『新唯識論』(廣文書局本), 503-504쪽(「明心上」, 64-65쪽)) 本心不倚於物, 故非知識的. …… 本心卽是吾人與萬物同具的本體.(『新唯識論』(廣文書局本), 532쪽(「明心上」, 79쪽)) 그러나 베르그송과 같은 직관에 대해서는 반대한다. 但柏氏言直覺, 不甚明瞭, 時與本能混視. 本能卽是習氣.(熊十力, 『十力語要』 卷3, 臺北, 廣文書局, 民國66年[1977], 520쪽)

게 되면 경물에 집착하지 않게 되고, 사물을 주재하며 물화(物化)되지 않
을 수 있다는 것이다.[59] 그러면 어떤 경우에 스스로 깨닫지 못하고, 사물
에 망집(妄執)하게 되는가? 서양 인식론에서처럼 성지를 외부 사물처럼
대상으로 인식하게 되면 이장이 일어나며, 이장이 일어나면 스스로 깨달
을 수 없게 된다. 이런 문제 때문에 웅십력은 인식론을 양지의 영역으로
분류했고, 본체론은 수양 실천의 영역으로 분류한 것이다.

성지, 즉 본성이 자아를 실현하는 것은 자기 원인적인 것인데,[60] 왜 망
집이 생기며, 그런 망집을 어떻게 제거할 수 있는가? 웅십력은 망집의 원
인인 습기(習氣), 즉 본능에 있고, 그 때문에 본능을 정찰(靜察)해야 한다
고 말한다. 즉 "본능은 곧 습기이다. 습기는 인간을 끊임없이 속박하지만
끝까지 죄를 물을 수 없는 것이다. 은연중에 자신의 주인이 되므로 고요
하고 안정된 정정(靜定)의 공부를 깊이 하지 않으면 문제점을 살펴 해결
할 수 없다"[61]고 하였다. 본성에는 이미 모든 이치가 다 갖추어진 것인데,
왜 수양·실천의 공부가 필요한가? 만물의 이치가 다 나에게 갖추어져 있
다는 것은 인체(仁體)를 의미한다고 한다.[62] 따라서 수양·실천의 공부는
반신이성(反身而誠)함으로써 인한 본체 실현을 몸에 익히는 것이다. 만약
실천 공부가 없으면 본체의 실현이 이루어지지 않고, 수양 공부를 오랫
동안 하지 않으면 본연의 모습을 잃게 된다는 것이다.

지와 행의 관계는 어떠한가? 웅십력은 행 속에서 지를 논하는 왕수인

59 　以其旣現爲物, 而卽運於物之中, 以主宰乎物, 畢竟不物化故, 故云超脫. …… 妄執境
物, 而不可反識自己.(『新唯識論』(廣文書局本), 513쪽(「明心上」 69쪽))

60 　卽工夫實自本體出. 非是離本體, 別有一心來用工夫.(『新唯識論』, 533쪽(「明心上」
79쪽))

61 　本能卽是習氣. 習氣纏縛於人, 茫無涯涘, 不可窮詰, 隱然爲吾身之主人公, 非有極深
靜定工夫, 不能照察而克除之也.(熊十力, 『十力語要』 卷3, 臺北, 廣文書局, 民國66
年[1977], 520쪽)

62 　夫皆備者, 仁體也.(『新唯識論』, 554쪽(「明心上」, 90쪽))

의 치양지적 지행합일의 방법을 취했다. 그것은 그가 『주역』의 강건(剛
健)한 건원(乾元)의 작용 자체를 본체로 삼았기 때문이며,[63] 그뿐만 아니
라 실천성이 강한 유가의 도덕 철학으로 도·불가와 서양 철학에 대응하
기 위한 전략이기도 했기 때문이다. 본체를 실현하는 방법은 무엇인가?
웅십력은 작용에서 본체가 자신을 드러낸다[64]고 보는 즉용현체적 체용론
을 가지고 있기 때문에, "공부가 곧 본체"[65]라고 말한다. 그리고 실천 공부
가 없으면 본체는 드러나지 못하는 것이므로, 실천 공부를 하지 않으면
본체는 단지 상상복탁(想像卜度)하는 머릿속 관념에 불과하게 된다고 한
다.[66] 공부와 본체는 동실이명의 관계에 있는 것이다. 그뿐만 아니라 본체
가 스스로 자기를 드러내는 것이 실천 공부라 하더라도 그냥 되는 것이
아니며, 그것은 공부의 양에 정비례하기 때문에[67] 실천 공부를 수양의 방
법으로 취하지 않을 수 없는 것이다.

　반구실증의 수양 방법은 무언인가? 양지의 망령된 습관, 즉 망습(妄習)
을 따르면, 본체가 스스로 자신을 드러내지 못하기 때문에, 그런 망습을
철저히 단절시켜 언제나 성지에 따를 수 있도록 해야 한다. 그러면 망습
을 벗어나는 과정은 어떠한가? 웅십력은 먼저 현해(懸解)를 얻고, 그다음
에 진해(眞解)를 얻는다고 말했다.

63　乾元謂本體.(『體用論』, 25쪽) 大用流行(大用謂實體變成大用), 至剛至健, 至奇至
怪.(『體用論』, 37쪽) 儒家哲學, 稱一切物的本體, 曰太易, 是無形兆可見的.(太易者, 本不
易也, 而涵變易, 亦卽於變易而見不易. 故云太易.)(『體用論』, 52쪽(「唯識上」, 20쪽))
64　言心卽本體者, 卽用而顯其體也.(『新唯識論』(廣文書局本), 507쪽(「明心上」, 66쪽))
65　如何得實證? 實證乃本體之自明自了. …… 未知工夫卽本體, 是工夫皆外鑠, 而昧其
眞性, 此之謂冥行.(『新唯識論』(廣文書局本), 534쪽(「明心上」, 80쪽))
66　無工夫而言本體, 只是想像卜度而已. 非可實證本體也.(『新唯識論』(廣文書局本),
533쪽(「明心上」, 79쪽)) 與人而忠, 仁就在與人. 此工夫卽本體. …… 不用眞工夫, 却沒有
眞本體.(「明心上」, 83쪽)
67　學者求識仁體, 卻須如此下工夫. 工夫做到一分, 卽是仁體呈露一分. 工夫做到十分,
卽是仁體呈露十分.(『新唯識論』(廣文書局本), 540쪽(「明心上」, 83쪽))

"양지(量智)는 본래 성지의 발용이지만, 결국 성지와 구별된다. 왜냐하면 성지의 작용이 관능에 의해 발현되면, 관능은 그 힘을 빌려 가지고 스스로 사용한다.(여기서 얻는다는 것은 얻을 수 있다는 것이고, 늘 그렇다는 것이 아니다. 만약 관능이 늘 성지의 힘을 빌려 스스로 사용하게 되면, 성지는 필경 스스로 발현하지 못하게 된다. 마치 노예가 주인의 자리를 빼앗아 주인이 없는 상태에서 협박적 명령을 자행하는 것과 같다.) …… 이 경우 양지의 현해를 얻을 수도 있다.(懸解는 장자의 말을 차용한 것) 양지는 경우에 따라 망습의 구속을 벗어나 자유롭게 자신을 드러낼 때도 있는데, 이것을 현해라고 한다. …… 그러나 그것은 아직 진해(眞解)라고 볼 수 있는 것은 아니다. …… 반드시 망습을 철저히 단절하여 성지가 완전히 자기를 드러낼 수 있을 때, 양지는 순전히 성지의 발용이 되어 본연의 모습을 잃지 않게 되어야 비로소 그것을 진해라고 할 수 있다."[68]

그러면 망습이 일어나게 되는 계기는 무엇이며, 양지는 어떻게 현해와 진해를 얻을 수 있는가? 망습 발생의 첫째 원인은 양지가 일어나면 일체를 외재 사물로 간주하고 추론하게 된다는 것이다.[69] 둘째 원인은 성지가 관능의 힘을 빌려야 비로소 작용할 수 있다는 것이다. 즉 "형기(形氣)의 권능은 본래 본성에 순종하기도 하기도 하지만, 순종하지 않을 수도 있는 것"[70]이면, 망습의 발단은 양지의 발동과 관능의 힘을 빌리는 데 있다. 하

---

68 此智(量智或理智)元是性智的發用, 而卒別於性智者, 因爲性智作用, 依官能而發現, 卽官能得假之以自用.(此中得者, 言其可得. 而非定然. 若官能恒假性智以自用, 卽性智不得顯. 無此理也.) …… 此乃量智之懸解.(懸解, 借用莊子語.) 懸解者, 量智離妄習纏縛而神解昭著之謂, …… 然以爲 '眞解' 則未也. …… 必妄習斷盡, 性智全顯. 量智乃純爲性智之發用, 而不失其本然, 始名眞解.(『新唯識論』, 「明宗」[壬辰刪定本], 24쪽)

69 本體唯是實證相應, 非量智可證得者. 因爲量智起時, 總是要當做外在的物事去推度.(『新唯識論』, 「明宗」[壬辰刪定本], 27쪽)

70 形氣的權能, 本當隨順乎性, 而亦可以不順乎性.(『新唯識論』, [壬辰刪定本], 219쪽)

지만 그런 것은 제2의 원인일 뿐, 제1의 원인은 성지의 취약성에 있다고
할 수 있다. 성현처럼 수양 공부가 잘된 사람에게는 그런 일이 일어나기
어렵다고 봐야 하기 때문이다.

망습은 양지, 즉 이지(理智)[71]의 작용으로 인해 후천적으로 발생하는 것
이지만, 이지는 이미 성지 속에 들어 있는 것이다. 즉 "성지는 본유적인
것이고, 선천적인 것이다. 이지는 신론 초판본 「명종장」에서 말한 혜(慧)
와 같은 것으로서, 경험으로부터 발전된 것이고 후천적인 것이다. 단 후
천적인 것이라고 해서 결코 별도의 내원이 있다는 것은 아니며, 사실상
성지 속에 본래 있는 것이다."[72] 그러면 왜 이지의 작용 때문에 망습이 생
기는가? 성지가 관능을 통해 작용할 때, 관능이 성지의 작용을 마치 자기
가 주관하는 것처럼 주권을 탈취함으로써 성지 작용의 왜곡이 일어난다
는 것이다. 그러면 문제 발생의 원인이 관능에 있다는 것인가? 그렇다면
성지는 왜 관능에 지게 되는가? 맹자가 대체(大體)를 버리고 소체(小體)
를 따르는 것은 욕심이 양심을 가렸기 때문이라는 것처럼,[73] 웅십력 역시
그 원인을 망습의 탓으로 돌린다. 그러나 맹자는 우리가 사단을 따르는
것은 취사선택의 문제가 아니라 마땅히 할 바를 하는 것뿐[74]이라고 한 것
처럼, 망습을 떨치고 성지를 따르는 것 역시 마땅히 할 바를 하는 것뿐이
어야 한다. 결국 우리가 고품격의 경지를 추구하는 방법은 반본(返本)하

---

71 量智是思量和推度與簡擇等作用, 能明辨事物之理則及于所行所歷簡擇得失故, 名爲
量智, 亦名理智.(『新唯識論』, 「明宗」[壬辰删定本], 24쪽)

72 智是本有, 是先天的. 理智卽新論初版明宗章所謂慧. 是從經驗發展出來, 是後天的.
但後天的并不是別有來源, 實卽依智故有.(『十力語要』卷2, 252쪽)

73 曰鈞是人也, 或從其大體, 或從其小體, 何也? 曰耳目之官, 不思而蔽於物, 物交物則
引之而已矣. 心之官則思, 思則得之, 不思則不得也. 此天之所與我者. 先立乎其大者, 則其
小者不能奪也. 此爲大人而已矣.(『孟子』「告子上」15장)

74 孟子曰: 天下之言性也, 則故而已矣. 故者以利爲本.(『孟子』, 「離婁下」26章) 學問之
道無他, 求其放心而已矣.(『孟子』, 「告子上」11章) 孟子曰: 無爲其所不爲, 無欲其所不欲,
如此而已矣.(「盡心上」17章)

는 반신이성이나 구기방심(求其放心) 이외에 다른 것이 없는 것이다. 그래서 웅십력 역시 "나는 근본으로 돌아가는 것을 수양의 방법으로 삼는다"[75]고 한 것이다. 그러므로 웅십력의 반구실증은 목적이 아니라 하나의 결과일 뿐이다.

　망습을 벗어나 현해와 진해를 얻는 구체적인 방법은 무엇인가? 공자가 "배우기만 하고 생각하지 않으면 그 배운 것에 사로잡히고, 생각하기만 하고 배우지 않으면 위태롭다"[76]고 말한 것처럼, 웅십력도 사유와 수양을 교차시키는 사수교진(思修交盡)을 주장했다. 즉 그는 "사유와 수양을 교차시키되 수양을 근본으로 삼아야 한다. 사유와 수양을 교차시켜,(사유만 하고 수양하지 않으면 단지 헛된 견해가 되고, 수양하되 사유하지 않으면 결국 참된 이해를 얻지 못한다.) 다하기를 오래하면 덕을 이루게 된다"[77]고 말했다. 양자를 비교해 보면, 공자의 학(學)은 웅십력의 사(思)가 되었고, 공자의 사(思)는 웅십력의 수(修)가 되었다. 사수교진과 유사한 말로서 성수불이(性修不二)가 있다. 성은 본성이고, 수는 본성을 주체로 삼아 수양하는 것이다. 그러므로 사수교진의 사수 역시 사수불이(思修不二)의

75　斯學歸趣, 唯其復其本心.(『新唯識論』,「明心上」[壬辰删定本], 185쪽) 吾以返本爲學.(『新唯識論』(廣文書局本), 556쪽(「明心上」, 91쪽))

76　子曰, 學而不思則罔, 思而不學則殆.(『論語』「爲政」15章)

77　思惟與修養交致其力, 而修養所以立本, 思修交盡(思而無修只是虛見; 修而不思終無眞解), 久而後有獲也.(熊十力,『原儒』「緒言」, 北京, 中國人民大學出版社, 2009, 8쪽) 熊十力의 수양론을 대표하는 思修交盡이라는 말은『新唯識論』「明宗」[壬辰删定本](1952)과『原儒』「緒言」(1956)에서 한 말이다. 그는 본래 "'量論'에 관해서는 별도로 논하겠다"(『新唯識論』, 26쪽)고 했지만, 결국『論六經』(1951)에서는 "吾欲出入華·梵·西洋而爲量論, 胸中已有一規模, 然非精神飽滿·興會時發, 斷不能提筆. 人或動余急寫一綱要, 其實綱要二字談何容易? 眞正著述確是不堪苟且, 老而愈不敢苟也. 綱要如能作, 亦絶不同于西洋知識論之內容與體式, 自別是一種作意, 然暮年意興消沮, 恐終不能作也."(『論六經·贅語』)라고 말한 것처럼 이미 나이가 70대가 되어 할 수 없음을 알고 있었다. 이 인용문은 景海峰,『熊十力哲學研究』, 北京, 北京大學出版社, 2010, 189쪽에서 재인용함.

관계인 것이다.

사수불이적 사수교진은 웅십력이 『신유식론』「명심상」(廣文書局本)에서 논한 공부론에 관한 논의를 완전히 삭제하고, 대신『원유』「서언」과『신유식론』「명종」[壬辰刪定本]에서 공부론에 대해 언급하였다. 하지만 몇줄 안 되는 적은 분량이라서 별도로 『양론』(量論)을 쓰겠다고 했지만 끝내 쓰지 못하였다. 그래서 사수불이적 사수교진을 중심으로 그의 수양론을 살펴볼 수밖에 없다.

웅십력은 양지가 비록 망습을 일으키기는 하지만, 성지와 함께 균형을이루어 사수교진할 수 있다면 성인의 학문이 될 수 있다고 말한다.[78] 즉양지는 외부 사물과 외연(外緣)을 통하여 작용을 탐구하고, 성지는 본성과 내연(內緣), 즉 반연(返緣)을 통하여 본체인 본성을 회복함으로써 사수교진의 덕을 쌓은 후에 천도와 합일할 수 있다는 것이다. 작용이 곧 본체의 실현이기 때문에, 그래서 이런 사상 모형은 섭용귀체(攝用歸體)[79]로 규정할 수 있다. 이렇게 볼 때 웅십력은 반구실증적 철학의 경지에서 양지와 성지를 함께 융섭(融攝)하려 한 것으로 볼 수 있다.

반구실증의 공부는 언제 어디서나 누구에게든지 가능한 것인가? 웅십력의 인간관은 선천적으로 착한 본성을 타고나기 때문에, 반구실증은 언제 어디서나 누구에게든지 가능한 것이다. 하지만 이론적인 가불가(可不可)와 실제적인 능불능(能不能)은 다른 것이다. 그리고 후천적으로 망습을 쌓은 사람에게는 망습을 제거하는 하나의 수양이 더 필요할 것이다.

78　夫哲學以上達天德爲究竟.(達者猶云證會, 天德猶云本體, 非謂天帝, 此用『中庸』語)其工夫要在思修交盡. 專尙思辨者, 可以睿理智,(理智以思辨之功而益深銳博通也. 故云睿.)而以缺乏修爲故,(修爲亦云修養, 孔門求仁‧思誠與存養‧篤行等工夫是.) 則理智終離其本, 無可語上達也. 專重修爲者, 可以養性智, 而以不務思辨故, 則性智將遺其用, 無可成全德也. 是故思修交盡, 二智圓融, 而後爲至人之學.(此意待'量論'方樣)『新唯識論』,「明宗」[壬辰刪定本], 28쪽)

79　『新唯識論』(廣文書局本), 331쪽(「功能下」66쪽) 참조.

반구실증론은 본체를 실증(實證)하는 방법이 반구(反求)의 과정에 있다. 웅십력은 본체를 능변자로 보고, 아울러 능변의 개념을 형용사로 보는 것은, 그의 본체론이 작용 중심이기 때문이다. 그래서 반구실증은 반구 과정 속에서 본체를 보여 줄 수 있다는 것이지, 반구한 결과로 본체를 알 수 있다는 것이 아니다. 더욱이 '경지의 철학'은 완료형이 아니라 진행형이기 때문에 더욱 그렇다.

본체를 드러내는 공부에는 구체적으로 어떤 것이 있는가? 그것에는 성(誠)이나 낙(樂)과 같은 것이 있다. 이에 대해 웅십력은 맹자가 말한 "反身而誠, 樂莫大焉"에서 "성자(誠字)는 망령의 상대적인 뜻이 아니고, 낙자(樂字)는 고통의 상대적인 뜻이 아니다. 성과 낙은 바로 인의 본체이기 때문"[80]이라고 말했다. 그리고 성과 낙의 공부만이 아니라 본성을 따르는 것 일체가 공부이다. 왜냐하면 정화된 성지의 작용은 모두 그 본체를 드러내는 것이기 때문이다. 그래서 웅십력은 그런 경지(境地)는 보통 사람의 것이 아니라, 성현처럼 상지자의 것이라고 말했다.[81]

반구실증론이 수양 실천 공부를 필요로 한다면 어느 정도 해야 하는가? 공자로 말하면 '종심소욕불유구'(從心所欲不踰矩)할 수 있을 때까지라고 해야 할 것이고, 맹자로 말하면 인의예지와 같은 도덕심을 확충(擴充)하여 호연지기(浩然之氣)를 형성할 때까지라고 해야 할 것이다. 본체는 실천 과정에서 실현될 수 있는 것이기 때문에, 완료형이나 완성형으로 말할 수 없고, 세상을 떠나는 날까지 진행형으로 지속하지 않으면 안 되는 것이다.[82] 하지만 그런 최고 경지는 어떻게 말할 수 있는가? 그것은 내

---

80 此誠字不與妄對, 樂字不與苦對. 誠與樂正是仁體故.(『新唯識論』(廣文書局本), 555쪽(「明心上」, 90쪽))

81 境地乃上智事.(『新唯識論』(廣文書局本), 555쪽(「明心上」, 90쪽)) 이 말은 有眞人而後有眞知.(『莊子』「大宗師」)와 유사하다.

82 工夫誠至, 卽本體呈顯. 若日用間工夫全不得力, 則染習熾, 邪妄作, 斯以障礙本體而喪其眞矣.(眞謂本體) 故曰: 卽工夫卽本體, 此盡人合天之極則也. …… 卽工夫實自本體出.

외나 심물이 나뉘어 대립함이 없는 심경혼융(心境渾融)의 경지이다.[83]

웅십력이 말하는 본체는 서양의 형이상학에서처럼 관념적 존재가 아니라, 수양 실천 공부 속에서 움직이는 '작용' 자체이고, 성지(性智)의 도덕적 '경지'이다. 그런 작용과 경지는 고도의 수양 실천 과정에서 체득한 것이고, 체득했을 때 비로소 일련의 과정으로 실증하는 것이 반구실증이다. 수없이 많은 각고의 노력으로 얻을 수 있는 것이기 때문에, 그의 철학은 하나의 '경지의 철학'이 되었다.

4. 삶으로의 복귀

웅십력은 도·불가와 서양 철학의 문제점을 극복하기 위해, 『주역』의 체용론과 맹자의 인성론을 계승하여 반구실증적 도덕본체론을 건설했다. 철학적 득실을 중심으로 볼 때, 그는 유가 철학을 도·불가는 물론 서양 철학과 차별화하는 데 성공적이었다. 특히 본체를 '경지의 사물'로 본 것은 유가 철학의 수양 실천성을 제고한 학술적 성과이다. 그것은 훗날 모종삼이 '경계 철학'(境界哲學)이란 개념을 정립하게 되는 하나의 계기가 되었다.[84] 그러나 심외무경(心外無境)적 세계관은 유심론적인 경향이 강

非是離本體, 別有一心來用工夫.(『新唯識論』(廣文書局本), 531-533쪽(「明心上」, 78-79쪽))

83　內心外物, 分成兩界對立. 此於眞理大悖. 悟到心境渾融, 方是實際理地.(『新唯識論』, 7쪽(「初印上中卷序言」, 3쪽))

84　道家式的形而上學, 存有論是實踐的, 實踐取廣義. 平常由道德上講, 那是實踐的本義或狹義. 儒釋道三敎都從修養上講, 就是廣義的實踐的. 儒家的實踐是moral, 佛敎的實踐是解脫, 道家很難找個恰當的名詞, 大槪也是解脫一類的, 如灑脫自在無待逍遙這些形容名詞, 籠統地就說實踐的. 這種形而上學因爲從主觀講, 不從存在上講, 所以我給它個名詞叫「境界型態的形而上學」; 客觀地從存在上講就叫「實有型態的形而上學」, 這是大分類.中國的形而上學 ─ 道家, 佛敎, 儒家 ─ 都有境界型態的形而上學意味. 但儒家不只是個境界,

하여 과학은 비교적 어려움에 빠지고 말았다. 그것은 마치 중국이 만리장성을 쌓아 북방의 침략은 막았지만 남해로부터 공격해 온 서양의 함선은 막아내지 못한 것처럼, 웅십력의 본체론 역시 중국 철학을 수성적(守城的)으로 답습한 것 때문에, 중국 철학의 인중유과론적 경향을 개선하기는커녕 오히려 강화하였다. 그 때문에 중국 유가 철학은 자기 혁신은 물론 새로운 문제에 대한 다양한 방법을 얻기 어렵게 되었다.

웅십력의 체용론은 인중유과론적으로 하나의 도덕 본체에 모든 것을 의탁함으로써 삶의 기준을 정립하려 한 것이다. 그런 하나의 기준은 우리의 삶을 안정적이고 일관되게 함으로써 전 인류 사회를 예측 가능하게 해 준다. 하지만 그것은 본체의 존재로부터 떠날 수 없기 때문에, 자기로부터 자유로울 수 없는 것이다. 그래서 인중유과론적으로 완벽한 하나의 체계만이 아니라 인중무과론과 같은 세계관으로도 볼 수 있어야 한다. 나아가 철학의 궁극적 목표가 보편적인 자유정신을 추구하는 것이라면, 중국 전통의 체용론적 본체론으로부터도 자유로울 수 있는 방법을 강구해야 하지 않을까? 철학은 종교가 아니기 때문이다.

[2014년][85]

它也有實有的意義; 道家就只是境界形態, 這就規定它系統性格的不同. 由和儒家佛教及西方哲學的分別就顯出它系統性格的不同, 這個和其他系統不同的智慧很特別, 所以要注意.(牟宗三, 『中國哲學十九講』, 台灣學生書局, 民國72年[1983], 103쪽)

85 「熊十力之反求實證的本體論」, 『유교문화연구』(국제판) 제21집, 성균관대학교 유교문화연구소, 2014.2.에 게재한 것을 수정 보완함.

제26장

중국 철학 방법의 종횡 관계

철학자들이 새로운 철학적 방법을 찾는 이유는 무엇인가? 첫째, 시대가 변하면 문제도 달라지고, 그에 따른 대처 방법도 달라져야 하기 때문이다. 둘째, 같은 시대의 같은 문제라 하더라도 남과 다른 방법으로 해결하고 싶기 때문이다. 셋째, 사람은 역사적 인식을 하므로 과거 철학적 방법에 대해 '역사적 피로'[1]를 느끼기 때문이다.

새로운 철학적 방법을 찾는 가장 큰 이유는 철학이란 아무런 전제도 없는 원점에서 시작해야 하기 때문일 것이다. 따라서 철학은 과거의 그 어떤 것도 전제로 삼아서는 안 된다. 만약 어떤 전제가 있다면, 그 철학은 그 전제의 종속적 위치에 있게 된다. 물론 철학적 개념이 종속적 위치에 있다고, 철학자의 정신도 반드시 종속적이라고 할 수는 없지만, 그럴 가능성은 충분하다. 예를 들면 한대의 양웅이 현(玄)이란 도가의 개념으로 인(仁)이라는 유가의 내용을 담아 내유외도(內儒外道)적으로 융합해 보려 했지만, 결국 유·도가의 철학을 벗어나지 못한 것과 같다.

철학사에서 볼 수 있듯이 전통의 철학은 새롭게 변신하기 위해 새로운 철학적 방법을 개발하거나 외부에서 수입을 해 왔다. 그러나 이제는 동서

---

1 이 책 제16장 「사마천의 승폐통변의 방법」을 참조 바람.

고금의 철학 중 더 이상 수입할 것조차 없게 되었다. 그러면 우리에게는 절망뿐인가? 철학사적으로 작은 철학자는 과거 철학을 가지고 섞어 만들기를 했고, 큰 철학자는 자기만의 독특한 세계관적 목적을 가지고 새로운 철학을 창조해 왔다.

'방법으로서의 진리'는 관념 속에 있는 것이 아니고, 우리의 삶 속에서 생동·변화하는 것이다. 생동·변화하는 철학은 무한 진행형으로 이루어지기 때문에, 그것은 명사형이 아니고 동사·형용사·부사형이라야 한다. 관념화된 명사형 진리는 오히려 자유를 본질로 하는 무한 진행형의 철학적 사고에 역행할 수 있다. 물론 동사·형용사·부사형의 개념도 그럴 수 있지만 그럴 가능성이 비교적 적기 때문이다. 그중에서도 '방법으로서의 진리'는 '00하게'처럼 구체적으로 방법을 지시하는 부사형 개념에 숨어 있다. 그래서 우리는 어떤 문제에 봉착했을 때 '어떻게'를 묻는 것이다.

중국철학방법사 전체를 시공간 속에서 종횡으로 분석해 보자. 우리는 현실에서 사용하고 있는 동전을 동그랗다고 말한다. 그러나 동전은 보는 각도에 따라 원에서 타원형이나 길쭉한 직사각형의 형태로 보인다. 동전이 동그랗다는 것은 사실상 동전의 여러 형태 중 하나일 뿐이다. 그런데도 동그랗다는 것이 동전의 대표가 되는 것은 무슨 까닭일까? 그것은 다른 사물과 쉽게 구별되는 특징이기 때문이다. 중국 철학 방법사의 수많은 철학적 방법 역시 그렇게 규정된다.

철학자들은 진리를 초시공간적인 보편적인 것으로 이해한다. 그것은 진리가 시공간 바깥에 있다는 뜻이 아니라, 주체나 시공간에 따라 달라지지 않는다는 뜻이다. 그러나 철학자들의 철학 체계를 분석해 보면 세계관적 범주 간에는 구조적 차이가 있다. 그래서 본 장에서는 세계관적 범주를 기준으로 각각의 차이를 알아보기 위해 본문에서 논한 철학적 방법의 상호 관계를 종합적으로 규명하고자 한다. 그리고 이를 위해 공시적(共時的)·통시적(通時的) 고찰하고자 한다. 특히 그들의 세계관적 목적과 나머지 범주 간의 종횡 관계 속에서 그들은 어떻게 철학 정신을 발휘하고 있는가를 논함으로써 중국 철학 방법 간의 종횡 관계를 논한다.

1. 공시적 고찰

『**주역**』은 천인합덕(天人合德)하려는 세계관적 범주 중 '누가'·'무엇을'·'어떻게'·'왜'를 모두 인간의 본성인 인(仁)으로 회귀시켰고, '언제'·'어디서'는 현실 속에 두었다. 특히 『주역』의 천인합덕은 세계관적 범주의 구분이 사라진 상태이지만, 이전 단계에서는 선후본말적(先後本末的) 구조에서 중용의 도를 결합하여 생명에 대한 사랑을 전개하였다.

　관자는 중정화조(中正和調)하려는 세계관적 범주 중 '누가'·'무엇을'·'어떻게'·'왜'를 민생 문제에 집중시켰다. 그래서 그는 '언제'·'어디서'를 민생의 선후본말의 구조를 인정하는 현실 속에서 중용으로 적절히 조화시켰다. 관자의 철학은 중정화조라는 원칙을 국정 전 분야에 적용한 실용주의적 목민 철학·관리 철학·정치 철학이 되었다.

　공자는 문질빈빈(文質彬彬)하려는 세계관적 범주 중 '누가'(仁이)·'무엇을'(仁을)·'어떻게'(仁으로)·'왜'(仁하기 때문에)를 모두 도덕 자아로 회귀시켜 일체화했으며, '언제'·'어디서'는 선후본말의 구조 속에서 중용으로 조화시켰다. 공자 철학은 실천 방법상 선후본말적 구조를 가지고 있기 때문에 인(仁)을 차등애라고 한다.

　맹자는 배의여도(配義與道)하려는 세계관적 범주 중 '누가'·'무엇을'·'어떻게'·'왜'를 더욱 강화하여 도덕 자아로 회귀시켰고, '언제'·'어디서'는 선후본말적 구조를 인정하는 현실 속에서 중도(中道)를 추구하게 했다. 맹자가 도덕적 자아의 실현을 통해 생명 사랑을 실천하려 한 것은 대체로 공자와 일치한다.

순자는 예악화성(禮樂化性)하려는 세계관적 범주 중 '누가'(聖王)·'왜'(平天下)·'무엇을'(禮樂)·'어떻게'(敎化)를 각기 분리했다. 그 결과 예(禮)는 자기 외적인 것이 되었고, 예의 실천 이유도 자아의 자기실현이 아니기 때문에 도덕성이 결여되어 있다.

『대학』과 『중용』은 진성명덕(盡性明德)하려는 세계관적 범주 중 '누가'·'왜'·'무엇을'·'어떻게'를 모두 도덕 자아 속으로 회귀시켜 일체가 되도록 했다. 자아실현의 방법은 공자의 문질론(文質論)을 계승한 것으로서, 자신의 도덕적 주체성을 지키면서 다른 사람과 선후본말적 구조에서 중용을 이루어 명명덕(明明德)하고 진성(盡性)하려는 것이다.

노자는 무위자연(無爲自然)하려는 세계관적 범주 중 '누가'·'무엇을'·'어떻게'·'왜'를 모두 자연인의 주체 속으로 회귀시켰다. 그래서 그는 유가와 달리 '언제'·'어디서'는 소국과민(小國寡民)으로 귀속시켰다. 노자는 가능하다면 그것마저도 피하여 시공의 범주를 자연 속에 안치하려 했다.

장자는 여도합일(與道合一)하려는 세계관적 범주 중 '누가'·'무엇을'·'어떻게'·'왜'를 자연인으로서 자유인에게 회귀시켰다. 그러나 그는 노자와 달리 무한 시공관을 갖고 있으므로 '언제'·'어디서'는 거의 무시했다. 오히려 그는 세계관적 인식을 중지시킴으로써 문제 자체를 해소하고 여도합일하여, 상대적 시공을 잊고 천유(天遊)하려 한 것이다.

묵자는 겸애교리(兼愛交利)하려는 세계관적 범주 중 '누가'·'왜'·'무엇을'·'어떻게'를 천지(天志)에 두었다. 겸애는 겸(兼)의 특징 때문에 평등애가 되지만, 실천 주체인 '누가'와 단절되어 그 주체성이 약하고, 생존이 문제가 되지 않는 경우는 그 실효성을 기대하기 어렵다.

한비자는 포법처세(抱法處勢)하려는 세계관적 범주 중 '누가'에 해당하는 군왕에게 '무엇을'·'어떻게'·'왜'에 해당하는 법(法)·술(術)·세(勢)를 전속시켜 강력한 실행력을 가지게 하였다. 하지만 법을 지키는 백성들은 타율적인 행위를 하게 되었다.

『**여씨춘추**』는 여원동기(與元同氣)하려는 세계관적 범주 중 '언제'·'어디서'·'누가'는 현실의 백성에 두었고, '무엇을'은 생명에 두었으며, '어떻게'와 '왜'는 천지 음양오행의 기에 일치시키려 하였다. 하지만 결과는 음양오행의 틀에 억지로 짜맞추기가 되었다.

동중서는 천인감응(天人感應)하려는 세계관적 범주 중 '언제'·'어디서'·'누가'는 군왕 중심에, '무엇을'·'어떻게'·'왜'는 음양오행의 상응(相應)에 두었다. 음양오행의 기론(氣論)은 『여씨춘추』의 것보다 더욱 체계화되었지만, 도덕론은 춘추 전국 시대의 공맹 철학에 비해 퇴보했다. 천인감응을 말하며 수명지부(受命之符)와 재이(災異)를 논하는 것은 마치 실험실에서 화학 반응을 설명하듯 했다.

『**회남자**』는 도사일통(道事一通)하려는 세계관적 범주 중 '언제'·'어디서'·'누가'·'무엇을'·'어떻게'는 현실의 변습역속(變習易俗)에 두고, '어떻게'·'왜' 등은 제자백가 철학에 두었다. 그래서 기도경사(紀道經事)의 방법만으로는 그 이유를 스스로 확보하지 못하여 집중력이 약할 수밖에 없었다.

사마천은 승폐통변(承敝通變)하려는 세계관적 범주 중 '언제'·'어디서'·'누가'·'무엇을'·'어떻게'·'왜'를 모두 도덕 자아에 집중시켰다. 그가 『사기』를 편찬한 것은 공자가 인의(仁義)를 실현하려 『춘추』를 편찬한 것과 같다.

양웅이 응시변경(應時變經)하려는 세계관적 범주 중 '누가'·'무엇을'·'어떻게'·'왜'는 실용에 두었으며, '언제'·'어디서'는 현실에 두었다. 그의 철학은 유·도가의 고전을 모방한 모방형(模倣型)이면서, 보존할 것은 보존하고 변경할 것은 변경한다는 변경형(變更型)이기 때문에 절충융합형이 되었다.

천태종이 정혜쌍수(定慧雙修)하려는 세계관적 범주 중 '누가'·'무엇

을·'어떻게'·'왜'는 일심(一心)으로 귀속시켰으며, '언제'·'어디서'는
중중무진한 인연연기 속에 두었다. 지관(止觀)의 방법으로 공·가·중에 대
한 삼제(三諦)를 원만하게 깨달을 수 있고, 그렇게 삼제가 원융(圓融)하게
될 때 일체를 실상으로 보는 여실지견(如實知見)이 가능해진다는 것이다.

화엄종이 상즉원융(相卽圓融)하려는 세계관적 범주 중 '누가'·'무엇
을'·'어떻게'·'왜'는 일심·직심으로 귀속시켰으며, '언제'·'어디서'는
중중무진한 인연연기 속에 두었다. 사법계는 물론 십현육상(十玄六相)의
법계가 서로 소통하고 상즉원융함으로써 화해(和諧)하여 부처의 화장세
계(華藏世界)를 건설할 수 있다는 것이다.

선종도 일행삼매(一行三昧)하려는 세계관적 범주 중 '누가'·'무엇
을'·'어떻게'·'왜'는 모두 직심으로 귀속시켰으며, '언제'·'어디서'는
중중무진한 인연연기 속에 두었다. 일행삼매(一行三昧)의 방법을 취했지
만, 혜능은 단지 자기의 직심(直心)을 따를 뿐 계정혜(戒定慧)조차도 세우
지 않는다고 말했다.

장재는 허체화용(虛體和用)하려는 세계관적 범주 중 '언제'·'어디
서'·'누가'·'무엇을'·'어떻게'·'왜'를 자연과 현실의 변화 속에서 일체
적으로 설명하려 했다. 그래서 기(氣)를 바탕으로 용즉체의 본체론과 우
주론을 형성했으며, 그것을 기초로 천도 도덕론을 건설했다.

주희는 이일분수(理一分殊)하려는 세계관적 범주 중 '누가'·'무엇
을'·'어떻게'·'왜'를 본심으로 귀속시켰으며, '언제'·'어디서'는 현실
로 귀속시켰다. 비록 그가 이일분수의 방법으로 유가 철학의 형이상학을
재정비하였지만, 격물궁리의 길로 너무 돌아갔다.

왕수인은 직치양지(直致良知)하려는 세계관적 범주 중 '언제'·'어디
서'·'누가'·'무엇을'·'어떻게'·'왜'를 치양지(致良知) 속으로 귀속시켰
지만, 너무 지름길로만 가려 했다.

왕부지는 기체도용(器體道用)하려는 세계관적 범주 중 '언제'·'어디

서·'누가'·'무엇을'·'어떻게'·'왜'를 구체 사물 속에 귀속시켰다. 그래서 그는 유기론적(惟器論的) 주장을 하게 되었다.

웅십력은 반구실증(反求實證)하려는 세계관적 범주 중 '누가'·'무엇을'·'어떻게'·'왜'를 반구실증적 본체론 속에서 논하기 때문에 '언제'·'어디서'도 현실적 실천·수양 중심이 되었다. 그는 만물을 허무로 귀속시키는 도가, 유식무경(唯識無境)적 본체론을 가진 법상종 철학, 양론(量論) 중심의 서양 철학의 문제를 해결하기 위해, 유가 전통의 본체론을 방법으로 주장한 것이다.

2. 통시적 고찰

중국 철학의 주요 세계관적 목적은 생명이고, 방법은 사랑이다. 중국 철학에서는 그런 생명의 사랑을 대체적으로 세계관적 범주 상호 간의 관계를 조화시키는 속에서 이루려 했다. 그래서 중국 철학의 성격이 학파별로 크게 다르고 역사 속에서도 다소간의 가감이 있었으나, 공통적인 것은 대체로 중용이라는 방법이다.

『주역』은 64괘를 형성한 후 시위(時位)를 발견하고 그 속에서 적절한 균형과 조화의 개념인 중용을 찾아냈는데, 『주역』의 중용론은 중국 철학 전반에 지대한 영향을 끼쳤다. 관자는 목민 철학적 중정화조적 중용을, 공자는 문질빈빈적 중용을, 맹자는 중도적 중용을, 순자는 사회 질서로서의 예악적 중용을, 『대학』과 『중용』은 선후본말 구조에서 도덕적 자아를 실현하는 중용을, 노자는 자연인의 무위자연적 중용을, 장자는 자연인으로서 자유인이 되어 소요유(逍遙遊)하는 환중(環中)적 중용을, 묵자는 천지(天志)에 따르는 겸애적 중용을, 한비자는 균형과 조화를 이룬 법·술·세의 중용을, 『여씨춘추』는 여원동기 중 전생(全生)적 중용을, 동중서는

천인감응 중 동기상응적 중용을, 『회남자』는 인순응변(因循應變)하는 도
사일통적 중용을, 사마천은 순천통(順天統)하는 승폐통변적 중용을, 양웅
은 응시변경적 중용을, 천태종은 정혜쌍수적 중용을, 화엄종은 상즉원융
적 중용을, 선종은 직심발행(直心發行)하는 일행삼매적 중용을, 장재는
허체화용적 중용을, 주희는 이일분수적 중용을, 왕수인은 직치양지적 중
용을, 왕부지는 기체도용적 중용을, 웅십력은 심경혼융(心境渾融)적 중용
을 말한다.

　중용의 의미를 가진 시중 · 중정화조 · 문질빈빈 · 중도 · 무위자연 · 환
중 · 겸애 …… 허체화용 · 이일분수 · 직치양지 · 기체도용 등과 같은 개념
들을 대표할 수 있는 포월적 중용 개념은 어떤 것이 있을까? 그것은 무연
(無然)한 중용이다. 무연한 중용은 언제 어디서든지 누가 어떤 철학적 세
계관을 가졌든 그에 경도되지 않고 균형과 조화를 이룰 수 있는 것이기
때문이다. 그래서 필자는 무연관으로 중국 철학을 통시적으로 고찰하려
한다.

　『주역』은 중국 철학의 기본 모형을 제공한 사상적 원류(源流)이다. 『주
역』— 공자 —『대학』·『중용』— 맹자 — 순자의 계열로 분류되는 유가
철학과 『주역』— 노자 — 장자의 계열로 분류되는 도가 철학이 있듯이,
중국 철학 대부분은 『주역』의 영향을 받아 인중유과론적인 유전 인자를
타고났다. 그런 『주역』은 너무 철저한 체계 때문에 오히려 철학적 자유정
신을 방해할 수 있다. 그런 반면에 『시경』은 시적 방법[2]으로 제자백가들이
자유롭고 다양한 개념을 가지고 토론의 장을 펼치게 하였다. 그렇게 『주
역』과 『시경』은 상호 보완적으로 중국 철학의 주요 근원이 되었다.

　관자는 40여 년간 제나라 재상을 지낸 사람이다. 그가 한평생 제나라

2　시적 방법에 관한 것은 남상호, 『공자의 시학』(춘천, 강원대학교 출판부, 2011)을 참
조 바람.

국정 관리 책임자로서 고전은 물론 실제 경험에서 얻은 것들을 정리한 것
이 『관자』라는 책이다. 그렇게 『관자』 대부분이 국정 경험에서 얻은 1차
자료이기 때문에 정치 지침서 같은 느낌마저 든다. 관념적인 것이 현실적
인 것에 앞선다고 보는 유·도가 철학에 비해, 관자는 오히려 현실적이고
경험적인 것이 관념적인 것에 앞선다고 보는 것이다. 관자의 실용주의적
목민 철학·관리 철학·정치 철학은 후대 제자백가에게 커다란 영향을 끼
쳤다.

공자는 육경 등의 경전에서 선후본말적 구조와 중용의 결합을 보았으
며, 인간 본성 속에서 인(仁)을 발견하여 선후본말적 구조 중 선(先)과 본
(本)의 위치에 그 인을 대입하였다. 진일보해 보면 그가 무가무불가(無可
無不可)한 경지에서 천지 만물을 인의 눈으로 보고, 인의 입으로 말하며,
인의 마음으로 생각하고, 인의 수족으로 실행한 것을 정리해 놓은 것이
『논어』이다.

맹자는 육경은 물론 공자의 『논어』도 보았으며, 당시 도가와 묵가의 철
학 사상에 대해서도 들었다. 그는 공자의 철학을 계승·발전시키고 옹호
한 사람으로서 그의 세계관적 범주 간의 상호 관계는 공자와 마찬가지이
다. 특히 그는 공자의 욕인(欲仁)이나 위인유기(爲仁由己)와 같은 개념으
로부터 인의예지 4단의 인성론을 구축할 수 있었다.

순자는 전국 말기 사람으로서 공자의 철학 사상을 종주로 삼았다. 선후
본말적 구조에서 중용을 운용하는 것은 유가 전통을 계승하였지만, 예악
(禮樂)은 인간 본성에 기초를 두지 않았다. 욕심의 존재를 적극적으로 인
정하여 양욕(養欲)해야 한다고 보는 것은 공맹과 다른 점으로서 순자 철
학의 특징이 되었다.

『**대학**』·『**중용**』은 각각 『예기』의 한 편이었지만, 주희가 유가 교육의 기
본 교재로 채택하면서 독립적 지위를 얻게 된 것이다. 학용은 내용적으로
는 도덕적 자아에 기초하고, 형식적으로는 선후본말적 구조 속에서 중용

을 운용하여 자아를 실현하는 진성명덕(盡性明德)하는 유가 철학의 방법을 종합적으로 가지고 있다.

노자는 '도가도비상도'(道可道非常道)라는 말처럼 인간의 언어와 사고의 한계에 도전하였다. 특히 무(無)로 도를 말하는 것은 역설적 방법을 활용한 것으로서 중국 철학 방법사상 획기적인 것이다. 무위자연의 자기부정 방법으로 세계관적 인식을 중지하고 자연인이 되려 하였다.

장자는 여도합일을 통해 노자의 도를 계승하여 상대적 세계관에 잡히지 않고, 무극의 세계에서 소요유하려 했다. 그가 소요유의 정신을 가질 수 있었던 것은 노자가 무(無)와 자기부정으로 자아를 회복시켜 놓은 덕분이다. 그런 면에서 노자와는 계승 관계를 갖고, 공자·맹자와는 상반 관계를 갖는다.

묵자는 하층민의 생존과 이익을 대변하는 데 중점을 두었기 때문에 평등(平等)한 사랑인 겸애를 실천 방법으로 주장했다. 그래서 유가와 같은 선후본말적 구조를 생각할 여유도 없었으며, 오히려 그런 차등적 구분은 별애(別愛)라 하여 배척했다. 이런 점에서 묵자가 겸애의 철학 사상을 갖게 된 명분과 동기는 유가 철학에서 얻은 것이다.

한비자는 선진 철학자 중 가장 뒤에 태어나 선진 철학의 장단점을 보았다. 그는 선배 법철학자들의 법·술·세가 분리되어 실천력이 약하다는 것을 보고 그것을 통합하였다. 그것은 단지 법가의 통일만이 아니라, 제자백가들의 세계관을 통합하여 철학 사상에서의 천하통일을 꿈꾼 것이다. 하지만 생명과 도덕이 고려되지 않아 비정한 사상이 되었다.

『여씨춘추』는 여불위가 전국 말기 떠돌이 학자들에게 음양오행론의 토대 위에 유가 철학을 위주로 다른 제자백가 철학을 재료로 삼아 편찬하게 한 백과사전적 저술이다. 여러 면에서 이와 유사한 **『회남자』**는 도가 철학을 위주로 하여 유·묵·법가 등을 통합하였다. 한편 **동중서**는 『여씨춘추』의 영향을 받아 음양오행론과 유가 철학을 결합함으로써 기론(氣論) 중심의 유가 철학이라는 새로운 장을 열었다. **사마천**은 공자의 역사 철학을 계승하여 역사의 지속과 변화를 통찰하고 구천인통고금(究天人通古今)함으로써 사가(史家)의 창시자가 되었다. **양웅**은 『주역』을 모방하여 『태현』을 지었고, 『논어』를 모방하여 『법언』을 지었다. 내용상 그것은 서로 다른 것으로서 오히려 유가와 도가 철학을 절충한 것이다. 그 때문에 그는 창작가가 아닌 절충가가 되었다.

진한 시대의 철학적 방법의 특징은 어떠한가? 그것은 한마디로 대일통(大一統)을 지향했으나 내용은 단순 통합으로서 원융하지 못했다. 그 까닭은 새로운 세계관적 목적과 새로운 개념을 제시하지 못하고, 단지 재활용하거나 확장·전용한 것이기 때문이다. 춘추 전국 시대는 자기의 철학적 개념이 분명하고 강했던 시기였다면, 진한 시대는 선대의 학설을 종합하거나 섞어 만들기를 하던 시기였다. 자기만의 중심 개념을 기초로 세계관적 목적을 확립하지 못하고 집대성하면 단지 잡스러운 통합일 뿐이다. 그래서 『여씨춘추』·『회남자』·동중서·양웅 등은 뚜렷한 자신만의 세계관적 목적을 건립하지 못하고, 단지 선진 제자백가의 철학을 절충하는 절충가(折衷家)가 된 것이다.

춘추 전국 시대 제자백가는 자기의 세계관적 목적을 중심으로 다른 학파와 차별화하려 했기 때문에 수평적 영향 관계가 있지만, 동시에 육경과는 수직적 영향 관계가 있다. 진한 시대의 학자들은 제자백가 철학 사상을 기본 모델로 삼기 때문에 제자백가와 수직적 영향 관계보다는 수평적 영향 관계가 적다. 그것은 중심 개념이 남의 것과 차별화된 특색을 갖지 못했기 때문이다. 비록 종합 또는 통합하거나 섞어 만들기를 하더라도 어떤 것을 체(體)로 삼고 나머지를 용(用)으로 삼아 재구성하면, 그것은 철학적 패권을 노리는 도통론적 주석학이 된다.

천태종과 **화엄종**은 인도에서 들어온 불교를 중국화하기 위해 교상판석을 하여 정착화하는 데 성공한 종파이다. 초기에 도가의 개념을 빌려 포교하는 격의불교의 단계를 벗어나 자기만의 개념을 건립했기 때문이다. 그래서 교상판석으로 천태종은 오시팔교(五時八教)를 주장하고, 화엄종은 오교십종(五教十宗)을 주장하였다. 그러면서도 자신들의 학문적 개성을 드러내기 위해 천태종은 정혜쌍수의 방법을 통해 제법실상을 여실지견할 것을 주장하고, 화엄종은 상즉원융의 방법을 통해 법계원융할 것을 주장했다. 그런데 비해 **선종**은 중간 과정을 없애고 곧바로 직심(直心)을 따르는 일행삼매의 방법을 주장했다. 교상판석의 원본은 직심 자체이기 때문에 직심 이외의 그 어떤 것도 필요 없다는 것이다. 철학은 기본적으로 자기 주장을 펼치기도 하지만, 남을 자극하여 진일보하게 하기도 한다. 불교가 중국 철학의 발전에 커다란 영향을 미친 것이 그 예이다. 그렇게 남에게 영향을 미칠 수 있는 힘은 바로 독특한 자기만의 원점에서 자기만의 특별한 방법을 제시한 데서 나오는 것이다. 즉 천태·화엄·선종 자체도 가장 중국적인 불교로 거듭난 것이다.

　장재는 도가와 불가의 문제점을 제기하는 것은 물론 공맹 철학 역시 형이상학적 논의는 안 했다고 보았다. 즉 그는 『주역』과 『중용』에 입각하여 도가의 무(無)·도(道)와 불가의 공(空)·적멸(寂滅) 등이 비현실적이고 공허하다고 비판했다. 아울러 "사람에 대해서는 아는데, 천도에 대해서는 모른다"고 말하면서 "형체가 없는 태허(太虛)의 기(氣)가 본체"라는 형이상학을 건립했다.

　주희는 공맹 이래 쇠미해진 유가의 도를 시대에 맞게 재정비함으로써 유가 철학의 부흥 운동을 펼쳤다. 그는 유가 철학의 대중화를 위해 기본 교재로 『논어』·『맹자』·『대학』·『중용』을 채택하였으며, 그것을 사서(四書)라고 이름을 붙였다. 아울러 도가와 불가의 형이상학에 대항하기 위해 『주역』과 『중용』으로 유가의 도덕 형이상학을 재정비했다. 그는 존재와 가치 문제 등을 동시에 해결하기 위해 이일분수의 방법을 사용했다.

　왕수인이 해결하고자 했던 문제는 바로 주희의 이원론적 즉물궁리(卽物

窮理)·인심도심(人心道心)·지행(知行) 등이었고, 해결 방법은 치양지였다. 왕부지는 유가 철학이 그동안 도(道)·이(理)·기(氣)·심(心) 등 관념적인 것을 우선시하는 도체기용론(道體器用論)이었다고 보고, 그 때문에 국력이 약화되어 명나라가 망했다고 보았다. 그래서 왕부지는 실제적인 힘을 강화하기 위해 장재의 기체도용론(氣體道用論)을 계승하여 기(器)를 중심으로 기체도용론(器體道用論)을 건립했다.

웅십력이 해결하고자 했던 문제는 도·불가와 서양 철학의 문제이었고, 그 해결 방법은 『주역』의 체용론과 맹자의 인성론을 계승한 반구실증적 도덕본체론이었다. 도·불가는 물론 서양 철학과 달리 본체를 '경지의 사물'로 본 것은 그의 학술적 성과이다. 그것은 훗날 모종삼이 '경계철학'(境界哲學)이란 개념을 정립하는 하나의 계기가 되었다.

종합해 보면, 춘추 전국 시대엔 자기 나름대로 세계관적 목적을 세우고 독특한 자기만의 방법으로 자신의 철학을 건립했다. 그러나 진·한 이후 청대에 이르기까지 대부분의 철학자는 선진 시대 제자백가의 세계관적 목적을 계승하면서 약간씩 변형함으로써 시대적 요구를 반영했다. 철학은 과학처럼 지식을 누적하여 이루어지는 것이 아니고 자기만의 원점에서 시작되어야 하는데, 진한 시대 이후의 철학은 춘추 전국 시대 철학의 종속적 위치에서 벗어나지 못했다. 대부분의 경우 원인의 원인을 밝히는 동사형 철학은 했지만, 자기만의 독특한 세계관적 목적을 세운 명사형 철학은 건립하지 못했다.

3. 신편 제자백가

제자백가(諸子百家)란 일반적으로 시대는 춘추 전국 시대(기원전 8세기 ~기원전 3세기)를 말하고, 제자는 많은 성현을 말하며, 백가는 여러 학

파를 말한다. 사마담(司馬談)은 「논육가요지」(論六家要指)에서 음양·
유·묵·명·법·도가로 분류하였고, 반고(班固)는 『한서』「예문지」(漢
書·藝文志)에서 유향(劉向)·유흠(劉歆) 부자의 『칠략』(七略, 즉 輯略, 六
藝略, 諸子略, 詩賦略, 兵書略, 術數略, 方技略)을 요약·정리했다. 거론된
제자백가의 명칭은 유가·도가·음양가·법가·명가·묵가·종횡가·잡
가·농가·소설가 등 모두 10가(家)이며, 그 시대는 춘추 시대부터 서한
시대까지이다.

　『한서』「예문지」는 '제자십가'(諸子十家)를 유가(儒家, 53家)·도가(道
家, 37家)·음양가(陰陽家, 21家)·법가(法家, 10家)·명가(名家, 7家)·묵
가(墨家, 6家)·종횡가(從橫家, 12家)·잡가(雜家, 20家. 병법 포함)·농가
(農家, 9家)·소설가(小說家, 15家) 등 모두 189가(저술 중심으로 세분한
것으로서 蹴鞠一家를 제외한 총계)로 분류하고 총 저술 편수는 4,324편이
라고 했다. 그중 소설가는 내용이 백성들의 평범한 이야기로서 가담항어
(街談巷語)이기 때문에 학술적 근거가 없어 제자백가로 인정할 수 없다는
것이다. 그렇기 때문에 제자는 모두 9가(家), 즉 9개 학파뿐이라 했다.

　「예문지」가 기본적으로 189가의 4,324편을 '제자10가'로 크게 분류한
기준은 조정의 관직 중심으로 하되 학문적 주제와 방법의 유사성을 고려
한 것이다.[3] 그렇게 분류한 결과 「예문지」는 『관자』(管子)를 관자(筦子)라
는 이름으로 제자략(諸子略)의 10가 중 도가에 분류했고, 손자의 『손자』
역시 도가에 분류한 『손자』 16편인 것 같고, 사마천의 『사기』 130편을 태
사공 130편이란 이름으로 육예략(六藝略)의 육예(즉 六經) 중 춘추 분야
에 분류했다.

　필자는 이에 동의하지 못하는 점이 있다. 첫째, 반고는 소설가의 저술

3　『漢書』「藝文志」에서 儒家는 司徒之官, 道家는 史官, 陰陽家는 羲和之官, 法家는 理
官, 名家는 禮官, 墨家는 淸廟之守, 從橫家는 行人之官, 雜家는 議官, 農家는 農稷之官,
小說家는 稗官에서 나왔다고 말했다. 이것이 소위 王官說이다.

이 백성들의 평범한 가담항어(街談巷語)라는 이유로 제외했지만, 그런 평범한 민담 속에도 진리가 들어 있는 것이 아닌가? 둘째, 『관자』에 도가적 요소가 있다 해도 관자가 노자보다 50년은 선배인데 어떻게 후배의 학설로 선배를 규정할 수 있는가? 셋째, 『손자병법』으로 알려진 『손자』는 군사학과 관련된 병가의 병서인데 도가에 분류할 수 있는가? 넷째, 사마천은 과거 3천 년의 역사를 정리하면서 그의 집필 정신과 기준을 육경에 두고 사리(史理)를 밝히려 했는데, 그를 단순히 역사 기록이나 하는 사관(史官)으로만 보라는 것인가?

그뿐만 아니라 시대가 다르고 출생지가 다르지만, 진한 시대의 저술이나 인도에서 들어온 불교 역시 중국 철학 전체에서 보면 중요한 하나의 학술적 체계를 갖추고 있다. 진(秦)의 『여씨춘추』, 한(漢)의 동중서의 『춘추번로』·유안의 『회남자』·양웅의 『태현경』과 『법언』 등의 저술은 물론 불교는 중국 철학에 엄청난 새로운 계기를 마련해 주었다. 그동안 춘추전국 시대의 제자백가에 치우쳐 나머지는 하나의 학문으로 독립적인 위치에서 대접을 받지 못했다.

하나의 학파라는 의미의 가(家)는 어떤 개념적 조건을 갖추어야 하는가? 독특한 자기만의 세계관적 목적과 방법을 가져야 한다. 맹자, 순자, 동중서, 송·명·청대의 유학자들은 공자의 세계관적 목적인 인(仁)을 공유하면서, 예악이라는 실천 방법을 공유하였다. 도가·불가·법가·묵가 등도 역시 마찬가지이다.

필자는 관자의 『관자』·손자의 『손자』·『여씨춘추』·동중서의 『춘추번로』·유안의 『회남자』·양웅의 『태현경』과 『법언』·사마천의 『사기』·송명청의 유학자들의 저작들을 주제와 방법을 중심으로 새롭게 분류하고자 한다. 즉 관자가 국가 경영과 관리를 주제로 하나의 학문 체계를 정립했기 때문에 그를 관가(管家)로 분류하고, 『여씨춘추』를 편찬한 학자들·유안·양웅은 춘추전국 시대의 제자백가 철학을 절충하였기 때문에 절충가(折

衷家)로 분류하며, 사마천이 역사를 주제로 하나의 학문 체계를 정립했기 때문에 그를 사가(史家)로 분류하고, 인도에서 들여온 것이지만 중국화가 되었기 때문에 불교는 불가(佛家)로 분류한다. 그러나 송·명·청의 유학자들은 철학적 방법이 약간 바뀌었지만 유가의 세계관적 목적을 공유하므로 역시 유가로 분류한다.

필자는 선진 제자백가를 분류하는 기준으로 「예문지」의 왕관설(王官說)에 반대하여 육경설(六經說)을 주장한다. 제자백가의 분류를 그들이 세운 학문을 기준으로 해야지 관직으로 하면 그것은 학파의 의미와 거리가 멀기 때문이다.[4] 마찬가지로 제자백가의 학문적 기준상 그 세계관적 목적과 방법이 독특할 때 별도의 영역으로 분류하여 인정하는 것은 마땅하다. 그래서 우리는 춘추 전국 시대에서 청대까지 중국 철학의 제자백가에 『한서』「예문지」의 제자10가(諸子十家)에 소설가를 포함시키는 것은 물론 관가(管家)·병가(兵家)·사가(史家)·절충가(折衷家)·불가(佛家)를 추가하여 제자백가를 15가로 분류할 수 있다. 그렇게 되면 중국 철학사에 등장한 제자백가는 '관가·유가·도가·음양가·법가·명가·묵가·종횡가·잡가·농가·소설가·병가·사가·절충가·불가' 등 모두 15가가 된다.

그뿐만 아니라 문화 예술계에 예술 창작가와 예술 비평가가 있듯이, 철학계에도 그런 개념을 적용하면 철학 창작가와 철학 비평가가 있다. 자기

---

4   "필자의 육경설은 제자백가의 학문은 無然과 같은 원개념을 최고봉으로 하는 육경의 개념들을 기초로 성립되었다는 말이다. 그런 개념으로 하나의 학문 체계를 건립하기 위해서는 하나의 세계관적 목적이 있어야 한다. 그런데 어떤 것을 세계관적 목적으로 설정하고 그것에 의해 세계관을 형성하는 것은, 제자백가가 각자의 입장에 따라 결정한 것이지 맹목적으로 그 어떤 경전의 사상을 자기의 철학적 세계관의 목적으로 삼는 것이 아니다. 물론 그들이 담당한 관직이나 어떤 경전의 영향을 받을 수는 있다. 그러나 반고나 웅십력과 같은 주장에서는 당장 공자가 어떻게 무한보편의 인(仁)을 세계관적 목적으로 삼아 인학을 건설했는지를 근원적으로 설명하기 어렵다." (남상호, 『육경과 공자인학』, 서울, 예문서원, 2003, 278~279쪽)

만의 세계관적 목적을 독창적으로 개발하여 철학 체계를 건립한 사람을 철학 창작가로 분류할 수 있다면, 그런 것 없이 다른 사람의 철학을 논하는 사람은 철학 비평가로 분류할 수 있다. 이 책에서 논한 철학자를 중심으로 분류하면, 관자·공자·노자·묵자·한비자·손자·사마천·석가모니는 철학 창작가로 분류할 수 있고, 동중서·유안·양웅은 철학 절충가로 분류할 수 있으며, 장재·주희·왕수인·유종주·왕부지·웅십력 등은 철학 비평가로 분류할 수 있을 것이다.

방법론적 세계관에 관하여

1. 존재와 개념의 함정

우리는 왜 마술과 철학에 대해 재미를 느끼게 될까? 마술은 관객이 알아차리지 못하도록 숨겨둔 물건이 있기 때문이고, 철학은 '무한·전체·필연·절대' 등과 같은 관념으로 설정한 본체론(本體論, 혹은 存在論, 實體論, ontology)이 있기 때문이다. 그런 본체론은 바로 '영원불멸의 만물의 근본 원리는 무엇(What)인가'라는 물음 형식에서 기인한 것이다. 그러나 '무한·전체·필연·절대'라는 관념은 단지 '유한과 무한, 부분과 전체, 우연과 필연, 상대와 절대'와 같은 순수이성의 이율배반(二律背反, antinomy)적 인식 방법일 뿐이다.

본체론의 문제점은 무엇인가? 본체론은 결국 자기가 설정한 '존재의 함정'에 빠지고 만다. 본체는 모든 존재의 기초이며, 자신의 존재를 부정할 수 없기 때문이다. 그런 것을 기초로 한 철학 개념 역시 '개념의 함정'에 빠지고 만다. 다른 개념으로 대체될 수 없기 때문이다.[1]

---

1 예를 들어 태극을 이데아(Idea)로 바꾸어 말할 수 없고, 이데아를 기독교의 신으로 바꾸어 말할 수 없는 것과 같다.

'**방법론적 세계관**'(methodological world-view)으로 접근하면 어떻게 될까? '방법론적 세계관'은 무(無, nothing)를 포함해 일체 사물을 방법 (方法, How)으로 보는 세계관을 말한다. 그 출발점과 최종 목적은 단지 방법상 설정한 것뿐이다. 그러면 '방법론적 세계관'을 '본체론적 세계관' 과 비교할 때, '방법론적 세계관'은 어떤 장점이 있을까?

① **일체를 방법으로 볼 수 있다**: 본체론적 세계관은 그 내용과 상관없이 모든 현상을 본체 속에 설정하기 때문에, '방법'도 '본체의 존재'를 따른 다. 하지만 방법론적 세계관은 '무를 포함한 일체'는 '방법'에 따르기 때 문에, 일체를 방법으로 볼 수 있다. 철학자들이 '무한 · 전체 · 필연 · 절대' 라는 관념으로 본체를 정의하는 것은 무한을 꿈꾸는 인간의 꿈을 반영한 것이다. 비록 '무한 · 전체 · 필연 · 절대'가 단지 사람의 관념일 뿐이라도, 우리는 그것에 대한 관념적 모방을 통해 무한한 영감이나 고도의 정신 경 지를 얻는 하나의 방법으로 삼을 수 있다. 예를 들어 '무'를 역설적 방법 으로 사용하면, 무연관(無然觀)과 같은 방법론적 세계관을 얻을 수 있다. 그렇게 되면 '무를 포함한 일체 사물'은 방법 아닌 것이 없게 된다.

② **존재의 함정이 없다**: '본체론적 세계관'은 '무한 · 전체 · 필연 · 절대' 의 관념으로 본체를 정의하고, '유한 · 부분 · 우연 · 상대'라는 관념으로 현상을 정의한다. 그래서 본체론적 세계관은 본체를 우주 만물의 최고 근 원으로 간주한다. 그러므로 그것은 첫째, 유한자가 있듯이 무한자도 있다 고 보는 것이다. 그러면 그것은 '유가 존재하니 무도 존재한다'는 말과 같 게 된다. 둘째, 그것은 순수이성의 관념을 형이상학적 진실 존재라고 보 는 것이다. 그러면 그것은 무(無)도 진실 존재라는 것이 된다. 셋째, 무한 자에서 유한자가 나오는 것이라고 한다면, 그것은 마치 무에서 유가 나온 다는 말과 같게 된다. 칸트(Immanuel Kant, 1724~1804)에 의하면 '유 한과 무한, 부분과 전체, 우연과 필연, 상대와 절대'는 단지 순수이성의 동등한 사유 법칙이고 양자가 평등한 관념일 뿐이다.[2]

　본체론적 세계관은 그 본체의 내용을 어떻게 설정하든 모두 가능하지만, 단 자신의 존재를 부정하는 것만은 설정할 수 없다. 그래서 '본체론적 세계관'이 '존재의 함정'에 빠지고 마는 것이다. 비록 우리가 순수이성의 사유 법칙에 따라 '유한과 무한, 부분과 전체, 우연과 필연, 상대와 절대' 등과 같은 상반된 관념을 얻을 수 있지만, 그런 상반된 관념을 실재 현상에 대입하게 되면 '존재의 함정'에 빠지고 만다. 이와 같이 순수이성이 이율배반적 모순을 처리하기 어려운 것은 바로 관념과 존재를 일치시키려 한 것 때문이다. 즉 순수이성이 이율배반적 모순에 빠지고 마는 것도 바로 '관념'과 '존재'(What)를 일치시키려 한 것 때문이다. 그러나 How로 시작하는 무연관은 시작부터 존재는 문제가 되지 않는다. 그뿐만 아니라 무연관은 자신의 존재를 부정함으로써 정체성을 유지하기 때문에, '존재의 함정'은 근본적으로 없다.

2　임마뉴엘 칸트 저, 백종현 역, 『순수이성비판』, 서울, 아카넷, 2006, 789~790쪽, A616, B644: 필연과 우연을 예로 들면, "나는 한 필연적인 존재자를 가정하지 않고서는 실존하는 것의 조건들을 거슬러 올라가는 일을 (논리적으로) 완성할 수 없지만, 결코 이 필연적인 존재자에서 (존재론적으로) 시작할 수 없는 것이다. 나는 실존하는 사물들 일반을 위해 무엇인가 필연적인 것을 생각할 수밖에 없지만, 어떤 사물도 그 자체로 필연적이라고 생각할 자격이 없다면, 그로부터 불가피하게 나오는 귀결은 필연성과 우연성이 사물들 자신과 관계되고 관련되어서는 안 된다는 것이다. 그렇지 않으면 모순이 생길 것이니 말이다. 그러니까 이 두 원칙 어느 것이나 객관적이 아니라는 것이요, 결국 오직 이성의 주관적 원리들일 수 있다는 것이다."(Immanuel Kant, *Kritik der reinen Vernunft*, Felix Meiner: Hmabrurg, 1956, A616, B644-1~15: "ich kann das Zurückgehen zu den Bedingungen des Existierens niemals vollenden, ohne ein notwendiges (notwendig) Wesen anzunehmen, ich kann aber von demselben niemals anfangen. Wenn ich zu existierenden Dingen überhaupt etwas Notwendiges denken muß, kein Ding aber an sich selbst als notwendig zu denken befugt bin, so folgt daraus unvermeidlich, daß Notwendigkeit unt Zufälligkeit nicht die Dinge selbst angehen und treffen müsse, weil sonst ein Widerspruch vorgehen würde; mithin keiner dieser beiden Grundsätze objektiv sei, sondern sie allenfalls nur subjektive Prinzipien der Vernunft sein können.")

이 글의 주요 문제는 서양의 존재 중심의 본체론에 관한 것이고, 중국의 경지 중심의 본체론이 아니다. 그러면 동서 철학의 본체론 간에는 어떤 차이점과 공통점이 있는가? 다른 점은 서양 철학의 경우 존재 문제를 중시한다면, 중국 철학의 경우는 수양의 경지를 중시한다는 것이다. 공통점은 양자 모두 인중유과론적 세계관에 속한다는 것이다. 그러면 '존재의 함정'의 적용 범위는 어디까지인가? '존재의 함정'은 단지 존재 중심의 본체론적 세계관에서 생기는 것이므로, 방법론적 세계관은 사물의 존재 여부와 상관없이 성립되는 것이다. 아울러 방법론적 세계관은 결코 사물의 존재를 부정하지 않으며, 부정할 필요도 없다. 존재나 개념, 또는 함정과 같은 것들도 모두 하나의 방법적 도구일 뿐이다. 그래서 다시는 '존재' 혹은 '개념'의 함정이라고 할 만한 것이 없다.

③ **개념의 함정이 없다:** 본체론적 세계관은 본체와 현상을 완전히 일치시키려 하기 때문에, 학문적으로는 도통론과 주석학을 조성하여 '개념의 함정'에 빠지고 만다.[3] 하지만 방법론적 세계관으로 보면 '방법'이 '존재'를 따르는 것이 아니라 '존재'가 '방법'을 따르기 때문에, 사물은 궁극적으로 전개념(前槪念)적인 것이 된다. 전개념적이라는 것은 방법에 따라 사물의 개념이 정의될 수 있다는 뜻이다. 방법론적 세계관이 무를 가장 좋은 방법으로 사용할 수 있는 것 역시 그 때문이다. 그래서 기존의 개념은 물론 그것으로 형성한 철학 사상도 하나의 방법으로 사용하기 때문에, 개념 사용자는 더 이상 '개념의 함정'에 빠지지 않는다.

---

3   陸九淵(1139~1192)의 경우를 예로 들면, 본체와 현상, 경전과 주석은 주종 관계를 이룬다. ① 본체와 현상의 관계: 四方上下曰宇, 往古來今曰宙. 宇宙便是吾心, 吾心卽是宇宙. 萬世之前有聖人出焉, 同此心, 同此理也. 千萬世之後有聖人出焉, 同此心, 同此理也.(『四部叢刊集部』『象山先生全集』卷22, 180쪽) 道外無事, 事外無道. …… 學苟知本, 六經皆我註脚.(『象山先生全集』卷34, 258쪽) ② 경전과 주석의 관계: '我固有之, 非由外鑠我也.' 故曰: '萬物皆備於我矣. 反身而誠, 樂莫大焉.' 此吾之本心也.(『象山先生全集』卷1, 18쪽)

④ **진리의 다양화와 범위 확대:** 본체론적 세계관은 '존재'를 떠날 수 없기 때문에, 그들이 말하는 진리 역시 존재를 떠날 수 없다. 그러므로 본체 속에 전제되지 않은 것은 그 어떤 것도 현상 속에 존재할 수 없다.[4] 만약 유·도·불가나 플라톤·아리스토텔레스 등이 주장하는 본체의 내용이 다른 것이라면 그들의 진리 역시 다를 수밖에 없고, 같은 것이라면 어떤 방식으로 말하든 결국 같은 진리를 말하는 것이 된다. 본체론이 서로 다르다는 것은 오히려 다양한 진리관을 가질 수 있게 되는 것이다. 그러나 방법론적 세계관은 그들의 철학을 각각 하나의 방법으로 볼 뿐이기 때문에, '방법론적 진리'는 종전의 '본체론적 진리'보다 그 범위가 넓어진다.

⑤ **'경지의 철학'과 함께할 수 있다:** 본체론적 세계관은 What 중심으로 접근하기 때문에, 성현들의 '경지의 철학'[5]도 하나의 사물로 보게 되어 하나의 지식적 대상으로 본다. 그러므로 공부를 할수록 점점 지식은 많아지는데 무한한 영감은 얻을 수 없다. 만약 우리가 무한한 영감을 얻고자 한다면, 그 접근 방법 역시 진행형으로 해야 할 것이다. 이런 진행형은 바로 수양 실천 과정 중에 있는 것이므로, 지속적인 자기부정(즉 자기희생)을 해야 한다. 이 지속적 자기부정은 바로 멈춤이 없는 경지이고, 멈춤이 없는 경지의 수양 실천은 바로 무연관처럼 무한한 자기부정과 자기 포월 과정을 정체로 삼는 것이다.

4　본문에서 논하는 인증유과론은 철학적인 문제에 국한하는 것이지만, 철학은 현실을 떠날 수 없는 것이므로 결과≧원인의 관계까지 확장해야 할 것 같다. 왜냐하면 화학에서 암모니아(NH_3) 냄새는 구성 요소인 수소나 질소에서는 존재하지 않고 화학의 법칙으로서는 예견할 수 없는 것과 같은 創發性(emergent properties)의 경우가 있을 수 있기 때문이다.(申重燮 교수의 지적)

5　中國的形而上學 — 道家, 佛教, 儒家 — 都有境界形態的形而上學意味. 但儒家不只是個境界, 它也有實有的意義; 道家就只是境界形態, 這就規定它系統性格的不同.(牟宗三, 『中國哲學十九講』, 台灣學生書局, 民國72年[1983], 103쪽) 최근 杜保瑞 교수는 그의 논문「孔子的境界哲學」에서 '境界哲學'이란 용어를 사용하였다.(杜保瑞, 『中華易學雜誌』, 臺北, 中華易學雜誌社, 1998.10, 67~84쪽)

2. 방법(How)과 무연관

우리는 세계에 대해 어떻게 접근하고 무엇을 알게 되는가? 우리는 사물을 그냥 보고 아는 것이 아니다. 우리는 먼저 여섯 가지 물음의 형식을 가지고 물어야 하고, 그 묻는 형식에 따라 아는 내용도 달라진다. '누가'를 물으면 주체를 알게 되고, '언제'를 물으면 시간을 알게 되며, '어디서'를 물으면 장소를 알게 되고, '무엇을' 물으면 사물의 현상과 본체를 알게 되며, '어떻게'를 물으면 방법을 알게 되고, '왜'를 물으면 원인을 알게 된다. 예를 들어 하나의 시계를 보고 What으로 물으면 시계라는 것을 알게 되지만, When으로 물으면 시간을 알게 되는 것과 같다. 그렇게 '언제'(When) · '어디서'(Where) · '누가'(Who) · '무엇을'(What) · '어떻게'(How) · '왜'(Why) 등의 문제의식으로 사물에 접근하여 알게 되는 것은 우리 모두에게 공통적인 것이다. 그래서 필자는 그 여섯 가지 물음의 형식을 '세계관적 범주'[6]라고 부르고, 그것으로 인식하는 것을 '세계관적 인식'이라 부르는 것이다.

필자는 어떻게 How 중심의 '방법론적 세계관'을 갖게 되었는가? 전통 동서 철학은 모두 What과 Why를 가지고 물음을 시작했기 때문이다. 이 때문에 그들은 존재와 개념의 함정에 쉽게 빠지고 말았다. 그래서 필자는 How를 발문 형식으로 삼아 그런 문제를 해결하려 한 것이다. 필자의 전공은 공자 철학으로서 평소 철학과 현실의 거리가 너무 멀다고 느껴 방법(How)을 중심으로 중국 철학의 방법을 연구하게 된 것이다. 방법상 How를 중심으로 하는 입장은 필자의 대전제이다.

아리스토텔레스가 실체와 속성으로 구성한 10개 범주를 '존재론적 범주'라고 부를 수 있다면, 칸트가 오성의 12범주[7]로 구성한 범주는 '인식론

---

6   남상호, 『중국철학방법사』, 춘천, 강원대학교 출판부, 1997, 7쪽

적 범주'라고 부를 수 있다. 아리스토텔레스의 10범주가 무엇(What)인가를 물을 때 알 수 있는 것이고, 칸트의 12범주도 인간의 인식 범주가 무엇(What)인가를 물을 때 알 수 있는 것이다. 그렇기 때문에 '세계관적 범주'의 문제의식은 '존재론적 범주'나 '인식론적 범주'에 앞서서 작동해야 한다.

　학문적 세계관과 성격은 어떻게 결정되는가? 물음의 형식에 따라 앎의 내용이 달라지듯, 여섯 가지 '세계관적 범주' 중 어느 것을 중심으로 구성하느냐에 따라 학문적 세계관과 성격도 달라진다. 즉 '누가'를 중심으로 하면 인간학·윤리학적인 세계관이 되고, '언제'·'어디서'를 중심으로 하면 정치·사회·역사학적인 세계관이 되며, '무엇'을 중심으로 하면 형이상학·지식론적인 세계관이 되고, '어떻게'를 중심으로 하면 방법론적인 세계관을 형성하게 되며, '왜'를 중심으로 하면 형이상학(우주론·본체론 또는 존재론)적인 세계관이 된다. 그것은 칸트가 세 가지의 물음으로 세 권의 책을 쓴 것과 같다. 즉 "나는 무엇을 (어디까지) 알 수 있는가"(Was kann ich wissen? 我能知道什麼?)라는 앎과 관련이 있는 인식론·형이상학적 물음으로『순수이성비판』을 썼고, "나는 무엇을 (어디까지) 행해야만 하는가"(Was soll ich tun? 我能做什麼?)라는 윤리 도덕과 관련이 있는 윤리학적 물음으로『실천이성비판』을 썼으며, "나는 무엇을 (어디까지) 희망할 수 있는가"(Was darf ich hoffen? 我可以希望什麼?)라는 내세와 관련이 있는 종교학적 물음으로『판단력비판』을 썼다.[8]

7　오성의 판단 형식인 12범주(Kategorie):
　　分量(Quantität): 單一性(Einheit)/多數性(Vielheit)/全體普遍性(Allheit)
　　性質(Qulität): 實在性(Realität)/否定性(Negation)/制限性(Limitation)
　　關係(Relation): 實體性(Substantialität)/因果性(Kausalität)/相互性(Wechselwirkung)
　　樣相(Modalität): 可能性(Möglichkeit)/存在性(Dasein)/必然性(Notwendigkeit)(鄔昆如,『西洋哲學史』, 臺北, 正中書局, 民國70年[1981], 440쪽 참조)
8　독일어 원문은 Quaelle, *Immanuel Kant: Werke in zwölf Bänden*, Band 4, Frankfurt am Main, 1977, 677쪽에서 인용하고, 한국어 번역은 임마뉴엘 칸트 저, 백종현 역,

칸트는 인간이 알고, 행하며, 희망할 수 있는 것에 대해 각각 '무엇'(Was, 즉 What)을 중심으로 접근했기 때문에, 그는 비로소 인간의 선천적 능력을 발견하고 그것과 관련된 세계관을 형성할 수 있었던 것이다. 물론 그의 질문 속에는 이미 Who·How·Why 등을 포함한 개념이지만 물음이 What 중심이기 때문에, Who·How·Why 등은 단지 하나의 What으로서의 인간 본연의 능력일 뿐이다. 만약 How 중심으로 질문하면 그 어떤 것도 How가 된다. 예를 들어 '만물의 근본 원인(Why)을 어떻게(How) 쓸 것인가' 라고 물으면, 그 원인(Why)은 하나의 방법(How)으로 전환되는 것과 같다.

중국 철학의 세계관은 어떤 형태인가? 유·도·불가의 세계관은 모두 인중유과론에 속한다. 물론 3가의 인과의 인(因)의 의미는 서로 다르다. 즉 유가의 경우 공자와 맹자는 인간의 선천적 도덕성을 본체로 도덕 행위를 설명했고,[9] 주희는 이일분수(理一分殊)설로 본체와 만물의 관계를 일치시켰으며,[10] 아울러 만물이 생겨나기 이전에 그 이치가 본체인 태극 속에 선재한다고 주장했고,[11] 왕수인은 그런 관념적 경향을 극복하기 위해

『순수이성비판』(2), 서울, 아카넷, 2006, 933쪽을 참조하였고, 중국어 번역은 鄔昆如, 『西洋哲學史』, 臺北, 正中書局, 民國70年[1981], 433~434쪽 참조하였다. 우리말 번역에서 필자가 '어디까지' 라는 말을 추가한 것은, 칸트의 3대 비판 철학의 '비판' 이란 개념이 경험과 선험 등을 구분하고 선험적 인식의 한계를 분명히 한다는 뜻을 가지고 있기 때문이다.

9   顏淵問仁, 子曰, 克己復禮爲仁, 一日克己復禮, 天下歸仁焉. 爲仁由己, 而由人乎哉.(『論語』「顏淵」1) 孟子曰, 萬物皆備於我矣, 反身而誠樂莫大焉, 强恕而行求仁莫近焉.(『孟子』「盡心章句上」4) 天命之謂性.(『中庸』1)

10   一實萬分, 萬一各正, 便是理一分殊處.(『周子全書』, 臺北, 廣學社, 民國64年[1975], 169쪽 朱熹의 註)

11   "아직 어떤 사물이 없더라도, 이미 그의 理는 있는 것이다. 예를 들어 군신이 있기 전에 군신의 理가 있었고, 부자가 있기 전에 부자의 理가 있었다." 未有這事, 先有這理. 如未有君臣, 已先有君臣之理. 未有父子, 已先有父子之理.(『朱子語類』卷95, 臺北, 文津出版社, 1986, 2436쪽))

치양지(致良知)라는 실천 행위[작용] 이외에 별도의 본체가 없다고 했으며,[12] 왕부지는 강한 중국을 재건하기 위해 본체[道]를 구체 사물[器]에 종속시키는 본체론을 건립했다.[13] 일체 만물은 모두 도에서 나왔다[14]는 도가의 본체론도 인중유과론에 속하며, 석가가 무자성(無自性)의 공(空)을 말하지만 견성성불(見性成佛)할 수 있는 이치는 이미 불성에 다 갖추고 있다고 보는 것이므로 불교의 본체론도 역시 인중유과론에 속한다.[15] 유·도·불가의 공통점은 모든 현상의 원인을 하나의 원인, 즉 본체 속에 설정한다는 것이다.

　현대에 이르러서도 아직도 많은 학자가 그런 인중유과론적 본체론을 옹호하고 있다. 성중영(成中英, 1935~)은 중국 철학의 방법과 관련하여 "중국 철학의 특징은 방법과 본체가 서로 드러나게 하고 작용하게 하며, 외연을 같이 하며 서로의 내용을 설명해 준다. 이것은 서양 철학에서 방법이 본체를 발현시키는 도구로 보고, 방법론을 본체론의 사상 형식 속에 끌어들인 것과 성질상 다른 것이다. …… 만약 이와 같이 우리가 인간학(人間學)을 중심으로 하는 중국 철학의 정신 풍모를 이해한다면, 우리 역

12　心外無物, 如吾心發一念孝親, 卽孝親便是物.(『王陽明全書』(1)「傳習錄」(上), 20쪽) 自格物致知至平天下, 只是一個明明德. 雖親民, 亦明德事也. 明德是此心之德, 卽是仁. 仁者以天地萬物爲一體. 使有一物失所, 便是吾仁有未盡處.(『王陽明全書』(1)「傳習錄」(上), 21쪽) 心不可以動靜. 爲體用, 動靜時也. 卽體而言, 用在體. 卽用而言, 體在用. 是謂體用一源.(『王陽明全書』(1)「傳習錄」(上), 26쪽) 目無體, 以萬物之色爲體. 耳無體, 以萬物之聲爲體. 鼻無體, 以萬物之臭爲體. 口無體, 以萬物之味爲體. 心無體, 以天地萬物感應之是非爲體.(『王陽明全書』(1)「傳習錄」(下), 90쪽)

13　道者, 器之道; 器者, 不可謂之道之器也.(王夫之,『周易外傳』卷5,「繫辭上傳」12章)

14　道, 沖而用之, 或不盈. 淵兮似萬物之宗. 挫其銳, 解其紛, 和其光, 同其塵. 湛兮似或存. 吾不知誰之子, 象帝之先.(『老子』4章) 道生一, 一生二, 二生三, 三生萬物.(42章)

15　송·명대의 성리학자들이 도·불가를 허무주의로 비판했던 것도 도·불가에는 본체론이 없다고 보았기 때문인데, 사실상 도·불가에 본체론이 없는 것도 아니고 허무주의도 아니다.

시 중국 철학의 '비방법적 방법론'을 파악할 수 있을 것이다. 이 '비방법적 방법론' 역시 '곧 방법이면서 방법이 아니며, 방법이 아니면서 곧 방법이고; 방법이 없으면서 방법 아닌 것이 없으며, 방법 아닌 것이 없으면서 방법이 없다'고 말할 수 있다. …… 결국 중국 철학 중의 방법은 본체와 방법이 일치할 것을 요구하고, 방법으로 하여금 본체 속에 융합되게 하여 독립적인 존재 위치가 없게 하는 것이다"[16]라고 말했다.

중국의 『주역』·유가·도가 철학이나 서양의 플라톤(Plato, B.C.427~B.C.347)·아리스토텔레스(Aristotle, B.C.384~B.C.322) 철학 등은 대표적인 인중유과론적 세계관인데, 그런 세계관을 구성하게 된 직접적인 원인은 무엇인가? 그것은 바로 무엇(What)과 왜(Why)라는 물음을 중심으로 사물에 접근한 데 있다. '만물 변화의 배후에 있는 원인의 원인이 무엇인가'라는 물음으로 접근하여 변하지 않는 본체를 생각해 낸 것이다. 그런 인중유과론적 세계관은 완전한 존재로 설정된 본체에서 현상을 연역해 내는 것이기 때문에, 본체와 현상의 관계를 100% 일치시켜 설명할 수 있게 되었다. 하지만 문제는 본체가 절대 불변의 존재이기 때문에 자신의 존재를 부정할 수 없다는 '존재의 함정'에 빠진 것뿐만 아니라, 절대 존재를 기초로 한 개념에 대한 도통론적 주석학 역시 종전의 것을 재해석하거나 그대로를 추종할 수밖에 없는 '개념의 함정'에 빠지고 만 것이다.

동서양 철학의 최초 질문은 어떤 것이었을까? 그것은 아마도 '만물의 근본 원인(Why)은 무엇(What)인가'라는 물음이었을 것이다. 그렇게

16　中國哲學的特點就是方法和本體的相互發明和發揮, 相互界定和相互詮釋. 這是與在西方哲學中以方法當做發現本體的工具, 以及以方法論引入本體論的思想方式有性質上的不同的. …… 如果我們了解此種以人學爲中心的中國哲學的精神風貌, 我們也就能夠掌握中國哲學中的 '非方法的方法論'. 此一 '非方法的方法論' 也可表示爲 '卽方法而非方法', '非方法而卽方法; '無方法而無非方法', '無非方法而無方法'. …… 總之, 中國哲學中的方法是要求本體與方法的一致, 使方法融入本體之中, 沒有獨立的存在.(成中英, 「中國哲學中的方法詮釋學」, 『臺大哲學論評』第14期, 民國80年[1991], 250~252쪽)

『주역』은 태극(太極)을 찾았고, 노자는 도(道), 혹은 자연(自然)을 찾았으며, 윤리 도덕의 근원(Why)을 물음으로써 공자는 천명(天命), 혹 인(仁)을 찾았다고 말할 수 있다. 서양의 플라톤도 '변하지 않는 만물의 원형(Why)은 무엇(What)인가' 라는 물음으로 이데아(Idea)를 찾았고, 아리스토텔레스는 부동의 원동자를 찾았다고 말할 수 있다. 그것은 결국 '본체론적 진리', 또는 '존재론적 진리' 가 무엇(What)이냐를 묻는 물음이기 때문에 인중유과론적 세계관을 형성한 것이라고 볼 수 있다.

필자의 연구 결과물을 두고 그 방법(How)을 묻는다면 어떻게 말할 수 있을까? 특히 How를 중심으로 물음을 구성한다면 어떻게 될까? 그에 대한 대답으로, 필자는 '**나는 어떻게(How) 무(無)를 쓸 수 있을까**'(How can I use nothing?)라는 방법론적 물음으로 무연관(無然觀, view point of Woo-Ran)을 건립하는 것이고, 그것을 기초로 이 책을 지었다고 말할 수 있다. 무(無)는 본래 형용사로서 존재하지 않는 상태를 말하지만, 명사형 개념으로 전환하면 존재 반대편 세계를 지시할 수도 있다. 그래서 이미 동서고금의 철학이 오랫동안 무를 철학의 방법으로 사용해 왔다. 그것을 역설법으로 활용하면, '그 무엇이 없다' 고 하는 말은 곧 '그 무엇이 절대적으로 있다' 는 것을 의미하고, 직접 대상으로 삼을 수 없는 무한·전체·필연·절대의 개념 세계까지 간접적으로 지시할 수 있는 것이다. 그렇기 때문에 필자는 『시경』에서 무를 활용한 무연(無然)이란 개념을 취한 것이다.

무연이란 본래 어떤 것인가? '무연' 이란 시어는 단지 『시경』에서 여덟 번 사용되었을 뿐이다. 즉 "절대 그렇다고 믿지 마라. …… 절대 그렇다고 믿지 마라. …… 절대 그렇다고 믿지 마라"[17], "하느님께서 문왕에게 이르시길, 그렇게 날뜀이 없고, 그렇게 탐함이 없어야, 크게 먼저 지선(至善)의 언덕에 오를 수 있나니"[18], "하늘이 재앙을 내릴 것이니, 의기양양하지

---

17   苟亦無然. …… 苟亦無然. …… 苟亦無然.(『詩經』「唐風·采苓」)

마라. 하늘이 상도를 벗어나게 될 것이니, 쓸데없이 망발하지 마라. ……
하늘이 가혹하게 할 것이니, 희희낙락하지 마라"[19] 등이 그것이다. 이 무
연은 단지 하나의 부정어일 뿐이다. 부정어에는 상대적 부정과 역설적 부
정이 있다. 상대적 부정법은 말 그대로 부정한 사물을 부정하는 것으로서
'A가 없다'면 그것은 단지 A가 없다는 것뿐이다. 그러나 역설적 부정법
은 부정한 A는 방편상 부정하는 것일 뿐, 다시 돌아와 부정한 것을 포함
하여 일체를 긍정하는 것이다. 역설적 부정법으로 사무사(思無邪)를 보면
사악함을 포월하여 무한·보편·평등하게 열린 인(仁)을 볼 수 있다. 즉
$\lim_{x \to \infty} \frac{a}{x} = 0$ 처럼 그 무엇(x)을 무한대로 보낼 때 사악함 a는 0으로 수렴
하는 무한소가 되기 때문에, 우리는 순수한 영점(0-Point)을 볼 수 있게
된다. 그것이 바로 "가능한 것도 없고 불가능한 것도 없다"[20]고 한 공자의
보편 정신이다. 마찬가지로 다음에 나오는 시구는 무한 자유정신을 추구
하는 우리의 생각을 크게 열어 줄 수 있다. 그 어떤 것도 쓰기 나름인데,
먼저 종전의 기본적인 이해와 번역을 보자.

〈大雅·文王之什·皇矣〉

帝謂文王 제위문왕   하느님께서 문왕에게 이르시길

無然畔援 무연반원   무력 믿고 날뛰지 말고

無然歆羨 무연흠선   욕심부려 방종하지 말아야

誕先登于岸 탄선등우안   지선의 세계에 먼저 오를 수 있다[21]

---

18   帝謂文王, 無然畔援, 無然歆羨, 誕先登于岸.(『詩經』「大雅·文王之什·皇矣」)

19   天之方難, 無然憲憲. 天之方蹶, 無然泄泄. …… 天之方虐, 無然謔謔.(『詩經』「大
雅·生民之什·板」)

20   無可無不可.(『論語』「微子」8)

21   馬持盈, 『詩經今註今譯』, 臺北, 臺灣商務印書館, 1988, 458~459쪽

帝謂文王   上帝啓示文王謂

주희는 이 구절의 무연(無然)에 대해서만 주석을 달았는데, "무연은 이와 같이 해서는 안 된다는 것을 말하는 것과 같다"[無然猶言不可如此也]고 하는 금지의 의미로 해석했다. 굴만리(屈萬里)도 "그렇게 생각하지 마라"[勿以爲然也]는 금지의 의미로 해석했다. 물론 무연의 무는 본래 '그렇게 ~함이 없다'[無]와 '그렇게 ~하지 마라'[禁止]는 두 가지 해석이 다 가능하다. 여기서 무를 역설적 부정으로 사용하면 그러한[然]은 무한 긍정과 무한 상징성을 가질 수 있다. 이런 것은 다른 부정어[22]에서도 마찬가지이지만, '그러한'의 지시 대상을 일체 사물에 두면 무연이란 시어는 최고의 유어(遺語)가 될 수 있다.[23] 그래서 필자가 그런 '시적 방법'으로 건설한 '방법론적 세계관'이 바로 무연관이다. 철학이 통상적으로 사용하는 논리적 방법으로는 감지(感知)는 할 수 있어도 감동(感動)하기는 어렵다. 그러나 시적 방법은 논리적 방법과 감성적 방법을 병용하기 때문에 감지와 감동을 한 번에 일으킬 수 있다. 감성적 시문 속에는 이성적 철학 사상도 많이 담을 수 있기 때문이다. 무연의 품사는 형용사·부사로서, 그것의 외연(Extention)은 만사만물이고, 내포(Intention)는 무한·보편·평등한 긍정이다. 따라서 무연은 어떤 규정도 불가능하고, 동시에 어떤 규정도 가능한 것이다. 그렇게 무연을 기초로 세울 수 있는 하나의 세계관을 필자는 무연관이라고 이름을 붙인 것이다.[24]

중국 유·도·불가는 모두 무연관의 특질을 가지고 있지만, 필자는 그

無然畔援　　不要凭恃武力而跋扈逞强
無然歆羨　　不要歆羨物欲而放縱淫侈
誕先登于岸　　然後乃能先登于至善之彼岸

22　필자가 『十三經引得』을 참조하여 조사한 바로는, 『시경』에는 亡(13)·無(296)·不(628)·罔(14)·弗(32)·否(9)·未(38)·非(3)·匪(99)·靡(75)·莫(90)·毋(6)·勿(19) 等 1322번 나온다.

23　남상호, 『육경과 공자인학』, 서울, 예문서원, 2003, 52~53쪽

24　남상호, 『공자의 시학』, 춘천, 강원대학교 출판부, 2011, 189~190쪽 참조.

들의 인중유과론적 폐단을 비판하는 데 그 목적이 있다. 필자는 중국 철학의 기초·주역·관자·공자·맹자·순자·학용·노자·장자·묵자·한비자·여씨춘추·동중서·사마천·회남자·양웅·천태종·화엄종·선종·장재·주희·왕수인·왕부지·웅십력 등 중국 철학의 방법과 관련된 것을 연구하였다. 이 과정에서 전통의 동서양 철학이 모두 인도에서 제기한 인중유과론(梵, satkāryavāda)적 세계관에 속한다는 것을 알게 되었다. 그래서 필자는 이런 본체론적 견해를 비판하는 것으로부터 출발하여 방법론적 세계관을 생각하게 된 것이다.

필자가 말하는 무연관적 방법론의 특질은 무엇인가? ① 하나의 방법론적 세계관이다. ② 일체를 긍정하면서 과거 그 어떤 세계관도 배척하지 않는다. ③ 존재는 방법을 따른다. ④ 실학적 실용주의의 방법이다. ⑤ 중국의 유·불·도가 철학처럼 모두 경지의 철학에 속한다.

방법론적 세계관은 '왜'(Why)나 '무엇'(What)이라는 물음 대신, '어떻게'(How)라는 물음으로 사물을 보기 때문에, 무처럼 존재하지 않는 것을 사용할 수 있는 것은 물론, 어떤 사물도 사용 방법에 따라 다양하게 정의될 수 있다. 나아가 무연하게 세계를 볼 수 있다면, 모든 사물을 방법으로 볼 수 있다. 만약 어떤 사물이 방법적으로 완전히 열려 있다면, 그것은 곧 전개념적인 존재가 될 것이다. 그렇게 방법론적 세계관으로 보면, '방법(How)'이 '존재(What)'를 따르는 것이 아니고, '존재'가 '방법'을 따르게 된다.

방법은 어떻게 사물로부터 독립되거나 사물보다 선재할 수 있는가? 일반적으로는 당연히 그럴 수가 없다. 그러나 무연의 연은 형용사·부사형 개념이기 때문에, 어떤 사물이든 그에 대입할 수 있다. 심지어 무연이란 개념조차 그런 것 중 하나가 되기 때문에, '그런 것이 없다'는 역설은 무연 그 자체를 포함한 일체 모든 것에 적용할 수 있다. 따라서 그런 무연관은 '방법론적 세계관'으로서 '존재의 함정'은 물론 '개념의 함정'에 빠지

지 않는다. 비록 체용불이(體用不二)처럼 인과 관계를 언제나 100% 일치
되도록 설정한 것도 인류의 행복과 건전한 생활을 위한 것뿐이라고 이해
한다면 그것은 지혜로운 것이지만, 그런 것은 존재할 수밖에 없고 반드시
존재하는 것이라고 믿는다면 그것은 마술을 진실로 믿는 것과 같다.

　무연관을 얻을 수 있는 소이연자와 소당연자는 어디에 있는가? 이것은
기본적으로 본체를 묻는 본체론적 질문이다. 하지만 방법상 답변한다면,
공맹과 같이 그 소이연자와 소당연자를 본성 속에 자기희생적 덕성으로
가지고 있다고 볼 수 있다. 그러나 무연관의 정체성이 자기부정과 동시에
무한 긍정의 과정에 있기 때문에, 소이연자와 소당연자 역시 그 과정에서
실현되는 관계적 존재일 뿐이다. 그것은 변통(變通)의 과정을 역(易)의
정체성으로 삼는 『주역』 철학과 유사하다.[25] 무연관의 소이연자와 소당연
자를 관계적 존재라고 볼 때, 체용론적으로는 그것을 어떻게 볼 수 있는
가? 무연관이란 세계관은 자기부정을 통해 긍정하는 과정 자체(즉 작용)
를 본체라고 보는 것이므로, 체용론적으로 유용무체(有用無體)가 아니라
즉용즉체(卽用卽體)가 된다.

　무연관이 실용을 앞세워 방법을 최우선으로 하는 것은 너무 편의주의
적으로 흐르는 것이 아닌가? 진리 그 자체가 최고 가치라는 견해도 역시

25　『周易』에서는 '易은 궁하면 변화하고, 변화하면 통하며, 통하면 오래 지속하는 것
이다' "易, 窮則變, 變則通, 通則久."(『周易』「繫辭下」2)라고 하여 기본적으로 자연 시간
속에서의 지속과 변화를 함께 말하고 있다. 또한 인간의 실천 시간 속에도 이를 응용하여
'(道와 器를) 변화시키고 制裁하여 활용하는 것을 變이라 하고, 그것을 추진하여 실행하
도록 하는 것을 通이라 한다' "化而裁之謂之變, 推而行之謂之通."(『周易』「繫辭上」12)라
고 하였다. 여기서 變은 변화를 말하고 通은 지속을 말한다. 이렇게 『周易』은 자연 시간
이나 인간 시간에 있어 모두 그런 변과 통으로 지속과 변화를 말하고 있으므로, 그것은
한마디로 變通論이라고 할 수 있을 것이다. 그래서 十翼을 포함한 『周易』에서의 易의 개
념은 '變通을 易이라 한다' [變通之謂易]라고 정의하는 것이 보다 적절하다. 또한 復卦에
서 드러나듯 이 변통의 원리가 바로 仁이라는 점에서 그것은 최고선을 내포하고 있
다."(남상호, 『육경과 공자인학』, 서울, 예문서원, 2003, 174∼175쪽)

실용이라는 대전제를 떠날 수 없기 때문에 일방적인 편의주의는 없다. 방법론적 세계관은 종전의 본체론적 세계관을 배척하는 것이 아니라, 그 자체를 포함하여 일체 사물을 방법으로 보는 것이다. 필자가 'What에서 How로' 연구 방법을 전환한 것은 What을 버리거나 부정하기 위해서가 아니라, 기존의 학문적 성과를 포함한 일체 사물을 How로 보기 위한 것이다. 니체(Friedrich Nietzsche, 1844~1900)가 과거의 형이상학과 우상을 깨부수기 위한 망치[26]를 들었지만, 우리의 가치 있는 삶[27]을 위해서는 일체를 방법(How)으로 볼 수 있어야 한다.[28] 불교에서 팔만대장경을 하나의 손가락[29]이라고 보는 것은, 팔만대장경도 진여(眞如)를 찾는 하나의 도구일 뿐이라는 뜻이다. 필자는 진여조차도 하나의 방법이고 도구일 뿐이라고 보기 때문에, 단지 방법(How)만 물을 뿐이다.

26　『니체전집』(15권) 「우상의 황혼」(*Götzen-Dämmerung*)의 부제인 '망치 들고 철학하기'(*Wie man mit dem Hammer philosophirt*)에서 나온 말이다.(프리드리히 니체 저, 백승영 역, 『니체전집』(15권), 서울, 책세상, 2002 참조)

27　"우리는 먼저 생명의 고귀함을 반성하는 데서부터 도덕을 이해해야 한다. 왜냐하면 이 세상에서 모든 것의 중심이 되는 것이 바로 내 자신이요, 내 자신의 기본적인 실재가 바로 나의 생명이기 때문이다. …… 그러므로 생명의 귀중함을 외면한 그 어떤 계산도 진정한 의미의 도덕적 자각이 될 수 없다. 물론 인간 세상, 역사적 상황 속에서는 때로 귀중한 생명보다 더 귀중한 가치를 위해 생명마저 던지는 경우도 있게 된다. 그러나 그것 역시 생명의 고귀함을 자각한 데서 깊이 깨닫게 되는 생명 정신의 승화이므로, 생명을 처음부터 외면하고 경시한 데서는 진정한 인간의 가치나 역사적 의미는 설정되지 않는다."(김충열, 『유가윤리강의』, 서울, 예문서원, 1995, 37쪽)

28　"문제 해결을 도모한다는 시각으로 본다면, 일정한 사유 능력은 물론 모든 지식에 대하여 우리는 그 가용성을 인정하지 않을 수가 없다. 어느 모로든지 실용성을 지니지 않은 사상이나 지식이란 없다."(윤사순, 『신실학 사상론』, 서울, 예문서원, 1996, 6~7쪽)

29　성철 스님(性徹, 1912~1993)의 말.

3. 무연관의 인식론

무연관은 인식론적 측면에서 어떤 의미를 가지는가? 무연관은 세계를 무연하게 보는 것이므로 그 자체가 하나의 인식 방법이며, 탈세계관적 세계관이다. 그렇기 때문에 무연관은 전통 인식론이 대전제로 하는 진실 존재에 대한 탐구를 넘어 존재와 상관없이 방법론적 진리를 추구할 수 있다. 전통 인식론에서 대전제로 하는 '절대적 존재'라는 것이 단지 순수이성이 이율배반적 사고 법칙에 의해 만들어진 하나의 관념일 뿐이라면, 그것으로 건립한 정신세계는 모두 그의 존재 기초를 잃게 된다. 그러나 그것이 진실 존재이든 또는 관념적 존재이든 상관없이, 무연관은 그것을 하나의 방법으로 보기 때문에 그런 걱정은 없다.

일반적으로 우리가 사물에 접근할 때 여섯 가지 세계관적 범주 중 What으로 시작하지만, 무연관은 How로 접근한다. 물론 무연관 역시 주체를 찾을 때는 Who로 접근하고, 시간과 장소를 찾을 때는 When · Where로 접근하며, 내용을 찾을 때는 What으로 접근하고, 방법을 찾을 때는 How로 접근하며, 이유 · 원인을 찾을 때는 Why로 접근하지만, 여섯 가지 세계관적 범주로 묻는 목적은 일체를 How로 보기 위한 것이다. 무연관의 인식이 비록 How를 중심으로 이루어지지만, 본체론적 세계관과 마찬가지로 여섯 가지 물음을 통해야 완성된다.

세계관적 범주인 여섯 가지 물음이 시작될 때 비로소 모든 사물은 인식의 대상이 되며, 소위 칸트의 12범주 역시 그때 작동되는 것이다. 그러나 방법론적 세계관은 How를 중심으로 사물에 접근하는 것이기 때문에 칸트의 12범주의 판단 형식과 판단 결과가 어떤 것이든 간에 그것은 모두 방법으로 이해된 것이다. 물론 그들의 인식 방법이 추론으로 알든 직관으로 알든 상관없이, 그것은 일체를 방법으로 보는 방법론적 세계관을 떠나지 않는다. 방법론적 세계관인 무연관은 그 자체의 포월을 어떻게 인식하며, 그것을 어떻게 보는가? 무연관은 스스로 자기부정을 하면서 동시에 무한 긍정을 하는 과정 자체를 정체성으로 삼기 때문에, 그런 자기부정 작용 이외에 별도의 자기 인식이란 없다.

4. 무연관적 형이상학

방법론적 세계관을 유지하면서 하나의 본체를 설정한다면 어떻게 될까? '본체론적 세계관'을 가진 아리스토텔레스처럼 순수 질료 속에 순수 형상을 지향하는 내재적 목적성(entelecheia)이 이미 들어 있다면 별도의 목적을 설정할 필요가 없다. 그렇지 못하면 그 무엇(What)은 스스로 방법이 되지 못하고, 해결하고자 하는 문제나 목적이 있어야 비로소 하나의 방법(How)으로 전환될 수 있다. 그래서 '방법론적 세계관'은 하나의 형이상학적 설정을 하지 않으면 안 된다.[30] 그것은 종전의 '본체론적 세계관'으로의 회귀가 아니라, 방법론적 목적상 설정하는 하나의 전제일 뿐이다.

　필자의 무연관이 설정한 세계관적 목적은 자기희생성을 본질로 하는 **태원(太元)**에 있다. 그것의 외연은 무연한 세계이며, 내포는 자기희생적 사랑이다. 그런 설정은 '태원은 항존불변하는 것'이라는 존재론적 이유를 확보하기 위한 것이 아니라, 무(無)조차도 쓸 수 있게 하는 방법론적 이유나 목적을 확보하기 위한 것이다. 진일보하여 태원을 어떤 관계 속에서 자신을 보여 주는 것으로 설정함으로써 '존재의 함정'에서 벗어나 '방법론적 진리'를 탐구할 수 있게 하는 데 있는 것이다.

30　What이 How로 전환되기 위해서는 반드시 문제나 목적이 있어야 하는가? 우리말에 '그냥'이란 말이 있다. 그것은 표면상으로는 아무런 목적이 없다는 것이지만, Why에 해당하는 문제나 목적을 특별히 설정하지 않고 행위 그 자체를 목적으로 하거나 자연스럽게 하겠다는 것이다. 그래서 '그냥'이라는 것 역시 하나의 목적이 된다.

제27장 방법론적 세계관에 관하여   **727**

태원론은 또 다른 형이상학적 문제의식에 들어가는 것이 아닌가? 필자의 태원론은 존재론적 세계관에서 논하는 것이 아니라 방법론적 세계관에서 논하는 것이다. 왜냐하면 그것은 단지 방법론적 세계관의 기초일 뿐이기 때문에, 태원적 형이상학은 본체의 존재와 상관없이 성립될 수 있는 것이다. 태원은 단지 철학적 방법을 위해 설정된 것뿐이고, 철학적 방법 중 방법론적 세계관은 '무한 진행형의 동사적 세계관'이기 때문이다. 이처럼 필자가 수립하는 방법론적 세계관은 존재를 위한 것이 아니라 방법을 위한 것뿐이다.

필자는 원(元)자의 오른쪽에 점(,)을 하나 추가한 '元 + 、'의 형태로서 **원(元)**[31]과 같은 새로운 글자를 만들고, 그의 훈(訓)과 음(音)을 '점 원'이라고 부르며, 그런 점과 같은 존재를 '**원점**'(**元點**)이라고 부른다. 그래서 필자는 **원(元)**의 개념을 '**원(元)과 점(點、)의 사전상 의미**[32]**는 물론 형이상학**[33]**·기하학·윤리·종교·예술·과학 등의 모든 학문과 생활의 본연을 무한·보편·평등하게 포괄하는 무연**'이라고 형용사적 정의를 한다. 왜냐하면 **원(元)**은 무연관으로 본 세계이고, 형용사형 개념인 무연 그 자체이기 때문이며, 살아 움직이고 변화하는 자유 생명을 본질로 하기 때문이다. 그렇게 새로운 글자를 만든 이유는 무엇인가? 그것은 기존 개념의 제

---

31   元이란 글자는 필자가 학술적 필요에 따라 元과 、의 자간 거리를 −50%로 설정하여 만든 것이다.

32   元의 사전상 의미는 本·原·始·端·一·首·長·君·大·善·上·天·仁·으뜸·처음·시초·기운(힘)·천지의 큰 덕·만물을 기르는 덕·시간 단위·화폐 단위·보배·백성·적자·왕조의 이름 등이다. **點(、)**의 사전적 정의는 '도형을 구성하는 궁극적인 요소'로, 점 그 자체는 정의될 수 없는 無定義述語(undefined term)이다. 일반적으로 두 직선의 공유점, 또는 다른 두 점 간의 최단 거리가 직선이라고 정의할 때 비로소 간접적으로 정의될 수 있는 것이다.

33   형이상학적 점(points métaphysiques)이란 용어는 라니프니츠가 독립된 실체인 단자(monad)를 정의할 때 사용한 개념이다.(G. W. Leibniz, *Système nouveau de la nature*, §11) 『철학대사전』, 서울, 학원사, 1963 참조.

약을 받지 않게 하는 것은 물론 기존 개념의 편협성을 극복하려는 것이다. 그래서 근원자를 의미하는 원과 모든 사물의 출발점을 의미하는 점을 결합하여 새로운 글자를 만들고 새로운 의미를 부여하게 된 것이다.

원(元)이란 개념을 근원에서 말하면 그것이 바로 무연한 태원이다. 무연은 태원을 형용하는 수식어이면서 동시에 태원의 동의어이다. 명사형으로 사용하면 태원이고, 동사·형용사형으로 사용하면 무연이다. 태원은 언제 어디서든지 사물의 현상으로 보일 수도 있고 보이지 않을 수도 있는 것이다. 어떤 작용 관계 속에서 자신을 보여 줄 뿐이기 때문에, 관계가 형성되면 언제 어디서든지 보이지만, 관계가 사라지면 그 존재를 알 수 없게 된다. 태원은 존재자의 제일 기초이면서 모든 것의 근원자로서 타자와의 작용 관계상에서 정체성을 가진다. 그것은 속이 없으므로 바깥도 없는 것이다. 그것은 닫힌 듯 열린 존재로서 만물을 만물이게 하는 원인의 원인자이다. 그래서 태원은 모든 사물의 기초이면서 동시에 만물이 만물일 수 있는 원인자가 되는 것이다. 태원을 본질로 하는 만물은 피조물이 아니라, 끊임없이 자기를 희생하는 과정에서 자기를 드러내는 것이다.

태원은 없는 곳이 없는 무한·전체·필연·절대자이기 때문에, 변화하는 것은 단지 자기희생적 관계일 뿐이다. 이 말의 의미는 본체론상이 아니라 방법론상에 있는 것이다. 그것은 우리가 무연관을 가질 때 비로소 그들의 관계를 자유롭게 인식하고 깨달을 수 있는 것이다. 왜냐하면 인식의 중심이 자기희생적이어서 자기를 고집하지 않기 때문이다. 그와 같이 무연한 태원은 닫힌 듯 열린 세계에서 서로를 향하여 자기희생적으로 열려 있는 것이다. 그래서 작게는 하나의 점과 같고, 한 사람의 입장과 같다. 그렇게 태원을 기초로 형이상학·우주론·윤리·종교·과학 등의 세계관 역시 무연하게 되는 것이다. 그것을 한마디로 **태원무연(太元無然)**, 또는 **무연태원(無然太元)**이라고 할 수 있다. 동양 철학에서 가장 중시하는 실천적 자아 역시 태원무연하고 무연태원한 것이다.

진리도 그 접근 방법에 따라 '본체론적 진리'와 '방법론적 진리'로 구분할 수 있다. What(존재)으로 물어서 얻은 진리를 '본체론적 진리'라고 한다면, How(방법)로 물어서 얻은 진리는 '방법론적 진리'라고 할 수 있다. 필자는 '존재가 방법을 따른다'고 보기 때문에 진리 역시 세계관에 따라 달리 정의될 수 있다. 이 구분은 절대적일 수 없고, 단지 하나의 방법론상 상대적으로 구분하는 것이다. 또 What과 How는 두 개가 아니라 하나이다. 왜냐하면 How는 Why에 따라 What을 전용한 것이기 때문이다.

'본체론적 진리'는 절대 불변의 본체를 기초로 모든 만물이 존재한다는 전제를 가지고 있다. 그러나 '방법론적 진리'는 일체를 방법으로 보기 때문에, 사물의 존재 유무는 그렇게 중요하지 않다. 심지어 존재하지 않는 무도 개념화하여 방법으로 사용할 수 있다. 특히 전개념적인 무연이란 개념은 자기부정성(가치론적으로는 자기희생적 사랑)을 가지고 있기 때문에, 우리가 무연관을 얻으면 자기 자신으로부터도 자유로울 수 있게 된다.

'방법론적 진리'는 문제를 해결하려는 목적과 문제를 해결하는 방법의 관계를 보고 판단하기 때문에, 그 목적과 방법은 목적(Why)≥방법(How)과 같은 관계가 성립된다. 전통적으로 진리를 자기 원인(Causa Sui)적 존재로 정의하는 것처럼, '방법론적 진리'를 같은 형태로 정의한다면 그것은 등호(=)가 성립되는 경우이다. 즉 그것은 사랑이(Who), 사랑 속에서(When & Where), 사랑을(What), 사랑의 방법으로(How), 사랑하기 때문(Why)일 경우뿐이다.[34] 그래서 위약(僞藥)으로 환자를 고치고, 꾸며 낸 거짓말로 어리석은 사람을 깨닫게 하는 것 등은 부등호(>)의 경우로서 부분적인 진정성이 있을 뿐이다. 필자가 말하는 '방법론적 진리'는 목적(Why)≥방법(How)과 같은 관계 속에서 등호로 일치되는

---

34 '사랑'은 본체론적 진리이면서 동시에 방법론적 진리가 되지만 의미상에는 차이가 있다. 즉 본체론적 진리로서의 사랑은 일체의 행위 근거를 갖춘 '본체'이지만, 방법론적 진리로서의 사랑은 인류가 지금까지 찾아낸 최선의 '방법'일 뿐이다.

'사랑'의 경우인데, 그것은 유가의 인, 불가의 자비, 기독교의 박애와 일치한다. 일치한다는 것의 의의는 어디에 있는가? '방법론적 진리'가 '본체론적 진리'를 포월하여 하나의 방법으로 볼 수 있다는 데 있다. 이것은 존재와 존재 관련 개념을 혼동하는 것은 아닌가? 필자가 말하는 본체는 존재론적인 것이 아니라 방법론적인 것이다. How를 중심으로 보면, 본체론적 세계관과 방법론적 세계관은 모두 하나의 세계관일 뿐이고 하나의 방법일 뿐이다.

　'본체론적 진리'를 추구하든 '방법론적 진리'를 추구하든 모두 집일응만(執一應萬)의 원리를 찾는 것은 모두 마찬가지이다. What을 아는 Know-what은 지식을 형성하고, How를 아는 Know-how는 지혜를 형성한다. 지식도 결국은 생활의 실용적 지혜로 활용하기 위한 것을 축적하는 것이다. 그렇기 때문에 Know-what은 모두 Know-how로 전환될 수 있지만, 비록 그런 Know-how라도 What으로 인식하게 되면 Know-what으로 되돌아가게 된다. 그래서 필자가 이 책을 쓰면서 내건 구호는 '**What에서 How로**'이다. 그렇게 모든 것을 방법으로만 본다면 존재 자체를 존중해야 하는 사람의 인격과 같은 절대 가치에 대해서는 어떻게 할 것인가? 이 질문 역시 본체론적 질문이다. '본체론적 세계관'은 사람의 존재를 What(실체)이나 Why(목적)로 접근하여 그 존재 자체가 절대 가치가 있다고 본다. 그러나 '방법론적 세계관'으로 보면 그렇게 인간 존재에 대한 절대 가치를 인정하는 것도 하나의 방법(How)이라고 보게 된다.

　진선미성(眞善美聖)[35]을 다 갖추었다는 성인의 '경지 철학(境地哲學)'을

35　眞善美聖은 빈델반트(W. Windelband, 1848~1915)가 분류한 것이다. 그는 聖을 논리학·윤리학·미학이 이상과 목적으로 삼는 것으로서, 진선미를 포함하는 그 이상의 것이라고 말했다. 빈델반트의 경우 聖이란 종교의 본질적 요소로서 이론적으로는 파악하기 힘들며, 기도·명상·회개할 때에 체험되는 종교적 가치라는 것이다.(『철학대사전』, 서울, 학원사, 1963, 549쪽 참조.) 불교에서는 진선미성 전체를 구비한 것을 열반이라 말하고, 기독교에서는 진선미성 자체를 예수라고 말한다.

무연관으로 보면 어떻게 이해할 수 있을까? 유·도·불가를 주축으로 하는 중국 철학의 가장 큰 특징은 무한 진행형의 수양 실천에 있다. 예를 들면, "공자는 자신이 인(仁)한 사람이라고 자처하지 않으며, 성인이라는 요순도 늘 스스로 부족한 듯이 여겼다고 말했다.[36] 『중용』에서는 '천명이 심원하여 그침이 없는 것은 하늘이 하늘 되는 까닭이며, 문왕의 덕이 순수하여 그침이 없는 것은 문왕이 문왕 되는 까닭'[37]이라고 말했다. 여기서 '천명이 심원하여 그침이 없다'[於穆不已]는 것이나 '문왕의 덕이 순수하여 역시 그침이 없다'[純亦不已]는 것은 모두 무지경(無止境)의 덕을 실현하는 것을 말한다. 그러니 인을 실천하는 것을 그만둘 수 있는 것은 죽은 다음이라야 가능할 것이다."[38] 그렇게 경지 철학은 결과가 아니라 수양 실천 과정에 의미를 두는 것이다. 만약 오목불이, 순역불이(於穆不已, 純亦不已)함으로써 무지경의 경지를 추구하는 경지 철학에 대해 본체론적 세계관으로 접근하게 되면, 중국 철학은 결국 '존재의 함정'에 빠져 더 이상 앞으로 나아가지 못하게 된다. 만약 무연관으로 경지 철학에 접근하게 되면, '존재의 함정'에 빠지지도 않을 뿐만 아니라, 자기부정 또는 자기희생을 방법으로 자기 정체성을 유지하면서 높은 자유정신을 향해 비상할 수 있다.

역설적 방법으로 공자는 무사(無邪)를 사용하여 인(仁)의 경지에 이르렀고, 노자는 무위(無爲)를 사용하여 자연(自然)의 경지에 이르렀으며, 석가가 무아(無我)를 사용하여 공(空)의 경지에 이르렀다. 그들이 지향한 것은 완료형이 아니라 진행형이다. 필자가 말하는 '무연'은 자기를 부정

---

36   子曰, 若聖與仁, 則吾豈敢?(『論語』「述而」34), 何事於仁, 必也聖乎! 堯舜其猶病諸.(『論語』「雍也」30)

37   詩云, '維天之命, 於穆不已.' 蓋曰天之所以爲天也. '於乎不顯, 文王之德之純.' 蓋曰文王之所以文也, 純亦不已.(『中庸』26章) 詩는 「周頌·維天之命」편의 것이다.

38   남상호, 『육경과 공자인학』, 서울, 예문서원, 2003, 273~274쪽

함과 동시에 일체를 긍정하는 진행형의 과정으로 자기 정체성을 유지한
다. 그렇기 때문에 무연은 무사·무위·무아 등의 역설적 방법을 포월하
여 한 층 더 높은 방법이 될 수 있다. 무연관 역시 경지 철학처럼 고도의
수양과 실천이 필요하며, 그것도 멈춤이 없는 진행형의 자기부정과 동시
에 일체긍정을 해야 한다. 그것이 멈추게 되면 무연관의 정체성은 곧 보
이지 않게 된다. 그렇기 때문에 무연관은 성인의 '경지 철학'도 함께할 수
있는 것이다.

　동서양의 철학사를 보면 변화하는 세계 속에서 변하지 않는 형이상학
적 본체를 찾았다. 그 결과는 우리로 하여금 '본체론적 진리' 속에 빠져
그것을 절대적인 존재로 믿게 만들었다. 그뿐만 아니라 그런 본체론적 개
념은 원사용자에게만 전속되는 귀소적 폐단을 면하기 어렵게 되었다. 그
러나 무연은 사물의 원형을 지시하는 전개념적인 것이므로 무사·무위·
무아 등의 방법은 물론 그런 방법으로 찾아낸 인·자연·공과 같은 철학
개념도 포월할 수 있다. 비록 그렇게 개념화가 되더라도 스스로 자기를
부정할 수 있기 때문에 그 자체에 대한 귀소적 폐단은 생기지 않는다. 만
약 우리가 '무한 진행형의 동사형 철학'을 할 수 있다면 귀소적 폐단을 없
어질 것이다. 그렇기 때문에 무연관은 개념화할 수 없는 '경지 철학'과 함
께할 수 있는 것이다. 만약 What으로 접근하면 성인의 '경지 철학'도 하
나의 지식적 대상이 되므로 연구자는 그 바깥에 서 있게 될 것이다.

5. 무연관과 중국 철학

필자는 왜 하나의 '방법론적 세계관'으로 무연관을 선택하게 되었는가?
첫째, 중국 유·도·불가 철학은 비록 수양과 실천을 중시하지만 본질적
으로는 '본체론적 진리'를 추구하여 인중유과론적으로 되어 있기 때문이

다. 즉 일체의 작용을 원인자인 본체 속에 전제하고 방법조차 본체 속에 들어 있다고 보기 때문이다.[39] 그렇게 되면 진선미성을 향한 무한 진행형의 수양과 실천은 스스로 설정한 본체 속에 머물게 된다. 둘째, 도통론적 주석학의 연구 방법은 개념 속에 문화적 유전자를 강하게 띠고 있어 새로운 개념을 모색하기 어렵기 때문이다. 새로운 개념을 창출하기 어려운 것은 그것이 인중유과론적 본체론을 가지고 있기 때문이다. 그런 인중유과론적 '본체'도 설정된 하나의 '방법'일 뿐이며, 필자의 태원무연, 또는 무연태원과 같은 개념도 하나의 '방법'일 뿐인데, 그것을 믿음의 대상으로 삼는다면, 그것은 더 이상 철학이 아닌 종교가 된다.

인간은 불안한 생존 때문에 불변의 그 무엇을 추구해 왔다. 불변의 사물은 철학에서 말하는 본체이므로, 본체는 불변하는 존재 자체이다. 다시 출발점으로 돌아가 보면 불변의 존재는 단지 인간의 순수이성의 관념일 뿐이다. 그러므로 본체론에 기초를 둔 철학이 불변하는 존재에 전적으로 의존하는 것은 단지 정신적 안정을 확보하려는 방법일 뿐인 것이다. 만약 그것을 신처럼 믿는다면 그것은 철학이 아닌 종교가 되고 만다. 방법론적 세계관의 입장에서는 아예 그런 본체론적 존재를 포월하는 것은 물론 무를 활용함으로써 직접 도달할 수 없는 정신세계를 얻을 수 있다.

39　웅십력은 본체에 대해 다음과 같이 정의했다. "① 본체는 萬理의 근원이고, 萬德의 단초이며, 萬化의 시작(즉 근본)이다. ② 본체는 바로 절대적이면서 상대적이고, 상대적이면서 절대적이다. ③ 본체는 시작도 없고 끝도 없다. ④ 본체는 무궁무진한 작용으로 드러나니 變易的이라고 말할 수 있다. 그러나 작용의 유행은 결국 그 본체 고유의 生成하고, 또 生成하는 상도를 바꾸지 않았으므로, (乾元의) 健動에서 다양한 德性에 이르기까지 모두 불변적인 것이라고 말해야 한다."(熊十力, 『體用論』, 臺灣, 學生書局, 1980, 9쪽)

웅십력은 본체와 실체를 같은 개념으로 사용했다. 實體與本體二名, 雖有一字不同, 而其義則一也. 本者, 言其本來有故, 亦卽是萬物的自身. 實者, 言其眞眞實實.(같은 책, 8쪽)

"중국 철학 중의 방법은 본체와 방법이 일치하여 방법이 본체 속에 융합되어 독립적으로 존재하지 않을 것을 요구한다."(成中英, 「中國哲學中的方法詮釋學」, 『臺大哲學論評』第14期, 1991, 252쪽)

무연관으로 얻을 수 있는 것은 무엇인가? 우리의 육신은 제한적인 현실 속에서 많은 실용성을 추구하고, 정신은 무한한 관념 속에서 자유롭게 살고자 한다. 실용적으로는 일체 사물을 하나의 방법으로 볼 수 있기 때문에 실용성을 극대화할 수 있고, 철학적으로는 '유한·부분·우연·상대'라는 관념은 물론 '무한·전체·필연·절대' 등의 관념도 하나의 방법으로 활용할 수 있기 때문에 자유정신을 얻을 수 있다. 무연관은 과거 철학에서처럼 '무한·전체·필연·절대' 등에 대한 관념적 모방을 통해 무한 자유와 재미를 얻을 수 있다. 나아가서 존재론적으로는 절대 존재를 벗어나 자유와 재미를 느낄 수 있고, 도통론적으로는 절대 개념인 도·진리를 벗어나 자유와 재미를 느낄 수 있으며, 윤리 도덕적으로는 절대 가치인 지선을 벗어나 자유와 재미를 느낄 수 있다. 심지어 무연관 자체에서도 벗어나는 자유와 재미도 느낄 수 있다.[40] 그런 자유와 재미는 구속과 무료함을 극복하는 데서 생기는 신선감이므로, 그런 과정은 무한 진행형이 되어야 한다. 방법론적 세계관인 무연관 역시 무한 진행형의 동사형 철학을 하는 하나의 방법일 뿐이다.

도통론이든 반도통론이든, 인중유과론이든 인중무과론이든, 또는 본체론적 세계관이든 방법론적 세계관이든, 과학적 이론이든 철학적 진리이든, 유이든 무이든 일체 사물(What)은 무연즉연한 것이기 때문에, 일체 방법(How)은 무가무불가(無可無不可)한 것이다.

---

40 우리는 자유로부터 자유로울 수 있을까? 만약 본체론적 세계관을 가지고 있다면 불가능하다. 본체론적 세계관은 자유를 본체 속에서 보는 것이므로 존재를 부정할 수 없기 때문이다. 비록 칸트는 순수이성의 이율배반적 모순을 넘어선 실천이성의 도덕적 자유의지를 말했지만, 그것 역시 그 자체로부터는 자유로울 수 없는 것이다. 그러나 방법론적 세계관으로 보면 자유의지도 하나의 방법일 뿐이기 때문에 그것의 절대적 존재를 요구하지 않는다.

후기

1. 멈출 수 없는 대장정의 어느 역에서

화두는 학문의 견인차이다. 필자는 '방법(How)' 이라는 화두에 이끌리어, 1992년부터 20여 년만에 『How로 본 중국철학사』을 출판하게 되었다. 그동안 많은 것을 얻었지만, 가장 중요한 것은 바로 '무연관(無然觀)' 이라는 '방법론적 세계관' 이다. '무연관' 이란 개념은 2001~2002년 사이에 『시경』을 연구할 때 얻은 것이기 때문에, 그 전의 글에는 없는 개념이다. 그래서 최종 윤문하는 과정에서 **'무연관'** 이라는 **'방법론적 세계관'** 에 입각하여 전체 문장을 다시 수정·보완하였다.

필자가 이 대장정에서 터득한 것은 **'철학의 길은 How로 물어야 한다'** 는 것이다. How로 물으면 일체의 What은 How를 따르기 때문에, 중국 철학도 하나의 방법으로 볼 수 있다. 그렇게 중국 고전에 대해 What으로 묻지 않고, How로 물어 새로운 철학의 세계를 연 사람은 공자나 노자와 같은 성인이다. 공자는 『시경』의 사무사(思無邪)를 How로 활용함으로써 '무사(無邪)함이 곧 인(仁)' 이라는 철학적 깨달음을 얻었다. 만약 공자가 '사무사' 에 대해 What으로 물었다면, 그가 안 것은 단지 말 목장에서 앞만 보고 달려가는 말의 모습뿐이었을 것이다. 노자가 무위(無爲)를 How

로 활용하여 자연의 도를 깨닫고, 석가가 무아(無我)를 How로 활용하여 공(空)의 도를 깨달은 것 역시 그와 마찬가지이다.

철학(Philosophy)이란 본래 Philein(φιλειν, 즉 to love) + Sophia(숙련·지혜·지식)로서 '지혜를 사랑한다'고 번역되는 동사형 개념이었다. 그러나 후대에 이르러 동사형 철학의 결과물인『논어』를 '공자 철학', 『도덕경』을 '노자 철학'처럼 명사형 개념으로 부르게 되었다. 즉 이제는 철학의 품사가 동사형에서 명사형으로 바뀐 것이다. 그런 명사형 개념의 철학은 Knowledge만을 추구하여 '지혜를 사랑하는 동적인 철학인'이 아닌 '지식을 기억하는 정적인 지식인'을 양성하게 되었다. 그런 현상은 동서양을 막론하고 마찬가지이다.

필자는 철학 연구를 What 중심에서 How 중심으로 이동시켜야 한다고 본다. 물론 How는 What(즉 Knowledge)을 떠나 별도로 존재하는 것이 아니다. 비록 공자의 무언(無言, 즉 "予欲無言."(『論語』「陽貨」)), 노자의 불언(不言, 즉 "行不言之敎."(『道德經』)), 부처의 불설(不說, 즉 "不說一字."(『大乘入楞伽經』「無常品」))조차도 단지 하나의 지식으로 저장할 뿐이라면, 그것은 오히려 철학적 자유정신을 방해하는 장애물이 될 수 있다. 성현들은 침묵함으로써 명사형 개념을 걷어 내고, 제자들로 하여금 동사, 형용사, 부사형의 살아 있는 진리를 깨닫게 하려는 것이다. 특히 명사형 개념을 제거하고 남은 무연(無然)과 같은 부사형 개념이 지향하는 것도 그런 것이다.

What 중심의 철학은 명사형 철학이 되고, How 중심의 철학은 동사·형용사형 철학도 되며, 심지어 부사형 철학도 될 수 있다. 명사형 철학으로는 과거의 철학이 있고, 동사·형용사·부사형 철학으로는 우리가 활용하고 있는 방법 철학, 윤리학, 예술 철학 등의 실천 철학이 있다. 명사형 철학은 지식을 얻을 수 있고, 동사형 철학은 생활 속에서 실천적 지혜를 얻을 수 있으며, 형용사·부사형 철학은 풍부한 예술적 상상을 통해 철학이나 예술 창작의 꿈을 꿀 수 있다. 그러나 방법 철학이나 예술 철학도 What으로 인식되면 명사형 철학이 되고, 고전 철학도 How로 인식되면 동사·형용사·부사형 철학이 된다. 역시 우리가 철학을 어떻게 쓰느냐에 따라 명사형 철학도 되고, 동사·형용사·부사형 철학도 되는 것이다.

중국 철학에 대해 How로 물어 "중국의 철인들은 자신의 철학을 어떻게 건설했는가?"라고 묻는다면 어떤 대답이 가능할까? 필자는 "세계관적 목적을 어디에 두느냐에 따라 나머지 범주가 결정되며, 세계관적 범주 간의 관계에 따라 그 철학 사상의 성격이 결정된다"고 대답할 것이다. 예를 들어 공자는 인(仁)이라는 세계관적 목적을 인간 세계에 두고 자연 세계에까지 확대한 것이고, 노자는 도(道)라는 세계관적 목적을 자연 세계에 두고 인간 세계를 끌어안은 것이다. 그래서 공자 철학은 인문주의 철학이 되었고, 노자 철학은 자연주의 철학이 되었다. 그렇다고 공자가 자연을 완전히 배제한 것이 아니고, 노자 역시 인문을 완전히 배제한 것이 아니다.

우리가 '어떤 철학 사상을 어떻게 건립할 것인가' 하는 문제는 바로 세계관적 목적에 달려 있다. 물론 세계관적 목적이 방법을 구체적으로 결정하는 것은 아니지만, 목적 없이는 어떤 방법도 모색될 수 없다. 중국 철학의 제1의 주제가 생명이고, 제1의 방법이 사랑이지만, 그 구체적 철학 사상의 형태는 여러 가지로 다르다. 그것은 세계관적 범주 간의 관계 중, 특히 그 구체적인 상하위의 세계관적 목적과 방법 간의 상관관계가 다르기 때문이다. 즉 목적·방법의 상관관계 속에서 방법이 목적을 완전히 만족시키는 경우는 목적과 방법이 일치할 때이며, 그들의 상관관계가 멀수록 그만큼 효과는 적게 된다. 그래서 선진 철학 중 유가와 도가는 '언제'·'어디서'·'누가'·'무엇을'·'어떻게'·'왜' 등의 세계관적 범주에 속하는 것을 행위 주체로 귀속시켜 자아실현에 목적을 두었고, 그의 방법을 자아 속에서 찾으려 한 것이다.

그렇게 세계관적 목적과 방법뿐만 아니라 세계관적 범주에 속하는 것 모두를 현실 속의 자아로 일체화함으로써 생명 사랑을 위한 보편타당한 법칙을 자아로부터 얻었다는 것은 바로 자아가 생명 사랑을 위한 모든 것을 갖추고 있다는 것을 의미한다. 생명의 본질은 사랑이며, 자아의 본질 역시 사랑이기 때문이다.

생명의 본질인 사랑은 배워서 얻은 것이 아니므로 가르칠 수도 없는 것이다. 그 사랑 속에는 이미 우리의 주체성은 물론 모든 진실이 들어 있고, '언제'·'어디서'·'누가'·'무엇을'·'어떻게'·'왜'의 세계관적 범주로 물을 수 있는 것의 최종의 답이 들어 있다. 삶의 시공은 사랑이고, 삶의 주체도 사랑이며, 삶의 내용도 사랑이고, 삶의 방법도 사랑이며, 삶의 목적도 역시 사랑이라고 할 수 있을 것이다.

사랑은 세계관적 목적과 방법이 일체로 되어 있을 뿐만 아니라 주체와 내용까지도 일체로 되어 있고, 시공간 역시 사랑 속이므로 삶의 최고의 자족적인 근거가 된다. 그래서 본질적인 질문으로서 "사람은 무엇으로 사는가?"라고 묻는다면, 사랑으로 산다고 대답할 수 있다. 그래서 사랑은 곧 방법이다. 사랑은 살신성인하는 헌신적 자기희생성을 가지고 있기 때문에 사랑을 완성시킬 수 있다. 우리가 진정 세계관을 개방하려면 '언제'·'어디서'·'누가'·'무엇을'·'어떻게'·'왜' 등의 세계관적 범주에 속하는 것들이 사랑을 본질로 하며 사랑으로 열려 있어야 하지만, 사랑의 완성은 바로 그런 자기희생성을 가질 때 이루어질 수 있을 것이다.

2. 철학적 자유정신의 부활

한 실험에서 까마귀는 통 속의 고기를 꺼내 먹기 위해서는 긴 막대가 필요했고, 긴 막대를 꺼내는 데는 또 다른 짧은 막대가 필요했다. 그래서 까마귀는 먼저 짧은 막대를 구해서 긴 막대를 꺼낸 다음 긴 막대로 고기를 꺼내 먹었다.

필자가 진리를 꺼내기 위해 찾아낸 막대는 각종의 철학 개념이었지만, 가장 긴 막대는 무연이란 개념이었다. 그것은 공자의 무사, 노자의 무위, 석가의 무아 등의 철학 사상이나 만물을 포월하는 것은 물론 무연이란 개념 자체도 포월하는, 귀소적 폐단이 없는 개념이다. 그런 걸 어디에다 쓰겠는가 한다면, 그것은 닷 섬이나 들어가는 큰 박을 쓸모없다고 깨어 버렸다는 혜자대호(惠子大瓠)[1]와 다를 바가 없다. 중요한 것은 사용법을 아는 것이다. 까마귀가 막대기로 통 속의 고기를 꺼내듯, 무연으로 어떻게 진리를 꺼낼 수 있는가 하는 것이다. 필자는 그 사용법으로 '시적 방법'(Poetic method)을 선택했는데, 그것은 거침없는 시적 상상을 통해 진리 탐구하는 것을 말한다. 그래서 필자는 『공자의 시학』에 '시적 방법으로 철학하기'라는 부제를 붙인 것이다.

까마귀가 2~3단계의 도구 사용법(How)을 찾아낸다는 것도 놀랍지만, 중국 철학이 그동안 내용(What)에 치중하여 도통론적 주석학이 되었다는 것은 더욱 놀랍다. 숨쉬기처럼 끊임없이 갱신될 때 생명이 살 수 있듯, 철학도 자기 포월이 무한히 가능할 때 자유정신이 살 수 있는 것이다. 동서고금의 철인들이 진리 탐구를 위해 개발한 수많은 철학적 방법 역시 우리에게는 진리를 탐구하는 데 사용할 수 있는 하나의 도구일 뿐이다. 만약 진리가 있다면 그것은 진리 탐구의 도구 중 가장 효과가 좋은 도구일 것이다.

필자가 처음 중국 철학의 방법을 연구하기 시작했을 때, 사람들로부터

---

1   "혜자가 장자에게 말했다. '위나라 왕이 나에게 큰 박씨를 하나 보내 주어 심었더니, 닷 섬짜리 박이 열렸네. 그 속에다 장을 채워 두었더니 무거워서 들을 수가 없었고, 다시 두 쪽으로 쪼개어 바가지를 만들었으나 너무 넓어서 쓸 수가 있어야지. 텅 비어 크기만 하여, 나는 아무 쓸모가 없어 그것을 부수어 버렸네.' 장자는 이렇게 대답했다. '자네는 참으로 큰 것을 쓸 줄 모르는군.'"(『莊子』「逍遙遊」)

방법을 중심으로 하면 중국 철학을 죽일 수도 있다는 비판을 받았다. 정신과 육체를 분리할 수 없듯이 본체와 방법을 분리할 수 없다는 것 때문이다. 하지만 그것은 인중유과론적 철학의 경우에 한정되는 주장이다. 철학의 목표는 인중유과론적 세계관은 물론 그 어떤 세계관도 넘어서는 자유정신을 추구하는 것이다. 필자는 동서고금의 철학자들이 주장하는 진리도 결국 하나의 방법일 뿐이라는 것을 알고 나서 방법 중심의 연구에 대한 확신을 갖게 되었다.

세상에는 약도 없고 독도 없듯이, 잘 쓰면 약이 되고 잘못 쓰면 독이 된다. 의술의 최고 가치는 사람의 생명을 구하는 것이지만, 갑을 죽여 을을 살릴 수는 없는 것이다. 마찬가지로 진리 추구가 진리를 죽이는 결과를 초래한다면, 그것은 진리 추구의 방법이 될 수 없다. 비록 진리라 할지라도 단지 추종만 한다면 오히려 철학적 자유정신을 마비시키는 독이 될 수 있다. 중국 철학을 방법사적 입장에서 볼 때 철학적 자유정신의 부활은 그 어떤 것이든 단지 하나의 방법이나 도구로 적절히 사용하는 데 있다. 내용(What) 중심이 아닌 방법(How) 중심으로 자기의 철학 정신을 추구한 것은 춘추 전국 시대의 제자백가와 당·송 이후 불교의 고승들이 그랬다. 그러나 그 후 What이란 문제의식으로 형성된 도통론적 주석학이 주류를 이루게 되면서 철학적 자유정신은 사라지고 과거를 본뜨는 모방만 계속된 것이다.

3. 시적 방법과 무연관

우리 인간에게는 본래부터 순수 의식이 있었던 것인가? 본래 순수 의식이 있었는데 후천적 교육에 의해 그 순수성을 잃어버린 것인가? 잃어버린 것이라면 다시 찾을 수는 있는 것인가? 다시 찾는다면 무엇을 어떻게 할 것인가?

필자가 자신의 새로운 철학적 방법을 얻은 것은 제자백가 철학에서가 아니라, 엉뚱하게도 『시경』에서였다. 필자는 『시경』을 연구하는 과정에서 무연이란 시어를 발견하게 되었고, 『시경』 본래의 의미와는 전혀 다른 의미로 해석하게 되었다. 접근법이 상대적 부정어가 아닌 역설적 부정법으로 이해하고, 그를 통해 순수 의식으로서의 무연관을 얻게 된 것이다. 진일보해서 무연이란 개념은 만사만물의 원형(原形)을 지시할 수 있는 전개념적(前槪念的)인 것으로 사용될 수 있는 것이다.[2]

우리가 그런 무연관으로 얻을 수 있는 것은 무엇인가? 그것은 무연이 곧 즉연(卽然)이고, 곧 그렇다고 하는 즉연이 곧 만사만물 자체라는 것이다. 어법상 '즉연'이 주어의 위치에 있기 때문에, 우리는 그것을 형용사나 부사형이 아닌 명사형으로 보고 '즉연한 것'이라고 이해한다. 그러나 즉연은 사물의 원형을 지시하는 전개념적인 '개념 아닌 개념'이다. 무연관은 아무런 형식이나 규정도 없는 것이므로 일반적인 세계관과 비교하면 세계관이 아니다. 그러나 일반적인 모든 세계관을 수용할 수 있으므로, 그것도 하나의 세계관이 된다. 그뿐 아니라 그것은 어떻게 해석하고 이해하든 받아 줄 수 있는 세계관이기 때문에 하나의 세계관이 되는 것이다.

필자는 왜 철학의 방법을 시적 방법에서 찾는가? 시적 방법은 간결

2　"사물 원형을 직접 지시하는 원형사형 개념이 있을 수 있다면, 어떤 것이 있을까? 無然이 그중 하나일 것이다. 무연은 '지금' '여기'에 있는 사물을 있는 그대로 무규정적으로 지시하기 때문이다. 그래서 무연은 무연 자체도 포월하는 것으로서 원형사형 개념이라고 할 수 있다. 무연과 같은 원형사형 개념은 무규정적이므로 아무런 전제도 없는 '동사형 철학'을 수행할 수 있다. 물론 아무런 구속이나 제한이 없다고 모두 자유가 아니듯, 무규정적 무전제가 곧 무한 자유정신을 보장하는 것은 아니다. 그러나 무연은 무연히 무연한 사물의 원형 자체를 말하는 것이기 때문에, 무연이 곧 무한 자유정신이고, 무한 자유정신이 곧 무연이다."(남상호, 『공자의 시학』, 춘천, 강원대학교 출판부, 2011, 197~198쪽)

성·음악성·문학성 등으로 정리할 수 있는데, 그중 부정어를 역설적으로 사용함으로써 단숨에 무한 대반전을 할 수 있기 때문이다. 과학자가 새로운 과학을 꿈꿀 때 공식으로 꿈꿀 수 없듯이, 철학자가 새로운 철학을 꿈꿀 때 논리로 꿈꿀 수 없다. 우주의 대폭발로 새로운 별들이 탄생하듯, 우리의 새로운 정신세계가 탄생되는 계기는 어떤 것인가? 과학적 상상·예술적 상상·신화적 상상 등은 각각의 제약 요소가 이미 그 속에 들어 있지만, 시적 상상은 어떤 제약도 받지 않기 때문에 그것의 폭발력은 무한하다. 시는 정보 전달이 아닌 시적 감흥을 일으키며, 역설적으로 말로 할 수 없는 세계도 말할 수 있다.

　시적 방법으로 새로운 보편 정신의 세계를 개척하여 얻는 철학은 창의적인 철학이 되고, 산문으로 과거 철학의 문제점을 비판하면서 얻는 철학은 비판적인 철학이 된다. 창의 철학과 비판 철학은 그 맛에서 전혀 다르다. 예를 들어 공자와 노자 철학은 비교적 창의 철학에 속하고, 묵자·순자·한비자 철학은 비교적 비판 철학에 속하며, 송·명·청대의 철학은 대부분이 비판 철학에 속한다. 창의 철학의 세계는 자기의 통찰력으로 개척한 무한·보편·평등의 정신세계인데 비해, 비판 철학의 세계는 남의 철학의 문제점에 의존하여 파생된 정신세계이기 때문이다. 그런 면에서 도가 철학은 유가 철학에 대한 비판적 형태를 취했기 때문에 비판 철학이라고 볼 수도 있다.

　시적 방법이 단지 감성에만 의존하는 것은 아니다. 무한·보편·평등의 자유정신을 얻어야 한다. 시를 가지고 새로운 철학을 꿈꾼 것은 이미 공자와 노자를 비롯하여 제자백가가 『시경』을 인용한 사례에서 명백히 볼 수 있다. 그들에게 『시경』은 단지 시집이 아니라 자유정신의 세계를 창조하는 신물(神物)이었다. 『시경』의 시문이나 『불경』의 게송은 바로 운문으로서 자유정신을 깨우는 모닝콜과 같은 것이다.

　철학이 진리를 탐구하고 순수 의식의 자유정신을 얻는 것이 목적이라면, 반드시 거대한 체계를 갖춘 기존의 명사형 철학에 복잡한 논리로 접근해야 하는 것은 아니다. 철학적 방법의 유무나 대소와 상관없이 그 활동 자체가 이미 동사형 철학을 행하는 것이다. 만약 철학의 목적을 달성할 수 있다면 그것이 한 구의 시문이나 한마디의 선문답이라도 동사형 철학이 될 수 있다. 한마디 말로 철학의 목적을 달성하면서 동사형 철학이 될 수 있는 것은 무엇일까? 그중 하나가 '무연'이다.

필자의 저서 중 『중국철학방법사』·『육경과 공자인학』·『공자의 시학』·『How로 본 중국철학사』는 산문으로 쓴 것이고, 『오서백일송』·『노자 81송과 전각』·『한시로 만나는 제자백가』는 운문으로 쓴 것이며, 『시 낭메고 중국만리』는 운문 속에 산문을 끼어 넣은 글이다. 필자가 그렇게 운문으로 저술한 것은 중국의 제자백가들이 그랬듯이 시적 상상을 통해 우리의 자생적 창의 철학을 꿈꾸기 위한 것이다. 그래서 '**운문으로 꿈꾸고 산문으로 해몽하라**'고 권하고 싶다.

4. 마지막 한 삼태기의 흙

이 책은 지난 20여 년 동안 중국 철학의 방법을 연구하면서 얻은 것을 저축해 온 생각의 저금통이었다. 2010년 여름 어느 날, 사업하는 친구가 놀러 왔다. 근황을 묻는 말에 필자는 『How로 본 중국철학사』를 마무리하고 있다고 대답했다. 그러자 그 친구는 오히려 "철학에 어디 마무리가 있느냐며 쓰다가 죽으라"는 주문을 했다. 문득 공자의 위산일궤(爲山一簣) 이야기가 생각났다. "(학문하는 것을) 산을 완성하는 것에 비유하면, 한 삼태기의 흙을 붓지 않아 산을 이루지 못하고 그만두는 것도 내가 그만두는 것이고; 평지에 산을 만드는 것을 비유하면, 평지에 첫 한 삼태기의 흙을 붓는 것도 내가 시작하는 것이다."[3] 화두가 사라지면 영혼은 곧 잠들기 때문이다. 그렇게 동사형 철학은 영원히 마무리할 수 없는 것이다.

　필자는 진정 그 말에 동의하지만, 나의 유문이 후학들에게 짐이 될까봐 이렇게라도 출판하는 것이다. 탈고를 하는 이 순간 그간의 일을 정리하면,

　〈中國哲學方法史〉
　尋法一途通廿年, 細分深察貫書篇.
　三修五訂非文句, 實踐眞言不可圓.
　問道如何最緊切, 話頭萬學智慧牽.
　吟詩格外悠悠飛, 觀照無然若霧煙.
　방법 찾아 20여 년, 찾고 또 찾았네
　非文은 고쳐도, 실천은 어려워
　How는 키, 화두는 견인차
　진리를 시적으로, 물끄러미 무연하게

3　子曰: 譬如爲山, 未成一簣, 止吾止也. 譬如平地, 雖覆一簣, 進吾往也.(『論語』「子罕」 18)

참고 서목

제1장 중국 철학 방법론 서설

『철학대사전』, 서울: 학원사, 1963.

김충열, 『중국철학사』, 서울: 예문서원, 1994.

가오 나오카 著, 오이환 譯, 『중국철학사』, 서울: 을유문화사, 1988.

나까무라 하지메 著, 김지견 譯, 『중국인의 사유방법』, 서울: 까치, 1990.

대빈호 著, 김교빈·윤무학·안은수 共譯, 『중국 고대의 논리』, 동녘, 1993.

래리 라우든 著, 이유선 譯, 『과학과 가치』, 서울: 민음사, 1994.

모리 미키사부로 著, 임병덕 譯, 『중국사상사』, 서울: 온누리, 1994.

신기철·신용철 編著, 『새우리말 큰사전』, 서울: 삼성출판사, 1986.

신중섭, 『포퍼와 현대의 과학철학』, 서울: 서광사, 1992.

앙리 베르그송 著, 이광래 譯, 『사유와 운동』, 서울: 문예출판사, 1993.

앨런 차머스 著, 신일철·신중섭 共譯, 『현대의 과학철학』, 서울: 서광사, 1994.

양효형 著, 고재욱 譯, 『중국사회사상사』, 춘천: 강원대학교 출판부, 1987.

윤사순, 『신실학 사상론』, 서울: 예문서원, 1996.

_____, 『한국유학사상사』, 서울: 지식산업사, 2012.

이광래, 『프랑스철학사』, 서울: 문예출판사, 1993.

_____, 『미셸 푸코』, 서울: 민음사, 1994.

임계유 主編, 이문주·최일범 共譯, 『중국철학사』, 서울: 청년사, 1989.

조르주 캉길렘 著, 이광래 譯, 『정상과 병리』, 서울: 한길사, 1996.

최동희·김영철·신일철 共著, 『철학』, 서울: 일신사, 1972.

펑유란 著, 정인재 譯, 『중국철학사』, 서울: 형설출판사, 1977.

F.W. 모트 著, 김용헌 譯, 『중국의 철학적 기초』, 서울: 서광사, 1994.

프리드리히 하이에크 著, 신중섭 譯, 『치명적 자만』, 서울: 한국경제연구원, 1996.

蔡元培, 『中國倫理學史』, 北京: 東方出版社, 1996.

陳修齋 主編, 『哲學史方法論硏究』, 武漢, 武漢大學出版社, 1984.

成中英, 『中國哲學的現代化與世界化』, 臺北: 聯經出版事業公司, 1985.

_____, 『論中西哲學精神』, 上海: 東方出版中心, 1991.

_____, 「中國哲學中的方法詮釋學」, 『臺大哲學論評』 第14期, 1991.

鄧公玄, 『中國先秦思維方法論』, 臺北: 台灣商務印書館, 1972.

范壽康, 『中國哲學史綱要』, 臺北: 臺灣開明書店, 1982.

方東美, 『生生之德』, 臺北: 黎明文化事業公司, 1979.

_____, 『中國人生哲學』, 臺北: 黎明文化事業公司, 1980.

_____, 『原始儒道家哲學』, 臺北: 黎明文化事業公司, 1985.

馮友蘭, 『中國哲學史』, 臺北: 출판사, 출판 연도 불명.

_____, 『新知言』, 臺北: 출판사, 출판 연도 불명.

傅佩榮, 『儒道天論發微』, 臺北: 臺灣學生書局, 1985.

郭沫若, 『十批判書』, 北京: 東方出版社, 1996.

胡適, 『中國哲學史大綱』, 臺北: 里仁書局, 1982.

勞思光, 『中國哲學史』, 臺北: 三民書局, 1981.

李澤厚, 『中國古代思想史論』, 臺北: 谷風出版社, 1987.

羅光, 『中國哲學大綱』, 臺北: 台灣商務印書館, 1979.

_____, 『中國哲學思想史』, 臺北: 臺灣學生書局, 1982.

_____, 『生命哲學』, 臺北: 臺灣學生書局, 1988.

牟宗三,『中國哲學的特質』, 臺北: 臺灣學生書局, 1980.

_____,『智的直覺與中國哲學』, 臺北: 台灣商務印書館, 1980.

錢穆,『中國思想史』, 臺北: 臺灣學生書局, 1982.

韋政通,『中國哲學辭典』, 臺北: 大林出版社, 1983.

武內義雄,『中國哲學思想史』, 臺北: 仰哲出版社, 1982.

吳怡,『中國哲學的生命和方法』, 臺北: 東大圖書有限公司, 1981.

_____,『中國哲學發展史』, 臺北: 三民書局, 1984.

鄔昆如,『人生哲學』, 臺北: 五南圖書出版公司, 1989.

項退結,『現代中國與形上學』, 臺北: 黎明文化事業公司, 1981.

徐復觀,『中國人性論史』, 臺北: 台灣商務印書館, 1982.

宇野精一 主編, 洪順隆 譯,『中國思想之硏究』, 臺北: 幼獅文化事業公司, 1979.

張岱年,『中國哲學大綱』, 北京: 中國社會科學出版社, 1982.

_____,『中國哲學史方法論發凡』, 北京: 中華書局, 1983.

鄒化政,『先秦儒家哲學新探』, 哈爾濱: 黑龍江人民出版社, 1990.

『哲學論評 - 中國哲學之方法硏討會專號』, 臺北: 國立臺灣大學哲學系, 1991.

제2장 중국 철학 방법의 형이상학적 기초

『般若心經』,『中阿含經』,『宋元學案』[中] 五峰學案,『卍續藏經』[第96冊] 肇論 · 般
若無知論.

『세계철학대사전』, 서울: 한국교육출판공사, 1980.

『철학대사전』, 서울: 학원사, 1963.

모리 미키사부로 著, 임병덕 譯,『중국사상사』, 서울: 온누리, 1994.

방동미 著, 남상호 譯,『원시 유가 도가 철학』, 서울: 서광사, 1999.

이경우 譯解 · 編註,『황제내경소문』, 서울: 여강출판사, 2001.

장재 著, 정해왕 譯註,『정몽』, 서울: 명문당, 1991.

『朱子大全』, 臺北: 臺灣中華書局, 1970.

『船山遺書全集』, 臺北: 中國船山學會, 自由出版社, 1972.

『中國學術名著今釋語譯』(淸代編), 臺北: 西南書局, 1972.

『周子全書』, 臺北: 廣學社, 1975.

『譚嗣同全集』, 臺北: 華世出版社, 1977.

『傳習錄』, 臺北: 正中書局, 1979.

『近代中國史料叢刊續篇』, 皇朝經世文統編, 臺北: 文海出版社, 1980.

『周張全書』, 京都: 中文出版社, 1981.

『二程集』, 臺北: 里仁書局, 1982.

『朱子語類』, 臺北: 文津出版社, 1986.

成中英, 『論中西哲學精神』, 上海: 東方出版中心, 1996.

董仲舒, 『春秋繁露』, 臺北: 世界書局, 1975.

馮友蘭, 『新事論』, 臺北: 출판사, 출판 연도 불명.

_____, 『新原道』, 臺北: 출판사, 출판 연도 불명.

羅光, 『儒家形上學』, 臺北: 輔仁大學出版社, 1980.

唐君毅, 『中國哲學原論』(原道篇 1～3), 臺北: 學生書局, 1978.

王充, 『論衡』(『新編諸子集成』 7), 臺北: 世界書局, 1983.

韋政通, 『中國哲學辭典』, 臺北: 大林出版社, 1983.

熊十力, 『新唯識論』, 臺北: 廣文書局, 1974.

_____, 『體用論』, 臺北: 學生書局, 1980.

원정근, 「포월로 본 『장자』의 언어특성」, 『철학』 60호, 한국철학회, 1999.

제3장 주역의 천인합덕의 방법

고회민 著, 숭실대학교 동양철학연구실 譯, 『중국고대역학사』, 서울: 숭실대학교
    출판부, 1990.

곽신환, 『주역의 이해』, 서울: 서광사, 1990.

남상호, 『육경과 공자인학』, 서울: 예문서원, 2003.

서상윤, 『주역』, 서울: 한국교육출판공사, 1984.

성백효 譯註, 『주역전의』, 서울: 전통문화연구회, 2005.

차주환, 『공자』, 서울: 솔출판사, 1998.

陳瑞龍, 『周易與適應原理』, 臺北: 台灣商務印書館, 1985.

程伊川, 『易程傳』, 臺北: 世界書局, 1982.

范良光, 『易傳道德的形上學』, 臺北: 台灣商務印書館, 1982.

傅隷樸, 『周易理解』, 臺北: 臺灣中華書局, 1980.

高懷民, 『先秦易學史』, 臺北: 東吳大學, 1975.

_____, 『大易哲學論』, 臺北: 成文出版社, 1978.

江公正, 『易經哲學新論』, 臺北: 新動力雜誌社, 1979.

南懷瑾, 徐芹庭 註譯, 『周易今註今譯』, 臺北: 台灣商務印書館, 1988.

王正凱, 『周易本論』, 臺北: 北開文化事業出版公司, 1985.

熊過, 「周易象旨決錄」, 『欽定四庫全書』 31(經部 25), 文淵閣.

嚴靈峰, 『易學新論』, 臺北: 正中書局, 1977.

朱子, 『易本義』, 臺北: 世界書局, 1982.

제4장 관자의 중정화조의 방법

『書經』, 『左傳』, 『國語』, 『論語』, 『孟子』, 『荀子』, 『墨子』, 『申子』, 『韓非子』.

商鞅, 『商君書』.

司馬遷, 『史記』

『새 음악 통론』, 서울: 일신서적, 1992.

김충열, 『중국철학사』 1권, 서울: 예문서원, 1994.

김필수·고대혁·장승구·신창호 共譯, 『관자』, 서울: 소나무, 2006.

남상호, 『육경과 공자인학』, 서울: 예문서원, 2003.

류웨이화·먀오룬티엔 共著, 곽신환 譯, 『직하철학』, 서울: 철학과현실사, 1995.

방동미 著, 남상호 譯, 『원시 유가 도가 철학』, 서울: 서광사, 1999.

이상옥 譯, 『관자』, 서울: 명문당, 1985.

『管子』(新編諸子集成本), 臺北: 世界書局, 1983.

『大辭典』, 臺北: 三民書局, 1986.

翟江月, 『菅子』, 桂林: 廣西師範大學, 출판 연도 불명.

馮友蘭, 『中國哲學史新編』, 北京: 人民出版社, 1982.

梁啓超, 『管子傳』, 臺北: 臺灣中華書局, 1970.

劉蔚華·苗潤田 共著, 『稷下學史』, 北京: 中國廣播電視出版社, 1992.

김충열, 「管仲의 政經思想과 哲學史的 位相」, 『대동문화연구』 제25권, 서울: 성균
    관대학교 대동문화연구원, 1990.

김현우, 「관자서에서 보이는 도와 법의 적용에 관한 연구」, 서울: 성균관대학교,
    1996.

박봉주, 「제국 경제와 『관자』의 경제 정책론」, 서울: 서울대학교, 1994.

曹國霖, 「管子論道德」, 『建設』, 臺北: 1958.4.

梅仲協, 「中國二千六百年前一位大法學家 - 管子」, 『大陸雜誌』, 臺北: 1953.8.

汪大華, 「法家論賞罰之硏究」, 『復興岡學報』, 臺北: 1964.7.

吳演南, 「管子的富國政策」, 『復興岡學報』, 臺北: 1963.7.

張其昀, 「國防論的開山祖 - 管子(上)」, 『大陸雜誌』, 臺北: 1961.11.

_____, 「富國強兵的要道 - 管子(下)」, 『大陸雜誌』, 臺北: 1961.11.

周宏濤, 「管子的思想及其功業」, 『政大學報』, 臺北: 1963.5.

周紹賢, 「先秦法家要旨」(上·中·下), 『建設』, 臺北: 1958.3~5.

제5장 공자의 문질빈빈의 방법

김충열, 『유가윤리강의』, 서울: 예문서원, 1994.

김충열·공변 外 共著, 『공자사상과 21세기』, 서울: 동아일보사, 1994.

남상호, 『공자의 시학』, 춘천: 강원대학교 출판부, 2011.

성백효 譯註, 『논어집주』, 서울: 전통문화연구회, 1993.

윤사순 外 共著, 『공자사상의 발견』, 서울: 민음사, 1992.

한국공자학회, 『공자사상과 현대』, 서울: 사사연, 1985.

H.G. 크릴 著, 이성규 譯, 『공자: 인간과 신화』, 서울: 지식산업사, 1983.

『二程集』, 臺北: 里仁書局, 1981.

蔡仁厚, 『孔孟荀哲學』, 臺北: 臺灣學生書局, 1984.

蔡先金 等 著, 『孔子詩學硏究』, 濟南: 齊魯書社, 2006.

黃公偉, 『孔孟荀哲學證義』, 臺北: 幼獅文化事業公司, 1975.

蔣伯潛 廣解, 『四書讀本』, 臺北: 啓明書局, 출판 연도 불명.

柳紹伋, 『孔子思想體系』, 臺北: 中華文化傳播雜誌社, 1984.

馬承源 主編, 『上海博物館藏戰國楚竹書(1)』, 上海: 上海古籍出版社, 2001.

牟宗三, 『中國哲學的特質』, 臺北: 臺灣學生書局, 1980.

_____, 『道德的理想主義』, 臺北: 臺灣學生書局, 1982.

屈萬里, 『尙書釋義』, 臺北: 中國文化大學出版部, 1980.

吳康, 『孔孟荀哲學』, 臺北: 台灣商務印書館, 1982.

吳乃恭, 『儒家思想硏究』, 長春, 東北師範大學出版社, 1988.

謝冰瑩 等 編譯, 『新譯四書讀本』, 臺北: 三民書局, 1980.

熊十力, 『讀經示要』 卷1, 臺北: 廣文書局, 1979.

楊慧傑, 『仁的涵義與仁的哲學』, 臺北: 牧童出版社, 1975.

朱子, 『四書集註』, 臺北: 世界書局, 1982.

王甦, 「孟子的中道思想」, 臺北: 國際孔學會, 1987.11.

제6장 맹자의 배의여도의 방법

김충열, 『유가윤리강의』, 서울: 예문서원, 1994.

김형효, 『맹자와 순자의 철학사상』, 서울: 삼지원, 1990.

성백효 譯註, 『맹자집주』, 서울: 전통문화연구회, 1994.

장입문 註編, 김교빈 外 共譯, 『기의 철학』, 서울: 예문지, 1992.

펑유란 著, 정인재 譯, 『중국철학사』, 서울: 형설출판사, 1977.

蔡仁厚, 『孔孟荀哲學』, 臺北: 臺灣學生書局, 1984.

馮友蘭, 『中國哲學史』, 臺北: 三民書局, 1981.

黃公偉, 『孔孟荀哲學證義』, 臺北: 幼獅文化事業公司, 1975.

蔣伯潛 廣解, 『四書讀本』, 臺北: 啓明書局, 출판 연도 불명.

劉蔚華·苗潤田, 『稷下學史』, 北京: 中國廣播電視出版社, 1992.

牟宗三, 『中國哲學的特質』, 臺北: 臺灣學生書局, 1980.

_____, 『道德的理想主義』, 臺北: 臺灣學生書局, 1982.

吳康, 『孔孟荀哲學』, 臺北: 台灣商務印書館, 1982.

謝冰瑩 等 編譯, 『新譯四書讀本』, 臺北: 三民書局, 1980.

熊過, 「周易象旨決錄」, 『欽定四庫全書』 31(經部 25), 文淵閣.

徐復觀, 『中國人性論史』, 臺北: 臺灣商務印書館, 1982.

朱子, 『四書集註』, 臺北: 世界書局, 1982.

제7장 순자의 예악화성의 방법

김충열, 『유가윤리강의』, 서울: 예문서원, 1994.

_____, 『동양사상산고』(2), 서울: 예문지, 1994.

김형효, 『맹자와 순자의 철학사상』, 서울: 삼지원, 1990.

남상호, 『중국철학방법론사』, 춘천: 강원대학교 출판부, 1997.

_____, 『공자의 시학』, 춘천: 강원대학교 출판부, 2011.

대거 켈트너 著, 하윤숙 譯, 『선의 탄생』, 서울: 옥당, 2011.

로저 트리그 著, 최용철 譯, 『인간 본성에 관한 10가지 철학적 성찰』, 서울: 자작나무, 1997.

리처드 도킨스 著, 홍영남·이상임 譯, 『이기적 유전자』, 서울: 을유문화사, 2010.

윤오영, 『순자』, 서울: 현암사, 1978.

장 디디에 뱅상·뤼크 페리 共著, 이자경 譯, 『생물학적 인간, 철학적 인간』, 서울:

푸른숲, 2002.

패트리샤 월리스 著, 황상민 譯, 『인터넷 심리학』, 서울: 에코리브르, 2001.

프리트헬름 슈바르츠 著, 김희상 譯, 『착각의 과학』, 서울: 북스넛, 2011.

鮑國順, 『荀子學說析論』, 臺北: 華正書局, 1982.

蔡仁厚, 『孔孟荀哲學』, 臺北: 臺灣學生書局, 1984.

陳大齊, 『荀子學說』, 臺北: 華岡出版有限公司, 1971.

陳飛龍, 『荀子禮學之硏究』, 臺北: 文史哲出版社, 1979.

黃公偉, 『孔孟荀哲學證義』, 臺北: 幼獅文化事業公司, 1975.

梁啓雄, 『荀子簡釋』, 臺北: 木鐸出版社, 1983.

梁叔任 注, 『荀子約注』, 臺北: 世界書局, 民國71年[1982].

李滌生, 『荀子集解』, 臺北: 臺灣學生書局, 1981.

车宗三, 『名家與荀子』, 臺北: 臺灣學生書局, 1982.

王先謙 集解, 久保愛 增注, 豬飼彦博補遺, 『增補荀子集解』, 臺北: 蘭台書局, 1983.

韋政通, 『荀子與古代哲學』, 臺北: 台灣商務印書館, 1982.

吳康, 『孔孟荀哲學』, 臺北: 台灣商務印書館, 1982.

徐復觀, 『中國人性論史』, 臺北: 台灣商務印書館, 1982.

周紹賢, 『荀子要義』, 臺北: 臺灣中華書局, 1977.

Hume, David, *A Treatise of Human Nature*, New York: Oxford University Press, 1990.

Thagard, Paul, How to Make Decisions: Coherence, Emotion, and Practical Inference, in E. Millgram (ed.), *Varieties of practical inference*, Cambridge: MIT University Press, 2001.

김병환, 「荀子之禮治思想硏究」, 『국제중국학연구』 제9집, 한국중국학회, 2006.

김학권, 「예치구현을 위한 순자의 철학적 지향」, 『범한철학』 제35집, 범한철학회, 2004.

_____, 「순자의 철학정신」, 『열린정신 인문학연구』 제6집, 익산: 원광대학교 인문

학연구소, 2005.

민황기, 「순자의 도덕적 인간관」, 『동서철학연구』 제59호, 한국동서철학회, 2011.

엄연석, 「순자에서 자연과 규범의 분리와 통합」, 『동방학지』 139권, 서울: 연세대
학교 국학연구원, 2007.

유희성, 「순자철학과 공동체주의」, 『양명학』 제11호, 한국양명학회, 2004.

윤무학, 「『순자』에서의 자연과 인간의 통일」, 『동양철학연구』 제33집, 동양철학연
구회, 2003.

이강대, 「순자의 인성론에서의 악의 문제」, 『대구한의대학교 논문집』 제11집, 대
구: 대구한의대학교, 1993.

황호식, 「순자의 인성론에 담긴 사회철학적 의미」, 『범한철학』 제57집, 범한철학
회, 2010.

제8장 학용의 진성명덕의 방법

김충열, 『유가윤리강의』, 서울: 예문서원, 1994.

성백효 譯註, 『대학·중용집주』, 서울: 전통문화연구회, 1995.

蔣伯潛 廣解, 『四書讀本』, 臺北: 啓明書局, 출판 연도 불명.

王陽明, 『王陽明全書』, 臺北: 正中書局, 1979.

吳怡, 『中庸誠的哲學』, 臺北: 東大圖書有限公司, 1976.

_____, 『中國哲學的生命和方法』, 臺北: 東大圖書有限公司, 1981.

謝冰瑩 等 編譯, 『新譯四書讀本』, 臺北: 三民書局, 1980.

熊過, 「周易象旨決錄」, 『欽定四庫全書』 31(經部 25), 文淵閣.

朱子, 『四書集註』, 臺北: 世界書局, 1982.

제9장 노자의 무위자연의 방법

김충열, 『노장철학강의』, 서울: 예문서원, 1995.

김학주, 『노자와 도가사상』, 서울: 명문당, 1988.

김형효,『데리다와 노장독법』, 서울: 한국정신문화연구원, 1994.

박이문,『노장사상』, 서울: 문학과지성사, 1990.

박종호,『노자철학』, 서울: 일지사, 1990.

방동미 著, 남상호 譯,『원시 유가 도가 철학』, 서울: 서광사, 1999.

송창기·황병국 共著,『노자와 도가사상』, 서울: 문조사, 1988.

원정근,『도가철학의 사유방식』, 서울: 법인문화사, 1997.

이강수,『도가사상연구』, 서울: 고려대학교 민족문화연구소, 1984.

이효걸·이재권·윤천근 共著,『노장철학의 현대적 조명』, 서울: 외계사, 1990.

장기근,『노자』, 서울: 삼성출판사, 1976.

王邦雄,『老子的哲學』, 臺北: 東大圖書有限公司, 1982.

王弼 註,『道德經』, 臺北: 文史哲出版社, 1979.

吳康,『老莊哲學』, 臺北: 台灣商務印書館, 1979.

嚴靈峰,『老莊研究』, 臺北: 臺灣中華書局, 1979.

제10장 장자의 여도합일의 방법

감산 著, 오진탁 譯,『감산의 장자 풀이』, 서울: 서광사, 1991.

김충열,『노장철학강의』, 서울: 예문서원, 1995.

김항배,『장자철학정해』, 서울: 불광출판사, 1992.

리우샤오간 著, 최진석 譯,『장자철학』, 서울: 소나무, 1990.

박이문,『노장사상』, 서울: 문학과지성사, 1990.

박종호,『장자철학』, 서울: 일지사, 1990.

원정근,『도가철학의 사유방식』, 서울: 법인문화사, 1997.

이강수,『도가사상연구』, 서울: 고려대학교 민족문화연구소, 1984.

이강수·정인재·유인희·이동삼 共著,『중국철학개론』, 서울: 한국방송통신대학교
　　　　출판부, 1993.

이석호,『장자』, 서울: 삼성출판사, 1976.

이효걸·이재권·윤천근 共著, 『노장철학의 현대적 조명』, 서울: 외계사, 1990.

프로이트 著, 김성태 譯, 『정신분석입문』, 서울: 삼성출판사, 1976.

황병국, 『장자와 선사상』, 서울: 文潮社, 1988.

方東美, 『原始儒道家哲學』, 臺北: 黎明文化事業公司, 1985.

郭慶藩, 『莊子集釋』, 臺北: 華正書局, 1982.

胡哲敷, 『老莊哲學』, 臺北: 臺灣中華書局, 1982.

金白鉉, 『莊子哲學中天人之際研究』, 臺北: 文史哲出版社, 1981.

鄔昆如, 『莊子與古希臘哲學中的道』, 臺北: 臺灣中華書局, 1980.

嚴靈峰, 『老莊研究』, 臺北: 臺灣中華書局, 1979.

鄭世根, 『莊子氣化論』, 臺北: 臺灣學生書局, 1993.

제11장 묵자의 겸애교리의 방법

곽말약 著, 조성을 譯, 『중국고대사상사』, 서울: 까치, 1991.

기세춘, 『묵자』, 서울: 나루, 1992.

김학주 譯解, 『묵자』, 서울: 명문당, 1993.

신동준 譯, 『묵자』, 고양: 인간사랑, 2014

이운구 譯, 『묵자』, 서울: 길, 2012.

陳拱, 『儒墨平議』, 臺北: 臺灣商務印書館, 1975.

方授楚, 『墨家源流』, 上海: 上海書店·中華書局, 1989.

馮友蘭, 『中國哲學史』, 臺北: 三民書局, 1981.

蔣伯潛, 『諸子學纂要』, 臺北: 正中書局, 1959.

梁啓超, 『墨子學案』, 臺北: 臺灣中華書局, 1975.

劉澤之, 『墨子思想研究』, 臺北: 天山出版社, 1988.

孫詒讓, 『墨子閒詁』, 臺北: 臺灣商務印書館, 1975.

宇野精一 主編, 林茂松 譯, 『中國思想之研究』 3, 臺北: 幼獅文化事業公司, 1979.

鐘友聯, 『墨子的哲學方法』, 臺北: 東大圖書有限公司, 1976.

제12장 한비자의 포법처세의 방법

박건영·이원규 譯解,『한비자』, 서울: 청아출판사, 1993.

范壽康,『中國哲學史』, 臺北: 開明書店, 1982.

嵇哲,『先秦諸子學』, 臺北: 洪氏出版社, 1982.

陳啓天,『增訂韓非子校釋』, 臺北: 臺灣商務印書館, 1982.

王邦雄,『韓非子哲學』, 臺北: 東大圖書有限公司, 1979.

謝雲飛,『韓非子析論』, 臺北: 東大圖書有限公司, 1980.

김충열,「관중의 정경사상과 철학사적 위상」,『대동문화연구』제25집, 서울: 성균
　　　관대학교 대동문화연구원, 1990.

이강수,「한비의 경세사상」,『중국사상논문선집』23권, 서울: 중앙대학교 중앙철
　　　학연구소, 1986.

함병수,「한비의 인성론」,『동양철학』제3집, 서울: 한국동양철학회, 1992.

제13장 여씨춘추의 여원동기의 방법

『周易』,『尚書』,『詩經』,『禮記』,『孟子』,『道德經』,『莊子』,『管子』,『淮南子』.

班固,『白虎通義』.

＿＿＿,『漢書』.

董仲舒,『春秋繁露』.

司馬遷,『史記』.

김근 譯註,『여씨춘추』(1~3), 서울: 민음사, 1995.

류웨이화·먀오룬티엔 共著, 곽신환 譯,『직하철학』, 서울: 철학과현실사, 1995.

홍승직 譯,『여씨춘추』, 서울: 고려원, 1996.

『中國學術名著今註今譯』, 臺北: 西南書局, 1972.

方東美,『原始儒家道家哲學』, 臺北: 黎明文化事業公司, 1985.

高誘註,『呂氏春秋』, 臺北: 世界書局, 1983.

鄺芷人,『陰陽五行及其體系』, 臺北: 文津出版社, 1992.

劉蔚華·苗潤田 共著,『稷下學史』, 北京: 中國廣播電視出版社, 1992.

徐復觀,『兩漢思想史』卷2, 臺北: 臺灣學生書局, 1979.

허문영,「생명·물질·인성」,『지성과 실천』, 춘천: 강원대학교 출판부, 1998.

문재곤,「음양오행론의 전개에 관한 연구」,『철학연구』제14~15집, 서울: 고려대
학교, 1989.

유장림,「오행학설의 기원과 형성」,『유학연구』제3집, 대전: 충남대학교, 1995.

金忠烈,「秦代哲學思想硏究」,『哲學論評』10期, 臺北: 國立臺灣大學 哲學科,
1987.

제14장 동중서의 천인감응의 방법

班固,『白虎通義』.

鄺芷人,『陰陽五行及其體系』, 臺北: 文津出版社, 1992.

賴炎元,『春秋繁露今註今譯』, 臺北: 商務印書館, 1987.

勞思光,『中國哲學史』, 臺北: 三民書局, 1981.

凌曙 註,『春秋繁露』, 臺北: 世界書局, 1975.

蘇輿 註,『春秋繁露』, 臺北: 河洛圖書出版社, 1983.

王充,『論衡』, 臺北: 世界書局, 1983.

吳怡,『中國哲學發展史』, 臺北: 三民書局, 1984.

徐復觀,『兩漢思想史』卷2, 臺北: 臺灣學生書局, 1979.

김봉건,「동중서의 천인감응 사상의 연구」, 부산: 동아대학교, 1991.

문재곤,「음양오행론의 전개에 관한 연구」,『철학연구』제14~15집, 서울: 고려대
학교, 1989.

송영배,「동중서의 역사철학」,『철학』23집, 한국철학회, 1985.

안재순,「동중서의 인간 이해」,『동양철학연구』제3집, 서울: 동양철학연구회,
1982.

유장림,「오행학설의 기원과 형성」,『유학연구』제3집, 대전: 충남대학교, 1995.

李姸承, 「董仲舒春秋學之硏究」, 臺北: 臺灣大學哲學硏究所, 1999.

제15장　회남자의 도사일통의 방법

班固, 『白虎通義』.

_____, 『漢書』.

董仲舒, 『春秋繁露』.

司馬遷, 『史記』.

김근 譯註, 『여씨춘추』(1~3), 서울: 민음사, 1995.

김성환, 『회남자』, 파주: 살림, 2007.

김용섭, 『회남자 철학의 세계』, 경산: 경산대학교 출판부, 1997.

류웨이화·먀오룬티엔 共著, 곽신환 譯, 『직하철학』, 서울: 철학과현실사, 1995.

서연달 外 共著, 중국사연구회 譯, 『중국통사』, 서울: 청년사, 1993.

안길환 編譯, 『회남자』(上·中·下), 서울: 명문당, 2001.

요하임 부블라트 著, 염영록 譯, 『카오스와 코스모스』, 서울: 생각의나무, 2003.

이석명, 『회남자』, 파주: 사계절, 2004.

이석호 譯, 『회남자』, 서울: 세계사, 1992.

이수훈, 『세계체제론』, 서울: 나남출판, 1993.

전약성 著, 신승하 譯, 『중국통사』, 서울: 우종사, 1985.

한국서양사학회 編, 『근대 세계체제론의 역사적 이해』, 서울: 까치, 1996.

홍승직 譯, 『여씨춘추』, 서울: 고려원, 1996.

『中國學術名著今註今譯』, 臺北: 西南書局, 1972.

方東美, 『原始儒家道家哲學』, 臺北: 黎明文化事業公司, 1985.

馮友蘭, 『中國哲學史』, 臺北: 三民書局, 1981.

_____, 『中國哲學史新編』(第3冊), 北京: 人民出版社, 1984.

高誘 註, 『淮南子』, 『新編諸子集成』, 臺北: 世界書局, 1983.

高誘 註, 『呂氏春秋』, 臺北: 世界書局, 1983.

鄺芷人, 『陰陽五行及其體系』, 臺北: 文津出版社, 1992.

劉蔚華·苗潤田 共著, 『稷下學史』, 北京: 中國廣播電視出版社, 1992.

羅光, 『中國哲學思想史』(兩漢南北朝篇), 臺北: 學生書局, 1978.

牟鐘鑑, 『呂氏春秋與淮南子思想硏究』, 齊南: 齊魯書社, 1987.

任繼愈 主編, 『中國哲學發展史』(秦漢), 北京: 人民出版社, 1985.

徐復觀, 『兩漢思想史』 卷2, 臺北: 臺灣學生書局, 1979.

于大成, 『中國歷代思想家』 卷10, 臺北: 商務印書館, 1978.

朴勝顯, 「《淮南子》與漢初的莊學」, 北京: 北京大學, 1999.

김동천, 「《淮南子》의 '原道論'과 '經世論' 연구」, 서울: 서강대학교, 1994.

이석명, 「淮南子의 無爲論 硏究」, 서울: 고려대학교, 1997.

제16장 사마천의 승폐통변의 방법

두유운 著, 권중달 譯, 『역사학연구방법론』, 서울: 일조각, 1984.

R.G. 콜링우드 著, 소광희·손동현 共譯, 『역사의 인식』, 서울: 경문사, 1985.

민두기 編, 『중국의 역사인식』, 서울: 창작과비평사, 1993. 7판.

박혜숙 編譯, 『사마천의 역사인식』, 서울: 한길사, 1989.

陳桐生, 『史記名篇述論稿』, 汕頭: 汕頭大學出版社, 1996.

程金造, 『史記管窺』, 西安: 陝西人民出版社, 1986.

方東美, 『方東美先生演講集』, 臺北: 黎明文化事業公司, 1984.

黃沛榮 篇, 『史記論文選集』, 北京: 長安出版社, 1982.

李長之, 『司馬遷之人格與風格』, 臺北: 開明書局, 1980.

梁啓超, 『中國歷史硏究法』, 臺北: 臺灣中華書局, 1981.

孫德謙, 『太史公書義法』, 臺北: 世界書局, 1989.

王國維, 『觀堂集林』, 臺北: 河洛圖書出版社, 1975.

文史哲雜誌編輯委員會 編, 『司馬遷與史記』, 北京: 中華書局, 1958.

徐復觀, 『兩漢思想史』 卷3, 臺北: 臺灣學生書局, 1979.

章學誠,『文史通義』, 臺北: 華世出版社, 1980.

楊家駱 主編,『史記』, 臺北: 鼎文書局, 1982.

이인호,「사기 성격에 대한 일고찰」,『중어중문학』제22집, 한국중어중문학회,
    1998.

최병수,「사마천의「成一家之言」에 관하여」,『충북사학』제4집, 충북사학회, 1991.

阮芝生,「論史記五體及「太史公曰」的述與作」, 臺北: 臺灣大學歷史學系學報 第6期,
    1979.

제17장 양웅의 응시변경의 방법

班固,『白虎通義』.

班固,『漢書』.

董仲舒,『春秋繁露』.

李軌,『揚子法言』(四部叢刊本).

陸績 注,『太玄經』(四部叢刊本).

司馬遷,『史記』.

司馬光 注,『太玄經』(四部備要本).

揚雄,『揚子雲集』(四庫全書本).

류웨이화 · 먀오룬티엔 共著, 곽신환 譯,『직하철학』, 서울: 철학과현실사, 1995.

서연달 外 共著, 중국사연구회 譯,『중국통사』, 서울: 청년사, 1993.

『朱子語類』, 臺北: 文津出版社, 1986.

馮友蘭,『中國哲學史新編』(第3冊), 北京: 人民出版社, 1984.

鄺芷人,『陰陽五行及其體系』, 臺北: 文津出版社, 1992.

江榮寶,『法言義疏』, 출판지, 출판사 불명, 1933.

藍秀隆,『揚子法言研究』, 臺北: 文津出版社, 民國78年[1989].

李滌生,『荀子集釋』, 臺北: 臺灣學生書局, 1981.

劉蔚華 · 苗潤田 共著,『稷下學史』, 北京: 中國廣播電視出版社, 1992.

羅光, 『中國哲學思想史』(兩漢南北朝篇), 臺北: 學生書局, 1978.

任繼愈 主編, 『中國哲學發展史』(秦漢), 北京: 人民出版社, 1985.

王充, 『論衡』, 臺北: 世界書局, 1983.

徐復觀, 『兩漢思想史』卷2, 臺北: 臺灣學生書局, 1979.

徐國珍, 『倣擬研究』, 南昌: 江西人民出版社, 2003.

揚雄 著, 司馬光 集注, 『太玄集注』, 北京: 中華書局, 2003.

鈴木由次郎, 『太玄易の 硏究』, 東京 : 明德出版社, 昭和39年[1964].

日原利國 編, 『中國思想史』, 東京, ぺりかん社, 昭和62年[1987].

위계붕, 「嚴遵與揚雄: 巴蜀古文化的雙星」, 『율곡사상연구』 제5집, 율곡학회,
　　　2002.

제18장 천태종의 정혜쌍수의 방법

鳩摩羅什 譯, 『妙法蓮華經』, 乾隆大藏經 第32冊.

김응관 監修, 『불교학대사전』, 서울: 홍법원, 1990.

대한불교법화종 종전편찬위원회, 『법화경종요』, 서울: 대한불교법화종총무원,
　　　1968.

소걀 린포체 著, 오진탁 譯, 『깨달음 뒤의 깨달음』, 서울: 민음사, 2001.

오지연, 『천태지관이란 무엇인가』, 서울: 연기사, 1999.

이병욱, 『천태사상연구』, 서울: 경서원, 2000.

_____, 『천태사상』, 서울: 태학사, 2005.

이영자, 『법화 천태사상연구』, 서울: 동국대학교 출판부, 2002.

_____, 『천태불교』, 서울: 불지사, 2006.

_____, 『천태불교학』, 서울: 불지사, 2001.

이재호 譯, 『묘법연화경』, 서울: 민족사, 1997.

정성본, 『돈황본 육조단경』, 서울: 한국선문화연구원, 2003.

정세근, 『윤회와 반윤회』, 청주: 개신(충북대학교 출판부), 2008.

제관 著, 이영자 譯,『천태사교의』, 서울: 경서원, 1988.

지창규,『천태사상론』, 서울: 법화학림, 2008.

천태지의 著, 김세운 譯,『천태소지관』, 서울: 대각, 2007.

타무라 쇼루·우메하라 타케시 共著, 이영자 譯,『천태법화의 사상』, 서울: 민족사,
         1989.

牟融 著, 梁慶寅 釋譯,『牟子理惑論』, 高雄: 佛光山宗務委員會, 1996.

『大正新修大藏經』, 東京: 大正一切經刊行會, 昭和2年[1927].

대한불교천태종 천태불교문화연구원,『천태학연구』제1집, 1998.

『한국불교학연구총서 11 - 총설편: 천태사상』, 고양: 불함문화사, 2003.

『한국불교학연구총서 114 - 천태학과 체관·의통』, 고양: 불함문화사, 2004.

제19장 화엄종의 상즉원융의 방법

『乾隆大藏經』.

『화엄경』(한글 대장경), 서울: 동국대학교 역경원, 1985.

『현수법장의 화엄학개론』, 서울: 민족사, 1997.

고은,『화엄경』, 서울: 민음사, 1991.

계환,『중국화엄사상사연구』, 서울: 불광, 1996.

기무라 기요타카 著, 김천학 譯,『화엄경을 읽는다』, 서울: 불교시대사, 2002.

_____, 정병삼 譯,『중국화엄사상사』, 서울: 민족사, 2005.

김응관 監修,『불교학대사전』, 서울: 홍법원, 1990, 3판.

나까무라 하지메 外 共著, 석원욱 譯,『화엄사상론』, 서울: 운주사, 1988.

다마키 고시로 著, 이원섭 譯,『화엄경의 세계』, 서울: 현암사, 1976.

무비 編纂,『화엄경』, 서울: 민족사, 1998.

박용길 譯,『유마경』, 서울: 민족사, 1997.

법정,『스승을 찾아서』(화엄경 입계품), 서울: 동쪽나라, 2003.

소갈 린포체 著, 오진탁 譯,『깨달음 뒤의 깨달음』, 서울: 민음사, 2001.

스티브 오딘 著, 안형관 譯,『과정형이상학과 화엄불교』, 서울: 이문출판사, 1999.

실상사 화엄학림 번역대중,『화엄경현담 주해집』(上·下), 서울: 대한불교조계종
　　　　교육원, 2003.

안덕암,『화엄경강의』, 서울: 불교통신대학, 1993.

은정희,『은정희 교수의 대승기신론 강의』, 서울: 예문서원, 2008.

이원섭,『화엄경의 세계』, 서울: 현암사, 1991.

진영유,『화엄관법의 기초적 연구』, 서울: 민창문화사, 1995.

징관,『화엄경현담』(上·下), 서울: 대한불교조계종 교육원, 2003.

최경호,『화엄의 세계 그 원융무애의 존재론적인 구조』, 서울: 경서원, 2006.

『華嚴經之判敎及其發展』, 臺北: 大乘文化出版社, 1978.

『華嚴思想論集』, 臺北: 大乘文化出版社, 1978.

『華嚴學槪論』, 臺北: 大乘文化出版社, 1978.

『華嚴經疏鈔』, 臺北: 佛陀敎育基金會, 1997.

方東美,『華嚴哲學』, 臺北: 黎明文化事業公司, 1981.

唐君毅,「華嚴宗之敎判論」,『華嚴宗之敎判及其發展』, 臺北: 大乘文化出版社,
　　　　1978.

湯次了榮 著, 豊子愷 譯,『大乘起信論新釋』, 臺北: 天華出版社, 1981.

『大正新修大藏經』, 東京: 大正一切經刊行會, 昭和2年[1927].

川田熊太郎 監修, 中村元 編輯,『華嚴思想』, 京都: 法藏館, 1960.

坂本幸男,『華嚴敎學の硏究』, 京都: 平樂寺書店, 1956.

高峯了州,『華嚴思想史』, 京都: 百華苑, 1963.

吉津宜英,『華嚴禪の思想史的硏究』, 東京: 大東出版社, 1985.

김진태,「화엄경과 기신론의 일심 및 수행에 관한 비교연구」, 서울: 동국대학교,
　　　　1992.

전호연,「화엄경의 發菩提心에 대한 연구」, 서울: 동국대학교, 1983.

제20장 선종의 일행삼매의 방법

「楞伽阿跋多羅寶經」·「金剛般若波羅密經」·「維摩詰所說經」,『大乘起信論疏』, 乾隆
　　　大藏經.

曼陀羅仙 譯,『文殊師利所說摩訶般若波羅密經』, 乾隆大藏經 第16冊.

僧伽婆羅 譯,『文殊師利所說般若波羅密經』, 乾隆大藏經 第16冊.

「第五祖弘忍禪師述」,『最上乘論』, 大正新脩大藏經 卷48.

김응관 監修,『불교학대사전』, 서울: 홍법원, 1990.

김재근 譯,『대승입능가경』, 서울: 명문당, 1992.

박용길 譯,『유마경』, 서울: 민족사, 1997.

성철 編譯,『돈황본 육조단경』, 서울: 장경각, 佛紀2536年[1992].

오경웅 著, 서돈각·이남영 譯,『선학의 황금시대』, 서울: 천지, 1997.

은정희,『은정희 교수의 대승기신론 강의』, 서울: 예문서원, 2008.

정성본,『선의 역사와 사상』, 서울: 불교시대사, 1994.

＿＿＿,『선의 역사와 사상』, 서울: 불교시대사, 1999.

＿＿＿,『중국선종의 성립사 연구』, 서울: 민족사, 2000.

＿＿＿,『돈황본 육조단경』, 서울: 한국선문화연구원, 2003.

＿＿＿,『무문관』, 서울: 한국선문화연구원, 2004.

＿＿＿,『간화선의 이론과 실제』, 서울: 동국대학교 출판부, 2005.

＿＿＿,『벽암록』, 서울: 한국선문화연구원, 2006.

＿＿＿,『반야심경』, 서울: 한국선문화연구원, 2007.

정호영 譯,『금강경』, 서울: 민족사, 1993.

최현각,『선학의 이해』, 서울: 불교시대사, 2003.

丁福保 箋註,『六祖壇經箋註』, 臺北: 天華出版社, 1979.

高登海,『佛家靜坐方法論』, 臺北: 商務印書館, 1982.

呂澂,『中國佛學思想槪論』, 臺北: 天華出版社, 1982.

南懷瑾,『禪話』, 上海: 復旦大學出版社, 2002.

任繼愈, 『任繼愈禪學論集』, 北京: 商務印書館, 2005.

吳立民 主編, 『禪宗宗派源流』, 北京: 中國社會科學出版社, 1998.

吳言生, 『禪宗思想研究』, 北京: 中華書局, 2001.

吳怡, 『公案禪話』, 臺北: 東大圖書, 1979.

心印法師 編輯, 『六祖壇經』, 臺北: 佛陀教育基金會, 2003.

楊詠祁, 『禪語今釋』, 南京: 江蘇人民出版社, 2003.

김하우, 「혜능의 무념·무상·무주의」, 『중국학논총』, 서울: 고려대학교 중국학연
　　구소, 1984.

남상호, 「중국철학의 본체론」, 『동서철학연구』 제41호, 한국동서철학회, 2006.

정성본, 「육조단경 어떻게 볼 것인가」, 『불교평론』 3호, 2000.

정호영, 「금강경의 즉비논리」, 『인문학지』 25집, 청주: 충북대학교 인문학연구소,
　　2002.

　　　　, 「선의 논리」, 『인문학지』 28집, 청주: 충북대학교 인문학연구소, 2004.

제21장 장재의 허체화용의 방법

王夫之, 「張子正蒙注」, 『船山遺書全集』 17.

남상호, 『육경과 공자인학』, 서울: 예문서원, 2003.

장입문 著, 김교빈 外 共譯, 『기의 철학』, 서울: 예문지, 1992.

장재 著, 정해왕 譯註, 『정몽』, 서울: 명문당, 1991.

　　　　, 장윤수 譯, 『정몽』, 서울: 책세상, 2002.

정용환, 『장재의 철학』, 서울: 경인문화사, 2007.

진래 著, 안재호 譯, 『송명 성리학』, 서울: 예문서원, 1997.

함현찬, 『장재』, 서울: 성균관대학교 출판부, 2003.

『朱子大全』, 臺北: 臺灣中華書局, 1970.

『張載集』, 臺北: 里仁書局, 1981.

『二程集』, 臺北: 里仁書局, 1981.

孔穎達, 「周易正義」, 『十三經注疏』, 臺北: 藝文印書館, 1981.

張立文, 『宋明性理學硏究』, 北京: 中國人民大學出版社, 1985.

고재욱, 「장횡거 정몽의 형상학적 도덕철학」, 『철학연구』 제10집, 서울: 고려대학교 철학연구소, 1985.

김길환, 「장횡거의 형이상학과 천인합일사상」, 『사총』 17집, 서울: 고려대학교 역사연구소, 1973.

양승무, 「장횡거 『정몽』의 천도론 연구」, 『유교사상연구』 제21집, 한국유교학회, 2004.

유성태, 「장횡거 기사상의 구조적 성격」, 『역사와사회』 1권 4호, 국제문화학회, 1990.

이현선, 「장재 수양론에 대한 이정의 비판」, 『철학사상』 제26집, 서울: 서울대학교 철학사상연구소, 2007.

장윤수, 「장재 철학에 있어서 대심의 공부론」, 『철학연구』 제88집, 대한철학회, 2003.

제22장 주희의 이일분수의 방법

고지마 쓰요시 著, 신현승 譯, 『송학의 형성과 전개』, 서울: 논형, 2004.

변원종·최정묵 共著, 『주자의 철학사상』, 대전: 문경출판사, 2002.

범수강 著, 홍우흠 譯, 『주자와 그 철학』, 경산: 영남대학교 출판부, 1988.

시마다 겐지 著, 김석근·이근우 共譯, 『주자학과 양명학』, 서울: 까치, 1991.

야마다 케이지 著, 김석근 譯, 『주자의 자연학』, 서울: 통나무, 1998.

오오하마 아끼라 著, 임헌규 譯, 『주자의 철학』, 서울: 인간사랑, 1997.

윤사순, 『유학의 현대적 가용성 탐구』, 서울: 나남출판, 2006.

윤영해, 『주자의 선불교비판연구』, 서울: 민족사, 2000.

이강대, 『주자학의 인간학적 이해』, 서울: 예문서원, 2000.

이광률, 『주자 철학 연구』, 대구: 중문출판사, 1998.

장재 著, 정해왕 譯註,『정몽』, 서울: 명문당, 1991.

조남호,『주희 - 중국철학의 중심』, 서울: 태학사, 2004.

진래 著, 안재호 譯,『송명 성리학』, 서울: 예문서원, 1997.

진영첩 著, 표정훈 譯,『주자강의』, 서울: 푸른역사, 2001.

『朱子大全』, 臺北: 臺灣中華書局, 1970.

『周子全書』, 臺北: 廣學社, 1975.

『二程集』, 臺北: 里仁書局, 1982.

『朱子語類』, 臺北: 文津出版社, 1986.

蔡仁厚,『新儒家的精神方向』, 臺北: 臺灣學生書局, 1982.

_____,『宋明理學』(北宋編, 南宋編), 臺北: 臺灣學生書局, 1982.

陳來,『朱子書信編年考證』, 上海: 上海人民出版社, 1989.

_____,『朱熹哲學研究』, 北京: 中國社會科學出版社, 1988.

陳榮捷,『朱學論集』, 臺北: 臺灣學生書局, 1982.

_____,『朱子文人』, 臺北: 臺灣學生書局, 1982.

程頤,『易程傳』, 臺北: 世界書局, 1982.

De Bary, Wm. Theodore.,『理學之展示』, 臺北: 虹橋書店, 1978.

黃金裕,『宋儒風範』, 臺北: 東大圖書公司, 1979.

劉述先,『朱子哲學思想的發展與完成』, 臺北: 臺灣學生書局, 1982.

任繼愈,『任繼愈禪學論集』, 北京: 商務印書館, 2005.

徐遠和,『洛學源流』, 齊南: 齊魯書社, 1987.

張君勱,『新儒家思想史』, 臺北: 弘文館出版社, 1986.

周天令,『朱子道德哲學研究』, 臺北: 文津出版社, 1999.

李侗,『延平答問』, 京都: 中文出版社, 1980.

劉蕺山,『劉子全書及遺編』, 京都: 中文出版社, 1981.

Wing-tsit Chan, *Chu Hsi and Neo-Confucianism*, Honolulu, Univ. of Hawaii Press, 1986.

김홍경, 「朱熹 理一分殊說의 두가지 이론적 원천」, 『동양철학연구』 제10집, 동양
　　　철학연구회, 1989.

남상호, 「淮南子의 道事一通의 방법」, 『공자학』 제10호, 한국공자학회, 2003.

제23장　왕수인의 직치양지의 방법

김길락, 『상산학과 양명학』, 서울: 예문서원, 1995.

김길락 外 共著, 『王陽明哲學硏究』, 서울: 청계, 2001.

김길환, 『한국양명학연구』, 서울: 일지사, 1981.

김홍호, 『양명학공부』(1~2), 서울: 솔, 1999.

박연수, 『양명학의 이해』, 서울: 집문당, 1999.

양구오롱 著, 송하경 譯, 『양명학통론』, 서울: 박영사, 1994.

왕양명 著, 정차근 譯註, 『전습록』, 서울: 평민사, 2000.

요시다 코헤이 著, 정지욱 譯, 『일본 양명학』, 서울: 청계, 2004.

유명종, 『한국의 양명학』, 서울: 동화출판공사, 1983.

_____, 『왕양명과 양명학』, 서울: 청계, 2002.

윤남한, 『조선시대의 양명학연구』, 서울: 집문당, 1974.

정인재, 『양명학의 정신』, 서울: 세창출판사, 2014.

차이런호우 著, 황갑연 譯, 『王陽明哲學』, 서울: 서광사, 1996.

최재목, 『동아시아의 양명학』, 서울: 예문서원, 1996.

『王陽明論文集』, 臺北: 中華學術院, 1977.

『王陽明全書』(1~4), 臺北: 正中書局, 1979.

蔡仁厚, 『王陽明哲學』, 臺北: 三民書局, 1983.

陳榮捷, 『王陽明傳習錄譯註集評』, 臺北: 學生書局, 1983.

_____, 『王陽明與禪』, 臺北: 學生書局, 1984.

牟宗三, 『從陸象山到劉蕺山』, 臺北: 臺灣學生書局, 1979.

錢明, 『陽明學的形成與發展』, 南京: 江蘇古籍出版社, 2002.

錢明 主編, 『陽明學新探』, 杭州: 中國美術學院出版社, 2002.

秦家懿, 『王陽明』, 臺北: 東大圖書公司, 1987.

熊十力, 『讀經示要』, 臺北: 廣文書局, 1979.

남상호, 「하곡 정제두의 中極論」, 『양명학』 제13호, 한국양명학회, 2005.

정갑임, 「왕양명의 지의 성격」, 『양명학』 제10호, 한국양명학회, 2003.

한예원, 「전습록에 보이는 '功夫'와 '工夫'에 관한 일고」, 『양명학』 제10호, 한국
     양명학회, 2003.

황갑연, 「모종삼의 양지감함론 연구」, 『중국학보』 제52집, 한국중국학회, 2005.

제24장 왕부지의 기체도용의 방법

김진근, 『기철학의 집대성 왕부지의 주역철학』, 서울: 예문서원, 1996.

왕부지 著, 왕부지사상연구회 譯, 『왕부지 대학을 논한다』, 서울: 소나무, 2005.

이규성, 『생성의 철학 왕선산』, 서울: 이화여자대학교 출판부, 2001.

진래 著, 안재호 譯, 『송명 성리학』, 서울: 예문서원, 1997.

천병준, 『왕부지의 내면적 기 철학』, 서울: 한국학술정보, 2006.

『朱子大全』, 臺北: 臺灣中華書局, 1960.

『船山遺書全集』, 臺北: 自由出版社, 1972.

『明儒學案』, 臺北: 世界書局, 1973.

『朱子語類』, 臺北: 文津出版社, 1986.

『王廷相集』, 臺北: 臺灣中華書局, 1989.

勞思光, 『中國哲學史』 3卷 下, 臺北: 三民書局, 1981.

朱伯崑, 『易學哲學史』, 北京: 崑崙出版社, 2005.

김진근, 「왕부지 역철학 연구」, 서울: 연세대학교, 1995.

남명진, 「왕선산 본체론의 연구」, 『충남대학교 논문집』, 대전: 충남대학교 인문과
     학연구소, 1987.

남상호, 「주희의 이일분수의 방법」, 『동서철학연구』 제44호, 한국동서철학회,

2007.

이규성, 「왕선산 기 철학체계 연구」, 서울: 서울대학교, 1989.

임형석, 「왕부지 역학의 기학적 기초」, 『주역연구』 제6집, 한국주역학회, 2001.

조우진, 「왕부지의 도기론」, 광주: 전남대학교, 2002.

진성수, 「왕부지의 양명학 비판에 관한 연구」, 『양명학』 제5호, 한국양명학회,
　　　2002.

제25장　웅십력의 반구실증의 방법

강진석, 『체용철학』, 서울: 문사철, 2011.

김제란 譯, 『신유식론』, 서울: 소명출판, 2007.

다케무라 마키오 著, 정승석 譯, 『유식의 구조』, 서울: 민족사, 1995.

모종삼 著, 김병채 外 共譯, 『모종삼 교수의 중국철학 강의』, 서울: 예문서원,
　　　2011.

_____, 전병술·황갑연·이기훈·김제란·김기주 共譯, 『심체와 성체』(1-7), 서울:
　　　소명출판, 2012.

송종서, 『현대 신유학의 역정』, 서울: 문사철, 2009.

정가동 著, 한국철학사상연구회 논전사분과 譯, 『현대신유학』, 서울: 예문서원,
　　　1993.

핫토리 마사이키 著, 이만 譯, 『인식과 초월』, 서울: 민족사, 1993.

蔡仁厚, 『熊十力先生學行年表』, 臺北: 明文書局, 民國80年[1991].

丁爲祥, 『熊十力 學術思想評傳』, 北京: 北京圖書館出版社, 1999.

高瑞泉 著, 武漢大學研究 編, 「默識與體認」, 『玄圃論學續集』, 武漢: 湖北敎育出版
　　　社, 2003.

郭齊勇, 『熊十力與中國傳統文化』, 臺北: 遠流出版公司, 1990.

_____, 『熊十力本體論哲學研究』, 四川: 四川出版集團, 2004.

景海峰, 『熊十力哲學研究』, 北京: 北京大學出版社, 2010.

牟宗三, 『心體與性體』(I, II, III), 臺北: 正中書局, 民國57年[1968].

_____, 『從陸象山到劉蕺山』, 臺北: 臺灣學生書局, 民國68年[1979].

_____, 『中國哲學十九講』, 臺北: 臺灣學生書局, 民國72年[1983].

宋志明 外, 『批孔与釋孔: 儒學的現代走向』, 上海: 華東師范大學出版社, 2004.

熊十力, 『新唯識論』, 臺北: 廣文書局, 民國63年[1974].

_____, 『十力語要』, 臺北: 廣文書局, 民國66年[1977].

_____, 『明心篇』, 臺北: 臺灣學生書局, 民國68年[1979].

_____, 『讀經示要』, 臺北: 廣文書局, 民國68年[1979].

_____, 『體用論』, 臺北: 臺灣學生書局, 民國69年[1980].

_____, 『乾坤衍』, 臺北: 臺灣學生書局, 民國69年[1980].

_____, 『佛家名相通釋』, 臺北: 明文書局, 民國83年[1994].

_____, 『破 '破新唯識論'』, 北京: 中華書局, 1984.

_____, 『新唯識論』[壬辰刪定本], 北京: 中國人民大學出版社, 2009.

_____, 『原儒』, 北京: 中國人民大學出版社, 2009.

강진석, 「중국 체용론의 유형 연구」, 『중국철학』 제9집, 중국철학회, 2002.

고재욱, 「웅십력의 본체론 연구」, 『퇴계학연구』 제7집, 서울: 단국대학교 퇴계학
    연구소, 1993.

김대수, 『웅십력의 체용론 연구』, 경산: 영남대학교, 2011.

김동천, 「현대 신유가의 본체론 연구」, 『상지대학교 논문집』 제19집, 원주: 상지대
    학교, 1998.

김종인, 「현대 과학에 대한 신유학자의 대응: 웅십력의 체용론」, 『동양철학연구』
    제35집, 동양철학연구회, 2003.

박영미, 「중국의 현대신유학 수용과 이해」, 『한국철학논집』 제23집, 한국철학사연
    구회, 2008.

정병석, 「웅십력 철학에서 본체의 정립과 자아의 실현」, 『철학연구』 제55집, 대한
    철학회, 1995.

_____,「웅십력과 현대 신유가의 형성」,『현대 신유가의 계보와 사상』, 동양철학
연구회, 1996.

_____,「동서교섭에서 드러난 유학의 문화적 인지구조와 견고한 자아의식」,『동양
철학연구』제50집, 동양철학연구회, 2007.

제27장 방법론적 세계관에 관하여

『周易』,『詩經』,『四書』.

陸九淵,『象山先生全集』.

王夫之,『周易外傳』.

『철학대사전』, 서울: 학원사, 1963.

김충열,『유가윤리강의』, 서울: 예문서원, 1995.

남상호,『중국철학방법사』, 춘천: 강원대학교 출판부, 1997.

_____,『육경과 공자인학』, 서울: 예문서원, 2003.

_____,『공자의 시학』, 춘천: 강원대학교 출판부, 2011.

오경웅 著, 서돈각·이남영 譯,『선학의 황금시대』, 서울: 천지, 1997.

윤사순,『신실학 사상론』, 서울: 예문서원, 1996.

이광래,『방법을 철학한다』, 서울: 지와사랑, 2008.

이상섭,『아리스토텔레스의 시학 연구』, 서울: 문학과지성사, 2002.

임마뉴엘 칸트 著, 백종현 譯,『순수이성비판』, 서울: 아카넷, 2006.

리처드 도킨스 著, 홍영남·이상임 譯,『이기적 유전자』, 서울: 을유문화사, 2010.

프리드리히 니체 著, 백승영 譯,『니체전집』15권, 서울: 책세상, 2002.

프리트헬름 슈바르츠 著, 김희상 譯,『착각의 과학』, 서울: 북스넛, 2011.

『王陽明全書』, 臺北: 正中書局, 民國68年[1979].

『朱子語類』卷95, 臺北: 文津出版社, 民國75年[1986].

季旭昇 主編,『新書上海博物館藏戰國楚竹書(1)讀本』, 北京: 北京大學, 2009.

馬持盈,『詩經今註今譯』, 臺北: 臺灣商務印書館, 民國77年[1988].

牟宗三, 『中國哲學十九講』, 臺北: 臺灣學生書局, 民國72年[1983].

鄔昆如, 『西洋哲學史』, 臺北: 正中書局, 民國70年[1981].

熊十力, 『體用論』, 臺北, 學生書局, 1980.

Quelle, *Immanuel Kant: Werke in zwölf Bänden(Band 4)*, Frankfurt am Main, 1977.

成中英, 「中國哲學中的方法詮釋學」, 『臺大哲學論評』 第14期, 民國80年[1991].

杜保瑞, 「孔子的境界哲學」, 『中華易學雜誌』, 臺北: 中華易學雜誌社, 1998.

찾아보기